目撃証言の研究
法と心理学の架け橋をもとめて

渡部保夫 監修

一瀬敬一郎・厳島行雄
仲真紀子・浜田寿美男 編著

北大路書房

【編集部注記】
ここ数年において,「被験者」(subject)という呼称は,実験を行なう者と実験をされる者とが対等でない等の誤解を招くことから,「実験参加者」(participant)へと変更する流れになってきている。本書もそれに準じ変更すべきところであるが,執筆当時の表記のままとしている。文中に出現する「被験者」は「実験参加者」と読み替えていただきたい。

はじめに

　裁判は，それが刑事であれ，民事であれ，事実の正確な認定のうえにはじめてその公正性を保証される。これは当然のことだが，すでに過ぎ去った出来事について，残された物的証拠と人のことばによって正確に事実認定するのは，けっして容易なことではない。現にいまでも事実誤認による誤起訴や誤判の冤罪事例が跡を絶たない。
　この種の事例においてとりわけ問題となるのは，被害者・被告人の自白であり，目撃者あるいは被害者の目撃供述である。物的証拠はその来所に疑いがないかぎり，それ自体で一定方向の結論を指示しうるのに対して，人が自らの感覚器官を通して認知し，ことばでもって表現した供述証拠は，それそのものが時により所により，また当の人によりしばしば揺れる。それだけ複雑な心理諸機能の所産であって，これを証拠として正確に評価するのはむずかしいのである。自白や目撃などの供述証拠が，ときに重大な錯誤を生み出す原因となってきたのも故なしとはしない。
　しかしその錯誤が誤起訴・誤判を招いたとき，そこにもたらされる悲劇は言語を絶する。サッコとヴァンゼッティの裁判のように無実の人が死刑台に送られてきた例すらある。1920年に起こり1927年の死刑執行で終結したこの事件は，いまでも冤罪の悲劇の象徴として語りつがれている。それにまた実際，同種の事件が20世紀にわたって繰り返されてきた。だからこそ，これまで多くの人たちが，供述証拠の正確な評価を期すべく，種々の心理学的研究を重ねてきたのである。とりわけ欧米においての20世紀最後の20〜30年に蓄積されてきた知見は膨大なものがあり，またそれによって欧米では捜査や訴訟の実務に種々の改善が加えられてきた。
　わが国においても，法学研究者や弁護士たちによって誤判研究が積み重ねられ，心理学研究者もまたやや遅蒔きながら自白や目撃に関わる研究を開始している。しかしその成果がわが国の実務の状況をどこまで動かしたかと考えると，しばしばもどかし

はじめに

さを禁じえない。

　少々古い話になるが，故青木英五郎氏はかつて裁判官時代に，司法研究員として「証拠評価の方法」を論じ，自白や目撃の供述証拠をどのように扱うべきかを研究して，それを報告書としてまとめている。氏はその冒頭に次のように記している。

　証拠の評価，したがってまた事実の認定については，訴訟法や証拠法の理論的研究のほかに，特殊の知識，研究が必要である。このことは，いままでもわかりきっているようであって，実際には，いつも忘れがちであった。われわれは，鑑定は別として，実際上多くの場合，証拠の評価や事実の認定を，そのような知識をもたずにほとんど経験によって行っているといっても過言ではないであろう。極端なたとえを用いれば，オートメイションの時代に，大福帳を使用しているようなものである（青木英五郎『証拠評価の方法』司法研究報告書第10輯第2号，司法研修所）。

　この報告書が刊行されたのは1960年，いまからすでに40年以上も前のことである。大量生産を生み出した「オートメイションの時代」という用語そのものが，このコンピュータ時代の現代から見れば，すでに時代遅れの感が深い。まして「大福帳」などという比喩は，いまでは若い人にはほとんど通じまい。辞書で調べれば「江戸時代から明治にかけて商人たちが用いた帳簿」とあるが，私たちの世代なら，子ども時代に小さな商店でなおこれを用いていて，和紙の束を紐で綴じた厚手の通帳をなんとなく思い浮かべることができる。それにしてももうこれは死語の域にある。

　たしかに「オートメイションの時代に大福帳」という譬えそのものは，いまではもはや古くなりすぎた。では，青木英五郎氏がその譬えによって批判した実務の状況は，いまや過去のものとなったと言っていいだろうか。残念ながらそうは言えないように思われる。じっさい裁判においてなされる供述証拠の評価のなかに，単なる「経験」を越えた心理学的知見の反映を見ることは，いまでもきわめてまれでしかないし，被害者を取り調べ，目撃者たちから事情聴取をする捜査の実務においても，心理学の成果が生かされている気配はない。取り調べや事情聴取で得た情報は捜査官が文字で記録化するのみで，そこでやりとりされる実際の様子は相変わらずブラックボックスに閉じられているし，被疑者の写真面割過程の状況は密室のなかで行われ，その様子をビデオで可視化する手立てはとられていない。そして目撃者に被疑者を面通しするさいも，科学的検証の姿勢からかけ離れた単独面通しに，いまだにこだわっている。これでは40年前にすでに「大福帳」で揶揄されたやりかたそのものではなかろうか。この状況を私たちはいかに乗り越えていけばよいのだろうか。

　時はすでに21世紀である。しかし，問題は引き継がれている。これからの法学研究

者，心理学研究者，そして捜査・訴訟の実務家のそれぞれの肩にかかる課題は小さくない。

　本書は供述証拠のなかでも，とくに目撃供述を取り上げて，これに法と心理学の双方からアプローチしたものである。法学研究者と心理学研究者がそれぞれの成果を持ち寄り，目撃供述の問題一点にしぼって論じあった書物は，少なくともわが国で初めてのものである。本書の目的はただ一つ，正確な事実認定を導くための捜査・訴訟手続きにいかに資するかという点にある。実際にはまだ十分に煮詰まっていない議論もあるし，迫り切れていない問題も少なくない。しかし現実の捜査・訴訟の問題を扱ううえで実用的に使える理論や知見が豊富に盛り込まれているはずである。

　私たちとしては，本書を，だれよりもまず捜査実務，訴訟実務に関わる人たちに読んでいただきたいと思っている。現実の実務に批判的な論も多いが，それはもちろん批判のための批判ではない。事実認定の間違いによる悲劇をできるかぎり少なくし，そのうえでなおかつ的確な捜査・訴訟を推進する手立てを，私たちは切に求めているのである。実務と研究の相互批判が望まれる領域だけに，積極的な議論を展開していくきっかけになればと願っている。また，法学，心理学の研究者には，こうした境界領域の研究の意味をあらためて確認いただければと思う。それは単に研究の成果を現場に応用するというだけの話ではない。現場の現実から問題を汲み取って，そこに迫るとき，研究の側にも確実にあらたな視点と方法が導かれてくる。法の世界と心理学の世界を架橋するこの現場に，それぞれの研究が豊かに展開していく領域が広がっていることを，私たちはこの間の共同研究を通して確信するようになった。

　本書を企画したのは，もうすでに5年以上も前のことである。具体的な事件をめぐって法の研究者・実務家と心理学研究者が議論を交わし，研究会を重ねてきた。なかでも日本弁護士連合会刑事弁護センターの支援によって「目撃証言研究会」をここ数年継続的に持つことができたことが，本書編集の底流として私たちを支えてくれた。執筆のご協力をいただいた方々には，早くながら原稿をいただきながら，ずいぶんとご迷惑をおかけした。ようやく本書が実を結んでほっとしているというのが，編集に関わった私たちの正直な感想である。とはいえ，もとよりこれは出発点にすぎない。おりしも昨年秋には「法と心理学会」を立ち上げることができた。この学会立ち上げに少し遅れはしたが，本書がこの新学会を盛り立てる一助となればと願っている。

　最後に本書のような地味で，また大部の研究書の刊行を引き受けて，その編集に根

はじめに

気よく力を注いでくださった北大路書房の関一明さん，田中美由紀さんに心から感謝する。

     2001年2月11日

                渡部　保夫
                一瀬敬一郎
                厳島　行雄
                仲　真紀子
                浜田寿美男

＊〔法と心理学会　連絡先〕
156-8550　東京都世田谷区桜上水3-25-40
日本大学文理学部心理学研究室内
法と心理学会事務局
FAX　03-5317-9427
e-mail : jslp-jim@chs. nihon-u. ac. jp

目次

はじめに　*i*
序論　目撃者取り調べのルール　*1*
 はじめに　*1*
 第1節　犯人の容貌等の特徴の描写　*3*
 第2節　写真面割　*6*
 第3節　単独面通しの問題　*12*
 第4節　複数面接方式　*15*

第1編　心理学からのアプローチ　*19*

第1部　目撃証言の信頼性に関わる要因　*20*

第1章　目撃証言と記憶の過程―符号化，貯蔵，検索―　*22*
 第1節　目撃証言に影響する諸要因の区分　*23*
 第2節　符号化への影響要因　*25*
 第3節　記憶の貯蔵への影響要因　*35*
 第4節　記憶からの情報検索への影響要因　*40*
 第5節　フィールド実験による目撃の識別　*47*
 結語　*50*

第2章　既有知識が目撃証言に及ぼす影響―スキーマとステレオタイプ―　*52*
 第1節　記憶とスキーマ　*52*
 第2節　記憶とステレオタイプ　*59*
 第3節　顔の記憶における既有知識の影響　*66*
 おわりに　*71*

第3章　情動が目撃証言に及ぼす影響―情動の喚起と凶器注目効果―　*73*
 第1節　情動と記憶の関係：従来の理論　*73*
 第2節　強い情動が記憶を促進するか，妨げるか：一般的な考え方　*75*
 第3節　強い情動的覚醒下の記憶に関する実証的研究　*76*
 第4節　強い情動喚起場面そのものの記憶　*78*
 第5節　凶器注目効果　*81*
 第6節　結論　*85*
 第7節　新たな展開　*88*

第4章　目撃証言の情報収集手続き―Wellsの提言をもとに―　*89*
 第1節　人物描写の聴取　*89*
 第2節　合成写真（画）　*92*
 第3節　マグショット　*94*
 第4節　フォト・スプレッド　*97*

第5節　ラインナップ　*102*
　第6節　声，衣装，その他の物品の同定　*108*
　第7節　催眠術　*113*

第2部　目撃証言の心理学的基礎　　　　　　　　　　　　　　　　*116*

第5章　「見る」ことの意味―知覚―　*118*
　第1節　推論説：間接知覚理論　*119*
　第2節　生態光学：直接知覚理論　*123*
　第3節　直接か間接かを越えて　*126*

第6章　覚えること，思い出すこと―記憶―　*128*
　第1節　記憶の区分　*128*
　第2節　短期記憶　*131*
　第3節　長期記憶　*135*
　第4節　その他の特徴的な記憶　*139*

第7章　顔を見分ける，顔がわかる―顔の知覚と記憶―　*141*
　第1節　顔の知覚　*141*
　第2節　顔の記憶の基本的特徴　*147*
　第3節　日常場面での顔の記憶　*157*
　第4節　社会的技能としての顔の記憶　*163*

第8章　日常記憶―場所と時間の記憶―　*166*
　第1節　日常記憶研究の背景　*166*
　第2節　空間の記憶　*170*
　第3節　時間の記憶　*178*
　第4節　日常記憶の特徴と制約　*184*

第9章　出来事の記憶と誘導尋問―事後情報効果―　*185*
　第1節　誤情報効果研究の概観　*186*
　第2節　誤情報効果の原因は何か？　*187*
　第3節　何が誤情報効果に影響するのか？　*190*
　第4節　オリジナルの記憶はどこへ行くのか？　*193*
　第5節　実験室から現実の世界へ　*199*

第10章　意思決定の論理―推論と判断―　*201*
　第1節　信号検出理論と記憶検索課題　*202*
　第2節　Bayesの定理あるいは確率的意思決定の規範性をめぐって　*209*

第3部　証言過程の分析　222

第11章　目撃証言と対人的要因－バイアス，パーソナリティ，対人的相互交渉－　224
　第1節　目撃証言や供述に影響を及ぼす自己中心的・利己的バイアス　224
　第2節　供述・判決に及ぼすパーソナリティの影響　228
　第3節　公正世界の信奉　230
　第4節　目撃証言や供述に及ぼす対人感情と身体的魅力の影響　231
　第5節　目撃証言を歪ませる要因　234
　第6節　目撃証言における対人相互作用の影響　237
　第7節　目撃証言に及ぼす被暗示性の効果：「操作された」目撃証言　239

第12章　共同で思い出す－目撃証言における共同想起－　244
　第1節　共同想起とは　244
　第2節　共同想起と目撃証言　244
　第3節　従来の共同想起研究の何が問題なのか　251
　第4節　事実の構成　255
　第5節　体験の存在／不在の判別をいかに実行するか　259
　第6節　最後に　266

第13章　目撃証言の真偽判断とその方法　268
　第1節　心理学における予測性と了解性：供述分析の基本理念　268
　第2節　Undeutsch,Trankellの供述分析法　273
　第3節　わが国の実情からみた供述分析　293
　第4節　供述分析の具体的な手順と方法　315
　おわりに　342

引用文献　344

第2編　法律学からのアプローチ　365

第1章　日本における犯人識別手続きの問題点　368
　はじめに　368
　第1節　日本型人物識別の概観　370
　第2節　ケース研究・ある放火事件の目撃証人（類型Cで誤った目撃供述の事例）　375
　第3節　類型別にみた16事例の目撃証人の職別手続き　394
　第4節　日本型人物識別の批判的検討　429
　おわりに　440

第2章　アメリカにおける犯人識別手続き　445
　はじめに　445
　第1節　Wade,Gilbert,Stovall判決　446
　第2節　弁護人依頼権　448

目次

第3節　デュー・プロセス保障　*455*
第4節　考察　*463*
第5節　修正4条との関わり　*471*
第6節　まとめにかえて　*472*

第3章　アメリカにおける専門家証言の許容性　*481*
はじめに　*481*
第1節　アメリカ法の概観　*482*
第2節　弁護人依頼権　*486*
第3節　デュー・プロセス　*493*
第4節　専門家証言　*495*
第5節　三判例の登場　*501*
第6節　その後の動向　*516*
第7節　むすびとして　*521*

第4章　アメリカ刑事訴訟における心理学鑑定の許容性　*526*
はじめに　*526*
第1節　反対尋問は安全保障となるか　*526*
第2節　説示は安全保障となるか　*529*
第3節　陪審は安全保障となるか　*531*
第4節　心理学鑑定は安全保障となるか　*533*
第5節　心理学鑑定の許容性　*536*
第6節　とくに2点について　*538*
第7節　おわりに　*539*

第5章　イギリスにおける犯人識別手続き　*542*
はじめに　*542*
第1節　「1984年警察及び刑事証拠法」と「実務規範」　*542*
第2節　「実務規範D」にみる目撃証人による犯人識別手続き　*544*
第3節　「実務規範D」に違反して獲得された識別証拠の取り扱い　*547*
むすび　*550*

第6章　ドイツにおける目撃証人の取り扱い　*553*
第1節　誤判研究に現れた目撃証言　*553*
第2節　目撃証言・識別の法的問題　*555*
第3節　目撃証言の心理学的研究　*558*

人名索引　*565*
事項索引　*572*

序論　目撃者取り調べのルール

はじめに　　なぜ捜査機関による目撃者取り調べのルールが必要なのか

　近年、目撃証言によって有罪、無罪が決まるといった事件が増えているなか、その判決の中で取り調べについて問題点がさまざまに指摘されてきている。イギリスなどでは、目撃証言の取り扱いについて明確な実務規範ができているのであるが、そろそろ日本においても同様に取り調べに際してのルールについて考える時期がきたのではないかと思われる。

　捜査機関による目撃者取り調べになぜルール（fair and workable rule）が必要かについては、次のような点が指摘できよう。まず、捜査当局では主に密室で取り調べが行われており、そこでの不当な誘導を避けるために、取り調べの公正を確保する必要がある。また、目撃証言というものは非常に微妙なものであり、目撃証人に対する取り調べ方法には、特別なセーフ・ガードを設けないと誤判をもたらす危険性がでてくる。これは、例えばデブリン報告などでも指摘されていることである。そして、当然のことであるが、捜査段階の手続きが公正に行われることについて、国民の信頼を確保する必要もある。とくに、外国人の事件なども増えてきており、国際的な信頼を確保するためにも同様なことがいえよう。

　ただ、ルール通りに実施したら正確な識別ができるかというと、必ずしもそうではないし、立派なルールに従って目撃者を取り調べたら、必ず正確な証言がでてくるというわけでもない。よくいわれるように、犯人識別供述というのはストーリーを含まない供述であり、そのようなものは暗示や誘導などに左右されやすいものであるから、それを正確に評価するのは非常に困難なのである。ことに目撃証人が誠実に証言した場合でも、間違う場合はいくらでもあり、そのような識別証言だけで有罪を認定してよいのかという問題も残る。現にイギリスのターンバル判決では、原則的に証言に加

えて，指紋や足跡等の補強証拠がなければ，決して有罪にしてはいけないという指摘がなされている。つまり，本質的には目撃証言には弱さがあるということである。

このような問題点をふまえて，わが国の裁判例のなかでも次第に取り調べのルール化を要請または示唆する判示が現れ始めている。そのいくつかを列挙してみる。

① 板橋の強制わいせつ事件の最高裁判決では，年少者は被暗示性が強いので，捜査段階の扱いには注意が肝心であるとの指摘がなされた。(最高裁89.10.26 判例時報133・145)

② 下田缶ビール詐欺事件の再審無罪判決でも，写真面割をすると印象が固定化し，公判での証言にもそれが反映する危険性があることを指摘している。(静岡地裁86.2.24 判例時報1184・165。なお，同旨の判例に東京高裁95.3.30 判例時報1535・138のスリ無罪事例がある)

③ 守口市内ゲバ事件の大阪高裁判決では，写真面割の重要性，その公正な手続きの必要性，写真の証拠保全の必要を指摘した。(大阪高裁85.3.29 判例タイムズ556・204)

④ 別の判例では単独の面通しの危険性が指摘されている (大阪高裁92.2.28：強姦事件 判例タイムズ829・277)

⑤ 富山事件控訴審判決でも目撃証言の判断基準を述べるなかで写真面割の方法について一定のルールを提示している。

⑥ 自民党本部放火事件の一審の無罪判決は，自動車の助手席にいた犯人を目撃したという警察官Ｙが，証人として写真面割をする前，すなわち写真面割による影響のないうちに，目撃した人物の特徴について記憶の再生を得て，供述調書を作成しておくべきであった旨，示唆している。(東京地裁91.6.27 判例時報1430・3,88～91頁)

⑦ 同事件の控訴審の判決では，目撃者Ｔの供述内容が，検察官を介して別の目撃者Ｎに流入してＮの原記憶を歪めたり，あるいはＴやＮの検察官に対する供述調書の特定の部分が検察官の誘導によって出現した可能性が大きいことを指摘し，取り調べのあり方に警告を発している。(東京高裁94.12.2 判例タイムズ865・107)

⑧ 同判決は，Ｔに写真を見せる前に犯人とされた者の容貌などについてＴが供述していたのならば，捜査官としてはそれを供述調書に録取して写真面割前のＴの原記憶の保全実証に努めるべきであったと判示し，写真面割前における犯人の容貌など，特徴描写の記録の必要を示唆している。

以上のような判決からも，過去の誤起訴・誤判を教訓として，ルールの設定の必要性を感じる。また昨今，証言心理学者の側からもルールの必要性についての示唆や提案がなされている。

以下，本稿では目撃した犯人の容貌などの言語的描写，写真面割，面通しの各段階について，取り調べ上必要な注意点を検討する。

第1節　犯人の容貌等の特徴の描写

目撃者取り調べのルールの第1として，捜査官が目撃者から犯人目撃の届け出を受けたなら，目撃者が目撃した犯人の容貌などの特徴について，最初の供述を詳細かつ正確に聴取し，ただちにその記録化に努めなければならない。たとえば，帝銀事件では，人相書やモンタージュ写真をつくるという努力が一応なされてはいたものの，被害者らの病状の回復と同時に，数十人の目撃者らから犯人の容貌などの特徴について詳細かつ正確な描写を獲得保存していたならば，その後の混乱は生じなかったであろうと思われる。

1．犯人識別についての最初の言語供述

大出良知の指摘するように，目撃証人になり得る者に対しては，写真面割，面通しによる識別手続きを行う前に，まず言葉で語らせて，それを記録化していなければならない。この記録化が完了していなければ写真面割も延期しなければならない。これは1973年のデブリン報告ですでに提案されていたことであるが，そこではこの描写は詳細かつ正確なものでなければならないと規定している。大出はこのルールを紹介し，「目撃証人の記憶内容と，事後的な影響の有無を確認するうえで極めて重要であり，識別手続の公正性を担保するうえで重要な意味を持つ」としている[1]。

厳島行雄も，自民党本部放火事件の鑑定書の中で同様なことを指摘している。すなわち，警察官Yは犯人を目撃した後12日目に上司に報告した。その上司に報告をした際に，取調官はすぐに目撃人物の特徴を言葉で言わせるべきだったのにこれをさせなかったのはたいへん不合理，不自然であった。もし写真を見せたりして，証人の記憶に変更が生ずる前にきちんとした再生内容の報告を保存していれば，この証人の記憶内容を正確に分析できたであろう[2]。

控訴審判決でも，目撃者が犯人の容貌などの特徴を具体的に供述できるか否か，言葉で供述できるか否かといったことが，犯人識別の正確性と密接に関連するとし，機

械部品卸売店の女子店員Ｎが行った容貌特徴に関する供述には具体性が乏しく，あいまいであり，変遷していることから，Ｎの記憶は明確でないとした一審判決の判断を是認している。

　最初のオリジナルな記憶内容を記録するためには，できるだけ正確に自発的供述を引き出すためのそれ相応の尋問方法が大切になってくる。この点について Loftus は，いわゆる物語方式で自由に語らせる必要があるといっている(3)。

　心理学者の富田達彦によれば，目撃証人の取り扱いについて Wells が提案した注意則やルールでは，捜査官はまず，目撃証人がいつ，どういうわけで目撃したのかということに関する質問をし，その後証人に自由叙述質問をする。それが終わったら，犯人の容貌について自由に述べさせる指向性叙述質問をし，続いて具体的質問をするべきであると述べている(4)。

　そのひとつのひな型が Loftus の著書(5)に出てくるアメリカの例である。しかし，証人からオリジナルな記憶内容を引き出す際，その自発性を妨害するものとして次のような要因があることを考慮にいれておく必要がある。すなわち，警察官の前で話すことによるプレッシャー，証人が一生懸命協力しようと意欲的になること自体が自発性を内的に歪める可能性，あるいは証人の責任感や自信，言語表現をすることによって記憶が変容する可能性などである。しかし，いずれにせよオリジナルの記憶をできるだけ大切にし，それについての自発的供述を正確に引き出すためには，ある一定のルールが必要になってくる。

２．事情聴取全過程のテープ録音

　このようなオリジナルな描写の重要性にかんがみ，質問と回答の両方を漏れなく正確に保存するため，事情聴取の全過程をテープ録音することが必要である。このことはこれまでにも多くの人たちによって主張されている。

　たとえば，イギリスの著名な刑事法の学者である Williams(6)は，ある論文の中で，このような目撃証言は警察でいろいろな誘導を受けても，法廷の段階になると，誘導を受けたという事実を忘れることがめずらしくないために，オリジナルな供述は必ずテープ録音をする必要があると述べている。

　また，富田は先述の論文の中で，やはり理想的には録音テープで記録すべきだといっている(7)。取調官自身も目撃証人が述べた回答を想起しにくいこともあるため，録音テープがない場合は証人の言葉を言い換えたりせず，そのままノートに逐語的に記載すべきである。そして，証人から得た情報が自由叙述式，指向性叙述式，あるい

は具体的質問のいずれから引き出されたかについても記録しておく必要がある。なぜならば，これら3種の形態では情報の信頼性が異なるからである。

　厳島も心理学者として，なぜ日本の警察官，あるいは検察官の面前でなされた供述調書には質問者の質問の記述がなく，供述者の回答だけが記述されるのかという疑問を提起している。心理学的にいえば，どのような質問をしたかということを手がかりとして記憶の再生・再認が行われるわけであるから，再生・再認の結果そのものよりもむしろこの手がかりとなった質問の方が重要なことさえある。ところが，日本の捜査官の供述調書には，どのような質問が行われたかについての記述がない。そこで，事情聴取される側にもする側にもわからないように，その様子を録画することが望ましいと述べている[8]。

　さらに富田は，複数の目撃証人がいる場合，お互いに他の人物描写に影響しあうことがないよう，捜査官は目撃証人をできるだけ早く，お互いが交わらないように切り離すべきであり，さらに人物描写の聴取は，個々の目撃証人ごとに異なる係官がすべきであると指摘している[9]。

3．犯人識別供述についての証拠開示

　最初のオリジナルな描写の記録は，警察から弁護側に開示すべきである。

　デブリン報告書でも，最初のオリジナルな描写は犯人を識別するためのスターティングポイントであり，その記録が弁護側に開示されなければならないことが指摘され，現にデブリン報告書の出された1976年当時，すでにいくつかの警察署では開示が実施されていた。この記録が開示されなければ，弁護人は証人への反対尋問において最初の描写についての質問ができない。開示されて，最初の描写と法廷での証言のあいだに食い違いがあることがわかれば，その証言を弱めることになる[10]。

　こうしてデブリン報告では最初の描写に証拠能力を認めようとする。ただしこれは，パレードで同一性を識別した証人に限り，面通しや写真面割以前に得られた最初の描写の証拠能力を肯定しようとしたものである。このように，オリジナルな描写がどうであったか，どういうようなことを犯人の容貌特徴として述べていたかを正確に知ることが，目撃者の認識能力を知る大切な手がかりになってくる。現在イギリスでは，最初の描写の開示が正式な規則になっている。わが国ではことに，捜査官は一人ひとりの目撃者に対して繰り返し事情聴取し，何度も写真面割をする。あるいは何通もの供述調書を作成するというのが実情である。たとえば，皇居迫撃砲事件のT証人は，写真面割の前後を通じて，警察から10回にも及ぶ事情聴取をうけた。あるいは，自民

党本部事件のY証人は，事情聴取を8回うけ，5通の供述調書が作成され，その間に3回の写真面割をさせられている。あるいは，事件発生から25年たってようやく無罪確定した甲山事件では，知的障害をもつ園児たちのうち，Aという園児は警察官から3年あまりの間に18通も供述調書を取られている。その他もみな知的障害をもつ子どもたちであるが，Bは14通，Cは22通，Dは12通，Eは21通と，繰り返し供述調書が作成されている。

　このように，1人の目撃者が捜査官から何度も事情聴取をうけ，何回も写真面割をさせられ，何通もの供述調書を取られたりするうちに，さまざまな誘導，示唆，暗示などを受けるのは当然である。それによって，記憶内容が変遷したり歪められたり，あるいは固定化させられたりする。このような1人の証人に対する多数回にわたる事情聴取の慣行を廃止できない以上，目撃証人からの最初の供述を正確かつ詳細に記録化し，そのコピーを弁護側へ証拠開示として提供することは非常に重要であり，このことはぜひともルール化すべきである。

第2節　写真面割

　捜査当局が犯人に目星をつけられなかったり，またある程度想定していても逮捕できるほどの証拠を有していないような場合，目撃者に写真を提示して犯人の選別をさせることがある。この写真面割の手続きについて，イギリスではいくつかのルールが定められている。そのルールと対照させながら日本での実務の問題を指摘してみたい。

1．写真面割手続きおよび写真帳構成

　まず，先述のように，イギリスにおいては目撃証人による被疑者の最初の描写の記録化ができていなければ写真面割をさせない。描写の記録化ができるまではこれを延期する。

　また写真面割を行うということになれば，イギリスでは巡査部長以上の者が写真面割の実施を監督し，責任を負うということになっている。巡査部長というのがイギリスと日本でどのくらい格式が違うものなのかは確かではないが，イギリスは個人の責任を強く要求する国であるから，ある地位の人が写真面割の実施について負う責任の重みは，日本とは異なるであろうことは容易に想像できる。日本においても行き当たりばったりで適当に行うのではなく，このように一定の責任者を定めるべきであろう。

　写真面割では，12人以上の人物の写真の中から選別させるようになっている。日本

の警察などではよく警察台帳の前科者の中から取り出してきた写真を目撃者に見せて選ばせるわけであるが，先ほどの富田の論文によれば(11)，50枚，100枚といった感じで枚数が多くなりすぎるのはかえってよくないという。ただ，あまり少なすぎるのも問題なので，イギリスでは12人以上と定められている。

　写真提示については，できる限りすべての対象者が同様の写り方をしている写真を集めて貼付した写真帳によって行わなければならない。写真帳に貼付しないで写真の束のような形で見せると，後でどのような順序でその写真を示したか，あるいはその写真の束が本当に証人に見せたままの状態にあるのかがわからなくなる恐れがあるからである。そのため，写真面割に使用した写真帳は必ず公判になるまで保存しなければならない。

　たとえばこの点について，富山事件では，中核派の人間による犯行とみられたため中核派の人間の写真だけを目撃者らに示し，そのうちのだれを選別しても「空くじなし」(12)の状態にして提示した。そして，そのなかからＴ証人が被告人の写真を選別すると，他の６人の証人も，犯人の身長，年齢などに関する供述内容はまったくばらばらで不統一であったにもかかわらず，続々と同じ写真を選別するにいたった(13)。この場合，公正な方法によるなら，犯行者ではないことがあらかじめわかっている中核者以外の人間の写真も台帳に載せて，目撃者の記憶をチェックする姿勢をもつべきであっただろう。

　この事件では，各証人に２度にわたって写真が提示されている。例えば，一審の無罪判決の中で指摘された点であるが，最初ある証人Ｉに対し100枚くらいの写真の束を提示したところ，似ている者はいないというので今度は12, 3枚が示された。そこでＩはその中の１枚を犯人に似ているとして選んだのだが，これは捜査当局がマークしていた被告人ではなかったため，捜査官は今度は被告人の写真１枚だけを示した。すると，Ｉはそれを非常に犯人に似ていると述べたという。その後，２度目の面割で赤表紙の写真帳を証人に示しているが，この写真帳は構成・枚数において明らかに被告人が目立つように作成されていた。例えば，被告人の写真だけが後半の中ごろに１枚と，最終ページにかためて６枚，合計７枚も貼付されていたのである。また，指導者の風采を備えている人間は被告人だけというような感があり，そのために被告人が犯行の指揮者として同定された可能性も否定できない。これを有罪としたのちの控訴審判決も，さすがにこの点についてはフェアでないと指摘している。

　最初に証人らに示された中核派の写真の束がどのようなものであったのかについても記録にとどめられておらず，このような写真帳のつくり方にもやはりある一定の

ルールが必要であるといえよう。

２．面割手続きにおける教示

　イギリスで定められているルールによれば、「写真帳の中にあなたが見た犯人の写真があるかもしれないし、ないかもしれない」ということを必ず告知しなければならない。Loftus[14]もいうように、この告知があるとないとでは、同定の正答率に違いがでるという。つまり、告げない場合、証人はその写真帳の中に犯人がいるのだろうという感をいだいてしまい、間違った犯人の同定をする可能性が高くなる。告知した方がその可能性が少なくなり、ずっと正確性が高くなるという。

　また、手続きを行う捜査官は決して証人を促したり、助けたり、示唆したりしてはならない。そして「自信がないなら『自信がない』と言ってください」と告げなければならない。

　この点について富田は[15]、選別が終わってからその証人自身に対して、人の同定に関する自信の程度を尋ねるべきであると述べている。つまり、選んだときにはあまり自信がなかったにもかかわらず、後に確信を持ってくるなど、時が経つにつれ犯人記憶とは無関係な変数が作用してくるからである。富田は、そのような余計な要因が働く前に「この人があなたが見た人物であるということにあなたはどのくらい自信がありますか」というふうに尋ね、その答えを得たら、逐語的に書き留めるか、あるいはテープに録音しておくべきであると指摘している。

　このことに関連する事件として自民党事件があげられる。この事件の控訴審判決によれば、T証人は警察官から写真帳３冊を見せられ、写真面割を求められたとき、「あまりよく覚えていないから見てもよくわかりません」と言ったところ、警察官に、「じゃあ、何か見たことがあるような人がいたら何枚でもいいから選んでください」と言われ、この指示に従って「これまでに見たことがあるような人」という印象から写真を選別し、そのうちにその人物が捜査官が問題にしていた人物であると同定したのである。このように２段階の思考過程をふんで選別同定したとすれば、そこには明らかに問題がある。これは明らかに一種の促し、示唆、助けにあたるものである。同判決は結局このような２段階的思考に基づく選別、同定というのは、犯人についての容貌記憶の欠如ないし曖昧さを物語る以外の何ものでもなく、その選別・同定の危険性は明らかであると述べている。

　富田はこの事件の写真帳に関して鑑定書を提出し、事件のことを知らない第三者でもこの写真帳では多くの人が被告人の写真を選ぶ傾向があることを、心理学理論や実

際の実験などによって示し，この写真帳の構成自体がバイアスのかかった配列であることを証明した[16]。

　この点に関しては先の Williams の指摘があてはまる。実際は T 証人は警察官 K から微妙な示唆を受けたが，法廷段階ではそれを忘却しているのかもしれないのである。いずれにせよ，促し・助け・示唆があっては正確な同定はできない。同様の意味で，目撃証人が複数いるときには，正確な同定のために，証人には 1 人ずつ別々に写真を見せ，証人相互間の情報の交換を禁止するような措置をとらなければならない。

3．被疑者を特定しているときの写真面割

　捜査機関が被疑者を逮捕し得る程度に特定していた場合，あるいは捜査機関がこのような人間が怪しいとマークしているような場合には，その被疑者の写真の他に，被疑者と年齢，体格，容貌などが似ている12人くらいの人間の写真をそろえ，その中からピックアップするように措置することもイギリスでは規定されている。

　下田缶ビール詐欺事件では，警察官は N という人間が怪しいと考え，目撃者 3 人に対して N を含む 6 人の写真を示して犯人の選別をさせたところ，3 人はいずれも犯人の目印として大柄な体格ということを記憶しており，N の写真を選んだ。ところが実は，この 6 人の写真のうち，大柄の体格の持ち主は N だけだったのである。写真面割の後，3 人は透視鏡で N を見て犯人との印象を強め，その後 N と直接面談して，間違いなく N が犯人だと同定した。しかし，その後 N が服役を終えた後に捕まった真犯人は，N と同じくらい体格の大きい別人であった。目撃者は大柄な体格という記憶だけを頼りに N を選んでしまったのである。

　先ほどの富山事件の写真帳などでも，捜査当局が富山をマークしていたのであるとすれば，富山と似たような人間の写真を集め，その中からピックアップする方法がフェアであり，そうする必要があったと思われる。

　イギリスでは一般に写真面割の価値を非常に低く考えている。数人の目撃証人に写真面割をさせようという予定であっても，たとえば 1 番目や 2 番目の証人に写真面割をさせたところ，その人がかなりの確実性で特定の人物の写真をピックアップした場合，残りの証人に対しては写真面割を中止し，その特定の人間を選んだ証人と，写真面割がまだ終わっていない残りの証人を含めて，パレード識別，つまり複数面接の方法で識別させることが規則になっている。すなわち，写真面割よりも実物を用いた識別を特段に重視しているわけである。それはなぜか。写真面割は密室で行われるため，公正に実施するといっても限度があること，実物の人間を識別するよりも写真で識別

する方が抵抗感が少ないため、ややもすれば慎重さを欠いたまま安易に識別してしまう危険があること、また、写真面割というのは、顔だけはわかるにせよ、身長などの微妙な身体特徴の差異などははっきりわからないことなどを考慮したものであろう。

　ドイツでも、イギリスと同様に写真面割の価値を低く見ており「面割写真は、未だわからない犯人手配のためのきっかけを獲得する場合のほか、被疑者が逃亡したり、犯行後長時間が経過し被疑者の容姿が変わった場合等に、例外的に認められるべきである」とされ、「写真による識別は面通しによるそれよりも信用性が低く、さらにひとたび行われた写真による面割の証拠価値は面通しによって補強されることはない。写真で識別された者を面通しで再び識別したとしても、それは証人がその者を以前に（写真で）見たことを意味するにすぎない」といわれている[17]。つまり、まったく犯人の見当がつかない場合や、逃亡していて実物を連れてきての面通しができないなどの例外的な場合にだけ、写真面割をするというのである。このように写真による識別は、面通しによるそれよりもずっと信用性が低いと考えられている。

　ところが日本では、捜査でも裁判でも写真面割が非常に重要視されている。日本で捜査官が写真面割を非常に重要視する理由として、ひとつには扱いやすい点があると思われる。換言すると、捜査官が目撃者らを巧みに誘導したり示唆したりして、狙いをつけている人物の選別にもっていきやすいからだということが、いく分にせよあるのではなかろうか。あるいは、複数面通しを実施するとなると、どうしても手数がかかって面倒であるため、目撃者が何人いても写真面割を行い、最後にすべての証人に対して単独面通しをして仕上げるというふうにしてしまっているのではないか。

　ところが、富山事件の控訴審判決などは、写真面割の方法はそれ自体価値が高いから、大いに利用すべきだという趣旨のことを述べている。「人物の同一性識別につき通常最も基本となるものは、当該人物を目撃した者の、原初的印象、つまり原記憶の言語による表現であることは言うまでもない」としながらも、「犯人が一定範囲の者と想定される場合には、本件で用いられたような写真面割の方法も甚だ効果的なもので、その結果に高い証拠価値を認めるのは十分に根拠のあることである」という[18]。

　しかし、現在日本の警察で行われている写真面割の方法は、真実の発見、真犯人の確定や、公正さなどの点で本当に価値の高いものといえるかどうか、私自身としてはこの点について否定的に考えざるを得ないと思っている。

4．写真面割を公正なものにするために必要なこと

　写真面割の手続きを真に公正なものにするには、次の2点が必要である。

一つは数人の目撃証人がいる場合に，その複数目撃者に対する捜査官の事情聴取，写真面割は完全に相互に独立になされるように配慮すべきだということである[19]。そのため，たとえば証人が7人いたならば，各証人に対する事情聴取や写真面割は，捜査に従事していない別の警察官が行い，しかも7人について別々の警察官が担当すべきである。ところが，これも浜田が指摘している通りであるが，わが国では捜査官同士が連日のように捜査会議をして情報を交換し，1人の捜査官が数人の証人の事情聴取や面割などを担当するため，7人の証人全員から同じ方向の供述を得るように意識的，無意識的に誘導・示唆・暗示が行われやすい。そこでは，たとえば7人のうちある証人が警察がマークしていた被告人の写真を「これが犯人だ」とみなせば，これが他の証人にも波及して，みなが次々と同じ写真を選んでしまう傾向がある。二つ目は，各証人に対する事情聴取・写真面割・面通しの状況を詳細に記録し，それらを弁護側に開示する必要性である。このような透明性がなければ，各事情聴取・写真面割・面通しの過程が本当に公正に行われたかどうかを確かめることはできない。写真面割についていえば，どのような枚数，構成の写真帳をどのように示したのか，そして，証人がこの写真帳を見てどのような意見・感想を述べたかなどを，被疑者を特定したかどうかにかかわりなく，詳細かつ正確に記録する必要がある。たとえば，証人がある被告人の写真を選んだけれども，別人の写真にも相当魅力を感じたふうであったとかいうように，すべて記録すべきである。できれば，写真面割の部屋と隣の部屋をグラススクリーンで仕切り，隣室のビデオカメラで写真面割の状況を撮影，録音する設備を設けるべきであろう。このようにすれば写真面割の透明性と公正さを担保でき，後に検証することも可能になってくるのである。

　この2つの条件が確保されない限り，前述の控訴審判決が述べるような写真面割の結果への高い証拠価値を認めることはできないであろう。

　自民党本部放火事件でも，写真面割が何回か行われている。しかし，同事件の控訴判決は，最初の警察官の写真面割の重要性を認め，「爾後の検察官の写真面割や，被告人の面通しによる同定は，当初の面割によって得られた情報からの影響が避けがたく，言ってみれば，当初の面割の正確性を確認する作業と言ってよいから，警察官の写真面割に基づく同定について，とりわけ慎重に検討する必要がある」と指摘する。しかし，日本では最初の写真面割がどのように行われたかを弁護側が完全に知ることができないのがふつうである。浜田はそのような状態を指して「ブラックボックスの中に置かれている」[20]と表現しており，この状態を避けるためにもこういった設備をつくることが必要であろう。

第3節　単独面通しの問題

　イギリスでは，単独面通しは，本来的に不公正な方法であると認識されており，ごく例外的にしか行われない。アメリカなどではしばしば単独面通しも行われているようであるが，日本ではそもそも複数面接方式を実施するのは皆無であって，単独面通しだけが行われているのが現状である。

1．単独面通しが不可避的に行われた例

　単独面通しというのは，それ自体暗示に富んで危険であるといわれながらも，不可避的に行われてしまうことがある。

　そのひとつのケースに偶然の対面がある。アドルフ・ベック事件では，結婚詐欺にかかった女性がロンドンの道路上でアドルフ・ベックという男に会って，突然「あなたが私をだました男です」と言って，その腕をつかんで警察に連れていってしまった[21]。これは結局誤認であるとわかるのだが，このような偶然の対面は，どうしても避けられない。

　また，傷害事件などで被害者が病院などにいて，いつ死ぬかもしれず，警察官がその付近で逮捕した容疑者をすぐ病院に連行して面通しさせるなど，どうしても単独面通しにならざるを得ないケースもある。

　犯人を追いかけて，少し間をおいて犯人とおぼしき人物を捕まえた場合も，結果的に単独面通しに等しい状況になる。日本でも梅田駅構内スリ事件では，スリに遭った被害者らが犯人を追いかけ，いったんは見失ったものの，20分くらいしたところで犯人と思われる人物を捕まえ警察に連行した。これも最終的には誤認であったのだが，このようなケースも不可避的に単独面通しになる。不可避的ではあるが単独面通しが行われる場面では，それぞれにいろいろな形の暗示が働く可能性が大きく，このような点は証拠の価値判断というところで考慮に入れる必要があるといえよう。

　アメリカでは，犯罪現場などで目撃者の記憶の減失や減退を防止し，犯人逮捕の可能性がある場合や，捜査官や目撃者の安全などの緊急性がある場合は，単独面通しもかまわないとされている。しかし，本当に緊急の場合かどうかということを検討すべき場合もいろいろある。ことに，目撃者が精神的に平常でない状態にあるときに面通しさせると，警察官が連れていけばだれでも犯人に見間違えてしまう危険性がある。やはり，できるだけ逮捕してそののち複数面通しをすべきである[22]。

2．やむなく単独面通しを行うときのルール

このように，単独面通しはそれ自体暗示を伴うため，次のようなルールが必要である。

① まずイギリスなどの例のように，単独面通しをさせる前に目撃者から目撃した犯人の容貌の特徴などについてできるだけ詳細な描写を得て，それを記録しておく。このオリジナルの描写の確保ができていなければ単独面通しを延期する[23]。

② 犯人の処罰を強烈に望んでいる目撃者には単独面通しを絶対にさせない。弘前事件の被害者の母親は，警察でNを一目見て「卒倒するほどの感じを受けた」と述べ，それが誤判の一因になったものである。熱心すぎる目撃証人が危険である点については Yarmey[24] も指摘している通りである。

③ 警察官はできるだけ冷静かつ公正な態度で面通しを行うよう配慮しなければならない。「この人はあなたが見た犯人であるかもしれないし，そうでないかもしれない。冷静公正な態度で正直に述べてほしい」と告げ，いっさいの示唆・暗示などを与えてはならない。たとえば，容疑者と証人のいるところで，警察官が「こいつ，ずいぶんてこずらせやがった」とか「逮捕の現場にも足跡があったぞ」といった余計なことを語れば，それがまた暗示を強める[25]。警察官の何気ない言動が暗示として作用することがあることに注意し，そういった言動はいっさい避けなければならない。

④ 警察官は目撃者に対して，事前に面通しの対象となる人物の写真を見せたりしてはならない[26]。日本の場合，写真面割で写真をさんざん見せた揚げ句に単独面通しに臨ませるため，ますます暗示が働いてしまう。この点に関してはとくに注意が必要である。

⑤ 容疑者に犯人が着ていたとされる衣服を着せたり，帽子をかぶらせたり，マスクやサングラスをさせたりすることは，それだけで強力な暗示となり，避けるべきである。特定の場所に連行して面通しをさせることも同様である[27]。

⑥ 単独面通しを本当に公正にするためには，写真面割と同様，特別な設備を持った部屋を設置し，面通しの部屋とその隣室をグラススクリーンで仕切ったうえ，隣室に備えたビデオカメラで面通しの状況のすべてを撮影，録画できるようにすべきである。そのようにすれば単独面通しにある程度の透明性と公正さを確保できる。

⑦ 逮捕されている段階においては単独面通しの手続きに被疑者の弁護士を立ち会

わせ，面通しの方法について意見を聞いたり，証人に対して質問することを許すべきである。そして，単独面通しの実施は，捜査に従事していない，例えば警部以上の警察官を責任者にして行うようにするべきである。
⑧　証人が数人いる場合，証人間の情報の交換・流通のないようにしなければならない。

3．街頭識別

　単独面通しの一形態として，捜査官が証人を，被疑者と想定されている人物が視認できる場所に同行して識別を行うことがある。イギリスでは，これを「街頭識別」(Street Identification) と呼んでいる。その場合，イギリスでは公正さを重んじ，2つのルールを設けている。
　一つは警察官は，証人の関心を特定の個人に向けさせるような示唆を行わないように注意しなければならないということであり，二つ目は，証人を同行する前に，実務上可能な限り，証人によって与えられた被疑者についてのすべての描写，オリジナルな描写を記録しなければならないということである[28]。
　証人を一定の場所に連れて行って，それとなく犯人選びをさせるということは日本でもしばしば行われているが，その実施方法についてのルールはないようである。
　たとえば，清水郵便局書留郵便物窃盗事件では，郵政監察官が，他人名義の印鑑の作成を依頼した犯人は郵便局員だと見当をつけたうえ，印判屋の店員と店主の2人を郵便局に呼んで被告人を示し，犯人かどうか質問して犯人であると認めたため，その男を起訴したところ，後に上告審で真犯人が別に出てきた[29]。これも一種の街頭識別であろうが，イギリスの捜査官なら，容疑者がたった1人いるところではなく，多数の人がいるところに証人を同行したうえで，先ほどの2つのルールに従って実施したはずである。
　富山事件では，警察官は，2人の目撃者OとIについて，数回にわたり事情聴取したり，写真面割をした後，それぞれを日比谷公園で行われた中核派の集会に連れて行き，犯人を見つけるよう告げた。ところが証人が選べないでいたところ，警察官の指示を受けて証人は被告人を確認したという。これも街頭識別の一種であるが，さきのイギリスのルールには沿っていない。
　なお，富山事件一審判決は，Iが警察官から教えられた被告人について，「指揮者と見られる犯人にまず間違いないとしながらも，右犯人の印象よりもずいぶん身長が大きいことがわかった」と述べた点を指摘し，「被告人の外観のうち一見して最も目

につくのは，身長であるということであり，Ｉが（中略）被告人を実際に見て右犯人に似ているとしながら，被告人の身長を右犯人の印象に合わせかねているのは，容易に理解しがたいところである」と述べて，Ｉが写真面割で指揮者と見られる犯人として被告人の写真を選んだ識別供述は信頼できないとしている。これは写真面割と実物を対象とする面割の微妙な差異を示す一例である。

第4節　複数面接方式

　わが国では，この方式による識別手続きはまず行われていないが，この方式はオーソドックスで一番公正な方法であり，わが国でも取り入れられるべきものである。デブリン報告書などによると，イギリス，アメリカなどでもよく行われているようであり，その他諸外国では，オーストラリア，カナダ，アイルランド，フランスでも部分的に，スウェーデンでは相当広範囲に行われているようである。ことにイギリスでは，例えば1973年の1年間でパレード識別を受けた被疑者は，イングランドとウェールズだけでも2116人にのぼるように（デブリン），相当頻度で行われている。世界的に最も理想的な形で実施していると思われるイギリスでのルールの主要点を紹介する。

① 証人をして，被疑者を含む複数の人間の中から被目撃者の選別をさせる。
② 被疑者の他にこれと一緒に並ばせる人として，年齢，身長，体重，服装，外貌，社会的階層などの点で，できるだけ被疑者と似ている協力者をそろえ，その人数は被疑者の他に少なくとも8人以上でなければならない。
（協力者を集めることは面倒な作業であるが，日本でもできないわけはないであろう）
③ 一定の階級以上の警察官で，かつ捜査に従事していない者（識別担当）がこの手続きを実施する。
④ 識別担当官は，証人に対して「このパレードの中には，あなたが見た人間がいるかもしれないし，いないかもしれない」「自信がないならば，自信がないと述べてほしい」「少なくとも2回以上観察してください」と告知する。
⑤ 識別手続きの実施前に，証人からその目撃した犯人の容貌についての詳細な描写を得て，それを記録したうえで面通しを行う。
⑥ 被疑者の弁護人が識別手続きに立ち会い，手続きの方法・順序・被疑者を並ばせる位置などについて，異議の申し立ての機会を与える。
⑦ この手続きの実施に必要なIDパレード室と視認室を設け，証人が複数いる場

合，証人同士の情報の交換を禁止し，また，両室の天井の近くに2台ずつのビデオカメラを設置して，IDパレード実施中の，IDパレード室と視認室（証人はこの部屋からグラススクリーンを通してパレード室内に椅子に腰掛けている人たちの中に犯人がいるかどうかを観察する）の両方のすべての様子を撮影・録音するようにする。

このなかで⑥に関しては，弁護人がいなければ，それに代わり得る知人が必ず識別手続きに立ち会って注文をする。それを識別担当官が受けとめて，できるだけ公正な形で行うようにする。実際にこのIDパレードを見る機会を得た大出によれば，その手続きの終了後，被疑者の弁護士に感想を聞いたところ「パーフェクトな手続きだった」という返答が返ってきたそうである(30)。それほどイギリスではフェアな形でパレード識別が行われているのである。

また⑦のように，特別の部屋を設けるというのは興味深い点である。容疑者と似ているような8人以上の人間を椅子に腰掛けさせ，その隣の部屋から証人が1人ずつ眺めるようにする。その間のグラススクリーンを通して見るわけであるが，見られている方は証人の顔はわからない。その2つの仕切りの間にビデオカメラを2台ずつ設置し，その識別を受ける人物がどのような動作をしたかといったことを完全に撮影録画できる。一方，それを眺める部屋にいる証人がどのような言葉をつぶやきながら，あるいは首をかしげながら選んだかといったことも完全に撮影録音する。

このような複数面接方式をわが国で採用するためには，いろいろな困難が伴うであろうが，いったんこれを実現できたならば，刑事司法に携わるすべての関係者の姿勢を一新させる効果をもたらすであろう。そして，公正な手続きというものがいかにすばらしいかということに気づき，刑事手続きの他の分野にもさまざまな改革の影響を与えていくに違いない。

注

（1）大出良知「イギリスにおける証人による「犯人」識別の実際」『刑事弁護』No. 11　1997年　90頁以下

（2）厳島行雄「目撃証人Yの犯人識別供述の信用性に関する鑑定書」1991年

（3）Loftus, E. F.　1979　Eyewitness testimony. London : Harvard University Press.　西本武彦訳『目撃者の証言』誠信書房　1987年　206頁以下

（4）富田達彦「目撃証言の情報収集手続き」本書第1編第4章

（ 5 ） Loftus, E. F.　前掲訳書206頁以下
（ 6 ） G. Williams, Evidence of Identification. The Devlin Report. Crim. L.R,1976. p416.
（ 7 ） 富田，前掲論文
（ 8 ） 厳島，前掲鑑定書156頁
（ 9 ） 富田，前掲論文
（10） Report to the Secretary of State for the Home Department of the Departmental Commitee on Evidence of Identification in Criminal Cases. Chairman Rt. Hon, Lord Devlin. 1976
（11） 富田，前掲論文
（12） 浜田寿美男「富山事件目撃供述についての心理学的視点からの供述分析」1992年696頁
（13） 浜田，前掲鑑定書
（14） Loftus, E. F.　前掲書
（15） 富田，前掲論文
（16） 富田達彦「目撃証人Ｔの犯人識別の信用性に関する鑑定書」1991年
（17） 平田元　「ドイツにおける目撃証人の取り扱い」本書第２編第６章557頁
（18） 浜田，前掲鑑定書91，92頁
（19） 浜田，前掲鑑定書121頁
（20） 浜田，前掲鑑定書　19頁
（21） 渡部保夫『無罪の発見』勁草書房，1992年140頁
（22） 野々村宜博「アメリカ合衆国における犯人識別手続に関する一考察」『法と政治』35巻２号
（23） 大出，前掲論文　91頁
（24） A.D. Yarmey, The Psychology of Eyewitness Testimany. 1979.
（25） 渡部，前掲書137頁
（26） 渡部，前掲書134，135頁
（27） 渡部，前掲書135，136頁
（28） 大出，前掲論文　91頁
（29） 後藤昌次郎『冤罪』岩波新書，13頁以下
（30） 大出，前掲論文　99頁

第 1 編
心理学からのアプローチ

第 1 部

目撃証言の

　この第1編第1部ではまず，目撃証言に関わる心理学的過程に関する諸要因の検討が紹介される（第1章，第2章，第3章）。この3つの章では，Wells（1978）が推定変数と名づけた，実際の目撃証言では事後に推定されるような要因群が検討されることになる。第1章は，基本的に目撃証言に影響する諸要因の全体が紹介されるように工夫されている。第2章は，個人のもつ既有知識が，新しい出来事の記憶にどのように影響するのかという点に絞って，それに関わる諸研究が詳細に検討される。第3章は，情動的覚醒という強い感情が喚起するような出来事の記憶の運命を検討する諸研究が精査される。第4章では，Wells（1978）がシステム変数として区分した，司法の側で統制可能な要因に関わる研究結果に基づく，公平な識別の方法に関するガイドラインの紹介である。

　第1章では，目撃証言に影響を与える諸要因の心理学研究がレビューされる（厳島論文）。この章では，目撃証言に影響する要因の分類法が2つ紹介され，続いて記憶の基本的3段階（符号化，貯蔵，検索）の段階に対応した形で，それぞれの段階に影響する要因を検証した研究が紹介される。記憶が歪んだり，誤ったりするのは，それらの記憶と呼ばれる各段階での情報処理の失敗に基づくことが理解されよう。さらに読者はこの章で目撃証言の心理学的研究の鳥瞰図を得ることができる。

　第2章では，既有知識が目撃証言に及ぼす影響に関する詳細な研究が紹介される。私たちの記憶は純粋に新しい経験をそのまま記憶するわけではない。出来事は過去経験によって解釈される。そのような過去経験も記憶されているのであるが，過去経験のなかでも繰り返し経験される出来事や事象の一般的展開についての既有知識はスキーマと呼ばれる。本章の改田論文では，私たちが記憶を形成する際に，すでに所有しているそのようなスキーマやステレオタイプと呼ばれる知識が，私たちの出来事や

信頼性に関わる要因

行為,顔の記憶にさまざまに影響することを詳細に例証している。そして,記憶が決して自動的に記録されるような仕組みではなく,個人の知識に大きく影響を受けて形成されるような,再構成的な過程であることが指摘される。

第3章では,情動的覚醒と記憶の問題が検討される。目撃者が目撃する事件や出来事は,暴力や凄惨な事象が伴うことが多い。そのような出来事の記憶は果たして信頼性が高いのか,それとも低いのか。この問題自体は前世紀の初頭から検討されてきた心理学のテーマであるが,科学的なアプローチが法と心理学の問題として積極的にとらえられるようになったのは,ここ30年である。箱田・大沼論文は過去の重要な研究を検討し,情動的覚醒の種類(間接的に生起した情動かそれとも直接的に生起した情動か)と,出来事のタイプ(中心的事象と周辺的事象)の区分を整理して,情動的覚醒が記憶に及ぼす影響を精査している。また,章の最後では自身の研究を引用し,今後の情動的覚醒と記憶の関連の研究方針を示唆する。

第4章では,システム変数としての目撃要因の研究成果をふまえて,Wells(1988)が提案した識別手続きのガイドラインが紹介される。この富田論文では,人物描写の聴取の方法,合成写真,マグショット,フォト・スプレッド,ラインナップの構成法や実施法,声・衣装・その他の物品の同定についての諸手続きが提案されるが,これらの手続きは,実際に識別を行う司法の側で仕事をする人々に有意義な知識を提供するであろうし,識別手続きに問題のある事件を抱える弁護人等にも有益な知識を提供しよう(最近,新たにオーソライズされた識別手続きのガイドラインがAPLS(アメリカ心理―法学会)から提供されている)。日本においても,科学的な知識に基づく目撃証言の取り扱いに関するガイドラインの提出が望まれるところである。

(厳島行雄)

第1章 目撃証言と記憶の過程
符号化, 貯蔵, 検索

　目撃証言の心理学研究は心理学の創始期にそれほど遅れることなく, 今世紀初頭にはすでに行われていた。心理学を代表するような錚々たる心理学者が実験的研究を行ったり, 司法制度や法律の施行に対して心理学が役立つという啓蒙活動を行っていた (Munsterberg, 1908, 1914；Gross, 1911；Whipple, 1909, 1910など)。これらの研究のなかでMunsterbergは模擬の犯罪を使用した最初の研究報告を行った。これは, 同じ事件を目撃しているのになぜ目撃者たちが異なった報告を行うのかという疑問に答えるための実証的な研究であり, 知覚の誤りや記憶の信用性の問題, さらに目撃者の犯人識別の信頼性に関わる研究であった。このような先駆的研究が存在したにもかかわらず, 当時の多くの研究の背後にある基本的思考は, 当時, 支配的であった感覚主義者のそれであった。この考えに従えば, 人間の脳は機械的な記録装置であり, 人間はすべて見たものや聞いたものを記憶用の「テープ」に記録し, 過去の出来事を思い出す場合には適切な「テープ」を選択し, 再生して, もとの知覚を生み出せばよいとされた。しかしながら, 実際にはそのような人間の能力はなく, 感覚主義的な思考法が誤謬に満ちていることが明らかにされたのである。しかも, Munsterbergは, 心理学が刑事司法制度に目撃証言における誤りの性質についての情報を伝達する能力のあることを示したのである。

　このように目撃証言の心理学が今世紀の初頭から積極的に行われたにもかかわらず, 目撃証言の心理学が系統的に研究されるようになったのは1970年代以降であった。この, 目撃研究の第2段階ともいえる研究が開始されたのは, Wells, Malpass, Lindsay, Fisher, Turtle & Fulero (2000) によれば, Buckhout (1974) の目撃者の説明の誤りやすいことを例証した研究の登場と, Loftusらの一連の周到に計画され, 理論的にも興味深い研究 (Loftus, 1979, 1975, 1974；Loftus & Palmer, 1974；Loftus, Miller, & Burns, 1978など) に刺激を受けて, 広範囲な領域をカバーするような研究が現われたためである。彼らの研究は, 人間の知覚や記憶がテープレコーダ的なアナロジーに

よっては説明できないことをいっそう明瞭に示していったのである。つまり，知覚は目の前の対象物を受動的に忠実にコピーするような機能ではなく，環境の中の情報を必要に応じて意識的，無意識的に選択し，処理するような方略的な処理機能であることがわかってきた。また記憶された対象の表象は時間の経過に伴って変容すること，ある部分だけが強調されたりまた脱落したりして，既存の知識構造に合うよう変容すること，古い情報を新しいものと一致する方向で変容させたりするということが解明されてきた。目撃証言を考える場合には，この感覚主義の思考方法を脱却し，人間の記憶が繊細で，諸々の要因の影響によって変容し，忘却するという事実を認識することが必要である。

　以下，本章では目撃証言の正確さに影響する諸要因について紹介するが，それに先だってそれらの要因を分類する方法を2つ紹介し，その紹介の後にLoftus, Greene & Doyle (1989) の区分に対応するような形で，記憶の各段階に影響するような諸要因を説明する。説明するといっても，"*Mistaken Identification*" を著したCutler & Penrod (1995) によれば，1995年の時点で，すでに2000を越える目撃証言に関する研究などが公にされているという。それらのすべてをここに紹介することなど紙幅の都合上も不可能であるし，またそのような能力も著者にはない。むしろ選択的ではあるが，目撃証言の心理学研究で重要と判断されるトピックスを選び，それらの概略を紹介することで，この章に続く目撃証言研究の各章を読むための案内となればと思う。

第1節　目撃証言に影響する諸要因の区分

1．Wellsによる分類

　目撃証言に影響する諸要因を系統的に区分する最初の試みはWells (1978) によって行われた。彼は推定変数（estimator variable）とシステム変数（system variable）とを区分した。

　推定変数とは，目撃の正確さに影響を及ぼすが司法制度の統制下にない変数のことである。この変数は研究上の条件としては統制されるかもしれないが，実際の犯罪事件では統制できず，関与する変数の影響を推定する以外にはないものである。Wells (1978) はこの要因に「出来事の特徴」をあげており，犯罪の重篤さ，目撃時間，複雑さ，熟知性などがここに分類される。この要因にはさらに「被告の特徴」もあげられ，そこには人種，魅力，性，年齢が分類されている。さらに「目撃者の特徴」もあ

げられており，ここでは「被告の特徴」もあげられて，人種，魅力，性，年齢などの関与も指摘されている。またこの「目撃者の特徴」には，知覚的構えも考慮されている。推定変数は，実際の事件や事故においてはその要因の影響を推定せざるを得ないものの，それらの要因の基礎的な研究が重要であることは言を待たない。

　一方，システム変数とは司法制度が直接統制することができる変数である。つまり，司法のもとで改善可能な方策がたてられる要因である。このシステム変数には「保持間隔」の要因があげられ，時間，暗示的尋問，合成画，マグショットが分類されている。また「識別検査」には，質問の構造，ラインナップの教示，ラインナップの構造が含まれる。これらの要因の研究が進めば，誤って無実の者を有罪とし，真犯人を誤って無罪にするという過誤を少なくできることになる。

　以上の分類は古典的な分類であるが，目撃証言の心理学的研究が実際的な制度との関わりを持つ応用的な研究分野であることを意識させる分類となっているといえる。

2．Loftus et al. による分類

　この分類法は，Loftus et al. (1989) によって行われた分類方法で，基本的には記憶の符号化，保持，検索の3段階によって目撃証言の正確さに影響する諸要因を分類しようという試みである。Wells (1978) の分類よりも記憶の過程を意識した分類になっている。

（1）符号化段階に影響する要因

　ここでの要因は「出来事要因」と「目撃者要因」とに分類される。「出来事要因」には，照明条件（暗順応，明順応），出来事の持続時間，事実のタイプ（速度と距離，色彩知覚），出来事の凶暴性が含まれている。「目撃者要因」には，ストレスと恐怖（凶器注目），慢性のストレス，期待，年齢（子どもの証人，老人の証人），性，訓練の各要因が含まれる。

（2）貯蔵段階に影響する要因

　ここでは大きくは，「忘却要因」，「事後情報要因」，「記憶の歪みに影響する要因」が分類されている。「忘却要因」には「長期保持後の忘却」と「忘却の原因」がさらに分類されている。「事後情報要因」には「基本的発見」と「記憶の運命」が分類されている。そして，「記憶の歪みに影響する要因」には「時間間隔」，「事後情報の形成」，「警告」，「現実の記憶と非現実の記憶」が分類されている。

（3）検索段階に影響する要因

　ここでは「質問法」，「質問の語法」，「確信度」，「検索の改善」が分類されている。

これらの要因は貯蔵した出来事の情報を検索する（再生・再認の）プロセスに影響するものである。

Loftus et al. (1989) の分類では，「基本的発見」とか「記憶の運命」のように，要因というよりも目撃証言の現象や説明概念が導入されていて，要因の区分という観点からはいく分とも逸脱しているが，記憶の段階に対応した区分としては比較的理解しやすく工夫された分類といえる。

以上の分類の他にも最近，目撃証言に関する研究をレビューした Cutler & Penrod (1995) の "*Mistaken Identification*" ではさらに，詳細で体系的な分類がなされている。こちらは，基本的には Loftus et al. (1989) の分類を発展させたものと考えることができる。以上に示した要因の分類法は，目撃証言の正確さに影響する要因がどのように整理できるのかを示すものであり，現在の目撃証言心理学研究における科学的知識の水準を示すものである。ただこのような分類は絶対的なものではなく，今後の研究の蓄積によってその枠組みも変化し得る分類である。

第2節　符号化への影響要因

ここでは記憶システムへの影響として，情報が入力される際の符号化の問題を扱う。符号化とは，記憶システムが利用できるように外界の情報を変換するプロセスをいう。このプロセスは知覚と深い関係を持つ。記憶が成功するか否かは，外界の出来事がうまく知覚されるかどうかに依存するので，ここでは符号化問題を知覚の問題としてとらえて考える必要がある。この符合化の段階で考えられる要因は，Loftus, et al. (1989) によれば，「出来事要因」と「目撃者要因」である。ここで出来事要因とは出来事に固有の諸要因であり，事実の特徴を示すものである。目撃者要因とは目撃者に固有の要因で，年齢や性別，性格などのような個人の特性や能力と関わる要因である。

1．出来事要因

（1）照明条件

犯罪や交通事故の多くは夜間に起こることが指摘されている。とくに交通事故は，昼間よりも夜間の運転が少ないのにもかかわらず，交通事故の死者の半数以上が夜間の事故で亡くなっている（Leibowitz & Owens, 1986）。目撃証言の信用性を問う場合に大切な条件のひとつは物理的な知覚条件である。それは対象物を知覚した明るさ，知覚した時間的な長さなどの条件である。日本における裁判でこの知覚条件が問題に

されたものには，徳島事件，狭山事件，布川事件（小田中，1993）などがある。また自民党本部放火事件のＹ証言（厳島，1993，1992），皇居迫撃砲事件なども夜間の目撃が問題になったケースである。

　視覚的な有効性は，十分な照度のない環境条件下，照度が急激に変化する条件下，また視認距離が大きい条件下で著しく低下する。これは網膜上の視覚情報の絶対量が減少するか，妨害ノイズや他の活動の遂行によって，すでに限定された注意がいっそう薄れていくように拡散するためである。このような視認状態で犯罪を目撃することは，目撃者の証言の信頼性を著しく低下させる可能性がある。

　夜間における視覚は人間の知覚能力を著しく低減させる。これは，眼球の網膜における視覚細胞の機能によるもので，人間の視覚能力の生物学的な限界を示しているといえる。夜間における知覚は，対象物の色彩が黒っぽい場合には極端に視認性が悪くなる。たとえば，Yarmey（1986）の4種類の明るさをシミュレートした研究では，「昼間」，「夕暮れの始まり」の条件と比較して，「夕暮れの終わり」，「夜」の条件では，映し出された加害者や被害者の自由記述の量が正確ではなく，またラインナップからの識別も劣っていた。さらに，「夜」の条件で，被験者の信じる再生の正確さと実際の再生の正確さには大きな隔たりが生じた。「夜」の目撃条件では，被験者は自分たちの報告が74パーセントは正確であるし，65パーセントは完全であると主張するが，実際の成績では目撃対象の0.06パーセントの特徴を報告したに過ぎなかった。このことは，照明の悪い場合には，目撃者がその報告の正確さや完全さを信じているのに比較して，彼らの再生能力が著しく低くなることを示している。夜間の目撃供述はその信用性の判断には慎重を期する必要がある。

① 暗順応

　照明条件が著しく変化するような場合にも視認性が著しく悪くなることが知られている。明るい照明から暗い照明に変化すると，対象物の知覚が著しく困難になる。暗い照明に慣れて順応するようになるには──もちろん照明条件によって順応時間は変化するが──，一般的には最大30分ほどの時間が必要であることがわかっている（図1-1-1参照）。これは網膜上の2種類の視細胞である錐体細胞と桿体細胞の機能差異によって起こる現象である。

② 明順応

　これは暗順応とは逆に，暗所から明所へ出ていくときに経験される，まぶしさによって一時的に起こる視覚的困難さを意味している。この明所への順応は暗順応と比較して，比較的速い時間で行われる。ふつうは数秒で可能であるが，完全に順応が終

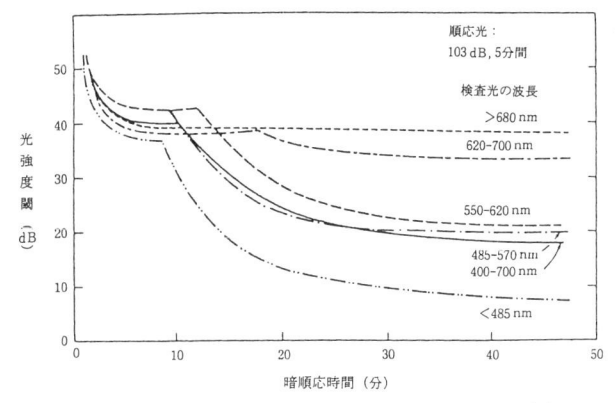

●図1-1-1　各波長に対する暗順応（Chapanis, 1974より）

了するまでには15秒ほどの時間が必要であるとの研究も報告されている（Sekular & Blake, 1985）。いずれにせよ，急激な照明の変化が視認性を著しく低下させる。

　ところで，照明と距離の関数として，人間の顔はどの程度識別可能なのであろうか。この問いに答えたのが，Wagenaar & Van der Schrier（1996）の研究である。彼らは実際の知覚条件が目撃者の顔の識別にどの程度影響するのかを，明るさと距離の関係から検討した。彼らは，自分たちの研究が実際の法廷で使用できる基準となるように希望して研究を行った。この研究は裁判心理学，とくに目撃証言の心理学において重要な意味を持つので紹介しよう。

　被験者には7種の距離条件（3m〜40m）および9種の照明条件（0.3〜3000lx）が用意された。それぞれの目撃直後に通常の照明条件下で写真ラインナップによる識別を行う。ラインナップはターゲットが存在する条件と存在しない条件が用意された。被験者にはターゲットを識別できるか否かが尋ねられた。この方法で得られた結果は，ただパフォーマンスの上限の推定を許すのみである。理由は，この実験室の課題が，現実の場面で目撃者が行うと推定されるものよりもかなり容易であるという理由による。またこの研究では，保持時間も数秒間という最小限度の時間だけであり，この点も遂行の上限を示しているということになる。

　ターゲットおよび妨害項目としての顔写真は，すべて白黒背景で撮影された。各々の人物に対して，顔写真と3/4写真が撮影された。すべての人物は黒のセーターを着て，その衿は写真に撮影された。ターゲットには，ほくろ，傷，メガネ，口髭，あご髭などによる際立った特徴はなかった。全体で7セットの顔写真が構成された。各々のセットは7人から構成されていた（年齢，性，人種特徴，色，髪型などの記述

● 表1-1-1　証明条件の特徴

照度（lux）	特徴
0.3	満月の夜
2	街灯のない都市の通り
3	照明の悪い街灯のある都市の通り
5	中程度の街灯のある都市の通り
10	明るい街灯のある都市の通り
30	照明の悪い部屋
150	中程度の照明の部屋
300	明るく照明された部屋
3000	昼間，曇天

において同じになるようにした）。課題は同じ写真を同定するのではなく，いく分とも異なった写真で同一の人物を識別するというものであった。

　距離はターゲットの写真を拡大もしくは縮小させることでシミュレートさせた。7枚のターゲット写真の各々に関して7種が作成された。つまり，1.7cm（40mの距離を表現する）から23cm（3mの距離を表現する）までであった。ターゲット写真の総数は49枚であった。実験で用いられた照明レベルは，0.3，2，3，5，10，30，150，300，3000ルクス（lx）であった。これらの照度にほぼ対応する一般的な明るさの特徴が表1-1-1に示されている。

　正しい識別率が半分以下になってしまうような条件は，距離12mで，照明が30lxの条件であり，距離12mでは照度が3000lxになっても，61パーセントの正答率である。距離が20mの場合には，照度が10lxでも30lxでも18パーセントの正答率となってしまうことがわかる。筆者は，15m，15lxという条件を満たさない目撃での識別は問題となるとの見解を示している。もちろんこれは，ひとつの経験則としての意味を持つが，この数字に絶対的な意味を持たせることはできないものの，この条件を満たさない目撃者識別に関してはその危険性を十分認識する必要がある。

（2）知覚時間

　脳の情報処理の限界によって生ずる知覚的不正確さに加えて，多くの識別の誤りは，観察が行われた環境の影響を受ける。知覚に影響する主たる要因のひとつは観察時間の長さである。一般的に，目撃証言のみが主たる証拠であるような犯罪においては，この目撃時間が短く，しかも出来事の時間が短いために，被害者や目撃者はその出来事や犯人の特徴を視覚的に処理するほど十分な時間的余裕がないことが多い。この目撃時間が短いために，目撃に続く人物の識別で信頼に足る結果が得られないことが多い。犯罪が突然に起こり，しかも目撃時間が極めて短い場合には，目撃者は出来事の

（3）出来事の時間的長さの判断

　目撃証言の心理学的研究では，出来事の目撃時間が過大評価されるとの報告がなされてきた。たとえば，Marshall（1966）は42秒間のフィルムを被験者に見せて，1週間後にそのフィルムがどの程度の長さであったかを報告するように求めたところ，結果は約90秒という長さの報告であった。Buckhout（1977）は大学のキャンパスで暴漢に襲われる場面（演じられたものではあるが）を34秒間のビデオに録画して，それを被験者に提示した。その後，被験者にはこのビデオの内容に関する質問が与えられた。被験者への質問には出来事の持続時間に関する質問も用意されていた。実際に出来事の時間は34秒間であったにもかかわらず，被験者の回答した出来事の観察時間は平均で81秒間であった。Loftus, Schooler, Boone & Kline（1986）は被験者に30秒間の銀行強盗現場のビデオを見せた。2日後，被験者にはそのビデオがどれほどの長さであったかの質問がなされた。被験者の回答は平均時間で152秒間であった。正しく報告した被験者および短く報告した被験者は全体の数パーセントにすぎなかった。これらの実験結果は，経験された出来事の時間推定が過大評価されることを示しており，目撃者から目撃した事件の時間的長さの報告を求める場合には，その正確さの判断については慎重であるべきことを示している。

（4）対象物の速度と対象物までの距離

　自民党本部放火事件の目撃者の1人であるY証人は，夜間に交番前を通過するライトエースの助手席に乗った人物を識別できたとしている。この識別の信用性は厳島（1992；1993）で否定されているが，このような目撃の場合には，目撃者が目撃した車両の速度やその車両までの距離が目撃の正確さを規定する。とくに距離は目撃後の測定によってほぼ妥当な推定値を見いだすことができるが，速度の知覚はLoftus & Palmer（1974）の研究に認められるように，示唆や誘導の影響を受けやすい。また，その記憶された距離も正確な目撃位置や目撃対象の位置が記憶によってしか同定できないような場合には，その距離の記憶も問題の多い推定値にならざるを得ない。このような場合に，速度や距離に関する目撃証言はどれほど正確なのであろうか。

　今日までの研究では，対象物の速度と対象物までの距離の正確な判断は困難であることが知られている。たとえば，古い研究ではCattell（1895）が，大学生にキャンパス内の2つの建物の距離を報告する研究を行っている。この研究では，実際の建物間の距離が310フィートであるのに，報告された距離は平均で356フィートであった。Itsukushima & Yamada（1987）の研究でも，直線距離は過小評価され，曲線や建物回

りの距離の推定は過大評価が起こることを示している。またHanyu & Itsukushima (1996) では階段の距離の推定が極端な過大評価になることを報告している。このように現実の目撃者識別では距離の認知が必ずしも正確でないことを示す証拠が提出されており，目撃者の報告する距離に関する情報（例えば，事件における目撃者から犯人までの距離など）には，その扱いには注意を要する。

　速度に関する知覚に関しては，Leibowitz (1985) の踏切での車の飛び込み事故の原因を調査した研究がある。この研究では対象物の大きさが，その対象の見かけの速度に影響することが示された。大きな対象物が移動する場合には，移動の速度が同じであれば，小さな対象物よりも見かけ上はゆっくり移動しているように知覚される。つまり，列車のような大きな対象物の場合には，速度が極端に過小評価される傾向があるので，車の運転手はまだ間に合うと判断して，踏切に侵入してしまうのである。このような場合運転手は，列車が踏切にいたる時間を過大評価して，まだ間に合うと判断してしまうのである。目撃者の報告する対象物の移動速度については，対象物の大きさが速度判断に影響するためにその評価については注意が必要である。

（5）色彩の知覚

　網膜の桿体は暗い状況では異なった光の波長に関する情報を伝達できないので，そのような状況ではただ強度の違いを知覚するだけである。つまり，夜間で照明が十分でないような状況での色彩の知覚は極めて困難である。しかも，たとえ色彩知覚が可能な昼間ですら，色彩の知覚経験は人によって異なることが知られている。また色覚障害にはいくつかのタイプがあり，それぞれ特徴的な視覚経験を生む（詳しくは『色彩科学ハンドブック』1970，第13章参照）。色覚障害の多くは先天性のものであるが，アルコール依存症によって色彩知覚に問題の生じる場合もあるし，殺虫剤に使用されるカーボン・ジスルフィドによる視覚障害も認められる (Sekular & Blake, 1985)。また加齢によっても色彩知覚に影響がでる。50歳くらいになるとレンズに変化が生じて青系統の色彩をより濃く知覚し，緑と混乱しやすくなる (Weale, 1982)。

（6）出来事の凶暴さ

　Clifford & Hollin (1981) は，出来事の凶暴さが犯人の識別を困難にすると報告している。被験者には，道を歩いてくる女性の腕を男がつかみ，壁にその女性の背中を押しつけて鞄をひったくるというストーリーのビデオ（凶暴条件），もしくは歩いてくる女性に男が道を尋ねる（非凶暴条件）を見せた。結果は，Clifford & Scott (1978) の結果と一致して，凶暴な出来事を目撃した場合には，強暴でない出来事を目撃した場合に比較して，識別が困難になるとの結果を示した。

このような結果は，出来事の凶暴性によって人間の知覚能力や記憶能力が著しく妨害されることを示している。Loftus & Burns (1982) の研究では暴力が介在する短いフィルムが被験者に見せられたが，暴力の介在しない条件のフィルムを見た被験者と比較すると，暴力の介在する条件の被験者はフィルムに描かれた出来事の詳細（たとえば，少年の着ているジャージの背番号）についての記憶保持が劣っていた。さらにその決定的な暴力が介在する場面の直前の項目が忘却されるだけではなく，その暴力が介在する2分前の出来事にも記憶成績の低下が認められた。

また実際に1967年にシアトルで起こった殺人，性的犯罪，暴行，強盗などの事件の被害者を調査した研究によれば（Kuehn, 1974），被害者の報告がほぼ完全に得られた事件を対象としてのものであったが，次のような結果が明らかになった。つまり，報告された事項の数の分析では，①犯罪のタイプ：強盗の被害者は性的犯罪および暴行の被害者よりも多くの記述を提供する，②被害者の傷害：傷害を受けなかった被害者は傷害を受けた被害者よりも記述が多い，ということが有意な差として認められた。このことは，もちろん報告内容の正確さについては考慮されていないものの，暴力を受けることで記憶にマイナスの影響がでることを示唆している。

以上のように目撃した出来事に暴力が介在する場合，そして自分の身に暴力が及ぶような場合には，それが強い情動的経験を伴うために，記憶への影響が大きく，記憶遂行に否定的な結果をもたらす。さらにそのような暴力が身に及ぶ場合には，報告できる記憶内容も少ないことがわかる（最近の研究傾向については第1編第3章を参照）。

（7）異人種間の目撃

目撃者が同じ人種の人間を識別するよりも，他人種の人間の識別で成績が劣ることを示す証拠が報告されている（Luce, 1974 ; Malpass & Kravitz, 1969 ; Malpass, Lavigueur & Weldon, 1973）。さらに白人は黒人の識別が，黒人が白人を識別するよりも困難であることを示す証拠も提出されている。また直観的には逆になるが，他人種の集団からの人物の身体的特徴を知覚する能力は，その人種の他の構成員との接触を増加させても改善しないことも認められている。とくに人種の坩堝といわれるアメリカ合衆国では多くの犯罪が多人種にわたるために，これらの要因が目撃者の知覚の正確さをそこなわせるうえで，重要な役割を演じている。日本でも，最近の諸外国の労働者や観光客等の増加に伴ってこの種の問題は一段と深刻になっていくであろう。この要因の問題を取り上げた心理学的研究が待たれるところである（顔の認識については第1編第7章を参照）。

2．目撃者要因

（1）知覚の選択性

　最近の知覚研究で認められる諸説に従えば，人間の知覚は脳の処理性能によって制限を強く受けている。たとえば，環境内の同時に存在する多数の刺激も，それらをすべて知覚処理するのではなく，それらのうちの注意を向けられた対象がより深く処理されるのであって，さらに記憶されるものの数は少なくなる。この知覚の選択性は，日常生活においては効果的であるが，人の顔を正確かつ詳細に観察しそれを再認しなくてはならないような場合には，その再認は想像以上に不正確である。不幸にして，目撃証人はこの知覚の選択性によって引き起こされる知覚の歪みについて気づかないことが多い。この知覚の選択性によって出来事の詳細が知覚されないために問題が起こる。つまり，知覚したときには重要でないと注意を受けなかったものが，実は後になって非常に重要であるというケースも多く認められるのである。

　知覚処理はそのときの生活体の興味や動機づけが大きく影響し，その注意は長く保たれず，意識的ではないために，目撃者がどのように対象を知覚したかということが，目撃者の記憶に頼る以外に保障されないのである。しかも，この記憶自体も変容するので，証言者の証言内容の正確さは大いに疑問視されるところである。たしかに一般の目撃者はなんらかの相貌的特徴の一部を認識し，それを記憶と関係づけるが，それが現実の出来事とまったく似ても似つかないものとなってしまって問題となることも多い。

（2）ストレスの伴う状態

　知覚の正確さを制限するもうひとつの重要な要因は，被害者が遭遇するストレス場面であろう。裁判官や検察官は，被害者が「私はたいそう驚いたので，この記憶が消えることは永遠にあり得ない」というような表現によって納得してしまうかもしれない。しかしながら，情動と記憶の研究は，このような言明とは逆に，恐怖に満ちた状態や不安に満ちた状態では，知覚能力や認知能力が低下することを認めている。過去の研究によれば，不安が増加すると，まず驚きに満ちた被害者や目撃者の心拍数および呼吸数が増加し，さらに過度に発汗する。また不安が高くなると，気づかれにくいことであるが，眼球が固定される。そして，視覚情報は網膜に投影されるイメージによって処理されるために，この眼球の固定によって視覚的鋭敏さが低下することになる。とくに被害者や目撃者の置かれた環境の周辺領域の詳細は知覚されにくくなる。過度な不安は知覚対象を無視して処置しようという，知覚的防衛と呼ばれる不随意な

反応を引き起こさせる。つまり，不安を起こすような状況に置かれた目撃者や被害者は"心理学的に"重要な事態の局面に注意の焦点を合わせたり，後の証言で重要となる犯人の特徴（顔，年齢，身長，衣服等）に必ずしも焦点を合わせているとは限らない。

またストレスは Yerkes-Dodson（ヤーキース-ドットソン）の法則（1908）に従うような遂行を導くことが知られている。ここでは適当なストレスが最適な認知的な遂行を可能にするが，そのストレスの水準を超えた過度のストレスやストレスが低すぎる（覚醒水準が低い）状態では認知的遂行が劣ることを説明する（図1-1-2参照）。

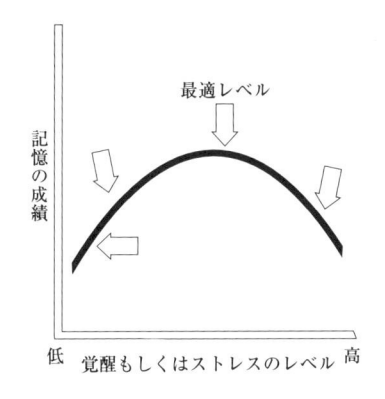

●図1-1-2　Yerkes-Dodson の法則
(Loftus & Ketcham，1991より)

最近の情動と記憶についての研究は，この情動の記憶への効果が従来主張されてきたような単純なものではなく，情動が出来事の中心情報にはポジティブな影響が現れ，出来事の周辺情報においてネガティブな効果を持つことを示す結果も提出されている（Christianson & Loftus, 1991）。またその効果の持続に関する問題も解決されるべきことなどが示唆されている。この情動と記憶に関しては第1編第3章で詳しく検討されているので，そちらを参照されたい（また越智（1997）もこの領域のレビューを行っているので参照されたい）。

(3) 期待

今まで説明してきたように，人間の知覚能力にはさまざまな制限があるために，外界の情報のほんの一部を処理しているに過ぎない。そのために，人間は知覚された不完全な出来事から結論を形成するという能力を発展させてきた。これはたぶん，時間の経過とともに獲得していった一般的知識に基づいて（意味記憶）すでに存在するスキーマへと断片的知覚情報を統合することによって行われる（いわゆる概念駆動型の処理によって行われる）。本質的に，目撃者は無意識的に，起きたはずに違いないと仮定することから起こったことを再構成するものである。その結果として，目撃者は（それが起こったと）期待されるものを知覚する顕著な傾向がある。

さまざまの要因がこの期待を構成する。たとえば曖昧図形の知覚に関する研究では，目撃者が同じ対象を見るときの文脈や個人というものが，その同じ対象を異なって見

させることを教えている（Gregory, 1972）。さらに知覚者が一度曖昧図形を分類してしまう――何らかのカテゴリーに分類すると――，彼らはそれの知覚に固執し，知覚の誤りを犯す原因になる（この期待や固有の知識が目撃者の能力に及ぼす影響に関しては第1編第2章を参照）。

（4）個人の要求とバイアス

先行経験と現実世界の知識によって起こる期待に加えて，個人の要求と動機が知覚を歪める原因となる。簡単に言ってしまえば，目撃者は現実に起こったことをありのままに見るのではなく，見たいと思うものを見るのである。つまり，攻撃者の完全な記述をしたいという目撃者の要求や願望が，目で見たものよりも無意識的想像物の知覚を促進させると考えられる。また，個人的バイアスや潜在的偏見も期待を形成し，すべての人間が持っているさまざまなステレオタイプに適合するよう知覚を歪めてしまう。社会心理学の研究によれば，人は物理的特徴が性格特性と相関するように関係づける傾向がある（Taguri & Petrullo, 1958）。そして，知覚者が知覚対象を自分の好みでないと見なすようになると，知覚の歪みは増加する傾向が知られている（Asthana, 1960）。これらの発見は，被害者が攻撃者を知覚することなく自分の知覚を歪めることを意味している。

（5）年齢

① 子どもの証人

目撃者が子どもの場合には，年齢が低い子どもでは年長の子どもや成人よりも示唆による影響を受けやすい。Ceci, Ross & Toglia (1987) の研究では，3，5，7，10歳の子どもにイラスト化した物語を提示した。提示された翌日，実験者は実験に参加した子どもに会って，提示された物語にバイアスをかける教示もしくはかけない教示を子どもに与えた。この教示の2日後に子どもたちは物語に合った内容の絵を一群の絵の中から選ぶように求められた。3歳の子どもは他の年齢群（7歳，10歳）と比較してバイアスのかかった内容の絵を選択する傾向が認められた。この結果から，比較的低年齢の子どもにおいては暗示によって識別に影響が及ぶ可能性があるため，その扱いには十分に注意が必要である。

② 高齢者の証人

高齢者は知覚と運動の協応動作などで，その遂行に加齢の影響が認められるものの（Baltes & Schaie, 1976），他の認知機能は比較的よく保たれているとする研究もある（Craik, 1977 ; Schaie, 1984）。しかしながら，Yarmey, Jones & Rasid (1984) では，実験室で犯罪を模擬した目撃実験で，高齢の被験者は若い被験者に比較してフォルスア

ラームの割合が高くなることを示した。一般的な記憶能力は中年期以降から徐々に下降傾向をたどるとの指摘（Salthouse, 1996）を考慮すると，高齢期の目撃者の記憶には注意が必要である。とくに，視覚的記憶課題を用いた検討での遂行が若い成人よりも劣ること（Farrimond, 1968）も示されており，目撃された出来事についての説明も正確でないとの報告（Yarmey & Kent, 1980）とも考え合わせると，高齢期の目撃者が若い成人と同様の記憶能力を持つとは考えにくい。

　従来の研究は子どもと成人（大学生），成人（大学生）と高齢者の比較を行う研究が多く，子ども，成人（大学生），高齢者という三者を比較する研究は少ない（Coxon & Valentine, 1997）。今後の検討が待たれるが，一般的には，若い成人の目撃者に比較して，子どもや高齢者では目撃者としての信用性が低いという結果が多く示されている（Ceci & Bruck, 1993 ; List, 1986）。

第3節　記憶の貯蔵への影響要因

1．時間経過に伴う記憶の減衰

　たとえ正確に出来事を知覚したとしても，観察者の出来事に関する記憶の表象が，長い間そのままで残っているということはない。人間は速くしかも容易に忘れてしまう。一度知覚され記憶された情報が忘却されるという現象は，順行抑制と呼ばれ，記憶研究で最も初期に発見され，しかも一貫して得られている現象である（Murdock, 1974）。手短にいえば，出来事の知覚から時間が経過すればするほど，その対象となる出来事の記憶はいっそう難しいものとなる。とくに視覚イメージの場合，その出来事の数分後には記憶が減衰し始めることがわかっている（Carmichael, Hogan & Walter, 1932）。そのために，目撃者による容疑者の識別が，犯罪の目撃から何日も，または何週間も，何か月も経過した場合には，相当の記憶の損失が起こっていると考えなくてはならない。

　保持時間が長くなると，有名なEbbinghaus（1885）の実験結果から明らかなように，忘却が進行することは明白な事実である。しかしながら，デブリン委員会の報告では，この時間経過に伴う記憶の忘却の重要さを認めてはいるものの，事件によってはこの時間経過が重要な要因ではないとの判断を示している（Devlin, 1976, p.74）。この報告書に見られる見解と従来の研究結果との隔たりは，時間経過が実際にはどれほどの忘却をもたらすのか，という興味深い心理学的問題を提起する。つまり，記憶

の信用性が問題となる時間的経過とはどれほどの時間経過をさすのかという疑問である。

デブリン委員会の報告では，36件の過った識別事件のうち60パーセントが7日以内の識別であった。これらの事件では，目撃から識別にいたる時間経過は記憶の遂行に有意な効果を持つには十分ではなかった。また3つの事件では100日以上が経過し，平均の経過日は255日であったが，委員会はこのうちの1つの事件に言及しているに過ぎない。

アメリカの最高裁では，Biggers の事例が，目撃までの時間経過を問題にしている。この事件における問題点は，ショーアップを行ってデュープロセスを犯したこと，つまり目撃者が識別パレードではなく被疑者の単独面接を行ったことが問題となった。さらに，最高裁は識別が7か月経過したことを認識していたにもかかわらず，目撃時の条件がよければ長期にわたる時間経過も記憶にはほとんど影響しないとの判断を行った。法律的な判断がどのようなものであれ，長期の出来事の保持が忘却されやすいことを否定するデータはない。ただ，問題はどの程度の保持期間でどの程度の忘却が起こるかを明確にすることが必要である。

日本においても，古いところでは帝銀事件における被疑者の識別が，目撃から6か月もしくは11か月経過して行われるということが起こっている。最近では，自民党本部放火事件における目撃者のT証人が，目撃から4か月近くを経過して人物識別を行ったケースがある（厳島・伊東・仲・浜田，1994；仲・伊東・厳島，1997；Naka, Itsukushima & Itoh, 1996）。もちろん，これらの時間経過が記憶に及ぼす影響は，それが単に時間経過というひとつの物理的変数では処理できない要因を含んでおり，その記憶への影響は十分に心理学的検討を重ねなくてはならない。長期の記憶を扱った過去の研究例は少なく，実験計画や刺激材料もまちまちであり，系統的な比較は困難である。以下に時間経過に伴う忘却の現象を検討したものを紹介する。

2．保持時間の記憶への影響

絵画刺激は言語刺激に比較して一般的に再認率が高いとされているが，時間の経過に伴う忘却のパターンは類似した傾向を示すことが知られている。Shepard（1967）は600枚を越える絵を被験者に見せた。その後，提示した刺激と提示していない刺激で68のペアを作り，再認テストを行った。2時間後の再認率は100パーセント，3日後で93パーセント，1週間後で92パーセント，4か月後で57パーセント——これはチャンスレベルであるが——であった。また Gehling, Toglia & Kimble（1976）は一般

的な対象物（たとえば，魚，葉など）の線画を使用した再認実験を行っている。再認までの遅延時間は10分後から3か月後まで（1日後，1週間後，1か月後，1.5か月後も）用意された。結果は，比較的短い期間に再認率が急激に降下し，その後はゆっくりと忘却が進むことを示した。

　では目撃証言の心理学に直接的に関係する顔の識別研究の場合はどのような結果が示されているのであろうか。顔の記憶研究では，他の再認研究と同様の手続きが採用されているが，一般的には被験者に一連の顔写真や顔のスライド（ふつうは20枚ほど）を提示して，その後に新しい（以前に提示していない）写真やスライドをランダムに混ぜて提示し，それが古い（すでに見た）ものかそうでないかを判断する再認方法が採用される。しかし，顔に関する研究で時間経過を問題としたものはそれほど多くはない。Chance, Goldstein & McBride（1975）は直後再認と48時間後の再認で再認成績の減少が認められないことを報告している。Shepherd & Ellis（1973）も，1週間後の遅延が直後のテストの成績と比較して劣らないことを報告したが，35日後には，最も魅力があるもしくは最も魅力がないと判断された顔を除いて，再認率が有意に低下することを報告した。Deffenbacher, Carr & Lue（1981）は，2分後の再認と2週間後の再認成績を比較して，小さな差ではあるが，2週間後で有意な成績の低下を報告した。

　このように複数のターゲットとなる顔の記憶研究では，時間の経過とともに再認成績が低下するという「常識」，換言するならば，目撃者識別は時間の経過とともに，目撃者の顔の記憶の信用性が落ちることが支持された。ただその場合にも，言語刺激などと比較すると忘却の割合が少なく，検討された保持期間も比較的短いものであった。

　では目撃者識別を念頭においた保持期間の効果についてはどうであろうか。目撃者識別の場合には，ステージで演じられた出来事を目撃し，それに関した顔の識別を後に行うことが本問題と関係する。このような文献を探してみると，残念ながら，保持期間を変数にして，しかも方法を同じくする研究は数少ない（たとえば再認方法が人物パレードを使用したり，写真を使用したりで，識別方法が異なっていたりする）。目撃証言研究の場合，一般的には1度に多数の目標人物を見ることは稀で，1人の人物（時には複数）を目撃して，その識別能力を検討している。このような検討に，Egan, Pittner & Goldstein（1977）の研究がある。彼らの研究では識別の遅延効果を検討している。武器を持って強盗を行った2人の人物が現れることを前もって被験者に伝えた。2人は15秒間被験者の前に現れた。その後，被験者のグループは2日後，21日後，56

日後に写真もしくは実際の人物による識別を行った。被験者には，ターゲットの人数も伝えず，また選択すべき人数も伝えなかった。結果は，ターゲットでない人物を選択する割合が時間の遅延とともに増加した。つまり，誤ってターゲットを選択した割合は2日後では48パーセント，21日後では62パーセント，56日後では93パーセントと増加していった。また誤らずに正しいターゲットを選択した者は，2日後では45パーセント，21日後では29パーセント，56日後では7パーセントとなった。このことから，時間の遅延とともに正しいターゲットを選択する確率が著しく低下することが示された。

　Malpass & Devine（1981a,b）も，Egan et al.（1977）と同様に時間遅延の識別への影響を検討し，同様の結果を報告している。彼らは講義室で予期せぬ暴力事件を被験者に見せた（1人のターゲット）。3日後および5か月後，5人のラインナップによる識別を行った結果，3日後では83パーセントの正しい識別が行われたものの，5か月後では36パーセントの正しい識別率であった。さらに誤った識別率も35パーセントとなっていた。

　以上の研究で認められるように，実際の識別手続きを採用しても時間の経過とともに識別の能力が著しく低下する。つまり，長期におよぶ識別は正しく識別される可能性が低下し，誤って識別が行われる可能性が高まるという結果であり，とくに長期の保持期間をおいた識別は誤って行われる危険性が非常に高いと考えておく必要がある（顔の記憶に関しては第1編第7章で詳述するので，そちらを参照されたい）。

3．記憶におけるギャップの充塡

　かつて心理学者は，記憶痕跡の自動的減衰がすべての記憶の歪みの原因であると考えた。しかしながら，最近では記憶研究者は，記憶が知覚と同様に活動的で構成的な過程であることを発見した。その過程とは，出来事の知覚には存在しなかった，つまり初期の表象に現実には存在しなかった，詳細な情報を付加する過程である。そしてこの過程が記憶の不正確さにつながることを認識し始めたのである。心は出来事について獲得されたすべての情報を単一の集積貯蔵庫に結合してしまうので，目撃者が真に知覚したこととその後に獲得した情報を区分するのは困難である（Baggett, 1975；厳島，1996；Loftus, 1979；Loftus et al. の一連の事後情報に関連する研究を参照）。人間の記憶に関する研究は，現実の記憶表象が時間とともにその精度を減少させることを示しているが，また記述の正確さを犠牲にして，むしろ記述の完全さを増加させることを認めている。目撃者による容疑者の記述が，警察官によって採取された調書か

ら公判の聴取へと，取り調べが進むにつれていっそう詳細になるならば，目撃者は，たとえば，その後新聞で紹介されたその出来事の詳細や被告人の写真から獲得した情報を含めるような形で，たぶん無意識的に記憶の中のイメージを変更させている。

さらに，不確定性や不一致を減少させようとする心理学的要求によって（Festinger, 1957），ただ出来事とは無関係の詳細を加えるだけではなく，心的表象が意味を持つように無意識的にそれを変化させることで，何らかの情報のギャップを埋めようとする。犯罪容疑者の目撃識別の文脈においては，そのような記憶の無意識的修正が悲劇的な結果を招く（たとえば，渡部，1992の誤判の紹介を参照）。最近の諸実験は，暗示や示唆が現実には実質的に作用するために，目撃者の記憶へその暗示や示唆が組み込まれることを防ぐことが不可能であることを示してきた。一連の実験では，目撃者に発せられる質問の語法が，オリジナルな出来事の記憶にも影響を与えることを示唆している（Loftus らの一連の研究はこの誤誘導によってオリジナルな記憶がそこなわれることを示している。たとえば Loftus，1979および本書の第1編第9章を参照）。このことは，犯罪直後に目撃者に対して行われる警察官による通常の尋問ですら，実質的な示唆を植え込み，その出来事についての目撃者の記憶に無意識的に組み入れられるかもしれないことを示している。警察官が目撃者にさらなる詳細を話すように強いるならば，目撃者は尋ねられた質問に含まれる情報を取り込んで，後の供述にその情報を含ませるようなことが起こり得る。

4．確信度と識別の正確さ

出来事の記憶の詳細に関する確信度の感情は，その目撃者の出来事についての想起の正確さを妥当に測定していることにはならないというのが一般的である（Lindsay, 1986）。確信度と正確さの間には，時として負の相関が存在することもある。驚くべきことに，目撃者――とくに被害者――は，自分の識別の正確さを時間の経過とともにさらに確信を強く持つようになる。また陪審員は，識別に対して自信を表明する目撃者を信用する傾向があることも報告されている（Wells, Furgusonm & Lindsay, 1981）。Deffenbacher（1980）によれば，比較的視認条件が悪い場合には識別の確信度と識別の正確さには相関関係がないという。ただ目撃時間が長くなると，識別の確信度と識別の正確さの間に正の相関関係が認められるようになる（Bothwell, Deffenbacher & Brigham, 1987）。さらに，厳島・内藤（未発表）の4か月の保持時間のもとでの顔の識別に関する研究では，この確信度と識別の間に関連のあることを見いだした。識別を正確に行った被験者は，識別前の確信度評定よりも識別後の確信度でその確信度が

大きくなることが認められた。また，厳島ら（1994）でもフィールド実験を採用した検討で厳島・内藤（未発表）同様の確信度の傾向を認めた。

以上のように，確信度と識別の正確さの関係に関しては一定の結果が得られておらず，今後，多様な要因との関係を考慮してのいっそうの検討が必要である（確信度と識別の正確さに関するレビューは越智，1998を参照）。確信度が識別の正確さを予測する条件，予測しない条件の解明が期待される。

第4節　記憶からの情報検索への影響要因

　記憶からの検索で重要な要点のひとつは，複雑な出来事の記憶のほとんどが構成的であるということである。人が符号化する内容は，ビデオの記録のようにプレイバックしてもとの情報を確認するようには，記憶に登録されないということである。想起される内容は，目撃者が出来事について符号化した情報や，目撃者の所有している世界一般についての知識や情報を利用して再構成される。以下に説明するのは，出来事の記憶を報告する際に影響することが明らかな諸要因群である。

1．言語的記述の不適切さ

　識別で起こる最終の誤りの源で，しかも法律の文献でしばしば論議されるもののひとつに，識別を行う目的で記憶から情報を検索する過程があげられる。目撃証人の多くは犯罪者の正確な表象を描くほどの芸術的能力を持っていないために，刑事司法制度は目撃者の言語能力に依存しなくてはならない。そこで最初の再生過程は，犯罪者についての相貌的な詳細を十分に伝えるために，目撃者の言語表現は言語的形式に依存した不完全さを伴うことになる。

　その一方で，完全さを期するために質問がいっそう構造化されるようになるにつれて，目撃者は不完全な知識にもかかわらず，諸々の質問に答えるように強いられるために（出来事のさまざまな局面の詳細に関して），その結果として目撃者が回答する反応もいっそう不正確になる傾向が強くなる。正確さと記述の完全さの間の矛盾する関係に直面して，法の執行者は一般的に正確さを犠牲にして完全さを選択してしまう。

2．識別テストの構成における示唆

　識別供述を得るために警察官は，目撃証人に示唆的な影響を与える潜在的な仮説を持っているために，信頼性に乏しいとわかっているにもかかわらず，ラインナップと

か写真帳（photo array）のような構造化された再認に依存しなくてはならない。識別を目的としたこのような技法の使用に伴う危険性に関しては，多くの研究報告があるので，以下では心理学的見地からみた明白な欠陥のみを考察しよう（またラインナップの手続き問題に関しては第1編第4章を参照）。

　ラインナップは多肢選択（複数の候補から当該の人物を選ぶ）の再認テストである。しかもこのラインナップは，目撃者からしてみれば，犯罪者に関して目撃者がその犯罪者のイメージに最も近いと思われる記憶とマッチする者を選択する課題であるとみなせる。それゆえに，ラインナップを使用して行われる識別の信頼性は，容疑者であるターゲット項目とラインナップの他のメンバーである妨害項目（ここで妨害項目とは容疑者以外の人物や人物写真のことである）間の類似性に依存している。たとえば，目撃者が攻撃者を身長が高いと説明している場合で，しかもラインナップにただ1人身長の高い者が含まれていたとすれば，1人の人物を選択することは，真の犯罪者を識別するという目的にはほとんど意味をなさないことになる（図1-1-3参照）。

　ラインナップにおける被告人が他の参加者の全体的な物理的（身体的）特徴と明らかに異なっている傾向に加えて，その人物がひとつのはっきりした特徴を持っているような場合には，その特徴が識別するときのバイアスになる。またさらに長期にわたって示唆的影響を与える要因のいくつかには，たとえば傷跡や刺青のような普通でない身体的特徴，参加者の着ている衣服の差異，ふるまいや顔面表情などがあげられる。

　最初に写真配列を使用し，次に実際の人物のラインナップを使用して識別を確保し

●図1-1-3　**危険なラインナップの例**（Loftus & Ketcham，1991より）

ようという一般的な識別方法は，さらに信頼性を減じる傾向があり，その使用には注意が必要である。記憶の再生という見地からすれば，目撃者は写真配列から選択した個人を，その後の実際の人物を用いたラインナップからも識別してしまうという強い傾向があるために，決定的な識別は写真配列から得られると考えるべきである。しかしながら，写真を使用して識別を得ることにも格別の危険が伴うものである。それは，写真が人間を認識するとき典型的に信頼をおく身体全体の印象やさまざまな角度からの印象，もしくは個人のふるまいの型や身ぶりといった多数の特徴を排除するからであり，そのために多くの誤った識別を引き起こす（Galper & Hochberg, 1971）。そういう意味でも，イギリスのPACEの規程が示すように，人物ラインナップをきちんとする法的手続きの確立が必須である。

3. 識別テストでの示唆

　警察官が，ラインナップや写真配列の構成において示唆的な要因を混入させたり，特定の人物が識別されるような操作を行う可能性に加えて，警察官は少なからず調書に残らない手がかりをしばしば提供するような識別手続きを行うことがある。第1の容疑者の識別結果を知っている警察官は，声の調子を変えたり，反応に対する注意を増加したり，微笑み返すというようなヒントを与えることによって，またうなずいたり，目撃者に「正しい」識別がまだ行われていないかのように，もう少し注意して見るように促したりといった明らかな身ぶりによって，実質的な影響を目撃者に与える可能性がある（Loftus & Ketcham, 1991）。不可能でないにしても，知らずにそのような手がかりを与えてしまうのを避けるのは困難である。たとえこれらの効果を避けるように研究を計画する熟練の心理学者であっても，時として実験の参加者に心理学者の期待を気づかないうちに与えてしまうことが指摘されている（Rosenthal, 1966）。

　Loftusとその共同研究者によって行われてきた一連の研究は，目撃者の記憶が出来事を経験してからのさまざまな情報にさらされることによって，その内容に変容が起こることを明確に示している（Loftus, 1975 ; Loftus, 1979 ; Loftus, Miller & Burns, 1978 ; Wells & Loftus, 1984）。以下に，記憶の検索に影響するさらなる要因について説明しよう。

（1）事後情報

　何らかの出来事を経験した（自動車事故の映画を見る）後で，その出来事についての複数の質問を受ける。被験者の半数は出来事に一致した情報に関する質問を受け，他の半数は出来事に一致しない，誤った情報を含んだ質問を1つ受けた。質問に答え

た1週間後，被験者は事故に関する質問を受ける。すると，誤った情報を質問された被験者のグループでは実際に映画にはなかったが，誤った質問に含まれていた対象物が映画の中にあったと回答する傾向が有意に高くなった。Loftus (1975) では，まさに上述の実験が行われた。実際に映画の中に小屋がなかったにもかかわらず，「田舎の道を走って小屋を過ぎたときに，白いスポーツカーはどれほどの速度で走っていたか？」と質問されて，1週間後に「あなたは小屋を見たか？」との質問に75人の被験者の17.3パーセントが「はい」と回答した。しかし，正しい質問を受けたグループでは，2.7パーセントが「はい」と回答したに過ぎなかった。このことは，新しい情報がすでに貯蔵されている情報に組み込まれ，その記憶を歪めることを示している。つまり，事後情報が最初に経験した出来事に加えられ，統合されたことを示している。(厳島 (1996)，および本書の第1編第9章において事後情報効果研究のレビューを行っているので，詳細はそちらを参照されたい)。

（2）語法効果

これは経験した出来事についての質問の微妙な語法によって，目撃者の反応に影響がでる現象をいっている (Loftus & Palmer, 1974)。この研究では，多数の車が関わった事故の映画を見た後で，被験者は次の2つの異なる質問のうちの一方を質問された。「壊れたヘッドライトを見ましたか？ (Did you see a broken headlight?)」もしくは「壊れたヘッドライト（がありましたが，それ）を見ましたか？ (Did you see the broken headlight?)」である。後者の質問では定冠詞の the が使用されている。結果は，この定冠詞を使用した質問を受けた被験者でより多くの肯定的回答を引き出すことができたのである。

（3）推論

さらに Loftus & Palmer (1974) では，自動車事故という出来事に関して，「自動車が激突した (smashed) ときに，車はどれほどの速度で走っていましたか？」といった質問を被験者に与えた。そして，この質問の変形として「激突した」という動詞を変化させて，「衝突した (collided)」，「突き当たった (bumped)」，「ぶつかった (hit)」，「接触した (contacted)」などを使用した質問が示された。結果は「激突した」という動詞で質問した被験者の速度の報告が最も値の大きい結果であった（実験1，表1-1-2参照）。

さらに実験2では，映像を見てから1週間後に「フィルムの中に割れたガラスを見ましたか」との質問に対して，衝突の激しい表現の動詞を使用した場合に，そうでない動詞を使用した場合と比較して，より多くの人が割れたガラスを見たと報告した。

「ぶつかった」という動詞で質問された参加者の16パーセントという数字に比較して、「激突した」という動詞で質問を受けた参加者の32パーセントが「見た」と肯定的に回答したの

●表1-1-2 実験1で使用された動詞に対して報告された速度（平均値）

動詞		平均推定速度（mph）
smashed	激突した	40.8
collided	衝突した	39.3
bumped	突き当たった	38.1
hit	ぶつかった	34.0
contacted	接触した	31.8

である。フィルムには割れたガラスは存在していなかったにもかかわらずである。記憶がほんのちょっとした言葉づかいによって作られてしまうことを示す例である。このように、現実には存在していなかった「ガラスの破片」が、質問者の口から発せられると（実際は質問文の形式で尋ねられているが）、その質問に使用された言葉が実在性を持って、その存在を推論し（無意識的に）、目撃者の記憶に存在するものとして生き続けることを示している。

4．既存の知識の影響

（1）ステレオタイプ（紋切型）

人物に関する情報を提供されると、私たちは時に無意識的にその人物を型にはめ、オリジナルに符号化した情報とそのステレオタイプの中に存在した情報とを結びつけてしまう。その結びつきの結果として生じる記憶は、符号化された情報と紋切型の情報との結合である。つまり、現実にはない人物像が記憶に形成されることになる。このような記憶へのステレオタイプの影響を調べた研究に Hollin（1980）がある。この研究では、証人が、知覚した相手の髪の色、目の色、肌の色などについて、既知の母集団（証人の所属する集団）の規範となるようなステレオタイプを使用するという事実を見いだした。そのようなギャップの充填は正しいこともあるが、そうでないときもある。Hollin（1980）の研究では、ターゲット人物はブロンドの髪、緑の人瞳、明るい色の肌であった。研究結果は、髪の色を正しく再生した者93パーセントのうち、ほぼ半数が誤って緑の瞳を報告したのである。このように所属する集団のステレオタイプが人物識別に影響することにも注意する必要がある。

（2）スクリプト

記憶にあるスクリプト（ここでいうスクリプトとは、典型的な一連の知識の集合）は、何らかの状況で私たちがどのように活動するのかを知る助けに使用される。そういう意味では、このスクリプトは認知的経済効率を高めてくれるが、その効率性ゆえ

に，個々の経験の記憶に対して，正確な記憶を歪めてしまうこともしばしばある。たとえば，私たちの多くは，レストランに行くスクリプトを持っている。典型的には，レストランでは，座って，メニューを見て，飲み物を注文し，最初の料理を注文する。そして，食事がすんで，会計してレストランを出て行くという風に。つまり，スクリプトはあまたの情報をすばやくかつ経済的にフィルターにかけたり，体制化したり，処理するのを助けてくれる。出くわす新しいさまざまな出来事のすべての詳細を符号化する代わりに，スクリプトを単純に信頼し，新しく示唆的な情報をただ符号化する。そういう意味で認知的な負担は軽くなる。

しかしながら，出来事の記憶の再生は，使用されるスクリプトがうまく適合しない場合には歪められる。Bower, Black & Turner (1979) の研究によれば，ある人物がレストランへ行くという短い物語を読んだ後で，被験者が，実際には言及されることのなかった「食べる」とか，「勘定を支払う」という情報を再生しやすいことを見いだした。意識下でスクリプトからの情報で記憶における"ギャップを充填する"傾向があることが確認されたのである。

そして，人々は個人的経験がないことについても（たとえば，武装強盗のように），個人的に経験した出来事（たとえば前述したレストランのシナリオ）に対してと同様に，スクリプトを発展させて使用することを示した研究がある。List (1986) や Fisher & Pezdek (1992) は，万引き，強盗，泥棒のような個人的に経験していない一連の活動に対しても，スクリプトを使用することを確認した。この結果は，ほとんど日常では経験することのない稀な事件や事故に遭遇した場合にも，そのようなスクリプトを働かせて，推論によって「記憶から思い出す」可能性のあることを示している。

5．社会心理学的影響

さまざまな社会心理学的要因がラインナップにおける識別への被暗示性の危険を増加させる。目撃者は自分が正しくありたいとか，愚かに見られたくないという要求を強く抱く傾向がある。ラインナップを構成しながら，警察官は犯罪人を捕まえたのだという信念を証明したいと思うし，目撃者は——その証明を実現する者であるが——だれも識別できなかったとしたら，自分は愚かだと思われてしまうのではないかと疑心暗鬼になる傾向がある。そう思われないために，目撃者は不確定な要素があってもだれかを選んでしまう可能性が高い (Loftus & Ketcham, 1991)。さらに，心理学的な不満を解消しようという要求は，犯罪の被害者に似たような目標を見つけるよう動機づける。そのために，目撃者は彼らの周囲にいる人々と同じようにふるまうように強

く動機づけられてしまう。この順応しようという要求によって，犯罪者がラインナップの中にいると感じていることを警察官に示すために，だれかを識別したいという要求が生み出される。このような要求が起こるために，警察官や他の目撃者によって与えられるわずかな手がかりにも反応して，犯罪の容疑者と思われる人物を識別してしまう。

　警察官のような権威者による示唆的影響の行使は，社会心理学的圧力を強める傾向にある。警察官に協力することを同意した目撃者は，とくに権威者（検察官や警察官）が望むと目撃者が考えることをしようとする可能性が強まる。Milgram（1974）の服従に関する古典的実験では，被験者が他の被験者に対し心理学者を満足させるために——現実には電流を流される方の被験者は実験者と共謀しているのであるが——明らかに死にいたる電気的ショックを与えてしまう。

　さらに，最近では単語の記憶（Schneider & Watkins, 1996）や顔の記憶（Hara, Itsukushima, Naka, Itoh, Hanyu & Okabe, 1999）でも反応の同調が起こり得ることを示す実験的証拠が提示されている。実際に複数の目撃者が存在してお互いが意見交換したり，マスコミによって流されるさまざまな情報を取り込むことによって，目撃者の記憶は変容するが，基本的に目撃者はそのような変容を意識することができない（対人場面における想起の問題は第1編第11章，12章，13章を参照）。

6．文脈効果

　記憶を想起する場合には，その情報の符号化が起こった同じ場所にいれば，想起が容易な場合がある（Estes, 1972）。たとえば，かつて訪ねたことのある場所，子ども時代に通っていた学校などを訪れると，過去の生活についての記憶が鮮明に心に浮かび，その記憶の高波に圧倒される。なぜそのようなことが起こるのかを，この文脈の手がかりが説明してくれる。出来事が符号化される文脈は，それ自体がもっとも強力な検索手がかりの1つであると考えられている。実際，多くの実験研究がこの問題を検討してきた。

　今日非常に有名になった研究でGodden & Baddeley（1975）は，文脈が記憶回復にいかに強力に作用するかを示した。ダイバーは陸上か海中20フィートのいずれかで単語のリストを学習した。その後参加者は，学習した単語のリストを，陸上もしくは海中のいずれかで再生することを試みた。つまり，ダイバーはリストを学習したのと同じ文脈もしくは異なった文脈で単語の再生を試みた。条件としては，海中で学習－海中で再生，陸上で学習－陸上で再生（以上は文脈一致条件），海中で学習－陸上で再

生，陸上で学習－海中で再生（以上は文脈不一致条件）が用意されたことになる。結果は，陸上で単語を学習した参加者は，陸上で再生した場合に成績が優れ，海中で単語を学習した参加者は，海中で再生すると成績が優れた。再生は，学習と再生が同じ文脈の場合に，異なった文脈で再生するよりも50パーセントほど成績が良くなるという結果であった。

　Godden & Baddeley（1975）の研究は，環境という文脈を使用しての，外的手がかりを検討したものであった。しかし，文脈というのは必ずしも外的なものばかりではなく，内的な状態も文脈的な手がかりとして働くことが知られている。たとえば，何らかの出来事を経験するときに幸福な気分にいる人は，再びそのような気分状態におかれると，その出来事をよく思い出すことができることが示されてきた（Eich, Macauley & Ryan, 1994）。

　しかしながら，実際的な意味で，物理的に文脈を回復することは（たとえば，被面接者を犯罪現場に連れもどす），必ずしも可能でないかもしれないし，また不適切な場合もあるかもしれない。実際の事件における目撃者は，その人物が事件の被害者のような場合には，心に傷を負っているかもしれないし，不安が思い出す過程と干渉する可能性もある。また犯罪現場が元のままに保たれているとも限らない。たとえば，天候が変わっているかもしれず，犯罪現場にいた人物や，そこにあった対象物が同じままにそこにあるかどうかは保証されない。さらに，研究によってはこの文脈効果が認められないと報告する場合もある。内的な手がかりがそれほど強力には働かないこともある。

第5節　フィールド実験による目撃の識別

　上で述べた研究の多くは統制のとれた条件設定で，しかも実験室実験の研究が多かった。しかし，実際の事件の場合には，そのような統制のできない，突発的な出来事もしくは日常の1コマとして起こった出来事の目撃が問題となる。そのような事態での目撃証言や識別はどの程度の正確さを示すのであろうか。このような日常生活の文脈において行われる研究は，その実施にさまざまな困難が伴うために報告されている研究は数少ない。ただ，いくつかの研究がそのような現実の場面での目撃の信用性を問題にしているので，それらをここで紹介する。

　Brigham, Maass, Snyder & Spaulding (1982)，Krafka & Penrod (1985)，Pigott, Brigham & Bothwell (1990)，Platz & Hosch (1988) は，現実的なフィールド・セッティング

で比較的統制のとれた実験を行い，実験室実験と現実の場面の条件という両方の利益を得るような研究を試みている。Brigham et al.（1982）と Platz & Hosch（1988）は，識別の正確さへの目撃者と容疑者の人種の影響に基本的な関心を向けたものであった。Krafka & Penrod（1985）の研究は，基本的には目撃者識別の正確さを改善するように計画された手続きの影響に関わるものであった。Pigott et al.（1990）の研究は，目撃者の記述の正確さと識別の間の関係を調べたものである。これらの研究は現実的なセッティングで行われているため，得られた結果（識別の正確さ）は，現実の事件で得られた記録データや実験室実験の結果と比較して，現実の犯罪において起こり得る識別の正確さを推定する際のよい指標になり得る。

　Brigham et al.（1982）によって行われた研究では，アメリカの小さな町にあるコンビニエンスストア（店員は1人）で2時間前の買い物客を店員に識別させる実験を行った。客は実験協力者で，店内には3分から4分間留まるように計画されていた。しかも，店員とのやり取りが印象づけられるように，小銭で買い物をするとか，近くにはない飛行場までの道筋を尋ねるというような工夫がなされていた。識別は本来の条件では24時間後に行うことが計画されたが，15店舗の店員に識別してもらったところ，7.8パーセントという低い識別率であったために計画を変更し，2時間後に識別を行うことになった。最終的に73店舗の店員が被験者となった。正しい識別率は34.2パーセントであった。しかも魅力のあるなしによってその識別率も変化した。魅力がない場合には16.7パーセントというような低い識別率で，これはチャンスレベルでもあった。このように，日常生活の文脈においては少々奇異な接触をしても，たった2時間の時間の経過によってすら正しい識別ができなくなることが示された。この研究では6枚の顔写真から1人の人物を選択するという写真ラインナップが使用されていた。

　Krafka & Penrod（1985）は，Brigham et al.（1982）によって行われた研究と類似のフィールド実験を行った。識別は43人に対して行われた。識別までの時間間隔は2時間後と24時間後であった。この研究では記憶回復の文脈情報を提示する場合としない場合が条件として研究に組み込まれていたが，記憶回復の文脈が提示された条件では，2時間後の正しい識別率は60パーセント，24時間後で50パーセントであった。また文脈を提示しない条件では2時間後の正しい識別率は27.3パーセント，24時間後で30.8パーセントであった。文脈回復条件でよい成績が示されたが，それでも正しい識別率は低い結果であった。さらに，この実験では写真ラインナップにターゲットを入れていない条件での識別も行っており，この条件で誤って識別する確率は，記憶回復

の文脈が提示された条件では，2時間後で20パーセント，24時間後で50パーセントであった。また文脈を提示しない条件では，2時間後で10パーセント，24時間後で54.5パーセントであった。このように，時間の経過は，記憶回復の文脈を与えられても与えられなくても，誤った識別を増加させることが示されたのである。

　Platz & Hosch（1988）は，Brigham et al.（1982）と同様だが，ただ被目撃者は3人というシナリオで，コンビニエンスストアに来店した。コンビニエンスストアはテキサス州のエルパソにある店であった。最初の2人の客はBrigham et al. の実験と同じ筋道での実験であった。3番目の客は買い物に際して，ドルとペソで買い物の支払いをしようとした。ペソが使えないと店員に伝えられて，客は店員にあるスポーツ雑誌を置いているかどうか尋ねた。識別はターゲット（客）の存在する写真帳を用いて，客が来てから2時間後に行われた。86人の店員が3人すべての識別を試みた。結果は44.2パーセントが正しく識別した。誤った識別の割合は，客が存在しない写真帳を用いなかったので評価できなかった。

　Pigott et al.（1990）では，フィールド実験の舞台が地方銀行であった。シナリオでは，2人の共犯者の1人が銀行のメインの入口から入って，中央のislandに歩んで，貯金用の用紙に記入するふりをした。もう1人の共犯者は，出納係に近づいて，小切手を現金化しようとした。小切手は"改造されたアメリカ合衆国郵便サービス為替"で，そこでは金額が＄10から＄100に変更されていた。出納係はだれもが為替を現金に換えるのを拒絶した。共犯者の片割れが出納係と言い争うときはいつでも，紙幣の変更は郵便局の事務員がやったものだと主張した。出納係からいく度となく拒絶されて，片割れは怒り出し，為替を手にとると急いで銀行から出ていった。このやり取りが90秒ほど続いた。4時間から5時間後に，実験者が法の執行官を装って，出納係に例の客の存在する写真帳もしくは客の存在しない写真帳のいずれかを示した。最終的に47人の出納係が目撃者として参加した。客の存在する写真帳を見た出納係のうち47.8パーセントが正しい識別を行った。客の存在しない写真帳を見た出納係では37.5パーセントが誤った識別を行った。

　以上の研究で使用されたデータを要約すると，291人の目撃者に対して536回の識別が行われ，データが得られたことになる。これらの実験の正しい識別と誤った識別の割合を表1－1－3に示した。平均の正識別率は41.8パーセントで，誤った識別の割合は35.8パーセントであった。これらの実験から学ぶことは，ストレスのない条件で，短い時間の人物目撃で，短い遅延時間の後に識別テストが行われると，それはしばしば不正確であるということである。Pigott et al.（1990）の研究では，実験に参加した

●表1-1-3 各フィールド実験における識別の正確さ（Cutler&Penrod，1995より）

	標本数	正しい識別割合	誤った識別割合
Brigham et al.(1982)	146	34.2	
Krafka & Penrod (1985)	85	41.0	34.0
Platz & Hosch (1988)	258	44.2	
Pigott et al.(1990)	47	47.8	37.5
Total/ウエイトなしの平均	536	41.8	35.8

模擬の目撃者は銀行の出納係であり，彼らの77パーセントが目撃状況のための訓練を受けていたと報告した。

　以上の4つの研究で使用されたシナリオでは，凶暴な犯罪が模擬されたわけではない。ただ犯罪での出来事とは類似していないものの，結果は重要な意味合いを持っている。目撃者は必ずしも凶暴な事件に曝されるわけではない。場合によっては，犯罪の前後に日常の1コマとして，通行人としての容疑者や犯人を目撃するかもしれないのである。そういう意味において，以上の研究は実際の目撃における目撃証人の人物識別が必ずしも正確ではないこと，むしろ誤って無実の人物を識別してしまう可能性の高いことを教えてくれる。

　ここでは日本で行われたフィールド実験を紹介しなかったが，それらの研究に興味のある読者は，Naka, Itsukushima & Itoh (1996)，仲・伊東・厳島 (1997) が日常の目撃証言の信用性を扱ったフィールド実験を行っているので参考にされたい。

結語

　目撃証言の信用性に関連する要因を，記憶の各段階に対応するような形式で概観したが，目撃者識別の信用性に関わる要因は上に記述した要因だけではない。紙幅の都合上，最近の研究の多くをここに紹介することができなかったが，重要な要因に関しては一応紹介できたと思う。また，記憶理論と誤誘導情報効果に関する最近の議論，検索改善の方法（認知インタビューの技法，たとえば，Geiselman, Fisher, MacKinnon & Holland (1986) やそれに関連する研究），実際の司法における目撃者識別の扱い，各要因に関する詳細な議論が，上述の紹介には欠けている。その部分に関しては本書の法律上の議論や他の章を参照することで，ある程度埋め合わせができると考えている。

　目撃証言は証拠のなかでも最も厄介な証拠であることは疑い得ない。しかもそのよ

うな証拠が，時として，無実の人間を獄に繋いだり，最悪の場合には死刑という過ちを犯すことになる。また真犯人を逃がしたり，放置したりという取り返しのつかない誤りを犯す原因になってしまうのである。その扱いには慎重でなくてはならない。心理学者として目撃証言の信用性を研究することは，日常記憶の研究における科学的知識の集積とその理論化という，人間の基本的な能力の解明に貢献すると同時に，実際の刑事裁判や民事裁判における証拠としての信用性に関する知識を提供する応用的側面も持つことになる。これらの人間の基本的な心理学の知見は，法における人間観にも重要な貢献をなすはずである。

第2章 既有知識が目撃証言に及ぼす影響
スキーマとステレオタイプ

　事件の目撃者は、事件の現場をそのまま記録するビデオカメラではない。目撃者の記憶は、目撃者の状態や目撃される事件の性質などのさまざまな要因によって歪められる。なかでも、記憶の過程に関する心理学研究は、人が経験に先立って持っている知識、すなわち既有知識が記憶の過程に重大な影響を及ぼすことを明らかにしてきた。それによると、一般に、経験した事柄の理解や記憶が成立するためには、その事柄と関係づけることができるような既有知識が必要であり、そのような知識がまったくないような事柄は、理解することも、記憶することも困難である。また、その事柄に関して持っている知識の内容が異なれば、同じ事実でも異なって理解し、記憶される。このような知見からは、事件の目撃者の記憶にも同様の過程が関与していることが示唆される。ここでの目撃者の既有知識とは、目撃した事件につながりのある一般的な知識、たとえば、強盗、万引きなどの犯罪がどのように起こるかということや、どのような人が犯罪を起こしやすいかということ、人種など特定の集団に属する人々に特徴的な行動の傾向がどうであるかというようなことに関する知識を含んでいる。目撃者の知識は、事件を目撃したときに、その場で生じていることを理解し、記憶するための枠組みとして働く。本章では、目撃者が事件を目撃するときに持っている既有知識が、どのように事件の記憶に影響するかという問題に関わる心理学的研究を紹介する。

第1節　記憶とスキーマ

1．スキーマの働き

　既有知識が記憶の過程に影響するという認識は、Bartlett（1932）までさかのぼることができる。彼は、インディアンの物語を西洋文化圏の被験者に読ませて、物語の

記憶が既有知識に沿った形に変容することを示した。それ以来，多くの研究がこの問題をさまざまな素材と方法によって検討してきた。それらの研究の多くは，既有知識が記憶の内容に影響する過程を，スキーマ（schema）と呼ばれる概念によって説明している。スキーマとは，繰り返し経験する出来事や事物の一般的な展開や状態についての既有知識のことである。たとえば，「歯医者に行く」，「レストランで食事をする」などの出来事について，歯医者やレストランに何度か行ったことのある人は，その出来事が一般にどのように展開し，どのような物や人が登場し，どのような行為が行われるかを知っているだろう。その人は，歯医者やレストランのスキーマを持っているのである。表1-2-1は，「レストランに行く」，「朝の起床」，「医者にかかる」という出来事のスキーマの例である。時間的な流れの中で成立する出来事のスキーマを

◉表1-2-1 スクリプトの例

レストランに行く	朝の起床	医者にかかる
ドアを開ける	◯目覚める	◯医院に入る
◯入る	目覚まし時計を止める	◯受付をする
◯予約名を告げる	ベッドに横たわる	◎座る
座席が決まるのを待つ	のびをする	待つ
テーブルまで行く	◎起きあがる	他の人をながめる
◎座る	ベッドを整える	◎雑誌を読む
ナプキンをひざに置く	◯洗面所に行く	◯名前を呼ばれる
◎メニューを見る	トイレに入る	看護婦について行く
◯飲み物を注文する	◯シャワーを浴びる	◯診察室に入る
◯何を食べるか話し合う	◯顔を洗う	服を脱ぐ
◎注文する	髭を剃る	◯診察台に座る
◯会話をする	◎服を着る	看護婦と話す
水を飲む	台所に行く	◎看護婦が検査をする
◯スープやサラダを食べる	朝食の準備をする	待つ
主食が来る	◎朝食を食べる	医師が来る
◎食べる	◎歯を磨く	医師と挨拶をする
食べ終わる	新聞を読む	医師に病状を話す
◯デザートを注文する	◯髪を整える	医師が質問する
◯デザートを食べる	◯本を持つ	◎医師が診察する
勘定書を頼む	鏡を見る	服を着る
勘定書が来る	コートを着る	薬をもらう
◎お金を払う	◎家を出る	次回の予約をする
◯チップを置く		◯医院を出る
コートを着る		
◎店を出る		

◎はほとんどの被験者が答えたもの，◯は中程度の被験者が答えたもの，それ以外は少数の被験者が答えたもの

とくにスクリプト（script）と呼ぶ。このスクリプトには，一般的なレストランでの食事などで経験する場面と行為が，出来事の中で起こる順序に従って並んでいる。

　Bower, Black & Turner（1979）は，文章の記憶にスクリプトが影響することを次のような実験によって示している。彼らが用いた文章は，「歯科医院に行く」のようなスクリプトに沿った文章であったが，スクリプトに含まれるすべての行為が文章に明示されているのではなく，いくつかの部分は省略されていた。以下の文章は，彼らが用いた「歯科医院に行く」ことに関する文章の例である。

　　ビルはひどく歯が痛んだ。やっと歯医者に着くまでの時間が永遠のように感じられた。ビルは，壁の歯に関するポスターを見回した。ついに歯科衛生士が彼の歯を調べる番になり，レントゲン撮影をした。彼は，歯科医は何をしているのかと思った。歯科医は，彼に虫歯がたくさんあります，と言った。次の予約をして，彼は歯科医院を後にした。

　この文章では，「受付」についての内容が省略されているが，それはスクリプトに含まれる場面である。このような省略は，日常的に読んでいる文章のほとんどに見られるものである。この実験の被験者は，スクリプトに基づいて作成された複数の文章を読んだ後，その文章の記憶を調べる課題を与えられた。記憶は，再生課題と再認課題によって調べられた。一般に，再生課題とは，被験者が自分で経験したことを想起して口頭や筆記などで再現する記憶の検査法であり，再認課題とは，被験者に実際に経験したターゲット刺激と経験していない妨害刺激を含む刺激リストを提示し，被験者はそれぞれを実際に経験したかどうか判断する記憶の検査法である。実験の結果，再生課題でも再認課題でも，実際に読んだ文が正しく思い出されるだけでなく，「受付」のようにスクリプトにのみ含まれていて実際の文章では省略されていた内容も，文章に含まれていたと誤って思い出される傾向があることが示された。この結果は，文章の記憶がスクリプトに関連づけながら構成されることを示唆している。つまり，省略部分が読んだものとして想起されるということは，文章の中の省略部分は，たとえば「受付」のことが書かれていないから受付はしなかったと理解されるのではなく，スクリプトの情報により補って受付をスクリプト通りにふつうにしたと理解され，記憶されるということを示しているのである。このように，省略的な文章は，スキーマの知識を利用することなしには，適切に理解することも記憶することもできない。

　以上のように，既有知識が記憶の過程に影響する仕組みに関する研究は，まずは文章の記憶の領域から進められてきた。

2．現実的経験の記憶とスキーマ

　文章の記憶だけでなく，現実的な経験の記憶過程にもスキーマが影響していることは，場面や出来事などのさまざまな素材によって確認されている。Brewer & Treyens (1981) は，現実の場面で見たことの記憶にスキーマが影響することを次のような実験によって示している。彼らは，大学院生の研究室のような部屋の場面を設定し，そこに61個のさまざまな物を置いた。それらの物は，研究室によくありそうな期待度の高い物（机，タイプライターなど）と研究室にはありそうもない期待度の低い物（頭蓋骨，おもちゃのコマなど）を含んでいたが，期待度の高い物のうちのいくつか（本，ファイルキャビネットなど）は故意に除外されていた。期待度の高い物は，その種の部屋についての被験者のスキーマに一致していることになる。被験者は，記憶が調べられることを予期せずにその部屋で35秒間過ごした後で，別の部屋に移動し，前の部屋で見た物を再生するという課題を与えられた。実験の結果によると，実際に見た物のなかでは，期待度の高い物ほど再生されやすく，また実際には見ていない物でも，いくつかの期待度の高い物は誤って「見た」と再生された。この結果は，文章の記憶と同様に，被験者が場面を記憶するときには，場面のスキーマが働いており，スキーマに沿った記憶が構成されることを示唆している。ところで，この実験によると，期待度の高いものほど再生されやすいのと同時に，実際に見た物では目立ちやすい物ほどよく思い出されるという傾向も認められた。スキーマから極端に逸脱した物は，奇異であり注意を引く物である。その意味で，スキーマから逸脱した情報は，奇異な物として注意を向けられる場合，記憶に残る場合もあるということがわかる。

　さらに，現実的な場面の記憶に関して，Nakamura, Greasser, Zimmerman & Riha (1985) は，大学の講義という自然な事態での教官の動作の記憶について次のような実験を行っている。彼らは，あらかじめ，大学の講義のなかで教官が取り得る動作のリストのなかから教官がよくする動作とあまりしない動作を大学生に選択させた（表1-2-2参照）。教官がよくすると学生の考える動作は，教官の動作に関して大学生が持っているスキーマから予測される動作ということになる。被験者は，実験とは知らずに教官の講義を15分ほど受講した。講義の間に教官は予測に一致する動作5個と予測から逸脱する動作5個を実際に行ってみせた。講義が終わってから20分間ほど別の作業をした後で，被験者はさまざまな動作のリストを与えられ，それらの動作を教官が実際にしたかどうかについて判断する再認課題を行った。実験の結果，実際に見た動作について正しく「見た」と答える正再認率は，予測に一致した動作の方が予測に

●表1-2-2 講義のスキーマの実験で用いた講師の動作の例 (Nakamura et al., 1985より一部改変)

	講師が行った動作	講師が行わなかった動作
スキーマに一致	テーブルの角に腰掛ける。 黒板の情報をさす。 本を開いて，閉じる。 黒板消しを動かす。 ある学生に紙を一枚手渡す。	黒板上の文を消す。 講義ノートに書く。 黒板に寄りかかる。 書類かばんからファイルを出す。 黒板上の語に下線を引く。
スキーマに不一致	ごみ箱に一枚の紙を入れる。 となりの部屋に入って，出る。 頭をかく。 めがねをふく。 コーヒーの攪拌棒を曲げる。	コーヒーをすする。 時計をはずす。 ズボンのほこりを払う。 床の上の鉛筆を拾う。 ひざをかく。

一致しない動作よりも若干高かったが (.66と.56)，誤警報率は，予測に一致する動作の方が予測に一致しない動作よりも圧倒的に高くなった (.62と.23)。誤警報とは，実際には見なかった妨害刺激を誤って「見た」と答えてしまう反応のことである。この結果は，予測に一致する動作は，実際に見ていても見ていなくても同程度に見たと答えられやすく，被験者は実際に見た動作と見ていない動作の弁別がほとんどできていないことを示している。それに対して，予測に一致しない動作では，正再認率は予測に一致する動作に若干劣るが誤警報率が低い。この結果からは，再認課題に示される記憶の正確さは，むしろ予測から逸脱する動作の方が予測に一致する動作よりも高いということができる。

　また，実際に犯罪目撃者の記憶にスキーマが影響していることを示した研究として，万引き事件の記憶の研究がある。List (1986) は，デパートのなかで起こる万引き事件についてのスキーマが，万引き事件の目撃の記憶にどのような影響を及ぼすかということを調べた。そこでは，万引きされる対象，犯人の動作，万引き犯人の特徴という万引き事件の3つの側面について，さまざまな項目が小学生，大学生，年長成人の被験者に与えられ，それぞれがどの程度実際の万引き事件に含まれやすいかということについて予測するよう求められた。その結果，万引きされる対象と犯人の動作については，被験者は一貫した予測を持っており，それらが万引きのスキーマを構成していることが示唆された。この被験者の予測は，実際に起こった万引き事件のなかでの生起頻度と，完全にではないがかなり一致していた。さらに，この予測に基づき，8件の万引き事件を撮影したビデオが作成された。それらの万引き事件は，ある事件では予測に合う対象が意外な犯人の動作で万引きされ，別の事件では予測に反する意外

な対象が予測に合う犯人の動作で万引きされるというように，万引きされる対象と犯人の動作がスキーマに一致する場合と一致しない場合を含んでいた。被験者は，8件の万引き事件を連続して観察し，その1週間後，ビデオで見た要素の記憶についての再生と再認の課題を与えられた。結果は，前述の実験とよく似ている。すなわち，実際に見た内容の正答率は，スキーマに一致する内容の方がスキーマから逸脱する内容よりも高く（再生率は.58と.38，再認率は.85と.69），スキーマに一致する内容の方が記憶に残りやすいことを示している。しかしながら，スキーマに一致する内容は再認課題での誤警報率も高くなり，誤警報の水準を考慮した記憶の尺度では，スキーマに不一致の内容の方が記憶成績は高くなっている。

　以上の例から，現実的な出来事の記憶もスキーマに沿った内容に構成される傾向があることがわかる。そのため，スキーマに一致する情報は，実際に見た場合には再生と再認でスキーマに不一致の情報よりもよく想起されるが，その一方で誤警報も多く，実際に経験していなくても経験したと想起されがちである。とくに再認課題では，ターゲット刺激と妨害刺激の弁別という意味では，スキーマに不一致な刺激の方が成績が高くなることが多い。

3．スキーマと記憶の情報処理過程

　以上，経験した事柄の記憶には既有知識としてのスキーマが関与しており，経験した事柄がスキーマと一致しているかスキーマから逸脱しているかによって，記憶が影響を受けることを示す例をあげた。では，どのような情報処理の過程を経てスキーマは記憶に影響するのだろうか。その過程は，符号化（与えられた事実から記憶表象を作り上げること），保持（記憶表象を必要になるまで維持しておくこと），検索（必要なときに手がかりに基づいて記憶表象の内容にアクセスすること）という記憶に関わる情報処理の諸段階から説明することができる（Alba & Hasher, 1973）。具体的には以下の5点の影響があげられている。

① 選択：事実に含まれるさまざまな情報のなかから，スキーマに沿った情報を選択して，記憶表象を形成する。
② 抽象化：経験した事実の詳細は失われて，一般的なスキーマに含まれている情報が保持される。
③ 解釈：事実は，スキーマに基づいて解釈され，不明瞭な部分が明確化され，欠落部分が補われ，複雑な部分が簡略になる。
④ 統合化：事実，解釈，スキーマが統合されて，単一の記憶表象が形成され，実

際に見た事実と解釈やスキーマの内容の区別がしにくくなる。
⑤ 検索：思い出すときに，スキーマの内容が検索の手がかりとなり，スキーマに沿った情報が検索されやすくなる。

このようなスキーマの知識の利用が記憶の諸段階において介在していると考えると，スキーマに一致した情報はこれらの諸過程を有利に通過することになる。したがって，実際に見た場合も見ない場合も，スキーマに一致した情報は記憶の内容に残りやすくなり，それが実際に見た情報であれば再生率，再認率の高さにつながり，実際には見ていない情報ならば誤警報率の高さにつながるということになる。さらに，上の5点に加えて，記憶が不確かな内容についても判断を要求される場合は，スキーマに一致した情報に対する被験者の反応が，「ありそうなことだから見たに違いない」というスキーマに基づいた推測で答える当て推量を含むという場合もある。この場合も同様にスキーマに一致した内容が想起の内容に含まれやすくなる結果につながるということができよう。

一方，スキーマが関与する第2の側面として，スキーマがスキーマから逸脱する情報に及ぼす影響を考える必要がある。スキーマから逸脱する情報は，スキーマに関連した情報処理を有利に通過することはないため，それによる有利な記憶にはつながらないが，スキーマから逸脱することが被験者の注意を引きつけ，付加的な情報処理が加えられるような場合は，記憶に残る傾向がある。そして，スキーマから逸脱した情報は，スキーマに同化されずに個別的なエピソードとして記憶されるため，スキーマの情報と経験した事実の記憶の混同は発生しにくい。また，スキーマに基づく当て推量は「ありそうもないことだから見なかったはずだ」という方向で生じる。したがって，スキーマから逸脱した情報を「見た」と思い出す場合，その記憶は事実の記憶である可能性がかなり高いと考えることができる。

さらにまた，記憶の情報処理過程と並んで，記憶の検査方法によってもスキーマの影響は異なってくる。再認課題と再生課題の重要な違いは，再生課題は想起する際の検索の手がかりを与えられないため，被験者が自発的に利用可能な手がかりに検索の過程が大きく依存するという点である。この場合，スキーマの情報は検索手がかりとして検索過程を導くため，スキーマに一致した情報が再生されやすい結果につながる。しかしながら，再認課題は項目が直接的な検索手がかりとして与えられているために，スキーマに一致する情報が有利に検索されやすいという結果にはつながりにくい (Greasser & Nakamura, 1982)。また，再認課題は記憶の有無にかかわらずすべての項目について反応することが求められるので，当て推量で反応しやすい事態である。し

たがって，一般に，再生率はスキーマに一致する情報の方が不一致な情報よりも高くなるが，再認成績は若干異なってくる。たしかに，再認課題でも，正再認率（実際に見た物を見たと答える率）のみを見れば，スキーマに一致する情報はスキーマに不一致な情報よりも若干高くなる（Cohen, 1981 など）。しかし，スキーマに一致する情報は，実際に見ていないが見たと答える誤警報率も高い。したがって，誤警報率の水準を考慮した再認成績の尺度（d'や A'）を用いれば，一致情報の再認の正確度は，不一致情報の再認の正確度に劣ることが多い（Nakamura, Greasser, Zimmerman & Riha, 1985）。とくに，再認課題で，ステレオタイプに一致する情報の記憶を調べる場合には，「見た」という反応には，実際には見ていない誤警報が多く含まれる可能性があることを十分に警戒する必要がある。

第2節 記憶とステレオタイプ

人は社会的な存在である。スキーマは，出会った人物の行為や性格を記憶する際にも働いている。人や人の集団に対して形成されるスキーマは，一般にステレオタイプ（stereotype）と呼ばれる。つまり，たとえば「ドイツ人は几帳面だ」，「相撲取りは無口だ」というように，ある集団に所属する人の取りやすい行動や性格特徴は，ある程度固定的にイメージされており，そのイメージのことを集団のステレオタイプと呼ぶ。ただし，ステレオタイプは，必ずしも集団の特性についての事実を正確に反映するものではない。さまざまな要因の影響によって，事実が歪められてステレオタイプの形成につながることが多い。人は，性別，職業，人種など，さまざまな次元から切り取られた集団に対してステレオタイプを形成する。ステレオタイプは事実を歪めて認識し，記憶させる場合も多い。それにもかかわらず，ステレオタイプがよく利用されてしまう理由は，ステレオタイプに基づく情報処理は，人が生活する複雑な社会的事態を単純化し，対処することを容易にしてくれるということである。

1．ステレオタイプの形成

これまで，ステレオタイプに関する研究は，多くのステレオタイプの存在を示している。表1-2-3は，さまざまな民族についてアメリカの大学生が持つステレオタイプの内容を示した例である（Karlins, Coffman & Walters, 1969）。この調査では，被験者にたくさんの形容詞のリストが与えられ，それぞれの民族をよく表現している形容詞を5個選択させた。調査は，1933年，1951年，1967年と3回にわたって行われ，時

第1編　心理学からのアプローチ

◉表1-2-3　アメリカの大学生が持つ民族に関するステレオタイプの変遷 (Karlins et al.,1969より一部改変)　（数字は各特性の選択率。a は1951から b は1976から採用された特性である）

ドイツ人	1933	1951	1967	日本人	1933	1951	1967
科学的	78	62	47	知的	45	11	20
勤勉	65	50	59	勤勉	43	12	57
無神経	44	10	9	進歩的	24	2	17
知的	32	32	19	抜け目のない	22	13	7
規律正しい	31	20	21	ずるい	20	21	3
超国家主義的	24	50	43	静かな	19	-	14
進歩的	16	3	13	模倣的	17	24	22
有能な	16	-	46	用心深い	16	-	11
陽気な	15	-	5	柔和な	16	-	0
音楽好きの	13	-	4	きちんとした	16	-	7
がんこな	11	-	4	裏切る	13	17	1
実践的	11	-	9	攻撃的	13	-	19
攻撃的a	-	27	30	超国家主義的a	-	18	21
傲慢なa	-	23	18	野心的b	-	-	33
野心的b	-	-	15	有能なb	-	-	27
				親族の結びつきに忠実b	-	-	23
				礼儀正しいb	-	-	22

代によるステレオタイプの変化が調べられた。表1-2-3の数字は，各形容詞の選択率（％）である。いずれの時代も，それぞれの民族に関して特徴的に選択される形容詞があることから，民族のステレオタイプが存在することがわかる。

　また，ステレオタイプの内容は時代によって変化している。たとえば，日本人のステレオタイプは，1933年の「知的」，「勤勉」，「進歩的」から，1951年の「模倣的」，「ずるい」，1967年の「勤勉」，「野心的」，「有能な」へと変化している。この変化は，ステレオタイプが事実としての日本人の変化を反映するだけでなく，1951年の否定的な内容が第2次世界大戦の影響をうかがわせる，というように，時代風潮をも反映していることを示唆している。

　ところで，あらゆる集団を認知するときに，ステレオタイプが影響する可能性はあるが，とくにステレオタイプによる認知につながりやすい状況や集団の特性がある。まず，ステレオタイプにつながりやすい状況としては，ある人を自分とは違う集団に所属しているよそ者としてとらえる場合をあげることができる。Park & Rothbert (1982) は，男女の性による内集団と外集団を用いてこのことを例証している。内集団とは，自分が所属する集団のことであり，外集団とは自分が所属しない集団のことである。男女の集団で見れば，男性にとっては，男性が内集団で女性が外集団となり，女性にとってはその反対となる。彼らの実験では，男女の被験者が，表1-2-4のよ

第2章 既有知識が目撃証言に及ぼす影響：スキーマとステレオタイプ

●表1-2-4　ステレオタイプ的な男性と女性の項目（Park & Rothbart, 1982を一部改変）

	ステレオタイプ的な項目	
	男性的	女性的
好ましい	レストランでまずい料理が出てきたらもどす。 知的もしくは運動の競技に挑戦することを好む。	自分の身近な人にどのくらい気にかけているかをしばしば言う。 愛情表現の手段として小さな赤ちゃんの世話をしたい。
中立的	「風と共に去りぬ」よりも「スターウォーズ」を観たい。 助けが必要なときも，他の人から助けてもらうことは好まない。	ヘビ，ネズミ，クモが怖い。 ビールよりワインの方が飲みたい。
好ましくない	列で待っている人の前に割り込むチャンスがあれば，そうする。 カードやボードゲームをするとき，自分が勝たないと非常に取り乱す。	時間ちょうどに場所に着くように支度できたことがない。 不愉快な事態では，それを変えるような直接的な行動をせずに人に愚痴を言う方だ。

うな男性と女性のステレオタイプに沿った行動をとる人が，男性と女性それぞれのなかでどの程度いるかということを判断した。その結果，被験者が男性でも女性でも，外集団に関しての方がステレオタイプに合致する人が多くいると見積もり，内集団に関しての方がステレオタイプから逸脱した人が多くいると判断する傾向があった。つまり，男性は女性よりも，女らしい女はたくさんいるが，男らしい男はそんなにおらず，男性もさまざまであると感じるのである。

　このように，ステレオタイプ的な認知は，外集団を対象にしたときに最も強調される。さらに，一般に，外集団については，好ましくない情報がよく記憶される傾向がある（Howard & Rothbert, 1980）。また，少数派集団のなかに少数の目立つ行動が認知されると，同じ割合で大きな集団に目立つ行動が生じた場合よりも，その行動が集団全体の印象に結びつきやすい（Hamilton & Gifford, 1976）。とくに少数派の外集団（たとえば外国人労働者や障害者）に対して否定的なステレオタイプが形成されやすいのは，以上のような要因によるといえよう。

　次に，集団の構成からみると，ステレオタイプにつながりやすい集団は，性別，年令，人種（または民族）による集団である。これらの集団に共通する特徴は，視覚的な外見的特徴が集団の分類の大きな手がかりになるという点である（Fiske, 1993）。つまり，外見的な特徴が集団内で共通していることによって，固定的なイメージの形成が促され，ステレオタイプの形成につながりやすいのである。さらに，集団の構成の要因として，集団の大きさの問題がある。つまり，同じ領域の集団でも，集団の大

きさには違いがある。たとえば，東洋人，日本人，日本人商社マン，○○商事の日本人商社マン，というような違いである。このなかでも，ステレオタイプが最も利用されやすい集団は，日本人というようなかなり大きな集団についてのステレオタイプではなく，日本人商社マンといったある程度限定された集団のステレオタイプである。このように，最も使いやすいステレオタイプは，適度な具体性を備えているステレオタイプである。細分化されたステレオタイプの存在は，高齢者，民族，性など，さまざまな集団のステレオタイプについても確認されている（Brewer, Dull & Lui, 1981；Hagendoorn & Kleinpenning, 1991）。

いずれにしても，ステレオタイプは，人についての情報処理の単純化が指向される環境で，具体的なイメージを結びつけられやすい集団に対して，とくに強い影響力を持つと考えることができよう。

2．事件の認知とステレオタイプ

事件の目撃状況で，ステレオタイプが記憶に影響する可能性は，次のような研究から示唆されている（Allport & Postman, 1952）。そこでは，図1-2-1のような絵の詳細な説明を被験者に提示した。絵には，地下鉄の車内で数人の座っている乗客とともに，白人と黒人が向かい合って立っており，白人がナイフを出している場面が描かれている。実験によると，絵を見て説明された内容が数人の間を口伝いに伝えられていく過程で，ナイフを持っている人物は白人から黒人に入れ替わっていく傾向が認めら

◉図1-2-1　Allport & Postman（1952）で用いられた刺激の例

れた。この例は、ナイフと黒人を結びつけるステレオタイプが存在し、人から人に伝えられていく内容がそれに沿った内容に歪められていくことを示している。この結果は、ただちに事件の記憶がステレオタイプの影響を受けることを示しているわけではない (Boon & Davies, 1988) が、事件の認知に対するステレオタイプの影響を考えるうえで示唆的である。

　さらに、Duncan (1976) は、ステレオタイプが事件の記憶に及ぼす影響に関して、人種ステレオタイプと行為の認知の関係から、より直接的な証拠を提供している。彼らの研究では、白人の被験者が、あらかじめ撮影されたビデオテープを観察し、合衆国の白人が黒人に対して持つ「暴力的だ」というステレオタイプが黒人の行動の認知にどのように影響するかということが調べられた。ビデオの映像の中では、2人の人物が話しており、それが次第に口論となり、「一方の人物が相手を押す」という曖昧な行為が展開された。被験者はそれを観察しながら、その行為が何であるかをラベルづけした。その結果、行為の相手の人種にかかわらず、問題の行為をする人物が黒人のときは、70パーセント程度の被験者がそれを暴力だと判断したのに対して、同じ行為を白人がしたときには20パーセント以下の被験者が暴力だと判断したのみであった。さらに、その行為が行為者の人格によって生じたのか、行為者が置かれた状況によって生じたのかについて尋ねたところ、黒人の行動はより人格によるものだと考えられ、白人の行動はより状況によるものだと考えられる傾向があった。これらの研究は、同じ行為を観察してもステレオタイプの影響によって認知される内容が歪むことを示している。そして、事件の認知がステレオタイプの影響によって歪むならば、当然記憶においてもその歪みは維持されることになる。

3. 人の行為の記憶とステレオタイプ

　ステレオタイプは、人の行為を目撃し記憶する際に、どのような影響を及ぼすのだろうか。実際に目撃した行為がステレオタイプと一致するまたは不一致のとき、それらの行為はどのように記憶されるのであろうか。前述のスキーマとの一致、不一致が記憶に及ぼす影響についてのものと同様の議論は、ステレオタイプの領域でも成立する。

　これまでに、いくつかの研究がステレオタイプに一致した行為は不一致な行為よりも記憶の内容に含まれやすいことを示している。たとえば、Cohen (1981) は、ステレオタイプと記憶の関係を次のような実験によって調べた。そこでは、まず「ウエイトレス」と「図書館司書」という2つの対照的な職業について、「飲み物」なら「ウ

エイトレスはビール」、「図書館司書はワイン」の1対というように、その職業を持つ人物のステレオタイプに当てはまる特徴を18対選び出した。被験者は、ターゲットの女性の職業を紹介された後、その女性と夫が夕食後に誕生パーティーをする場面をビデオで観察した。ビデオのなかで、女性は18対の特徴のうち、ウエイトレスらしい特徴を9個、図書館司書らしい特徴を9個ふるまって示した。ビデオを観察した後で、被験者は観察した女性の特徴に関する再認課題を行った。再認課題では、被験者は18対の特徴を与えられて、対になっている特徴のどちらを見たかを選択した。そして、ビデオの観察に先立って紹介された女性の職業のステレオタイプとビデオで観察した特徴が一致しているか否かで再認成績が比較された。実験の結果、ステレオタイプに一致する特徴の方が一致しない特徴よりも正再認率は高く(それぞれ、.78と、.71)、職業的なステレオタイプと一致した人物の特徴の方がよく記憶されることが示された。

　同様の結果として、集団について「親しみやすい」、「知的」といった予測を持って集団の行動を観察すると、予測に合った行動は予測に合わない行動よりも再生率が高くなることを示す研究もある (Rothbert, Evans & Fulero, 1977)。また、他にも多くの研究が予測に一致する行動や性格特徴の記憶成績は高くなることを示している (Snyder & Uranowitz, 1978 ; Canter & Mitchel, 1977など)。

　一方、Hastie & Kumar (1979) は、人の印象形成と行為の記憶の関係から、スキーマから逸脱した情報が記憶されやすいことを示している。印象形成とは、個人の性格や行動の特徴についての情報を与え、それに基づいて「このような人」というその個人の統一的なイメージ、すなわちスキーマを構成する過程であり、形成された印象はその人の行為の予測として働き、人の行為の記憶に影響する。彼らの実験では、被験者に対して「知的な」、「賢い」というように印象の形成を助ける性格の特徴を表す類似した意味の形容詞が8語与えられ、その次にその人の行為を示した20個の文が与えられた。それらの行為のうち、12個は性格特徴から予測できる行為(たとえば「知的」に対して「チェスの試合で勝つ」)、4個は予測と不一致な行為(たとえば「知的」に対して「同じ間違いを3回する」)、残りの4個は中立的な行為(たとえば「知的」に対して「昼食にチーズバーガーを注文する」)であった。被験者は20個の文を読んだ後で、それらの行為をできるだけたくさん思い出して書き出した。被験者の再生の内容を分析した結果、スキーマに不一致な行為は一致する行為よりもよく再生された。この現象は、印象に反する特徴を観察したときに、被験者がその不一致の理由を考えて、人物の性格と関連させてその行為を説明しようとすることによって成立すると解釈されている (Crocker, Hannah, & Weber, 1983)。

4. ステレオタイプと認知の事態

　以上，ステレオタイプとの一致情報と不一致情報の記憶に関する研究をあげたが，一致情報と不一致情報のいずれがよい記憶につながるのかという点については，研究によってばらつきがあり，一貫した結果は得られていない。その原因として，研究によって課題の事態と記憶の測定方法に違いがあり，それによって結果も変動するからであるという点が指摘されている（Fiske, 1993）。記憶の測定方法の違いに関しては，前述のように，再認は再生より一致情報に対する誤警報を生む可能性が高い課題であり，再認では不一致情報の方が一致情報よりも成績が高くなる傾向がある。

　次に，課題の事態がステレオタイプとの一致度と記憶の関係に及ぼす影響を調べた研究として，Bodenhausen & Lichtenstein（1987）の研究は示唆的である。彼らは，被験者が取り組む課題が複雑なほど，そのときに与えられた情報のなかのステレオタイプに一致する情報が再生されやすいことを次のような実験によって示した。彼らの被験者は，架空の犯罪の裁判での被告人についての記述を読み，被告人に有利な証拠（「被告人には前科がない」など）と不利な証拠（「バーの常連がその夕方早くに被告人と犠牲者が口論しているのを聞いたと主張している」など）を与えられた。そして，半数の被験者は，被告に関する攻撃性などの性格特性についての判断をするように求められ，残りの半数の被験者は，被告人が有罪になる可能性と罰の程度を判断するように求められた。性格判断の課題は，罪の判断の課題よりも単純で容易な課題である。また，それぞれの課題条件の半数ずつの被験者に与えられた裁判の記述では，被告人は名前からヒスパニック系民族であることが明らかであり，残りの半数ずつの被験者に与えられた記述では，名前から民族を特定することができなかった。ヒスパニック系民族は犯罪に関わりやすいというステレオタイプが存在するので，被告に不利な証拠はそのステレオタイプに一致し，被告に有利な証拠はそのステレオタイプに一致しない情報ということになる。被験者は，犯罪についての記述を読み，それぞれの条件の判断をした後，読んだ内容を再生するように求められた。実験の結果，被験者の再生内容からは，罪の判断課題の条件では民族が特定されることによって被告に有利な証拠の再生が減少し，不利な証拠の再生が増加する傾向があるが，被告の性格判断の条件ではこのような傾向は認められないことが示された。この結果は，被験者が記述を読むときにより複雑な課題（罪の判断）に取り組んでいるときは，情報処理を容易にするためにステレオタイプに基づく情報の選択と統合が促進され，ステレオタイプに一致する情報が記憶されやすくなることによって生じると解釈された。

また，課題の複雑性以外にも，実験の事態の違いが一致情報の再生成績に影響するケースは報告されている。たとえば，情報の提示に際して被験者が持つ予測が強いほど，ステレオタイプに一致する情報の再生成績は向上する（Stangor & Ruble, 1989）。また，再生までの時間経過が長いとき，もしくは記憶の痕跡が乏しくなるような貧弱な観察条件では，スキーマに基づく検索の有効性が高まり，一致情報の再生は向上する（Greasser & Nakamura, 1982）。

　以上のことから考えると，一般に人が日常的に生活している社会環境には，ステレオタイプに一致する情報の再生を促進するような要素が多い，ということができよう。すなわち，日常的な人の活動は，一般的な認知の実験場面とは違ってかなり複雑な情報処理を含んでおり，人についての印象を形成すると同時に，ものを頼み，会話を進める，というように，さまざまな情報処理が同時に並行して行われているのが常である。また，実験室で人工的に導入されるステレオタイプよりも，日常的に作用するステレオタイプは強力であろう。さらに，目撃の事態や生成の条件は情報の乏しい貧弱な条件であることも多い。このような自然な事態では，観察時にステレオタイプから逸脱する情報についてその理由を考えるといった不一致情報の記憶を促進するような情報処理は，むしろ避けられる可能性が高く，ステレオタイプに基づいた情報処理が促進され，ステレオタイプに一致する情報が有利に再生される傾向が強くなる。このように考えると，ステレオタイプに不一致な情報がよく再生される場合は，その情報に対して十分な注意を向けることができるようなかなり限られた事態になるようである（Stangor & Duan, 1991）。

第3節　顔の記憶における既有知識の影響

　前節までは，人の行為の記憶が既有知識としてのスキーマにどのように影響されるかということについて述べた。この節では，人の顔の記憶に限定して，顔に関する既有知識が顔の記憶にどのように影響するかという問題についての議論を紹介する。

1．容貌のステレオタイプ

　前述のように，ステレオタイプは知覚的な特徴に結びつく傾向があるので，顔の知覚的な特徴，すなわち容貌もステレオタイプにつながりやすい。容貌のステレオタイプとは，特定の容貌を持つ人は特定の行動傾向がある，という形で一般に信じられている考えである。犯罪に関わる行為の領域で，最も広く研究されている容貌のステレ

オタイプは，魅力（attractiveness）と童顔度（babyfacedness）である。

　魅力については，魅力的な容貌の人ほど一般に肯定的な行動傾向を持つと考えられており，社会的能力が高く，リーダーシップがあり，適応がよく，知能が高いと考えられがちである。しかし，例外として，誠実さと他者への配慮の次元については魅力が判断に影響することはない（Eagly, Ashmore & Longo, 1991）。このような容貌の魅力のステレオタイプの存在から，人物が犯罪者かどうかの判断にも顔の魅力度が影響することが示唆されている。Saladin, Saper & Breen（1988）は，被験者に，魅力的な顔と魅力的でない顔のなかから，殺人犯らしく見える顔と武装強盗犯らしく見える顔を選択するように求めた。その結果，魅力的でない顔ほど犯人らしい顔として選択されやすく，容貌の魅力には殺人や強盗といった犯罪行為とのつながりに関するステレオタイプが存在することが確認された。また，容貌の魅力のステレオタイプは，現実の法廷での判断にも影響していることが示唆されており，魅力的または犯罪者らしくない被告よりも，魅力的でないまたは犯罪者らしい被告は，厳しい判決を受ける傾向がある（McFatter, 1978；Shoemaker, South & Lowe, 1973）。

　魅力度に並んで容貌に関連したステレオタイプは童顔度である。いわゆる童顔の人ほど，心理的にも子どもっぽい，つまり社会的な自立性が低く，体が弱く，素朴で，温かく，正直だというステレオタイプが存在する（Zebrowitz & Montepare, 1992）。このような童顔のステレオタイプは，その人物の犯した行為の罪の判断に影響する。たとえば，童顔の子どもの誤りは大人びた顔の子どもの誤りよりも意図的な行為としてみられにくく，罰も与えられにくい（Zebrowitz, 1991）。成人でも，被告が責任を否定しているとき，童顔の被告は過失として有罪判決を受けやすいが，童顔でない被告は故意による行為として有罪判決を受けやすい（Berry & Zebrowitz-McAether, 1988；Zebrowitz & McDonald, 1991）。このような傾向は，童顔の人は正直である，というステレオタイプの反映である。

　実際，このような容貌の犯人らしさのステレオタイプの存在は，犯人を目撃した際の顔の記憶にも影響するものと思われる。とくに，被疑者が犯人らしい容貌を持っている場合には，そのステレオタイプに基づいて，実際に見た顔でなくても「犯人として見た」と目撃者が答えてしまう可能性が示唆されている（箱田, 1992）。

2．顔の記憶における示差性の影響

　ステレオタイプと並んで，顔の認知に影響する既有知識の要因として顔の示差性（distinctiveness）がある。顔の示差性とは，ある顔が標準的な顔から逸脱している程

度のことである。一般に標準的なふつうの顔は記憶しにくく，何らかの形で標準から逸脱している顔は記憶しやすい。たとえば顔の魅力度でも，魅力度が極端な顔，つまり非常に魅力的な顔も非常に魅力的でない顔も記憶されやすく，中程度の魅力の顔は記憶されにくいという傾向がある (Sheperd & Ellis, 1973)。このような事実は，標準的な顔に関する既有知識が，個々の顔の記憶に影響を及ぼしていることを示唆している。

　目撃した顔の標準的な顔からの逸脱度すなわち示差性が，顔の記憶に影響することは，再認課題によって繰り返し確認されている (Going & Read, 1979 ; Bartlett, Hurry & Thorley, 1984 ; Valentine & Endo, 1992 ; Light, Kayaa-Stuart & Hollander, 1979)。たとえば，Light et al. (1979) は，200人の白人の高校生の写真について，それぞれの顔がどの程度標準的で典型的な男子高校生の顔であるかということを評定するよう，大学生の被験者に求めた。評定の結果，大学生は標準的な高校生の顔についてかなり共通したイメージを持っていることがわかった。さらに，別の被験者は典型的な顔の写真20枚と示差性の高い顔の写真20枚を観察し，その後で，それらの写真に，見ていない妨害刺激の写真40枚を加えた80枚の写真について，それぞれが前に見た顔かどうかを評定する再認課題を行った。その結果，一般に典型的な顔は示差性の高い顔よりも正再認率が低く，誤警報率が高くなり，標準から逸脱した（示差性の高い）顔の方が見た顔と見なかった顔をよく弁別できており，再認成績は優れているという傾向が認められた。この，標準的な顔よりも示差性の高い顔の方が記憶に残りやすいという現象は，意図的学習と偶発学習，3時間から24時間の保持時間など，さまざまな観察条件で繰り返し確認された。また，この現象は，写真刺激をラインナップの形式にした場合にも確認されており，妨害刺激もターゲットも示差性の高い顔を用いるほど再認の成績は高くなっている (Courtois & Mueller, 1981)。

　このような示差性の効果は，示差性の高い顔は他の顔との類似性が低く弁別しやすいのに対して，示差性の低い平凡な顔は他の顔との類似性が高いので弁別が困難なために生じると説明されている (Valentine & Endo, 1992)。

3．顔のプロトタイプ

　顔に関する既有知識は，ラインナップの構成にも影響している。被疑者と無実が明らかな人物の顔の妨害項目からなるラインナップによって，目撃者が犯人を同定する事態は，顔の再認課題の事態である。ラインナップを構成する妨害刺激の構成，とくにターゲットと妨害刺激の類似度は，顔の再認成績に影響する。ラインナップは，被疑者であるターゲットとその他の妨害刺激が十分に類似するように選択されるべきだ

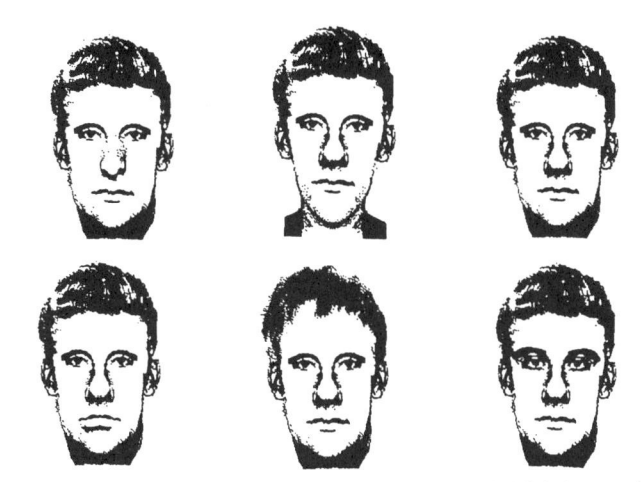

◑図1-2-2 プロトタイプ（右上）からの変形によって作成された顔のセットの例
(Laughery et al., 1988より)

とされているが，それは，とくに無実の被疑者にとっては危険な事態である。

　Laughery, Jensen & Wagalter (1988) は，次のような実験によりそのことを証明している。彼らは，合成写真を用いて，髪の毛，目，眉，顎，唇，鼻の6個の特徴がさまざまに変化する顔を構成した（図1-2-2参照）。そこでは，まず特定の顔の特徴の組み合わせをプロトタイプとして設定し，プロトタイプと1つの特徴だけが異なる顔を5個構成した。そして，そのうちの1個がターゲットとして，残りがラインナップの妨害刺激として用いられた。被験者はターゲットの写真を見た後で3分間の別の課題を行い，その後プロトタイプとターゲットと妨害刺激からなるラインナップを与えられ，どれが前に見た顔かを判断した。その結果，ターゲットの提示時間が17秒と2分間という比較的短い条件では，ラインナップのなかにターゲットがあったにもかかわらず，プロトタイプはターゲットと同程度に前に見た顔だと判断される傾向があった。また，とくに観察したターゲットを含まないラインナップを使うと，ラインナップのなかのプロトタイプはより他の妨害刺激と似ているというだけで，より見たことのある顔だと判断されやすくなった。

　もしラインナップが被疑者と妨害刺激の類似を高めるという基準のみで構成されるのなら，被疑者と他の妨害刺激の類似度が他の妨害刺激同士の類似度よりも際立つことになり，実験において示されたように，そのラインナップの構成ゆえに無実の被疑者が「見た」として選択されてしまう可能性があることが示唆される。

　また，別の観点からも，被疑者との類似により妨害刺激を選択することの危険性は

指摘されている。それによると，妨害刺激の選択は，被疑者との類似度ではなく犯人の描写との類似に基づいてなされるべきである（Luus & Wells, 1991）。

4．他人種効果

　自分とは異なる人種の個人を見分けることが難しいという経験はよく知られている。目撃した顔を再認する際も，自分と同じ人種の顔は違う人種の顔よりもよく思い出すことができる。この他人種効果は，白人と黒人，白人と日本人など，さまざまな人種の組み合わせについて確認されている（レビューとして，Bothwell, Brigham & Malpass, 1989）。Platz & Hosch（1988）は，現実の目撃証言事態に近い状況で目撃者と犯人の人種が顔の再認成績に影響することを示している。そこでは，3人の実験協力者が1人ずつ現実のコンビニエンスストアに客として訪れ，印象に残るやりとりを店員と行った。そしてその客が去ってから2時間後に，「法律のインターン」と名乗る別の実験協力者が店を訪れ，ターゲットの客を接客した店員に3種類のラインナップを用いてターゲットの客を同定するように求めた。3人の客は，それぞれアングロサクソン系，黒人，メキシコ系であった。それぞれのラインナップはターゲットの客とそれによく似た4人の妨害刺激からなる。実験に協力したコンビニエンスストアの店員には，アングロサクソン系，黒人，メキシコ系の店員がいた。実験の結果，店員の人種が客の人種と一致していたときは，一致しないときよりも正再認率は高くなり，前述の他人種効果が確認された。この他人種効果は，誤警報の水準を考慮してターゲットと妨害項目の弁別力による再認の指標を用いても確認されている（Barkowitz & Brigham, 1982 ; Valentine & Endo, 1992など）。さらに，他人種効果は，顔を見るときに要求される情報処理が異なっても（Devine & Malpass, 1985），撮影する角度が異なった写真で再認しても（Ellis & Deregowsk, 1981），繰り返し確認されている。この他人種効果は，自分の人種の顔がよりよく弁別できるだけでなく，異なる人種に対しては自分の人種の顔よりも判断の基準が甘くなり，容易に「見た顔だ」と答えやすくなるという過程も関与している（Barkowitz & Brigham, 1982）。

　他人種効果の原因については，①顔の物理的特性による困難さの違い，②人種偏見的な態度，③社会的方向づけの違い（同じ人種の方がその人の人格などの深い処理をしやすい），④経験の違い（同じ人種の方が多くの経験をしている），というような可能性があげられる（Brigham & Malpass, 1985）が，①から③までの要因については，それらを支持する有力な証拠は得られていない。④の経験の違いは最も有力な仮説であるが，この点に関して初期の研究は否定的な結果を得てきた（Malpass & Kravitz,

1969 ; Cross, Cross & Daliy, 1971）。これらの研究では，他人種の経験量の指標として，1週間内に出会う他人種の人の人数（自己評定），通学する学校に他人種がいたかどうかなどを調べても，経験量と他人種効果には関係が認められなかった。しかしながら，Carroo（1986, 1987）は，さらに詳細な他人種の経験量の指標を求め，親しい友人がいることなどの他人種の経験は，他人種の顔の再認成績に強く関連していることを示した。顔の記憶に影響する他人種の経験は，親しくつきあうことなどのように個々の顔を弁別する必要がある経験であり，単に町を歩いていて見かけるといった経験の量は，顔の記憶成績には影響しないようである。

　では，他の人種を経験することによってどのような知識が学習されるのであろうか。顔の記憶には，個々の顔の弁別が前提となるが，人種によって個人の顔を弁別するための手がかりが異なり，自分の人種で有効な手がかりをそのまま他人種に適用できない（Shepherd & Deregowsk, 1981）。たとえば，日本人の顔を弁別するためには目が一重か二重かはかなり重要な手がかりとなるはずであるが，白人の顔を弁別するためにはそれはほとんど役に立たないであろう。他人種の経験によって学習されるものは，そのような人種特有の個人を弁別するための特徴次元なのである。

　また，他人種効果は，ラインナップの構成過程にも影響する危険性が指摘されている（Brigham & Ready, 1985）。もし，他人種の顔の弁別が困難で，自分の人種よりも他人種の顔をお互いによく似ていると感じやすいのならば，ラインナップの構成者は他の人種のラインナップを構成するときにその人種の人から見れば被疑者と妨害刺激の間に十分な類似性が達成されていなくても十分類似していると判断してしまう可能性があり，結果的に他人種のラインナップをより不公正なものにしてしまいかねない。とくに，目撃者と被疑者が同じ人種で，ラインナップの構成者のみが違う人種の場合は，この危険性が高い。

おわりに

　本章では，目撃事件の記憶に対して既有知識が及ぼす影響に関する心理学的研究を紹介した。出来事の記憶，人の行為の記憶，顔の記憶など，それぞれの領域で，既有知識が記憶に影響することが示されている。

　既有知識が記憶に影響するという現象は，人の記憶の本質に関わる現象である。すなわち，記憶は経験をそのままの状態で保存して，必要なときに取り出すことのできる引き出しではない。むしろ，記憶はそれまでの経験から蓄積された既有知識に基づ

いて，与えられた事実を能動的に選択し，解釈することによって達成される。それゆえ，記憶された内容はその場で働いている知識に依存するのである。さらに，ステレオタイプの影響で見たように，知識の働き方自体も，当事者が置かれた状況によって変わってくる。経験を記憶するという作業は，そのようなダイナミックな活動なのである。

第3章 情動が目撃証言に及ぼす影響
情動の喚起と凶器注目効果

　刑事司法の現場において問題になるのは犯罪や事故であり，それらは目撃する人間にとって強い不快な情動を喚起する場合が多い。強い情動を喚起する出来事がありふれた日常的出来事と同様に記憶されるのか否か，記憶過程の点でどのような違いがあるのかということの理解は，凄惨な光景の目撃証言の信頼性に関わる重要な問題である。ここではまず情動が記憶に及ぼす効果に関する主要な理論について検討した後，個々の重要な実証的研究について解説する。

第1節　情動と記憶の関係：従来の理論

1．Freud 理論

　不快な出来事の記憶を研究するうえでまず考慮しなければならない理論は，Freud（フロイト）の理論である。Freud は自己の存在を脅かすような不快な，容認しがたい出来事の記憶は意識から追いやられてしまうという，いわゆる抑圧による記憶の忘却を主張し，この考えに合致する臨床例をあげている。
　ある女性の患者が幼児期の記憶を思い出そうと努力していた。ある男性が欲望に燃えてずうずうしく彼女の体を触ったのだが，それが体のどこであったか思い出せなかったのである。もちろん完全に忘却されていたわけではない。それはこの後の彼女の言い間違いでわかった。友人を訪問して，別荘のことを話題にしていたときにあなたの別荘はどこにあるのかと聞かれて，彼女は Berglehne（山の斜面）と言うかわりに Berglende（山の腰）と答えたと報告されている（Freud, 1924）。
　しかし，証拠としてあげている患者が，はじめ何を記憶し，その中で何が抑圧され，何が抑圧されずに記憶として残っているのか詳細が明らかではない。また，後述するように，不快な出来事が忘却されやすいかというと必ずしもそうではない。反対に，

不快な情動的出来事はよく記憶されるという証拠も多く見いだされる。

2．Yerkes-Dodson の法則

次に考慮しなければならないのは，Yerkes-Dodson（ヤーキース-ドットソン）の法則（1908）である。彼らはネズミの明暗弁別実験において，正反応には食物によって正の強化を行い，誤反応には逆に電気ショックによって罰を与えた。容易な課題は別として，中程度以上の困難度の弁別学習課題では，電気ショックの強度とパフォーマンスの間には逆Ｕ字型の関係があることがわかった。動物を使ったその後の研究も彼らの発見を支持し，強い情動は学習を阻害するという考えは揺るぎないものとなった。

さらに，情動的覚醒と記憶の成績の間にもこのような関係（図1-1-2参照）が成り立つものとして記憶研究の中でたびたび引用されることになった（Loftus, 1980）。たとえば，Loftus（1979）はガルシア訴訟事件において心理学者として自ら証言台に立ち，次のように述べている。「記憶とストレスの関係はもう少し複雑ですが，とにかくこれが記憶もしくは認知機能，こちらがストレスもしくは恐れあるいは覚醒状態だとすると，両者の関係は逆Ｕ字型関数になります。これをYerkes-Dodsonの法則といい，1908年，2人の心理学者が発見して命名されました。その意味するところは，極度のストレスもしくは恐怖ないし覚醒状態，ならびに朝目覚めたばかりというような極度の低ストレス下では，私たちの記憶や知覚は通常の適度なストレス水準下にあるときよりも悪いということです」

3．Easterbrook の手がかり利用範囲減少説

Easterbrook（1959）は，動物の学習実験，人間の知覚運動学習実験の知見から，強い情動の下では中心的な優先すべき課題の成績は向上するが，周辺的，末梢的な課題の成績は悪化するとし，これを動機づけによる集中化（motivational concentration）と名づけた。そして，このことは「有機体が観察し，反応する環境的手がかりの総数は情動的覚醒の上昇と共に減少していく」ためであると考えた。

しかし，この説には不明確な点も多い。まず，中心的，周辺的という概念の中身である。中心視，周辺視という視野の違いなのか，それとも優先度，重要度の違いなのか区別されていない。また，情動が高まった結果，集中化が生じるのか，それとも脅威を引き起こす対象そのものが注意を引きつける結果，集中化が起こるのか明らかではない。

いずれにしても，この仮説は Yerkes & Dodson (1908) が主張するような，強い情動の下での記憶成績の低下を説明するためによく利用されてきた。

たとえば，Loftus (1979) は次のように述べている。「(危険な状況下では) なぜ能力の低下が起こるかを考えてみよう。ひとつの有力な説として，ストレスの増加が注意幅の縮小をもたらすという説がある。つまり，強いストレスの下では取り巻く環境のごく一部の特徴にだけ注意を集中し，他の部分に注意を払わない（Easterbrook, 1959)」

しかし，Easterbrook のモデルを厳密に適用すれば，必ずしもこのような予測は成立しない。強い情動の下では注意の幅が減少し，注意を向けられる中心部分以外の他の部分の記憶成績は低下するであろうが，注意が向けられた部分については逆に記憶成績は良くなるとも考えられる。

第2節　強い情動が記憶を促進するか，妨げるか：一般的な考え方

一般の人々は情動と記憶との関係についてどのような信念をもっているであろうか。実証的な研究を紹介する前にこの問題について述べたい。

Loftus (1979) は，ワシントン州の500人以上の有権者に目撃証言に影響する変数についてどの程度知識があるか質問を行った。その中には，事件の暴力性が記憶に及ぼす効果に関する質問が含まれていた。「1組の男女が2つの犯罪の目撃者だとする。一方の犯罪は暴力的，他方は非暴力的な事件であるとき，次の記述のうち正しいと思われるものはどれか」

(a) 男女とも，非暴力的犯罪より暴力的犯罪の方を細部までよく覚えている。

(b) 男女とも，非暴力的犯罪の方をよく覚えている。

(c) 男の方が，非暴力的犯罪よりも暴力的犯罪の方を細部までよく覚えている。女はその逆である。

(d) 女は暴力的犯罪の方を細部までよく覚えている。男は非暴力的犯罪の方を細部までよく覚えている。

回答は Loftus が正解としている (b) に集中しなかった。回答率は次の通りである（カッコ内は確信度であり，当て推量：1〜非常に確か：6)。

(a) 66 (4.06)　　(b) 18 (3.62)　　(c) 6 (3.11)　　(d) 10 (2.40)

多くの人が暴力的犯罪の方を男女ともよく記憶すると答えている。

しかし，Brigham, Maass & Martinez (1983) による調査は，法律家の間では厳しい

意見の対立があると報告している。彼らは235人の法律家に対する調査によって「刑事事件の弁護士の大多数（81パーセント）は高い覚醒が顔の再認を阻害すると考えているのに対して、検察官のほぼ半分（47パーセント）は高い覚醒が再認の正確さを高めると考えており、21パーセントが覚醒と再認の正確さの間にシステマティックな関係はないと考えている」という結果を得ている。

このような意見の相違は法律家同士のみにとどまらない。殺人や傷害などの不快な情動的出来事の記憶に関する心理学的研究においても、くい違う結論が得られている。すなわち、不快な情動的出来事の記憶は悪いという結果と反対に良いという結果である。

しかし、強い情動が記憶に及ぼす効果を論じるときに留意すべきことは、目撃される対象そのものが強い情動を喚起する場合のその対象に関する記憶と、何らかの他の理由で高い覚醒状態にある場合の、目撃対象に関する記憶とを区別すべきであるということである。従来の研究はこの区別が曖昧であり、電気ショック等の効果による強い情動喚起状態の際の記憶に関する証拠から凄惨な事件の目撃証言の信頼性が論じられていることもある。いずれが目撃者の記憶研究にとって重要であるかは別として、両者は区別して考えるべきである。ここではまず、記憶対象以外の原因で喚起された強い情動下の記憶について概略的にふれた後、強い情動を喚起する出来事そのものの記憶について重点的に取り上げたい。

第3節　強い情動的覚醒下の記憶に関する実証的研究

実験的に強い情動を被験者に喚起させることは倫理上問題があることから、強い情動が目撃記憶に及ぼす効果について調べた実証的研究は数少ない。そのひとつがBrigham, Maass & Martinez（1983）の実験である。

この研究では、比較的高いレベルの覚醒を得る方法として電気ショックが選ばれた。喚起される覚醒の程度をモニターするために生理的な測度と自己報告による測度の両方が用いられた。心理学実験への参加自体が少なくとも中程度のレベルの覚醒を生み出すと仮定された。したがって、覚醒が増大するにつれて、Yerkes-Dodsonの曲線の右半分のように中程度の覚醒と高い覚醒との間において再認成績の低下を示すのではないかと予想された。大学生の男性と女性それぞれ20人、計40人の被験者が用いられた。被験者はランダムに中程度および高覚醒条件に割り当てられた。再認の対象となる顔のスライドは2つの高校の卒業記念アルバムから選ばれた68枚の白黒写真、測定

された生理学的変数は心拍，指の脈拍容積反応および皮膚電気抵抗反応であった。①中覚醒条件：3種の生理学的測度によってモニターされること，電気ショックを与えられると思わせられることは大部分の大学生にとって中程度の覚醒を引き起こすであろうと仮定された。②高覚醒条件：この条件の被験者には一連の電気ショックが実際に与えられた。いずれの条件でも覚醒の程度についての自己評定が行われた。各覚醒条件において被験者に顔のスライドが25枚提示された。最後のスライドを見て7分後，顔の再認記憶テストが行われた。被験者は68枚の顔のスライドを見た。その中には前に提示された24枚が含まれていた。各スライドは5秒間提示された。被験者はそのスライドを以前見たかどうか判断し，その判断にどの程度自信を持っているか言うように求められた。次のような実験結果が得られた。覚醒の自己報告は女性の被験者では中－高の両覚醒条件間で有意に異なっていたが，男性の被験者では差がなかったので，女性のデータのみが分析に用いられた。予想通りに，中程度の覚醒条件よりも高覚醒条件において再認の正確さは劣っていた。たとえば，再認記憶の正確さの指標であるd'（ディプライム）は，中覚醒条件では1.38であるが，高覚醒条件では.65であった。この実験結果は，覚醒の実験的操作の影響を受け覚醒の自己評定値が変化する女性の被験者は，電気ショックが与えられる条件（高覚醒条件）ではそうではない中覚醒条件に比べ，顔の再認記憶成績が低下することを示している。

　しかし，この実験では覚醒を高めることに使われた電気ショックと記憶すべき対象である顔写真の間には何ら因果的な結びつきは存在しない。通常の犯罪の現場では，犯人それ自体が情動的覚醒を高める要因であり，しかもその記憶が問題となる対象でもある。そこで，次に，犯罪場面に関するものではないが医療の現場においての，情動的覚醒を高める対象を持った人物に対する目撃証言の研究を紹介しよう。

　Peters (1988) はクリニックに予防接種を受けに来た人々を使って，次のような実験を行った。彼らは看護婦に注射してもらい，その2分後同じ時間だけ他の人物（研究者）から脈を取ってもらった。この間，生理学的にどの程度ストレスがかかっているかを調べるひとつの指標として心拍がモニターされた。脈拍を取ってもらっているときと比べて，注射時の心拍数は高かった（それぞれ毎分71，88）。彼らに1日後，あるいは1週間後に写真配列の中から看護婦と研究者を選んでもらったところ，注射をした看護婦よりも単に脈をとった研究者の方がずっと正確に特定できた。また，言語による人物描写も研究者について行ったものの方がずっと正確であった。以上の結果は，電気ショックあるいは注射といった原因によって情動的覚醒が高まると，顔の記憶は平常時と比べてそこなわれることを示している。

第4節　強い情動喚起場面そのものの記憶

　目撃証言の信頼性が問題となる犯罪は，それ自体が強い不快な情動を喚起する場合が多い。これまでの暴力場面，残虐場面の記憶に関する多くの実証的研究は，場面の暴力性，目撃者に生じるストレスの程度を統制した実験から，暴力的な出来事では目撃記憶の正確さがそこなわれることを明らかにしている。その代表的な研究についてここで述べることにする。

　Clifford & Hollin（1981）は，被験者に劇団の俳優が演じる出来事のビデオを見せた。ある女性がカメラの方に向かって歩いていく場面から始まる。暴力条件ではその後，1人（あるいは3人あるいは5人）の男がその女性の腕をつかみ，壁に押しつけてバッグをひったくり逃げる。女性はすすり泣きながら残っている。非暴力条件では，男が女性に近づき道を尋ねる。ビデオを見た後，被験者は登場人物の年齢，身長，体重，性，人種，衣服について記述を求められ，さらに1組の写真から犯人を再認するよう求められた。犯人記述の正確さおよび犯人再認の正確さに及ぼす，事件のタイプ（暴力，非暴力）と犯人の数の効果を調べたところ，犯人の記述については暴力事件の方が非暴力事件より不正確であったが，犯人再認率に関しては両条件に差は見られなかった。また，犯人の数が増えると，犯人記述の正確さは暴力条件においてのみ統計学的に有意に減少した。

　Loftus & Burns（1982）は，被験者に銀行強盗のフィルムを見せた。強盗が銀行員に拳銃をつきつけて脅し，金を奪って逃走する。その銀行員は金を奪われたと叫び，2人の男性の従業員が強盗を追いかけて駐車場まで来る。そこでは2人の男の子が遊んでいる。暴力条件のフィルムでは強盗は逃亡用の車の方に走っていき，振り返りざま追いかけてきた2人の男性に向け拳銃を発射する。銃弾は遊んでいた少年の1人に当たり，少年は血を流しながら手で顔を押さえ倒れる。非暴力条件のフィルムでは拳銃発射の直前までは暴力条件と同じであるが，それから後は銀行の内部に場面がもどり，支配人が今起こったことについて従業員とお客に説明し，冷静でいるようにと言っているところが描かれている。両条件の後半部分は長さが同じであり，ほぼ15秒である。フィルムの観察直後に，被験者は25の多肢選択および穴埋め式問題の質問紙を与えられ，さらに回答に対する確信度評定を求められた。焦点を当てられたのはこのうち最後の質問だった。それは駐車場で遊んでいた少年が着ていたフットボールジャージーにあった背番号を尋ねたものである。その数字「17」が見えている時間は

両条件とも2秒であった。この項目について，暴力条件の被験者のうち，わずか4.3パーセントしか正しく再生できなかったのに対して，非暴力条件の被験者の27.9パーセントが正しく再生できた。この傾向は数字について再認テストを用いた実験によっても得られている。

このように不快な情動的出来事は非情動的出来事に比べて正確に記憶されないという報告がある一方で，それとは反対に少なくとも情報のある側面は正確に記憶されるという結果を見いだしている研究も多い。たとえばChristianson & Loftus(1987)は，15枚のカラースライドからなる刺激を2セット用意して実験を行った。ひとつは情動的出来事を，もうひとつは非情動的出来事を描いたものである。いずれも3つのフェーズから成っており，各フェーズとも5枚のスライドから構成されていた。Ⅰフェーズは母親と坊やが家を出るところから始まる。2人は公園を通り抜けて，橋を渡りダウンタウンを抜ける。Ⅱフェーズでは情動条件と非情動条件とで異なる場面が描かれていた。情動条件では坊やが車にはねられる場面，目を負傷してボンネットの上に横たわっている場面，救急車で病院に運ばれる場面，母親が坊やを病院に残して去る場面が描かれていた。非情動条件では，母親と坊やがタクシーを探し，それに乗って学校に行き，母親が坊やを学校に置いてくる場面であった。Ⅲフェーズではふたたび両条件ともに同じ場面であり，母親が電話をして，自分の家にもどってくるというものであった。

スライドの提示前にしっかりと注意してスライドの顕著な特徴（「血」「目の負傷」）を書くようにとの教示が行われた。スライド提示の20分もしくは2週間後に再生テストおよび再認テストが行われた。再生テストでは以前書き記したスライドの全特徴を再生することが求められた。再認テストは15枚のスライドそれぞれについての4肢強制選択方式であった。4枚のスライドが提示され，うち1枚が以前実際に提示されたものであった。実験の結果（図1-3-1参照），顕著な特徴の再生については，いずれの遅延時間条件においても情動的出来事の正再生率は77パーセントであり非情動条件の50パーセントよりもまさっていた。しかし，顕著な特徴ばかりでなく周辺的な情報までも覚えていないと正解しにくい再認テストの結果は，フェーズⅡについての結果を両条件で比較すると，非情動条件の正再認率が71パーセントであるのに対して，情動条件のそれは50パーセントであった。この結果は，情動的出来事では被験者は決定的特徴に注意を向けよくその記憶を保持できるけれども，重要でない他の周辺的な事柄については注意を向けることがなく，したがってよく記憶できず，そのことが再認の低い成績につながったことを示すと考えられる。

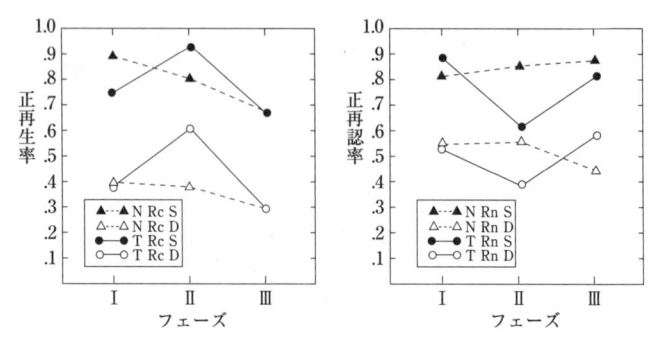

●図1-3-1 Christianson & Loftus (1987) の再生および再認の結果
（T：情動的出来事，N：非情動的出来事，S：20分後，D：2週間後）

　だが，情動的な出来事の中心的特徴の記憶がよいのは，それを長く観察するからではないかという疑問が生じる。一般に，顔を観察する時間が長ければ長いほど再認記憶の成績は高くなることが知られている。たとえば，190に及ぶ従来の顔の再認記憶研究や目撃者による犯人特定の研究について包括的に検討した Shapiro & Penrod (1986) によれば，提示時間が長いとターゲットをより正確に特定でき，実際には見ていないものを誤って選択するという過誤の率が低くなることは広く認められる事実であるということである。

　しかし，Christianson, Loftus, Hoffman & Loftus (1991) がスライドを1枚あたり180 ms（ミリ秒）だけ提示する（各スライドの直前に凝視点を提示して記憶すべき項目を指し示す）実験を行い，凝視が1度だけ可能な条件下で情動的出来事とノーマルな出来事の記憶を比較したところ，このように凝視時間が統制されても情動的出来事の中心的事物は非情動的出来事の事物よりよく記憶されていることが明らかになった。

　Christianson (1992) はこのような研究から，情動的ストレスの高い出来事では顕著な中心的な特徴に注意が向かい深い処理が行われる，よってそのような特徴はよく記憶されるが，周辺の特徴は忘れ去られると結論した（注意集中説）。さらに，情動的出来事の決定的特徴は Neisser (1967) のいう前注意的 (preattentive) な自動的メカニズムによって処理されると考えている。

　この，観察者の注意を集める中心的部分と注意を集めない周辺的部分の処理は異なるという立場から，前述の Loftus & Burns (1982) の結果を再考すると，少年のジャージの「17」という数字は情動的出来事全体の中で重要な特徴ではなく，末梢的な事柄であるので，被験者の注意が向かわなかったと考えられる。一方，Clifford & Hollin (1981) の研究については，目撃対象が中心的事物と周辺の事物に分けて分析

されていないので，明確な解釈はくだしにくい。
　出来事の含まれる情報の種類の区別をより明確化して実験を行ったのがBurke, Heuer & Reisberg (1992) である。彼らは情報をギスト（主要な筋書き），基礎レベル視覚情報（その出来事の中で視覚的にとらえられ得る主な事物），中心的ディテール（ストーリーの中心的事物に関係する詳細情報），背景ディテール（ストーリーの中心的事物に関係しない詳細情報）に分類して，それぞれについて情動条件群と統制条件群の記憶成績を比較した。結果，情動群は統制群よりもギスト，基礎レベル視覚情報，中心的ディテールの記憶成績が良く，背景ディテールの成績が悪かった。この結果はChristianson (1992) の注意集中説に対して，よりはっきりとした形で支持を与えるものである。
　さらに，凶器注目効果に関する研究もまた，情動的出来事では注意が出来事の中心的情報に向かうという考えに関係しているものと思われる。

第5節　凶器注目効果

　凶器に目撃者の注意が集中するということは，刑事司法に携わる人々の間でよく知られた事実であるが，このことに関する厳密な実証的研究はそれほど多くない。
　研究文献の中でよく引用される研究がJohnson & Scott (1976) の実験である。その内容は以下のようなものである。実験室の外で実験を受けるために被験者が順番を待っている。受付係がしばらくそこにいて，それから立ち去る。「凶器」条件では，被験者は待っている間にものが壊れる音とともに激しいやりとりの声を聞き，ある人物が血のついたペーパーナイフを手に部屋に飛び込んで，ひとことふたこと話して立ち去るのを見た。「凶器なし」条件では，装置の故障についてのとくに何でもない話を聞き，ある人物がグリースのついたペンを持って部屋に入っていき，ひとことふたこと話して立ち去るのを見た。両条件とも，問題の人物を目にすることのできる時間は4秒間である。後に，その出来事の記憶に関するテストが行われた。「凶器」条件の被験者のほとんど全員が何らかの凶器があったと述べた。一方「凶器なし」条件の被験者にそのような報告をした被験者はほとんどいなかった。さらに，問題の人物を正しく特定できた被験者の割合は「凶器なし」条件の49パーセントに対して「凶器」条件は33パーセントと低かった。しかし，この研究はLoftus (1979) が指摘するように，次のような問題点がある。
　「2つの状況は，凶器のある，なしという点だけでなくいろいろな点で違ってい

からである。問題の人物の両手は，片方は血だらけ，片方はグリースで汚れていた。一方は敵意に満ちた会話の後，問題の人物が受付の部屋に入ってきたのに，他方は会話は穏やかなものだった。被験者のいる前で問題の人物が口にした言葉も違っていた」

したがって，記憶成績の違いが凶器の有無によるものなのか，それとも他の違いによるものなのか，この研究から明確な結論を引き出すことはできない。

Loftus, Loftus & Messo (1987) は，より厳密な条件で凶器注目効果を調べている。36人の被験者に18枚のスライドが提示された。一方の条件のスライド18枚ではファーストフードレストランで客がレジ係に拳銃を向け，レジ係が金を手渡す場面が描かれている。もう一方の条件の18枚のスライドでは客がレジ係に向けるのは拳銃ではなくて小切手であった。拳銃もしくは小切手は18枚中4枚のスライドに映っていた。1枚につき1.5秒ずつ提示されるスライドを観察した後，15分のインタバル（この間に別の作業をする）をおいて，被験者は20の質問に答えた。各質問には4つの選択肢が用意されており，そのうち1つが正解だった。20問中7問が問題の人物に関係していた。たとえば「その人物のコートの色は何色でしたか？」という質問に対して「青，茶，黒，灰」という選択肢が用意されていた。また，被験者は12枚の写真の中から問題の人物を選択した。同時にその選択に際しての自信の尺度（確信度）について自己評定した。実験結果を分析したところ，凶器が出てこない条件の被験者のうち35パーセントが正しく犯人を特定できたのに対して，凶器が出てくる条件では正しく犯人を特定できたのは15パーセントに過ぎなかった（この差は統計学的に有意）。また，スライド観察中の被験者の眼球運動を調べたところ，小切手よりも拳銃を凝視する回数が多く（2.44回 対 3.77回）凝視時間も小切手より拳銃の方が長かった（200.3ミリ秒 対 242.0ミリ秒）。これらの実験結果は，凶器に注目することによって目撃記憶の正確さが低下することを示したものであり，従来より主張されている凶器注目効果が実際に存在することを証明したものである。

凶器注目効果は，変装の有無や提示時間などの他の13の変数とともに凶器の視認性の効果を調べた Culter, Penrod & Martens (1987) によっても確認されている。彼らの実験では被験者に提示された刺激は強盗事件を描写したビデオ映像であり，強盗が凶器をふりかざして被害者にそれを向ける条件と，凶器は強盗のコートの下に隠されておりほとんどの間見えない条件が設定された。凶器が見えにくい条件に比べて，はっきりと見える条件では犯人選択の正確さが低下することが予測された。実験の結果，予想通り，凶器の視認性は犯人特定の正確さに影響を及ぼすことがわかった。

しかし，このようなスライドやビデオを用いた研究はリアリティに欠け，実際の事件において凶器を目のあたりにするときのように自らの生命の危機を感じ，恐怖するというようなことはないであろう。いわば傍観者的立場にいる被験者を用いた実験から得られた知見が実際の事件にもあてはまるものか否か定かではない。拳銃やナイフを用いて，でき得る限り実際の事件に近い条件で実験を行うことが研究方法論的には望ましいわけだが，そのような実験は倫理的に許されるものではない。そこで，凶器の代用品として注射器を用いた実験が行われている。すでに紹介した Peters（1988）の研究や次に紹介する Maass & Kohnken（1989）はその例である。

　Maass & Kohnken（1989）は，実験者が手に①注射器を持って被験者に近づく，もしくは②手に同じ大きさのペンを持って近づくという実験を行った。各群それぞれに，教示によって注射の恐怖をかきたてる条件と，そのような恐怖を起こさせない条件とが設定された。実験に先立ち，次のような仮説が立てられた。注射器を目にする被験者の方がそれを持った人物の写真選択が不正確になるであろう，またこの場合に，問題となる人物の顔ではなく，手についての詳細な事柄が再生されるであろう。実験の結果，凶器（ここでは注射器）に注意が集中することによって，後の再認がそこなわれた。第1の仮説通りに注射器を見た被験者はそうでない被験者の約2倍のフォルスアラーム（問題の人物ではない人を選択する誤り）を犯した。

　しかし，この研究を含め多くの研究が暗黙のうちに，凶器注目効果は凶器によって観察者の情動的覚醒が高まり注意の幅が狭まることによって起こると仮定しているが，これには疑問の余地がある。

　Kramer, Buckhout & Eugenio（1990）は，大学生の被験者に対して，犯罪場面が描かれた40枚のカラースライドを提示した。凶器の視認性が高い条件と低い条件とが設定された。高い視認性条件のスライド系列は以下のようなものであった。3人の若い男たちがテーブルでカードをしている。そのうちの2人がいかさまで勝った男に文句をいい口論した後，怒って外へ出ていく。勝った男が金を計算しているときに，4人目の男がその部屋に入ってきて，胸の高さにビンを握って近づき彼の頭を殴った。殴られた男はテーブルの上に倒れ，一方，殴った男は金をつかんで後ろのドアから出て行った。カードをしていた1人が部屋に入ってきて被害者を助け起こし，それから救援を求めて外へ出て行った。低い視認性条件では同じシーンが用いられたが，犯人が部屋に入ってくる場面で，胸の高さにビンを持って近づく部分のスライド5枚が背後にビンを隠し持って近づく内容のものに入れ替えられていた。カードが行われているテーブルの上には多くのものが置かれていた。カード，煙草，携帯ラジオ，ビールビ

ン，お金である。スライド映像とともに流される音声には，さまざまな音が含まれていた。ロックミュージック，口論する声，名前を呼ぶ声，ビンが割れる音，叫び声，うめき声である。スライド提示後，質問紙が配られた。最初のページは犯人の特徴の記述（たとえば，身長，体重，髪型など）に関するものであった。これらの質問の結果から，特徴の正確さに関する記憶得点が得られた。また，被験者は襲撃において用いられた凶器について記述するように求められた。最後に，覚醒尺度（1：たいくつ～7：不安）によって感情状態を評定するように求められた。

　実験の結果，特徴の正確さに関する記憶得点は，凶器がはっきりと見える条件はそうでない条件に比べて低い成績であった。凶器の再生については，高視認性条件の被験者全員が正確に凶器を特定できたのに対し，低視認性条件の被験者でビンを特定できたのはわずか42.9パーセントであった。また，感情状態の評定値と特徴の正確さに関する記憶得点との間には有意な負の相関が得られた（$r(62) = -0.2449$, $p < .05$）。すなわち，高い覚醒状態を報告している被験者ほど犯人の特徴の正確さに関する記憶得点が低かった。

　この結果は凶器注目効果が覚醒の効果と交絡（confound）している可能性を示唆している。すなわち，凶器がはっきりと見える条件で犯人の特徴が正確に想起されなかったのは，凶器に注意が集中されたためとも考えられるが，一方，凶器を目にすることによって高い覚醒状態が喚起され，注意の範囲が狭まり，周辺の事物が認知されなかったためであるとも考えられる。Krameret et al.（1990）はこの問題に決着をつけるためにさらに実験を行っている。情動的覚醒が喚起されなくとも凶器注目が起こるか否かが論点であった。実験に用いられたスライドは，ある人間が肉切り包丁あるいはニュース雑誌を手に持って歩いている場面を描いたものであった。包丁には血のようなものがついていた。他の人物は存在しなかったし，犯罪も起こらなかった。人物の特徴記述，凶器の記述，および再認テストの成績に対して登場人物が手にしている対象の違いが及ぼす効果が調べられた。正しい特徴記述がなされた場合に＋1，間違った場合に－1として，被験者の特徴記述の正確さについて分析したところ，登場人物が手にしているものが包丁であれ雑誌

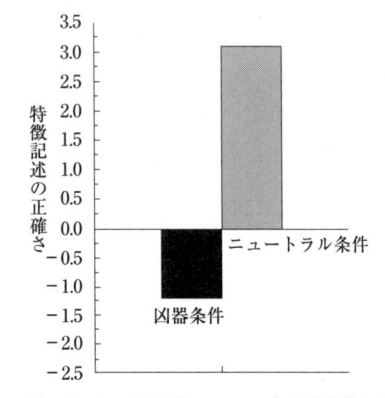

●図1-3-2　凶器条件，ニュートラル条件における特徴記述の正確さ（Kramer et al.,1990）

であれ，被験者の覚醒度評定には差がなかったが，包丁を手にしている場合の方が雑誌を手にしている場合よりもその人物の特徴の記述は不正確であった（図1-3-2参照）。

　このことは凶器注目効果は覚醒の上昇に伴う注意の狭まりによって生起するのではなく，凶器それ自体が最大の情報源であり，「これは何であろうか？」「凶器は私に向けられているのか？」といった情報探索に伴い視点が凶器に釘付けになることから生じるということを示唆している。

第6節　結論

　これまで長い間，記憶と覚醒度の間には逆U字型の関係，つまり，極度のストレスや緊張下にあるときのように強い覚醒状態，あるいは朝目覚めたばかりのときのように低い覚醒状態では，通常の覚醒状態の場合よりも記憶の成績が悪いという関係（Yarkes-Dodsonの法則）が成り立つことが主張され，この法則を支えるメカニズムとしてEasterbrook (1959) のモデルが考えられた。すなわち，強い覚醒状態では注意幅の縮小が生じ，ごく一部の特徴にだけ注意を集中し，他の部分には注意が払われない，その結果，中心的な情報をのぞいて，他の多くの特徴は認知されず，記憶が十分になされないというものである。Christianson (1992) はこのモデルを発展させ，「情動的ストレスの高い出来事では顕著な中心的な特徴に注意が向かい深い処理が行われる。したがって，そのような特徴はよく記憶されるが，周辺の特徴は忘れ去られる」とし，これを裏づける実験的証拠を得ている。しかし，一方ではこれと矛盾するデータも存在する。

　Heuer & Reisberg (1990) は，強い情動的覚醒状態では，出来事の中心的情報，周辺的詳細の両方の処理が促進されるという結果を見いだしている。この研究では，被験者はナレーションのつけられた一連のスライドを観察した。スライドは，少年とその母が父の仕事場を訪ねるという筋書きのものだった。統制条件では父は地方の修理工場の主任整備士である。彼は車の修理をしている。母はその場から立ち去り，上司に電話をして仕事に遅れると告げる。一方，覚醒条件では父は地方の病院の主任外科医であり，外科手術を行っている。中ほどのスライドには手術場面，患者の傷ついた脚が描写されている。母は病院から立ち去り，統制条件と同じく上司に電話する。これら2種類のスライドは構造，スタイル，スライドのレイアウトについてできるだけ互いに釣り合ったものとなるよう作られていた。Christianson (1992) の実験と同じ

●表1-3-1 覚醒条件と統制条件において正しく再生された項目数
(Heuer & Reisberg, 1990)

条件	中心的情報	周辺的情報	計	再生されたスライドの数
覚醒条件	10.60	12.50	23.10	7.31
統制条件	6.44	8.56	15.00	4.67

ように被験者はさまざまな種類の材料に対する生理学的反応を研究しているとだけ知らされた。2週間後，別の刺激提示が行われることを予期して被験者が実験室を訪れると，突然記憶テストが実施された。テストは再生と再認の2種類であった。評価される記憶は2週間前に提示された話の中心的な要素と周辺的な詳細の2種類であった。再生テストは被験者の自発的な回想の内容と形式を調べるために行われた。四者択一再認テストはよりきめの細かい，報告時バイアスを受けにくいやり方で記憶を調べるために行われた。結果は，中心的情報と周辺的情報の両方で覚醒条件の方が統制条件よりも再生の成績はよかった（表1-3-1参照）。このことは再認記憶の成績についても同様であった。覚醒度の上昇は中心，周辺を問わず全般的に記憶を向上させるというこの実験結果は，Christianson (1992) の考え方と明らかに対立するし，記憶と覚醒度の間に逆U字型の関係を主張するYerkes-Dodsonの法則とも矛盾するように思える。

さらに，高い覚醒状態は一様に情報の認知と記憶とを阻害するとする研究も存在する。①Brigham, Maass & Martinez (1983), Peters (1988), それに②Clifford & Hollin (1981) がそうである。もちろん，これらの研究では覚醒の操作の仕方が①では電気ショックや注射器の提示，②では暴力場面の提示というように異なっているし，さらに中心的情報と周辺的情報との区別がChristianson (1992) のようになされていない。しかし，これらのほとんどの研究では記憶テストがなされる対象は犯人の顔であり，それは周辺的情報というよりは中心的情報であると考えられる。そうであるとすると，これらの結果は，高い覚醒状態は中心的な情報の認知をも妨げることを示していることになる。

しかし，これまで引用してきた諸研究で一様に高覚醒条件とされている条件の実際の覚醒度が同程度のものであるかどうかという疑問は残る。たとえば，Heuer & Reisberg (1990) における覚醒条件ではYerkes-Dodsonの法則でいう中程度以下の覚醒しか喚起されず，一方，Christianson & Loftus (1987) では高い覚醒状態が喚起された

とすれば,両者の結果に違いが出てくるのは当然である。Deffenbacher(1983)は,覚醒の上昇によって記憶成績が向上するとしている研究は Yerkes & Dodson の逆 U 字関数の左半分の上昇部分だけを取り扱っており,覚醒の上昇によって記憶成績が低下するとしている研究は右半分の下降部分だけを取り扱っていると指摘している。

この考え方を裏づける証拠として Bothwell, Brigham & Pigott(1987)をあげることができる。彼らは EPI(Eysenck Personality Inventry)の神経症傾向について被験者を測定した。実験的に覚醒を高めると,神経症傾向が低い被験者の目撃記憶成績は上昇するのに対し,神経症傾向が高い被験者のそれは低下することが明らかになった。神経症傾向の高い被験者は低い被験者以上に,刺激を自己にとって脅威的なものと解釈する傾向が強かった。

一見矛盾する研究結果も,被験者に喚起された覚醒の強度が異なると考えれば Yerkes & Dodson の逆 U 字関数によって説明が可能であるように思える。しかし中心的,周辺的情報の処理に対して覚醒が選択的に効果を及ぼすこと(Christianson, 1992),すなわち高い覚醒状態では中心的情報の記憶が良いが,周辺的情報の記憶は悪いという結果,さらに高い覚醒状態では両情報の記憶とも促進される,あるいは阻害されるという結果は,Deffenbacher(1983)のアイデアだけでは十分に説明できるわけではない。

むしろ Yerkes‐Dodson の法則に Christianson(1992)の考え方を加味することによって説明が可能ではないかと思われる。図1‐3‐3に示したように,ある最適な点までは覚醒の上昇は注意幅の減少を引き起こさず,中心的情報,周辺的情報ともにその認知と記憶を促進する。しかし,その点を越えると,周辺的情報は犠牲にしても中心的情報の認知に注意が向けられるようになる。これが Easterbrook(1959)のいう手がかり利用範囲の減少である。

この局面では,Christianson(1992)のいうように覚醒度の上昇によって中心的情報の記憶が促進されるが,周辺的情報の記憶は阻害されるという現象が生じる。しかし,覚醒度がさらに上昇すると,中心的情報の処理をも阻害される事態が出現する。この局面が Brigham, Maass & Martinez(1983), Peters(1988), Clifford & Hollin(1981)の実験で出現した事態である。もち

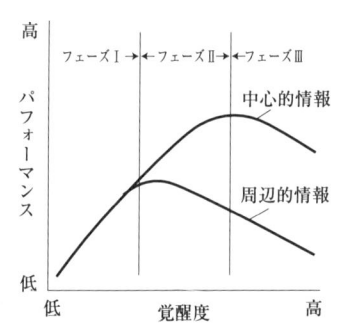

●図1‐3‐3　中心的情報,周辺的情報の記憶に及ぼす覚醒度の効果

ろん，このモデルは食い違うデータを無理なく説明するための試験的な枠組みに過ぎない。

第7節　新たな展開

　最近，中心的情報と周辺的情報とで覚醒の上昇が違った効果を示すという現象について，有効視野という概念を用いて説明しようとする研究がすすめられている。有効視野とは注視点のまわりで検出，弁別処理，および情報の貯蔵ができる範囲をいう(Mackworth, 1965)。また，三浦（1996）によれば，有効視野は生物学的に規定できるものではなく，あくまで心理的なものであり，ある視覚的課題を行う際に利用可能なあるいは機能する範囲とされている。

　情動場面で周辺情報の記憶成績が悪化するのは，覚醒の上昇により有効視野が縮小し，そもそも周辺情報の記憶がなされなかったからではないか，という仮説を検証すべく，大上・箱田・大沼・守川（1998）は，刺激ビデオの画面の片隅に数字を提示するという方法で実験を行った。情動ビデオは通勤通学する人々を描写したもので，途中の踏み切り待ちで男が少女をめった刺しにする場面が含まれている。統制ビデオは情動ビデオとほとんど同じ内容だが，男は少女を刺すのではなく道を尋ねる。情動ビデオの情動的場面とそれに対応する統制場面において，画面の四隅いずれかに数字が提示され，それに被験者が気づいたかどうかについてビデオ上映後に報告が求められた。結果，情動ビデオ条件の被験者の数字検出率は統制ビデオ条件の被験者のそれよりも有意に低かった。この違いは刺激映像の違いのため被験者の注視点から数字までの距離が異なっていたからという理由によるものではないことがアイカメラを用いた追試によって確認された。よって，情動が有効視野を縮小させることが示唆された。

　さらに，有効視野の縮小は空間的および時間的にどういった規模で起こるものなのかについても研究がすすめられつつある。今後の展開が期待されるひとつの方向性が示されたといえよう。

第4章 目撃証言の情報収集手続き
Wellsの提言をもとに

　本章においては、目撃者から実際に証言をとる場合にとくに留意すべき点を概観しながら、目撃情報のよりよい収集方法を提示する。他の章でもふれられているように、これまでに情報収集手続きに関する心理学的な妥当性の検討が実施されてきており、Wells（1988, *Eyewitness Identification: A System Book*, Carswell）はそれらの成果を踏まえて明確な提言を行っている。そこで以下には、Wellsの示した勧告案を忠実に再現しつつ実用的な方法論を検討することにしよう。

第1節　人物描写の聴取

1．人物描写の聴取：だれから？

（1）正常には、警察は潜在的目撃証人全員から人物描写（人相書き）を聴取すべきである。最初に、それらの目撃証人を切り離して、他の目撃証人の人物描写の供述を聞かせないようにする必要がある。人物描写を提供できない人を書き留め、記録する必要がある。［潜在的目撃証人の全員に尋問しなくてはならない理由はいくつかある。第1に、警察は進んで人物描写をしようとしない証人は提供できる情報を持っていないとか、犯人と物理的に最も近くにいた者が最もよい人物描写を提供できると錯覚する傾向があると思われる。しかし、逆に犯人の近くにいた人間は動転していたり武器に注意を奪われたりして必ずしもよい証人とは限らない。また、複数の目撃証言を得ることはその一致度を見ることで信頼性の尺度となる。従来の研究では、優れた人物描写をする者が貧弱な描写しかできない者よりも正確であるとは限らないことにも留意すべきである］

（2）一般に、目撃証人が互いに他の人物描写に影響し合うことがないように、目撃証人をできるだけ早く切り離すべきである。［目撃証人同士が議論することによって、

後でなされる個々の目撃者の報告の価値が低下することが従来の研究で示されている]

2．人物描写の聴取：だれが？

（3） 人物描写の聴取は，可能な限り，所定の事件における個々の目撃証人ごとに，異なる係官が実施すべきである。[だれか1人の目撃証人の人物描写を知っている警察官は，最初の証人が述べた内容と類似の人物描写を無意識に2番目の証人からも得ようとする傾向がある]

3．人物描写の聴取：いつ？

（4） 人物描写の聴取は，目撃証人全員から，然るべき最初の機会に，実施すべきである。もしそれが役立つと考えられる場合は，所定の目撃証人からの2回目，3回目の人物描写の聴取を，同定作業（たとえば，フォト・スプレッド，ラインナップ）の実施以前に行ってもよい。[記憶検索の成功は，時間の経過とともに減少すると考えられる。また，写真や実物によるラインナップ同定後に聴取した人物描写は，ほとんどまったく価値がない。しかし，同定試行の前に得られた第2，第3の描写は時として役立つことがある。たとえば，証人が事件によってショックを受けた直後の状態よりも，興奮がおさまった後の方がよい描写が得られることがある。また，第2，第3の人物描写を同定試行以前に実施することは，それらの一致度を確認することによって信頼性の参考になるだろう]

4．人物描写の聴取：どのように？

（5） 尋問は，以下の手順を踏むべきである。すなわち，まず，①目撃証人が目撃した機会に関する質問をし，その後，②自由叙述質問，③指向性叙述質問，④具体的質問，の順序で進行させる。尋ねた質問およびなされた回答を，細心の注意を払って記録する必要がある。その際，録音テープの使用が望ましい。[質問の些細な言葉づかいの違いが証言に重大な差異をもたらすことが指摘されている。この順番で質問することは，人物描写の聴取において最高の確度をもたらす。またこの方法を遵守することで，係官による質問の違いがもたらす混乱を避けることにもなるであろう]

（6） 目撃の機会。目撃証人に対して，最初に，何が証人の注意を犯人に向けさせたか，目撃した時間の長さ，犯人との距離，照明条件，明確な観察の妨げになる何らかの障害の有無などを含めて，証人が犯人を目撃した機会に関して尋問せよ。[この情

報の尋問は人物描写に先だって行う必要がある。第1に，それは，その目撃証人が実際に犯人の人物描写を提供できると考えられる証人であるか否かを判断するうえで役立つ。もし悪い条件での観察であったならば，その証人から一定以上の詳しい目撃証言は期待すべきではないことが判明する。また，目撃証人間で証言に食い違いが出た場合に，どの証言をより重視すべきかを決める参考になる］

（7）自由叙述。目撃証人が自分の目撃機会を供述した後，犯人の人物描写を目撃証人に要請すべきである。この時点で，具体的な質問や指示を与えてはならない。［これまでに，目撃証人の人物描写に含まれる誤りは，具体的質問を使用した場合と比較して，犯人の描写を自由叙述形式で求めた場合に最も少ないことが指摘されている。質問は，「他に，何か思い出しませんか？」程度にとどめるべきである］

（8）指向性叙述。目撃証人に，犯人の特徴を自由再生させた後，以前に述べられなかった他の一般的特徴，たとえば，性別，人種，年齢，身長，体重，髪の色，髪型，顔の造作，衣装，その他のあらゆる目立った特徴を，思い出せるかどうか，質問すべきである。これらの質問は，非誘導形式で尋ねるべきであり，目撃証人に憶測をさせないように警告すべきである。証人に対する1回の質問で，全部の変数のリストを示すべきである。［自由叙述質問の後に指向性叙述質問，さらにその後に具体的質問を実施することによって，報告の完全性を高めることができる。1回にまとめて質問すべきである理由は，ばらばらな質問項目にした場合はある項目から他の項目を憶測させる可能性が出ると予想されるからである。質問に際して，常に憶測を避けるよう，再度，警告する必要がある］

（9）具体的質問。具体的質問を尋ねる場合は，指向性叙述の後に実施すべきであり，非誘導形式で行うべきであり，そして，憶測を避けるように，再び，警告を与えるべきである。［具体的質問の内容は，すでに得られた自由報告を踏まえたうえで行うべきである。たとえば，自由報告で顎髭を生やしていたとの叙述がないにもかかわらず，顎髭の色に関して質問することは不適当である。無意識的に誘導尋問にならぬよう気を配る必要がある。また，具体的質問によって得られる回答は叙述回答の形で得られる回答に比較して確実性に劣ることも銘記すべきである。なぜなら，記憶の中で最も顕著な情報は具体的質問に入る前にすでに回答し終えているからである］

5．質問と回答の記録

（10）係官が尋ねた質問と，証人が尋ねたあらゆる質問を含めて，すべての質問を記録する必要がある。理想的には，目撃証人の尋問を録音テープに記録すべきである。

[警察自身も，目撃証人が述べた回答を想起しにくいことがあることを見逃してはならない。ノートに記録する場合は，証人が述べたそのものの言葉を記入し，言い替えをしないよう注意しなくてはならない。また，その情報が，自由叙述，指向性叙述，具体的質問のいずれによって得られたかを記録しておく必要がある。なぜなら，これら3種の形態では情報の信頼性が異なっているからである]

第2節　合成写真（画）

1．どんな場合に実施するか？

（1）合成（モンタージュ）作業は十分注意して使用すべきであるし，目撃証人がその作業でよい成績をあげることができると信ずるに足る十分な理由が存在する特別な場合だけに，保留すべきである。[貧弱な合成写真は，捜査を真犯人からそらす方向に誘導したり，場合によっては，弁護側が目撃証人は信頼できないと主張する根拠に使われ，それによって起訴事実が弱められることが有り得るため，十分な配慮が必要となる]

（2）合成作業の使用は，容疑者がなく，写真の使用が不成功に終わったか，またはその可能性がある場合にのみ，限定すべきである。もし，複数の目撃証人がいるならば，顔の具体的な造作をコード化している可能性が最も高い1人を合成作業に当て，残りの目撃証人をラインナップなどのより決定的な同定方法用に温存すべきである。[人間の顔コード化と合成作業における検索の仕方は同じとはいえない。また，アイデンティ・キット（北アメリカの警察部局で普遍的に使用されている市販の商品）とフォト・フィット（ヨーロッパ諸国で使用されている）合成写真は一般に貧弱である]

2．アイデンティ・キットとフォト・フィット

（3）合成作業では，マニュアルに書いてある指示に関係なく，造作を選択する順序を目撃証人に任せるべきである。[この理由は明白である。証人が，ある髪型をしていたことを覚えているが，口については覚えていないということがあり得る。この場合，証人に対してはさまざまな髪型を提示するより先に，さまざまな口を示すことはよい効果をもたらさないであろう]

3．スケッチ画家

（4）合成作業オペレータは，アイデンティ・キット，フォト・フィット，スケッチ画家，コンピュータ・グラフィックス技法，のいずれを使用する場合でも，その合成技法の公平な使用を通じて読み取られる事項を除いて，証人が前に述べた人物描写や，犯人と想定されている人物に関するいかなる情報をも知っていてはならない。［スケッチ画家が目撃証人の顔の記憶を歪曲する可能性があるという研究成果がある。このような歪曲は，スケッチ画家が自分の描いている人物の正体について何も知らされていない条件でさえも生ずる］

（5）もし，複数の目撃証人に対して，同一の犯人に関する合成作業を実施する場合は，可能な限り，各目撃証人に対する合成作業の実施を別々の合成写真（画）オペレータが担当すべきである。［これも，オペレータに事前の知識を与えてしまうために事実が歪曲する可能性を防ぐためである］

4．合成写真（画）の使用

（6）1人の目撃証人から得た合成写真（画）を，止むを得ざる理由がない限り，他の目撃証人や潜在的目撃証人に見せてはならないし，また，公開して公衆の目（たとえば，新聞）にふれさせてはならない。［ある目撃証人から得られた合成写真（画）を他の目撃証人に見せることは，その写真（画）を記憶に取り込んで自分の記憶を歪曲する可能性がある］

（7）合成写真（画）が近似的なものに過ぎないこと，犯人の実際の風貌が相変わらずいく分謎のままであることに留意するように，メディアに注意を促す必要がある。［貧弱な合成写真（画）が犯罪を犯した当事者が罪を免れるのを手助けする可能性がある］

（8）3つの情報源を使用して，合成写真（画）の真実性を判断すべきである。すなわち，その合成写真（画）が自分の記憶をどの程度うまく捕捉しているかに関する，目撃証人自身の意見；合成写真（画）オペレータの能力または客観性；証人の目撃条件をめぐる事態要因，とくに，目撃証人が顔の具体的造作のコード化を試みたか否かを重視する。［このいずれの場合においても，注意深い解釈が要求される。研究の成果によると，合成写真（画）に対する目撃証人の満足度が，合成写真（画）と現実の犯人の一致度の指標であるかの如くに誤解されることがしばしばある］

5．記録をとる

（9） 合成写真（画）の正確な記録をとり，法廷が必要とする場合に，それらの資料を法廷で使えるようにしておく必要がある。これは，その合成写真（画）が被告人を同定する決め手であることが判明しているか否かに関係なく，また，その合成写真（画）の質に関係なく必要である。［法廷における合成写真（画）の使用は，一般に，立証価値を持つと考えられている。被告側は，法廷の注意を優れた合成写真（画）よりも貧弱な（すなわち，被告に似ていない）合成写真（画）に対して引きつけようとする傾向があり，他方検察当局は法廷の注意を貧弱な合成写真（画）よりも優れた（すなわち，被告に似た）合成写真（画）に対して引きつけようとする傾向がある。しかし，警察はこの点に関して中立的であるべきであり，その質に関係なく，合成写真（画）の正確な記録をとるべきである］

第3節　マグショット

　マグショット（顔写真）作業はアプリオリな容疑者（被疑者）がいない場合に，1組の写真を目撃証人に通覧させる作業であると一般に定義される。

1．どんな場合に？

（1） マグショットの使用は，アプリオリな容疑者（被疑者）を洗い出す然るべき試みがなされ，その試みが失敗に終わった場合にのみ限定すべきである。［一般に，警察が，補助的証拠を活用して容疑者を洗い出して，同定作業の範囲を，写真展示同定またはラインナップ同定に狭めようとする共同作業を怠ることを肯定するような，然るべき根拠はなにも存在しない］

（2） 目撃証人が複数いる場合，マグショット作業を課すのを1人だけにし，残りの目撃証人をフォト・スプレッドやラインナップ用に温存するべきである。［この勧告の理由はある程度明確である。フォト・スプレッドおよびラインナップがマグショットに比較して望ましいという前述の議論が正しければ，証人全員にマグショットを見せるのは馬鹿げていると言える。マグショットを見た証人がだれかを同定した場合，事態は容疑者がいる事件になったと解釈することができる。そうなれば，残りの証人に対して，無罪であることが判明しているディストラクタとともに，その容疑者を含んだフォト・スプレッドまたはラインナップを実施することが可能になる］

2．目撃証人に対する教示

（3） いかなる場合でも，証人にマグショットの中に真犯人がいると思い込ませてはならない。実際，証人に対して，「いま現在，容疑者はいませんが，この中に問題の人物がいるかどうか，顔写真を見ていただきたいと思います」と言うべきである。[このような警告を与えないと，証人に対して，マグショットの中からだれかを選択しなければならないと思わせるという，不必要な圧力を与えてしまう。その結果，真犯人がマグショットの中に含まれていないかもしれないのに，証人が自分の記憶に最もよく符合するだれかを選択するということが起こり得る]

（4） 目撃証人に対して，「この中には古い写真も混じっています。後で髭を生やしたり，剃り落としたり，ヘアスタイルや髪の色が変わったり，顔が歳をとったり，表情が一時的なものであったりして，見分けにくくなっているかもしれません」と教示すべきである。[実際，ヘアスタイルのささやかな変化が再認成績に重大なマイナスの効果を及ぼす。同様に，眼鏡の有無も，再認成績にマイナスの効果を及ぼす]

3．写真の枚数と展示方法

（5） マグショットに定期的にプルーニング（pruning：刈り込み）を施して，最近のいかなる犯罪も犯し得なかった人物の写真を排除すべきであること，また，所定の事件に関して補足的プルーニングを行って，問題の特定の犯罪を犯し得なかった人物の写真を排除すべきである。[現在使用されているマグショットの大部分は，さまざまな理由から削除してよいと考えられる。たとえば，一部の写真は，現在刑務所に服役中であって，問題の犯罪を犯した可能性のない人物の写真であり，また，多くの写真は，犯人に似ていない人物の写真であり，また，すでに死んでいる人物の写真がマグショットの中に見受けられるのも稀ではない。したがって，目撃証人に一連のマグショットを見せる前に，余分な写真を取り除くプルーニング手続きを実施することが可能である。言い換えると，犯人の写真では有り得ないマグショットを，目撃証人に見せても害はないと考えてはならない。ターゲット写真に出会う以前に見せられる写真の枚数が増えると，ターゲット写真を正確に同定する確率が低下する傾向がある]

（6） 理想的には，1回に，50枚以上の写真を見せてはならない。[目撃証人に大量のマグショットを見せて探させることには，明白な障害がある]

（7） 目撃証人がだれかをほとんど即座に同定した場合であっても，然るべき枚数の写真を目撃証人に見せるべきである。[マグショットの枚数に関するこの問題に関連

する事項として，目撃証人が写真セット内の早い段階で現れるマグショットを選択した場合に生ずる事柄に関する，手続き上の問題がある。この問題は，犯人の写真が，たまたま，その系列内の早い段階で現れたために発生する可能性がある。または，目撃証人が，単に犯人の「容貌」（たとえば，豊かな顎髭，藪睨みの目，そして「むさくるしい」容貌など）に該当する最初の人物の写真を選択したために発生する可能性もある。後者の場合，目撃証人はマグショット系列内の後の方に，それと同じ容貌を持つ人間が他にたくさんいる可能性がある，ということを認識していないと考えられる]

4．確信度

(8) 目撃証人自身の同定に関する自信の程度を，無関係な変数が作用するようになる前に，目撃証人に尋ねるべきである。[この質問は，目撃証人が十分な数の写真（前述の勧告を参照せよ）を検討した後に，ただし，同定された人物の有罪の見込みに関する係官の意見や，その人物の地位に関して，何らかの言語的または非言語的な手がかりを係官から与えられる前になされるべきである]

(9) 証人に自分の自信に関する供述を求める際，「この人が（問題の犯罪を犯した）当の人物であるということに，あなたはどのくらい自信がありますか？」というように尋ねる表現を用いて，偏らないようにすべきである。[確信度の供述を求める偏らない要請の仕方は他にも多数あるが，しかし，「絶対に確かですか？」というような質問は，目撃証人をさまざまな方向に誘導する可能性がある]

(10) 目撃証人の自信に関する供述を言い換えてはならない。それは，むしろ，逐語的に書き留めるか，その供述を証人に書いてもらうか，テープ録音するなどをする必要がある。[証人の自信の供述を言い換えたいと思う誘惑は抑えがたいものであるが，警察官が不適合変数によって影響される可能性がある。また，証人の確信度との関連は，証人自身が自己評価した自信の程度の方が，証人の自信に関する他人の印象よりも相対的に強いということが，研究の結果から判明している]

5．同定後の教示

(11) だれかを同定した証人は提供した情報に対して感謝されるべきであるが，しかし，同定された人物に関するあらゆる情報は，今後の捜査を待たなければならないことを，証人に告げるべきである。また，必要とあらば，後になされる実物ラインナップの検分に，参加する可能性と意欲について，証人に尋ねるべきである。[事件に

よっては，証人が，当然，もっと多くのことを知りたがる。目撃証人が，「私の容疑者選びは当たりでしたか？」とか，「私が選んだのは，本星でしたか？」などと尋ねることは稀ではない。その種の質問に対する回答は極めてはっきりしている。係官は，「これらの写真の中に，第1容疑者といえる者はいませんが，私たちはあなたが同定した人物をよく調査します」というような返事をすべきである］

(12) マグショットからだれも同定しなかった証人に対して，1組の写真の中で犯人が見つからなかった原因は写真の状態にあるかもしれないし，または，犯人がその1組の写真の中に含まれていないためかもしれないということを告げる必要がある。［証人に対するこの説明は，自分はどうやらこの作業に失敗したらしいという証人の恐れを和らげる作用を果たすと考えられる］

(13) 証人に対して，もし犯人が実物ラインナップで他の人の中に混じっていたら，あなたは犯人を同定できると思うかということも尋ねるべきである。［この質問は，証人に対して，自分がだれも同定しなかった理由を述べたり，同定が可能と思われる条件や不可能と思われる条件を特定する機会を提供する。さらに，これは，証人に対して，自分が後で再び同定に挑戦するために呼び出されるかもしれない可能性を，ある程度意識させる。最後に，これは，この時点における証人対警察官の相互作用を一応終了させるのに役立つ］

6．記録をとる

(14) マグショット作業過程の理想的な記録は，マグショット・セット全体のオリジナルの順番および展示方法に関する再現可能な記録（または，オリジナル・コピー）を必要とする。［たしかに，これは多くの場合，さまざまな理由から困難である］

(15) マグショット作業の最低限の記録は，以下の事項を包含すべきである。すなわち，選択された写真の原物；全部の写真の枚数の詳しい記録；目撃証人に見せた写真の総数；同定された人物の写真がシリーズの中で占めていた位置；展示方法の完全な記録；教示および証人の質問の記録；証人が行ったあらゆる反応の記録。

第4節　フォト・スプレッド

フォト・スプレッドの場合は，マグショットと違って，アプリオリな容疑者（被疑者）と分類される容疑者が，フォト・スプレッドを実施する以前に存在している。さらに，フォト・スプレッドは，マグショットに比べて使用される写真の数がはるかに

少ない。一般に，フォト・スプレッドはマグショットに比べて望ましい。

１．どんな場合，だれが実施するか？

（１）フォト・スプレッドは，1人または複数の明確な容疑者がいる場合であって，しかも，適合諸要素のバランスから，実物ラインナップが不可能な場合に限定して使用すべきである。［「適合諸要因のバランス」という語句は，実物ラインナップとフォト・スプレッドのどちらを使用するかは判断の問題であるということを意味する。一部の適合要因は，基本的に，それ自体で，実物ラインナップよりもむしろフォト・スプレッドを使用せざるを得なくする］

（２）容疑者が逃走中であったり，または，証人が実物ラインナップへ参加不可能であったり，またはそれを望んでいない場合は，実物ラインナップではなく，フォト・スプレッドを使用せざるを得ない。

（３）実物ラインナップ・セッションの実施が混乱に終わった後，フォト・スプレッドへ後もどりする見通しは，別の証人を使う場合や同じ目撃証人であっても，違う容疑者について実施する場合を除いて，そのような後もどりが実行可能であるとか，意味があるとは考えてはならない。

（４）フォト・スプレッドと実物ラインナップのどちらを使用すべきかという意思決定をする場合，もし，事件の目撃からすでに10日またはそれ以上経過していたならば，実物ラインナップを実施するのにさらに1日または2日の遅延を要するということは，考慮すべき要因ではない。［顔の記憶の時間の経過に伴う減衰は，顔を目撃した後の最初の数分または数時間において急激であるが，その後の日にち単位では緩やかである。したがって，もし，事件の目撃からすでに10日以上経過していたならば，さらに1日や2日遅延しても，心配する理由はほとんどない。同様に，もし，すでに3か月またはそれ以上経過していたならば，さらに1週間遅延しても，記憶の減衰は非常に小さいと考えられる。しかし，事件の目撃から経過した時間がわずか2時間またはそれ以下であるならば，さらに1日の遅延は非常に重要な意味を持つ］

（５）実物ラインナップに使用可能な然るべきディストラクタが入手困難であることが，代わりにフォト・スプレッドの使用を考慮するか否かを決める際に，必然的に重要な要因にならざるを得ない。［ディストラクタの1つの必要条件は，証人が描写した犯人の一般的人物描写に合致していることである。時として，この必要条件を満足させることが困難なことがある］

（６）目撃証人が複数いる場合，一部の目撃証人を実物ラインナップを見せるために

「温存」すべきである。

（7）フォト・スプレッドの実施は，はっきりした容疑者を断定した後のなるべく早い機会に，ただし，問題点と選択肢を十分考慮した後にのみ，本書の勧告の制約内で行うべきである。［言い換えると，フォト・スプレッド・セッションの実施が遅くならないように，早く実施することが重要であるが，だからといって，それは本書の勧告の尊守に注意を払わない口実にならないし，勧告の基礎にある問題点を考慮しないことの正当化にならない］

（8）フォト・スプレッドの実施を担当する係官は，警察がその事件の容疑をだれにかけているかを知っていてはならない。［もし，係官が，どの写真が容疑者の写真かを知っていると，後に（たとえば，法廷において）そのような影響が生じなかったと主張することが若干困難になると考えられる］

2．証人に見せる際の教示

（9）証人にフォト・スプレッドを見させる際，警察に許される指示は，容疑者の疑いのある者（possible suspect）がいるという指示だけであって，その写真の中に真犯人がいるという示唆は，積極的に回避しなければならない。

（10）フォト・スプレッドを見せる直前に，証人に対して，そのフォト・スプレッドの中に真犯人が含まれているかもじれないし，いないかもしれないということをはっきりと告げるべきである。［研究によれば，「あの人物が写真の中にいる」という教示が，「あの人物が写真の中にいるかもしれないし，いないかもしれない」という教示に比べて，はるかに高いフォルス同定率を生み出すことが発見されている。重要なことは，後者の教示がフォルス同定率を低下させるが，正確な同定の比率に影響を及ぼさないということである］

（11）警察官は，あらゆる証人に対して，警察が容疑をかけている人物がだれであるかということを，言葉でも，身ぶりでも，いかなる方法によっても，絶対に示唆してはならない。

（12）証人に対して，憶測しないように，はっきり警告すべきである。

（13）「時間をさかのぼって目撃した事件に精神を集中して，自分が犯人を目撃するにいたった事情をいろいろ考えて，たっぷり時間をかけて，それから，フォト・スプレッドの中の全部の写真を注意深く点検してください」と目撃証人に告げるべきである。

（14）だれかを犯人であるとはっきり同定できるかできないかを示せと，目撃証人に

求める必要がある。

(15) 同定の直後に，同定されたその人物が実際に犯人であるという自信がどの程度あるかを，証人に尋ねるべきである。同定した人物がその事件の容疑者であるか否かに関する手がかりを，いかなる種類のものでも証人に与えてはならない。

3．フォイルの数，その選択と展示方法

(16) フォト・スプレッドは，1人の容疑者と9人またはそれ以上の機能的フォイルによって構成されるべきである。［これらの選択基準は，ラインナップ成員が，目撃証人の事前人物描写の基準に基づいて除外することができないという意味で，「機能的」であることを要求する］

(17) 容疑者が1人以上いる場合は，各容疑者ごとに別々のフォト・スプレッドを構成するか，または，少なくとも各容疑者ごとに新しい順序の写真を使用すべきである。

(18) 各容疑者の写真が1枚以上ある場合は，各フォイルの写真も同じ数にすべきである。

(19) フォト・スプレッド内の機能的フォイルは，以前に目撃証人によって描写された犯人の一般的な身体的特徴に一致していて，しかも無罪立証済みの人物の写真である。

(20) もし，何らかの理由で容疑者がフォト・スプレッドの中で特異な成員として突出しているならば，他のフォイルを選択するか，または，現在のフォイルに手を加えるかのいずれかによって，この問題をできるだけ小さくする処置をすべきである。［もし，然るべきフォイルが見つからなかったならば，フォイルの写真に手を加えて，容疑者に見られるものと同じように見える特徴や傷跡をつけることを勧告する］

4．同時提示手続きと継時提示手続き

(21) 継時的な提示方法を使用する場合は，それぞれの写真の裏に番号をつけ，全部で何枚の写真を見せるかを証人に告げずに，隠してある山の中から写真を1枚ずつ証人に手渡し，それぞれの写真について，次の写真を見せる前に，同定の意思決定を証人にさせるべきである。

(22) 証人がフォト・スプレッド系列からだれかを選択した場合，係官は，その系列をそのまま継続して，全部の写真を提示し終えるべきである。もし証人が2回目，3回目の点検を求めたならば，係官は2回目，3回目の系列提示を実施してよい。複数の証人がいる場合は，系列内の容疑者の位置を，各証人ごとに変えるべきである。

(23) 同時提示法を使用する場合は，どれか特定の写真が注意を引くことがないように，写真をボード上にしっかり貼りつけるべきである。同定の容易さと明白さを図るため，ボード上に数字をふって写真をはっきり区別すべきである。
(24) 複数の証人がいる場合は，フォト・スプレッド内の容疑者の位置を，各証人ごとに変えるべきである。
(25) 使用する手続きが同時手続きか継時手続きかに関係なく，提示には，逮捕日，フィルムナンバー，その他の余計な情報を含めてはならない。

5．ブランク・フォト・スプレッド

(26) ブランク・フォト・スプレッドの使用を不定期的に行うようにすべきである。ブランク・フォト・スプレッドを使用する場合，証人に対する教示を，あたかも犯人が含まれているフォト・スプレッドからだれかを同定しても，しなくても，それとは無関係に，その後容疑者を含むフォト・スプレッドを実施すべきである。2番目の（実際の）フォト・スプレッドを実施する場合，証人に対して，通常の教示を再び与えるべきである。［ブランク・フォト・スプレッドとは，容疑者ぬきのフォト・スプレッドである。すなわち，このフォト・スプレッド内の各人物は，その事件に関して無罪立証済みのフォイルである。ブランク・フォト・スプレッドの使用は，証人が単に，犯人に最もよく似ているように思われるフォト・スプレッド成員を選択しているのではないことを保証する，特殊な手続きである。この手続きは，証人に，最初に（同時提示法を使って）ブランク・フォト・スプレッドを，通常の教示（すなわち，真犯人がこのフォト・スプレッドの中に含まれているかもしれませんし，いないかもしれません，など）で実施し，その後，容疑者を含めた実際のフォト・スプレッドを実施する］
(27) 犯人の一般的人物描写に一致する人が，少なくとも1人は，ブランク・フォト・スプレッド成員の中にいる必要がある。
(28) ブランク・フォト・スプレッドに引き続いて実施される，実際のフォト・スプレッドの必要条件は，「フォイルの数，その選択と展示方法」および「同時提示手続きと継時提示手続き」で述べたことと同一である。

6．その後の同定の試み

(29) いかなる肯定的な写真同定がなされた後でも，可能な限り実物ラインナップを慣行的に追跡実施すべきである。［なぜならば，証人は，いかなる事件においても，

法廷で刑事被告人の同定を行うために呼び出されると考えられる。また，実物ラインナップは，法廷内同定に比較して，刑事被告人にとって比較的公平なテストになるはずであるし，また，証人の記憶に対する相対的に大きな挑戦になるはずである］

(30) もしあるフォト・スプレッドにおいて容疑者が同定されなかったならば，後続フォト・スプレッドは，別の証人に対して提示する場合を除いて，先行フォト・スプレッドで見せた人物を含んではならない。［前に見せたいずれかの写真を反復することは，よくてもむだであり，恐らく誘導になる］

(31) もし，容疑者の写真が「実物」の容貌を捕捉していなかったために，証人が容疑者を同定しなかったと信ずるに足る理由があるならば，その後，その同じ容疑者を使って実物ラインナップを実施してもよいが，しかし，この手続きの立証価値はごくわずかに過ぎないと考えられる。［この手続きは，容疑者がフォト・スプレッドと実物ラインナップの両方で示される唯一の人物であることは間違いなく，したがって法廷において疑問視されることを警察は当然予測すべきである］

7．記録のとり方

(32) 以下の事項について，明確で正確な記録をとるべきである。すなわち，実物ラインナップではなくフォト・スプレッドを使用した理由；証人に与えた教示；同定の有無にかかわらず，全写真の位置および順序を含めて，使用されたすべてのフォト・スプレッドの正確なコピー；証人の同定意思決定；証人による所見；および，証人がその時点で述べた確信度。［証人が容疑者を同定した場合にとる，フォト・スプレッドの記録，証人に対する教示，その他のあらゆる記録を，証人が容疑者以外のだれかを同定した場合や，証人がだれも同定しなかった場合にも，同様にとるべきである］

第5節　ラインナップ

　適切に構成されたラインナップを支配する理論の多くは，フォト・スプレッドのそれに完全に類似している。両方の場合とも，単一の容疑者がいる；ディストラクタを注意深く選択する必要がある；真犯人がラインナップの中にいるかもしれないし，いないかもしれないということを証人に告げる必要がある，など。

1．どんな場合に？

(1) 以下に示す場合を除いて，ラインナップを，フォト・スプレッドその他の技法

に優先して使用すべきである。すなわち，容疑者が逃亡中であるか，または参加を望んでいない場合；容疑者がラインナップ・セッションを混乱させると信ずるに足る理由がある場合；証人が実物ラインナップを見ることを望んでいないか，または見ることができない場合；然るべきディストラクタが見つからない場合；ラインナップが遅れて，記憶が新鮮なうちに証人に同定を試みさせることができない場合；その他の何らかのやむを得ざる理由がある場合。

2．証人に見せる際の教示

（2）証人にラインナップを見せる際，警察は，容疑者である可能性のある者がいるとだけ示唆すべきであり，証人に見せるラインナップの中に真犯人がいると暗示することを積極的に避けるべきである。[真犯人がラインナップの中にいると信じ込んでいる証人の最大の問題は，そのような信念が，そのラインナップからだれかを選択しなければならないというかなりの圧力を証人に与えることである]

（3）ラインナップを見せる直前に，そのラインナップの中に真犯人が含まれているかもしれないし，いないかもしれないと証人に対してはっきり告げるべきである。[そのような言明は，真犯人がラインナップの中にいない場合のフォルス同定の確率を低減させるが，ラインナップの中に犯人がいる場合の正確な同定に悪影響を与えないことが明らかになっている]

（4）証人に対して，憶測をしないようにはっきり警告すべきである。

（5）警察は，言語や身ぶりなどのいかなる方法によっても，だれを容疑者と見なしているかに関する暗示を，どの証人に対しても与えてはならない。[この問題の最上の対処法は，その事件に関わっていない（したがって，ラインナップ成員のだれが容疑者であるかを知らない）係官に，ラインナップ・セッションの実施を担当させることである]

（6）証人に次の教示を与えるべきである。すなわち，「頭の中で，あの事件を取り巻いていた文脈を振り返ってください。あの場面は周りがどんな環境のようでしたか，たとえば，部屋は？　天候は？　などと考えてください。あなたは，あの時，何を感じ，何を考えていましたか？　出来事を発生した順序で思い出し，次に，順序を逆転させて，出来事を最後から最初へと思い出してください。自分が見ていたかもしれない別の視点を採ったり，居合わせていた他の人の視点を採ったりして，情景の回想を試みてください」

（7）証人に対して，だれかを犯人として肯定的に同定できるか，できないかを示す

ように要請すべきである。[いかなる状況下においても，証人に対して，犯人に最も似ているのはだれかとか，ことによると犯人かもしれない者がだれかいないかなどという判断を求めてはならない］

（8）同定直後に，目撃証人に対して，自分が同定した人物が実際に犯人であるという自信がどのくらいあるかを示すよう，要請すべきである。[研究の結果によると，目撃証人の自信を査定するのに最も適した時機は，同定の直後である。なぜならば，同定後に生ずる他の事象が，目撃証人の自信に紛い物の影響を及ぼす］

（9）同定された人物が，その事件の容疑者であるか否かに関して，いかなる種類の手がかりをも与えてはならない。

3．フォイルの数とその選択

（10）ラインナップにおける機能的フォイルとは，事前に証人によって描写されたところの犯人の一般的身体特徴に合致し，しかも無罪立証済みの人間である。[この機能的規準に合致しないラインナップ成員は，ラインナップにおけるフォイルの数を考えるときに，員数に入らない］

（11）もし，何らかの理由で，容疑者がラインナップの中の特徴的な成員として目立つならば，付加的フォイルの選択や，場合によっては既存フォイルの差し替えによって，この問題をできるだけ小さくする処置をとるべきである。

（12）機能的サイズという必要条件を満足させる手段として，または，容疑者の特異性を弱める方法として，容疑者の外見に手を加えることは，望ましくない。[容疑者の外見に手を加えてはならない最大の理由は，手を加えることが，結局，目撃証人に使える記憶手がかりを消失させてしまう働きをするからである］

（13）すべてのラインナップは，ブランク・ラインナップを除いて，一般に容疑者プラス最低6人のフォイルで構成すべきである。

（14）ラインナップ内のフォイルとして警察官を使用することは好ましくない。[たとえば，警察官は，犯人逮捕に関する自分の同僚の利害関係を共有していることに原因して，証人が容疑者を同定するのを，公然と，または無意識のうちに手助けする可能性がある，という主張があり得る。これが事実でない場合であっても，フォイルとして警察官を使用する処置には，公平さの体裁が欠けている］

（15）可能な限り，容疑者がだれであるかをフォイルが知らないようにすべきである。

4．同時提示手続きと継時提示手続き

(16) 一般に，継時提示手続きではなく，同時提示手続きを使用すべきである。もし，継時提示手続きを使用するのであれば，ラインナップ成員が，実際の人数以上に多くいると証人に思い込ませるべきであり，個々のラインナップ成員に関する証人のイエス・ノー意思決定を，最初に見せた際にさせるべきである。そして，肯定同定が系列の最初の方でなされた場合であっても，残りのラインナップ成員を見ることを証人に命ずるべきである。［もし，自分がいまから見せられる人間が系列内の最後の人間であるということを知っていたら，証人は，排除過程に関する誤解に基づいて，その人物を選択する傾向があると思われる］

(17) 容疑者に自分がラインナップ内の位置を選ぶことを許すべきであり，また，この権利をはっきり告げるべきである。［これは，後に，容疑者または容疑者の弁護士が，容疑者に割り当てられた位置がその容疑者の同定を促す目的で警察によって戦略的に選ばれたと主張するのを防止する］

(18) 使用される手続きが，継時提示手続きか，同時提示手続きかに関係なく，すべてのラインナップ成員に対して，首実検の際にどのようにふるまうべきかに関して，十分な説明をすべきである。頭をまっすぐにあげて，訴訟手続きの厳粛さにふさわしい物腰を保ち，監督官から要求された場合以外，話したり，動いたりしてはならないと告げるべきである。

5．動作の強要と衣装

(19) 容疑者が何らかの言葉を話したり，何らかの動作をするように要求される可能性に関して，ラインナップ前に，容疑者と若干話し合う必要がある。［そのような話し合いの目的は，ラインナップ・セッションの最中に，容疑者がそのような要請を拒否する可能性を防止することである］

(20) 証人が，ラインナップ成員の側に，何らかの動作（たとえば，ラインナップ成員に「金を出せ」と言わせる）を要求した場合，ラインナップ成員1人1人に，ラインナップに登場した順序に従って，その動作をするように要請すべきであり，同時提示手続きでは，左から右への順番で行う。

(21) 目撃されたオリジナルな時点で犯人が着ていた衣装にその衣装が類似していると考えられるか否かに関係なく，ラインナップ成員全員に，同じような衣装を着せるべきである。［実際，もし，容疑者だけが犯人に類似の衣装を着せられると（そして，

フォイルには異なる衣装を着せると），そのラインナップははなはだしく誘導的である］

（22）特徴のある衣料品の場合は，ラインナップの登場順序にしたがって，その衣料品を身につけるように，ラインナップの成員１人１人に要請する必要がある。同時提示手続きの場合は，左から右への順序とする。

6．複数の証人

（23）証人にラインナップを見せる前は，証人を互いに別個の部屋に入れておくべきであるし，また，証人全員がラインナップを見て，同定をして，自信の程度の供述を済ませるまでは，いかなる相互作用をも許してはならない。

（24）容疑者は，個々の新しい目撃証人ごとに，ラインナップ内の位置を変えることが許されるべきであり，また，容疑者はこの権利をはっきり告げられるべきである。

7．ブランク・ラインナップ

（25）ブランク・ラインナップ手続きは，目撃証人が，単に犯人に似ているだけのだれかを同定する過剰傾向があるか，憶測をする傾向が強いか，または，違う人物を意図的に選択しようとする動機を証人が持っている可能性があると信ずるに足る何らかの理由がある場合のために温存するべきである。［実際にラインナップに先行してブランク・ラインナップを実施する慣行が常識になると，そのために効力を失ったり，思わぬ影響をもたらすことが注目に値する］

（26）ブランク・ラインナップは，わずか４人くらいの少人数で構成可能であり，事前に証人によって人物描写された犯人の一般的特徴に合致する必要があるのは，そのうちの１人だけである。

（27）証人がたとえブランク・ラインナップにおいてだれかを同定した場合でも，その証人に，その後実施される容疑者を含むラインナップを見せてよい。

（28）一般に，ブランク・ラインナップ成員であった者は，容疑者を含む２番目のラインナップの中にいっさい含めない。

（29）いかなる時でも，提示するラインナップの人数に関する情報を証人に与えず，第３のラインナップが続いて提示されるものと思い込ませるようにすべきである。

8．野外ラインナップと条件シュミレーション

（30）その場所の文脈に内在する何らかの要因が証人の記憶を確実に促進すると考え

られる場合，その場所が証人の不安を有害な水準まで上昇させるはずがないと考えられる場合，騒音などの外来的要因の然るべき統制が可能な場合，ラインナップ成員から見られたくないという証人の希望がジェパティ（jeopardy = 起訴されて有罪となる危険性がある状態）の危機に瀕しない場合，以上の場合を除いて，ラインナップは，一般に野外で実施すべきではない。[目撃証人をオリジナルな場所に連れもどすことが，場合によっては，証人の中の不安水準をトリガして（引き金になって），記憶検索の進展を妨害する可能性がある。目撃証人をオリジナルな場所に連れもどすことは，騒音や照明条件などの外来的環境諸側面の統制を失うことになる可能性もある]

(31) 目撃文脈に内在する何らかの要因が証人の記憶を確実に促進すると考えられる場合，野外ラインナップの実施よりも，その内在的諸要因をシミュレートすることを考慮すべきである。[条件シミュレーションとは，目撃した環境に似たラインナップ同定環境を，（オリジナルな目撃環境そのものと対照的に）作り出す試みをさす。条件シミュレーションの理論的根拠は，野外ラインナップの場合と同一である。すなわち，それが証人の記憶を促進するであろうということである]

(32) シミュレートした条件が，ラインナップの視覚的側面を貧弱にする条件（たとえば，照明水準が低い，証人とラインナップ成員の距離が遠い）であるならば，証人は，貧弱条件と最適条件の両方で見た後に，同定を行うべきである。もちろん，この場合，シミュレートされた条件に関しても，各ラインナップ成員を同等に扱うことが必要である。[もちろん，この場合，シミュレートされた条件に関しても，各ラインナップ成員を同等に扱うことが必要である]

9．後続のラインナップ

(33) もし，証人が1回のラインナップにおいてだれも同定しないか，または，フォイルを同定したならば，その証人に提示する後続のあらゆるラインナップは，先行ラインナップに入っていたいかなる成員をもフォイルも容疑者も含んではならない。[第1に，同一ラインナップの反復は，証人に対して，だれかを選択させる一種の圧力になると見なすことができる。第2に，もし，証人が2番目のラインナップにおいて容疑者を選択したら，陪審と判事はその過程に疑問をいだくようになり，なぜ証人は前に容疑者を見たときに選択しなかったのだろうかと疑い，捜査員が同定を引き出すのに熱心すぎたのであろうということになる可能性がある]

10. 記録のとり方

(34) 以下の要因に関して，明白で正確な記録をとるべきである。すなわち，証人にラインナップの観察を最初に要請した際に，証人に対して述べた言葉；ラインナップを提示する直前に証人に告げた教示；証人の同定の言語的供述；証人の自信に関して証人に尋ねた質問およびそれに対する証人の回答。これらの記録は，いずれも，要約や言い換えをしないで，逐語的にノートに書き留めるべきである。ラインナップの全員のカラー写真またはビデオ・テープを撮り，フォイル全員と容疑者の身元をはっきり記録する必要がある。容疑者またはフォイルの容貌に対して加えたあらゆる変化を，独立項目として記録する必要がある。ラインナップ・セッションに先だって容疑者およびフォイルに対して与えた教示の完全な記録をとるべきである。正規の観察室でなされる標準的同時提示ラインナップからのあらゆる逸脱は，優先報告書（prior report）形式でその根拠を記録することによって，正当化すべきである。強要したすべての動作をノートに完全に記述すべきであり，できればビデオに記録するべきである。一般に，本章で論じた問題点に関連性があるすべての事柄の完全な記録をノートにとり，また，可能な場合は，写真やビデオ・テープを使って記録すべきである。

第6節　声，衣装，その他の物品の同定

　一般的ルールとして，声，衣装，その他の物品の同定は，フォト・スプレッドまたはラインナップの実施にそのまま当てはまる仕方で実施すべきである。言い換えると，フォイル（たとえば，他の声）がなければならないが，その選択基準は，フォト・スプレッドまたはラインナップのフォイルの選択で使用される基準に似ている。また，証人に対する教示も所定の手続きに従うべきである。たとえば，もし，証人が機能的フォイル声ぬきで容疑者の声の録音を聞かせられたならば，それは「声のショウ・アップ（暴露）」である。これは明らかに著しく誘導的であり，したがって不適格である。

1．声同定技法

（1）警察は，通常，実物ヴォイス・ラインナップを避けて，その代わり，テープ録音のヴォイス・ラインナップを使用すべきである。［録音は，証人の検査用のヴォイス・ラインナップを1組の機能的な声にするように初変数を統制するうえで利点を

持っている。たとえば，証人が犯人の声にスラー（slur；不鮮明に続けて発音された部分）があったと述べた場合，もしオーディオ・テープを使用すると，フォイルはそのようなスラーを何通りかの方法で作り出すことが可能であるが，他方，実物ヴォイス・ラインナップはフォイルの貧弱な演技で失敗してしまう可能性がある。さらに，容疑者は，実物ヴォイス・ラインナップにおいて，容易に自分の声を偽ることができる。しかし，テープ録音のヴォイス・ラインナップを使用する場合，警察は，事前の取り調べで録音した容疑者の自然な声のオーディオ・テープを使用することができる］

（2）証人がオリジナルに聞いた声が劣化形態（たとえば，電話を通して）であったとしても，ヴォイス・ラインナップには，ハイファイ直接録音を使用するべきである。［たとえば，証人が，犯人の声を電話を通して聞いたことがあると仮定しよう。ヴォイス・ラインナップは，証人がオリジナルに聞いたように，電話を通してフィルタをかけるべきか？　それとも，ヴォイス・ラインナップ用のハイファイ直接録音を探すべきか？　研究の結果によると，声をオリジナルに聞いたのが電話を通してであろうとなかろうと無関係に，電話ヴォイス・ラインナップの使用によって得られるものはなにもない］

（3）フォイル声の選択は，機能的フォイルと見なし得るようにするため，証人が以前描写したところの犯人の声の一般的特徴に合致するように選択すべきである。［時として，これは，フォイルがその声の特徴をシミュレートすることを必要とする］

（4）ヴォイス・ラインナップの各成員に発声させる言葉は同一でなければならないし，その発話サンプルは最小限10語必要である。［声同定の論理は，同定の基礎はどんな言葉が発話されたかではなく，言葉がどのように発話されたかであるということである。ヴォイス・ラインナップ成員全員に同一の言葉を発話させることによって，弁護側が後に，証人による容疑者の声の同定は発話された特定の単語に基づいてなされたと主張することが不可能になる。発話サンプルの長さに関しては，発話サンプルの大きさは，それが1センテンスまたはそれ以上の長さである限り，ほとんど差をもたらさないことが研究の結果から知られている］

（5）ヴォイス・ラインナップでは，少なくとも6つの機能的フォイル声を使用すべきである。［声の個数それ自体は，ヴォイス・ラインナップの妥当性にとって決定的ではない。そうではなく，決定的な問題点は，声の個数とともに，それらの声の「機能的能力」にある。明らかに，機能的でない8個の声のフォイルよりも，機能的な4個のフォイルの方がよいはずである］

(6) 証人にヴォイス・ラインナップを聴かせる前に，警察が確保しているのは単なる容疑者だけであり，一連の声の中に犯人の声が含まれているかもしれないし，含まれていないかもしれないということを証人に告げるべきである。[ヴォイス・ラインナップに対するこの教示の必要性は，フォト・スプレッドや視覚的ラインナップに対する必要性と同じ理由による。すなわち，選択をしなければならないという圧力を証人から排除することであり，また，容疑者が真犯人でない可能性があるという現実を反映することである。このような教示は，ヴォイス・ラインナップにおけるフォルス同定の確率を低減できる]

(7) たとえ証人が声の選択を系列の初めの方で行った場合であっても，ヴォイス・ラインナップ全体を証人に聴かせるべきである。[系列からある声を同定するということは，積極的行為であるだけでなく，他の声を排除することでもある。したがって，証人は，系列内のすべての声を聴く必要がある。そのうえ，もし，証人が系列の最初の方である声（たとえば，2番目の声）を選択して，残りの声を聴かなかったならば，弁護側は，そのヴォイス・ラインナップの機能的サイズが，聴かせる予定だった残りの声の個数に関係なく，わずか2つだけであったと主張することができる]

(8) 容疑者の声の位置は，証人が複数の場合，各証人ごとに変えるべきであり，容疑者の声を最初の位置に置くことは，いかなる場合においても避けるべきである。[ヴォイス・ラインナップに関する研究によると，証人は，最初に聴いた声を選択する傾向が，その後聴いた声を選択する傾向よりも相対的に強い。したがって，容疑者の声を系列の最初に置くことは，手続き上のバイアスであるという弁護側の主張を招きやすいと考えられる]

(9) ヴォイス・ラインナップ・セッションを実施する係官は，どの声が容疑者の声であるかを知っていてはならない。[どの声が容疑者の声であるかを知らない人間にラインナップ・セッションを実施させることによって，その手続きは，現実の影響を受ける可能性から免れるし，また，弁護側から申し立てられるその種の非難を受けないですむ]

(10) 証人に声系列全体を聴かせた後，証人に対して，その中のどの声を犯人の声として肯定同定できるかどうかを尋ねる必要がある。また，もし肯定同定がなされた場合は，同定されたその声が実際に犯人の声であるという自信がどの程度であるかを証人に尋ねる必要がある。[もちろん，証人は，必要とあらば，そのテープ系列を2回またはそれ以上聴くことが許される。しかし，証人が，声系列を2回通して聴いて，肯定同定しなかった場合は，容疑者の声がその声系列の中にあるかもしれないし，な

いかもしれないということを証人に思い出させる必要がある]

(11) 証人が単なる類似性に基づいてだれかの声を同定しようとする過剰傾向がある，または，憶測をする可能性がある，または，違う人物を意図的に選択する動機を持っている可能性があるなどと信ずるに足る何らかの理由がある場合は，ブランク・ラインナップの使用が考えられる。

(12) ブランク・ラインナップは，フォルス同定の可能性がないし（すなわち，全部無罪立証済みの声である），以前証人によって描写されたところの犯人の声の一般的特徴に合致する必要があるのは，それらの声の1つだけであり，したがって，わずか4つという少ない数の声でブランク・ラインナップを構成することができる。容疑者を含んだ2番目の（実際の）ヴォイス・ラインナップは，ブランク・ヴォイス・ラインナップにおいて同定がなされたか否かに関係なく実施することができる。しかし，実際のヴォイス・ラインナップは，ブランク・ヴォイス・ラインナップで同定された人物を（もし，いたら）除いて，ブランク・ヴォイス・ラインナップ成員を1人も含めないようにする。ブランク・ラインナップで同定された人物が（もし，いたら）容疑者ではないことを，2番目の（現実の）ラインナップ実施前に証人に告げてはならない。[ブランク・ヴォイス・ラインナップの一般的理論およびガイドラインは，視覚的ブランク・ラインナップのそれと同様である]

(13) ヴォイス・ラインナップの明瞭で確実な記録をとる必要がある。その中に含まれるものは以下の通りである。すなわち，声同定において使用されたテープそのもの；フォイル声の作成に使用された声の一般的特徴のリスト；フォイル声の役割を演じた人物の氏名および住所；声同定作業に関して証人に与えたすべての教示；証人が声系列を聴いた回数；ヴォイス・ラインナップ・セッションを実施した人物およびその人物がどの声が犯人の声であるかを知っていたか，いなかったか；同定に関して証人が述べた正確な言葉；その他のあらゆる関連要因。[ここでも，証人の言葉の言い換えは，避けなければならない。これは，ヴォイス・ラインナップ・セッションをオーディオ・テープまたはビデオ・テープに撮ることによって完璧に達成される。視覚同定作業の場合と同様に，たとえ証人がだれも同定しなかったり，フォイルを同定した場合でも，明瞭で包括的な記録をとるべきである]

2．衣装，その他の物品の同定

　衣装ラインナップを支配するガイドラインは，すでに述べた人物ラインナップの場合のそれに当てはまる。

(14) 独立の証拠に基づいて容疑者を犯人に結びつけることが可能で，しかも証人自身が同定と信じているあらゆる物品は，少なくとも4つの機能的フォイルとともに物品ラインナップの対象にすべきである。物品ラインナップ内の機能的フォイルは，以前証人によって描写されたところの物品の一般的特徴に合致する物品である。[犯人がマスクを掛けていた場合は，物品ラインナップを必要とする事態が生ずると考えられる。たとえば，マスクが，目をくり抜いた青いスキー帽で，顔全体をすっぽり覆っていたと描写されたと仮定しよう。さらに，容疑者の住居の家宅捜索によって，そのような目出し帽が発見されたと仮定しよう。そのような目出し帽の中から同定することの方が，もっと高い立証価値を持っている。この場合，フォイル目出し帽は，全部，同じ素材・同じサイズの帽子，同じサイズ・同じ形の目の削除部分である必要はない。すなわち，機能的物品フォイルは，容疑者に結びつく物品と合致するように計画したり，選択する必要はない。そうではなく，機能的フォイルは，その証人が事前に述べた物品の描写に合致している必要がある]

(15) 容疑者に結びつく物品が，ラインナップの中でユニークなものとして目立ってはならない。[上述の目出し帽の事例でいうと，容疑者の目出し帽だけが古かったり，汚れていたり，等々であってはならない]

(16) 証人に物品ラインナップを見てもらうように要請する際，警察は，犯人に結びつく可能性のある物品（その物品の名称を言ってよい）を確保しているということ以外，言ってはならない。

(17) 証人に物品ラインナップを見せる直前に，その物品ラインナップの中に問題の物品が含まれているかもしれないし，含まれていないかもしれないと証人に対してはっきり告げる必要がある。証人に対して，憶測をしないように，はっきり警告する必要があるし，また，警察は，どの物品が容疑者に結びついているかということを，どの証人に対しても，また言葉や身ぶりなどのいかなる手段によっても暗示してはならない。

(18) 証人に対して，以下のように告げるべきである。すなわち，「あの事件を取り巻いていた文脈を頭の中で振り返ってください。周囲の環境がどのように見えたかを，たとえば，部屋，天候などの情景について考えてみてください。自分がどのように感じたか，自分がなにを考えていたかをいろいろ考えてください。まず，物事を起きた順序通りに思い出して，次に，順序を逆転させて，最後から最初にさかのぼって，思い出してください。自分がとっていたであろうと思われるさまざまな視点や，その場に居合わせた他の人の視点をとって，情景を思い出してください」

(19) 証人に対して,どれかの物品が問題の物品として肯定同定できるかを尋ね,その物品を触って示すように要請すべきである。この時点で,証人に対して,同定した物品が実際に問題の物品であるという自信がどのくらいあるかを尋ねる必要がある。証人が自分の自信の水準を表明する前に,同定した物品が容疑者の物であるかないかに関する手がかりを,あからさまに,または秘かに与えていたならば,証人が表明した自信は無意味である。

(20) 物品ラインナップには,同時提示手続きでも継時提示手続きでも,どちらも使用することができる。継時提示手続きを使用する場合は,容疑者に関連がある物品を,通常,系列の最初に掲示してはならないし,系列内に示される物品が全部でどのくらいの個数あるのかを証人に告げてはならない。また,たとえ,最後の物品が見せられる前に証人がある物品を選択した場合でも,系列全体を見せなければならない。

(21) 証人が複数いる場合,容疑者に関連がある物品の位置を,使用される手続きが同時提示手続きか継時提示手続きかに関係なく,各目撃証人ごとに変える必要がある。

(22) ブランク物品ラインナップの使用が許されるのは,証人が単に問題の物品に似ているだけの物品を同定する過剰傾向を持っている,または,証人が憶測をする傾向がある,または,証人が違う物品を意図的に選択する動機を持っている可能性があるなどと信ずるに足何らかの理由がある場合である。

(23) この章で論じた物品同定に関連あるすべての要因に関して,明瞭で正確な記録をとるべきである。これには以下の要因が含まれる。すなわち,証人に与えた正確な教示;その物品に関して事前に証人が述べた描写;証人が同定をする際,および自分の自信を表明する際に用いた正確な言葉と動作;物品ラインナップの高級カラー写真またはビデオ・テープ。

第7節 催眠術

(1) 警察が催眠術によって得た証言は,法廷に対する法廷弁論的価値を持たない。証人に対する催眠術は捜査価値のみを持つ可能性があるという期待による最後の手段としてのみ,見なすべきである。これは,証人が複数いる場合にはそれほど重大な問題ではない。なぜならば,捜査員は残りの証人を温存しておくから,証人のうちの1人を「消費」しても安全であるといえよう。

(2) 人々は催眠下で暗示的情報を受け入れる傾向がとくに強い(たとえば,誘導尋問によって過大な影響を受ける)ということが以前から知られている。したがって,

催眠術士は，法執行捜査官，検察当局，および被告側から独立した公平な専門家でなければならない。

（3）精神医学者，心理学者，または同等の資格を持つ精神衛生専門家以外の催眠術士の使用を避けるよう，真剣に配慮する必要がある。［一般に，証人が目撃経験によってトラウマ（精神的外傷）を受けていない限り，覚醒状態で再生できないと思われる関連事実を催眠下の目撃証人が再生できると期待してはならない。トラウマを受けた証人の場合であっても，再生された記憶が疑似記憶によって汚染されていないということを示す科学的根拠はない。しかし，少なくとも理論的水準では，催眠術の使用は証人を弛緩させて，覚醒状態ではあまりにも心理的に苦痛すぎてよみがえらせることができない事柄の再生を可能にすると思われる。催眠術は，一般に，不安によって記憶が阻止されていると思われる目撃証人用に指定されている］

（4）導入前セッション・催眠セッション・催眠後セッションを通して，その場に居合わせるのは，催眠術士と証人だけに限定すべきである。そのため，全セッションを（最低限）オーディオ・テープまたは（できれば）ビデオ・テープに撮る必要が生ずる。この中には，その間にとられた全休憩時間や導入前面接も含まれる。記録装置の連続性を保証するため，時間記録を含めるべきである。ビデオ・カメラの焦点は，催眠術士と証人の両者を包含していなければならない。ビデオ・テープを使用する場合，テクニシャンも室内にいる必要があると考えられる。そのような場合，テクニシャンはその事件に関する知識をいっさい持っていてはならない。

（5）その事件に関わっている捜査員が，ワンウェイ・ミラーの背後から，またはビデオ・モニターを通して，催眠セッションを見つめ，定期的に組み込まれている休憩時間に，質問を紙に書いて催眠術士に委ねることができる。［これらの休憩時間は，催眠前面接の終了時，自由叙述再生の終了時，その他の，無理のない自然な時点に入れるべきである］

（6）催眠誘導に先立って，証人が覚えている通りの事実の自由叙述描写を，催眠術士が聞き出すべきである。［これは，催眠術が付加的記憶を明らかにするうえでどの程度の援助をしたかを判断する際のベース・ラインを提供する。さらに，これは，証人が催眠術ぬきでなにを再生できたかの記録を提供し，そうすることによって，もし法廷が，誘導前に自分が再生できた事柄に関する証人の証言を許した場合に，関連記録があることになる］

（7）セッションは，証人の催眠反応性を査定可能にするため，十分なテスト暗示を含める必要がある。誘導後，催眠術士は，適切な認知方略を暗示して，問題の事件に

焦点を絞るのを助け，自由叙述報告を求めるべきである。証人の話の腰を折ったり，特定の質問をしたり，その他の方法で新しい情報をこの時点で注入したりしないように注意を払う必要がある。必要とする詳細が自由叙述で欠けている場合は，より直接的な技法を使用してよいが，その際，指示的叙述質問および具体的質問にまつわる問題を避けるように配慮する必要がある。

（8）証人の記憶が催眠術の助けを借りている場合は，自分の記憶に対する証人の確信度に多大の意味を認めることに対して懐疑的でなければならない。［催眠に関する潜在的問題のひとつは，陪審が，誘導下で再生された自称は極端に信頼できるという誤った考えを抱き，それによって是認できる範囲をこえた真実性を証人に与えることがあるという事実である（Wells, 1984）。それは，法廷が，そのような証言を排除し，然るべき警告的教示やその他の方法を使って，この「過剰信頼」問題を阻止することによって，解決すべき問題である。しかし，催眠下で再生した事柄を証人自身がどの程度信ずるようになるかという関連問題がある。研究の結果によると，目撃証人が自分の回答を確信するあまり，催眠術の効用を不当に過剰評価することがある。とくに催眠にかかりやすい人にこの傾向が強い］

第2部

目撃証言の

　人は，外界をどのように知覚し，記憶するのか。また，どのように思い出し，「見た」，「覚えている」といった判断をくだすのか。第2部は，目撃証言の基礎に関わる論文を集めている。これらの論文を読むと，見る，覚える，思い出すといった一種当たり前とも思える活動にもさまざまなメカニズムが働いていること，しかし私たちはそのような過程についてあまり意識することもないし，知識もないことがわかる。認知過程の基礎を知ることは，目撃証言が基づくプロセスやその信頼性を理解するうえで重要であるばかりでなく，私たちが知覚や記憶や意思決定に関していだいている信念が，現実とどう違うかを知るきっかけも与えてくれるだろう。以下，各論文の概要を述べる。

　第5章の戸沢論文は，「見る」というごく普通の活動でさえ，複雑な過程を含むことを示している。たとえば，私たちは網膜に映った2次元の対象を3次元の対象として見る。また，事物の大きさから，遠近を知覚することができる。このようなことは，意識下での特別な推論により可能なのか（間接知覚理論），それとも主体が環境から特定の情報を取り出すことで可能なのか（直接知覚理論）。戸沢論文は2つの考え方を検討し，「見る」という過程には両方が含まれることを示唆している。

　第6章の向後論文は，記憶という目に見えない過程を，保持期間や内容など，さまざまな角度から整理し，記述している。とくに，短期間保持される「短期記憶」と長期にわたって保持される「長期記憶」について，覚える段階（符号化），保持の段階（貯蔵），思い出す段階（検索）を区分し，わかりやすく説明している。ひとことで「記憶」といっても，聴覚情報，視覚情報，運動情報，自分に関わる情報など，さまざまな内容と性質の記憶が存在することがわかる。

　第7章吉川論文は，「顔」の知覚過程，認知過程を扱っている。顔を見る際，私達はどこに注目するのか。部分－全体の関係や方向は顔の知覚にどのような影響を及ぼすのか。また，どのような要因が顔の記憶を抑制したり促進したりするのか。知覚時間や保持期間，顔の特異性や向き，人種，加齢の効果はどうか。私たちは常日頃，顔を瞬時に見分け，知人かそうでないかを判断している。しかし，その過程や正確さに関わる要因は，今まさに研究の途上にあるといえよう。

　第8章の仲論文は，日常的な文脈で生じる記憶，とくに空間や時間にまつわる記憶を問題にしている。空間（方向，面積，地図の構成）や時間（出来事の長さや頻度，過去に起きたという感覚）はどのように保持され，どのように想起されるのか。仲は，これらの記憶は現実をありのままを反映しているのではなく，主要な情報が選択的に記銘され（符号化），想起においてはこれらの情報が補完され，復元されること（解読）を強調している。

　第9章のギャリー・レイダー・ロフタス論文は，事後情報効果を扱っている。事後

心理学的基礎

情報効果とは，出来事の記憶が，事後に与えられる情報（報道記事や質問等）によって容易に書き換えられる現象をさす。米国の認知心理学者 E. ロフタスは1970年代からこの効果を精力的に研究してきた。この論文では事後情報効果のメカニズムに関する仮説や，効果を促進する要因（時間経過，事後情報に対する警告，被験者の年齢等）を整理し，まとめている。

第10章の椎名論文は，意思決定の論理を扱っている。「見えた」とか「覚えている」といった意見の表明も意思決定の過程を含む。そこでは知識や観測に基づく推論が行われている可能性があるし，また判断そのものが確率的でもある。私たちはしばしば直感的に判断したり意思決定を行うが，それは必ずしも合理的ではない。推論の前提や過程を明示化せずに行う決断は危険だとわかる。

日常生活においては，認知過程を意識せずとも，また知識がなくても，さして困ることはない。しかし，知覚や記憶に基づく証言が大きな意味をもつ裁判では，そのメカニズムや正確さに関わる要因を知ることは重要である。実際，一般の人々は目撃証言に関わる認知過程についての知識がなく，誤った信念を抱きがちであることを示す研究は多い（Noon & Hollin, 1987；Brigham & Bothwell, 1983；Deffenbacher & Loftus, 1982；McConkey & Roche, 1989；Durham, & Dane, 1999）。だが，知識を与えられれば（たとえばモックジュリーなどにおいて），審理はより慎重に行われるという報告もある（Loftus, 1980）。参審制が議論されている今日，国民が裁判に関わる認知過程に関心をもつこと，専門家がそれに応えていくことは大切である。

（仲　真紀子）

Brigham, J. C. & Bothwell, R. K. 1983　The ability of prospective jurors to estimate the accuracy of eyewitness identifications. *Law & Human Behavior*, **7**, 19-30.
Deffenbacher, K. A. & Loftus, E. F. 1982　Do jurors share a common understanding concerning eyewitness behavior? *Law & Human Behavior*, **6**, 15-30.
Durham, M. D. & Dane, F. C. 1999　Juror knowledge of eyewitness behavior : Evidence for the necessity of expert testimony. *Journal of Social Behavior & Personality*, **14**, 299-308.
Loftus, E. F. 1980　Impact of expert psychological testimony on the unreliability of eyewitness identification. *Journal of Applied Psychology*, **65**, 9-15.
McConkey, K. M. & Roche, S. M. 1989　Knowledge of eyewitness memory. *Australian Psychologist*, **24**, 377-384.
Noon, E. & Hollin, C. R. 1987　Lay knowledge of eyewitness behaviour : A British survey. *Applied Cognitive Psychology*, **1**, 143-153.

第5章 「見る」ことの意味
知 覚

　見ることは，あまりに日常的なことである。目を開けると，物体の色や形，大きさ，動き，物体同士の位置関係など，外界のさまざまな様子がたやすくわかる。視野の中で物体が明瞭に見えるのはほぼ中心であり，周辺はぼやけて見える。ただし注意を要する状況になれば，たとえば視野の周辺で何かが急に動いたと感じたとき，素早く対処できる。見ることは外界の情報を精密に取り込み，周囲を取り巻く環境に対する適応的，能動的な活動を可能にする。普段のごくあたりまえな「見る」ことは，人間にできる他の活動と比べても，一段と簡単なことのように思える。しかし私たちは普段，「見る」ことの背後に潜む困難な問題や，そのメカニズムの途方もないほどの複雑さに単に気づかないだけである。

　普段私たちの見る世界は，実際通りだと思いこみがちである。目と脳はいってみれば精密機械で，だまされたり間違えたりすることなどないはずだ，と。図1-5-1 (Shepard, 1990) に示した2つのテーブルには何らおかしなことはないように思える。しかし実際には，この2つのテーブル面は同じ大きさと形を持つのである。この見えは2つのテーブル面に定規を当てて測り，同じであることを知った後にもまったく同

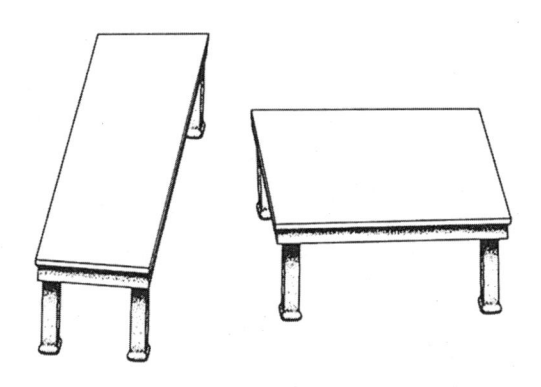

◑図1-5-1　2つのテーブル (Shepard, 1990)

様に生じるように強力な効果を持つ。このような図形は，錯視（visual illusion）図形と呼ばれる。実際に目と脳は，世界にあるどのような機械よりも精密で精緻なものである。ただし錯視も起こすメカニズムを備えている。多くの心理学者は，錯視には人間の視覚システムを解明する手がかりが潜んでいると考えている。では一方，視覚はいつも間違いばかりを起こすのだろうか。もしそうであれば，だれも安心して包丁を握って野菜を切ったり，車を運転することなどできなくなってしまうだろう。

本章では，視知覚に関する2つの理論の大要を紹介したい。見ることに含まれる現象は実に豊富でさまざまである。視覚研究はたいへん長い歴史を持ち，その成果も豊富である。では現象はどのように説明できるのか。理論的な立場もさまざまである。どのような理論的な立場をとるにしても，次の問いにはそれぞれの立場からの見解が示される必要がある。3次元構造をもった外界の物体は，視覚入力として網膜に2次元的情報を与える。視覚システムは，この2次元的情報からどのように3次元構造に関する情報を推定するのだろうか。

第1節　推論説：間接知覚理論

図1-5-2に示すように，部屋の左右隅に立つ女性は同一人物でありながら，ずいぶんと身長が違って見える。実際にこの部屋の中で左（右）隅に立つ女性が，右（左）隅に歩くと，身長が伸びて（縮んで）いくように見える。同一人物の身長変化は劇的なものであり，このような知覚は不可能だという知識を観察者が持っていても見えが変わることはない。

この部屋はAmesの歪んだ部屋と呼ばれる。部屋の見かけは四角形であるが，実際の形は図1-5-3に示すように左側の奥行き距離がより長い台形である。この部屋には，この他にもさまざまな巧妙な仕掛けが施されている（背景の窓の形は実は台形など）が，図1-5-2の写真は，観察者が特定の観察点（図1-5-3参照）を通して単眼で見た場合の大きさ，形，定位と等しい対象の投影像を表している。

歪んだ部屋の例証に対して，どのような理論的背景があるのだろうか。特定の観察点から見るときに与えられる網膜像（近刺激：proximal stimulus）は，それを生み出す対象の特性（遠刺激：distal stimulus）と1対1の対応関係にあるのではない。それは理論的には，無限に多義的なものである。図1-5-4は，無限に異なった物理的形が同じ感覚入力を与える例である（Hochberg, 1978）。このことは大きさ，傾き，距離などについても同様であり，同じ感覚入力は，異なった知覚を生む可能性がある。

第1編　心理学からのアプローチ

●図1-5-2　Amesの歪んだ部屋
(Gregory, 1998)

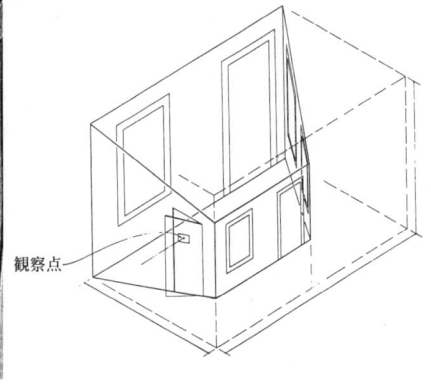

観察点

●図1-5-3　Amesの部屋の実際の形
(Ittelson, 1968)

しかし普段そのようなことは滅多に起こらない。曖昧で，無限ですらあり得る可能性のなかから，常にひとつをほぼ誤りなく，自動的に選択している。図1-5-4は，Ames，Ittelsonをはじめとするトランスアクション（transaction）学派によって主張された等価な布置の例である。この例においても，2次元的広がりから3次元的な構造に関する情報を推定するという課題が示されている。

　等価な布置にも示されるように，感覚入力としての網膜像の曖昧さにもかかわらず，視覚システムにおいて自動的にひとつの可能性が選択される。なぜこのようなことが可能なのだろうか。このことは，私たちが「見る」ことはどのようなことかを考えるきっかけを与えてくれる。曖昧で頼りない感覚入力から，特定の見えが生じるためには，事象の構造や配列に対するある種の「知識」や「仮説」が必要だと考える立場がある。視覚システムは，何らかの知識や仮説に基づいた「推論」をする。このように考える立場は「推論説」と呼ばれる。この推論過程は，無意識的であり，自動的である。推論説は，遠刺激と近刺激の関係が多義的であることを前提とし，その解を求めるために仮説や知識を必要とする立場である。推論説は，知覚の間接性を前提とする間接知覚理論のひとつである。

　推論説の源流は，Helmholtz（1910）にある。Helmholtzは，知覚を「無意識的推論」としてとらえた。Helmholtzによれば，私たちが直接的に知覚するのは神経の興奮であるが，神経興奮の原因は直接的に検知できないことから，これについては演繹しなければならないと考えた。この演繹の過程が無意識的推論である。当然のことながら，推論過程の意味することは，観察者が視覚入力に対して，いちいち意識的な思

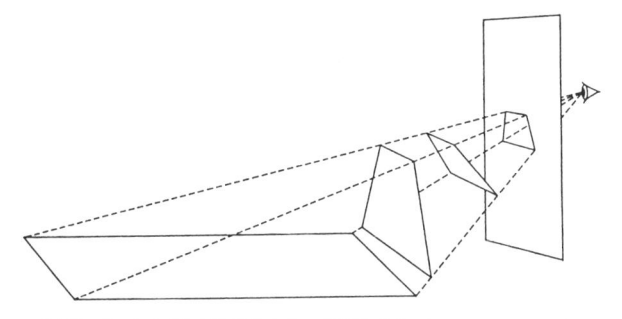

●図1-5-4　同じ立体視角を持つ等価な布置（Hochberg, 1978）

考をすることでは決してない。意識的な推論と類似する可能性は残るが，気づかれることなく自動的に進行する過程である。見ることはすでに知的なふるまいでもある。現代の推論説の理論的な主導者であるGregory（1998）は，視覚の知性が，概念的な問題解決の知性における進化の出発点であったと考えている（p.5）。

　Amesの歪んだ部屋は，視覚システムは仮説に基づいた推論を行うという考え方の例証といえる。ではこの例において視覚システムが利用する仮説は何だろうか。ひとつの考え方として，通常の場合部屋は四角く，床や天井は平らだといった過去経験に基づいた仮説が選択されるというものがある。知覚的な推論過程において利用される仮説は，後天的な学習によって獲得されるという考え方である。もうひとつの考え方として，視覚システムにおける進化の側面を重視するものもある。Shepard（1981，1990）によれば，視覚システムは，通常の3次元空間で生じている変換や投影を支配する規則を，自然淘汰を通して内在化しているという。この規則は，数学者の論じる3次元空間の正規化もしくは直交化のような規則であり，規則が視覚システムに内在化されているために，観察者は立方体の角である可能性があるときには，必ず立方体の角と知覚する傾向にあるという。

　推論説は，視覚を誤りやすいものと特徴づけるときに，より説得力を持つ考え方ともいえる。ただし，視覚は錯視に顕著に現れる誤りやすさだけではなく，真正さ（veridicality）としても特徴づけられる。大きさの恒常性（size constancy）という現象がある。2メートル先にいる友人が1メートルの距離にまで歩いてくるとき，友人の身長が伸びたとは知覚しない。あたりまえのことのようであるが，この状況において，1メートル先にいる友人に対して張る視角（網膜像の大きさ）は，2メートル先の人物を観察する場合の2倍になっている。しかし日常の視知覚において，このような変化にまどわされることなく，真正に近似して知覚する。観察距離の変化にもかかわらず，

事物の大きさを比較的一定に保って知覚する傾向を大きさの恒常性と呼ぶ。大きさの恒常性は，私たちの「見る」活動が網膜像に映し出された像をそのまま見るのではないことを顕著に示してもいる。恒常現象は，対象の大きさに限らず，形，色，明るさ，位置などさまざまな属性に認められ，知覚恒常性（perceptual constancy）と呼ばれる。たとえば，十円玉を斜めの方向から見れば，網膜像の形は長円となる。ただし依然として十円玉は円に見える。この例は形の恒常性（shape constnacy）と呼ばれる。昼間に直射日光のもとで見る白い紙と，月の光のもとで見る白い紙は，その紙が反射する光の量はまったく異なる。ただし月の光のもとで見た紙を灰色とは知覚せず，あくまで白い紙と知覚する。このような例は，明るさの恒常性（lightness constancy）と呼ばれる。知覚恒常性の現象は，私たちの視覚が変化に富んだ感覚入力そのものに規定されるのではなく，これらを恒常的なまとまりとし，安定した知覚世界を構築するために，複雑に機能していることを予測させる。

　では大きさの恒常性は推論説ではどのように説明できるだろうか。Gregory（1998）によれば，大きさの恒常性は，網膜像の変化を距離変化とともに自動的に補正するスケーリング過程を反映する。対象の大きさは恒常を保って知覚される一方で，距離変化は明確に知覚される。距離知覚は，調節や輻輳といった眼球運動性の手がかりから，線遠近法やきめの勾配（第2節を参照）などさまざまな奥行き手がかりによって規定されることが知られている。大きさの恒常性の程度を維持するのは，距離知覚の正確さである。視覚システムは，その状況において利用可能な奥行き手がかりによって距離知覚を規定し，見えの距離を斟酌する（taking-into-account）過程を経て，網膜像の大きさを見えの大きさに変換させるという規則を実行する。この説明は見えの距離の斟酌仮説（Woodworth, 1938；Rock, 1983）とも呼ばれる。見えの距離の斟酌仮説は，大きさと距離の知覚 – 知覚結合（percept-percept coupling；Hochberg, 1974）を仮定する。推論説の立場において，恒常性に関する説明には，大きさの恒常性に限らず知覚 – 知覚結合が仮定される。形の恒常性は，形と傾きの知覚結合であり，明るさの恒常性は，明るさと照明の知覚結合である。理論的には，距離知覚から大きさ知覚へ，傾きの知覚から形の知覚へのように，2つの知覚には因果関係が仮定されることが多い。

　現在推論説は一般的に，多様な感覚刺激が脳に信号として伝達され，脳の神経ネットワークにおいて信号を解釈するという一連の情報処理過程を想定する。この立場では視覚を通して外界の対象を解釈するために，表象と計算の連鎖といった仲介過程を必要とする。Gregory（1973）は，感覚刺激を外界の状態に関する仮説に対するデー

タとすれば，視知覚とは選択された仮説であると論じている。

第2節　生態光学：直接知覚理論

　私たちは，目と脳だけで外界を見るのではない。図1-5-5に示すように，観察者が座っているときと起立したときというごく単純な姿勢の変化においても，目に到達する光の情報は異なっている。目と脳の活動は孤立して生じるのではなく，身体の活動全体の一部である。Gibson（1966，1979）の主張した生態光学（ecological optics）と直接知覚理論は，視覚における身体性を重要視している。人間を含めた動物は日常，照明が十分にあり，両眼で観察し，環境の中を能動的に探索している。Gibsonの理論は，このように生態学的に妥当な状況のもとでの，視覚の外界適応性に焦点を当てた理論ともいえる。

　Gibsonは，生態光学において対象のさまざまな属性や環境の性質を一義的に特定する情報は，刺激の中に豊富に含まれていると論じた。直接知覚理論においては，動物が環境の中を自由に動くことによって，その情報を直接的に抽出（pick up）することが視知覚にほかならないと論じたGibsonにとって，視知覚を説明するために，間接知覚理論が仮定するような推論や計算などの内的な処理は必要ないのである。

　生態光学の中心概念は，包囲光配列（ambient optic array）である。環境の中を移動する動物の観察点は時々刻々と変化するが，同時に観察点に到達する光も時々刻々と変化する。包囲光配列は，ある観察点を取り巻く視覚刺激となる光の配列であり，時間と空間の変化を伴ったパターンである。図1-5-5に示すように，包囲光配列は単一の対象に対する立体角ではなく，入れ子構造に重ね合わさった立体角の複合である。包囲光配列は，観察者に到達する以前に，さまざまな物からなる環境によってすでに構造化されている。環境の構造が光を構造化し，構造化した光が知覚の情報を与える。包囲光配列が環境の配置に関する一義的な情報を与えるというのが生態光学の主張である。動物が環境の中を移動することで観察点も移動し，包囲光配列も変化する。ただし包囲光配列は，観察点が変わるごとに変化する配列の構造（遠近法構造）と，観察点の変化によっても変わらない構造からなる。包囲光配列に含まれる不変の構造をGibsonは不変項（invarinat）と呼んだ。不変項はそれ自体によって環境の事物を特定するために十分な情報となる。Gibsonにとって知覚とは，包囲光配列に含まれる不変項を，直接的に抽出することである。この不変項の「直接的な抽出」を仮定する理論が，直接知覚理論である。

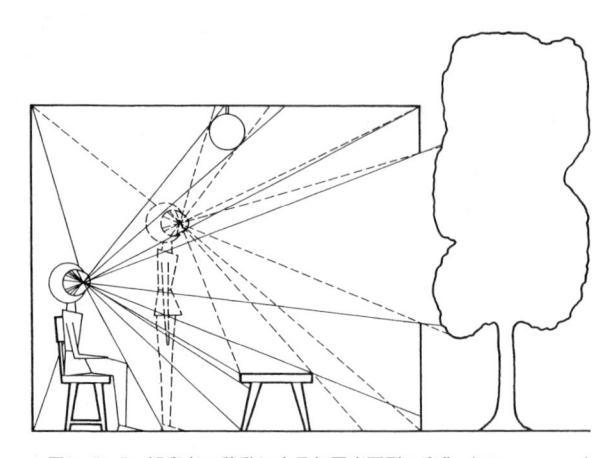

●図1-5-5　観察者の移動による包囲光配列の変化（Gibson, 1979）
座っている観察者の包囲光配列は実線，観察が起立したときの光配列は点線で示されている。

　Gibsonにとって，図1-5-2に示したAmesの歪んだ部屋の例証は，誤って問題を設定していることになる。観察点を人為的に固定するような生態学的な妥当性の低い状況に提示されるのは，凍結された遠近法構造だけであり，観察点が動くことによって現れる不変項はまったく無視されていることになる。Gibsonにとって，視覚システムが2次元的情報から3次元的情報をどのように推定するのかという問いは，知覚の出発点を網膜像とする考え方によるものとして拒否される。多義性はないのである。間接知覚理論において前提となる遠刺激から近刺激に対する写像の多義性は，Gibsonにとっては偽の問題である。

　Gibsonの追求した不変項の中で，最もよく知られているものに「きめの勾配（texture gradient）」がある。Gibson（1950）は，大地のような連続的な背景面の知覚を重視した。大地面は，空虚な広がりではなく，石や草などで不規則に覆われている。大地面を覆う要素の大きさと密度は，距離とともに変化する。図1-5-6(a)に示すように，一定の方向に要素の大きさと密度が変化する場合，小さくて高密度の方が，大きくて低密度に比べて遠くに知覚される。面上を覆う要素の変化がきめの勾配であり，自然環境のいたるところに見受けられる。図1-5-6(b)は線で形成された勾配（線遠近法：linear perspective）に急激な変化がある場合に，観察者に向かってくぼんでいる面の印象を与える。きめの勾配の情報はGibsonの考えたように不変項であるかどうかに議論はあるが（たとえば　Cutting, 1986），空間視における重要な手がかりである。

　ではGibsonの立場に立てば，大きさの恒常性はどのように説明できるのだろうか。

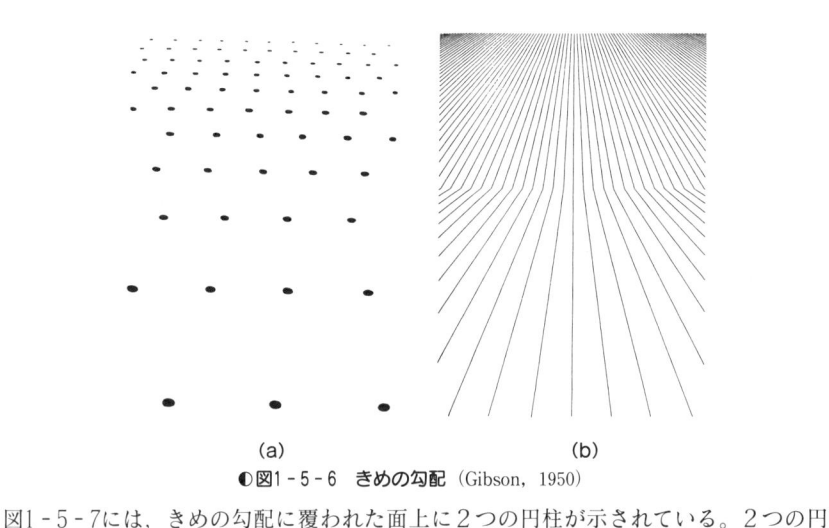

●図1-5-6 きめの勾配 (Gibson, 1950)

　図1-5-7には，きめの勾配に覆われた面上に2つの円柱が示されている。2つの円柱は，どちらもきめ単位1個分の幅を持つ。この情報が抽出されれば，2つの円柱は同じ幅に見える。観察者は単にこの不変項を抽出すればよい。さらに観察者から対象までの距離が近くても遠くても，対象は地面にある同じ数のきめ要素を覆う。観察者は，包囲光配列の立体視角の中のきめの量を抽出するだけである。「等量の地形に対する等量のきめ」という不変項を観察者は抽出する。つまり間接知覚理論が仮定するような大きさ知覚と距離知覚の結合はない。見えの大きさは背景要素の数，見えの距離はきめの量という高次の刺激変数（不変項）によって規定され，見えの大きさと見えの距離とは直接的に，独立に規定されるのである。Gibsonにとって，大きさの恒常性に限らず，知覚恒常性は不変項の検出の問題である。

　Gibson (1979) の直接知覚理論のなかで最も強力な主張はアフォーダンス (affordance) 理論である。affordという動詞は「～を可能にする」という意味であるが，affordanceはGibsonの造語である。この理論では，事物の意味や価値さえも直接知覚される。たとえば十分に広がっていて平らで堅い面は支持することを可能にする（アフォードする）のである。「座ることを可能にする」情報や「握ることを可能にする」情報は，構造化された包囲光配列に含まれており，観察者はその情報を直接抽出するのである。アフォーダンス理論によれば，包囲光配列に含まれる情報は事物を特定するだけではなく，知覚者によって可能な行為の情報を特定しもするのである。

　Gibsonの独創的な主張は，多くの研究分野に影響を与えてもいる。とくにGibsonが感覚情報は貧弱で不十分な，静止したスナップショットの集合なのではなく，身体

的移動とともに時間的にも空間的にも多様に変化する構造を持つと論じた生態光学はさまざまな立場を越えて高く評価されている（たとえば Epstein, 1995）。

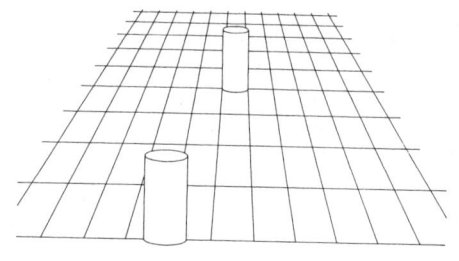

◐図1-5-7　Gibson (1979) による大きさの恒常性の説明

第3節　直接か間接かを越えて

　間接知覚理論と直接知覚理論の立場の相違は，時間的にも空間的にも複雑に変化する自然な環境の特性をそのまま反映するような実験を行う必要があるかどうかという考え方にも関連する。間接知覚理論を支持する立場からの研究は，人工的な条件の下で行われる実験室実験に向かいがちである。たとえば先に紹介した錯視の分析や，通常の場合は相互作用する多くの奥行き手がかりを孤立化して操作したり，抽象化された刺激をタキストスコープなどによって短時間提示するなどである。抽象化された人工的な実験事態は，間接知覚理論の立場をとる研究にとって，システムのメカニズムを検証するために必要な処置である。一方，直接知覚理論を支持する立場の研究者たちは，飛んできたボールをとることや打つことなど，自然な環境の特性をより反映し，知覚と行為のカップリングを取り扱える実験事態に向かいがちである。これらの研究は，日常的に遭遇することが多い視知覚現象に対して説得力を持っている。

　2つの理論的な立場の違いは，情報処理心理学の用語であるトップダウン（top-down）処理とボトムアップ（bottom-up）処理として表現されることもある。トップダウン処理とは，情報制御の流れとして，高次から低次の向きを仮定するものである。この処理は概念駆動（conceptually driven）処理とも呼ばれ，刺激状況が不完全であったり，歪んでいる場合に，その不完全さを文脈を利用して補正する処理をさす。このような処理過程は，推論説においてしばしば強調される。一方ボトムアップ処理は，データ駆動（data-driven）処理とも呼ばれ，情報は低次から高次へと上向きに進むことを仮定する。Gibson の主張は，しばしばボトムアップ処理を重視した理論と表現されることがある。たしかに，感覚入力は曖昧で不完全なのではないことを強調

した点はボトムアップ処理の特徴に対応する。

　現在，Gibson の主張のなかで，直接知覚と生態光学とを切り離して考える立場がある。Gibson の理論に対する疑問の多くは，情報の直接的な取り出しという直接知覚の考え方に向けられている（議論の詳細は Ullman；1980, Fodor & Pylyshyn；1981, Bruce & Green；1990を参照）。一方生態光学と間接知覚理論は矛盾しない。この見解に従えば，間接知覚理論と生態光学は，極めて複雑な視覚メカニズムの，それぞれ異なった側面を，それぞれ適切に強調した理論であるともいえる。大きさの恒常性の例をとれば，対象の大きさ知覚の説明として Gibson は，観察者が環境に中に含まれる多様な情報を柔軟に利用することを強調したと解釈することも可能である。手がかりが十分にある自然な観察条件の下で生態学的な妥当性が高い場合には，Gibson の主張に類似して，距離知覚は，大きさ知覚とは比較的独立に機能する。一方，利用可能な手がかりが十分でない場合，つまり生態学的妥当性が低い場合には，間接知覚理論において強調されるように，距離知覚が大きさ知覚を達成するために必要であり，知覚－知覚結合過程が生じると考えることもできる。

　視知覚は直接か間接かといった理論的な対立を越えて，2つの理論は問題に対する焦点の当て方や，検討される現象の取り出し方に相違があると考えることもできる。実際に，現在影響力が大きい考え方のひとつに，生態光学において主張される不変項を仮定しつつも，この情報は直接抽出されるのではなく，間接知覚理論の主張の通り，情報処理による再構成が行われることが視覚であると考える立場がある。（たとえば Marr, 1982)。

　視覚システムは，2次元的な情報から3次元構造に関する情報をどのように推定するのかという問いに対する，それぞれの理論的立場からの方略の概要を，本章では簡略に述べてきた。当然のことながら，現時点においてもそれぞれの立場から，多様な現象に対するそれぞれの焦点の当て方で検討が続けられている理論的立場は，絶対的な線引きがあるのではなく，視覚メカニズムの探求において重複することも十分にある。おそらく，どのような理論的立場をとるにしても，私たちの視覚は，環境とのトランスアクションを通して進化したという見解は共通する。

第6章 覚えること, 思い出すこと
記憶

第1節 記憶の区分

 ひとくちに記憶といってもその内容や形式はさまざまである。子どものころのぼんやりとした記憶があり,いま紹介された人の名前の記憶があり,週末予定した旅行の記憶がある。また,キーボードを見なくてもタイプができるのはキーの配列をどこかで記憶しているからできることだろう。記憶に関係する行動もまたいくつかの種類がありそうだ。覚えること,思い出すこと,また,簡単に忘れないようにするために年号のごろあわせを工夫したりする。ここでは,まず記憶の区分をいくつかの基準——その段階,タイプ,内容——に従ってみていこう。

1. 記憶の段階による区分

 人の名前を覚えるのが苦手だという人はたくさんいるだろう。いや,私は「覚える」のは得意なんだが「思い出す」のが苦手なんだ,という人もいるかもしれない。また,試験のときに「ああ,これは確かに覚えたはずなんだが,どうしても思い出せない」とくやしがることもあるだろう。こうしてみると,私たちは自然に「覚えること」と「思い出すこと」とを別のこととして区別しているように見える。
 記憶の過程を考えるうえでは,段階を3つに分けて区別すると便利である。3つの段階をそれぞれ,符号化段階,貯蔵段階,検索段階と呼ぶ(図1-6-1参照)。

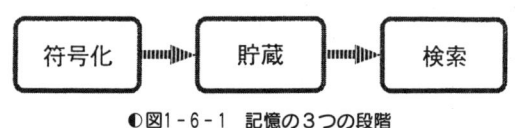

◑図1-6-1 記憶の3つの段階

最初の段階は「符号化（エンコーディング）段階」と呼び，これは外界から見たり聞いたりしたこと，つまり刺激を受け取ってから，その刺激をそのままの形ではなく，記憶するのに便利な形になるように変形してから記憶に入力する段階である。たとえば，初めて会った人を紹介されたときに，その人はどんな人なのか，何という名前なのか，名前はどういう字を書くのか，何をしている人なのかといった情報を覚えやすい形（表象）にして記憶にとどめようと努力するだろう。この段階を符号化段階と呼ぶ。

2番目の段階は「貯蔵段階」と呼ぶ。覚えやすい形にされて記憶に入力された情報は，次に呼び出されるときまで記憶の中に保存されることになる。この段階が貯蔵段階である。

最後の段階は「検索段階」である。これは記憶の中にすでに貯蔵されている情報を取り出す過程である。人の顔を見て，それを手がかりにして記憶の中の情報を探し，その人の名前であると思われるものを探し出してくることにあたる。

2．記憶のタイプによる区分

電話帳から探し出したばかりの電話番号を思い出すのはやさしい。この場合は思い出すというよりも，ここ——意識の中——にあるという感じがする。それで私たちは楽にダイヤルを回すことができる。しかし，ほんの数分，あるいは数十秒だれかとおしゃべりをしただけでその電話番号は意識の中から消え去ってしまい，そうなってからは思い出すためになにがしかの努力を必要とする。ここで，意識の中にあってすぐに取り出せる記憶（とその仕組み）を短期記憶と呼び，一方，意識の中にはなく思い出すために何らかの努力をして呼び出してくる記憶（とその仕組み）を長期記憶と呼んで区別する（図1-6-2参照）。

短期記憶とは，感覚から伝達された情報や長期記憶から呼び出された情報を一時的に保持する働きをするものである。短期記憶の内容について私たちは意識することが

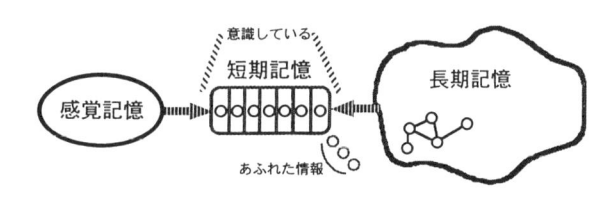

◉図1-6-2　短期記憶と長期記憶

でき，それについて考えているという感覚がある。しかし少しでも注意をそらすとせいぜい数十秒で消え去ってしまう。それ以上の時間，内容を保持するためにはそれについて繰り返し意識すること——リハーサル——が必要である。また，一時にあまりにも数多くのことを短期記憶に保持しておくことも難しく，短期記憶には容量の制限がある。つまり比較的に容量が小さいことが知られている。これは，いま覚えていた電話番号が，他人からちょっと話しかけられただけで，短期記憶の中から消え去ってしまうことからもよくわかる。

一方，長期記憶には，自分自身のこと，さまざまな出来事，学習して得た知識，その他ありとあらゆる情報が含まれる。長期記憶は短期記憶とは異なり，量的な制限はない。また，後で検索しやすいようにある規則や順序やカテゴリーによってうまく組織化されている。長期記憶の中からある手がかりを利用して目的の情報を探し，短期記憶に取り出すことが思い出すという行為であるといえる。長期記憶を巨大なデータベースにたとえれば，短期記憶はそのごく一部の意識された（読み出せる）部分であるといえるだろう。よく，ある人の名前が思い出せないとき，可能性のある名前を片端からあげていき，これは違う，あれも違うというように吟味する。これは長期記憶の中に組織された名前の情報を順次短期記憶に取り出して検査していると考えられる。一度これは違うとされた名前もしばらくするとまた候補の中にあがってくるということは，長期記憶の大きさと短期記憶の量的制限を物語るものである。

さらに，短期記憶にはいる前に感覚器官そのものにごく短い時間情報が保持されていると考えられる。これを感覚記憶と呼ぶが，本章では扱わない。

3．記憶の内容による区分

長期記憶は巨大なデータベースのようなものであるというたとえをしたが，その中に蓄えられている情報にはいくつかの異なる種類があると考えられる（図1-6-3参照）。

まず，事実の記憶とスキルの記憶とを区別することができる。事実の記憶というのは，「今日の朝ご飯は目玉焼だった」とか「日本はタイよりも北に位置している」といったような事柄に関する記憶である。一方，スキルの記憶というのは，「テニスのバックハンドストロークの打ち方」とか「一輪車の乗り方」というようにやり方に関する記憶である。この両者の区別は言葉にできるかどうかで判別することができる。事実の記憶は言葉にすることは容易だが，スキルの記憶は言葉に直すことが難しい。スキルの記憶はやり方の手続きを（おそらく言葉でなく）表現したものであるので

```
▲長期記憶 ┬ ▲事実の記憶   ┬ ▲一般的な事実
         │ 【命題的記憶】 │ 【意味記憶】
         │              └ ▲個人的な事実
         │                【エピソード記憶】
         └ ▲スキルの記憶
           【手続き的記憶】
```

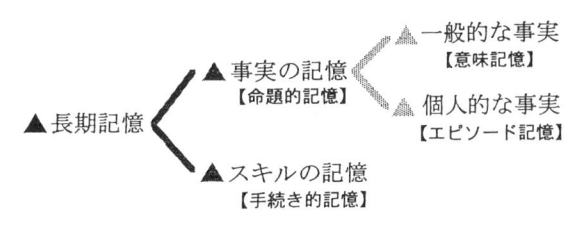

●図1-6-3　長期記憶の内容による区分

「手続き的記憶」と呼ばれることもある。一方，事実の記憶は文章（命題）で表現されることが多いので「命題的記憶」と呼ばれる。

さらに事実の記憶は，一般的な事実と個人的な事実とに分けられる。さきほどの例でいえば，「今日の朝ご飯は目玉焼だった」というのは個人的な事実であり，「日本はタイよりも北に位置している」というのは一般的な事実である。この両者は過去経験の意識が伴うかどうかによって区別することができる。一般的な事実を思い出すときにはとくにそれが過去の経験であるという意識を伴わないが（日本はタイよりも北にある），個人的な事実を思い出すときには過去のことであるという意識が伴う（……ということを教えてくれた地理の先生が嫌いだった）。一般的な事実の記憶を「意味記憶」と呼び，個人的な事実の記憶を「エピソード記憶」と呼ぶことがある。

以上述べた分類は，脳の損傷，卒中，アルコール中毒，電気ショックなどで起こる記憶障害である健忘症の患者を観察することによってその実在性が推察できる。昔の記憶を思い出せなかったり，あるいは新しい情報を記憶することができない人であっても，知覚運動的なスキル（たとえば自転車に乗るなど）を思い出したり学習したりすることについては何の問題もないことが多く，これは手続き的記憶が別のシステムになっていることをうかがわせる。また，たいていの健忘症患者は知能的には問題がないことが多く，言語の使用や一般的な知識に関しては正常であるが，個人的な体験の記憶は破壊されている。これは一般的な事実の記憶と個人的な事実の記憶が別のシステムになっていることを示唆している。

第2節　短期記憶

ここでは短期記憶の特徴を，符号化，貯蔵，検索の3つの段階ごとに実験を紹介しながらみていくことにしよう。

1. 短期記憶の符号化

　私たちが何かを記憶にとどめようとするなら，まず覚えようとする事柄に注意を向けなければならない。この時点で短期記憶への符号化が行われるのだが，その符号（コード）とはいったいどのような形式なのだろうか。たとえば「4126」という数字を覚えようとするときに，それを「ヨンイチニイロク」と音声化しているのか，「4126」をあたかも目の前に描き出すように（空を見ながら）視覚化しているのか，それともゴロあわせで「良い風呂」と意味づけて覚えようとするのか。どうやら私たちはこれらのどの形式も利用することができ，場合に応じて使い分けられるようである。

(1) 言語コード

　番号や名前や文章にしてもそれが言語的な内容であれば，私たちはたいていの場合，言語コード（あるいは音声コード）を利用している。この場合，口の中でぶつぶつつぶやいたり，あるいは声にしないまでも音を思い浮かべてリハーサルすることが多い。

　Conrad (1964) は「RLBKSJ」というような子音のリストを被験者に短時間だけ提示したのち，それを順に書いてもらう実験を行った。その結果，Bが正解のところをTに間違えるような音声的な混同（イーという音が共通している）が多く，たとえばFとEというような視覚的な混同（字の形が似ている）はほとんど見られなかった。

(2) 視覚コード

　短期記憶の中のコードは言語コードがほとんどではないかと考える人もいるかもしれないが（実際そう考えられていた），明らかに言語コードとは異なる視覚コードを利用している場合がある。たとえばよく使う地下鉄の出口階段を昇りながら，地上に出たときのまわりの景色を思い浮かべることができるし，オセロゲームで次の手を考えているときは視覚的なイメージを思い浮かべているようである。

　Brooks (1968) の実験では図1-6-4に示すようなFの形を被験者に思い浮かべさせ，＊印の位置から出発して，曲がり角に来るたびにその角が上端か下端にあればYes，そうでなければNoと答えさせる課題を設定した。一群の被験者にはYes/No

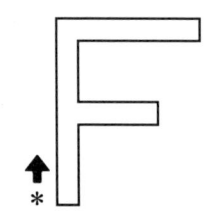

◎図1-6-4　Brooks (1968) の実験で用いられた刺激

＊印から出発して曲がり角に来るたびにそれが上端か下端であればYes，そうでなければNoと回答する。

の回答を声に出して答えてもらった。これは非常に簡単にできた。しかし，もう一方の群の被験者にはYes/Noの回答を，用紙に列に印刷したY（Yes）とN（No）のどちらかをさし示すという方法で答えさせたところ，非常に不正確になったのである。

これは私たちが短期記憶の中で言語コードとは別に視覚コードと呼べるものを利用しているということを示していると同時に，視覚コードを利用しながら行う仕事が同じ視覚に関係するものであれば視覚コードを使った仕事は著しく妨害されるということを示している。

（3） 意味コード

言語コードと視覚コードの他に意味コードというものもまた短期記憶に関与していると考えられる。Wickens, Dalezman & Eggemeier (1976) の実験は意味コードが短期記憶に関与していることを示唆するものだった。彼らの実験では，「リンゴ，バナナ，キウイ」というように果物の名前を3つ組にして提示し，再生させる課題が用いられた。課題1試行が終わると，同様に別の果物名3つが提示され，再生が求められた。このように3試行が連続して行われると，1回目に比べて2回目，3回目の試行では再生率が順に低くなっていく（前の試行が後の試行を妨害することから，これを順向抑制と呼ぶ）。ところが4回目の試行で，果物ではない刺激3つ組（仕事の名前，花の名前，野菜の名前）を提示し再生させると，4回目に果物の3つ組を提示し再生させたものよりもいずれも成績が高くなり，しかもそれは仕事の名前で最も成績が高く，以下，花，野菜と続き，野菜では果物の成績とあまり変わらなかったのである。

もし意味的な属性が短期記憶に関わっていないとしたらこうした現象は起こらないはずである。しかし，刺激の意味的な属性を変えただけで順向抑制が見られなかったり（果物→仕事），軽減されたり（果物→花），あまり軽減されなかったりしたのである（果物→野菜）。ここで順向抑制の程度は刺激の意味的な類似度に関係していると考えられる。

2．短期記憶の貯蔵

私たちは一度にそれほど数多くのことを覚えておくことができないことを経験的に知っている。もし10桁以上の電話番号を聞いたらそれを（短期）記憶にとどめようとせずに，おそらくメモを取ろうとするだろう。

（1） 7±2チャンクの容量

Miller (1956) は，短期記憶に一度に保持できる情報の数はだいたい7（プラスマイナス2）個であることを実験によって明らかにした。彼は，互いに無関係な刺激の

リスト（数字，文字，単語のどれか1種類からなるリスト）を被験者にひとつずつ短時間提示してから，それを順番に再生してもらった。刺激の個数が3，4個のときは非常に簡単に再生できるが，刺激の個数が増えるに従って再生は難しくなる。完全に再生できた刺激の最大の個数がその人の記憶スパン（記憶範囲）であり，これは人によって個人差があるが，だいたい5から9までの間になる。

　この実験で，単語を文字数で数えればその記憶スパンは7文字よりもずっと大きくなる。しかし，刺激が互いに無関連なものである限り，数字，文字，単語に関わりなく，記憶スパンは共通して7個前後になる。言い換えれば，3という数字も，Qという文字も，DOGという単語も，また1つづきの文章であっても，それがひとかたまりの情報であれば，ひとつの「チャンク」として数えられることになる。

　このチャンクということを利用すれば（見かけ上の）記憶できる量を増やすことができる。つまり1つのチャンクにできるだけ多くの情報を詰め込んでおき（再符号化），引き出すときにはその情報を展開すればよい。これは記憶術として知られている原理のひとつであり，この記憶術を利用すれば，たとえば40個の0と1からなる任意の数字列でも再生することができる。しかし，再符号化の作業には心的資源（リソース）とそれを利用するために十分な時間が必要であるから，非常に時間が限られていたり，他に注意が奪われるような状況では困難になる。

（2）短期記憶からの忘却

　私たちが短期記憶に一度に保持できる情報はだいたい7チャンク程度ではあるが，これらの情報は，もし復唱（リハーサル）して覚えておこうと努力しない限り，数秒以内で忘れ去られる運命にある。忘却がなぜ起こるのかについては2種類の説明ができる。ひとつは短期記憶内の情報は経過時間によって減衰するというものであり，もうひとつはすでにある情報は新しい情報が入ってくると，それに置き換えられてしまい，その結果短期記憶からなくなるというものである。

　Peterson & Peterson（1959）は時間がたつにつれて短期記憶が減衰するということを次のような実験で示した。被験者に3文字の刺激を提示し，すぐに数字を見せてその数字から3ずつ引いた数をメトロノームにあわせて口で言わせた（これは最初の3文字のリハーサルを行わせないためである）。一定の秒数たったところで最初の3文字が何であったかを報告させると，3秒後では70パーセント程度の正答率が得られるが，18秒後ではこれが5パーセント程度の正答率に下がってしまう。この結果は，時間がたつにつれて徐々に少ない情報しか短期記憶に残らないことを示している。

　一方，Waugh & Norman（1965）は，短期記憶の忘却は時間の経過よりもむしろ新

しく入ってくる情報による置き換え、つまり新情報の個数によって決まるのだということを強調した実験を行った。彼らは16個の数字を1秒か4秒に1つずつ被験者に提示し、その後1つの数字を提示して（プローブ），その数字の次にあった数字を報告させる課題を設定した（たとえば「94715」でプローブが「4」ならば「7」と報告する）。時間減衰の考え方で予測すれば，1秒に1つ提示した群では全部提示されるのに16秒かかり，4秒に1つの群では全部で64秒かかるのだから，4秒の群の成績はより低くなるはずである。しかし，プローブの位置ごとにプロットした成績は1秒群でも4秒群でもほとんど違いがなく，忘却が時間よりも新情報の数に影響されていることを示唆している。

3．短期記憶の検索

7個前後の事柄しか保持していない短期記憶の中から情報を引き出すこと，つまり検索することはたやすく即座にできるように思われる。しかし短期記憶からの情報の検索を調べた実験によれば，検索するのに一定の時間が必要であることがわかっている。

Sternberg（1966）は次のような実験をしている。まず被験者に決まった個数からなるアルファベットの組（たとえば「BKVJ」）を提示した後，それを隠し，ある1文字を提示して（プローブ）それが元の組にあったかどうかを回答させた（「K」であればYes，「M」であればNoと答える）。ここで提示組の個数を1個から6個に変化させると，それに応じて回答時間（反応時間）が変化する。提示組の個数を横軸に取り，反応時間を縦軸に取ると，そのグラフは直線になり，Y切片は約400ミリ秒（ms：1000分の400秒）で，提示組の文字が1つ増えるたびに約40ms増加する。これは提示組の個数にかかわらず必要な3つの作業，つまりプローブを符号化し，Yes/Noの判断をし，回答動作をするために一定の400msを要し，さらに，短期記憶の中を走査検索するために提示組の文字1つ当たりで40msを使っていると解釈することができる。

第3節　長期記憶

長期記憶が，事実についての記憶（命題的記憶）とスキルについての記憶（手続き的記憶）に分けられ，さらに命題的記憶は，一般的な事実の記憶（意味記憶）と個人的な事実の記憶（エピソード記憶）に分けられることはすでにみてきたとおりである。

ここでは，おもにエピソード記憶を中心に，符号化，貯蔵，検索の仕組みをみていこう。

1．長期記憶の符号化

短期記憶にある情報は，時間とともに減衰するか，あるいは新しい情報に置き換えられるかして忘却されてしまうので，その情報を長期にわたって保持しておこうとするならば，何らかの方法でそれを長期記憶の方に転送しなくてはならない。この一番簡単な方法はリハーサルすることである。リハーサルは短期記憶内の情報を失わないようにすると同時にその情報を長期記憶に転送する働きをすると考えられている。

（1）精緻化

このように情報をそのまま繰り返しリハーサルすることを維持リハーサルと呼ぶが，これとは別に精緻化リハーサルと呼ばれる方法がある。精緻化リハーサルとは、後で検索しやすいように情報の意味づけをしながらリハーサルすることである。Craik & Lockhart（1972）が提案した「処理の深さ」という考え方によれば，感覚レベルの維持リハーサルは「浅い」処理であり，意図して情報の意味を考えた精緻化リハーサルはそれよりも「深い」処理となって強く長期記憶に符号化される。

Craik & Watkins（1973）は次のような実験をして単純なリハーサルをいくら繰り返しても長期記憶に保存される量はほとんど変わらないことを示した。彼らは被験者に"daughter, oil, rifle, garden, grain, table, football, anchor, giraffe"というような単語リストを提示し，たとえばGで始まる最後の単語を覚えておくように教示した。つまり新たにGで始まる単語が登場するたびに以前のG単語は捨てられる。そうすると，この例では garden は（すぐ grain が続くので）リハーサル回数は0回，grain は（giraffe が出るまでの）3回リハーサルがなされる。そうしたところで被験者は（教示とは異なり）いままで出た単語をできるだけ思い出してもらうよう求められる。その結果，リハーサル回数による単語の再生率は，リハーサル回数によらずほぼ一定であることがわかった。これは単純なリハーサルは長期記憶への符号化に効果がないことを明らかにしている。

（2）体制化

後で検索しやすくするための符号化の方法として，精緻化とともに体制化があげられる。体制化というのは長期記憶に貯蔵されやすいように情報を再構成することである。たとえば新しい人を紹介されたら，この人はどこの会社に勤めていて，職種は何で，趣味は何かということを知って，すでに記憶の中にある人情報の中に分類分けす

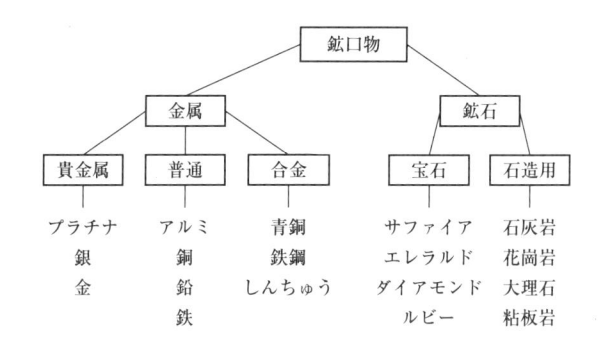

```
            鉱口物
           /      \
         金属      鉱石
        / | \     / \
     貴金属 普通 合金  宝石 石造用
```

貴金属: プラチナ / 銀 / 金
普通: アルミ / 銅 / 鉛 / 鉄
合金: 青銅 / 鉄鋼 / しんちゅう
宝石: サファイア / エレラルド / ダイアモンド / ルビー
石造用: 石灰岩 / 花崗岩 / 大理石 / 粘板岩

●図1-6-5 Bower et al. (1969) の実験で用いられた刺激の例

ると，後で検索しやすくなる。この分類分けは体制化のひとつの方法である。また，雑多な情報をグループ化して整理することも体制化である。私たちは体制化ということを自然に行っている。

　Bower, Clark, Lesgold & Winzenz (1969) は図1-6-5に示すような鉱物の名前を覚えさせる実験を行った。2群の被験者の一方には図のように分類分けされた（体制化された）形で提示し，もう一方の群にはランダムな順番で提示し，学習させたところ，体制化されたリストをもらった群は65パーセントの正答率だったのに対して，ランダム順のリストをもらった群はわずか19パーセントの正答率しか示さなかった。これは符号化段階で体制化することが記憶成績を大きく高めることを示している。

（3）視覚イメージ

　短期記憶と同様，長期記憶においてもまた視覚イメージによって符号化された情報が重要な役割を果たしている。Standing, Conezio & Haber (1970) は2560枚のスライドを10秒間に1枚ずつ提示した後，スライドの一部について再認テストを行ったところ，正答率は90パーセントを示した。これは単語などの言語情報に比較すると高い成績であり，被験者が画像についての情報を何らかの形で符号化していることをうかがわせるものである。

　また Schnorr & Atkinson (1969) は「象−本」というような単語対を学習させる課題を用いて視覚イメージの効果を検討した。2群の被験者のうち一方には2単語を何らかの形でイメージ化して覚えるように，またもう一方の群には単純な繰り返しによって単語対を覚えるように教示したところ，単語の一方を提示して残りの単語を答えさせるテストで，イメージを使った群はそうでなかった群よりも40％も正答率が高かった。こうした研究から Pavio (1971) は，具象物を表す単語は言語的情報ととも

に視覚的情報としても符号化されるのではないかという仮説を二重符号化仮説として提案している。

2．長期記憶の貯蔵

　長期記憶の容量がどれほどで，その持続期間がどれくらいなのかについて推測することは難しいが，初めてデートをした場所を覚えていたり，古い歌謡曲の歌詞が口をついて出てきたり，さまざまなこまごまとしたことを覚えていることから，その容量は膨大であり，また持続時間も長いものであることが推測される。もちろん私たちは起こったことすべてを覚えているわけではないが，それにしても長期記憶に貯蔵される情報量は膨大である。長期記憶から情報が失われること，つまり忘却が起こるとしたら，それは減衰（使われなくなった記憶が弱まること）によるものか，干渉（新しい情報が古い記憶を妨害すること，もしくは古い情報が新しい情報の記憶を妨害すること）によるものか，あるいは次に述べる検索の失敗によるものである。

3．長期記憶の検索

　長期記憶の情報を思い出すことができないという場合はたいていは検索できないということによる。これは短期記憶の忘却がもっぱらその容量に入り切れないために起こるのと対照的である。ある事柄や名前を度忘れしてしまって，のどまで出かかった状態にもかかわらず思い出すことができないということがよくあるが，これは適切な検索手がかりが見つからないことによると考えられる。後になって簡単に思い出すことができることから，その事柄自体が忘れ去られたということではなく，検索ができなかったのである。再認はたいていの場合，再生よりもやさしい仕事であるが，これは再生がほとんど手がかりなしに行われるのに対して，再認では再認リストそのものが強力な検索手がかりとなっている（再認刺激そのものが含まれている）からである。

（1）文脈

　子どものころの生活を思い出そうとするなら，その時住んでいた土地を訪ねるのはよい方法である。ある事柄が符号化されたときの環境——文脈と同じ状態に自分を置いてみることは記憶の検索を容易にするために有効である。それはその文脈が強力な検索手がかりになっているからである。

　Godden & Baddeley（1975）はダイバーを被験者にして単語リストの記憶実験を行っている。リストの学習を陸上か水中かで行い，さらに再生を陸上か水中で行うことによって全部で4通りの条件を設定したところ，学習した環境と再認した環境が一

致した2つの条件（陸上で学習・再生した条件と水中で学習・再生した条件）での成績が高かった。これは学習したときの文脈と同じ文脈を設定することによって想起が容易になることを示している。

（2）符号化特定性

Tulving & Thomson (1973) は，再生はできるのに再認できないという通常とは逆の現象を実験的に提示して，符号化と検索との相互作用の重要性を示した。彼らは「（糊）－椅子」というような弱い連想の単語対を学習させた。ここで「糊」は手がかりとして提示され，「椅子」が再生されるべき単語である。この後，「椅子」が「机，天板，椅子」というような違った文脈で提示されると被験者はしばしばその再認に失敗した。それにもかかわらず「糊」という手がかりでの再生はできたのである。これは学習時に検索手がかりが符号化されているときに限って，その手がかりは有効であるということであり，彼らはこれを符号化特定性原理と呼んだ。

第4節　その他の特徴的な記憶

以上，短期記憶と長期記憶について，符号化，貯蔵，検索の各段階ごとにみてきたが，最後にいくつかの特徴的な記憶について簡単に取り上げよう。

1．フラッシュバルブ記憶

個人的に非常に重要な衝撃を与える事件や出来事が起こったとき，あたかもそれが自分の記憶の中に永久的に強く焼き付いてしまうような現象をフラッシュバルブ記憶と呼ぶ（Brown & Kulik, 1977）。これはスペースシャトル・チャレンジャーの打ち上げ途中の爆発のような多くの人々にとって共通にフラッシュバルブ記憶となっているものから，初めてのデートで相手に会った瞬間など個人的なものなどが含まれ，いずれにしても，強い情動を引き起こすことが起きた瞬間に，その事件自体からそのときのまわりの様子などを克明に覚えていることが特徴である。フラッシュバルブ記憶について特別な記憶メカニズムがあるのかどうかについてはまだ議論の余地がある。

2．超長期記憶

高校の同級生の顔を卒業後何十年もたってから思い出すことができる。数か月以上昔の記憶を超長期記憶（very-long-term memory：VLTM）と呼ぶ。17歳から74歳までの高校卒業生に同級生の顔や名前を思い出させた実験（Bahrick, Bahrick & Wittlinger,

1975）によると，記憶の再認成績は3か月から34年間にわたって90パーセントもの高い水準を安定して示す。また，外国語として学んだスペイン語の知識がどれほど保持されているかを調べた実験（Bahrick, 1984）によると，最初の3年間にわたっては保持されている知識量は急激に減少していくが，その後は約30年間にわたって安定することがわかっている。

第 7 章 顔を見分ける，顔がわかる
顔の知覚と記憶

　日常生活のなかで，人間の顔は2つの重要な機能を果たしている。ひとつはその時々の感情や意図といった，人の内的状態を他者に伝達する機能であり，これは主に表情や視線の動きに表れる。もうひとつは一人ひとりの人間のアイデンティティ，すなわちだれであるかを表す「固有名詞」としての機能である。人間の顔はそれぞれに異なっており，似ている顔はあってもまったく同じ顔はない。パスポートや運転免許証，学生証などに顔写真が添付されるのは，顔という視覚情報が現代の社会のなかで，個人を特定する記号としての役割を果たしている証といえるだろう。事件の目撃者が想起する事柄のなかで，とくに重視されるのが顔についての記憶であるが，これも「個人を特定する」という顔の機能のゆえに他ならない。

　本章では，顔の知覚と記憶の特性について，これまでの心理学の研究から明らかにされた事柄について述べる。顔の知覚，つまり顔を見ることは，「覚え，保持し，想起する」という顔の記憶の3つの段階のうちの第1段階にあたる。一般に，「記憶」というと，1度に覚えられる情報の量や，記憶した情報を後で想起する能力といった側面に関心が向けられがちだが，記憶の過程はまず知覚から始まる。実際，「顔をどのように見たか」ということは，顔の記憶の正確さを左右する重要な要因である。もちろん，小説を読んで登場人物の顔を想像する場合のように，知覚の段階を抜きにして顔の記憶イメージが作られることもないわけではないが，これは例外であろう。

　そこでまず，顔の知覚の特徴についてみてみることにしよう。

第1節　顔の知覚

1．注目部位

　顔を見るとき，人はどの部分に注目するのだろうか。この点については，顔を見て

第1編　心理学からのアプローチ

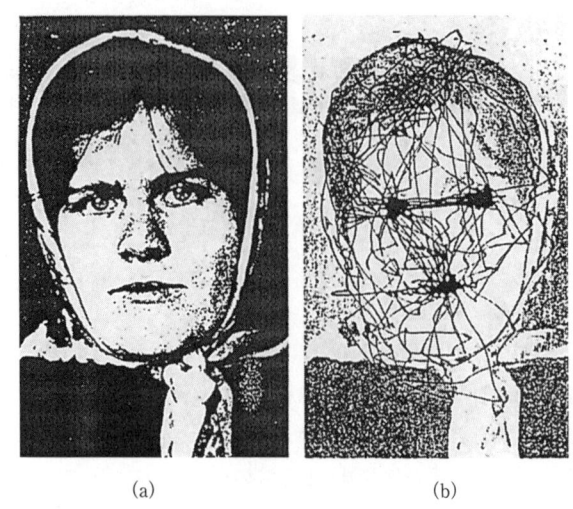

(a)　　　　　　　　　　　(b)

●図1-7-1　左の写真を3分間眺めた時の眼球運動の軌跡（Yarbus, 1967より）

いる時の視線の動き（眼球運動）が手がかりとなる。図1-7-1(a)に示すような顔写真を1枚，目の前に示してしばらくの間自由にその写真を見るように教示すると，見る人の視線は顔のさまざまな箇所に移動する。その移動のパターンを3分間記録したのが図1-7-1(b)である（Yarbus, 1967）。このような視線の動きのパターンは，眼の角膜に光を当て，その反射光が眼球の動きとともに移動する軌跡を記録するという方法によって得られる。図1-7-1(b)を見ると，視線の大部分は両目と口を結ぶ領域に集中しており，ついで頭部，顎の輪郭の順に視線が集まっていることがわかる。目と口はいずれも対面時のコミュニケーションにおいて相手の感情状態を推測する手がかりとして重要な部位であり，視覚的にも頻繁な動きを伴う部位である。このことが，注目度の差異を生じさせる一因だと思われる。また，顔の上部（鼻腔よりも上）と下部という分け方で見ると，視線は上部に集まる傾向がある。

　こうした注目部位の差は，顔を認識する手がかりとしての各部位の有効性とも関連している。Goldstein & Mackenberg (1966)は，幼稚園児，小学1年生，小学5年生を対象に，さまざまな部位に分割した級友の顔写真を見せ，だれの顔かを当てさせる課題を行った。図1-7-2(a)は被験児に提示した顔の部位を示しており，図1-7-2(b)はそれぞれの正答率を年齢別に表したものである。AとB, GとHなどを比較してわかるように，顔の上部は下部よりも認識率が高い。また，目，鼻，口といった部分だけ (I, J, K) では認識率は極めて低いが，両目を提示した場合(M)では5年生でか

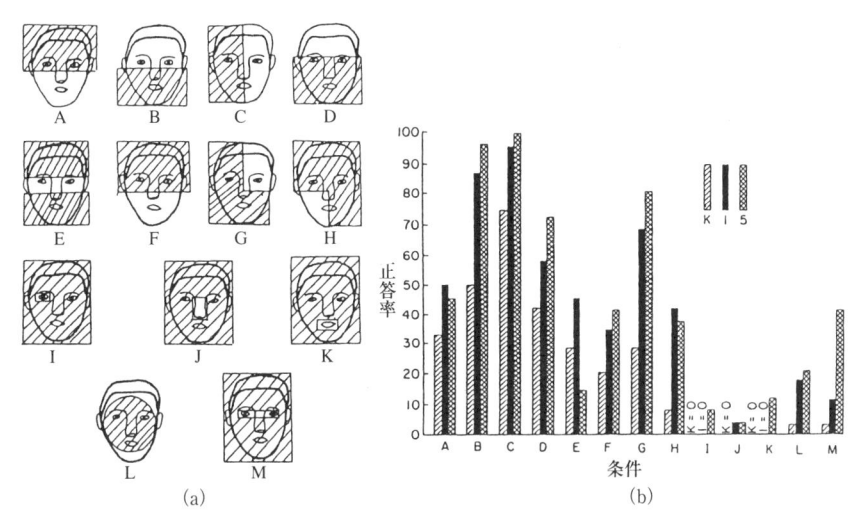

●図1-7-2　幼稚園児，小学1年生，5年生が顔の一部を手がかりに級友の顔を認識した時の正答率（Goldstein & Mackenberg, 1966より）

なり認識率が高くなっていることがわかる。認識という点では，目は口よりもものを言うようである。

　顔の上部特徴が下部特徴よりも注目されるのは，個人を識別するのに役立つ情報が豊富なためでもある。複数の顔写真を見せて，それぞれの顔の特徴を言葉で記述する課題を行い，その結果を分析した研究をみてみよう。Shepherd, Ellis & Davies (1977)の研究は英国人（白人）の被験者を対象に英国人の顔写真を用いて行ったものであり，吉川（1991）の研究は日本人，英国人（白人）の被験者を対象に，日本人と英国人の顔写真に対する記述をそれぞれ収集したものである。図1-7-3に示したのは吉川（1991）の資料である。この結果を見ると，頭髪，目，眉といった顔の上部特徴についての記述は全体の約50パーセントを占めているが，口，顎，輪郭などの下部特徴の記述は約20パーセントにすぎない。記述する特徴の相対頻度は，日本人と英国人の被験者で違いがみられるものの，上部特徴が下部特徴よりも記述頻度が多いという点では一貫している。

2．全体の知覚と部分の知覚

　先に見たように，顔を見るときによく注視される部分は，個人を同定するときの手がかりとしても有効性が高い。しかしながら，こうした注目度の高い部分が見えなければ顔の認識は不可能かというと，そうではない。写真のピントをぼかし，目，鼻，

第1編 心理学からのアプローチ

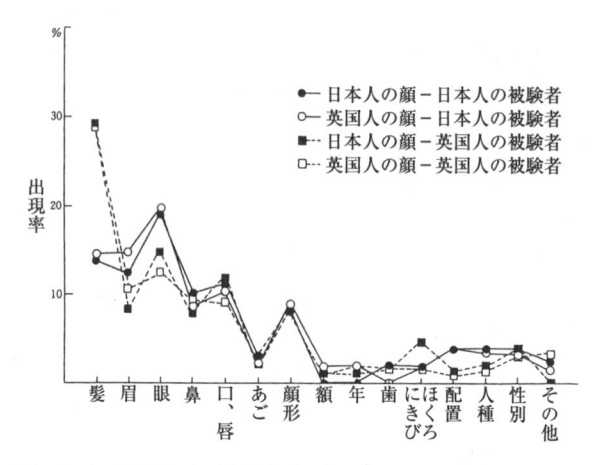

●図1-7-3 日本人および英国人（白人）の被験者が顔の特徴を記述する課題を行った時の各特徴の出現率（吉川，1991より）

口といった個々の特徴についての明確な情報がほとんど得られない場合でも，個人の認識はできるからである。個々の部分についての詳しい情報がなくても全体的な情報，つまり特徴の大まかな配置についての情報があれば，だれの顔かを判別することはできる。図1-7-4は，リンカーンの写真から，高周波数成分（輪郭やエッジなど濃淡がシャープに変化するような部位の特徴成分）を取り除いた写真である。画像の高周波数成分をカットすると，ピントをぼかして写した写真のような画像になる。この場合，目や鼻などの形を特定することは不可能だが，それでもリンカーンの顔であることは認識できる（Harmon, 1973）。

顔写真の「ぼけ」の度合いをいろいろに変化させて画像を作成し，顔の認識の特徴を調べた研究がこれまでに数多く行われている。こうした研究からわかったことをまとめると次のようになる（Sergent, 1986; 1989を参照）。

① 性別判断や顔写真の同異判断のような比較的簡単な課題では，顔の特徴に

●図1-7-4 リンカーンの顔（Harmon, 1973より）
原画像の高周波数成分を除去したものだが，リンカーンであることは認識できる。

ついて詳細な情報がなくとも，全体的な特性がわかれば十分に遂行できる。
② だれの顔かを判定する同定課題では，図1-7-4のような高周波数成分を含まない画像は，原画像に比べて成績が落ちる。図1-7-4の例が示すように，全体的な情報だけでも顔の同定は不可能ではないが，同定の難易は人物の熟知度等が影響する。
③ 画像の高周波数成分に含まれる情報の処理に比べて，低周波数成分の情報の処理速度の方が速い。顔を知覚したときには，まず全体的な特性の認識が行われ，特徴の詳細についての認識がそれに続く。

顔の全体的な特性が部分的な特性の認識にどのような影響を及ぼすのか，あるいは顔の特徴の一部を変化させることによって全体的な特性（たとえば相貌印象）の認識にどのような変化が生まれるのか，そのプロセスの詳細は今のところよくわかっていない。ただこれまでの研究から，顔の認識には，全体的処理と部分的処理の間に相互作用が存在することが明らかにされている。たとえば，目，鼻，口が通常の顔の配置になっている場合と，未完成の福笑いのように無秩序な配置になっている場合とを比べてみると，顔としてのまとまりのある配置の方が，部分の認識は正確になる(Homa, Haver & Schwartz, 1976 ; Tanaka & Farah, 1993)。これは，全体的な特性（顔としての特徴の配置）の存在が，個々の特徴の識別のしやすさに影響を及ぼしていることを示す事実である。一方，これとは逆に，構成部分である特徴を変えることによって全体的な特性の認識が大きな影響を受けることを示す例もある。図1-7-5はフォト・フィットというモンタージュ写真の作成用具で作った顔である(Ellis, 1984)。6枚の顔写真は髪型以外はすべて同じなのだが，それぞれの顔から受ける印象はずいぶん異なることがわかるだろう。これは「髪型」という部分が全体の印象に及ぼす影響の大きさを示す

●図1-7-5 モンタージュ写真の作成用具（フォト・フィット）を用いて作成した顔写真（Ellis, 1984より）
頭髪を変えるだけで顔の印象は大きく変化する。

例として興味深い。

3．方向依存性

　顔の知覚の特徴をもうひとつあげるとすれば，向きに依存した認識であるということであろう。よく知っている人の顔写真でも，逆さまに提示されるとだれであるかわからなくなったり，「知っている人だ」という直接的な感覚が希薄になることは，手近にある写真を使って試してみるとすぐに実感できる。

　顔を逆さまに見ると，個人識別だけでなく表情の読みとりも難しくなるが，そのことはThompson（1980）による「サッチャーの錯視」が極めて印象的に示している（図1-7-6参照）。

　図1-7-6はいずれも英国の元首相マーガレット・サッチャーの顔写真を逆さまにしたものである。どちらも同じような写真……と思いきや，本を逆にして正立の顔として見てみると，図1-7-6(a)の恐ろしい形相に驚いてしまう，というしかけである。実はこの写真は，図1-7-6(b)の写真から目と口を切り抜いて逆さまにし，もとの写真に張りつけたものなのである。この例では顔の認識，とくに表情の認識が顔全体の向きと強く結びついていることがよくわかる。正立の顔で見ると疑う余地のない表情でも，逆さまの写真からそれと同じ表情を読みとるのは非常に難しい。なぜこのような現象が起こるのだろうか。

　前項で述べたように，顔の認識には，目，口といった個々の構成要素の形態だけでなく，それら全体の配置に関する情報が重要な手がかりとなっている。つまり2つの目が左右に並んでおり，その下に鼻，口があるというレイアウトが基本になって，そのレイアウトの中でのそれぞれの特徴の形状の微妙な変化（目尻が下がる，口角が上がる，など）から表情の意味（「笑顔」）が認識されるのである。もちろん下がった目尻だけから「笑顔」と認識できないわけではないが，笑顔を浮かべた顔写真の一部を手で覆って見えなくすると，そのとたんに表情の印象が曖昧になることからもわかるように，表情認識においては「下がった目尻と口角の上がった口が，目が上，口が下というレイアウトで配置さ

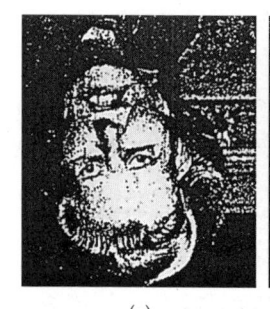

(a)　　　　　　　　(b)

● 図1-7-6　サッチャーの錯視（Thompson, 1980より）

れている」という全体情報が重要なのである。

　顔を逆さまにしたときは，ふだん見慣れている，顔の特徴の全体的な配置が壊されるために，配置情報は認識の手がかりとして利用しにくくなり，個々の特徴の影響が相対的に大きくなるのである。図1-7-6(a)を見ると，目と口は正立のままであり，個々の特徴を見る限りにこやかに微笑むサッチャーの顔に含まれるものと同じである。このことも，逆さまの顔では憤怒の表情が認識されにくい理由のひとつである。

　チンパンジーに，仲間のチンパンジーや飼育係の顔写真を提示して，個人（個体）識別をさせた研究がある（松沢，1991）。おもしろいことに，チンパンジーは顔写真が逆さまに提示されても人間ほど困らない。樹上生活という環境のなかで，チンパンジーは他の個体の倒立した顔を知覚する機会が豊富に与えられている。またこうした環境のなかでは，さまざまな向きで網膜に映る他の個体を認識できなければ，適応的に見ても不都合であろう。人は直立歩行という生活形態のなかで，正立した顔を圧倒的に多く知覚しており，目が上，口が下という特定の向きで知覚した顔の特徴からさまざまな意味を読みとっている。人間が倒立した顔の認識が不得手であるということは，別の言い方をすれば，正立という特定の向きでの顔の認識に熟達している，ということを意味するのかもしれない。

第2節　顔の記憶の基本的特徴

　この節では，顔の記憶の基本的な特徴について述べる。これまでに行われてきた顔の記憶研究のほとんどは，顔写真を記憶材料として用いており，ここで紹介するのもこうした記憶研究から得られた成果が中心である。

　まず，顔の記憶を調べる方法について紹介したのち，知覚時間と保持時間，示差性，向き，認識の水準，文脈，事後情報，人種，年齢といったそれぞれの要因が顔の記憶に及ぼす影響について論じる。

1．研究の方法

　顔の記憶の基本的な特性を調べるには，再認記憶課題が最もよく用いられる。これは，被験者にとって未知の人物の顔写真を複数枚用意して，それを順に提示した後，一定時間おいてこれらの顔写真に新たに別の写真を混ぜ，先に見た顔かどうかを判断させる方法である。言葉や文章などの言語材料の記憶では，再認法と並んで再生法がよく用いられる。これは記憶している情報を想起して筆記や口頭で報告するやりかた

であるが、顔のような視覚情報の記憶ではこうした方法はとりにくい。似顔絵画家のような才能を持った人を除けば、顔を描く能力には限界があるし、記憶した顔の特徴を言葉で正確に記述するのも難しいからである。欧米では、モンタージュ写真作成のための用具（フォト・フィットなど）を用いて、顔の形状を再構成する方法も考案されているが、実用にはまだ多くの問題が残されている。フォト・フィットを用いた再構成の手法については後の節で触れることにして、ここでは顔の記憶を調べるうえで最もよく用いられる、再認記憶課題について説明しておこう。

　この方法は、記銘、保持、再認テストという3段階からなっている。まず複数枚の顔写真（ターゲット）を順に提示し、その後、時間をおいてから、新たな顔写真（ディストラクタ）と先に提示した顔写真をランダムに混ぜ、1枚ずつ被験者に見せて、先に記憶した顔写真かどうかを判断させる。こうして、見た写真を正しく「見た」と判断できるかどうか、見ていない写真を正しく「見ていない」と判断できるかどうかを調べるわけである。

　もし被験者がテストで提示された写真に対してすべて「見た」と判断したとすると、見かけ上ターゲットは完璧に記憶できたことになる。しかしディストラクタの写真については100パーセント誤答なので、この結果から記憶成績がよいと結論づけるわけにはいかない。結局、記憶のよしあしは、見たことのある顔とない顔を正しく識別できるかどうか、その判断の正確さであるので、この識別力を測定するものさしが必要になる。ターゲットに対する正答率（ヒット率）と、ディストラクタに対する誤答率（フォルスアラーム率；誤指摘率と呼ばれることもある）をそのまま併記するだけの場合もあるが、この2つの数値から記憶の精度を表す1つの測度を計算することができる。信号検出理論で信号の識別力を表す測度 d'（ディープライム）である（市川, 1991；McNicol, 1972）。

　同じ時間見た顔写真であっても、それぞれの顔写真に対する「見覚えがある」という熟知感の強さは同じではない。顔写真の目立ちやすさや、被験者が過去に見た顔の特徴など、さまざまな要因が熟知感の強さに影響を与えるからである。ターゲットに対する熟知感はこのように変動するが、全体としては正規分布を示すと仮定しても差し支えない。一方、ディストラクタの顔写真に対する熟知感についても同様に、正規分布すると仮定すると、先に述べた d' は、この2つの分布の平均値の差異に相当する。すなわち d' 値が大きいということは、見た顔と見ていない顔の区別が明瞭であることを意味するのである（図1-7-7）。ヒット率とフォルスアラーム率を d' に読み換えるには、換算表を利用すると便利である（McNicol, 1972；Swets, 1964）。また、

d' に代わるノンパラメトリックな指標として A' がある（エープライムと読む）。これは記憶判断の分布に正規性の仮定をおかない測度で，d' と同様 1 組のヒット率とフォルスアラーム率から計算することができる（Pastore & Scheirer, 1974；Rae, 1976；Snodgrass & Corwin, 1988）。

子どもや高齢者を対象とした実験では，記銘，保持，再認テストといった，時間のかかる手続きで記憶課題を実施することが難しい場合がある。その場合には，2 枚以上の写真を同時に見せて，その中からターゲットを選択させるという多肢選択課題を用いる方法がある。この方法では，被験者の負担が少ないので比較的やりやすいが，①選択肢の数（何枚の顔写真の中からターゲットを選択させるか）によって判断のチャンスレベルが異なること，②各ターゲットに対してどのような顔写真を組み合わせるかによって正答率が大きく変動する可能性があることなどに注意する必要がある。

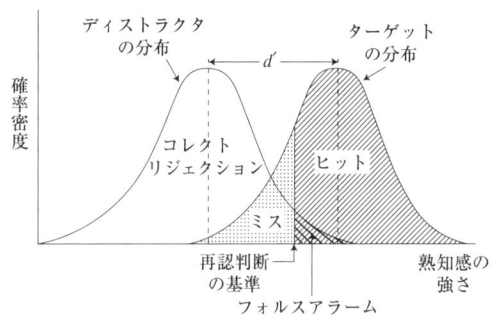

●図1-7-7 再認記憶課題のターゲットとディストラクタに対する再認判断と d' の関係

ミスは，ターゲットに対して「見ていない」と判断する誤りで，コレクトリジェクションはディストラクタに対して，正しく「見ていない」と判断する正答である。

2. 顔の記憶の基本的特徴

1 度見た顔を人はどの程度覚えているのか。後でどのくらい正確に思い出せるのか。これまでに，この問いをめぐって数多くの顔の記憶研究が行われてきた（Bruce, 1988；Ellis, 1984；Goldstein & Chance, 1981；Loftus, 1979 にレビューがある）。その大部分の研究では実際の人やビデオで撮影した人物の顔ではなく，顔写真を材料として用いている。実物の顔に比べると顔写真は圧倒的に情報量が少ない。表情や向きが変化した場合の視覚情報や，動きについての情報などは含まれないからである。しかし，このように複雑な要因をとりあえず排除して研究を行うことは，顔の記憶の基本的な特徴を明らかにするうえでは有効な方法である。ここでは，顔を見る時間，見る顔の特徴，顔が提示される周囲の状況，顔の見方，顔を見た後に与えられる情報，見る人の特性といった要因が顔の記憶の精度に及ぼす効果について，これまで行われた主な研究を紹介し，そこで明らかにされてきた事柄をまとめてみよう。

（1）知覚時間と保持時間

　顔を見ている時間の長さと顔の記憶との関連であるが，250ミリ秒から4秒までの範囲で顔写真の提示時間を変化させて調べたところ，時間が長くなるほど記憶成績が上昇するという結果が報告されている（Ellis, Davies & Shepherd, 1977）。また，40枚の顔写真をターゲットとして3秒あるいは8秒の提示時間で見せ，1日後に再認テストを行った Light, Kayra-Stuart & Hollander（1979）の研究では，8秒提示の方が成績が良かった。つまり，顔の知覚時間と記憶成績との関係については，「長く見るほどよく覚えられる」といえそうである。1秒提示と5秒提示を比較した Shepherd, Gibling & Ellis（1991）の研究でも5秒提示の方が成績が良いという結果が得られている。

　Light et al.（1979）では，写真を知覚しているときには後で記憶テストがあることを被験者が意識していない課題を用いており（偶発記憶課題），Shepherd et al.（1991）では再認テストがあることが教示されていた（意図記憶課題）。これまでの研究からいえることは，記憶しようという意図の有無にかかわりなく，知覚時間が長くなるにつれて一般に記憶成績は良くなるということである。

　一方，保持時間と記憶との関係はもう少し複雑である。直後テストと1週間後，あるいは2日間から56日間まで保持時間を変えた場合を比較して，再認成績に差がなかったことを報告している結果がある（Chance, Goldstein & McBride, 1975; Egan, Pittner & Goldstein, 1977）。一方，Podd（1990）はフォト・フィットで作成した顔写真を刺激として，保持時間（10分後，1週間後，2週間後）が再認成績に及ぼす効果を調べているが，保持時間が長くなると，ヒット率は変化しないがフォルスアラーム率が増加し，それに伴って d' も低下することを示している。吉川（1993）も，日本人，白人，黒人の顔写真をターゲットとして直後再認と1週間後の再認の結果を比べたが，人種の違いにかかわりなく1週間後の再認では記憶成績（d'）が低下することを示した。しかし直後再認，1日後，1か月後の再認成績を比較した Shepherd, Gibling & Ellis（1991）では，Podd（1990）とは逆にヒット率は保持時間が長くなるにつれてやや低下するが，フォルスアラーム率には影響がないという結果を出しており，現時点では保持時間が顔の記憶に及ぼす効果について一般的な結論を引き出すことは難しい。おそらく，時間の経過それ自体よりも，その間に知覚する顔（干渉情報）の多少や，ターゲットとディストラクタの類似性などが保持時間の影響の表れ方を左右しているのではないかと考えられる。

（2）示差性

　示差性（あるいは特異性）という聞き慣れない日本語は，distinctivenessの訳語で，「目立ちやすさ」ということである。他の多くの顔と異なった特徴を持ち，他の顔との類似性の低い顔が，示差性の高い顔である。このように，示差性は他の顔との相対的な類似度に依存する特性であり，ふだん見慣れた顔の集合の中での相対的な位置によって示差性の度合いが決まる（Valentine, 1991）。

　従来の研究では，示差性の高い顔は記憶されやすいことが一貫して示されており，顔の記憶表象の特徴を探るうえで注目すべき現象として，数多くの研究が行われてきた（Bartlett, Hurry & Thorley, 1984；Light, Kayra-Stuart & Hollander, 1979；Shepherd, Gibling & Ellis, 1991；Winograd, 1981）。示差性がとくに注目されるのは，未知の人物の顔写真の記憶だけでなく，既知の顔（有名人や同僚の顔など）の認識においても，示差性の高い顔に対する種々の判断が速やかに行われることが明らかになっているためである。Valentine（1991）は，顔の記憶や認識にみられる示差性効果を手がかりに，個々の顔についての記憶表象が，典型的な顔（顔のプロトタイプ）を中心とする多次元空間に位置づけられると仮定する記憶表象モデルを提案している（Valentine & Endo, 1992を参照）。

　初めて見る顔がどの程度記憶されるかを予想するうえで，すでに記憶されている顔との類似性や差異が重要であることは，日常の経験に照らしても納得しやすい。平凡な顔は記憶に残りにくいが，他の顔と異なる特徴を持つ顔は記憶に残りやすいというわけである。また，この効果は知覚時間や保持時間といった他の要因によって変動することの少ない，頑健な効果であることも知られている（Shepherd, Gibling & Ellis, 1991）。

　似顔絵は，ある人の顔の特徴を誇張して際立たせる（すなわち示差性の高い顔にする）ことによって，その人らしさを強調し認識を容易にする。これも私たちの顔の認識システムが「顔のプロトタイプとの距離」を手がかりとして個人の顔の特徴を記憶していることを示すものといえる。

（3）向き

　顔を覚える手がかりが，たった1枚の写真しかないとしよう。その時，どのような向きの顔写真が最も記憶されやすいのだろうか。

　英国で行われたいくつかの研究によると，45度斜めの向きが，正面や横顔よりも記憶しやすく，再認率が高いという結果が得られている。Krouse（1981）の研究では，正面，45度斜め，および真横から撮影した顔写真を用いて記憶成績を比較しているが，

正面や横顔に比べて45度斜めの顔写真に対する記憶が最もよかった。また，Logie, Baddeley & Woodhead（1987）も Krouse（1981）と同様の3種の向きの顔写真を用いて記憶課題を行ったが，やはり45度斜めの向きが最も成績がよく，初めに正面と真横の2枚の写真を見ていた場合の記憶成績と同じ程度であったという。この結果が得られた理由について Krouse は，正面や真横に比べて45度斜めは，顔の特徴についての情報が最も多く得られる向きであり，さらに，この向きからは正面や真横から見た顔についても推測が可能だからではないかと考察している。またこうした議論を踏まえて，Ellis（1984）は45度斜めの向きが顔の「規範となる向き（canonical view）」であると述べている。しかしながら，これらの研究はすべて，白人の顔を対象としたものであり，日本人や黒人といった異なる人種の顔についても同様なことがいえるかどうかは検討してみなければならない問題である。たとえば日本人被験者を対象に行われた実験では，45度斜めの向きの優位性はみられず，逆に正面向きの顔の方が記憶成績がよいという結果が得られている（吉川，1999）。

初めに見る顔の向きと，記憶テストで提示される顔の向きとが異なる場合には，記憶成績の低下がみられることもよく知られている（Ellis & Deregowski, 1981 ; Bruce, 1982）。Bruce（1982）は，初めに提示した顔写真と同一の顔写真でテストした場合には，ヒット率は90パーセントであったが，向きか表情のいずれかが変化した場合には76パーセントに低下し，向き，表情のいずれも変化した場合には61パーセントになったと報告している。

私たちは，既知人物の顔であれば表情や見る方向が変わっても困難を感じずに認識できる。一方，未知人物の顔写真を用いた実験では，向きの変化が記憶成績に大きな低下をもたらすのである。この違いは，単に未知人物の記憶テストが顔写真のような静止画像を用いて行われていることによるのではないようである。ターゲット人物の映像をビデオで提示する場合と写真で提示する場合とでは，再認成績に差がみられないことを示す結果があるからである（Shepherd, Ellis & Davies, 1982）。わずかな視覚的な変化が記憶成績の低下につながる未知人物の顔の記憶と，既知の顔の安定した記憶表象との「溝」は，どのような知覚経験によって埋められるのだろうか。向きの変化が記憶に及ぼす影響について検討することは，顔の記憶表象の形成過程を探る手がかりになるだろう。

（4）認識の水準

同じ顔を同じ時間知覚しても，顔を見る見方が異なると，記憶のされ方にも違いがみられる。たとえば，顔の形態的な特徴に注目させて，目の大きさや顔の形などにつ

いて判断を求めた場合と,顔から受ける性格印象について判断を求めた場合とでは,後者の方が再認成績がよい。これは顔の記憶における処理水準効果,あるいは意味処理優位性効果と呼ばれる現象である（Bower & Karlin, 1974 ; Patterson & Baddeley, 1977）。形態特徴という浅い水準で認識するよりも,性格特性の推測という深い水準で認識する方が,個々の顔がよりよく記憶されるのである。この現象についてもこれまでにさまざまな検討が行われ,なぜこのような違いが生じるのか,そのメカニズムの説明が試みられている。Klatzky, Martin & Kane (1982)は,性格特性について判断する場合には顔の視覚情報に「親切な」,「外向的な」といった意味概念コードが連合し,記憶表象が豊かになって再認記憶が促進されると考えた（意味コード符号化説）。これに対してWinograd (1981)は,性格特性について判断する時には,形態判断の場合よりも顔をより注意深く見るために,個々の顔の示差特徴に気づきやすく,それが再認記憶の向上をもたらすと主張する（示差特徴符号化説）。この説を検証するために,Winograd (1981)は,形態判断条件と性格特性判断条件に加えて,示差特徴発見条件を設けて実験を行った。これは,それぞれの顔の示差特徴がどの部分かを探す課題である。これら3つの課題を行ったあとの偶発再認記憶を調べた結果,性格特性判断条件と示差特徴発見条件の再認率に差がみられなかったことから,Winogradは示差特徴符号化説が支持されたと主張した。

しかし,認識の仕方の違いが顔の記憶に及ぼす影響は,示差特徴の符号化だけで説明することはできない。たとえば,吉川 (1985)では,初めに顔写真を提示するとき,あらかじめどのような判断をするかを知らせずに,顔写真を見た後にその都度,形態判断,性格特性判断のいずれを行うかを指定した。この方法では,顔を知覚するときの条件は2つの判断課題でまったく等しくなるので性格特性判断条件で示差特徴の符号化がとくに促進されることはないはずであるが,意味処理優位性効果は消えなかった（図1-7-8参照）。

レストランや銀行といった背景ととも

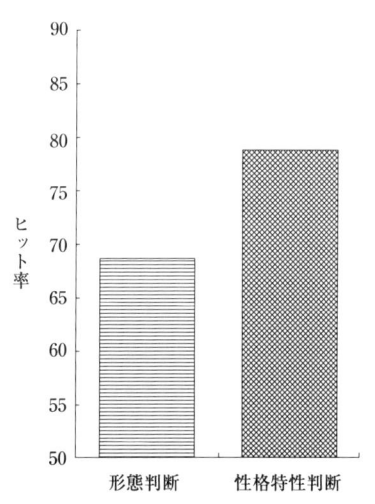

●図1-7-8 **意味処理優位性効果**（吉川, 1985より）
評定尺度を顔写真の後に提示しても,意味処理優位性効果は消えない。

に人物の顔を撮影した写真を用いて記憶課題を行い，同じ背景文脈あるいは異なる背景文脈とともに提示して記憶テストすると，背景が変わることによる記憶の低下は，性格特性判断条件で著しいという結果も得られている（Memon & Bruce. 1983；Beales & Parkin. 1984）。また，Daw & Parkin（1981）は，示差特徴発見条件と好悪判断条件の比較で，再認率には差がみられなかったものの，背景に関する再生では好悪判断条件の方が成績がよいという結果を示している。Winograd（1981）の示差特徴符号化説では，このような符号化時の処理要因と文脈情報との相互作用をうまく説明することができない。

一方，意味コードの符号化説では，性格特性などの判断をするときに，被験者は顔から受ける印象を背景情報と積極的に結びつける処理を行うと仮定することによってこうした文脈の影響を説明できる（Bruce, 1988）。このように，Klatzky et al.（1982）の「意味コードの符号化」という考え方の方が種々の実験データを整合的に説明できる（吉川, 1999を参照）。

（5）文脈

前項で述べたように，顔の記憶は，初めに顔を見たときに周囲に存在した情報によっても影響を受ける。これを文脈効果というが，「文脈」にはターゲットである顔の背景に写っている風景，同時に提示される別の顔，実験が行われる実験室などさまざまなものが含まれる（Davies, 1988）。未知人物の顔の再認記憶課題では，これらの文脈のいずれかが変化すると，記憶成績が低下する（Dalton, 1993；Watkins, Ho & Tulving, 1976）。顔の記憶が「顔」という視覚情報のみの記憶ではなく，多かれ少なかれ周囲に存在する情報と連合した記憶であることは，こうした研究からも明らかであろう。顔の記憶のこうした特性を利用して，最近「認知面接法（cognitive interview）」と呼ばれる，想起を促進する技法が考え出され，その有効性について検討されている。認知面接法は，詳細な文脈情報を想起し，それをもとにして記憶イメージをできるだけ正確にとりだそうとする試みであり，実用的な価値が期待できる有力な技法である。この点については第4節で論じる。

（6）事後情報によるバイアス

Loftusらの行った研究によると，事件を目撃した後に与えられる事後情報によって，目撃した出来事の記憶にさまざまな干渉効果が生じることが示されている（Loftus & Palmer, 1974；Loftus, Miller & Burns, 1978）。顔の記憶についても同様のことが起こるのだろうか。Shepherd, Ellis, McMurran & Davies（1978）は，この点について検討している。ターゲットは1人の男性であるが，被験者はこの人物の顔写真を30秒間眺めた

後，半数の被験者はこの人物が殺人犯であると告げられ，残りの半数は救命艇の船長であると告げられた。続いてフォト・フィットを用いて記憶した顔を再生し，さらに，顔写真についての印象評定を行った。また，被験者が再生したフォト・フィットの顔について，別の被験者が印象評定を行った。フォト・フィットで再生された顔の印象についてみると，殺人犯と言われた群が作成した顔は，あまり知性的でなく魅力もないと評価された。また初めに見た顔写真が殺人犯のものだと言われた被験者は，この人物について知性や魅力がないだけでなく，さらに気が短く，非社交的で不快な感じであると評価した。

このように，その人物について与えられるラベル（医者，営業マン，警察官など）によって顔の印象は特定のステレオタイプと結びつき，印象そのものが変化してしまうことがある。また，顔の印象が特定のステレオタイプを喚起して，「恐そうな顔」の人物を犯人として同定するといった誤判断もひきおこすこともある（箱田, 1992）。

事後情報が顔の記憶にどのような影響を及ぼすかについてはまだ多くの疑問が残されている。どのような情報が顔の記憶の変容をもたらしやすいのか，こうした情報の影響は不可避であるのか，状況に依存しているのか，元の記憶イメージを復元することは可能なのか，といった問題である。さらに先にあげた例のような言語情報の影響だけでなく，視覚的な事後情報の影響も検討する必要があるだろう (cf. Jenkins & Davies, 1985)。この点については，第4節でもう1度取り上げる。

（7）人種

顔の記憶では，被験者の人種と記憶する顔の人種との間に交互作用がみられる。つまり，自分と同じ人種の顔が他の人種の顔に比べて記憶しやすいという現象である。図1-7-9に，日本人と英国人の被験者を対象に顔の再認記憶課題を行ったYoshikawa (1990) の結果を示す。

他人種効果については，これまでいくつかの仮説がたてられ，実証的な検討が行われてきた。人種的偏見の強さが原因という説，他の人種の顔はあまりじっくりと見ないために覚えられないという説などである (Brigham, 1986)。第3節で述べるように，2つ目の仮説を支持する結果もあるが

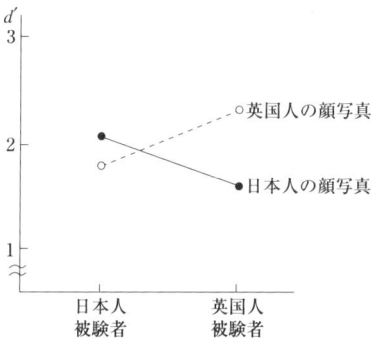

●図1-7-9 日本人と英国人の再認記憶実験の結果（Yoshikawa, 1990より）
どちらの被験者も他人種の顔の記憶成績は低い。

(Goldstein & Chance, 1981), 知覚条件をそろえて実験を行っても人種効果は生起するので, この説のみでは不十分である。Yoshikawa (1990) は, 他の人種の顔が記憶しにくいのは, 他人種の顔の相貌印象がとらえにくいからではないかと考え, この説を検討する実験を行った。もし他人種の顔の相貌印象がとらえにくいとすると, 自人種の顔でみられる意味処理優位性効果が, 他人種の顔ではみられないことが予想される。しかし, 実験の結果, 意味処理優位性効果と人種効果の間に交互作用はみられず, この仮説は支持されなかった (吉川, 1999を参照)。もうひとつの考え方は, 顔を知覚するときに注意を向ける特徴が, 日ごろ見慣れている人種によって異なるために人種効果が生じる, というものである (吉川, 1991)。人は, 知覚経験の多い人種の顔 (つまり自人種の顔) を識別するのに役立つ特徴に注目して顔を見ている。しかしこの特徴は, 他の人種の顔を識別するのには必ずしも有効とはいえない。たとえば, 日本人にとってのまぶたの形状, 白人にとっては髪や虹彩の色などはこうした特徴であろう。こうした知覚的熟知化によって生じるバイアスが他人種の顔の符号化を相対的に困難にし, 記憶における人種効果が生起する, というのが人種効果を説明する一つの有力な説である。

(8) 加齢

　顔の記憶が被験者の年齢によってどのように異なるかについて, 簡単にふれておくことにする。顔写真を用いた再認記憶実験の成績の変化について, 被験者の年齢に沿ってみてみると, 14, 5歳まで少しずつ記憶成績が上昇し, 16歳くらいで成人と同じレベルに達する (Carey, 1981 ; Flin, 1980 ; Deffenbacher, 1991)。また, 就学前の幼児は, 一般に小学生に比べて顔の記憶の成績は低く, 成人に比べると変装や覆面にまどわされやすい (Goodman & Read, 1986 ; Chance & Goldstein, 1984)。さらに記憶課題では, ターゲットの人物が含まれていない場合でも, 選択肢が与えられるとその中の１人をターゲットとして選んでしまう傾向が強い (Davies, Stevenson-Robb & Flin, 1988)。

　また, 老年の被験者 (平均60歳以上) を対象とした顔の記憶研究では, 大学生などの若年の被験者に比べて, １度だけ見た未知の顔写真の記憶成績は低い (Bartlett & Leslie, 1986)。また, 老年の被験者は再認テストのディストラクタに対して「見た」と判断するフォルスアラーム率が, 若年の被験者よりも高い (Bartlett, Strater & Fulton, 1991 ; Bartlett & Fulton, 1991)。この結果について Bartlett et al. (1991) は, 老年の被験者は主として提示された顔と記憶像との類似性に基づいて再認判断を行っているが, 若年の被験者は顔と連合した文脈情報も検索し, 類似性と文脈情報の両方を手がかり

として利用しているのではないかと論じている。Bartlett et al. (1991) は巧妙な実験操作によって，老年の被験者では文脈情報の検索が困難になり，再認判断はもっぱら記憶した顔との類似性に依存して行われることを示した。また，Bartlett & Leslie (1986) は顔写真の年齢と被験者の年齢の交互作用，すなわち，老年の被験者は老年の顔，若年の被験者は若年の顔の成績がよいという現象も見出している。

第3節　日常場面での顔の記憶

　前節で紹介した顔の再認記憶実験の大部分では顔写真を刺激として用いている。したがって表情などの自然な動きがなく，見る側との相互作用もない。また，実験を行うにはアポイントメントをとって被験者に来てもらうことになるため，記憶課題のことも含めて，あらかじめ研究の内容を知らされていることが多い。こうした状況の中で研究されている記憶現象が，「偶然見かけた顔の記憶」や「長期にわたる知人の顔の記憶」，あるいは「短時間言葉をかわした人の顔の記憶」とどのように関連するのか，どのような共通点，相違点があるのかといったことについては，従来あまり議論されてこなかった。しかしながら心理学研究における生態学的妥当性の重要性を強く主張した Neisser (1978) の影響を受け，顔の記憶研究の領域でも日常場面に近い形での研究が少しずつ行われるようになってきた。こうした実験は，顔写真を用いた記憶実験に比べると実施上さまざまな困難があるために研究数は極めて限られている。また統制できない雑多な要因が実験状況に入り込みやすいために結果の解釈が多義的になったり，結果の再現性に不安が残るといったことも指摘される。しかし本節で紹介するこれまでの研究成果をみる限り，そこで明らかになってきた顔の記憶のさまざまな側面は，こうした研究の重要性を改めて示しているといえる。

　本節では，3つの研究を取り上げ，日常場面での顔の記憶がどのような特徴をもっているかを考察したい。まず初めに紹介するのは，級友の顔の記憶や，教師による学生の顔の記憶について検討した Bahrick (1984) の研究である。

1．知人の顔の記憶

　Bahrick (1984) は49人の大学生を対象に，初めて見る顔の記憶と，級友の顔の記憶を比較する実験を行った。「級友」は，初級心理学の授業を受講した学生で，実験の被験者になった学生とは約40～45回同じクラスで顔を合わせたと推測された。

　被験者はまず，後で再認テストがあるのでよく見て覚えるようにと教示された後，

男女20枚の高校生の顔写真（未知の顔）を5秒間ずつ見た。その後，級友の顔写真の再認課題が行われた。再認課題では，1セット10枚の顔写真からなるテスト刺激が10セット用意され，各セットの中に2枚の級友の顔写真が含まれていた。被験者は，各写真セットの中から級友の顔写真を見つけ出すよう求められた。それが終わると，初めに提示された高校生の顔写真の再認テストが同じ方法で行われた。

実験の結果，①級友の顔写真の再認成績は未知の顔写真の再認成績よりもよい（平均正答数：級友7.8，未知の顔6.0），②未知の顔写真の記憶では，女子被験者は，男子被験者よりも再認率が高いが，級友の顔についてはこうした性差はみられない，③2つの課題の再認成績の相関は－.15で，両課題の成績間に関連性はみられない，という3つの点が明らかになった。

実験室で行われる記憶実験では，被験者の動機づけや注意の個人差が最小限に抑えられるため，効果的な記銘方略を使用できるかどうかが再認結果を左右する重要な要因となる。一方，級友の顔を記憶するといった実際場面での学習は偶発的で，意識してリハーサルすることもないため，記憶しているかどうかを決めるうえで重要なのは，主に人物に対する関心の強さや話をした経験の豊富さなどの「注意」の要因である。Bahrickは2つの記憶課題の成績に相関がないことについて，このように説明している。

Bahrick（1984）はさらに，3つの異なる年代の教師を対象に，過去に教えた学生の顔や名前の記憶について，さまざまな課題を用いて検討している。被験者は若年（平均年齢39歳），壮年（平均年齢54歳），老年（平均年齢68歳）の教師，計22人であった。1クラスの学生数は約40人で，各教師とも1週間に3回から5回，10週間にわたって授業を受けもった。表1-7-1には，Bahrickが行った課題のうち，顔写真の再認課題（5枚の顔写真の中から学生の顔を選択する：10試行），顔写真からの名前の再生課題（姓名を再生する：10試行），顔写真と名前の照合課題（顔写真に対して，5つの名前の中から選択する：10試行）の結果について，学生を教えてからの経過時間別に示してある。当初の予想に反して教師の年齢による違いはほとんどみられ

●表1-7-1　教師が学生を教えた後の経過時間別に表した，顔と名前の記憶（正答％）
（Bahrick，1984より）

	11日	1年	4年	8年
顔写真の再認	69	48	31	26
顔写真からの名前の再生	36	6	3	0
顔写真と名前の照合	73	62	36	31

なかったので，この表には被験者全体の平均値を示してある。

　再認課題と名前の照合課題はいずれも5肢選択なので，20パーセントがチャンスレベルである。4年たつとチャンスレベルに近い値にまで再認成績は下がっている。また名前の記憶の忘却は極めて早いことがわかる。こうした学生の顔の忘却は，教師が毎年新たな学生に出会うことによる干渉が主な原因であるのか，あるいは時間の経過によって生じるのかは明らかでない。しかし，実際に教えた学生の顔であっても，出会ってから長時間経過するにつれて，顔の想起は極めて困難になることがわかる。

2．1度出会った人物の顔の記憶

　日常的な場面では，対象にどの程度関心や注意を向けるかが記憶に大きな影響を及ぼしている。顔の記憶もその例外ではなく，先に紹介したBahrick (1984)の研究でもそのことは指摘されたが，この点について直接調べたのがRodin (1987)である。Rodinは「だれがだれに記憶されるのか：認知的無視の研究 (Who is memorable to whom: A study of cognitive disregard)」というタイトルの論文の中で，対人的な関心や注意の程度が顔の記憶に及ぼす影響について検討している。通常の顔の記憶実験では，顔写真の提示時間を一定にして，被験者の顔に対する注意の度合いが大きく変動しないように統制するが，Rodinの研究ではこの要因をまず問題にしたのである。そもそも特定の顔に対する注意の度合いは何によって決まるのか，ということに関して，まずRodinの考え方を簡単に説明しておこう。

　人は，日常生活の中で出会うたくさんの人すべてに注意を払っているわけではない。自分にとって関心のある人とそうでない人を瞬時に識別して，注意の配分の仕方を決めている。このとき関心，無関心の線をひくのに利用されるのが「無視手がかり (disregard cue)」である。たとえば，パーティーの席で声をかける相手を捜している若い男性や女性にとって，自分と年齢がかけ離れている人物や同性はほとんど目に入らず，ある年齢範囲の（魅力的な）男性や女性だけに関心を向ける，といったことが起こり得る。この場合には年齢や性別が無視するかどうかを決める「無視手がかり」であり，自分と同世代で異性の人物に対して強い関心が向けられる。

　何がこうした手がかりとして機能するのかは，認知する側の目的や状況によって変化するが，Rodinの考えによれば，比較的安定した手がかりとなるのが性別，年齢，人種などであるという。この手がかりによって関心の対象から除外された人物は，たとえば「若い黒人」，「小柄な老人」といった大まかなカテゴリーで分類され，それ以上深い認識は行われない。したがって，個々の顔を区別する視覚的特徴も符号化され

ず，記憶される可能性も低いと予想される。

　Rodinはまず年齢18歳から25歳までの男女学生と65歳以上の男女老人それぞれ20人を対象に，30枚の顔写真（学生，40, 50歳代，65歳以上）を自由に眺めて顔の印象について記述する課題を与え，その後さらに顔写真の偶発記憶を調べた（図1-7-10参照）。被験者の年代と顔写真の年代には交互作用がみられることに注意してほしい。この結果は，自分と同世代の人物であるかどうかによって，顔に対する注目度が異なったために生じたと解釈される。

　Rodinはさらに，「日常生活のなかで1度声をかけられた人物」についての記憶がこうした「無視手がかり」の影響を受けることを示す実験を行っている。この実験では，キャンパス内のベンチに座っている学生を被験者に，1人の人物（ターゲット）が近づいて時間を尋ね，その2分後に実験者が現れて，時間を尋ねた人物の顔の再認を求めるという状況設定が用いられた。ターゲットとなる人物は，大学生，あるいは40, 50歳代の男女で，それぞれが1人の被験者に近づいて時間を尋ねた。もし年齢が無視手がかりとして機能しており，自分と同世代の人物に対してより注意が向けられるという仮説が正しいとすれば，壮年のターゲット人物よりも学生がターゲットとなった条件で顔の再認率が高くなると予想される。結果は学生のターゲットで36.3パーセント，壮年のターゲットで21.2パーセントの正答率となり（チャンスレベルは5パーセント），予想を支持するものであった。また，壮年のターゲット人物の容貌の記憶について，学生と壮年の被験者の結果を比較した次の実験でも，壮年の被験者の方が正確にターゲット人物を記憶していることが示されている。

　このように，人物の年代といったカテゴリカルな情報を手がかりに，人物に向けられる関心の程度が変化し，「関心なし」のカテゴリーに分類されるとそれ以上の深い認識は行われないというRodinの仮定は，実験結果からおおむね支持されているといってもいいだろう。

　さらに，このような主張は，人種の異なる顔に対して自由に第1印象を記述するよ

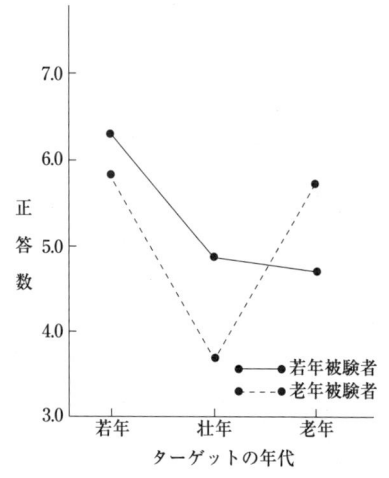

◉図1-7-10　**被験者の年代および顔写真の年代と顔の記憶**（Rodin, 1987より）
ターゲットは各年代10枚である。

う求めた Chance & Goldstein（1981）の結果とも一致する。この研究では，白人，黒人，日本人の顔写真を用いて実験が行われたが，被験者の記述内容について，最も表面的で浅いレベル（性別，人種など）から最も深いレベル（性格，態度，行動特性など）までの数段階に分類してみると，白人の顔写真に対する記述が最も深い水準で行われ，日本人の顔写真に対する記述が最も浅い水準で行われていることが示された。この実験の被験者はアメリカの白人学生だったが，異なる人種の顔については，人種の違いといった表面的な特性以上には深い水準の認識が生じにくいと考えられる。

3．顔の記憶と状況の記憶

「顔を覚えている」というときに，単に「見覚えがある」と判断できるだけでなく，いつどこで見た顔か，その時と場所まで想起できる場合がある。通常の顔の記憶実験では，見た顔を正しく「覚えている」と判断できることを記憶精度の基準としており，いつどこで見た顔かといったことまで想起することはまず求められない。しかし，目撃証言のような事態ではまさにこの情報が重要である。顔と状況との結びつきの記憶について検討した Brown, Deffenbacher & Stergil（1977）は，顔の記憶に比較して顔を見た状況の記憶は非常に不確かであることを示している。

Brown et al.（1977）は，14人の被験者を対象に，まず25枚の子どもの顔写真を実験室で見せた。その2時間後に別の実験室でさらに25枚の子どもの顔写真を見せ，その2日後に，写真を見せた2つの実験室とは別の部屋で再認テストを行った。それぞれの実験室は，大きさ，内装ともに明確に異なる特徴をもった部屋であった。再認テストでは，50対の顔写真が提示されたが，各対のうちの一方は2日前に提示された顔写真であった。被験者はそれぞれの顔写真の対に対して，どちらが見た写真か，さらにどちらの実験室で見た写真かを答えた。その結果，見た顔を選択する判断の正答率は平均96パーセントと非常に高かったが，見た部屋についての判断の正答率は平均58パーセントであった。チャンスレベルは50パーセントなので，被験者はそれぞれの顔をどちらの部屋で見たかはほとんど覚えていなかったことになる。

Brown et al.（1977）は，さらに大がかりな実験を行い，顔の記憶とそれに関連する情報の記憶の正確さ，不正確さを調べている。彼らが設定した課題は，試験の問題用紙を教室の入口で手渡した人の顔（ターゲット）を数日後に思い出せるかどうか，さらにその時にその人物がしていたこと（試験問題の配布，あるいは解答用紙の配布）を思い出せるかどうかを見ることであった。試験の日から2，3日後に被験者は，12人の顔写真（正面向きと右横顔の2枚ずつ）を見せられ，どの人物が試験の時にいた

人物かを同定し，さらにその人物はテスト用紙と解答用紙のいずれを配布していたかを尋ねられた。また，同定判断の確信度も評定した。さらにその数日後，被験者は4人の人物の面通しに参加した。4人のうち2人は，試験の時にいずれかの用紙を配布していた人物であり，そのうちの1人は，先の12人の顔写真の中に含まれていた。もう1人の人物は写真の中にはいなかった。残りの2人のうち1人は，先の12人の顔写真の中に含まれていたが，被験者が試験の時に実際に見た人物ではなかった。最後の1人は，試験の時にも顔写真の中にも登場しない人物であった。被験者はこれらの4人の一人ひとりについて，試験の時に見た人物か，何をしていたか，そしてそれぞれの判断の確信度を評定した。

　まず，12人の顔写真での同定課題の正答率は85パーセントであった。また，面通しの結果であるが，ターゲットで顔写真でも登場した人物の正同定率は45パーセント，顔写真には含まれないターゲットの同定率は24パーセント，顔写真の選択肢の中に入っていた人物の同定率（誤答）は29パーセント，いずれにも登場しなかった人物の同定率（誤答）は18パーセントであった。また，ターゲット人物の行動であるが，第1のターゲットについて，正しく同定した被験者のうち行動についても正しく選択できたのが43パーセント，もう1人のターゲットについては46パーセントであった。チャンスレベルは50パーセントであるから，人物の行動については記憶されていないことがわかる。さらに，自分の記憶判断の確信度と実際の成績との間にはほとんど相関はみられなかった（しかし，Naka et al., 1996が日本で行ったフィールド実験では，確信度と実際の成績との間に比較的高い相関があることが報告されており，両者の関係は実験状況によって変動するようである。どのような場合に被験者の確信度が実際の成績と相関するのか，相関が低くなるのはどのような場合か，といった点の詳細は，今後明らかにしなければならない課題である）。

　ターゲットとなる人物の顔の記憶は残っていても，その人物が何をしていたか，という少し具体的な文脈情報の想起となると，人はほとんど覚えていない。さらに，顔写真で見ただけの人物が面通しに現れたときに，間違えて同定する割合は，実際見たターゲットの同定率と同じくらい高いという結果は，目撃証言などにおける記憶テストには細心の注意を払わなくてはならないことを示唆している。1度だけ見た顔の再認判断や同定判断は，「見た感じがする」という既知性の感覚に強く依存している。また「どこで見たか」という関連情報の想起は極めて曖昧なので，偶然知覚した顔を再度見ることによって，誤った同定判断がなされることもあり得るからである。

第4節　社会的技能としての顔の記憶

　本節では，顔の記憶を社会的技能という視点から眺め，①顔の記憶力を高める方法については，これまでにどのような方法が工夫され，検討されてきたのか，②より正確な顔の想起を可能にする手段はあるのかという点について論じる。

1．顔の記憶力の訓練：有効な方法はあるのか

　顔の記憶力を高めるために，Woodhead, Baddeley & Simmonds (1979) は大がかりなプロジェクトを実施した。彼らは Penry (1971) が提唱した顔の記憶法に基づいて，3日間の講習会を行い，顔の記憶訓練を行ったのである。Penry の基本的な主張は次のようなものである。「顔の各部分はより細かな個々の特徴の集合であり，全体としての顔はこうした部分の集合なので，顔全体を把握するには注意深い視覚的足し算が必要である」。このように，Penry の方法というのは，顔を額，目，鼻，口といった構成要素に分け，それぞれをさらにタイプ分けして，その結果を再構成するのである。

　講習会は講義，映画によるデモンストレーション，討論，実習などからなり，非常に熱心に行われたという。しかし講習会が終わった後，その成果を調べるために行われた実験の結果は悲惨であった。講習会を受けた人と受けなかった人の顔の記憶成績は，まったく差がなかったか，差があった場合には，講習会を受けなかった人の方が成績がよかったのである。この結果について，Malpass (1981) は2つの解釈を行っている。ひとつは，顔の記憶が日常生活のなかですでに過剰学習されていて，これ以上進歩する余地が残されていないというもの，もうひとつは訓練方法が不適切であったというものである。そこで，Malpass (1981) は4つの訓練方式を考案して，それぞれ12時間の訓練プログラムを実施した。4つの訓練方式というのは，①Penry の特徴分解による方法，②全体的な相貌印象の評価，③複数の顔をよく見て，顔の類似度評定を行う，④通常の顔の再認記憶テストを反復して行う，というものである。結果はどうだっただろうか。残念なことに，とくに優れた方法が見つからなかっただけでなく，訓練前と訓練後の記憶成績を比較してみると，訓練後の方が全体に成績が悪くなってしまったのである。

　しかしこのような結果から，顔の記憶を向上させる方略はないと結論づけるのは早計である。吉川 (1997) は，顔を見たときに，既知の顔の中からその顔に類似した顔

を想起するという方略を用いると，示差特徴の発見方略よりも記憶成績が高くなることを示している。また，言葉の記憶術として有名な「場所法」を応用して，できるだけ多くの視覚的な文脈情報を顔に適合させるという方略なども考えられる。顔を見たときにその人物の行動特徴や，どんな友人とつきあっていそうか，どんな職業に向いているか，といった多様な推論を行い，そうした推論によって生成された情報と顔の視覚イメージとを結びつけるのである。既知の顔の記憶表象が，その人物についての豊富な意味情報と連合したものであることから考えれば（Bruce & Young, 1986），こうした「文脈情報生成法」は記憶方略として有望なのではないかと思われる。

２．認知面接法による顔の想起の促進

認知面接法（cognitive interview）は，記憶された出来事についてできるだけもとの情報を正確に想起できるように，面接者がさまざまな質問を行って被験者の記憶検索を援助する方法である（Geiselman, 1988）。要点は，想起すべき出来事が起こった環境文脈や個人的文脈（感情など）を心の中で再現し，すべての詳細な情報を想起し，さまざまな順序や視点で出来事を報告するということである（越智，1998はこの手法に関する研究のレビューを行っている）。

Gibling & Davies（1988）は認知面接法を用いることによって，顔の記憶に及ぼす誤情報の影響が軽減されることを示した。Gibling & Daviesは，若い男性（ターゲット）が万引きをする場面を写したビデオを被験者に見せ，その後フォト・フィットで作成した「犯人」の顔について，どの程度実際の犯人と似ているかを評定させた。ある被験者群にはこのとき，実際の犯人の顔の特徴とは異なる特徴（頭髪と口ひげ）をもつフォト・フィットを見せた。この課題から1週間後，被験者は12枚の顔写真の中から犯人を同定することを求められた。このとき，文脈群の被験者は，実験者によって認知面接を受けた。これは，①実験室を訪れた時の様子の想起，②ビデオテープの場面の想起（スライドでスーパーの様子を見せる），③スライドを見ながら1枚1枚の場面で思い出せることを詳細まで記述する，④最後のスライドを見ながらターゲットの顔や外観をできるだけ正確に想起する，という過程からなり，全体で20分から25分かかった。その後12枚の写真の中からターゲットを選択した。非文脈群の被験者は認知面接を受けずにそのままターゲットを選択した。彼女たちの研究から，認知面接を受けた被験者は，誤導情報による影響を受けににくくなり，ターゲットとは異なる特徴をもつ顔写真を選択する率が低くなることがわかった。(38パーセント対8パーセント)。

正確な目撃証言を得る手法としての認知面接の有効性は，現在も引き続いてさまざまな角度から検討されている。顔の同定に関しては，複数の顔写真から選択する面割法や，顔を再構成するモンタージュ法などを使って調べた結果，現在のところ認知面接法の有効性を示すものとそうでないものとが混在している（越智，1998）。誤導情報といった外的要因の影響による記憶変容を最小限にし，正確な目撃情報を得るために，認知面接法を洗練していくことが重要であるのはいうまでもない。しかしそうした応用面での意義に加えて，顔のような視覚情報の検索にとって，認知面接法で求められるような文脈の詳細な想起がどのような効果をもつかを検討することは，非言語情報の基本的な記憶過程の解明という意味からも大いに注目されている。

第8章 日常記憶
場所と時間の記憶

「私たちが第1に退けなければならない考え方は，記憶が本来あるいは文字通りの意味で，反復的あるいは再生産的なものだという考え方である」

F.C. バートレット（Bartlett, 1932, p. 234）

第1節 日常記憶研究の背景

1．日常性の排除

記憶を科学的に調べようとする試みは，19世紀も終わりに近づいたころ，Ebbinghaus (1885) によって始められた。彼は，記憶の過程をできるだけ純粋な形で調べるために，"kum, tol, ……" などの無意味綴りの系列を覚えるという方法を考案した。

> 私は，記憶過程について，もっとつっこんだ研究をする方法を，実際にテストしようとして，次のような方法を考えついた。
>
> それ（材料）は，アルファベットの中の簡単な子音と，11個の母音と二重母音とを用いたもので，2つの子音の間に1つの母音を置いた場合に生ずるすべての音節から成っていた。……（方法は）系列を繰り返し声を出して読むことによって，十分な印象を与え，そのあとで，有意的に再生できるようにすることであった。(p. 23-24.)

もしも詩や散文のような材料を用いれば，被験者のうちに生じる連想や関心，印象の強さなどを統制することはできない。材料の長さを統制するのも困難であるし，2つ以上の材料を比較することも難しい。これに対し，無意味な音節系列は，①単純で等質であり，②比較のための等質な音節の組み合わせを無限に作りだすことができ，また，③系列の長さも自由自在に調節できた。

また Ebbinghaus は，誤差が生じないようにできるだけ恒常な条件で実験をするよ

う心がけた。彼は自分自身を被験者とし，次のような規則を設けて実験を行っている。
① どの系列も，始めから終わりまで，1つも落とさずに通して読むこと。
② 決まった速さで読むこと。
③ アクセントは最小限とし，決まった方法でつけること。
④ 1系列の学習の後15秒の休止をおき，実験結果を記録したらすぐに次の系列に着手すること。
⑤ 周囲の妨害となるものを避け，できるだけ注意を集中し，目標を達成しようと心がけること。
⑥ 特別の記憶術を用いないこと。
⑦ テスト中の生活条件をコントロールして，大きな変化や不規則な生活を排除すること。

　日常性を排した材料を用い，日常性を排した方法で記憶を研究するという画期的な方法は，以後，記憶研究の伝統となった。

2．日常性の復活

（1）記憶に影響を及ぼす変数

　Ebbinghaus は学習の反復こそが保持や忘却に影響を及ぼす重要な変数だと考え，とくに詳しく検討した。だが記憶のよしあしに関わる変数は反復だけではない。Ebbinghaus も一部で扱ってはいるが，記憶材料の有意味性や，記憶しようとする主体の好奇心など，彼が誤差として排除しようとしたものの中にも，記憶を左右する重要な変数がたくさんあった。彼の時代から100年が経過した今日では，記憶の促進や妨害に関わるさまざまな変数が明らかになっている。これらの変数は，記憶する主体や記憶する手続きに関するもの，記憶する対象に関わるもの，そして記憶する環境に関わるものなどに分類することができる（表1-8-1参照）。

　もちろんこれらの変数は必ずしも独立ではない。たとえば「気分」は特定の対象への「注意」を生じさせることがあるし，「記憶方略」は「処理」の一種とみることもできる。また，これらの変数を異なる仕方で分類することも可能である。たとえば主体の努力によってコントロールできるものとできないもの，短期間だけ影響を及ぼすものと長期にわたって影響を及ぼし続けるもの，記銘時にだけ働くもの，想起時にだけ働くもの，記銘時と想起時の両方で働くものなど，さまざまな次元で分類することができよう。だが，記憶には数多くの変数が関わっていることに違いはない（仲，1997 ; Naka, Itsukushima & Itoh, 1996）。

第1編　心理学からのアプローチ

◎表1-8-1　記憶に関わる変数

主体に関するもの	
目的，意図，注意，関心	目的にあったもの，意図したもの，注意，関心のあるものはよく記銘される。
記憶方略	繰り返しリハーサルする，意味化する，関連するものをまとめるなど，うまく記憶するための方法。
処理	どのような処理をしたかによって記銘される内容が異なる。意味的な処理を求められれば意味情報が，音韻的な処理が求められれば音韻情報が記銘される。
気分	気分にマッチする内容が記銘され，気分にマッチした内容が想起されるなど。
対象に関するもの	
対象についての知識	よく知っているものは，よりよく記銘，想起される。
有意味性	有意味な材料の方が記銘しやすい。
環境に関するもの	
意味文脈	対象の意味を特定する文脈。
環境文脈	記憶活動を取り巻く環境。

（2）記憶の選択機構と補完機構

　記憶の方程式には，なぜこのように数多くの変数が含まれるのだろうか。多くの変数が含まれることにより，記憶における記銘（情報の符号化：エンコーディング）と想起（符号の解読：デコーディング）の効率が高まるから，というのが答えのひとつとしてあげられるのではないか。図1-8-1は，記憶の符号化と解読を単純化して示したものである。環境は無限の情報を個体に提供する。だが感覚器管を通じて脳に符号化される情報には限りがある。視覚的な情報は網膜という2次元平面に投影され，デジタルサンプリングされて脳へと伝達されるが，同様のことが記憶においても生じると考えられる。次元が落ち，情報量が減ると多義性が増す。そのため，いかにして多義性の少ないサンプリングを行うか，そしていかにしてサンプルから元に近い情報

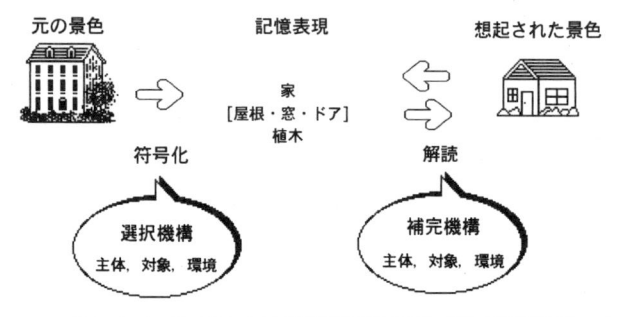

◎図1-8-1　符号化における選択機構と解読における補完機構

を再現するかが問題となる。

　表1-8-1にあげられた諸変数は，まず，サンプリングのための制約機構として機能するのではないか。目的や意図にかなう情報，気分に合う情報，言語的に表現される有意味な情報など，その時々の文脈において最も有意義な情報が，選択的にサンプリングされ符号化されると考えられる。また，想起は符号化された情報から元に近い情報を再構成する過程ととらえることができよう。符号化された情報はいわば点であり，想起の際にはそれを線や面で補い，元の形に近いものを作り上げる必要がある。とくに多義性が高い場合には，符号化された情報から確率的にできるだけあり得そうな，当たらずといえども遠からずというような形を再構成する必要がある。表1-8-1にあげられた主体，対象，環境に関する諸変数は，不完全な点情報を補完し，解読する過程においても影響力の大きい変数だと考えることができる。

　厳密にいえば，私たちが経験する特定の時間，空間，環境は繰り返しのない1度限りの現象である。遭遇する人物や出来事も，唯一無二の事象である。にもかかわらず，私たちはその中に一貫性や連続性を見いだす。同僚の顔や姿や動作は時々刻々と変化しているはずだが，私たちは昨日のA氏と今日のA氏を同じ人物であると同定することができる。これは私たちの記憶が細かい変化を捨象しつつA氏の特徴を符号化し，それを一般的な情報で補完して認識しているからである。人の記憶が日常生活の中でどのように機能しているかを明らかにするには，したがって，どのような情報が選択的に符号化され，それらがどのように再構成されるのかを明らかにすることが必要だろう。

（3）生態学的妥当性

　ところでNeisserは「観察された記憶」という本を1982年に，またNeisser & Winogradは「想起の心理学再考」という本を1988年に出版し，自然な文脈における生態学的に妥当な研究の重要性を指摘した（Neisser, 1982 ; Neisser & Winograd, 1988）。彼らの主張は，以下のようなものである。第1に，生物は環境に適応できるよう進化してきた。したがって，人が環境をどのように認識しているかを理解することなしに，人の認知機能を明らかにすることはできない。第2に，人は自然の環境の中で最も有効に行動することができる。したがって，実験室という限られた空間の中だけでは人の認知過程を研究することはできない（Barsalou, 1992）。このような主張は，個別性を排除し恒常な条件で実験するという，Ebbinghausの立場とはずいぶん異なる。そのため，実験室派と自然派の間で対立が生じることもあった。自然派は，実験室派は単純化された状況で枝葉末節ばかりを研究し，人の行動の本来の姿を見ていないと批判した。

また実験室派は，自然派の研究は記述的でカタログ的だと反論した。だが森（1992）が指摘するように，自然な環境で研究をしたからといって，それが即，生態学的に妥当な研究になるとは限らない。また，実験室での研究が枝葉末節であるというのも真実ではない。重要なのは，人が環境に適応し生活していくなかで，記憶がどのような機能を果たすのか，またどのような情報が選択的に符号化され，解読されるのかを明らかにすることである。このような視点は日常記憶研究によって明確にされたが，実は方法論によらない，普遍的な問題であろう。

ではどのような情報が符号化され，解読されるのか。Hasher & Zacks（1979）によれば，符号化には意図的な努力が必要な符号化と，努力せずとも自動的に生じる符号化があるという。前者は多くのリソース（心的資源）を要する記憶活動であり，たとえば繰り返して覚えるリハーサルや対象を意味化して覚えるなど，方略を用いた学習がこれにあたる。後者はとくに意識せずとも覚えることができる記憶で，Hasher & Zacksによれば空間や時間に関する記憶がこれにあたる。意図的な記憶は練習によって向上するが，自動的な記憶は練習をしてもあまり効果がない。また，発達的な変化もあまり生じないようである。自動的な記憶は元から生体に組み込まれている原初的な記憶であると，Hasher & Zacksは主張している。もしもそうならば，空間や時間の符号化，解読の特徴を調べることにより，環境への適応において基本的で重要な記憶の特徴を知ることができるかもしれない。本章では以下，人が日常生活で遭遇する空間的，時間的体験をどのように符号化し，解読しているかを検討する。

第2節　空間の記憶

1．空間記憶としての認知地図

　私たちは自分が住んでいる環境について，かなり正確な知識をもっているつもりである。日本地図のおおよそのイメージは描けるし，地域の様子も把握している。職場に行く途中で迷子になったり，家でトイレと風呂場を間違えるなどということもない。このような環境に関する知識を認知地図と呼ぶ。認知地図がどのように符号化されているかについては，一般に2つの見方がある。ひとつは，環境が命題的な情報（言語的な情報）に変換されて記憶されるという見方（単一符号化仮説）であり，もうひとつは，命題的な情報だけでなく，写真のような視覚・空間的情報によっても保持されるという見方（二重符号化仮説）である（Evans, 1980 ; Levie, 1987）。

単一符号化仮説によれば，認知地図は命題的に表現される。そのため「AはBの南にある」とか「AはBよりも広い」といった言語的に表現しやすい定性的な情報の方が，そうでない情報よりも記憶に残りやすいと予想される。これに対し二重符号化仮説では，言語化しにくい地形や方向，距離や面積といった定量的な情報も，写真のように比較的正確に記憶できると予想される。また忘却については次のような予想が成り立つ。単一符号化仮説では，命題的に表現しにくい情報は積極的に忘れ去られ，その結果，認知地図は定性的な情報を中心に再構成されることになるだろう。これに対し二重符号化仮説では，認知地図は写真が色あせてくるように，徐々にまんべんなく減衰していくと考えられる（Tversky, 1992）。

実際のところどうなのだろうか。認知地図を描いてもらい，環境がどのように表現されているか，また実在の地図とどのように異なっているかを調べることで，その特徴を知ることができる。以下，認知地図の特徴をみていくことにしよう。

2．認知地図の歪み

結論から言えば，認知地図は環境を写真のように写しとってきたものではないことを示唆する証拠が多い。そのひとつは認知地図の歪みである。認知地図は，その地図にある建物や事物，画用紙の枠や東西南北の軸，知覚法則などの影響を大きく受ける。

（1）方向の歪み

都市や建物の位置や方向についての判断は，その上位概念（州や県，国）の位置や方向の影響を受ける。Stevens & Coupe（1978）は図1-8-2のように都市と国の位置

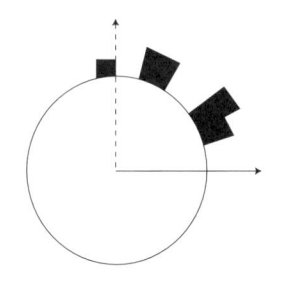

実線：ポーランド市から見たトロント市の位置　　実線：サンディエ市から見たリノ市の位置
破線：合衆国から見たカナダの位置　　　　　　破線：カリフォルニア州から見たネバダ州の位置

●図1-8-2　**方向の歪み**（Stevens & Coupe，1978より）
実線は下位概念である都市同士の位置関係を，破線は上位概念である国（左図）または州（右図）同士の位置関係を示す。垂直上方を北とする。被験者は下位概念の方向（たとえばポートランド市から見たトロント市の方向）を判断するよう求められた。黒いブロックは，被験者の判断（頻度）を示す。下位概念の方向の判断が上位概念の方向の影響を受けているのがわかる。

第1編　心理学からのアプローチ

関係，あるいは都市と州の位置関係が矛盾するような例をあげ，被験者に都市の方向判断を求めた。たとえばカナダはアメリカの北に位置する。だがカナダにあるトロント市は合衆国にあるポートランド市の東にある。ポートランド市から見たトロント市の方向を調べたところ，被験者の方向判断は国の方向に引きずられたものとなっていた。サンディエゴ市（カリフォルニア州）とリノ市（ネバダ州）の例も同様である。実験室で記憶された地図についても同様の効果が生じる（Okabayashi & Glynn, 1984）。

　方向性に影響を及ぼすのは，上位・下位概念だけではない。Tversky（1981）は，認知地図には「おさまりのよい形」に対する選好性があるという。一般に垂直や水平は好まれ，斜めのような曖昧な方向は避けられる傾向がある。そのため垂直，水平が枠組みとなり，この枠組みに沿う形で方向や位置に一定の歪みが生じる。たとえば北北西，南南東のような直行座標からはずれた方角にある事物や都市は，北－南のような主要な座標軸の上に乗りやすい。図1-8-3（a）はサンフランシスコ湾岸の都市の地図である。パロアルト市とモントレイ市，あるいはレッドウッドシティ市とサンタクルツ市，あるいはオークランド市とサンホゼ市などの組み合わせで位置関係を見てほしい。前者の都市は後者のおよそ北北西にあるが，90数人中3分の2以上の被験者が，前者を後者の単なる北と判断している。つまり2つの都市を結ぶ線は，主要な軸

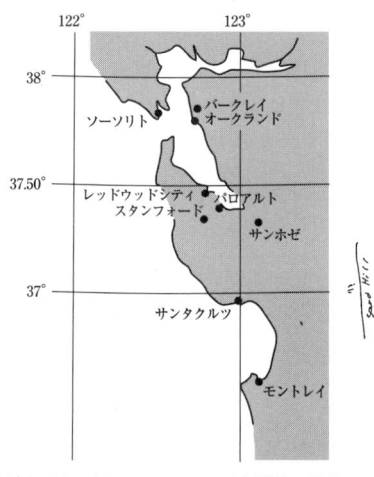

（a）回転の例：サンフランシスコ湾沿岸の都市
パロアルト市とモントレイ市の位置関係，レッドウッドシティ市とサンタクルツ市の位置関係を問うと，被験者の3分の2が，前者は後者の北にあると判断する（本当は西にずれている）。北西―南東の軸が北―南の軸へと回転を受けていることになる。

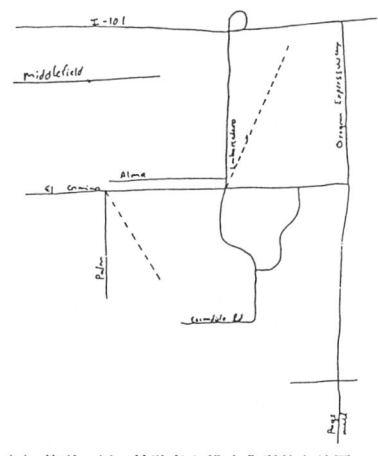

（b）整列の例：被験者が描く典型的な地図
被験者がスタンフォード付近を描いた地図である。道路が互いに平行するものとして描かれている。破線が実際の方向である。

●図1-8-3　回転と整列（Tversky, 1981より）

へと回転(ローテーション)を受けていることになる。これは,実際には北北西－南南東に傾いている海岸線が,地図の枠組み(北－南)と平行なものとして認識されやすいことを示唆している。

同様に,川や道路,州や国や大陸の輪郭は用紙と平行,または直行する形で描かれやすい(図1-8-3(b))。また比較的近くにある建物や川,道路などは互いに平行に並ぶものとして描かれやすい。このように,互いが枠組みの役割を果たして並ぶことを整列(アラインメント)という。認知地図は,環境が特定の法則に従って符号化されることにより作られるといえるだろう。

(2) 距離・面積の歪み

距離や面積などの大きさについても,歪みが生じる。一般に,知覚される大きさ(y)は物理的な大きさ(x)の対数で表されることが実験室実験により知られている。

$y = k \log x$　　　(k:定数)

Aの大きさが100,Bの大きさが200,Cの大きさが300だとしよう。物理的には1:2:3であるが,知覚される大きさは2 (log100):2.3 (log200):2.4 (log300)というように,組織的に過小評価が生じる。実験室で検討すると,記憶された大きさについても同様の過小評価が生じ,しかもその傾向は,保持期間が長くなるにつれ強まる(Algom, Wolf, & Bergman,1985 ; Kemp,1988 ; Kerst & Howard, 1978)。だが,日常の環境においては,このような知覚法則を超えた歪みが生じることもある。

Lea (1975)は物理的には同じ距離でも,その間にどの程度事物があるかによって,距離判断が異なることを示した。間に事物がたくさんある方が距離が長く評定されるのだという。面積についても同様のことがみられる。Nakaらは,ある中学校の生徒や卒業生に,その中学校のキャンパスを描いてもらうという実験を行った(Naka & Minami, 1991 ; Naka, 1995)。描かれた校舎や校庭などの相対的な面積を調べたところ,校舎内にある事物を詳しく想起した者ほど校舎を大きく,また校庭にある事物を詳しく想起した者ほど校庭を大きく見積もっていることが示された(図1-8-4(a))。またNaka (1995)は大学生の被験者に自分が卒業した中学校のキャンパスを描いてもらった後,①校舎内の事物を思い出すか(校舎条件),または②校庭にある事物を思い出してもらった(校庭条件)。その後,再度,中学校のキャンパスを描いてもらったところ,校舎条件の被験者は校舎を広く,校庭条件の被験者は校庭を広く描くという結果が得られた(図1-8-4(b))。これらの現象は,自然環境における建物や施設の面積が,物理的な大きさを目に焼きつけるといった方法で記憶されるのではないこ

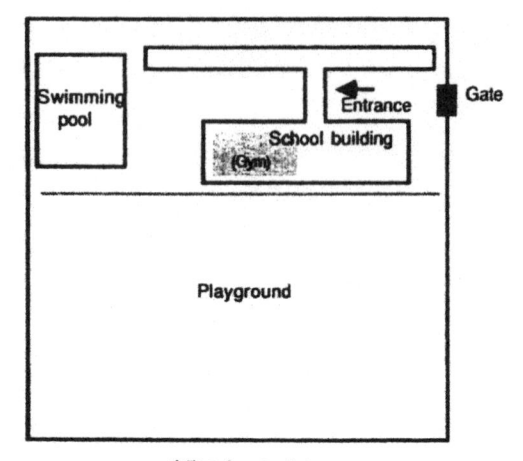

実際のキャンパス

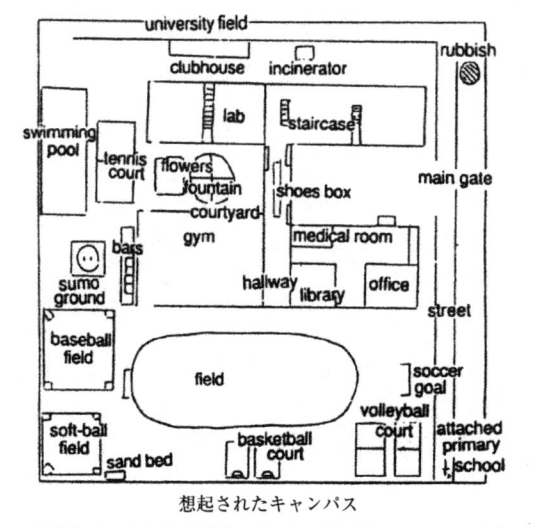

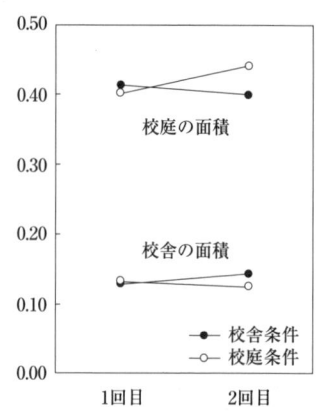

●図1-8-4（b）面積の変化
（Naka，1995より）

自分が卒業した中学校のキャンパスを描いてもらった（1回目）後，校舎条件の被験者には校舎内にあった事物を，校庭条件の被験者には校庭にあった事物を想起してもらう。再度，キャンパスを描いてもらうと（2回目），校舎条件では校舎の相対的面積が，校庭条件では校庭の相対的面積が増加する。

想起されたキャンパス

●図1-8-4（a）中学校のキャンパス（Naka，1995より）

とを示唆している。面積は，その場所にどのような事物が収まっているかという知識や推論のもとに推測されるのだと考えられる。

また，馴染みの深い駅や建物など，認知地図の中で目印となるもの（ランドマーク）が距離の判断を歪めることも知られている。ある地点（X）とランドマーク（L）間の距離を推定する場合，XからLまでの距離の方が，LからXまでの距離よりも短く見積もられるのだという。地図もまた，写真のようにではなく，そこに存在する事物や設備から再構成されるのだといえよう。

（3）地図の構成

Bahrick（1983）は大学の同窓会を利用し，集合した50年前からの同窓生にキャン

パスの認知地図を思い出してもらうという実験を行った。この実験では，まず，白紙に建物や通りを，その名前とともに描いてもらい（再生テスト），その後で，建物や通りの名前が書いてある用紙を渡し，それぞれの項目について「あった」かどうかを判断してもらった（再認テスト）。

その結果，被験者の卒業年度が古くなるほど（つまりキャンパスを去ってからの時間が長くなるほど），建物名や通りの名前が想起されにくくなること，また被験者が学生時代にたくさん利用した建物や通りほど，よく想起されることが明らかになった。これらは実験室でみられる「記憶は時間とともに減衰する」という忘却曲線や，「反復した項目は忘れにくい」という学習の反復効果が自然環境でも生じることを示唆している。だが，実験室とは異なる結果も得られた。

実験室では一般に，あったかなかったかを判断する「再認」の方が紙に描き（書き）出す「再生」よりも容易である。だがBahrickの実験では，「再生」の方が「再認」よりも容易だった。つまり自分のやり方で地図を描いた方が，実験者が用意した再認項目にあったかどうか答えるよりもキャンパスの様子をよく思い出せたのである。このことは，地図が自分の目的に合うように組織されていることを示唆している。

目的に合うような地図とはどのようなものだろうか。Tversky（1981）によれば，人は地図を眼前に広がるような形で描くことが多いという。南に向かって歩きながら地図を見る場合，南が上に来るように地図を180度回すという経験は，だれにでもあると思われる。このようなことが認知地図でも生じるらしい。中学校のキャンパスを描いてもらったNaka & Minami（1991）の実験でも，このような現象がみられた。中学の卒業生を運動系クラブに属していた者と室内系クラブに属していた者とに分け，キャンパスがどのように描かれているかを比較したところ，運動系の卒業生は運動場に向かうような形でキャンパスを描くことが多く，室内系の卒業生は校舎に向かう形で描くことが多かった。認知地図は，個人が環境に適応するための知識である。したがって，個人の目的に沿うように再編成，再構成されるのは当然のことなのかもしれない。

（4）空間内の事物

以上，都市や建物などスケールの大きい地図を問題にしてきたが，建物内外の事物の空間位置情報についてはどうだろうか。サンプリングされる情報，補完される情報に一貫した傾向はあるのだろうか。

Salmaso, Baroni, Job & Peron（1983）は，目的や，目的に応じた処理が，記憶される内容と関わるという。彼らは次のような実験を行った。一方の条件の被験者には

「この部屋を抜けて隣の部屋に行ってください」と教示し，部屋を歩いて行ってもらう（意識しないで記憶する偶発条件）。もう一方の条件では「この部屋について後で記憶のテストをします」という教示を与え，同様に部屋を歩いて行ってもらう（意図して記憶する意図条件）。その直後，部屋のつくりや置かれていた事物について，再生，再認テストを行った。その結果，壁，天井，窓など，部屋のつくりに関する項目の記憶成績は，偶発条件も意図条件も同程度だった。だが，椅子，机，壁に掛けられた絵画など，いわばオプショナルな事物については，意図条件の方が記憶成績が高かった。壁，天井，窓などは部屋に当然あるべきものとして，一般的な知識から推論することが可能である。そのため意図せずとも符号化された情報から，再構成することが可能だったのだといえよう。一方，家具や調度品はあってもよいし，なくてもよい。このような事物については，わざわざ覚えようとしない限り，解読できるほどの情報が符号化されなかったのだと考えられる。

Waddell & Rogoff（1987）はミニチュアの町の模型を用いて，次のような実験を行った。まず被験者の目の前で，車，人，動物，家の中の家具などの事物を並べて見せる。条件は，①意図的記憶条件（事物を意図的に記憶させる），②文脈条件（事物がふさわしい場所に置かれるかどうかを判断させる），③カテゴリー条件（たとえば椅子は家具，犬は動物というように，個々の事物がどのカテゴリーに属するかを判断させる）であった。意図的記憶条件と文脈条件の被験者は，事物を文脈や周囲の状況に結びつけて記憶するだろうと予測された。これに対し，カテゴリー条件の被験者は事物を独立に，文脈と結びつけたりすることなく記憶するだろうと予測された。事実，意図的記憶条件と文脈条件の被験者はカテゴリー条件の被験者よりも記憶成績が高く，事物は意図的に，文脈とともに覚える方が記憶に残りやすいことが確認された。しかもカテゴリー条件の被験者の中には（これはとくに高齢者に多かったのだが），カテゴリー判断をするよう教示したにもかかわらず，事物を文脈に結びつけ，物語を作ってしまう者もあった。このことも，環境内の事物は本来，文脈の中で記憶されるものであることを示唆している。

Intraub & Richardson（1989）は興味深い現象を報告している。たとえば被験者に「ごみ箱」（図1-8-5 A, B）の写真を見せ，その写真を再生してもらうと，被験者は見ていないはずの背景や周囲の情報を描き加えるというのである（図1-8-5 C, D, E）。被験者には背景を作り上げたという意識はない。事物は文脈の中で認識され，想起においては，周囲の情報から事物が補完されたり，事物から周囲の情報が補完されたりするのだろう。

第8章 日常記憶：場所と時間の記憶

●図1-8-5 ワイドアングル効果（Intraub & Richardson, 1989より）
Aは「ごみ箱」のクローズアップ，Bは「ごみ箱」のワイドアングルである。CとEはAを思い出して描いたもので，周囲が拡張されている。DとFはBを思い出して描いたもので，Dでは周囲が拡張されている。Fは拡張がない例である。

3．命題による保持とイメージ操作

　以上の報告は，環境の様子が写真のようなイメージではなく，「AはBの上（北）にある」とか「AはBよりも大きい」といった事物間の関係を示す命題情報の形で符号化されることを示唆している。これらはデジタルの，かなり大ざっぱな情報である。にもかかわらず，私たちは情景をありありと，まるで写真を見ているようにイメージすることができる。それはおそらく，私たちの記憶に，符号化された命題的情報を補完し，アナログ的な認知地図イメージを作り出す機構が備わっているからであろう。そのようなイメージの存在を示唆する実験のひとつに，次のようなものがある。被験者にA，B，Cの3地点が描かれた地図を見せ，記憶してもらう。ただしこの地図では，A-B間の距離は短く，A-C間の距離は長い。その後，被験者に各地点についての質

177

問を行い，記憶に基づいて答えてもらう。すると，A地点について尋ねた後B地点について尋ねる（A地点→地点B）方が，A地点について尋ねた後C地点について尋ねる場合（A地点→C地点）よりも反応時間が短いのである。もしも地図が命題でのみ符号化されているのならば，B地点もC地点も等しいはずだ（「近い」，「遠い」という単語の違いしかない）。したがって，反応時間の差は命題以外の情報，おそらくイメージから生じるものだと推察される。現実の地図と同様，記憶された地図においてもA地点→B地点の方が，A地点→C地点よりも速く移動できるのだろう。この現象は空間的プライミングと呼ばれ，空間的なイメージが存在する証拠と見なされている。

空間的プライミングは実験室でのみみられるとされてきたが，McNamara, Altarriba, Bendele, Johnson & Clayton (1989) は大学キャンパスという日常環境でも同様の現象がみられることを示した。大島・岡市 (1990) も，キャンパスにおける2地点間の距離（A-B間の距離とC-D間の距離）を比較する課題を大学生に与え，比較される距離の差が大きければ大きいほど，判断が容易になることを示している。これは空間的なイメージが作られ，距離判断に利用されることを示唆している。だが大島と岡市によれば，一方の距離が他方の2倍以上になると，判断の速度はそれ以上変化しなくなるという。2倍以上の距離は正確にイメージしにくいのかもしれない。命題的に符号化されている情報を補完して空間的な配置を作り出すことは，ある程度において可能であるといえよう。

まとめるならば，視覚的な空間情報は命題的に保持されるが，必要に応じて写真様のイメージが作られる，ということになるだろう。イメージを作り出す際は主体の目的や対象，環境についての一般的知識が補完機構として機能すると考えられる。

第3節　時間の記憶

1．時間の記憶

(1) 実験室での時間の記憶

以上，空間記憶についてみてきた。次は時間についてみていくことにしよう。時間の長さに関する研究は古くからある。時間がどれくらい経過したと感じるかを調べる時間知覚の研究や，時間がどれくらい経過したと思うか後で想起させる時間評価の研究がある。また時間評価の研究は，長い，短いといった時間の感じ方を問うもの，何分，何秒というような計測的な評価を問うもの，状況の変化によって経過した時間を

見積もらせるものなどに分類できる。実験室での時間評価に影響を与える要因としては，時間への注意，行う作業への関心，作業の複雑性，受動的か能動的かといった態度などが知られている（大黒，1961）。

（2）出来事の長さの記憶

　実験室での研究が比較的短期間の時間評価を検討しているのに対し，Ornstein は現実に起きた出来事がどの程度継続したかを問う時間評価を問題にし，貯蔵量仮説 (Storeage size hypothesis) を提唱した（Burt & Kemp, 1991）。この仮説によれば，出来事の継続時間の評価は，その出来事に関して貯蔵されている情報の量に比例する。つまり，多くの内容が含まれる出来事は，内容がない出来事よりも長いと判断されやすいということである。またこれ以外にも，複雑で馴染みの薄い，予想のつかない成分が含まれる期間は長く評価されやすいことなどが知られている。

　Burt & Kemp (1991) は，1978年から1986年の間に起きた実際の出来事（たとえば「ローマ法皇ヨハネ・パウロ２世による，故郷ポーランドの訪問」）を36件，被験者に提示し，それぞれの出来事についてどの程度思い出せるか，またその出来事はどの程度の期間続いたと思うかを評価させた。その結果，出来事の期間は概して過小評価される傾向にあったが，長期間継続した出来事の評価は比較的正確であることが見いだされた。一般に，継続時間の長い出来事は多くの内容を含む。そのため，内容が多い出来事は比較的長く評価され，過小評価が生じにくかったのかもしれない。

　では内容の多い出来事は，なぜ長く評価されるのか。内容をよく思い出せた人は時間情報もはっきりと思い出すことができ，その結果，時間評価も正確だったのだろうか。それとも「内容の多い出来事は長期間継続することが多く，内容の少ない出来事は短期間で終わることが多い」という一般的な知識から，時間の長さが推測されたのだろうか。この問いに答えるため，Burt & Kemp (1991) は出来事の内容を思い出せた人と思い出せなかった人とで，時間評価に差があるかどうかを検討した。しかし両者に違いは見いだせなかった。このことは，出来事をよく覚えているいないにかかわらず，期間の長さは一般的な知識から推測されるものであることを示唆している。

　時間評価が一般的な知識から推測されるのかどうか，彼らはさらに次のような実験を行っている。検討された第１点は，具体的に記述された出来事と抽象的に記述された出来事とで，時間評価に違いがあるかどうかであった。具体的な記述条件の被験者は，先の実験と同様，たとえばローマ法皇のポーランド訪問の期間がどの程度であったかを評定した。これに対し抽象的な記述条件では，被験者は「高名な宗教家による外国訪問」といった記述を与えられ，こういった出来事が一般にどの程度の長さにな

るかを評定した。検討された第2の要因は出来事の頻度である。被験者は頻度の高い出来事（ローマ法皇の外国訪問など）と頻度の低い出来事（他国の潜水艦を拘束するなど）を評定した。

　もしも出来事の時間評価が一般的な知識に基づいてなされるのならば，具体的な記述条件と一般的な記述条件では，評価に差はみられないだろう。また高い頻度で生じる出来事の方が低い頻度の出来事よりも，期間についてのコンセンサスが高いと予想される。事実，具体的な記述条件で出来事を思い出せた人も思い出せなかった人も，また一般的な記述について答えた人も，時間評価はほとんど変わらなかった。また頻度の高い出来事の方が頻度の低い出来事よりも，時間評価のばらつきが小さかった。人は一般的な知識を用いて点と点の間を埋め，時間の長さを推定しているといえるだろう。

（3）頻度や時間，日付についての推論

　「あなたは月にどの程度○○しますか？」，「最後に△△したのはいつですか？」など，頻度や日付に関する調査票は，被験者が過去のことを100パーセント覚えているという前提で行われる。だがBradburn, Rips & Shevell（1987）によれば，たとえ重要な出来事でも1年間で20パーセント，5年間では60パーセントが失われるという。出来事自体は覚えていたとしても，それがいつのことだったか思い出せないということも多いだろう。私たちはどのようにして，頻度や日付を推定しているのか。Bradburn et al. はよく用いられる方略を，以下のようにまとめている。

① **分解方略**

　(a) 割合に基づく掛け算方略：単位期間あたりの頻度を求め，掛け算する。たとえば年にどの程度映画を見るかという質問に，「1月に1度くらいだから，1年で12回くらいかな」等。

　(b) 足し算方略：相互排他的な状況について数え，加算する。たとえば1日に何種類の食品を摂取するかとの問いに「朝食で4品，昼食で5品，夕飯でも5品，おやつやスナックが2品程度。合わせて16品くらいだと思う」等。

② **在庫方略**

　そのことについてどの程度具体的に思いつくかによって（どの程度在庫の記憶があるかによって），頻度を推定する。たとえば外食では洋食と和食のどちらを食べることが多いかとの問いに，最近の外食場面を思い出し，思い出せた場面数によって判断する。洋食を食べた場面を多く思い出せば「洋食」となるし，和食を食べた時のことを多く思い出せば「和食」となる。

③ 目標水準からの予測

目標水準に照らしあわせて推測する。たとえば授業への出席状況を尋ねられ，「本当は毎週出席すべきなんだけど，たまに休むから，4分の3程度の出席率かな」等。

④ 係留と調節

既知の値と比較して推測する。「ここから○○までは，渋滞しなければ2時間かかる。途中，少し混んだから，2時間半くらいだったんじゃないか」等。

⑤ 望遠鏡効果

一般に頻度の低いこと，昔のことは思い出しにくい。そのため，思い出しにくいことは頻度が低いか，昔のことだと推定される。これを望遠鏡効果（大きく見えると近くだと思える）という。「こんなにありありと思い出せるのだから，そんなに昔のことではないはずだ」

これらの方略は，さらに一般的な知識，期待，社会的な望ましさなどの影響も受けるという。たとえば歯磨きの回数は実際よりも多く推定されるし，ジャンクフードの摂取頻度は実際よりも低く見積もられる。

出来事の日付や順序については，どうだろうか。Barclay & Wellman (1986) は自伝的な出来事の記憶の正確さを調べた。まず6人の大学院生に1981年2月から5月までの4か月間，日常生活で起こった出来事を1日に3つ，記録してもらう。次に，そうやって収集された記憶をどの程度覚えているか，同年の6月（つまり記録してから1～5か月後），9月（4～8か月後），12月（7～11か月後），翌年の2月（9か月～1年1か月），翌々年の9月（2年7～11か月）の5回にわたって調べた。テストは大学院生が実際に体験した出来事18に対し，27の誤項目を加えた再認テストである。誤項目は，被験者の体験した出来事の一部または全部を，他の大学院生の出来事と入れ替えて作成した（たとえば昼食はピッツァだったのに，スパゲッティと置き換える等である）。この他，出来事が起きた日付や順序なども答えてもらった。

出来事の内容については次節で述べることにし，ここでは出来事の日付と順序の記憶についての結果を紹介しよう。日付を思い出すことができない出来事の割合は，1～4か月前の出来事については40パーセント，9～12か月前の出来事については80パーセントだった。また日付のエラーは，1～4か月の時点では30日あたり9日，9～12か月の時点では22日だった。日付の記憶は極めて曖昧だといえる。だが，任意に2つの出来事を取り上げ，どちらが先に起きたかを問うたところ，出来事の間隔が1か月でも12か月でも，正答率はチャンスレベルの50パーセントを超えており，平均正答率は77パーセントだった。日常的な出来事は日付とともには記憶されないが，順序

はかなりよく再生（あるいは再構成）されるといえるだろう。

2．出来事の記憶

（1）出来事と繰り返し

　時間の長さや頻度は，出来事に関する一般的な知識から推測されることを示した。ここでは時間軸にそって生じる出来事の記憶について，もう少し詳しく考察することにしたい。出来事は，時間との関連で，どのように記憶されるのか。

　過去の出来事といえば，少なくとも日常言語では，過去に生じた1度限りの現象をさす。だが Neisser（1988）は，個々の1度限りの出来事と思われるものは，実は繰り返された出来事を反映する，いわば出来事のエッセンスであると指摘した。彼は，出来事の記憶をさすエピソード記憶という言葉のかわりにレピソード記憶という言葉を用い（リピートされるエピソード記憶という意味である），記憶がスキーマ化された再構成であることを強調している。そして，出来事の記憶は繰り返された出来事や関連ある出来事と混ざりあっているとし，次のような例をあげている。

　大学で，ある研究会が9回連続で行われた。学外，学内から参加者が訪れ，彼らの氏名は毎回，記録された。最終回の出席者は17人だった。さて，それから5日後，最終回に出席した人たちに被験者になってもらい，最終回に出席していた人全員の氏名を思い出すよう依頼した。その結果，実際は欠席だった人を出席していたと間違える誤りが多くみられ，とくに，最終回は欠席だったが，全研究会中半数以上出席していた人を出席していたと判断する誤りが多いことが明らかになった。被験者は「最終回」という特定の出来事を思い出しているつもりだっただろうが，記憶は個別のエピソードに関しては不正確だった。彼らの記憶はむしろ，上位のメモリア（この研究会についての記憶のエッセンス）を反映していたと解釈できる。

　大学院生に日常の出来事を記録し想起してもらった上述の Barclay & Wellman（1986）の実験でも，同様の現象が見られる。出来事そのものの正再認率は，90～100パーセントであり，2年後でも79パーセントだった。ところが誤項目（大学院生が体験した出来事の一部または全部を他の大学院生が体験した出来事と入れ換えたもの）を実際に体験したとする虚再認率も高く，その割合は6か月後で37パーセント，9か月後では45パーセントだった。しかも，虚再認に対する被験者の確信は極めて強く，正再認項目に対する確信よりも強いほどだった。個人の知識には生活の筋書きともいえるような普遍性，スキーマ化された物語があり，この筋書きにあってさえいれば，その出来事は「あった」と確信されるのではないかと，Barclay & Wellman は考察し

ている。被験者は皆，同じキャンパスに住み，同じような生活パターンを共有する大学院生だった。そのため出来事の一部または全部が入れ替わっても，自分の体験として再認できたのかもしれない。出来事は，本当に起きたことというよりも起きそうなこと，起きてもおかしくないことをも含む一般的な形態で符号化されているようだ。

（2）出来事の出来事らしさ

先に，命題的に記憶されている地図でも，実際に写真を見ているように思い浮かべることができると述べた。出来事についても同様のことがいえる。一般に被験者は自分の記憶に対し，たとえそれが思い違いであっても，強い確信を抱くことが多い(Barclay & Wellman, 1986 ; Neisser, 1981 ; Spiro, 1980)。実際に起きたという感覚はどこから来るのだろうか。

Intraub & Richardson (1989) は，「実際に起きたと思うこと」と「単に想像したと思うこと」の記憶を比較することにより，実際に起きたと思う記憶の特徴を検討している。彼らは被験者に，実際に起きたと思うこと（図書館へ行ったこと，歯医者へ行ったことなど）と想像だと思うこと（夢，計画，空想など）について，それぞれ知覚的情報の細かさ，複雑さ，空間時間的な情報，伴う感情などを評定してもらった。その結果，「実際に起きた」とされる記憶の方が「想像だ」とされる記憶よりも，視覚的情報，音，匂い，味，実在感，場所，状況，事物の空間配置，人，時間の情報など，知覚的な情報が多く含まれていた。記憶の実在感と知覚的な情報には関連があるといえよう。だがそのような関連性は，「実際に起きた」ことが本来知覚的な情報をたくさん含んでいることを反映しているのだろうか。それとも知覚的な情報が多い記憶は，事実であれ再構成であれ，「実際に起きた」こととして判断されやすいのだろうか。

Intraub et al. は次の実験で，「実際に起きたと思うこと」と「単に想像したと思うこと」をどのように区別するか，被験者に尋ねている。その結果，出来事自身についての知覚的な情報や出来事があったことを支持する証拠（請求書など）があれば，出来事は「実際に起きた」と判断されやすく，一方，一般的な推論で解釈可能であれば（そのころ，私はまだ赤ん坊だったのだから覚えているはずがない，など），出来事は「想像されたもの」と判断されやすいことが明らかになった。

このことは，視覚的情報や音，匂いなどの知覚的な情報がたくさん想起（再構成）されたり，出来事を支持する証拠が示されれば，本当にあった出来事でなくても「実際にあった」と誤認される可能性があることを示唆している。近年，集中的なセラピーや集団療法を受けた患者が，現実的にはあり得そうもない悪魔儀式や性的虐待の

「記憶」を思い出すという事例が欧米で増加し，問題になっている (Lofus & Ketcham, 1994)。これらのセラピーや集団療法では，心の病は過去に虐待があったことの証拠だと見なされ，患者は繰り返し，虐待がどのようなものであったかを具体的にイメージするよう求められる。このような過程で，点が線，面になり，実際にはなかった出来事が鮮やかな出来事のようによみがえるという可能性は十分あり得ることだろう。このような「偽りの記憶」が形成され得ることを示す実験例も蓄積しつつある（高橋，1997)。

第4節　日常記憶の特徴と制約

　以上，自動的に符号化されるという空間的情報，時間的情報の記憶を中心に，日常記憶の特徴をみてきた。その結果，空間や時間の情報は選択的に他の情報との関わりの中で符号化され，また想起においては目的や一般的知識によって補完・解読されることが示された。人の記憶は写真やビデオテープのようにすべてを満遍なく写しとるようなものではないと結論できよう。

　だが，面を点にし（符号化），その点をまた線で結んで面にする（解読）ような記憶でありながら，私たちはほとんど不便を感じることはない。記憶においては，正確さよりも一貫性が，不正確さに対する感受性よりも自分の記憶は正しいという確信が優先されるように見える。それはおそらく，特定の時間，特定の場所で生じた個別の事柄をいくら正確に記憶できたとしても，うつろいやすい現実世界では，あまり有効ではないからだろう。人が生活する主体として機能するには，そのような正確さよりも個人内での一貫性や意義，現実感が重要であり，記憶はそれを支えるような形で進化してきたのだと思われる。そして正確な記録が求められるようになっても，人の記憶自体は正確さに関して進化することはなく，外部記憶（文字の発明，記録媒体の開発）やコミュニケーションの方法など，記憶を補う方法を発達させたのだと考えられる。教師は丸暗記を要求するかもしれない。警察官は正確な目撃証言を期待するかもしれない。だが，人の日常の記憶は正確な記録には適さないようである。

第9章 出来事の記憶と誘導尋問
事後情報効果

　ヒットした印象的な SF 映画『トータル・リコール』では，人々は家に居ながらにして休暇を楽しみ，人生のスリルを味わうことができる。フィリップ・K・ディックの短編『あなたの記憶売ります』を原作とするこの映画では，火星旅行に行くお金のない男をアーノルド・シュワルツェネッガーが演じている。うれしいことに，西暦2084年には，好きな偽りの記憶を健全な精神に移植することができるのである。㈱リコール社の宣伝は「エキゾティックな記憶，埋め込みます」というものだが，悪党どもがこの技術を用い，シュワルツェネッガーの古い記憶を歪め，新しい記憶を埋め込んでしまった。移植された偽りの記憶はあまりにもリアルで，現実の記憶と区別することができない……。

　このシュワルツェネッガーの世界は，Loftus & Hoffman (1989) の描いたシナリオとさして変わりのないものである。

　　　誤情報効果はかなり普遍的に見られ，究極的にはコントロールすることも可能だと思われる。そこで，ついワトソン的な未来を提案したくなってしまうのだ……。私に1ダースのよく育った健康な記憶と，その記憶を操作する特別な世界をください。そうすれば，そのうちの1つを無作為に取り上げ，訓練し，望み通りの記憶にしてみせましょう……(p.103)。

　ある出来事を目撃した被験者に，その出来事に関する誤った誘導情報を与える。すると彼（女）は，後にその誤情報を取り込んだ形で出来事を報告するようになる。このような現象を広く「誤情報効果」と呼ぶ。出来事の後に与えられる誤情報は，元の出来事にあった事物の細部を変化させることもあるし，元の出来事にはなかった事物をあったかのように暗示することもある。この「誤情報効果」と呼ばれる現象についてはさまざまなメカニズムが仮定されている。だが，最も興味深い問いの1つは，誤導事後情報は本当にオリジナルの記憶を変化させるのかというものであろう。Loftus

と共同研究者たちは，約20年にわたり，その答えが'イエス'であることを示す強力な証拠を示してきた（たとえば，Loftus & Palmer, 1974；Loftus, Miller & Burns, 1978；Loftus, 1991）。しかし，誤情報効果が起きているように見えるのは，被験者の反応にバイアスをかける実験手続きのせいだと主張する研究者もいる（McCloskey & Zaragoza, 1985；Zaragoza & McCloskey, 1989）。

第1節　誤情報効果研究の概観

　誤導情報の効果に関する初期の研究の1つ，Loftus & Palmer（1974）では，被験者に自動車事故の映像を見せ，その後，事故について一連の質問を行っている。質問には，被験者を特定の反応に誘導するための単語が埋め込まれている。たとえば「激突したとき，車はどれくらいのスピードで走っていましたか？」という質問を行うと，「激突」の代わりに，「ぶつかった」とか，「当たった」という単語を用いた場合に比べ，被験者はより速いスピードを報告する。また「激突」という単語を含む質問を与えられた被験者は，実際にはなかったにもかかわらず，ガラスが割れるのを見たと主張する傾向がある。

　自動車事故のフィルムを用いた類似の研究では，誘導するための質問に，実際には存在しないけれど，もっともらしい項目が含まれている（Loftus, 1975）。たとえば，フィルムには納屋は出てこないのだが，ある条件の被験者には「田舎道を行く白いスポーツカーが納屋の前を通過したとき，そのスピードはどのくらいでしたか？」と質問する。一方，統制条件の被験者には「田舎道を行く白いスポーツカーのスピードは，どのくらいでしたか？」と質問する。誘導，統制いずれの質問においても，被験者がスピードをどう見積もるかは重要ではない。問題は，誤情報を運ぶ入れ物なのである。後に，被験者全員にフィルムで納屋を見たかどうかを質問すると，誘導質問を受けた被験者は，より多く納屋を見たと答える傾向があった（誤誘導された被験者では17パーセント，統制条件の被験者では3パーセント）。

　これら初期の研究は，事物が丸ごと目撃された出来事の報告に組み込まれてしまうこともある，ということを示している。ただし，その事物が文脈に合っていれば，の話である（Loftus, 1979bの研究を参照。たとえば電話ボックスは街の風景には組み込まれたが，のどかな田園風景には組み込まれにくかった）。これらは，実際にはないがあってもおかしくない事物が記憶に組み込まれ得ることを示す研究であるが，次の一連の研究はさらにもう一歩踏み込んだものとなった。その第2弾の研究の1つ，

Loftus（1979b）は次のように主張している。「新しい情報は想起を補うだけではない。想起内容を変化させ，変形させることもあるのだ」と（p.312）。

　想起の変化を示す典型的な研究（Loftus, Miller & Burns, 1978）では，被験者は一連のカラースライドで自動車と歩行者の事故を目撃する。この際，被験者の半数は赤い車が停止標識の所で曲がるのを見て，残りの半数は徐行標識の所で曲がるのを見た。誤導情報はこの出来事の後に質問の形で与えられる。被験者の半数は，赤い車が停止標識の所でとまっている時に別の車が追い越して行ったかどうか尋ねられ，残りの被験者は，停止標識の代わりに徐行標識という表現で質問された。つまり，統制条件と誤導条件のそれぞれに，交通標識の２条件「停止」と「徐行」が割り振られた。そして，ある条件の被験者は，スライド提示時とテスト時の両方で一致した情報を与えられ（たとえばどちらとも「停止標識」），別の条件の被験者は，不一致の誘導情報を与えられた（つまり一方が「停止標識」で他方が「徐行標識」）のである。その後，記憶をさらに低下させるため，本来の課題とは無関係の妨害課題を与え，その後で正しいオリジナル項目（「徐行標識」）と誤導情報（「停止信号」）のスライドを提示し，実際に見たスライドを選択するよう被験者に求めた。結果は明瞭であった。一致した情報を与えた被験者の75パーセントが正しい反応をしたが，誤情報を与えた被験者で正しく反応したのは41パーセントであった。

　要約しよう。Loftus et al. は初期の一連の研究で（Loftus, 1975；Loftus, 1979a；Loftus, Miller & Burns, 1978；Loftus & Palmer, 1974），誘導的な事後情報を与えると，被験者はその誤情報を取り込み，不正確な報告をするようになることを示した。これらの研究における記憶の誤りは，事物の細部に関する誤った記述（たとえば自動車の色，飲料水の商品名，道具の種類など）から，まったく新しい事物の取り込みまでさまざまであった。Loftus（1979a）は前者を補足，後者を変形と呼んでいる。これらの現象には理論的説明が必要であり，初期の議論だけでは不十分だということも明らかになった。

第２節　誤情報効果の原因は何か？

　誤導的な事後情報が記憶を補ったり変形させたりするという主張を支持するために，Loftus et al. は，記憶の歪みと体制化を扱った古典的研究に目を向けた（たとえば，Gentner & Loftus, 1979；Loftus, 1979b）。そして，それを支持する証拠をCarmichael, Hogan & Walter（1932）の研究に見いだした。この古典的な研究では，被験者は単純

な線画，たとえば凹みのある長円形を提示される。ただし，提示される前に，被験者は，これから提示する線画はある名詞（2つの名詞のうち，どちらか一方）に似ていると伝えられた。たとえば凹みのある長円形を提示される前に，ある条件の被験者はそれが空豆に似ていると伝えられる。一方，別の条件の被験者は，それがカヌーに似ていると伝えられた。その後，被験者に線画を描いてもらうのだが，彼らが描いたのは提示された元の線画ではなかった。彼らの絵は言語的な記述によるバイアスを受けていたのである。"カヌー"に似ていると伝えられた被験者は，底の深い，両端の上がった長円形を描いた。"空豆"に似ていると伝えられた被験者は，豆のような短い曲線を描く傾向にあった。被験者が線画を見る前に学習したことが，線画の表象にバイアスをかけたのである。

　与えられた名詞が，提示された線画の理解に影響を及ぼしたのだろうか，それとも線画の再生に影響を及ぼしたのだろうか？　Hanawalt & Demarest (1939) はCarmichael et al. (1932) の研究を改変し，線画の提示前に名詞を告げるのではなく，再生テスト時に名詞を告げることにした。だが結果は以前と同様で，言語的情報は描画に影響を及ぼすことが判明した。この新しい研究は，オリジナル情報を学習する際の文脈効果によってのみ，記憶の変容が生じるわけではないことを示唆している。つまり，この研究は，言語的な命名が再生時においても描画を変容させ得ることを示したのである。だがオリジナルの線画が純粋に無傷なまま記憶に留まっているかどうかは依然としてわからないままであった。

　Gentner & Loftus (1979) は，記憶テストとしてはより難しい再生法の代わりに再認法を用い，Carmichael et al. (1932) と Hanawalt & Demarest (1939) の研究に新たな息吹きを吹き込んだ。この研究でも被験者に一連の線画を見せる。この研究で用いられた線画は，一般的な活動か，その活動の特殊な形態を描いたものであった。たとえば，ある線画では少女が小道を歩いている。ここでの「歩く」という行為は，一般的な活動である。一方，より特殊な形態を示す線画では，少女は同じ活動をしてはいるが，ザックを背負い，登山靴を履き，登山ステッキを持っている。つまり，彼女は小道を「ハイキング」しているのである。実験では一方の線画のみを提示する。このとき，被験者は文のリストを渡され，スライドに合った文を選ぶよう求められた。ターゲット用のスライドには，そのスライドに合う文といくつかの選択肢が用意されており，ある条件の被験者には一般的な活動に合う文が，別の条件の被験者には特殊な活動に合う文が与えられた。小道の少女について例を示そう。ある条件の被験者は「少女が小道を歩いている」線画を提示され，「少女が小道を歩いている」という文を

与えられる。一方，別の条件の被験者は，「少女が小道を歩いている」線画を提示され，「少女が小道をハイキングしている」という文が与えられる。「小道をハイキングしている少女」の線画を見た被験者についても，同様の2条件が用意された。その後，被験者は強制選択のテストを受けるために呼びもどされ，与えられたスライドから最初に見た線画を選ぶよう求められた。選択肢は一般的な活動形態を描いた線画か，特殊な活動形態を描いた線画であった。最初に特殊な活動形態のスライドを見た被験者は，このテストにおいてより正確に特殊な活動形態の線画を選ぶ傾向があった。また一般的な活動形態を描いたスライドを見て，特殊な活動形態の文を与えられた被験者は，特殊な活動形態を描いた線画を誤って選択する傾向が強かった。要約するとこういうことになる。オリジナルのスライドがどのようなものであったかにかかわらず，特殊な活動形態を表す文を与えられると，被験者は特殊な活動形態の線画を選択しやすくなるのである。Gentner & Loftus (1979) は，この結果を記憶の表象という観点から解釈し，類似した情報はそれがどこで提示されたかにかかわらず，記憶の中で統合されると考察した。

　ここで問題となるのは，旧情報と新情報の統合が新情報の導入時に起きるのか，それとも被験者がオリジナルの情報を思い出すよう求められるテスト時に起きるのかということである。記憶の変容がテスト時に起きるのであれば，テストの性質を調べることは，想起の誤りを説明する助けとなるかもしれない。Cole & Loftus (1979) はテスト時の反応時間，反応の正確さ，反応の確信度といった測度間の関係について，データを収集した。被験者が学習時ではなく，テスト時に矛盾のある情報を処理するのだとすれば，誤情報のターゲットとなる項目について反応する際，反応時間はより長くなるであろう。またそれらの項目に対する確信度は低いと予想される。結果は，しかし，矛盾のある情報に反応する際も反応時間に差は見られなかった。また誤導された被験者は反応への確信度が低いと予想されたが，そのようなこともなかった。むしろ，誤情報の項目を見たと（誤って）反応した場合，誤情報の項目を見なかったと正しく反応した場合よりも，被験者の確信は高くなる傾向があった。反応時間，反応の正確さ，反応の確信度といった測度間の関係からは，テスト時に特別の処理が行われたという可能性はないことが示唆された。

　Loftus (Cole & Loftus, 1979 ; Gentner & Loftus, 1979 ; Loftus & Loftus, 1980 ; Loftus, Miller & Burns, 1978) はこう主張した。新情報は，それがどこから来たものであれ，記憶表象を不可逆的に書き換えてしまうことがあるのだ，と。この主張は，Loftus本人も認めていることだが，反論の嵐を巻き起こすことになった。それは驚くには当た

らない。誤情報研究は，認知心理学の最も頑強な綱領の1つである，1度長期記憶に入った情報は永久にそこに留まる（たとえば，Atkinson & Shiffrin, 1968）という命題を退かせたのであるから。これまでの枠組みによれば，"失われた"情報は，検索不能となることによって生じるとされていたのである（たとえば Craik & Lockhart, 1972 の処理の深さ，Thomson & Tulving, 1970 の符号化特定性といった理論を参照）。

こういった静的な記憶理論のかわりに Loftus et al. が打ち立てようとしたのは，記憶は高度に構成的な過程であり，経験したものを構成する能力であるという考え方であった。記憶は力動的で変化可能であるとするこの見解は，研究の次なる出発点となった。というのは，この新しい記憶の考え方に不満をもつ認知心理学者たちも，自ら誤情報効果の研究を開始したからである。

第3節　何が誤情報効果に影響するのか？

差異検出原理（Principle of Discrepancy Detection：Hall, Loftus & Tousignant, 1984；Tousignant, Hall & Loftus, 1986）によれば，誤情報により被る影響の度合いは，差異に気づく能力と反比例の関係にある。この原理が示唆する仮説をより具体的に示せば，こうなるだろう。被験者がオリジナルの情報と誤導情報の差異に気づかない場合，誤情報は記憶により大きな影響を及ぼすだろう。また，差異を検出するにはオリジナル情報の強く正確な記憶が要求されるであろう。Loftus & Hoffman（1989）の言葉で言えば，「ターゲットとなる項目をしっかりと記憶している人物に影響を与えたいのならば，その人の記憶が低下し，差異に気づかなくなるまで待たなくてはならない」(p. 103) ということになる。オリジナルの出来事の記憶の質や，事後情報の影響力には，多くの要因が関わっている。要因としては以下に示すように，出来事・事後情報・再生テスト間の経過時間，警告の有無，事後情報のモダリティ，被験者の年齢，誤情報の情報源などがあげられる。

1．時間

時間は，一般人（知覚や記憶に問題がないという意味で）においては，差異を検出する能力を低下させる（そして誤情報効果を起きやすくする）主たる要因の1つである。Loftus, Miller & Burns（1978）は，自動車事故のスライドを被験者に提示した。第1条件の被験者には，スライド提示の直後か，強制選択の再認テストの前に，交通標識に関する誤情報を与えた（従来型の誤情報テスト条件）。第2条件の被験者には，

スライドと一致する情報を与え，第3条件の被験者には情報をまったく与えなかった（統制条件）。再認テストまでの保持期間は，3群ともそれぞれ系統的に変化させた。その条件は直後再認から1週間後までの5条件であった。

統制群の成績はスライド提示の直後が最も高く，保持期間が長くなるにつれて低下した。2日目の成績はチャンスレベルであった。予想通り，一致した情報は成績を高め，誤導情報は成績を低下させた。また，誤導条件では，誤導情報が再認テストの直前に提示された場合に，成績が最も低くなった。この結果から，Loftus（1979a）は次のように主張している。出来事の直後に誤導情報を与えた場合，誤情報項目の記憶は他の記憶と同様に低下してしまうので，テストの際は当て推量が増えるだけである。しかし，誤情報の導入が再認テスト直前まで引き延ばされた場合は，出来事の記憶は低下しているが，誤情報の記憶はまだ十分に強力である。そのため，想起は誤情報に一致するよう歪められるのだと。要するに，長い保持期間と誤導事後情報は成績を低下させ，一致した情報は遂行を高めるということである（Belli, 1989 ; Loftus, 1980 ; Loftus, Miller & Burns, 1978）。

2. 警告

警告の有無もまた，出来事とその出来事に関わる誤導情報の差異を検出する能力に大きな影響を及ぼす。Tousignant et al. の研究（1986）によれば，事後情報に特別な注意を払った被験者は，オリジナルの情報と事後情報の差異に気づきやすく，事後情報の影響を受けにくかった。Green, Flynn & Loftus（1982）は誤導情報に対する警告を被験者に与える実験を行った。この実験では警告を与えるタイミングを変化させる。警告の効果は次のように予測されるだろう。被験者に誤導事後情報が提示されるかもしれないと警告すると，彼らはオリジナルの出来事をより深く処理する。そのため記憶の変容に対する抵抗力が高まるだろう。そこで実験では警告を与えるタイミングを，スライド提示の前，誤導情報の直前，再認テストの直前とし，警告をまったく与えない条件も設けた。そして，被験者が事後情報を読む時間を測定した。その結果，誤情報の提示前に警告を出すと，被験者は文章を読むのにより長い時間をかけることが判明した。読み時間が長いほど，誤導による暗示への抵抗が高まるという結果もわずかながら見られた。ただし，その成績は統制群の水準にまでは至らなかった。

3. 年齢

誤情報効果の影響を左右するもう1つの要因は，被験者の年齢である。Loftus,

Levidow & Duensing（1992）の研究によれば，老人（65歳以上）の記憶は全体的に最も不正確であった。彼らの多くが，実際に提示された項目よりも事後情報で暗示された情報を見たと主張したのである。

　年齢に関する研究の中でも，とくに子どもの被暗示性については，議論が多い（たとえばToglia, 1991；Zaragoza, 1991を参照）。Ceci, Ross & Toglia（1987）は，3歳から12歳の年齢の子どもを対象に研究を行った。大人の実験者が，子どもたちのグループに絵を見せ，物語を読み聞かせる。翌日，別の実験者が子どもに個別の面接を行い，物語に関する正確な情報または変形した情報を提示した。さらに2日後，子どもたちは記憶の変容についてテストを受けた。最も年齢の低い子ども（3～4歳）は誤情報の影響を受けたが，他の年齢グループではグループ間の差はなかった。実験2では手続きは同様だが，大人ではなく子どもが誤情報を提示した。その結果，実験1で見られた結果の一部は，大人が年齢の低い子どもたちに課した圧力によるものだということが判明した。大人の代わりに子どもが誤情報を与えた場合，3～4歳児の記憶成績は20パーセントも向上したのである。だがそれでもまだ，彼らの成績は統制群の被験者に比べると低いものであった。

　大人に比べて，子どもはより暗示を受けやすいのだろうか？　Toglia, Hembrooke, Ceci & Ross（1992）は先行研究の成果を繰り返しつつ，研究者に以下のような「常套の警告」を発している。

　　　事後に暗示を与えれば，必ずやその効果が出るというわけではないことは明らかである。条件によっては，予想通りに行かないこともある。……そして，現在欠けているのはそれらの条件の明確な記述である。……私たち自身のデータは，年少児の記憶が事後の暗示によって歪むことを示しているが，いつもそうなるとは限らないのである（Ceci, Ross & Toglia, 1987）。

　ターゲットとなる事物に対する子どもの興味や関心が，その事物に対する被暗示性に影響を及ぼすかもしれない（Witkinson, 1988）。また実験者が周辺的な事物ではなく，中心的な事物を対象に操作を行うため，事後情報効果が見られないという可能性もある。たとえば玩具のような中心事物は「子どもの関心を強く惹くだろう。そのため，こういった事物について彼らを誤誘導することは困難であると予想される」（Toglia et al., 1992, p.7）。

　多くの変数が誤情報効果に影響を及ぼすが，紙幅に限りがあるので，ここではそのいくつかをあげるにとどめた（より最新で完全なレビューについてはGarry, 1993を参照）。

第4節　オリジナルの記憶はどこへ行くのか？

　誤導事後情報が出来事の報告にバイアスをかけるというのは，もはや疑いのない事実である。だがその背後で何が起きているのかについては，議論の余地がある。誤情報は本当に記憶に損傷を与えるのか，それともテストの構造が被験者の行動に制約を与え，そのために被験者は特定の反応をするのだろうか？

1．記憶の損傷か，テストによるバイアスか？

　McCloskey & Zaragoza (McCloskey & Zaragoza, 1985 ; Zaragoza & McCloskey, 1989) は，記憶損傷理論に対立する優れた研究者である。彼らは伝統的な永久保存理論に忠誠をつくして議論を展開しているわけではない。そうではなく，用いられる記憶テストのせいで誤導情報効果という現象が見られるのだと主張している。より詳しく言うならば，彼らの考えはこうである。ターゲット項目に気づかないか，事後情報が導入される前にそれを忘れてしまったかして，ターゲット項目をきちんと符号化しなかった被験者がいるとする。その場合，彼らは事後に与えられる文が正しいと思い，テスト時にはそちらを選択するだろう。このような被験者は，オリジナル項目と誤情報項目の選択をつきつけられた場合，誤情報の方を選ぶ傾向があるというのである。このことを検討するため McCloskey & Zaragoza は，被験者の選択肢がオリジナル項目とまったく新しい項目のいずれかになるように従来型のテストを改変した。

　彼らの論理は明解である。すべての被験者がオリジナルの出来事でハンマーを見たとする。その後，被験者の半数は誤導情報を与えられず，残りの半数は出てきた道具はドライバーであったと伝えられた。従来型の記憶テストでは，どの被験者もハンマーとドライバーのいずれかを選択するよう求められる。McCloskey & Zaragoza (1985) は，オリジナルのハンマーを覚えている被験者の割合は，統制条件も実験条件も同じだろうと考えた。ハンマーを覚えている被験者は，テストにおいて正しい答えのハンマーを選択するだろう。一方，どちらの条件にもハンマーを記銘しなかった被験者が同程度いると彼らは予想する。ハンマーの記憶をもたない被験者については，もしも事後情報としてドライバーが与えられ，しかも再認テストでドライバーという選択肢があれば，その少なくとも何割かはドライバーを選択するようバイアスがかかるだろう。つまり，この条件ではドライバーを選択する被験者が何割かいるので，記憶は損傷を受けていなくても，誤導条件の被験者の成績は見かけ上低くなるというわ

けである。

　ところで被験者に与えられる選択肢がハンマーと，まったく新しい項目であるレンチであったとしたらどうだろうか。レンチはオリジナルの出来事には出てこないし，事後情報にも含まれていない，まったく新しい項目である。上の議論と同様，どちらの条件にもハンマー（オリジナル項目）を覚えている被験者が同程度の割合いたとする。彼らはハンマーを選択するだろう。一方，統制条件ではハンマーを記銘しなかった被験者は当て推量で推測することになり，その反応はおそらくハンマーとレンチで二分されるだろう。これに対し誤情報条件においてハンマーを記銘しなかった被験者は，誤情報の項目，すなわち事後情報で言及されたドライバーを見たと信じているが，ドライバーを選ぶことはできない。ハンマーとレンチの強制選択を迫られているからである。そこで彼らにとってはハンマーもレンチもどちらも同じことなので，彼らの反応も二分されることになる。したがって，改変されたテストにおいては，統制群も誤誘導群も反応に差がないと予想される。この実験結果について，Loftus（1991）は次のように認めている。

　　　McCloskey ＆ Zaragoza の結果は明解だ。改変されたテストを用いたところ，成績には，誤情報の効果は見られなかった。このことから，彼らはオリジナルの記憶痕跡は誤情報にさらされても影響を受けないと結論した（p.190）。

　しかし間もなく，改変されたテストで集められたデータの解釈には問題があることが判明した。Tversky ＆ Tuchin（1989）は，改変されたテストでは，見たものを覚えていなくても正しく反応できる，つまり，見なかったということさえわかれば正しい答えが選べると主張した。つまり，もしも被験者が，新しい方の項目について，これは見ていないとわかれば，自動的にもう一方の項目，つまり正しい答えを選べるのである。Lindsay ＆ Johnson（1987）も，このテストでは，どこで見たかということではなく，見たような感じがするという感覚によって正しく反応できると主張した。被験者は，項目を実際に見たのか，文で読んだのかわからなくても，正しい答えに到達できるのである。Lindsay ＆ Johnson はこれを，「情報源の誤帰属」と呼んだ。Loftus 型の従来のテストは，誤情報効果の幻想を作り出していると非難されたが，改変されたテストも非難を免れなかった。改変されたテストは，たとえ誤情報効果が実際にあったとしても，その効果を検出できないからである（Belli, 1989；Loftus, 1991）。

　誤情報効果と見えるものの背後にあるものを探そうと，テスト時の反応時間や確信度を調べた研究者もいる。Loftus, Donders, Hoffman ＆ Schooler（1989）は従来型のテストを用い，誤導を受け，誤情報項目を見たと主張する被験者が強い確信を持ってい

ることを示した。それだけではない。これらの質問に対しては，他のどのような質問よりも反応時間が速かった。Tversky & Tuchin (1989) も確信度について，同様のパターンを示す結果を得ている。要するに，誤導されているときの反応は最も速く，確信に満ちていることが，いくつかの異なった研究において示されたのである。

　損傷問題を検討するために，従来型のテストや改変されたテスト以外のテストも用いられている。Roediger (1990a, b) は，顕在記憶と潜在記憶のテストを用いるための理論的背景を提供してくれた。顕在記憶とは，意識される知識または意識的な気づきを伴う保持であり，潜在記憶とは意識的な気づきのない保持のことである。Roediger は記憶研究で用いられてきたテスト方法を歴史的に見直し，顕在記憶のテスト（"直接"テストとも呼ばれる）が保持の測度として最も一般的に用いられてきたことを見いだした。顕在記憶テストでは，被験者は単語や数字のリストを再生するのに意図的な検索方略を用いる。誤情報研究においても，顕在課題ではエピソード記憶を調べるための選択肢が与えられ，被験者は出来事を再認するよう求められる。これとは対照的に，潜在記憶テストでは，与えられた情報そのものの特徴を頼りに，被験者は反応をする。たとえば，潜在テストにおいては，被験者はゲームという名目で与えられる課題において，単語や絵の断片を完成するように求められるのである。

　Roediger (1990a) は最近の研究成果を展望し，顕在記憶と潜在記憶の働きの違いが，顕在テスト（再認テストや自由再生テスト等）と潜在テスト（プライミングや単語完成テスト等）において，しばしば正反対の結果をもたらすことを示した (Jacoby, 1983 ; Srivivas & Roediger, 1990)。そして「学習と記憶に関心を持つ認知心理学者は，伝統的に再生テストや再認テスト（顕在テスト）を用いてきた」(p.1048) ことを重く見て，「記憶の理論は最近まで，ほぼ例外なく，これらの課題によるデータを土台にしてきたが，顕在記憶，潜在記憶という明確な分離は，……伝統的な記憶理論に挑戦を投げかけている」(p.1048) と警告している。Roediger によれば，記憶におけるこのような分離は，異なる処理によってもたらされるのだという。

　Roediger (1990a) は，自分の仮説はすでに確立した先行研究を土台にしている，という。彼は，記憶テストにおける被験者の成績は，学習条件とテスト条件の類似性の程度と関連があると仮定している。これは符号化特定性原理 (Thomson & Tulving, 1970) と似ているといえるだろう。より詳しく述べれば，こうなる。Roediger によれば，顕在記憶テストの成績は，意味的な精緻化や概念的な符号化の度合いに依存するが，情報の知覚的な特徴には依存しない。これに対し，潜在テストは記憶の知覚的な特徴を測定するのであり，そのため刺激材料の表面的な特徴の類似性に依拠するのだ

という。

　例をあげよう。従来の誤情報パラダイムでは，学習時に与えられる情報は視覚的だが，事後情報は文で与えられる。テストもまた文である。そして，テストは顕在的・直接的な記憶テストである。顕在記憶／潜在記憶の理論によれば，出来事となる対象が知覚的にのみ処理されるのならば，記憶された項目は，学習時とテスト時において情報の表面的特徴が一致する度合いに応じて想起されるだろう。被験者はハンマーという事物を視覚的に見て，ドライバーという単語で誤導され，後にハンマーかドライバーという単語を選択するように求められるわけだが，この学習とテスト条件の不一致が，ハンマーではなくドライバーという既知性のある単語を選ぶように被験者にバイアスをかけるのかもしれない。

　Loftus（1991；Kilmer & Loftus；Loftus, 1991に引用）は，誤情報効果に関わる潜在記憶について検討した。一般に潜在記憶の実験パラダイムではプライミング課題を用いる。そこで，学習，誤導，テストという3段階からなる標準的な誤情報パラダイムを再考することにした。潜在記憶研究ではプライミング効果がよく見られるが，果たして誤情報はプライミング効果を低減させるだろうか。これは興味深い問いである。しかし，プライミング効果は情報の表面的な特徴に敏感なので，この問いは不明瞭なものとなりそうだった。誤情報の研究では，絵と単語というように，表面的特徴が変化するからである。そこで潜在記憶課題としては一般的な単語完成や絵の漸崩テストではなく，カテゴリー生成テストを用いることにした。たとえば「道具」というカテゴリーを与え，被験者にこのカテゴリーに含まれる項目をあげさせるのである。誤情報によってプライミング効果が低減するのであれば，誤導された被験者は，統制条件の被験者に比べ，出来事項目をあまりあげることができないと予想された。さて結果だが，全体的に見ればプライミングの減少は認められなかった。誤導された被験者は，統制群の被験者と同程度に項目を産出できたのである。ただし（誤情報を提示され，しかも）誤情報を受け入れた被験者についてのみ分析したところ，これらの被験者は，誤情報に抵抗を示した被験者に比べ，項目の生成が少なかった。

　まとめよう。何が誤情報効果を引き起こすのかという問題については，先行研究にもさまざまな議論がある。実際にはハンマーが握られていたというのに，強盗はドライバーをもっていたとすばやくしかも確信をもって人が主張するときに，これはいったい何を意味しているのか？ Loftus & Loftus（1980）は，「この問題を完璧に理解することは不可能かもしれない，ということを最初に述べておく必要がある」（p.409）と注意を喚起している。彼らは次のような思考実験をした。ある人が頭にビ

デオカメラを取り付けて交通事故を目撃したとする。この目撃者は，後に，何らかの仮想的な検索方法を用いて，覚えていることを記述する。一方，別の人が出来事のビデオを見る。もしも目撃者の記述がビデオと同じだと証明されれば，

> 記憶とビデオは識別不可能だということになる。このような発見がなされれば，心は現実の表象を正確に記録し，情報を永久に保存するという，多くの人が共有する立場を明解に支持することになるだろう (p. 409)。

誤情報の研究者にとっては，上のような結果は，誤導情報がオリジナルの情報を書き換えたりそこなわせたりするという主張を弱めることになるだろう。誤情報現象は，誤情報がバイアス効果をもつという観点から解釈されるようになり，研究の流れは，埋もれたオリジナルの記憶を発掘するさまざまな試みに向かって動いていくに違いない。

だが，上の思考実験には別の可能性もあり得る。それは，上のような手続きを用いても，目撃した人物の再生は不正確・不完全で，時間と共に悪くなることが示されるという可能性である。

> そのような発見は，情報が失われることで忘却が起こるという見解と一致するだろう。だがそのような見解は，依然として決定的ではない。なぜなら，どのような検索方法を用いようとも，その方法が不十分であったためにすべての情報を取り出すことができなかった，情報はどこかに埋もれたままなのだ………という議論が可能だからである (p. 409)。

そう考えると，記憶の変容のメカニズムに関する議論は解決不可能のようにも思われる。実際，誤情報効果は効果の集合である (Belli, 1989)。オリジナルの記憶の損傷や破壊を仮定すべき効果もあるし，オリジナルの情報が記憶されず，事後情報が記憶に組み込まれるだけだと仮定すべき効果もある。ただどの議論にも，その中核には，誤導事後情報が最初に覚えられなかったギャップを埋めるだけのものであるのなら，そのようなメカニズムは興味深いものではないという態度があるように思われる。Loftus & Hoffman (1989) はそのような批判家を次のように非難している。彼らは，多くの誤情報効果のタイプのうちの1つだけにこだわり過ぎている。閉じ込められた，あるいは変容した記憶の背後にあるメカニズムを調べる際，彼らは，他の現象は注目に値しないと，あまりにも簡単に切り捨てているのだと (Loftus & Hoffman, 1989を参照)。

2．本当の信念

　人々は暗示された記憶を本当に信じてしまうのか，それとも単にテスト時の反応にバイアスがかかるだけなのだろうか。誤導された被験者は正しい出来事情報を選択する場合と同様，暗示された情報を誤って選択する場合にも，速くかつ確信度の高い反応をする (Loftus, Donders, Hoffman & Schooler, 1989)。だが反応時間も確信度も，信念の強さを表す理想的な指標とはいえないかもしれない。では何が誤情報項目を見たときの被験者の真の信念を表すよりよい指標となるのだろう。

　Zaragoza & Koshimider (1989) は被験者に項目を提示し，それをどこで学習したか尋ねる実験を行った。被験者に与えられた選択肢は，スライドでその項目を見た；文章でそれを読んだ；どこで見たか覚えていないが，出来事について覚えていることと一致している；どこで見たか覚えていないが，出来事について覚えたことと一致していない，であった。その結果，被験者は，統制条件のスライドを見たというほどには，誤導条件のスライドを見たと判断することはなかった。Zaragoza & Koshimiderはこの結果から，誤情報の存在に対する真の信念があるという証拠はないと結論している。

　一方，Lindsay & Johnson（たとえば1989）は，被験者は誤導情報の情報源を正しく同定できることもあるが，そうでない場合もあると示唆している。彼らは，情報源は記憶に附随していると述べながらも，情報源のモニタリングはうまくいかないことがあると考察している。それはおそらく，暗示された情報源が手っ取り早い答えとなってしまうからだろう。被験者は，最初の答え（誤った情報源）を見つけてしまえば，それ以上別の情報源（正しい情報源）を見つける努力をしないのかもしれない。

　繰り返しになるが，類似したデータが異なった方法で解釈できるという場合，警戒が必要である。誤情報効果の追跡不可能な方略や，解決することのできない問題を追い求めてしまう危険性があるからである。Toland (Weingardt, Toland & Loftus, 1994に引用) は，記憶テストの回答にお金を賭けるよう被験者に要求するという，今までとは異なる方略を使用した。期待通り，誤導された被験者の反応は，統制の被験者に比べ，不正確であった。だが賭けのパターンは，暗示された記憶と統制条件の記憶とで類似していた。全体の約半数で，誤導された被験者は自分の誤った記憶に最大のお金を賭けた。賭け金が信念の指標であるとするならば，この結果は，誤導された被験者は誤った記憶を信じたことを示しているといえるだろう。もちろん，賭け行動は，被験者の危険を冒す性質をも反映しているかもしれない。

誤情報現象における「本当の信念」については，Weingardt et al. (1994) がより詳細な議論を行っているので参照していただきたい。

第5節　実験室から現実の世界へ

　約20年，研究者は繊細で焦点を絞った質問を問い，誤情報効果の研究を進めてきた。その結果，生態学的妥当性について批判する者も出てきた。彼らの議論はこうだ。これらの実験は表層的な細部情報を実験室で操作しているにすぎない。彼らの研究は，生活という意味ある経験において記憶がどう機能するかという問題からは，ほど遠いものであると。だが実際には，研究されている記憶の歪みの例が，現実の生活のいたるところで認められている。以下のような法における人間劇も，研究されている誤情報現象の諸側面と重なるのである。
　サリーの記憶を見てみよう。ある朝，サリーが目を覚ますと，寝室に侵入者がいた。彼はサリーの額に銃を押しつけ，声を出したら子どもを殺すと言った。続く2時間，サリーと10代の娘は縛られ，目隠しされ，強姦され，もてあそばれた。翌朝，サリーは仕事仲間のロイスに電話して，その日は会社を休むと伝えた。その日遅く，サリーの恋人は激怒しながら繰り返しこう言った。犯人は君の知っているだれかに違いない，なぜって，その男は自分がだれだかわからないようにものすごく注意を払っていたんだろう，と。サリーが証言するとき，彼は，彼女が知人について考えるようにと，こう言った。"君は近所でその人物を見たことがあるんだ，どこかでその男を見たんだよ……スーパーとか教会とか，……パーティーとか……"「パーティー」ということばで，サリーはその男の顔を思いつき，名前を結びつけた。
　その人物はクラレンス・フォン・ウイリアムスで，サリーの仕事仲間であるロイスの夫であった。数週間前，サリーは恋人とパーティーに行き，フォン・ウィリアムスたちと数時間を過ごしたのだった。公判を待つ間に，サリーはクラレンスが彼女を襲ったのだと，ますます確信を強めるようになった。彼女は公判で確信をもってクラレンスを識別し，クラレンスは物的証拠がないのに加重暴行で起訴され，50年の刑を宣告された。
　2か月後，32歳のシモニスが別の事件で逮捕され，7つの州にわたる70以上の犯罪を自白した。その中には，クラレンスが起訴された犯罪も含まれていた。クラレンスの検察官はシモニスの自白をビデオで見た後，クラレンスに対するすべての起訴を取り下げた。しかし，サリーの反応はまったく異なっていた。ビデオを見ても，彼女は

シモニスが本当の加害者であることを信じようとはしなかった。シモニスは真犯人だけが知っているような詳細を語ったが，彼女の態度は変わらなかった。

　この事件では，サリーが仕事仲間のロイスに電話をかけた時に事後の暗示が始まったのかもしれない。加害者を知っているかもしれないという，何度も繰り返された言葉は，信頼できる情報源である恋人から与えられた。最終的にサリーはクラレンスの顔を見て，強姦犯だと識別したが，その時サリーは偽りの記憶という過ちを犯したのである。そして彼女は，真犯人の告白を前にしながら，それを強固に否定した。実験室の研究者は，偽りの記憶に対する信念の指標となるものを開発したいと願っている。だが彼女の反応ほどよい指標は望めないかもしれない。

　　　　Garry, M., Rader, M., & Roftus, E. F. *Classic and contemporary studies on the impact of misleading information.* を厳島行雄，仲真紀子が訳したものである。

第10章 意思決定の論理
推論と判断

　心理学は反応の観察によって成立するものであり，またほとんどすべての認知的反応（記憶内容の表出も当然含まれる）は一種の判断過程と見なせる。ここから意思決定問題の重要性が生じる。目撃証言の心理学と意思決定論との間には，少なくとも3つの関係がある。

　第1の関係は，記憶内容の表出という行動自体が一種の意思決定であることより成立する。記憶内の情報には，形式，内容の面からさまざまの可能性があるが，記憶内に「蓄積」され，時として変容を受けた情報は，当然のことながら観察可能な反応として表出されなければ他人にはわからない。したがって，ある物事を記憶しているかと問われたとき，人は記憶の中を検索し，ある「記憶」が存在するのかしないのかを決定しなければならない。しかし「犯人には目が2つあり，口が1つであった」といったたぐいの証言は真実だろうが価値がない。証人はあえてこのような証言はしないはずである。なぜだろうか？　証人は，事実同定に寄与するであろうと思われる記憶を語るのであるが，これはさまざまな要因を考慮したうえの一種の取捨選択・再構成であり，すなわち意思決定の1つの形態と見なさなければならないのである。

　記憶というのはビデオのようなもので，必要に応じて自由自在に正確に再生可能のように見なされることがあるが，本書の各章で述べられている通り記憶とは決してこのような単純なものではない。心理学では，あるものが見えた，見えなかったという非常に単純な知覚事態でさえも，一種の意思決定と考えられている。同様に，あるものを「記憶している」，「記憶していない」という反応も一種の意思決定過程と考えられるのである。また心理学における記憶の実験はほとんどすべてが信号検出理論あるいは確率論的モデルを暗黙のうちに仮定しているので，実験結果の意味を理解するためには意思決定論の知識がどうしても必要となるという点も見落とせない。

　もう1つの関係は，記憶内容表出は事実だけではなくどうしても推論結果を語ることになってしまう点から生ずる。この推論プロセスはさまざまな形式をとりうるが，

ある場合には確率的意思決定モデルにより記述可能なのである。例えば「東洋人はめがねをかけている確率が高い」という知識,「犯人は東洋人であった」という事実,から「犯人はめがねをかけていた」と推論してしまうなどがこれにあたる。推論は事象を観察したその場で行われることもあるし,後日行われることもあるが,どちらにしても禁止するのは不可能である。したがって確率的推論の過程は無視することができない。

最後の関係は,記憶からの証言・証拠は一種の不確定情報であり,その証明力の規範的モデルとして確率的意思決定論が重要な意味を持つという点から生じてくる（太田, 1982 ; Hastie, 1993 ; 松原, 1977）。これは記憶の心理学の問題というより証言,証拠を吟味する裁判官（陪審員）の内的思考過程の合理性の問題であるが,一方目撃者の内的過程の理解にも示唆するところが大きい。本章では扱わないが,このような観点から刑事訴訟を論じた松原（1977）の刑事訴訟の決定論的モデルは読みごたえがある。ところで,人間の判断は必ずしも規範理論に従わないとの指摘もなされている。規範理論は一種の合理性・最適性を保証するものであるから,これに従わないということはなんらかの意味で誤りを犯すことにほかならない。人間の確率判断がこの種の誤りから逃れ得ないとすれば,証言者の内的プロセス,あるいは証言を利用する裁判官（陪審員,検事）の思考プロセスにおいて,無視できない問題を投げかけることになる。

本章では,まず確率的意思決定としての記憶表出について解説し（信号検出理論），次に証言・証拠の規範的モデルについて考察し（Bayes(ベイズ)の定理），最後に確率判断における人間の判断と規範理論の乖離についても概観する。

第1節　信号検出理論と記憶検索課題

記憶がはっきりしていることは実は稀なことである。そこで人間は,
　記憶しているのか記憶していないのかがよくわからない
　記憶しているつもりだが自信がない
　覚えているはずのものがどうしてもでてこない
というような不確定状態に落ち込む。

10個の単語からなる記銘リストを記憶し,その単語を1週間後に再認するという単純な記憶実験を考えてみよう。実験は記銘課題 - 1週間 - 再認課題という流れとなる。通常このような実験においては,再認課題でディストラクタ（妨害項目,幻惑項目）

と呼ばれる記銘課題では用いられなかった単語もあわせて提示する。またもともとの記銘リストに含まれていた単語はターゲットと呼ばれる。ちなみに目撃証言の事態でいえば，記銘リストの単語（ターゲット）は生起した過去の事象，ディストラクタは生起しなかった過去の事象，再認リストは生起したかもしれないし生起しなかったかもしれない過去の事象，に相当する。なおここで「事象」というのは，人物，物，出来事や，それらの属性を含み具体的文脈によってその意味するものは変化する。

再認課題で被験者の行うことは，再認リスト＝「記銘リスト（ターゲット）＋（複数の）ディストラクタ」に含まれる単語が，もともとの記銘リストに「あった」のか「なかった」のかを答えることである。すると再認実験の反応には以下の4種類の場合が生起することになる。

A：ヒット
　記銘リストに存在した単語を正しく再認する。

B：コレクトリジェクション
　記銘リストに存在しなかった単語を正しく棄却する（この単語は「記銘リストになかった」という）。

C：ミス
　記銘リストに存在した単語を誤って棄却する。

D：フォルスアラーム
　記銘リストに存在しなかった単語を誤って再認する。

ヒット，コレクトリジェクション等々という用語は信号検出理論が通信工学，とくにレーダー監視に由来することを示している（例えば，Hancock & Wintz, 1966）。さてC, Dは誤りであるが，その性質はかなり異なる。目撃証言では，Dは重大な結果をもたらす。すなわち，もし犯人同定の目撃証言によって有罪・無罪が決まるとすれば冤罪となり，犯人は野放しで，無実の人が泣くことになる。これに比べてCでは犯人は野放しになるだけであり，Dよりはましであろう。

このような実験事態では以下のような現象が生起する。

① 正答率（A+B）は，記銘リストとディストラクタの類似性が高いと低下する。例えば，記銘リストが｛犬，猫，馬，……｝のような動物の名前であるとき，ディストラクタが｛警察官，会社員，医師，……｝のような職業名であったとすると正答率（A+B）は高くなり，｛ライオン，熊，……｝のような動物名であれば正答率は低くなる。

② 正答率は記銘リストが「良く記憶」されていれば増加する。これは当然のこと

である。「良い記憶」のための条件については各章を参照されたい。

③ 被験者の反応態度によって反応が異なる。非常に慎重・控え目な被験者がすべての単語を「記憶リストになかった」と棄却したとしよう。この場合，

　　　Aの確率0　　Bの確率1　　Cの確率1　　Dの確率0

となる。また非常に鷹揚な被験者が，すべての単語を「記憶リストにあった」と再認したとしよう。この場合，

　　　Aの確率1　　Bの確率0　　Cの確率0　　Dの確率1

となる。すなわち，被験者の持つ態度・方略によって何が再認されるのかが変化するのである。もちろん，このような極端な被験者は少ないが，再認は記憶の強度だけでなく，反応の際の態度によっても影響を受けるという発想は重要であろう。

④ そもそもターゲットやディストラクタの数がどのくらいあるか（事前確率）によって反応は変わる。例えば，先ほどの例で再認リストがディストラクタを10000個含んでいたとしよう。そうすると，被験者は「あった」という反応を控え目にしなければ，フォルスアラームを大量に発する（誤りが増加する）ことになってしまう。

1．信号検出理論

ＡＢＣＤの４つの確率は通常以下のように説明される。まず，記憶の強度（熟知感でもよい）の潜在的次元 x を仮定する。するとターゲットの記憶強度は大きな値，ディストラクタの記憶強度は小さな値と自然に仮定できる。さらに，さまざまな統制不能な要因により各項目に対する記憶強度が心内で確率的に変動し，さらにその変動の分布が正規分布で近似できるものとする。以上を図で表わすと図1-10-1のようになる。ここで，

　$f(x|D)$ ディストラクタの確率分布

　$f(x|T)$ ターゲットの確率分布

である（正式には条件つき確率密度関数と呼ばれる。また D はディストラクタ，T はターゲットを示す）。また図上で被験者の反応態度は決定基準 k_0, k_1 等で表現されている（その意義については後述

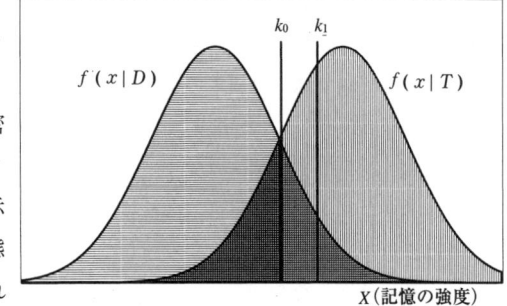

● 図1-10-1

する)。

　再認リスト内の1つの項目 I が潜在的次元 X 上で記憶強度 x_i を持っていたとしよう。被験者はこの x_i の値を手がかりに，I がターゲットなのか，ディストラクタなのかを決定することになる（より正確にいえば，I は $f(x \mid D)$ からのサンプルなのか，それとも $f(x \mid T)$ からのサンプルなのかを決定する）。この判断は明らかに x_i の値の影響を受ける。ここで被験者は $f(x \mid D)$，$f(x \mid T)$ に x_i を代入した $f(x_i \mid D)$ と $f(x_i \mid T)$ の値を比較するものと仮定する。（この2つの値は点 x_i 上における関数の値（曲線の高さ）である)。

　ここで尤度比と呼ばれる，

$$L = f(x_i \mid T) \,\big/\, f(x_i \mid D)$$

という量を考える。そして，L の値がある値以上ならばターゲットであり，そうでないならディストラクタであると決定するものと仮定する。例えば，L が1以上なら $f(x \mid T)$ から，1未満なら $f(x \mid D)$ から I がサンプルされたと決定するのが1つの方法であろう。$L = 1$ となるのは，2つの曲線が交わる点である。したがって，この場合は $x_i \geq k_0$ 以上ならばターゲット，それ以外はディストラクタと判断しても同じことである。

　以上の議論では，ＡＢＣＤの4つの場合を等価と見なしている。しかしながら，場合によってフォルスアラームが非常な害になる場合（目撃証言），ミスが非常な害になる場合（医療診断における病気の見落とし）等々が存在する。すなわち，4つの場合の持つ「価値」が異なるのが普通である。そこで以下のような効用（賞金と罰金と考えてよい）が与えられているとしよう。

　Ａ：記銘リストに存在した単語を正しく再認する。　　　　　U_1 円の賞金
　　　（ヒット）
　Ｂ：記銘リストに存在しなかった単語を正しく棄却する。　　U_2 円の賞金
　　　（コレクトリジェクション）
　Ｃ：記銘リストに存在した単語を誤って棄却する。　　　　　U_3 円の罰金
　　　（ミス）
　Ｄ：記銘リストに存在しなかった単語を誤って再認する。　　U_4 円の罰金
　　　（フォルスアラーム）

　また，ターゲットの数を NT，ディストラクタの数を ND とする。効用が与えられたとき被験者の判断はどう変化するだろうか？　この事態は一種の賭けである。賭け

であるから，1回1回の勝負では勝ったり負けたりするわけだが，合理的な被験者は多数回の勝負で期待効用（平均的な獲得金額）を最大化するように判断するものと仮定できよう。すると，

$$\beta = \frac{U_2 + U_4}{U_1 + U_3} \times \frac{ND / (NT+ND)}{NT / (NT+ND)} \qquad (1)$$

が最適な判定基準を与える尤度比であることが数学的に証明できる（Green & Swets, 1966, P. 23）。なお U_3, U_4 は損失の値である。

目撃証言においても，証人の決定によってもたらされる結果の価値は反応の種類によって異なる（例えばフォルスアラームはなるべく避けなければならない）。各場合に対する主観的効用は金額によって代理できるものとし，以下のようであるとしよう。

 A：過去の事実を正しく指摘したら   10000円の報酬 U_1
 B：過去の事実でないことを
   過去の事実でないと正しく指摘したら 100円の報酬 U_2
 C：過去の事実を見落としたら   10000円の罰金 U_3
 D：過去の事実でないことを
   過去の事実と誤って指摘したら 1000000円の罰金 U_4

また仮に $NT = 1$, $ND = 9$ としよう。すると（1）式より，

$$\beta = \frac{1000000 + 100}{10000 + 10000} \times \frac{9/10}{1/10} \fallingdotseq 450$$

を得る。尤度比450というのは非常に高い値であり事実上達成不可能である。そこで被験者はこのような効用のもとでは何を見ても「過去の事実ではない」と言い続けることになる。ところが今の例で効用を，

 A：犯人を正しく指摘したら   1000000円の報酬 U_1
 B：犯人でない人を犯人でないといったら 100円の報酬 U_2
 C：犯人を見落としたら   100円の罰金 U_3
 D：犯人でない人を犯人といったら 100円の罰金 U_4

とすれば $\beta \fallingdotseq 0$ となってしまう。この場合，だれがでてこようとも犯人であると言い続けることになり，すなわち「人を見たら泥棒と思え」という反応態度にほかならない。以上の2つの例は，反応態度の重要性を如実に物語っている。

正規分布の仮定のもとでは最適尤度比 β と x 軸上の決定基準 k との間にはほぼ1対1の関係がある。すなわち，

$$\beta = f(k_{\text{optimal}} \mid T) \;/\; f(k_{\text{optimal}} \mid D)$$

となる k_{optimal} が存在するならば，これが期待効用が最大化されるという意味で潜在的次元 x 上での最適の判断基準となる。そこで，

$x_i > k_{\text{optimal}}$　　ならばターゲットと答える

$x_i < k_{\text{optimal}}$　　ならばディストラクタと答える

というのがよい反応方式であることになる。しかし理論的最適値 β（あるいは k_{optimal}）と被験者が選択すると想定される尤度比（あるいは k_1）は必ずしも一致しない。被験者はとくに極端な決定基準を避ける傾向にあることが知られている。どちらにしてもひとたび決定基準 k_1 が決まれば，

$$P(\text{ヒット}) = \int_{k_1}^{\infty} f(x \mid T)\,dx$$

$$P(\text{コレクトリジェクション}) = \int_{-\infty}^{k_1} f(x \mid D)\,dx$$

$$P(\text{ミス}) = \int_{-\infty}^{k_1} f(x \mid T)\,dx$$

$$P(\text{フォルスアラーム}) = \int_{k_1}^{\infty} f(x \mid D)\,dx$$

となる。図示すれば図1-10-2のようになる。これより，正答が多く誤りが少ないためには，①2つの分布の平均値間の差が大きく，②標準偏差が小さい必要があることがわかろう。①が意味するのは，ターゲットとディストラクタの「分離度」が高いということであり，②が意味するのはターゲットやディストラクタの「明瞭度」が高いということである。

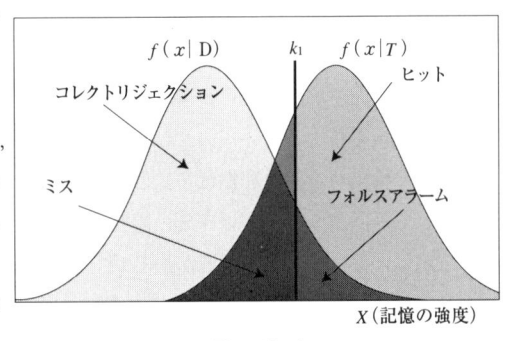

●図1-10-2

2. ラインナップにおける決定

　ラインナップにおいて求められる「過去の事実」に相当するのは1人の個人であり，この個人をN人の選択肢から選択することを求められる。この事態を信号検出理論ではN選択肢強制選択課題と呼び，図示すると図1-10-3のようになる。この場合ターゲットの確率分布が1つと，ディストラクタの確率分布が$N-1$個あり，正しい判断（ヒット）が得られる確率は$f(x|T)$からのサンプルが，残りのディストラクタの分布のサンプル（複数）よりも大きくなる確率で与えられる（小谷津，1973）。

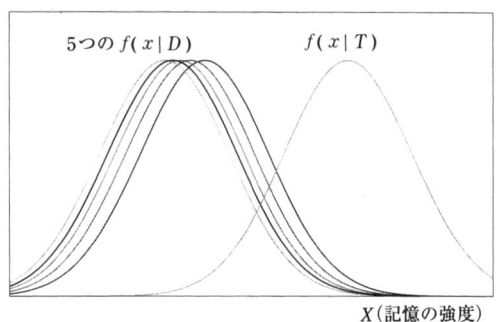

●図1-10-3

3. まとめ

　信号検出理論はこのままの形で実際の役に立つとは限らないが，私たちに思考の立脚点と，さまざまな教訓を与えてくれるという点において有益である。
とくに，
　① 記憶表出とは人間の判断であり，さまざまな要因によって影響を受ける
　② 人間の意思決定は最適とは限らず，バイアスを受ける
という点は重要であろう。
　逆に信号検出理論の盲点は，
　① 仮定が非現実的な場合が多い。例えば，ターゲットの分布が一次元の潜在次元上で正規分布するというのがどうして保証されるのか？
　② 信号検出理論の合理性は多数回の試行を行なうことによって保証されている。従って一回限りの反応は保証の限りではない
　③ 記憶にはさまざまの構造があるが，この構造を反映するメカニズムが考慮されていない
等々があげられる。

第2節　Bayesの定理あるいは確率的意思決定の規範性をめぐって

　前節で述べた状況ではターゲットがリスト内に必ず存在するということが前提となっている。しかし目撃証言の特異な点はそもそもターゲットが未知である点である（ターゲットが既知ならば目的証言を得る必要はなくなる）。したがってターゲットが再認リストに含まれているかどうかも未知である（この点を改良するモデルを Wells & Turtle (1986) が提案している。ただし仮定に無理があり手直しが必要と思われる）。

　証拠やデータが与えられたときに，そこからターゲットや原因を確率的に推論する際に用いられるのが Bayes（ベイズ）の定理であり（繁桝, 1985），この定理は合理的意思決定を保証するものと見なされている。Bayes の定理とは B という事象が観察されたとき A という事象がどの程度の確率で推定できるかを決定するもので，

$$P(A \mid B) = \frac{P(B \mid A)\ P(A)}{P(B)}$$

$$= \frac{P(B \mid A)\ P(A)}{P(B \mid A)\ P(A) + P(B \mid \neg A)\ P(\neg A)}$$

と与えられる。1つ例をあげてみよう。

【例1　容疑者　山田太郎】
　この定理に従えば，例えば山田太郎という容疑者がおり，犯人＝山田太郎という証言が得られたとき，

P(犯人＝山田太郎 | 犯人＝山田太郎という証言)

$= \dfrac{P(\text{犯人＝山田太郎という証言} \mid \text{犯人＝山田太郎})\ P(\text{犯人＝山田太郎})}{P(\text{犯人＝山田太郎という証言} \mid \text{犯人＝山田太郎})P(\text{犯人＝山田太郎}) + P(\text{犯人＝山田太郎という証言} \mid \text{犯人≠山田太郎})P(\text{犯人≠山田太郎})}$

が成り立つ。この式に含まれている確率を解説する。

P(犯人＝山田太郎 | 犯人＝山田太郎という証言)
　　犯人が山田太郎であるという証言が得られたとき山田太郎が本当に犯人である条件つき確率。証言があれば必ず犯人であるわけではないからこのような確率の大小を吟味するのは意味があろう。この確率は証拠が与えられた後の事後確率と呼ばれる。

$P(犯人 = 山田太郎という証言 | 犯人 = 山田太郎)$

　　山田太郎が本当に犯人であるときに犯人が山田太郎であるという証言が得られ条件つき確率。例えば暗闇の犯罪ならばこの確率は低くなるだろうし，記憶の誤りということもある。

$P(犯人 = 山田太郎)$

　　犯人が山田太郎である確率。証言だけが証拠であることは稀であり，その他の証拠により山田太郎の犯人である確率は推定可能であろう。そうでなくとも容疑者が N 人いるときに $1/N$ と置くことはできよう。この確率は事前確率と呼ばれる。

$P(犯人 = 山田太郎という証言 | 犯人 \neq 山田太郎)$

　　山田太郎が犯人でないときに犯人が山田太郎であるという証言が得られる条件つき確率。誤りの証言が得られる可能性である。

$P(犯人 \neq 山田太郎)$

　　犯人が山田太郎でない確率（ほかのだれかが犯人である確率）。

　ここで重要なのは右辺の確率をどのように算定するかである。とくに，

$P(犯人 = 山田太郎という証言 | 犯人 \neq 山田太郎) P(犯人 \neq 山田太郎)$
$= P(犯人 = 山田太郎という証言 | 犯人 = 高橋三郎) P(犯人 = 高橋三郎)$
$+ P(犯人 = 山田太郎という証言 | 犯人 = 斉藤二郎) P(犯人 = 斉藤二郎)$
$+ P(犯人 = 山田太郎という証言 | 犯人 = 鈴木四郎) P(犯人 = 鈴木四郎)$
$+ \cdots\cdots$

という関係が成り立つ。すなわち山田太郎以外が犯人である可能性がどの程度なのかが問題となる。

　Bayes の定理の妥当性に対しては，たとえ Bayes 論的アプローチの規範的合理性を認めるにしても，モデル化のために事象を単純化しなければならないし，具体的な確率値を決定するのは難しいので無意味だという議論も成立するが（Bar - Hillel, 1984），信号検出理論がそうであったように「理想状態」を考えるのはしばしばさまざまな教訓を与えてくれるものである。ところが Bayes の定理はしばしば人間の直観と異なる結論を導き出す（市川，1998も参照）。ここでは以下の2例を用いて確率推論について考えてみたい。

【例2　個体同定のパラドクス】

　A さんの町には10万人の人がいる。この人たちを x_i (i = 1, 2, ………, 100000)

とする。x_1をAさんの妻とする。さてAさんが盛り場でばったりと「妻の顔」を見かけたとしよう。この「妻の顔」を持った人が本当に妻である確率はどの程度であろうか？ Aさんは愛妻家なので仮に以下のような確率が仮定できるとしよう。

$P(妻の顔 | x_1) = 1$　　　Aさんが奥さんを見て妻の顔を同定する確率
$P(妻の顔 | x_2) = .00001$　Aさんが赤の他人x_2を見て妻の顔を同定する確率
$P(妻の顔 | x_3) = .00001$　Aさんが赤の他人x_3を見て妻の顔を同定する確率
$P(妻の顔 | x_4) = .00001$　Aさんが赤の他人x_4を見て妻の顔を同定する確率
　　　　　⋮

$P(x_i) = 1/100000, (i = 1, 100000)$　　各人の事前確率

するとBayesの定理により，

$P(x_1 | 妻の顔)$

$$= \frac{P(妻の顔 | x_1) P(x_1)}{P(妻の顔 | x_1) P(x_1) + \sum_{i=2,100000} P(妻の顔 | x_i) P(x_i)}$$

$$= \frac{P(妻の顔 | x_1)}{P(妻の顔 | x_1) + \sum_{i=2,100000} P(妻の顔 | x_i)}$$

$$= \frac{1}{1 + 99999 \times 1/100000} \fallingdotseq .5$$

程度となってしまう。人口100万人の町なら，

$$= \frac{1}{1 + 999999 \times 1/100000} \fallingdotseq .09$$

という低い値になってしまう。Aさんが奥さんを見て，奥さんの顔を同定する確率$P(妻の顔 | x_1)$は1なのにこのような結論が導かれるのは不思議である。この原因は奥さん以外の何万人もの人を可能な選択肢として考慮にいれていることである（人口が10人ならば$P(x_1 | 妻の顔)$はほとんど1になる！）。

【例3　難病のパラドクス】

A病とB病という2つの病気があり，その治療法はまったく異なる。Tという検査があり，A病とB病を.8の確率で正しく判定する。A病とB病の患者数は19対1の割合でA病が多い。ある人が検査Tの結果B病であるという判定を受けた。この人が

第1編　心理学からのアプローチ

本当はA病である確率はどの程度か？（Cohen, 1981）

　　$P(\text{A病}) = 19/20$
　　$P(\text{B病}) = 1/20$
　　$P(\text{A病という判定} | \text{A病}) = .8$
　　$P(\text{B病という判定} | \text{B病}) = .8$
　　$P(\text{A病という判定} | \text{B病}) = .2$
　　$P(\text{B病という判定} | \text{A病}) = .2$

と置くことができる。するとBayesの定理より，

$P(\text{A病} | \text{B病という判定})$

$$= \frac{P(\text{B病という判定}|A) P(A)}{P(\text{B病という判定}|A) P(A) + P(\text{B病という判定}|B) P(B)}$$

$$= \frac{.2 \times 19/20}{.2 \times 19/20 + .8 \times 1/20} = \frac{19}{23}$$

となる。すなわち，「80パーセントの確率でB病である」という検査結果にもかかわらずまだA病である可能性の方が高いことになる。これはA病とB病の事前確率の大小に起因する。Cohen（1981）はこのような場合は，検査結果を信じてB病の治療を受ける方が患者の判断としては妥当であると述べている。その根拠は，患者は患者全体の確率ではなく自分自信の生存にかかわるような情報に注目するべきだからである。このCohenの説をBayes的議論に乗せると次のようになるだろう。

$P(A | \text{検査でB})$

$$= \frac{P(\text{検査でB}|\text{A病の私}) P(\text{A病の私})}{P(\text{検査でB}|\text{A病の私}) P(\text{A病の私}) + P(\text{検査でB}|\text{B病の私}) P(\text{B病の私})}$$

$P(\text{A病})$というのは，統計的に集められたデータに立脚している。それに対して$P(\text{A病の私})$というのは個人の生存にかかわる主観的信念である。人によっては，

　　$P(\text{A病}) = P(\text{A病の私})$

と考えることも可能であるが，まったく別の可能性もある。例えばB病がエイズの様な病気であり，身に覚えがあるならば，

　　$P(\text{A病の私}) = .1, P(\text{B病の私}) = .9$

のように置くこともできよう。また，

　　$P(\text{A病の私}) = .5, P(\text{B病の私}) = .5$

と置くことも考えられよう。最後の場合には，

$$P(\text{A病}|\text{B病という判定}) = \frac{.2 \times 1/2}{.2 \times 1/2 + .8 \times 1/2} = \frac{1}{5}$$

となり，A病である確率は低くなる。このように事前確率をどのように考えるかによって，でてくる結論はまったく異なる場合があるのである。

ターゲットが複数の特徴で記述される場合（ベイジアンアップデイティング）

　実際の状況では複数の証拠（目撃証言では複数の証言，医療場面でいえば検査，症状）が与えられ，そこから意思決定を行う状況が問題となる。

【例4　Collins事件】
　1964年，老婦人がカリフォルニア州サンペドロで路上強盗に襲われ，ハンドバッグを奪われた。複数の目撃者が，金髪・ポニーテールの女性（白人）が路上を走り去り，あごひげ・口ひげをはやした黒人の運転する黄色い車に乗ったと証言した。警察はコリンズ夫妻を告発した。だれも犯人であると同定はできなかったが，この夫妻は目撃者の記述に合致していた。検察は被告が犯人である確率をある数学者に専門鑑定させた。この鑑定は以下のようなものであった（Fairley & Mosteller, 1974）。
　6つの特徴とその確率の控え目な推定値は次の通りである。

　　黄色い車　　　　　　　　1／10
　　金髪の若い女性　　　　　1／3
　　口ひげをはやした人　　　1／4
　　あごひげをはやした黒人　1／10
　　ポニーテールの女性　　　1／10
　　車中の異人種のカップル　1／1000

これらの確率をかけると1／12000000となる。この確率は控え目なものであり，したがってランダムに選ばれたカップルが，証言された特徴群を持つ確率は一千万分の1以下である。したがって証言された特徴群を持つカップルが2組存在する確率は100兆分の1以下である。

　コリンズ夫妻は有罪となった（ただし，その後カリフォルニア最高裁判所で確率推論の不備を指摘され，逆転無罪となった）。
　この確率推論には誤り・不備が多い。例えば，6つの特徴は明らかに独立でないの

で積はとれない。またコリンズ夫妻はランダムにサンプルされたわけではない，等々 (Tribe, 1971)。これらの欠点に目をつむり，特徴の独立性を仮定してBayesの定理を用いれば以下のようになる。

$$P(犯人 = コリンズ夫妻 | 特徴 1-6)$$
$$= \frac{P(特徴 1-6 | 犯人 = コリンズ夫妻) P(犯人 = コリンズ夫妻)}{P(特徴 1-6 | 犯人 = コリンズ夫妻) P(犯人 = コリンズ夫妻) + P(特徴 1-6 | 犯人 \neq コリンズ夫妻) P(犯人 \neq コリンズ夫妻)}$$

ここで考慮すべきカップルが200万であり，$P(犯人 = コリンズ夫妻) = 1/2000000$ と置けば，

$$\frac{1 \times 1/2000000}{1 \times 1/2000000 + 1/12000000 \times 1999999/2000000} \fallingdotseq .85$$

となる。この確率で有罪と主張するのは無理があろう。しかし例えば容疑者のカップルが事前の捜査によって1000組に限定されており（例えば事件当時周辺にいたカップルを捜し出す），

$$P(犯人 = コリンズ夫妻) = 1/1000$$

と置けば，犯人である確率はほとんど1となる。ここでも事前確率の算定法によって異なる結果が導き出されることになる。

ベイジアンアップデイティング

今の例では6つの特徴の同時確率を用いて議論したが，特徴を1つずつ順に考慮して確率の改定を行うこともできる。証拠は時系列的に得られることもあるわけだから，証拠があがるたびに犯人＝コリンズ夫妻という信念を改定していくのも必要なことである。これをベイジアンアップデイティングと呼ぶ。まず，何の証拠もない状況での確率を，

$$P(犯人 = コリンズ夫妻) = 1/2000000 = .0000005$$

と置いてみよう。特徴1が明らかになった時点での確率は，

$$P(犯人 = コリンズ夫妻 | 特徴 1) \frac{P(特徴 1 | 犯人 = コリンズ夫妻) P(犯人 = コリンズ夫妻)}{P(特徴 1 | 犯人 = コリンズ夫妻) P(犯人 = コリンズ夫妻) + P(特徴 1 | 犯人 \neq コリンズ夫妻) P(犯人 \neq コリンズ夫妻)}$$

$$= \frac{1 \times .0000005}{1 \times .0000005 + 1/10 \times 1999999/2000000} = .000005$$

となり，その値が増加している。ここで，

$$P(犯人 = コリンズ夫妻) = P(犯人 = コリンズ夫妻 | 特徴1)$$

と読み替えると，以後証拠（特徴）があがるたびに確率は以下のように改定されていく。

$P(犯人 = コリンズ夫妻 | 特徴1と特徴2)$

$= \dfrac{P(特徴1と特徴2 | 犯人 = コリンズ夫妻) P(犯人 = コリンズ夫妻)}{P(特徴1と特徴2 | 犯人 = コリンズ夫妻) P(犯人 = コリンズ夫妻) + P(特徴1と特徴2 | 犯人 \neq コリンズ夫妻) P(犯人 \neq コリンズ夫妻)}$

$= \dfrac{1 \times .000005}{1 \times .000005 + 1/3 \times (1 - .000005)} = .000015$

$P(犯人 = コリンズ夫妻 | 特徴1, 2, 3)$

$= \dfrac{P(特徴1, 2, 3 | 犯人 = コリンズ夫妻) P(犯人 = コリンズ夫妻)}{P(特徴1, 2, 3 | 犯人 = コリンズ夫妻) P(犯人 = コリンズ夫妻) + P(特徴1, 2, 3 | 犯人 \neq コリンズ夫妻) P(犯人 \neq コリンズ夫妻)}$

$= \dfrac{1 \times .000015}{1 \times .000015 + 1/4 \times (1 - .000015)} = .00006$

$P(犯人 = コリンズ夫妻 | 特徴1, 2, 3, 4)$

$= \dfrac{P(特徴1, 2, 3, 4 | 犯人 = コリンズ夫妻) P(犯人 = コリンズ夫妻)}{P(特徴1, 2, 3, 4 | 犯人 = コリンズ夫妻) P(犯人 = コリンズ夫妻) + P(特徴1, 2, 3, 4 | 犯人 \neq コリンズ夫妻) P(犯人 \neq コリンズ夫妻)}$

$= \dfrac{1 \times .00006}{1 \times .00006 + .1 \times (1 - .00006)} = .0006$

$P(犯人 = コリンズ夫妻 | 特徴1, 2, 3, 4, 5)$

$= \dfrac{P(特徴1, 2, 3, 4, 5 | 犯人 = コリンズ夫妻) P(犯人 = コリンズ夫妻)}{P(特徴1, 2, 3, 4, 5 | 犯人 = コリンズ夫妻) P(犯人 = コリンズ夫妻) + P(特徴1, 2, 3, 4, 5 | 犯人 \neq コリンズ夫妻) P(犯人 \neq コリンズ夫妻)}$

$= \dfrac{1 \times .0006}{1 \times .0006 + .1 \times (1 - .0006)} = .006$

$P(犯人 = コリンズ夫妻 | 特徴1, 2, 3, 4, 5, 6)$

$$= \frac{P(特徴1-6 \mid 犯人=コリンズ夫妻)\,P(犯人=コリンズ夫妻)}{P(特徴1-6 \mid 犯人=コリンズ夫妻)\,P(犯人=コリンズ夫妻)+P(特徴1-6 \mid 犯人\neq コリンズ夫妻)\,P(犯人\neq コリンズ夫妻)}$$

$$= \frac{1\times.006}{1\times.006+.001\times(1-.006)} \fallingdotseq .85$$

このように最終的には6つの特徴を同時に考えた場合と同じ値の確率となる。なかなか興味深い性質であると同時に，証拠が時系列的に与えられる時の確率改定の過程をうまくとらえているように思える。

【例5　証拠のパラドクス】

山田太郎が犯人であることを示唆する2つの証言が得られたとする。そして山田太郎が真犯人であるとき，この証言が得られる確率が以下のように与えられたとしよう。

$P(証言1 \mid 犯人=山田太郎)$

$P(証言2 \mid 犯人=山田太郎)$

2つの証言が独立であるとすると，

$P(証言1かつ証言2 \mid 犯人=山田太郎)$
　$= P(証言1 \mid 犯人=山田太郎)\,P(証言2 \mid 犯人=山田太郎)$

ここで，$P(証言1 \mid 犯人=山田太郎)$ や $P(証言2 \mid 犯人=山田太郎)$ は1未満と考えられるので2つの証言を合成した確率は（積をとるので），元の確率（例えば $P(証言1 \mid 犯人=山田太郎)$）より小さくなってしまう。ところが，一般に「証拠が多くなればなるほど，犯人であるという確信は強まる」のである。どこがおかしいのだろうか？

実はこれは「逆確率の混同」と呼ばれる現象である（Hogarth, 1987, p. 45）。すなわち，評価しなければならないのは，

$P(犯人=山田太郎 \mid 証言1かつ証言2)$

なのであって，

$P(証言1かつ証言2 \mid 犯人=山田太郎)$

ではない。上は証拠→犯人という推論であり，下は犯人→証拠という推論であり，混同しやすいが別のものなのである。同様の論理構造を持つ有名な問題に「リンダ問題」がある（Tversky & Kahneman, 1983）。

第10章 意思決定の論理：推論と判断

【例6　リンダ問題】

「リンダは31歳独身で活発聡明である。学生時代は哲学を専攻し，差別と社会正義の問題に傾倒していたし反核運動のデモにも参加した」

さてリンダは現在の状態として次のうちどちらが可能性があるでしょうか？

　イ）リンダは銀行員である
　ロ）リンダは女性解放運動に参加している銀行員である

この問題に対して多くの人がロ）の方がより可能性があるものとして答える現象が知られている。ここで，

　B = 銀行員
　F = 女性解放運動に参加している

とし，その確率を，

　$P(B)$
　$P(F)$

と置くと，確率論的には，

　$P(B$ かつ $F) < P(B)$

でなければならない。したがって人間の判断は誤りであることになる。この問題も人間の判断と確率理論の乖離として有名であり，「合接錯誤」と呼ばれる。Tversky & Kahneman（1983）は「代表性ヒューリスティックス」という概念によってこの現象を説明している。代表性ヒューリスティックスとは，形式的な確率計算ではなく，類似性あるいは素朴な人格理論によって確率判断がなされるということである。リンダの例でいえば，リンダの性格・経歴はいかにもフェミニストとなりそうな感じを与え，銀行員にはなりそうもない感じを与える。したがって，「フェミニストで銀行員」の方が「銀行員」よりも可能性がありそうに思えるのである。

Tversky & Kahnemann はリンダ問題の他にもさまざまな問題を用いて，「外延的思考」の重要さを指摘している。外延的思考とは言葉の指し示す観念でなく，言葉の指し示す存在者を通じて思考することである。リンダ問題でいえば，「銀行員」であるヒトの集合と，「銀行員でフェミニスト」であるヒトの集合を考えれば，「銀行員でフェミニスト」の集合は必然的に「銀行員」の集合に含まれるということに気がつくであろう。

ところが，Walford, Tayor & Beck（1990）はリンダ問題のもう1つの読解として，

　$P(L \mid B)$
　$P(L \mid B$ かつ $F)$

を比較しているという解釈が可能であると主張する。この解釈の元では，
$$P(L \mid B \text{かつ} F) \geq P(L \mid B)$$
となり，矛盾はなくなるのである。これに対して，従来の解釈では，
$$P(B \mid L)$$
$$P(B \text{かつ} F \mid L)$$
の大小関係を問うているのだと考えられる。Walford et al. はリンダ問題を「逆確率の混同」によって説明していることになる。ただし，混同しているのは被験者ではなくて実験者（Tversky & Kahnemann）であり，合接錯誤とは実は幻の錯誤であることになる。しかし，合接錯誤は根深いもので，逆確率の混同だけでは説明はむずかしい。次の例を参照されたい。

【例7 健康診断】

ある州で男性の健康診断が行われた。この中で，
① 心臓発作の経験がある人
② 55歳以上でかつ心臓発作の経験のある人

はそれぞれ何パーセントだろうか？ という質問では，やはり②のパーセントが多いと答える人が多かったが（合接錯誤），これを条件つき確率と考えるのは無理がある。ところが，

100人の男性の健康診断が行われた。この中で，
① 心臓発作の経験がある人
② 55歳以上でかつ心臓発作の経験のある人

はそれぞれ何人だろうか？ という質問に変えると，合接錯誤はずっと減ったという。すなわち，個体の集まりというものをはっきり意識できるようにすれば（外延的思考）合接錯誤は防止できることになる。

まとめ

Bayes の定理は合理的決定・推論を行うためには不可欠と考えられる。しかしながら，人間の主観的判断は必ずしもこれに従うわけではないし，逆におかしな結論を導き出すことさえある。例えば，例1，例4に示したように標本空間（可能な選択肢）をむやみに大きくすると，何も決定できない。もう1つ例をあげてみよう。

【例8 だれでも必ず無罪である】

山田太郎はさまざまな証拠により殺人罪で有罪になろうとしている。弁護士は以下のような論証を行って無罪を主張した。

$P(証拠 | 山田太郎 = 犯人)$

が非常に高いのは認める（仮に1としよう）。

しかし山田太郎が生まれたときに，乳児である山田太郎が将来殺人者となる確率はどう多めに見積もっても.001であったはずである。この事前確率を考慮しないのはBayes の定理に反し，非合理である。山田太郎と同年代の人間は約100万人と推定できる。そこで山田太郎以外の人 i が犯人で現在提出されている証拠が得られる確率を，

q_i ($i = 1, 1000000$)

とする。すると，

$P(山田太郎 = 犯人 | 証拠)$

$$= \frac{P(証拠 | 山田太郎 = 犯人) P(山田太郎 = 犯人)}{P(証拠 | 山田太郎 = 犯人) P(山田太郎 = 犯人) + \sum_i P(証拠 | i が犯人) P(i が犯人)}$$

$$= \frac{1 \times .001}{1 \times .001 + \sum_i q_i \times (1 - .001) / 1000000}$$

となる。100万個の q_i の値が平均して.0001程度であれば，上記確率は.9程度にしかならない。さらにベイジアンアップデイティングを行うにしても，100万人すべて調べるわけにはいかないから，したがって山田太郎を有罪にするのは不合理である。

繰り返しになるがこの推論のどこがおかしいのだろうか？ あるいはこの推論は正しく，私たちの決定の方が常に誤っているのだろうか？

実は次の有名なパラドクスも同じ問題を扱っている。

【例9　Hempelのパラドクス】

すべての烏が黒いということを証明するのに，黒くないものはすべて烏でないことを証明するという方法が使用できる。したがって，赤い靴や白いケーキの存在が烏が黒いことを証明する手段となる（Hempel, 1945 ; Cohen, 1989）。なぜなら，

烏　ならば　黒い

という命題とその対偶，

黒くないならば　烏でない

が同値なためである。Bayes流に表現すれば，

$$P(黒 \mid 烏)$$

$$= \frac{P(烏 \mid 黒)\,P(黒)}{P(烏 \mid 黒)\,P(黒) + P(烏 \mid 黒でない)\,P(黒でない)}$$

$$= \frac{P(烏 \mid 黒)\,P(黒)}{P(烏 \mid 黒)\,P(黒) + \{1 - P(烏でない \mid 黒でない)\}\,P(黒でない)}$$

となる。したがって，$P(烏でない \mid 黒でない)$ が非常に1に近いことが証明できればよいことになるのである。そこで赤い靴や白いケーキや青い空等々をどんどん調べて，烏でないことを調べるというのも1つの方法となる。問題は「黒でないもの」は非常に多いのでいくら調べてもきりがない点である。

同様にある容疑者が犯人であることを証明するのに，容疑者以外の人が犯人でないということを証明していくということも可能である。すなわち，

　目撃者が存在するならば山田太郎が犯人である

を証明するために

　高橋三郎が犯人でないならば，目撃者が存在しない
　斉藤　宏が犯人でないならば，目撃者が存在しない
　石田　哲が犯人でないならば，目撃者が存在しない
　　　　　　︙

を証明するのと同じことである。しかしここで問題となるのは容疑者の範囲をどこまで広げるかである。例8のような場合100万人を調べつくすのは至難の業であろう。

そもそも人間が確率判断に必要な標本空間（可能な事態を網羅したもの）を定めるときに，その標本空間の正しさはいったい何によって保証されているのだろうか？以上の議論の意味するのは，ある結論を導き出すためには標本空間がある程度絞り込まれている必要がある，ということである。そして標本空間を適切に定める作業は可能かもしれないが，その妥当性についてこのBayesの定理は何も示唆してくれない。

それでは，例2のような場合，人間が迷うことなく妻を同定できるという日常的事実，あるいは例8のような場合，山田太郎は有罪となるだろうという事実は，いったい何を示しているのだろうか？　Bayes論を用いる立場からは人間は確率が定義される集合の絞り込みを半ば無意識的に行っており，その危険性に無頓着に結論を得ているのだという解釈が可能である。すなわち，例2においては，他人の空似の確率は極めて低いと考え，これを無視し，例8においては山田太郎以外が犯人である確率は極

めて低いと信じて,これを無視するということである。Borel（訳書 p.54）によれば「もっとも慎重で,もっとも理性的である人々さえも,その確率があたかもゼロであるかのように行動しなければならないときに（中略）この確率は人間的な尺度において無視できるものである,と私たちはいう」。Borelはこの確率を100万分の1と考え,例として外出によって交通事故で死亡する確率をあげている。すなわち,小さな確率は無視しなければ生活できないということであり,何も決定できないということである。

第3部

証言過程の

　目撃は語られてはじめて,供述という名の証拠となる。しかし目撃の体験が証拠になるまでの過程には,じつに多くの複雑な要因が絡み込んでくる。ここでは目撃の現場を離れ,あるいは個々人のなかで閉じられた記憶保持の過程を離れて,人どうしのあいだで交わされる供述の場に論の焦点を移す。

　目撃供述が裁判で証拠として利用されるためには,本来,そこに歪みがあってはならない。しかし,供述が人と人のあいだで人によって語られたものである以上,現実には一切の歪みから自由な供述などというものはありえない。そのことは,これまでにもすでに繰り返し論じられてきたことであり,それゆえにこそ,供述のなかに入り込む歪みをいかにして最小限にしうるかが議論されてきた。ただそれでも歪みをすべて取り去ることは望むべくもない。そればかりか,わが国の捜査実務には幾多の供述歪曲要因が根を張っていて,それを容易には克服できないでいるのが現状である。そこで問題となるのは,現実の供述の場においていかなる歪みが生じうるのかを正確に知っておくこと,そしてその歪みを含み込んだ供述から,いかにして的確に歪みの所在を突き止め,それを剔出できるかにある。この第3部において焦点が当てられるのは,この課題である。

　最初に考えられなければならないのは,供述が供述者の言葉だということである。供述者は,問題となる目撃体験以前のところで,すでに長い生活史を生き,そのなかで独自のパーソナリティを築き,種々の人間観,世界観を培ってきている。供述者はその同じ生活史のなかで特定の目撃体験に出会い,それを語るのである。その供述は供述者のパーソナリティや人間観,世界観とけっして無関係ではない。それにまた,供述は供述者一人のなかで閉じた独り言ではない。話し手としての供述者がいて,聞き手としての捜査官がいる。供述はそのなかで交わされる言葉である。それゆえ供述の具体的な有り様を決めるのは,当然のことながら単独の個人の要因ではない。供述はすべて話し手と聞き手との関係の所産である。とりわけ事情聴取という場のなかで,目撃体験者ならぬ聞き手(捜査官)の果たす役割は大きい。聞き手はただ話し手の語りをそのまま記録にとどめるだけの人間ではなく,そこで聞き取った語りを捜査の流れのなかに組み込んで,ある犯罪の物語を組み立てていく。それゆえ話し手と聞き手

分析

のあいだには，いわゆる暗示や迎合の関係的現象がおのずと食い込んでいく。このあたりの問題を第11章の田中論文で扱う。

　それにしても，ここでいう歪みの何たるかを正確に見極めることはむずかしい。目撃供述の正確性を実験的に調べるときには，実験者がもとの目撃場面についての正確な記録をあらかじめ持っていて，それを基準にして事後の供述と突き合わせることで，その歪みの度合いを測ることができる。しかし現実の事件についての供述では，すでに事は起こってしまっていて，なされた供述がどこまで正確かを客観的に測る基準がない。その事件に出会い，それを体験として記憶に刻んでいるとされる目撃者あるいは被害者，被疑者当人と，当の事件に関わる諸証拠を収集し，一定の事件像を描こうとしている捜査官とのあいだで，種々のやりとりが交わされ，1つの物語が浮かび上がる。しかしそれがどこまで元の出来事と合致しているのか，またずれているのか，直接に判定するすべはない。そればかりか出来あがった物語の，どの部分がどこまで目撃者当人の体験記憶によるのかさえ，明確でない。いやときには，現実には存在しなかったことが，まるで存在したかのように語られてしまうことすらある。目撃供述にかぎらず，人々が過去の出来事を語るとき，それはしばしば，そのようにして語り合う人々のあいだから生まれた共同想起の所産なのである。
具体的な事例を踏まえながらこのあたりの問題を扱ったのが第12章の森論文である。

　供述分析は，語られてしまったところから始まる。そこには現実の事件を目撃したということ自体は確かだが，そこで目撃として語られた中身に重大な歪みが疑われるケースもあれば，そもそも目撃として語られた出来事を供述者が本当に体験したのかどうかが疑われるケースもある。1960年代から1970年代にドイツやスウェーデンなどで組織化されてきた手法は，早くからわが国にも紹介されてきたが，それはしばしば安易なかたちでご都合主義的に利用されてきたきらいがある。真に供述分析が方法として確立するまでには，さらにいくつもの理論的な考察が積み上げていかなければならない。第13章の浜田論文では，実際の鑑定事例に基づいて，わが国の捜査実態を批判的に検証しつつ，供述分析の実際を説き，その今後の展望を述べる。（浜田寿美男）

第11章 目撃証言と対人的要因
バイアス, パーソナリティ, 対人的相互交渉

　被疑者や容疑者の行為を目撃者が判断する際には，さまざまなバイアスが介在する。それにもかかわらず，これまでは「法廷場面での目撃証言は正しいものである」という暗黙の原則があったように思われる。しかしながら，他章でも述べられているように，昨今の多くの心理学的研究の成果から，その原則はかなり危ういものであることが明らかにされつつある。すなわち，目撃証言や供述にはさまざまなバイアスがつきものであるという事実である。このことについて，認知心理学などからの知見は他章において詳述されているので，本章では，まず社会心理学の視点からみた目撃証言・供述におけるバイアスについて考えてみたい。

第1節　目撃証言や供述に影響を及ぼす自己中心的・利己的バイアス

　自分の行いを客観的に判断するというのは実に難しい課題である。一般的にいって，日常生活で起こる事象についての判断基準は，常に自分自身に置かれがちである。例えば，贈賄罪の容疑者が罪状を問いつめられた挙げ句，「自分のやったことは他の人々もやっていることだから，自分は悪くない」などと開き直ることがある。「3億円も賄賂を贈っておいて，どうして『悪くない』のだ！」と尋問者が怒ってみても，本人は毅然としていたりする。本節では供述の際にみられるこうした自己中心性を，社会心理学的な視点から探ってみたい。

1．錯誤合意効果

　まず最初に考えられるバイアスは，前述した「3億円の贈賄」のように，たとえ自分の行為が常識からいって極めて例外的なことであっても，自分のやったことはだれでもやっているはずだという思い込みによるものである。こうした思い込みは，錯誤合意効果（false-consensus effect）といわれる。錯誤合意効果は，自分の行った判断

■ 自分はできる　▨ 自分にはできない

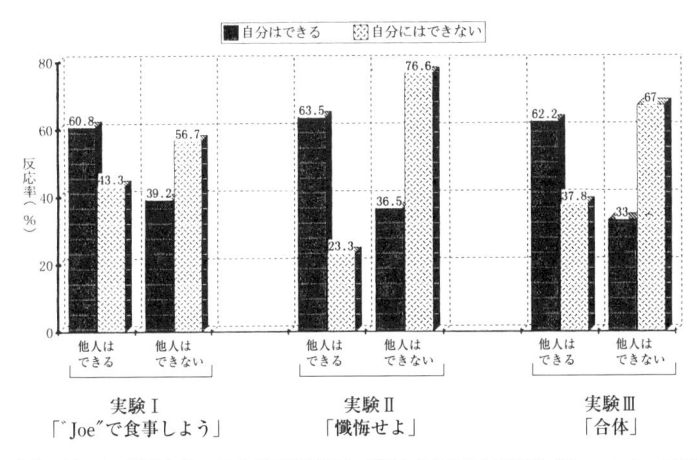

| | 実験Ⅰ「"Joe"で食事しよう」 | 実験Ⅱ「懺悔せよ」 | 実験Ⅲ「合体」 |

●図1-11-1　看板を持って人前で歩けるかどうかについての反応（Ross et al. 1977）

や自分の選んだ行為が他者にも共通する一般的・普遍的なものであり、なおかつまわりの状況にも適しているが、それ以外の判断や選択は特殊なものであり、逸脱したものであるとみなす傾向のことである。この効果を最初に検証したのはRoss, Greene & Hause（1977）である。Ross et al. の研究の中で、被験者に対して「懺悔せよ」などと書かれたボードをもって大学のキャンパスを歩き回る仕事をやれるかどうかを質問し、さらに自分以外の人であればその仕事をやれるかどうかについても回答を求めた。その結果、図1-11-1にも示されるように、そのような恥ずかしい仕事でも自分は「やれる」と回答した被験者は、他の人も「できるだろう」と回答する率が、いずれの内容のボードにおいても高くなっていることがわかる。すなわちこの実験からわかるのは、被験者は自分の引き受けた仕事が（他人の目から見て奇怪なものであったとしても）自分以外の他の人でもやれるものであり、実際にそうするに違いない、と考えていたということである[1]。Marks & Miller（1987）は、こうした錯誤合意効果が生じる理由として、自分と類似する意見を持つ人の言ったことや行動が思い出されやすくなること、自分が支持する1つの立場にのみ注意を向けるとそれを支持する証拠を知らず知らずのうちに多く見つけてしまうことなどをあげている。

2．利己的バイアスと防衛的帰属

次に、自分にとって不都合なことが起きたときにも、人はしばしば自己中心的な判断をしがちである。一般的にいって、人は自分に都合のよい結果（例えば、仕事に成功したこと）を引き起こした原因を内的要因（自分の能力の高さ、努力など）に求め、

自分に都合の悪いこと（例えば，試験に失敗したこと）を引き起こした原因を外的要因（与えられた課題の困難さ，運の悪さなど）に求める傾向がある。このような原因帰属の仕方は，利己的バイアス（self-serving bias）とよばれる。この利己的バイアスは，失敗によって自分の自尊心が低下することを防ぎ，成功によって自己を高揚させ自尊心を高めることによって，自分の気持ちを不安定な状態から回避するための，ある意味では人間の「本能的な」防衛機能といえるかもしれない。このように，心理的に「自分の身を守る」という意味から，都合の悪い出来事をできる限り他人の責任にして自分の責任を回避しようとすることを防衛的帰属（defensive attribution）ということがある。ところで，防衛的帰属は自分が行った結果について生じることはもちろんだが，第三者の行為や事象についても生じることがある。つまり，第三者が生じさせたある事故の状況が自分に何らかの関連性をもつ（すなわち「ひと事ではない。明日はわが身！」と実感させるような）場合には，たとえ第三者であってもその人物の責任を軽減させようとする利己的な動機が喚起されて，防衛的帰属が行われやすいといわれる（Shaver, 1970）。このことを示す例として，レイプ事件に対する評価の性差があげられる。Kanekar et al.（Kanekar, Kolsawalla & D' Souza, 1981 ; Kanekar, Pinto & Mazumadar, 1985 ; Kanekar & Vaz, 1983）によれば，男性よりも女性の方がレイプ事件の犯人（すなわち加害者）に対して厳しい評価を行い，被害者に対して寛容な評価を行った。この結果は，そのレイプ事件の被害者に自分もなる可能性の（いくらかでも）ある女性が，たとえその被害者に何らかの落ち度（例えば，加害者を性的に挑発していた，など）があったとしても，その責任を過小視してしまうことを示すものであろう。なぜならば，その被害者がもし自分であったならば，そのような「落ち度」を認める気にはならないだろうからである。

3．自己中心的公正バイアス

さらに，「正しいか，正しくないか」の判断基準において自己中心的なバイアスが生じがちである。すなわち，私たちには自分が行った行為を正しかったこととして，他人の行った行為を正しくなかったこととして認知する傾向がある。こうした傾向をMessick & Sentis（1983）は，自己中心的公正バイアス（egocentric fairness bias）と呼んだ。Messick et al.（1985）はその実験Ⅰにおいて，被験者に対して日常での人々のさまざまな行動のうち，「正しい」と感じたことと「正しくない」と感じたことを想起させ，それらを5分間でできるだけ多く記述させた。その際，想起された行動について，被験者自身が行いやすい行動であると思ったら「わたし」，被験者以外の人が行

いやすいと思ったら「かれら」を主語にして記述するように教示がなされた。その結果，最も多く想起されたのが「かれら」で主語が始まる「正しくない」行動で，次いで「わたし」で始まる「正しい」行動，「かれら」で始まる「正しい」行動と続き，そして最も少なかったのが「わたし」が主語の「正しくない」行動となった。この結果が端的に示しているように，他人のしでかした不公正なことはよく思い出されるものの，自分の不正のことになると極めて思い出されにくくなるのである。Messick et al. の結果を受けて，Liebrand, Messick & Wolters (1986) がオランダで，Tanaka (1993) は日本で Messick et al. とほぼ同じの手続きによる追試を行い，両研究ともに Messick et al. によるアメリカでの研究結果と類似した結果を得た（図1-11-2）。これらの3つの研究結果から，自己中心的公正バイアスは異文化間で一貫して見いだされたが，その程度にいくらか差異が見られることもわかった。図1-11-2を見ると，オランダでの結果はアメリカでの結果とほとんど同じパターンを示しているが，日本での結果は「かれら」の正しくない行動が最も多く想起され，次いで「わたし」の正しくない行動が多く，その次に多いのが「わたし」の正しい行動と「かれら」の正しい行動であった。そして正しくない行動については，「わたし」と「かれら」との間に有意な差が見いだせなかった。さらに他の2か国と異なるのは，わずかではあるが「わたし」の正しくない行動の想起数が「わたし」の正しい行動のそれを上回っていることである。この結果だけからみれば，日本人被験者はアメリカやオランダの被験者に比べて，自己中心的公正バイアスをさほど強く示さないといえそうである。

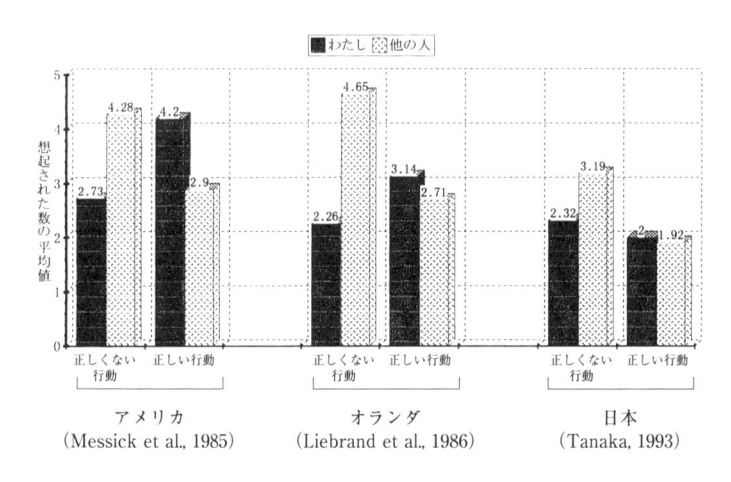

◉図1-11-2　自己中心的公正バイアスについての国際比較

第2節　供述・判決に及ぼすパーソナリティの影響

　法廷（とくに陪審員制による裁判）での判決は，できるだけ中立の立場で，さらには自己中心的な価値判断は保留して行われるべきであろう。場合によっては，判事は自分の価値観とは相入れない考え方をもった被告に対して判決を行うこともあるであろう。その場合，判事にも多様な価値観を受け入れながら「柔軟な公正判断」が求められるであろう。そうしたときに問題となることが，多様なものの見方ができない性格の持ち主である。その一例としてあげられるのが，権威主義的パーソナリティである。権威主義というのは「権威を振りかざして他に臨み，また権威に対して盲目的に追従する行動様式（『大辞林』三省堂）」と定義されているが，これを性格特性の1つとして最初にとらえたのが Adorno, Frenkel-Brunswik, Levinson & Sanford（1950）である。Adorno et al.（1950）は，権威主義的パーソナリティを測定するために，ファシズム尺度（Fスケール）と称する尺度を考案した。これはのちに，「カリフォルニアFスケール」と呼ばれるようになった。

　権威主義的パーソナリティの一般的な特性は，物事を白か黒かのどちらかに決めつけたがり，権威に対して服従しやすく，保守的で，自分の価値観とは異なる意見を受け入れようとしない，などがあげられる。これまでの研究結果からも，権威主義的傾向の強い人がエイズ患者に対してより否定的な感情を示すこと（Witt, 1989）や，環境運動に対して敵意を示すこと（Peterson, Doty & Winter, 1993）などが報告されている。こうしたパーソナリティ特性は，公正な判断を行おうとする際にもかなりの影響を及ぼすのではないかと考えられる。すなわち，権威主義的パーソナリティの持ち主は，自分の信念に忠実であるという意味では判断は一貫しているのであろうが，自分とは異なる立場の他者にも考慮しながら柔軟な判断を行うことは苦手（というよりも嫌い）なのではなかろうか。

　こうしたパーソナリティ特性が法廷での証言や判断にかなり厄介な要因となる可能性は，これまでいくつかの研究から指摘されていた。原岡（1991）は，法廷での有罪・無罪の判決が判決を行う人のパーソナリティ特性によって影響を受けることを指摘し，その特性のなかでとくに問題となるものとして，権威主義的パーソナリティをあげている。Nemeth（1981）も，これまでの研究から権威主義的なパーソナリティをもつ人が刑事裁判での被告人を有罪と見なしやすく，厳罰を求める傾向のあることを報告している。このことに関して，例えば Michell & Byrne（1973）によれば，権威

主義的傾向の強い学生は試験問題のカンニング事件で犯人として疑いをかけられた人に対して，その人の考え方が自分のそれと異なっている場合に有罪であると判断しやすく，その人に対してきびしい罰を与えやすいとされる。また Bray & Noble（1978）は，権威主義的傾向の強い被験者が，模擬陪審場面においてより頻繁に有罪の評決を出し，そしてより厳格な罰を科すことを見いだしている。彼らは次のような実験を行った。この実験では，まず被験者はある殺人事件の公判を記録した30分間の録音テープを聴く。その後，そこでの容疑者が有罪か無罪かを個別に評定し，もし有罪ならばどれくらいの懲役を与えるべきかを推定する。その次に，被験者は評決審議に入る。ここでは6人の陪審員がランダムに選ばれ，被験者である陪審員は評決を下すために全員一致で同意するよう求められる。審議の後，被験者は再び個別に評定したものと同じ質問に回答する。さてその結果であるが，権威主義傾向の高い被験者は，審議の前後ともに，権威主義的傾向の低い被験者よりも容疑者を有罪であると評定する比率が高かった（表1-11-1参照）。さらに権威主義的傾向の高い被験者はより重い懲役を科し，審議前後の変化をみると，権威主義的傾向の低い被験者とは対照的に，審議前よりもむしろ審議後の懲役年数が長くなっている（図1-11-3参照）。これらの結果から，権威主義的傾向の強い被験者は自分とは異なる他者との意見交換を行っても，自分の意見をあまり変えようとはせず，むしろそれまでよりもずっと「保守的な」意見へシフトする傾向さえあるといえる。

●表1-11-1　陪審員が有罪判決を行った比率(%)
（Bray & Noble, 1987より）

権威主義的傾向	審議前	審議後
低	25	14
高	45	33

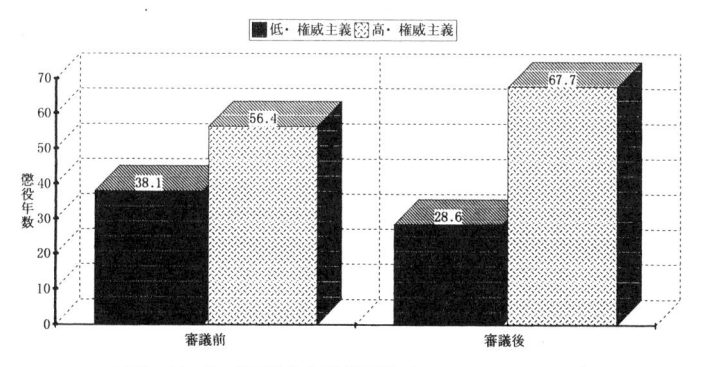

凡例：■ 低・権威主義　▨ 高・権威主義

審議前：低・権威主義 38.1，高・権威主義 56.4
審議後：低・権威主義 28.6，高・権威主義 67.7

●図1-11-3　求刑された懲役年数（Bray & Noble, 1978）

第1編　心理学からのアプローチ

第3節　公正世界の信奉

　法廷における公正判断にまつわるバイアスとしてもう1つ注目すべきものが，Lerner & Simmons（1966）や Lerner & Miller（1978）による「公正世界の信奉（belief in a just world）」である。これは，「世の中というものは報酬を受けるに足りる人が報酬を得て，罰を受けるに値する人が罰を受けるような仕組みをもつ公正な世界である」という信念のことである。こうした信念を強くもっている人は，例えば正当な理由もなく苦痛を強いられているような人々に対して何もしてあげられない場合には，苦痛を強いられている人がそもそもそうした苦痛を受けるに値する望ましくない人物であったのだと思い込むことによって，心理的なわだかまりを解消しようとする傾向にあるといわれる。このように，公正世界を信じようとする欲求を強くもつと，不当に被害を受けた犠牲者に対する評価を歪曲しがちであると考えられよう。さらに，何が公正で何が不公正なのかの判断がこうした信念によって独善的になってしまうおそれもある。Lerner et al. の研究以前にも，これと同じような公正観についてのバイアスは注目されていた。例えば Glass（1964）は，自己評価が高い加害者ほど自分のせいで犠牲を強いられている被害者をより強くけなすことを見いだしている。また，Brock & Buss（1962）の研究では，実験場面で他者にショックを与えるか否かの選択をゆだねられた被験者は，ショックを与えられる仕事を強制されて行った被験者よりも，自分の与えたショックの苦痛の程度を過小視するという結果が得られている。

　Rubin & Peplau（1973；1975）は，こうした Lerner et al. の「公正世界の信奉」理論に従って公正世界信奉尺度（just world belief scale：JWB スケール）を作成し，これによって公正世界を信じようとする欲求の個人差を測定しようとした[(2)]。その後，この Rubin et al. による尺度はいくつかの下位尺度から構成される多次元的尺度ではないかという指摘（例えば Ambrosio & Sheenan, 1990；Hyland & Dann, 1987）がなされて，Lipkus（1991）は7項目からなる包括的公正世界信奉尺度（global belief in a just world scale：GBJW スケール）を開発している。

　JWB に関する研究から，一般的に公正世界の存在を強く信じている人はそうでない人と比べて，社会的苦境にある他者に対して冷淡な態度を示すといえる。例えば，JWB スケールで高得点をあげた被験者は，事件の犯罪者に対してあまり同情を示さず（O'quin & Volger, 1989），貧しい人々に対してより否定的な意見をもち（Furnham & Gunter, 1984），エイズ患者に対しても同情的でなく，むしろ彼らの社会的価値を低く

230

評価する傾向があった（Murphy-Berman & Berman, 1990）。こうした研究結果から考えられることは，公正世界の信奉を頑なに信ずることが社会的弱者に対する偏見を生み出す可能性があるということである。本来罪もないのに苦境に陥った被告の人々にとって，もし法廷での陪審員や判事，あるいは証言者の多くがこうした信念の信奉者であったとすれば，もはや審判に望みをつなぐことは難しいに違いない。

　だが，もし自分自身に苦境がおとずれたときにはどうするのであろうか。JWB得点の高い人が，「公正なものであれば，苦境も甘んじて受ける」ことになるのであろうか。Hafer & Olson (1989) によれば，JWB得点の高い被験者は実験ゲームで搾取されても，自分の選択の自由裁量が認められたときには，そうした自分に不利な結果（すなわち搾取）でも，それを公正と見なした。この結果から考えると，公正世界の信奉者は他者だけでなく，自分自身に対しても公正であることにこだわる傾向があると思われる。

第4節　目撃証言や供述に及ぼす対人感情と身体的魅力の影響

　古来より「あばたもえくぼ」などと言われるように，相手から受ける印象や相手に対する好悪の感情によって，その評価が大きく揺らぐことは経験的に知られている。それが単に好き嫌いの評価次元で収まっているうちはいいが，相手の印象が法廷での証言にまで影響を与えるとしたら，これは単なる「揺らぎ」であっても極めて重要な意味をもつといえる。例えば，評価や審理の対象となる相手が自分にとって重要な人物であれば，被験者はその人物に対して誤った肯定的な反応を行いやすいことが報告されている（Andersen & Cole, 1990）。そしてこれまで社会心理学で行われた実験的な陪審員制法廷場面を用いた研究では，（被験者からみて）身体的に魅力があったり良い印象をもたれた被告人は，そうでない被告人よりも有罪と判定されにくく，寛大な罰を受けやすいことが示されている。経験的にも知られていることだが，例えば職業・経歴・結婚歴などの点で魅力的な人は，有利な判決を得やすい(Landy & Aronson, 1969)。Dion, Berscheid & Walster (1972) の研究では，同じ攻撃的行為であっても容姿の良い子どもの行為は，容姿のあまり良くない子どもの行為よりも反社会的だとは見なされず，そればかりかむしろ容姿の良い子どもが同情される傾向さえあった。Kulka & Kessler (1978) でも，陪審員役になった被験者は，訴訟者の容姿が良く被告者の容姿が良くない場合に，被告に対して最も多額な賠償金を支払うよう評決する傾向を示した。またこの研究で，被告の容姿が魅力的であった場合では，そうでなかっ

第1編　心理学からのアプローチ

た場合に比べて支払額が半額の評決がなされた。そして評決に及ぼす身体的魅力の効果についての同様な結果は，Efran (1974) や Stephan & Tully (1977)，さらには Stewart (1980) においても見いだされている。このうち Stewart (1980) の研究は，実際の刑事裁判の被告を対象にして行われた貴重な研究である。この研究では，まず74人の男性の被告について刑事裁判が開始されるときに彼らの身体的魅力を評定しておく。そしてその後74人の被告についての判決記録を調べたところ，ハンサムだと評定された被告の方がそうでなかった被告に比べてずっと軽い判決を言い渡されていることが示された。さらに，魅力的な被告のうち懲役刑を受けた比率は，魅力的でない被告が懲役刑を受けた比率の半数であった。

　また，ある人物を自分が好意的に思っているか非好意的にしか思っていないかということが，その対象者の行動に関する公正さの評価に影響を及ぼすことも考えられる。Tanaka & Takimoto (1997) は，この点について次のような実験を行った。まず，被験者に自分の好きな人と嫌いな人を1人ずつ想起させ，その人物について日常でのさまざまな正しい行動と正しくない行動を，思いつくまま5分間のうちにできるだけ多く自由記述するよう教示した（実験Ⅰ）。その結果，最も多く記述されたのは被験者にとって非好意的な人物が行った正しくない行動で，次いで好意的な人物による正しい行動が続き，記述された数が最も少なかったのは被験者にとって非好意的な人物による正しい行動であった（図1-11-4参照）。もう1つの実験では，被験者は30件の正しくない行動と30件の正しい行動の書かれたリストを提示され，これらの行動について自分の好きな人物（あるいは嫌いな人物）がどれくらい起こしやすいかどうかについて評定するよう教示された（実験Ⅱ，Ⅲ）。その結果，最も起こりやすいと評定されたのは被験者にとって好意的な人物による正しい行動で，次いで嫌いな人物が

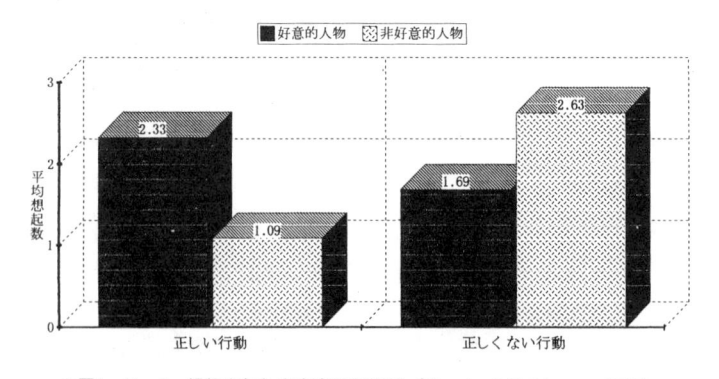

●図1-11-4　**想起された出来事の平均値**（Tanaka & Takimoto, 1997）

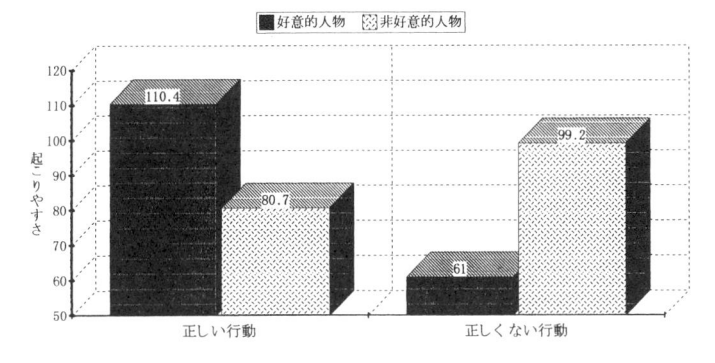

第11章 目撃証言と対人的要因：バイアス，パーソナリティ，対人的相互交渉

●図1-11-5　起こりやすさに関する評定値（Tanaka & Takimoto, 1997）
「起こりやすさ」は30項目についての5段階評定（1：起こり得ない〜5：極めて起こり得る）の合計値

行った正しくない行動が続き，最も起こりにくいと評定されたのは被験者が好意的な人物による正しくない行動であった（図1-11-5参照）。これらの結果から，やはり私たちが嫌いな人を思い起こしたときには，ついついその人についての正しくない行動を連鎖反応的に思い出し，好きな人を思うとき，その人の正しい行動が自然に思い出されやすいということが示されたといえる。

　だが，このように法廷場面での好印象や対人魅力が評決に有利に働くばかりとは限らない。これとは逆の効果を示すこともある。それが Sigall & Ostrove（1975）の実験から得られた「犯罪・魅力バイアス」である。Sigall & Ostrove（1975）によれば，（被験者からみて）容姿端麗な被告人がその容姿からはとうてい考えられない犯罪（例えば窃盗）を犯した場合は，その被告人にとって有利な判決になるものの，被告が自分の容姿の端麗さを利用したと見なされるような犯罪（例えば結婚詐欺）を犯した場合は，逆に被告に対して不利な判決になりやすかった。そしてこのバイアスは女性に特有なもので，「美人であるがゆえのバイアス」ともいえるだろう。これとは別に Piehl（1977）の研究においても，被告の対人魅力が必ずしも有利な判決に結びつくとは限らない結果が示されている。Piehl によると，多くの被験者にとって魅力的な人物が交通事故を起こした場合，軽い事故の場合には魅力的でない人物よりも軽い刑罰が下されたものの，致命的な事故の場合にはかえって魅力的でない人物よりも重い刑罰が下された。すなわち，この研究では重い罪を犯した場合に対人魅力は判決に不利な効果を示したといえるだろう。

　以上，さまざまな対人感情・身体的魅力の効果が示された。これらの結果からいえることは，公正な判断を厳しく求められる法廷場面においてすら，そうした判断が対

人感情や身体的魅力の要因によってバイアスを受けやすいということである。

第5節 目撃証言を歪ませる要因

1. 周囲への同調と迎合

　たとえ望ましくない行動であっても，そして時には誤った行動でさえも，周りがそうした行動を何の疑問もなく行っている場合には，人はしばしば自分の行動を無条件にそれに合わせてしまうことが，集団への同調（conformity）に関する研究結果においても明らかにされている。こうした同調行動についての本格的な研究を始めたのが，Asch (1951) であった。Aschは，線分の長さを比較するというごく単純な課題を用いた社会心理学の中でも最も有名な集団実験を行った。実験では，まず男子学生8人の被験者集団に2枚のカードを見せる。その1枚のカードには線分が1本だけ示され（標準刺激），もう1枚には長さの明らかに異なる3本の線分が描かれていた（比較刺激）。被験者は，3つの比較刺激の中から標準刺激と同じ長さのものを選ぶように教示された。ところでこの8人の被験者のうち7人は「サクラ」で，事前に全員一致して誤った回答を行うよう訓練してあった。したがって，実際には被験者は1人だけであった。実験の目的は，その被験者がまわりの「サクラ」に影響されて，どれくらい誤った回答をするかを見ることにあった。その結果，「サクラ」の回答にまったく影響されずに最後まで正しい回答を行った被験者はわずか4分の1で，3分の1の被験者が試行の半数もしくはそれ以上が，このような簡単極まりない実験課題で「サクラ」に同調してしまい，誤った回答を行った。Aschが行った実験は，その後多くの研究者によってさまざまな条件で追試され，ほとんどすべての研究がAsch (1951)の結果と同様な同調行動を見いだしている[3]。このような同調行動が集団の意思決定を迅速にするといった良い方向で機能すればよいのだが，Aschの実験結果のように，集団を誤った方向に導く危険も持ち合わせているといえる[4]。

　さらに同調と類似した概念として迎合（compliance）がある。これは，表面的には妥協的な言動をしてはいるが内心から相手の意見や判断を受け入れているとは限らないもので，表面的同調ともいうべきものである。人々の迎合を高める要因としては，被験者が幸福な気分になっていること（Milberg & Clark, 1988），身体の一部に触れられていたり見つめられていたりすること（Kleinke, 1977 ; Hornik, 1987），さらには罪の意識を感じること（Freedman, Wallington & Bless, 1967）などがあげられる。また

●表1-11-2　Gudjonsson（1989）による迎合尺度（訳出は筆者）

1. 私は，プレッシャーを感じる相手にはすぐ折れる。
2. 私は，人と意見が一致しないときに人の話を聞くのはたいへん苦手だ。
3. 私は，権威のある人に対して不愉快な気持ちをもったりぎこちなくなったりする。
4. 私は，自分が正しいと強く主張する人にはすぐ折れてしまう。
5. 私は，権威のある人のそばにいると，びくついたり怖がったりしやすい。
6. 権威ある人に逆らわないでいることは，私にとって到底できることではない。
7. 私は，自分のことをたいへん従順な人物だというだろう。
8. 私は，間違っていることがわかったときでも人の言うことに同意してしまう。
9. 私は，過酷で恐ろしい状況と向かい合うよりも，避けるに違いない。
10. 私は人を喜ばせようとする。
11. 人と合意できないことで，しばしば本来費やさなくてもよい多くの時間を費やす。
12. 私は普段から，人から言われた通りにするのがよいと信じている。
13. 物事に迷っているときには，私は人から言われたことを何でも受け入れてしまう。
14. 普段の私は，人と対立することを避けている。
15. 子どものころの私は，いつも両親が私に言ったことなら何でもやった。
16. 私は，自分に期待されていることなら何でも一生懸命にやろうとする。
17. 私は，人が私のことをどう思っているかなどあまり気にしない（R）。
18. 私は，自分がやりたくないことをするように圧力をかけられると強く抵抗する（R）。
19. 私は，人に気に入られるために人の言うことに同意することは決してないだろう（R）。
20. まだ子どもだったころ，私は時々やっていなかったことについてとがめ立てを受けた。

注）（R）は逆転項目を示す

Gudjonsson (1989)は，個人特性としての周囲への迎合しやすさを測定するために，20項目からなる応諾尺度（表1-11-2参照）を開発し，その信頼性と妥当性を検討している。それによると，警察の取り調べで虚偽の自白をした人の迎合尺度得点は，自白せずに抵抗し続けた人の得点と比べて明らかに高いことが認められた。

2．目撃証言におけるステレオタイプの効果

「国際化の波」が叫ばれている今日の日本ではあるが，基本的には人口全体に占める（モンゴロイド以外の）異人種の比率は，欧米諸国に比べればまだ高くはない。しかし今後日本に移り住む外国人の数は，横這い状態の時期はあるにしても，減っていくことはまず考えられない。おそらく当分の間は増加していくだろうし，容疑者が異人種であることも増えることになるのだろうが，そうすると異人種の容疑者を目撃する際のバイアスが問題となってくる。そのバイアスのなかでも，ステレオタイプは重要である。ステレオタイプとは，集団の成員全般に対してその多様性を無視して十把一からげに認知することである。このステレオタイプは，内集団（自分が所属する集団）と外集団（それ以外の集団）との区分を強く意識する場合に起こりやすい。例え

ば，たとえ集団の大小と望ましくない行動の生起率との間に何ら統計的な関係がみられなくても，人は望ましくない行動の原因をより小さな集団に帰属させる[5]。具体的に言えば，白人が優勢な社会では黒人の反社会的行動（強盗や暴行）は，白人が犯した同じような行動よりも容易に思い出す傾向があり，そのために，反社会的行動と皮膚の色との関連性を誤った認知――すなわち，「黒人は悪いことばかりする」という考え――を行う。この認知傾向が目撃証言に及ぼす影響は少なくないと考えられる。日本のある地域で，本当は日本人青年の行った犯罪行為が，そこにたまたま居合わせたヒスパニック系あるいはアラブ系青年の仕業として「誤って」証言されないとも限らない。

　さらに，たとえ同じように多様性をもっていたとしても，外集団のメンバーは内集団のメンバーよりも均一に見られる。こうした認知傾向は，集団外同質性（outgroup homogeneity）と呼ばれる。Jones, Wood & Quattrone (1981) の研究結果によれば，被験者は一貫して自分の所属する集団（=内集団）よりも外集団の多様性を低く評定した（同様の結果として，Park & Rothbert, 1982 ; Quattrone & Jones, 1980 ; Wilder, 1984があげられる）。この認知傾向も目撃証言のバイアスに影響するであろう。目撃証言では同人種バイアス（own-race bias）があげられる。すなわち，異人種の容疑者（=外集団のメンバー）を見て同じ人物であるとみなすこと（=同定）は，自分の属する人種の容疑者（=内集団のメンバー）についての同定よりも難しく，曖昧な結果になりやすい。これを同人種バイアスといい，この傾向はこれまでの研究結果からほぼ一環している（Bothwell, Brigham & Malpass, 1989 ; Shapiro & Penrod, 1986）。これについて検討したBrigham & Ready (1985) は，数多くの写真の中から5人の容疑者の顔を選ぶ課題を用いて実験を行った。この実験で被験者は容疑者と思われる写真（特定できないときには似ている顔の写真）を選んだ。ここで被験者が容疑者と似ていると思って選んだ写真が多ければ多いほど，被験者にとって個々の容疑者は判別しに

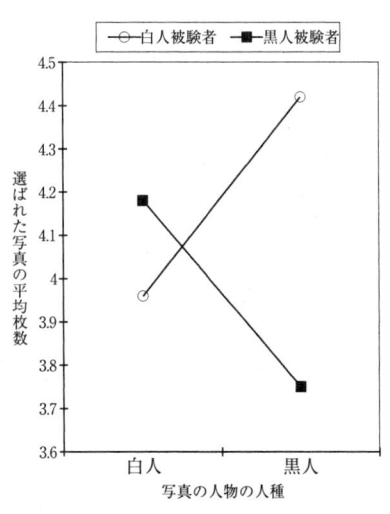

●図1-11-6　対象人物と類似しているとして選ばれた写真の枚数
　　　　　（Brigham & Ready, 1985）

くいと仮定される。実験の結果，被験者自身の属する人種と選ばれた写真の人物の人種との間に交互作用が見いだされた（図1-11-6参照）。すなわち，黒人の被験者にとっては黒人容疑者よりも白人容疑者の顔の同定が難しく，一方白人の被験者にとっては白人容疑者よりも黒人容疑者の同定の方が難しかった[6]。さらに，白人の被験者における黒人容疑者の同定の方が，黒人の被験者における白人容疑者の同定よりも難しいことも見いだされた。この結果から，目撃の正確さ・確からしさについて同人種バイアスが確認された。すなわち，自分の属する人種の容疑者の同定よりも，異人種の容疑者の同定で混乱が起こりやすいといえる。

第6節　目撃証言における対人相互作用の影響

1．目撃証言の法的手続きによる影響

　法廷で証言を行う際の手続きとしては，当事者主義（adversary system）によるものと糾問主義（inquisitorial system）によるものとがある。当事者主義では訴訟において当事者双方に主要な役割を負わせており，双方が目撃者へのインタビューを含めて自分たちの証拠を集めなければならない。この手続きによる公判では，目撃証人を呼んできた当事者は，直接尋問によってしばしば自分の側に都合のよい情報を証人から引き出そうとする。一方，糾問主義とは訴訟手続きの展開について，その主導権を裁判所が有しているもので，訴訟が起こされると多くの裁判所調査官によって証拠が集められる。この手続きによると，当事者双方とも各々の目撃証人を呼べないばかりか，公判前にその証言者と打ち合わせ等の接触も行ってはならない。Shepperd & Vidmar（1980）はこの２つの法的手続きの違いが目撃証言の内容にどのような影響を及ぼすかについて検討を行った。その結果，第三者の立場に立つ評定者である被験者からみて，糾問主義裁判における証言内容と比較して，当事者主義裁判における訴訟側の証言内容にはさほどのバイアスはみられなかったものの，弁護側による証言内容において弁護側により有利なバイアスが生じていた。ただ一方で，こうした法的手続きによる証言内容のバイアスはわずかなもので，それよりも尋問の際にどのような質問の仕方をするかといったコミュニケーションの方略によって生ずるバイアスの方が重要であるとする研究もあり（Vidmar & Laird, 1983），証言内容に及ぼす手続き上の効果としては一貫した結果は得られていない[7]。

2．証人の話法が証言内容の信憑性に及ぼす影響

　法廷で証人として発言する際に気をつけなければならないのは，話し方である。多くの人は初めて証人として発言するため，緊張のせいで上手に話せないのはある程度仕方ないが，自信のなさそうな話し方をすれば，たとえ発言内容が事実であっても裁判官からその内容に疑いをもたれかねない。そこで Erickson, Lind, Johnson & O'Barr (1978) は，目撃証人の話し方が，その内容の信憑性にどう影響するかを検討した。Erickson et al. (1978) の実験では，証人の話法を，頼りない (powerless) 話法と力強い (powerful) 話法の2つのスタイルに区分した。頼りない話法の特徴は，しばしば口ごもる（「ううん」，「ええと」，「そのう」等），強意語（「たいへん」，「とても」，「きっとそうしました」），あまり必要でないジェスチュア（方向を指示するのに手を用いて「向こうですよ」）を使用する。力強い話法では，自信を持ってはっきりとした言い方で，無駄なことは話さない。具体的には，実験では以下のような話し方をする。

　　質問：それで，あなたは次のドアへ向かった？
　　返答（頼りない話法）：そして，それでぇ，すぐに僕は次のドアへ向かったんで，そうです。
　　返答（力強い話法）：その通りです。
　　質問：救急車が到着するまでに，あなたがそこにいたのはおおよそどれくらいの時間でしたか？
　　返答（頼りない話法）：ああ，それは，ううん，20分くらいだったかな。僕の友人の，その，ディビスさんを介抱するのには十分な時間だったな。
　　返答（力強い話法）：20分です。ディビスさんを介抱するまでには十分な時間でした。

　予想されたように，証人の話法は証言内容の信憑性に影響を与えた。すなわち，力強い話法で話した証人の内容は，頼りない話法で話した証人の内容よりも明らかに高い信憑性を示した。さらに証人の話法は対人魅力の評定にも影響を及ぼした。すなわち，力強い話法で話した証人は，頼りない話法で話した証人よりも魅力的だと評価された。

　さらに目撃証人の話法について別の見方から検討したのが Lind, Erickson, Conley & O'Barr (1978) である。Lind et al. は，質問に対して目撃証人が流暢に答えるか，

素っ気ない受け答えをするかによって，証言内容の評価に影響が及ぶかどうかについて検討した。彼らの実験では，証言は物語風 (narrative) スタイルと断片的 (fragmental) スタイルで語られた。物語風スタイルでの証人は質問に対して多様な表現を用いて長く答え，断片的スタイルでの証人は質問に対してできるだけ簡潔に短く答えた。その結果，断片的スタイルの証言を聴いた被験者は，物語風スタイルの証言を聴いた被験者よりも，目撃証人に低い評価を行った。

3. 討議によって揺らぐ証言

　目撃者が証言を行うまでには，目撃内容をより確かなものにするために他の目撃者と情報交換を行ったり，あるいは自分の目撃内容が他の目撃者と食い違うことがあれば，ちょっとした論争をしてみたりするかもしれない。そうしているうちに，証言の内容が変化してしまう可能性がある。例えば，グループの意見が集団討議を行うことによってそれ以前の意見よりも強固なものになる傾向が確認されている。これは集団極化現象 (group polarization phenomenon) とよばれるものである[8]。この現象については，これまでかなり多くの研究がなされている。Moscovici ＆ Zavaloni (1969) は，実験当時ド・ゴール大統領を支持し反米感情を抱くフランス人学生を集めて討論させたところ，ド・ゴールへの傾倒と反米感情が強まることを見いだした。模擬陪審を用いた Kaplan (1977) の実験においても，有罪か無罪かについて被験者が自分と同じ情報を他の陪審員から得ると，その判断は情報を得る前よりも極端になった。すなわち，情報を得る前に有罪だと考えていた被験者は，周りが有罪だとする意見が大勢を占めていることを知ると，有罪であるとする評価をより強く示し，求刑年数も長くなった。これらのことから，もしある目撃者がかつて目撃した事件の内容について確信が持てなかったとしても，たまたま同じ事件を目撃した人と話す機会をもつことによって，自分の目撃内容を（自分の気持ちの中で）より確かなものにするということも考えられる。

第7節　目撃証言に及ぼす被暗示性の効果：「操作された」目撃証言

　目撃者が目撃証言についてインタビューされたり事情聴取を受ける際に，取調官や警官の質問の仕方によっては取り調べる側に都合のよい証言をしてしまうことがある。その理由の1つとして，目撃者の見た記憶の一部が，取調官によって示された別の手がかりによって「書き換えられ」たために，目撃者がその「書き換えられた」記憶を

あたかも実際に見たかのように供述するのだという見方がある（例えば，Loftus, 1981；Loftus, Miller & Burns, 1978）。これは被暗示性（すなわち，暗示の受けやすさ）を記憶の変容に及ぼす効果と見なすものであるが，このことについては第1編第9章で詳述されているので，ここでは主として取調官や警官との相互作用によって生ずる被暗示性に限定してみたい。

1．被暗示性とは何か

　ここではまず，暗示（suggestion）と被暗示性（suggestibility）の違いについて述べておく必要がある。かつて暗示は Bernheim et al. による催眠研究の中では催眠現象を導く媒体と考えられ，被暗示性との区分は明確でなかった。Gudjonsson（1992）の定義によれば，暗示とはメッセージを与えてそれに従うように仕向けるための刺激であり，とくにその刺激に含まれている内容であるとされる。そして被暗示性とは，暗示を引き起こす刺激に反応する個人の諸特性であるとされる。次に，被暗示性はその性質によっていくつかに区分されている。有名な区分としては Eysenk & Furneaux（1945）によるものがある。彼らは被暗示性を，1次的被暗示性と2次的被暗示性に分けた。1次的被暗示性とは被験者が単純な暗示を繰り返し与えられることによって生ずる不随意的な動作であり，2次的被暗示性は感覚や知覚をもたらす客観的な対象がないのに，実験者から直接的・間接的な暗示を受けた結果として，被験者に感覚や知覚の経験が生ずることであるとされる（Eysenk & Furneaux, 1945）。

　ところで，本節でとくに言及される尋問過程における被暗示性は，Gudjonsson（1987a）によれば，これまで定義されてきた被暗示性とは異なった特色をもっているという。例えば，それは催眠のかかりやすさ（催眠感受性）などとはまったく別のものである。尋問過程における被暗示性とは，Gudjonsson & Clark（1986）の定義によれば「緊密な社会的相互作用の中で公式な尋問の際に伝えられる，人々の事後の反応に影響をもたらしうるような情報を，人々がどの程度容易に受け入れるかを示す程度」とされる[9]。このことは，尋問過程で被尋問者に与えられた情報の受け入れやすさを意味している。この情報の受け入れやすさは，Gudjonsson（1983）によれば2つのタイプがあるとされる。1つは，誘導的なあるいは暗示的な質問が被尋問者の供述にどのようなインパクトを与えるかに関するものであり，もう1つは尋問者が被尋問者に挑んだり否定的なフィードバックを示すなどしてどれくらい被尋問者の答えを変えさせられるかについてのものである。こうした尋問過程での被暗示性を測定しようと試みたのが，Gudjonsson（1984, 1987b）である。

2．被暗示性を測る

　Gudjonsson（1984）は，警察官や刑事などによる尋問や事情聴取の場面での暗示のされやすさを想定した被暗示性検査を開発し，その妥当性と信頼性を検討した[10]。その検査では，まず被検者に架空の強盗事件を描いた物語を読んで聞かせる。それは以下のような内容である。

　　サウス・クロイトン出身のアンナ＝トンプソンは，スペインで休日を過ごしていた時，ホテルの外でピストルを突きつけられ，50ポンド相当のトラベラーズチェックと彼女のパスポートの入ったハンドバッグを奪われた。彼女は助けを求めて悲鳴をあげ，襲撃者の１人をむこうずねで蹴って応戦しようとした。間もなくパトカーが到着し，その女性は最も近い警察署に連れていかれ，刑事補のデルガドに事情聴取を受けた。その女性は，自分は３人の男に襲われたがその１人は東洋人のような顔だったと報告した。そして男たちは細長く，20歳前半であると見なされた。警察署は彼女の話に同情し，イギリス大使館と連絡をとるように忠告した。６日後，警察はその女性のハンドバッグを見つけ出したが，その中身はまったく見つからなかった。３人の男はその後告発され，このうち２人は有罪となり懲役刑を受けた。もう１人は以前にも同様な犯罪ですでに告発されていた。その女性は夫のサイモンと２人の友人とともにイギリスへもどった。しかし彼女は自分１人で外に出るのをまだ怖がっていた。

　被検者はこの話を聞いてすぐに，その話を自由再生し，一定時間の後また自由再生を行う。その後被検者は20項目の質問に答えるが，このうちの15項目は誘導質問である（表1-11-3）。被検者が20項目に回答した後，検査者は被検者に対して「あなたの回答にはいくつか間違いがありました。それでもう１度やり直してもらう必要があります。今度はもっと正確に答えてみてください」と，毅然とした口調で（被検者に間違いがなくても）教示する。これは，いわゆる否定的フィードバックである。そのフィードバックの結果，被検者が前の回答を少しでも変えたとき，それを変遷（Shift）の得点とする。そして被検者が否定的フィードバックの前に行われた誘導質問に誤答してしまった個数を誘導１（Yield 1）の得点とする。この変遷と誘導の合計を被暗示性の総合得点とする。また，否定的フィードバックの後に被検者が誘導質問に誤答した数を誘導２（Yield 2）の得点と見なす。Gudjonsson（1984）やRegister & Kihlstorm（1988）によれば，否定的フィードバックがなされた後の誘導２の得点は，それがなされる前の屈服１の得点よりも有意に高いとされる。

● 表1-11-3　Gudjonsson（1984）の被暗示性検査で用いられる質問　（訳出は筆者）

1. 女性にはサイモンという夫がいましたか。
2. 女性には子どもが1人いましたか，それとも2人いましたか。（誘）
3. 女性の眼鏡は乱闘の時に割れましたか。（誘）
4. 女性の名前はアンナ＝ウィルキンソンでしたか。（誘）
5. 女性は刑事補から事情聴取を受けましたか。
6. 襲撃者は黒人でしたか，白人でしたか。（誘）
7. 女性は中央警察署へ連れて行かれましたか。（誘）
8. 女性のハンドバッグは乱闘で損傷を受けましたか。（誘）
9. 女性はスペインで休日を過ごしていましたか。
10. 襲撃者は逮捕されて6週間後に告発されましたか。（誘）
11. 警察のインタビューの間，女性の夫が付き添っていましたか。（誘）
12. 女性は襲撃者の1人を拳で殴ったのですか，ハンドバッグで殴ったのですか。（誘）
13. 女性は，サウス＝クロイドンの出身でしたか。
14. 襲撃者の1人はその女性に発砲しましたか。（誘）
15. 襲撃者は背が高かったですか，低かったですか。（誘）
16. 女性の悲鳴は襲撃者を驚かしましたか。（誘）
17. 警察官の名前はデルガドでしたか。
18. 警察はその女性をホテルまで送ってあげましたか。（誘）
19. 襲撃者はナイフをもっていましたか，ガンをもっていましたか。（誘）
20. 女性の服は，乱闘の時破れましたか。（誘）

注）（誘）は誘導質問である

　被暗示性の総合得点の妥当性を示すものの1つとしては，尋問圧力への抵抗との関連性についての研究があげられる。Gudjonsson（1991）は，虚偽自白を訴えている群（虚偽自白群）と，刑事事件に関与を認め自白を撤回しなかった群（自白維持群），有罪証拠があり結果的には有罪判決を受けたものの警察の尋問には最後まで抵抗して自白しなかった群（自白抵抗群）の3群間で被暗示性の総合得点を比較した。その結果，自白抵抗群＜自白維持群＜虚偽自白群の順で被暗示性の総合得点は有意に高くなった。また Gudjonsson（1992）は，警察での取り調べによって得られた供述記録とこの総合得点との関連性を調べたところ，得点が高ければ被聴取者の情報の正確さは落ち，誤った情報を報告しやすいことを見いだした。さらに Gudjonsson（1983）によれば，誘導の得点と総合得点はアイゼンク性格検査のうそ尺度（Lie Scale）の得点と有意な相関関係にあった（屈服1；$r = .35$，総合得点；$r = .34$）。性格検査のうそ尺度の得点が高くなるということは，それだけ回答に一貫性がないことを意味している。その理由の1つとして，一般的に被験者が自分のことを社会的に望ましい人物である人に見せようとすることがあげられる。他人の評価を気にしすぎて，「偽りの」自己評価をしてしまうわけであるが，被暗示性の高い人はこの傾向が強いということになる。

注

（1） Ross et al.（1977）の研究から1987年までの10年間に，この効果について45件以上の研究論文が世に出たといわれる（Marks & Miller, 1987）。

（2） この尺度は，1973年版と1975年版でいくつかの項目が入れ替わっているが，全体的にみると基本的な内容は変わっていないように思われる。

（3） 同調行動がほとんど（あるいはまったく）起こらなかったとする報告もないわけではない（例えば，Frager, 1970 ; Perrin & Spencer, 1981）。

（4） Janis（1972）は，かつて政治史に残る外交政策上の失態（ケネディ政権のキューバ侵攻失敗，ニクソン政権のウォーター・ゲート事件，など）を詳細に検討して，これらの政策決定にいたる過程で強力な同調行動が生じたことによって，当事者たちでさえ信じられないくらい「愚かな」結末に陥ることを指摘した。彼はこれを集団的愚考（group think）といった。

（5） こうした判断の傾向を，誤った関連づけ（illusory correlation ; 錯覚的相関とも訳される）という。

（6） 同様の結果は，Malpass & Kravitz（1969）においても見いだされている。

（7） 法手続きの及ぼす影響としては，証言内容にとどまらず，陪審での審議の手続き（例えば，個々の証拠を共同で検討しながら進めるか，まず個々の評決を述べ合ってから進めるか）を変えるだけでも，審議結果が影響を受けることを指摘した研究結果がある（例えば，Davis, Tindale, Nagao, Hinsz & Robertson, 1984 ; Kameda, 1991）。

（8） Myers & Lamm（1976）によれば，集団極化現象は多様な被験者集団から得られていて，かなり普遍的であるとされている。

（9） これは Eysenk & Furneaux（1945）がわずかに言及した3次的被暗示性，すなわち権威ある人物から説得的情報を伝えられた場合に生ずる情報の受け手の態度変化と近い概念である。

（10） この後 Gudjonsson（1987b）は，被暗示性検査の改訂版を開発している。

第12章 共同で思い出す
目撃証言における共同想起

第1節　共同想起とは

　過去の出来事はしばしば複数の人によって語られる。この形態の想起を共同想起と呼ぶ。もっともこの定義は暫定的なものである。共同想起のより適切な定義は，議論をある程度深めた後に再度提示しよう。本章では，目撃証言研究という心理学の一分野に対する貢献を第1に，共同想起研究の選択的な紹介と批判的な検討を行った後，裁判実務に則した展望的な考察を行いたいと思う。

　用語に関する注意を1つだけしておこう。本章では，想起と記憶という用語を明確に区別して使用する。想起とは，過去について語る活動，そのうちでも特に言語活動を指示する。記憶という語は，想起活動の所産を言う場合，あるいは伝統的な記憶理論で，想起活動の背後に想定される内的構成体を指示する場合に用いられる。想起と類似した用語に再生および再認があるが，これらは引用した文献に現れた限りにおいて用いる。それらの用語は，貯蔵されている記憶を引き出すテストという意味合いが強く，特定の記憶観や研究パラダイムを連想させるので，このような制約を設けるのである。

第2節　共同想起と目撃証言

　共同想起全般に関する詳細は，Hartwick, Shepperd & Davis（1982）やClark & Stephenson（1989），あるいは森（1995）に委ねることにして，ここでは目撃証言に関連する研究だけを選択的に紹介，吟味しよう。

　共同想起研究の中で目撃証言が取り上げられた問題意識は，複数の目撃者が討議することの功罪の追及にあった。Alper, Buckhout, Chern, Harwood & Slomovits（1976）

は，目撃者個人個人の再生と比較して，目撃者たちが共同して1つの再生を行った方が正確かどうかを確かめようとした。授業中1人の学生風の若者が，本を忘れたから取らせてほしいと教室にやってくるが，ある受講生のハンドバッグをやにわに盗んで逃げ去る。数分後これが芝居であることを明かした後に，この一連の出来事について，受講生たちは質問紙による再生を課せられた。終了後29人の受講生たちはほぼ人数の等しい4グループに分けられ，先と同一の質問紙に集団として解答するように求められる。再生できなかった欠損エラー（omission error）と，正解と異なる再生をした作話エラー（commission error）を指標として，集団再生と先の調査されていた成員の個人再生が比較された。集団再生によって欠損エラーは半減したが，作話エラーは増大した。質問にあまねく解答しようとした代償として，解答の不正確さも増大させてしまったようである。Alper et al. はさらに質問項目各々について，10件法による確信度評定を課している。集団の平均確信度は6.79，個人のそれは7.30と両者の間に差は見られないようだが，数値の散布度は集団の方が大きいようだ。4つの集団における個人の確信度の平均は6.14から8.14と，その幅は2.00であるが，集団の確信度の範囲は6.00から10.00と4.00のひらきがある。範囲の大きさのみならず，集団再生においては満点の確信度が得られていることに注目すべきである。集団は自らの意見を過剰に信頼する危険をはらんでいるのである。しかしこのような高い確信度は，実際の再生成績には反映されていなかった。平均再生率は個人で32パーセント，集団で44パーセントに過ぎなかった。

　Alper et al. の研究は，目撃証言に関心を寄せる研究者による類似の研究を導くことになった。Warnick & Sanders（1980）は，集団による討議に実際的な利点を見いださなかったAlper et al. の研究を批判的に吟味しようとした。同一被験者に2回再生を要請したことが反復のある実験計画に顕著な要求特性（demand characteristics）をもたらし，集団に起因する効果と反復再生による効果が混合して区別できない点が，Alper et al. に対する最大の批判点である。また，集団で討議することの効果と，集団で意見を提出する効果を分離しようとした。Alper et al. の条件設定では，集団の効果が討議することにあるのか，集団に存在する斉一性への圧力にあるのかが明確でない。そこで彼らは，集団で討議するが再生は個人で行う条件と，討議して一致した意見を提出する条件の2つを設定した。前者を設定することによって，討議することの効果を斉一性の圧力の効果から分離しようと試みたのである。これら2つの条件における集団の大きさは，3ないし4人であった。また，討議も何もなしで個人再生を行う条件も設定された。Alper et al. の実験と類似した窃盗事件の一部始終を白黒ビデオに

よって視聴させ，質問紙による再生を施行した。同時に確信度の評定を0から10までの評定値を持つ11件法で行った。すべての指標について上述の2つの集団条件の差がなかったので，両条件を統合し，集団条件と個人条件という比較を行った。集団条件の欠損エラーは個人条件のそれを有意に下回ったが，作話エラーについては集団条件の方が数値的には少ないものの有意には至らなかった。平均確信度は集団条件の方がわずかに大きな数値を示したが，有意差は見られなかった。確信度と正再生の相関は有意とならなかった。実際の相関値が示されていないので慎重を期す必要はあるが，これは Alper et al. と同様の結果と言ってよいだろう。この実験と Alper et al. の結果の相違は作話エラーにのみ認められた。Alper et al. の実験では繰り返し再生が求められたため，被験者が2回目の再生の時より精緻な再生をしなければという圧力を感じていたためではないと Warnick & Sanders は推測している。この推測は，作話エラーをひきおこしたのが集団が持つ何らかの属性ではなく，繰り返し再生という実験操作であることを述べている。

　1980年代から90年代にかけて，英国の心理学者 G. M. Stephenson を中心にして，精力的な研究が行われている。Stephenson et al. は，警官による尋問，調書作成あるいは目撃証言といった実際的問題に関心を持ち，その関心に基づいた実験研究を行おうとしている。Stephenson, Brandstaetter & Wagner (1983) は，警官が協同して尋問調書を作成する英国の事情や，集団による目撃証言に関する先行研究 (Alper et al., 1976 ; Warnick & Sanders, 1980) に言及し，共同的に産出される出来事の記憶の特質を，個人再生との比較によって明らかにしようとした。彼らは物語文 (Bartlett, 1932の「幽霊の戦い」) の2人組による共同再生と，個人再生との比較を行なった。提示材料の逐語再生は2人組の方が優れていた。14個の質問に解答し，その確信度を4件法によって評定したところ，2人組の方が高い確信度を示した。エラーについて彼らは，推論エラー (implicational error) と混乱エラー (confusional error) の2つの指標をとっている。前者は，提示材料から推論され得るが明示されてはいないものが再生された場合をいい，後者は提示材料と矛盾するものが再生された場合をいう。推論エラーは2人組に多く，混乱エラーに差はなかった。2人組はより完全な再生をもくろむゆえに再生量は多いが，それはスキーマ的再構成による推論エラーをも導く。もっとも Stephenson et al. によれば，推論エラーは集団における斉一性や，所産に対する過度の信頼によっても導かれるとのことである。所産に対する過度の信頼に関しては，2人組の確信度が個人のそれを上回ったことにも反映されている。過度の信頼には，不正解である再生を正答であると誤認させる負の側面がある。Stephenson et al.

は客観的妥当性という指標で，このことを表現しようとした。被験者の再生について，理想的な確信度と現実の確信度の2つを考えた。前者は，正答が満点の確信度によって評価される理想状態である。後者は，被験者が実際の実験のなかで自らの回答に付与した確信度である。誤答についてはまず，被験者が誤答に与えた確信度の順序を逆転させる。例えば，誤答にもかかわらず正答であるという最大の確信度を与えていた場合，最低の値を付与するのである。誤答における理想状態とは，したがって，誤答に対して最低の確信度が与えられた場合となる。理想と現実の確信度の差を客観的非妥当性と定義し，これの裏返しとして客観的妥当性を表現しようとした。この指標について，共同再生と個人再生の差はなかったが，客観的妥当性は正答において高く，この傾向は2人組の方が顕著であった。これらの結果から，個人再生と比較した場合の共同再生の正確さ，完全さが読みとれる。この結果は，従来の諸研究と一致する見解である。Stephenson et al. はこれを，巧みな推論による再構成に一部起因するものであると述べている。しかしこのような推論の利用が推論エラーをも頻発させる点は，共同再生の負の側面として指摘すべきであるとしている。

Stephenson et al. (1983) が，尋問調書や目撃証言に関心を持っていたにもかかわらず，想起対象として物語文を用いたことは，彼らの関心が実験状況の設定に十分反映されていないとして批判が可能であろう。Stephenson, Clark & Wade (1986) は，社会的，法的な応用をめざすには「幽霊の戦い」のような物語文の使用は不適切であると自覚し，刑事事件の事情聴取場面における警官と被害者のやり取りを聴覚提示する状況を設定した。彼らは，複数の警官が共同で尋問調書を作成するという英国の事情を鑑みて，それと同様の状況を実験的に設定しようとしているようである。もっとも，このようなやり取りを一般人が目撃対象として経験することはまずありえないから，目撃証言の実験材料としては適切さに欠けるように思われる。警官を被験者として用いるのであればまだしもである。後者の批判に応えるように，後年 Stephenson は共同研究者とともに，警官と一般人の対比を行った実験を遂行している (Clark, Stephenson & Kniveton, 1990 ; Stephenson, Kniveton & Wagner, 1991)。とはいえ，そのような実験の意義は，警官の職業上の特質を浮き彫りにするというかなり特定された成果に限定されることになろう。警察官なら事情聴取の内容をどこまで正確に再生できるか，ということがわかるだけである。

Stephenson, Clark et al. (1986) でのもう1つの改善点は，共同再生事態における成員の数にバリエーションをもたせたことであった。彼らは，2人組と4人組の2つの共同再生条件を設定した。提示材料を聴取した後，被験者は筆記再生による「調書」

を作成した。個人再生条件では，これは通常の筆記再生と同じ事態である。共同再生条件では，成員同士話し合い，意見一致させたうえで成員の1人が筆記を行えとの教示がなされている。この後，18個の質問に答える形での再生テストが行われた。この解答に対しては，4件法による確信度評定も行われる。聴覚提示された警官と被害者のやり取り，および被験者の「調書」が命題に分解され，命題単位で正答，誤答，推論エラー，混乱エラーの評価が行われた。総再生単語数では再生条件間に差は見られなかったが，正再生命題数では4人組と個人の間に有意差が見られ，4人組の優位性が示された。しかし2人組と個人の間には絶対量の差は見出されたものの，有意には至らなかった。質問紙による再生については，4人組の正答数が最も多く，次いで2人組，個人の順で，すべての条件間に有意差が見出された。共同再生の量的優位性については，ほぼこれまでの諸研究と一致を見ている。Stephenson et al. (1983) で採用された客観的妥当性の指標が，今回も導入された。正答に対して4人組は2人組以上に，そして2人組は個人以上に自らの解答に信頼を置いていた。これは前回と同じ結果である。誤答には個人と2人組の信頼の置き方に差が見られなかったものの，それらと4人組の間には大きな差が見出された。4人組は誤答であっても，自らの解答が正しいと確信してしまう傾向が見出されたのである。この結果から Stephenson, Clark et al. は，共同再生が正確さ，完全さにおいて常に優れているという見解を変更しなければならない深刻な必要に迫られていると述べている。共同再生によって誤答が正答と誤って評価される危険を，彼らは感じているのである。この知見は，複数の人々による目撃証言を考える場合，示唆的である。

　Stephenson, Abrams, Wagner, & Wade (1986) は，個人再生と2人組による共同再生を連続して行う実験を遂行した。提示材料および質問紙は，Stephenson, Clark et al. (1986) と同じであった。再生の順序は，先に個人再生，後に共同再生を行う条件と，その逆の順序の条件の2つが設定された。各々の再生の際，確信度の評定が行われた。先に個人再生を行う条件において，最初の個人再生のときには低かった誤答に対する確信度は，続く共同再生ではより高い値を示した。先に共同再生を行う条件では，最初の共同再生時に産出された誤答への確信度が，続く個人再生時にも維持されていた。個人レベルではいくら正しい評価をしていても，集団プロセスを1度経ると誤答を正答と評価してしまう傾向が示されている。この研究は，共同再生において誤答が正答と誤認される危険をあらためて示唆している。

　誤答を正答と確信する傾向が，共同再生事態では顕著であることがこれまで示唆されてきた。それらの研究では，自由再生後に施行された質問紙再生における確信度評

定に基づいて，そのような結論が提出されている。Stephenson & Wagner (1989) は，先行して施行される自由再生を共同して行うことが，誤答に対する誤った信頼を増長するのかどうかという問いは未解決だとして，この問題に着手した。刑事事件の事情聴取場面における警官と被害者のやり取りのビデオを被験者は聴取した。これは Stephenson, Clark et al. (1986) や Stephenson, Abrams et al. (1986) で聴覚提示されたものと同一の材料と思われるが，その記載はない。被験者はまず個人か2人組で自由再生を行う。次いで質問紙による再生を個人か2人組で行う。26の質問への解答に対して，4件法による確信度評定が行われる。このようにして，確信度評定が行われる質問紙再生に先行して，共同的な自由再生を行っているか否かという実験条件が設定される。質問紙再生について次のような結果が得られた。共同再生は個人再生よりも多くの正答を産出した。これはもはや周知となった，共同再生の量的優位性である。確信度については次のような分析がなされた。正答と誤答に対する確信度が分けて算出され，正答に対する確信度と誤答に対する確信度の差を求め，これを客観的な証言妥当性の指標とする。これは Stephenson et al. (1983) が採用した客観的妥当性とは異なる指標で，いわば正答と誤答の弁別力を反映する指標である。信号検出理論風にいえばSN比である。この指標について検討したところ，先行する自由再生の性格と質問紙への解答条件との間に交互作用が認められた。先行する自由再生がなく共同で質問紙に解答した条件のみが，他の3条件に比べて低い値を示した。つまりこの条件においては，誤答に対して相対的に高い確信度が与えられたことになる。先行する自由再生を共同で行うことが後の誤った確信を生み出すのかどうかというそもそもの問題設定は，この交互作用によって意味のないことが判明した。

　Stephenson & Wagner は，この交互作用に動機論的解釈を加えている。この実験では質問紙による再生の後に別の質問紙によって，自分の再生結果やパートナーとの課題遂行中の関係について，7つの質問が与えられていた。共同で質問紙再生を遂行した被験者について見ると，パートナーが自分以上に再生に貢献したと回答した者，また，パートナーの活動の方が優勢であったと判断した者は，先行する自由再生を個人で行った条件に多く見られた。さらに質問紙再生遂行中，被験者の発話がすべてテープレコーダーに記録されていたが，Stephenson & Wagner はその中で発せられた2種のパートナーへの質問に注目した。正答を探し求めるための質問は先行する自由再生の性格に関係しなかったが，確信度の評定に関する質問は，先行する自由再生を共同で遂行した条件の方が，個人で遂行した条件よりもはるかに多かった。以上のデータから，個人で再生を行い，次いで共同で質問紙再生を行った被験者群には，パート

ナーに課題遂行の責任を帰属する傾向があり，確信度評定においては手を抜く傾向があることが示唆されている。先行する自由再生を個人で行った被験者の，後の質問紙再生時にペアになったパートナーの自由再生の過程と結果に関する認識と理解は，最初から共同で再生を行っていたペア同士に比べ浅い。この条件間の特徴の差がパートナーへの責任帰属と，確信度評定に際しての手抜きの源泉であると，Stephenson & Wagner は推測している。

　Clark, Stephenson & Kniveton (1990) は，被験者に警官と大学生を用い，事情聴取場面に対する職業上の優位性，あるいは独自性を見ようとした。Stephenson, Clark et al. (1986) が使用した，事情聴取場面における登場人物の発話が文字起こしされ，17枚のスライドによって提示された。警官被験者は実際の事情聴取に立ち合った経験がある可能性が高いので，事情聴取をそのままオーディオテープで提示するのは警官被験者に有利になってしまうだろう，という配慮があるようだ。個人再生，2人組と4人組の共同再生が比較された。筆記による自由再生，続いて18の質問に解答することによる質問紙再生が施行された。質問紙再生にあたっては，4件法による確信度評定が行われた。以上のテストの内容は，彼らによるこれまでの研究を踏襲している。質問紙再生における正再生量について，警官被験者が学生被験者をすべての再生条件で上回った。また，共同再生の優位性も示された。確信度は，再生を遂行する人数が多いほど高くなる傾向にあったが，警官被験者と学生被験者とでは確信が問われる対象によって，再生人数の効果が異なっていた。警官では，正答に対する確信度が人数の増加とともに高くなっていったのに対し，学生では，誤答に対する確信度が高くなっていった。これについて Clark et al. は，明確な結論が出しがたい結果としている。警官と学生では，自由再生の方略に違いが見られた。学生が物語体で再生していたのに対し，警官は，事情聴取者と被聴取者による対話体で再生する傾向が高かった。とくに共同再生条件では，警官被験者たちは，事情聴取者と被聴取者の役割を割り振って再生する傾向が顕著であった。尋問調書は対話体で書かれるべきという暗黙の了解があるゆえ，警官被験者はそれに従ったのだと，Clark et al. は考察している。

　Stephenson, Kniveton & Wagner (1991) は，再生に対する集団の影響がどのような種のものなのかを明らかにしようとした。いわゆる社会心理学的問題である。この問題はこれまでの研究でも，結果の解釈に際してたびたび浮上してきてはいた（例えば，Alper et al., 1976 ; Stephenson & Wagner, 1989）。Stephenson et al. が焦点化した集団の属性は知的属性，対人的属性，集団間属性の3つである。知的属性とは，生産性のレベルのことで，集団は個人と比較してこのレベルが高いと予想される。対人的属性と

は，課題遂行に対する成員間の人間関係である。集団間属性とは，他の集団に対抗しようとする集団の性格である。これら3つの属性の影響を，Stephenson et al. は3つの要因の操作によって検討しようとした。3つの要因とは，認知資源，知己である程度，職業特性である。認知資源は，成員間での情報欠損の補充可能性の程度によって決定される。2回の再生テストの間にパートナーの入れ替えがあったかどうかによって，認知資源の要因は操作される。新しいパートナーは前のパートナーとは違う情報を持っている可能性があるので，多くの認知資源が利用できると想定される。知己である程度は，2回の再生テストを同パートナーで行ったか異なるパートナーで行ったかによって決定される。集団が形成されることによって，他集団との競争が生じるが，職業特性はこの傾向をさらに強めると想定される。警官と学生を被験者に用い，成員に警官被験者が多いほど職業特性が高いとされる。警官は，事情聴取場面のような材料の再生においては，職業がら責任感が強くなるとみなされ，責任感の程度は他の集団との競争をいっそう強めると想定された。自由再生に続いて，質問紙再生が施行された。質問紙再生時には確信度評定も行われた。自由再生について，認知資源が正再生量の増加に貢献し，逆に職業特性が正再生量を減少させることがわかった。確信度については，知己である程度が作話エラーに，職業特性が混乱エラーに過大な確信を抱かせることが明らかとなった。

　裁判実務を念頭に置いた場合，個人再生と共同再生の比較から複数の目撃者による共同再生の功罪を問う以上のような諸研究は，どのような意義を持っているのだろうか。続いてはこの点を議論し，従来の研究に評価を与えてみよう。

第3節　従来の共同想起研究の何が問題なのか

　研究の意義を論じる際，研究の特徴を踏まえておく必要がある。先に紹介した研究には共通する大きな特徴がある。それはすべての研究が，各条件の代表値の間の差の有意性検定に基づいていることである。共同再生の優位性あるいは劣位性が示されたといってもそれは共同再生条件の，正確に言えばその背後にある母集団の，平均値に関して当てはまるものであり，個々の事象について該当するとは限らない。よって有意性検定によって定立された一般法則は，個々の具体的事象の説明には使えない。ある特定の出来事について，複数の目撃者の合議によって証言が産出されたからといって，それが個人による証言より正確だとか，歪んでいるとは言い得ないのである。高木（1996a）は，このような一般法則の意義を，特定の目撃証言の信頼性を吟味する

際の制約として利用することに見いだしている。共同で目撃証言が産出されているから彼らの想起はより正確である可能性があるというように，裁判過程における信用性判断の資源として利用するのである。目撃証言研究の第一人者Loftusの貢献（たとえば，Loftus, 1979）もここにあると思われる。

　これまでに紹介した研究に一定の意義は認めるものの，裁判実務の現実を考えた場合，限界があることは否めない。先に述べた一般法則の具体的事象への適用に際しての限界以外にも，次のような点が指摘される。第1に，被験者のパフォーマンスと対照して，それが正しいのか誤りなのかを裁定する基準（要するに「正解」）の存在を前提としている点が指摘される。現実の裁判実務では，何が正解なのかを提示してくれる者はいない。実験で用いる提示リストのような絶対的基準も存在しない。上述の研究では，被験者は必ず想起すべき体験を有しているという前提で扱われていたが，この前提も現実に即していない。裁判実務では，供述者の語ることが体験に基づいていると言い得るかどうかが争点となる。供述者が体験を持っていることは前提ではなく，突き止められるべき結論なのである。供述者を基点として，裁判官，検察官，警察官，弁護人，さまざまな他者の関与を許しながら，「事実」は確定されていく。時として真の目撃体験不在のままに，である。このような活動は，事実の構成と呼ばれる一種の共同想起である。目撃証言が記憶の単純な引き出しではないこと，聞き手の役割が大きいこと，時として，目撃体験を持たない者から詳細な「目撃談」が得られること，これらの現実を考えた場合，事実の構成に対してもっと注目がなされてしかるべきだと思われる。

　第2に，「想起の枠」が無視されている点が批判される。過去の出来事からどういう局面を抽出し，それをどのように語るべきか。これが想起の枠である。想起の枠は対象と場面に応じて，想起の適切さを方向づける。想起の枠に関しては，Halbwachs (1950) の古典的研究をはじめ，Edwards & Middleton (1988)，Orr (1990)，Iniguez, Valencia & Vazquez (1997) などの実証的研究をあげることができる。また理論的研究としてGergen (1994) は想起を社会的技能ととらえ，いかなる想起もその場で適切とされる枠のなかで遂行されることを強調している。実験室での記憶実験について考えてみよう。そこでは，かつてスクリーンに写った単語を対象として，それを逐語的に想起することが要請される。実験に臨んでいたときの心境を語ることは，そこでは不適切な想起である。比較対象として同窓会を考えてみよう。そこでは，出来事の知覚的属性ではなく，同窓生たちにとっての出来事の意味やノスタルジックな心情を語ることが適切である。発言の一言一句や情景のディテールに執着することは，その

場では望まれていない。裁判実務でも枠への留意が必要である。犯罪事実を記載する書類の作成に当たっては、「六何の原則」「八何の原則」に従う必要がある（警察庁刑事局，1994；久保，1968）。何人が（犯罪の主体），何時（犯罪の時刻），何処で（犯罪の場所），何に（犯罪の客体），如何にして（犯罪の手段・方法），何をした（犯罪の行為と結果）が六何であり，これに何故（犯罪の動機・原因），何人と（共犯）を加えて八何である。これは書式上の制約であると同時に，容疑者の想起に対する枠ともなっている。容疑者は自らの体験を，この原則にしたがって問われ，想起するのである。目撃証言についても，捜査資料としての，あるいは証拠としての品質を確保するために，同様の枠が存在するものと思われる。目撃証言に関連する多くの実験研究では，分析のしやすさからテクストやビデオなどの物理的相貌を逐語的，断片的に語るように方向づけられている。実験室はあくまでそのような特殊な枠を持った場のひとつであり，そこで遂行される想起の代表性についてはもっと議論がなされてもよいと思われる。

　第3に，共同想起に関与する人々の権力関係が考慮されていない点があげられる。先に紹介した諸研究では，想起に関わる人々は被験者として対等の地位にあった。しかし実際の目撃証言では，尋問にあたる取調官と証言者の地位は対等ではない。目撃体験は権力関係の異なる，少なくとも2者の間で共同想起として展開される。目撃体験を唯一語り得る者であるという理由で証言者が権力的に優位に立つと思われがちだが，取調官は決して受動的な聞き手にとどまらない。証言者の想起に枠を与え，方向づけるのは尋問者であるし，他の証言者からの情報や物証に基づいて想定したストーリーによって証言者の想起を評価，裁定することもある。証言者の想起が停滞したり，漠然としたり，ストーリーと矛盾を起こしたりしたとき，取調官は想起に介入し，目撃談の構築に積極的に関与する。このようにしてできあがった目撃証言は，証言者の独白ではなく，2者による合作と認識することが適切である。とくに目撃体験が曖昧な場合，この認識はとくに重要である。取調官側に想起を牽引する主導権が移行し，体験を有していない取調官の推測に大きく依拠した「目撃談」が構築される危険があるからである。

　第4に指摘されるのは，被験者の体験における環境の不在である。私たちは日常さまざまな活動に従事し，そのなかで具体的な物，人，環境と主体的な接触を持っている。目撃体験も，環境と人々との接触の一種として生起する。Alper et al. (1976) 以外の研究では，ビデオやスライドで材料が提示され，その想起が要請されていた。ビデオ映像はしばしば実際の環境に近い材料だと考えられがちだが，それは誤りである。

実際の環境では，想起者は自らの主体的行為と連動した環境の局面を知覚し，これが想起の対象となる。この場合の知覚は，物理的相貌にとどまらない。進行中の活動との関連で成立した意味をも含んでいる（たとえば，ある人物の行動を見て不審に思ったり，意図を読みとったりする）。ビデオはすでに特定の視角から，特定の対象に焦点を絞って撮影されている。ここに反映されているのは撮影者および作成者の知覚である。自分の行為ではなく，他人の行為と連動した知覚を，被験者はなぞらされているのである。しかも非常に限定された形で，である。第1節の諸研究のみならずほとんどの目撃証言研究に該当することと思われるが，被験者は視覚と聴覚だけを通じて，他人の知覚をなぞっている。環境との直接的接触を断って想起者の行為の自由度を最小にし，かつ想起対象の意味を希薄にさせ，視覚と聴覚情報のみを受動的に受容させる。体験情報と伝聞情報との判別が問題になったとき，この種の研究の難点が痛感される。出来事の体験は，発言を除いて，言語的になされるわけではない。対して，伝聞情報すなわち報道や取調官からの誘導に含まれる事件に関係する情報は，言語的である。前述の諸研究では，言語化された体験を被験者は言語的に産出することが多い。この構図は伝聞情報の想起に近いものがあり，身体を媒介にして実際に環境と接触した経験を扱ってはいない。裁判実務への応用を意図するならば，目撃証言研究がしばしばこのような人工的状況で遂行されていることを批判的に吟味すべきであろう。環境との接触経験が，証言の信用性判断に占める大きな役割については，第4節で詳しく述べたいと思う。

　最後に指摘しておきたいのは，共同性の狭いとらえ方である。ここまで示してきた第1から第3までの批判点に共通する主張は，想起が必ず想起者以外の関与を伴って遂行されるということである。物理的に存在する他者は，数ある関与のうちの1つに過ぎない。想起の枠，権力関係，共通言語による表現など，想起は必ず想起者自身の外部の制約の中で遂行される。想起者外部の制約を想起者自身のほかという意味で，他者性と表現することにしよう。物理的に存在する他者（聞き手としての，あるいは尋問者としての）を他者性の一実現形と考えれば，他者性が伴う想起を共同想起と呼ぶことに，本章冒頭の定義を変更することも許されよう。共同想起の定義に執着しているのではない。共同想起を狭い意味に限定することは，裁判実務において重要な諸問題を取りこぼす。共同性を想起者の主体性と他者性の相克ととらえることが，裁判実務への貢献においては有益である。これがここでの議論の核心である。

　以上指摘された問題のなかで，事実の構成についてはより詳細に考察しておく必要があろう。目撃証言は体験そのままの検索ではなく，尋問者や取調官との対話のなか

で構築されていく,つまり共同想起としてしかあり得ないからである。そして,そのような他者の占めるウェイトが非常に大きいにもかかわらず,実際の研究がそのことを勘案しているとは言いがたいからである。事実の構成について考察することは,目撃証言研究の実務への応用可能性を評価するために,そして裁判実務に即した目撃証言研究を行うために必要な作業である。

第4節 事実の構成

1節で紹介した諸研究では,何が正解なのかを一義的に決定できる実験者という特権的存在がいた。被験者の想起は実験者の所有する「正解」によって,一方向的に事実であるか,事実に反するかが裁定される。しかしこの事態は,実際の裁判実務では起こりえない。実務に関与するだれも,証言者においてすら,過去の出来事を完全な形で所有していない。対照する基準など存在しない。過去は語りを通して,「事実」として構成されるしかない。目撃証言も例外ではない。それではどのような語りによって,事実の構成は成就されるのであろうか。それが事実らしさの感覚を誘発するのはどうしてだろうか。

事実の構成は,私たちの日常でも時折目のあたりにする出来事である。1つ事例をあげてみよう。少々昔の話になるが,1994年4月5日,時の首相細川護熙が料亭で2人の議員と会食中「首相を辞めたい」との発言を行ったとして,報道媒体を賑わしたことがあった。首相の発言の存否,真意をめぐる関係者たちの見解はさまざまであった。酒が入ったうえでの冗談だと述べる意見がある一方,首相個人の倫理的問題によって予算審議が開始できない窮地に立たされて思わず出た本音との憶測も流れた。この直後8日午後,首相は実際に辞意を表明する。この現実を受けて,先の発言はさらなる解釈を受けることとなった。ある圧力団体に対するメッセージだったというような,深い含意を持った発言であったかのように解釈する者もいた。

同様の事件を詳細に分析した研究がある。元英国蔵相ローソンの政策漏洩発言をめぐる当人と新聞記者たちの論争のなかで「事実」が構成される過程を分析した,Edwards & Potter (1992a) の研究である。記者たちとのオフレコの談話会で発せられたローソンの発言がこの事件の発端である。記者たちは,収入査定によって老齢年金受給者の限定を行うという意味の発言がなされたと主張し,ローソンはそれを否定した。両者の論争は発言の存否に始まり,続いて発言の真意をめぐるものになっていった。最終的に記者たちの主張が「事実」として認定されたが,認定作業において

は種々の正当化がはかられ,「事実」が事実らしく提示された。たとえば,記者たちの解釈に基づけば,ローソン発言が政府の他の政策動向と完全に一致していることがわかるとか,ローソンの以前の発言内容と符合するなどの正当化がはかられていた。そして論争が集結すると解釈が事実として,つまりローソンが最初から記者たちが解釈した意味のことを発言していたかのように考えられ,流通するようになった。

　Edwards & Potter（1992b）は,ローソンの辞任声明における辞任理由の陳述やこの辞任に関するサッチャー首相のテレビインタビューでの弁明の分析を通して,事実の構成に寄与する語りの技法の主なものを提示している。カテゴリーラベル添付（category entitlement），鮮明な記述（vivid description），物語（narrative），体系的な曖昧さ（systematic vagueness），実証的叙述（empirical accounting），論証というレトリック（rhetoric of argument），極端事例の陳述（extreme case formulations），コンセンサスと確証（consensus and corroboration），リストと対照（lists and contrasts）などの技法を駆使して語られる「事実」は,語り手の関与や作為を超えた「外界」に存在するものであるかのように構成されている。各々を手短に説明しよう。カテゴリーラベル添付は,語り手が特定のカテゴリーに属することを明示する技法である。ある特定のカテゴリーに属する人々はある事柄を知っていたり,ある技能に長けていると期待され,それゆえにその語りが信頼される。ウォーターゲート事件をめぐる大統領補佐官ディーンの証言の研究（Neisser, 1981）では,「人間テープレコーダー」などと呼ばれたディーンの証言が,その信頼性を過大に評価されていたことが述べられている。Edwards & Potter（1992a）が扱ったローソン事件の新聞記者たちも,「事実を記述する特殊な速記技術を持つ者」とみなされ,そのようなラベルにより語りの信頼性を保証されていた。体系的な曖昧さとは,鮮明な記述や物語と,修辞的には逆の方法である。詳細な記述は反駁の機会をそれだけ多く提供することにもなるが,曖昧で概括的な陳述をすることによって,本質点だけを提示し特定の推論を構成しつつ,反駁のつけ込む機会が最小に抑えられる。実証的叙述とは,科学的な談話や書物に特有の技法で,現象が自ずから姿を現したかのように語り,観察者の関与を消去,あくまで受け身の「観察」者であるように語る技法である。論証というレトリックとは,論理形あるいはその他よく知られた論証形式で主張を構成し,語られた事柄が,話し手,書き手の外部に存在するかのように語る技法である。極端事例の陳述は,判断が行われる次元の極端な場合を引き合いに出し,報告や解釈の効力を強化する技法である。コンセンサスと確証は,複数の証言者の一致が得られたものとして,あるいは独立な観察者の一致が得られたものとして叙述を提示し,解釈の真実性を保証する技法であ

る。リスト，とくに3つの部分からなるリスト（three-part list）は，記述を完全であるかのように，あるいは代表例であるかのように構成するために利用される。これがリストと対照という技法である。Wooffitt (1992) は，超常現象を体験したと主張する者へのインタビューの中に，その使用を見出している。可能な探索行為をすべて行ったうえで，ある物音を物理的原因を持たない超常的なものと判断したことを，語り手が述べ立てる発話系列の中に，それは発見された。「何で音が聞こえるのだろうと，窓を調べてみました。窓枠ではないかと思いました。全てのことをしてみました」(p.88)。「窓」，「窓枠」，「全てのこと」でリストが構成されている。これによって語り手は，自分の探索行動が徹底されたものであったことを語り，物音の超常性が主張できる根拠を築いているのだと，Wooffitt は解釈している。

　目撃証言でとくに重要な事実構成の技法は，鮮明な記述と物語ではないかと思われる。鮮明な記述は，文脈情報に富んだ鮮明な記述によって出来事を知覚的に再経験しているような印象をもたらす。それと同時に，話し手が特殊な観察技法を持っていることをも示唆する。また，逐語的再生の形をとる直接話法による引用（direct quotation）にも同様の機能がある。証言の信用性の基準としてしばしば採用される迫真性，臨場感は，この技法によって生み出すことができよう。しかし鮮明な記述が必ずしも真実を反映しているとは言えないことが，Neisser によるフラッシュバルブメモリーおよびディーン証言研究（Neisser, 1981, 1982, 1986）などから明らかになっている。他方，物語とは特定の語りの系列に埋め込まれることによって，報告のもっともらしさが増強されるという技法である。証言の信用性の基準として，物語としてのまとまりのよさが求められることも多い。Wagenaar, van Koppen, & Crombag (1993) はオランダの多くの裁判事例を分析するなかで，検事が提出する起訴状の物語としてのまとまりのよさの影響力について言及している。よい物語は時として証拠を凌駕する。被告人の犯人としての同定，犯行を構成する行為，行為の意図といった有罪の判定材料となる点が証拠によって支持されていなくても，起訴状がよい物語として構成されていることでそのことが見過ごされることがあるという。Bennett & Feldman (1981) は，裁判に特定的なストーリー文法を同定しようとした。大学生58人に対して出来事のストーリーを記述するよう要請した。半数の大学生には本物の，もう半数には創作の物語を語らせた。その後ストーリーの語り手以外の者にその真偽の判定を行わせたところ，本物の出来事を語っていると判定されたストーリーにはそれなりの特徴があったという。その特徴とは第1に，すぐに同定可能な中核となる行為が語られていること。中核的行為とは，物語のすべての要素がそれに結びついていくような

行為である。第2に，行為者がなぜそのように行動したかを理由づける，容易でかつ自然な説明をもたらす文脈，状況が語られていることであった。ここで注意すべきは，創作物語のなかにそれが真の出来事であると判断されたものが存在することである。このことは，物語の出来のよさとそれが真の体験に基づくこととは独立であることを示唆している。目撃証言の信用性の基準としてしばしば採用される迫真性，臨場感，物語としてのまとまりは，実のところ真体験の存在の必要条件ではあっても十分条件ではないのである。

　裁判実務への応用を考えるとき，取調官をはじめとする尋問者の存在への配慮が必要である。第1節で紹介した諸研究では，被験者は基本的に独白を保証されていた。被験者間の討論はあっても，権力関係の異なる尋問者は存在しなかった。取調官を含む尋問者は，目撃体験を所有していないにもかかわらず，証言の適切さや内容に評価を与える。彼らは，別の証言者や物的証拠などに基づいて，事件について特定の見通しを立てており，この見通しに従って目撃談は評価を受ける。証言が見通しに合致しない場合，特定の回答への誘導や真実性の確認が行われる。法廷における特徴的な談話構造については，Atkinson & Drew（1979）やKomter（1995）で描出されている。このような尋問者との往復作業を経て完成するのが目撃証言であるならば，その最終的な所産だけを見るのではなく，どのようなコミュニケーションが展開されたのかをたどる必要がある。従来の共同想起研究は，前者だけを取り上げていた。

　とくにわが国の裁判実務に関与する場合，取調官の存在とともに留意すべきは，調書の作成過程である。調書は供述者の独白体で書かれているが，実際は取調官と供述者の対話を，取調官が供述者単独の発言として書面に記載したものである。ここには音声情報の多くが欠落しているし，取調官の要約と解釈という目撃談への介入が隠蔽されている。尋問者の関与の分量，ある発言へと至る経緯や紆余曲折，語調や微妙なニュアンスは調書上にまず現れない。取調官の法律的知識が，供述者の真意とかけ離れた記述を生む危険も指摘されている（守屋，1988）。これらは犯行体験の自白において指摘された問題であるが，目撃証言でも同様の現象が生じる可能性は十分考えられよう。何が「事実」であるのかは基本的に，最終的に文書を作成する取調官の手の中にあると言ってもよい。証言者の断片的な発言に取調官の解釈が加えられ，「鮮明な記述」，「物語」，その他事実構成の諸技法に彩られた目撃証言調書が作成されることもあり得る（この点に関する問題については，たとえば井戸田，1972で指摘されている）。事実の構成の問題は，裁判実務における目撃証言を吟味するうえで，押さえておくべき必須事項であるが，その力点は証言の信用性強化への貢献ではなく，むし

ろ信用性への疑義に置かれるべきである。

　事実の構成について考察するなかで，私たちは裁判実務における目撃証言吟味の最も重要な点に触れることができた。それは証言の背後に真の体験が存在するか否かを判別する作業，体験の存在／不在の判別という問題である。この問題は，米国における幼児性的虐待の体験告白の虚偽性との関わりで，最近注目を浴びている（たとえば高橋，1997）。セラピストに誘導される形で，クライエントが偽りの性的虐待体験を告白してしまうことがある。しかも虐待「体験」が鮮烈にクライエントを襲うのである。しかし鮮明な記述は，先に考察した事実構成の一技法であるし，知覚的体験に迫る回想が生じてもそれが真実を必ずしも反映しないことは，Neisser によるフラッシュバルブメモリー解釈の示唆するところである。さらに最近，偽りの体験が生成可能であることが実験的にも実証されている（たとえば Loftus, 1997）。高名な心理学者である Piaget も自らの「誘拐」未遂事件を語るなかで，それが叔母からの伝聞（彼女は後年事件が嘘であったことを告白した）に発していたことを指摘し，鮮明な回想が真体験を担保しないことを述べている（Bringuier, 1985）。目撃証言にも同様の危険が内在している。セラピストを取調官に，クライエントを証言者に置き換えたらどうであろうか。Piaget の叔母を取調官や報道などの２次情報と置き換えたらどうであろうか。精神療法の現場という特殊性から，そこで生じている現象を取調室に適用することに疑問が投げかけられるかもしれない。しかし取調室には証言者の偽体験を産出させる，また独自の特殊性がある。知らないといっても同様の質問が反復され，語れないことが記憶違いや忘却，果ては精神構造にまで帰属される取調室で長時間尋問されることで，証言者はしてもいないこと，見てもいないことを，覚えてはいないが本当は存在したこととして語り始めることがある（浜田，1992）。これはセラピストが，クライエントの現在抱える問題への理由づけとして，幼少期の性的虐待を「想起」させることと類似の談話構造を持っていないだろうか。

　わが国の調書の作成方法，そして調書重視の裁判のあり方を考えた場合，体験の存在／不在の判別は目撃証言研究のなかでもっと重要視されてよい課題である。それをいかに実行するかについては，筆者らが関与した具体的事例を引き合いに出しながら，次節で述べることにしたい。

第5節　体験の存在／不在の判別をいかに実行するか

　体験の存在／不在の判別のさきがけは浜田の一連の業績（浜田，1986, 1988, 1991）

にある。浜田は，容疑者の複数の供述調書を時系列順に並べたときに現れる変遷に着目し，そこに供述者の心理の自然な流れが見られるのかどうかを問題にした。調書に記載された「犯行物語」が真の犯行体験を反映するものなのか，それともそこには供述者以外の者の関与が認められるのか。「嘘分析」，「無知の暴露分析」，「誘導分析」といった具体的技法を駆使して，「物語」のなかの供述者の声と他者の声を分離しようとする。これが浜田による体験の存在／不在の判別技法である。これらの方法の確立の背後には，彼の長期にわたる供述調書との格闘がある。先に述べたように，体験の存在／不在の判別が必要になる背景として，調書を重視するわが国の裁判のあり方と調書の作成過程，そこから生まれる体験不在のままなされた自白，供述が疑われる事件の存在がある。そこで実際の判別作業事例を紹介する前に，調書の作成過程と裁判の流れについて記しておく必要があろう。取り調べから公判廷に至る流れは，容疑者，目撃証人を問わず，概略すれば次のとおりである。なおこの記述は，本章の目的にしたがって簡略化したものであり，法律的な厳密性，現実の複雑さは犠牲にした。

　最初に供述者は，司法警察員による取り調べに臨む。交わされた対話は，書記役の警察員による解釈と要約を媒介として，あたかも供述者の独白であるかのような1人称の物語体によって記録される。この記録は司法警察員面前調書（員面）と呼ばれる。続いて供述者は検察官による取り調べに臨む。司法警察員とは独立に取り調べを行うのが本来であるが，しばしば員面内容の追認や確認に終始するという（井戸田，1962；森井，1991）。ここでも対話は，供述者の1人称による物語体の形で要約され記録される。この記録は，検察官面前調書（検面）と呼ばれる。供述者はこの2つの取り調べをそれぞれ複数回連続して経験したり，両者の間をしばしば往復する。したがって員面と検面には，循環的相互作用による複雑な時間的発展が生じることになる。続いて尋問の場は取調室から法廷へと移される。ここでは検察側，弁護側から交互形式で尋問が行われる。証人を請求した側から，立証しようとする事柄についてなされるものを主尋問。主尋問での証言の矛盾の指摘などについて，相手側からなされるものを反対尋問という。主尋問においては，証人との間に事前準備が行われることが一般的である。よって主尋問は，事前にある程度方向づけられた形式的なものになりがちである。

　解釈，要約，物語化の3つの作用と，取り調べの反復，往復によって，員面，検面はしばしば供述者の真体験の発露であるかのような色彩を帯びる。しかしそれが必ずしも真でないことは，数々の冤罪の存在が証明している（浜田，1992）。事実の構成について考察した際にも述べたように，詳細さ，臨場感，迫真性，物語としてのまと

まりのよさといった基準は非常に危うい。また主尋問も，事前準備による他者の声の混入が不可避である。これらの理由ゆえに，体験の存在／不在の判別が希求されるのである。

判別にあたる分析者が参照可能な資料は限られている。員面，検面，そして公判調書である。員面，検面が作成される取り調べ場面での対話は，時にテープ録音されることもあるが，分析者にそれが開示されることは稀である。公判も傍聴したときのみ，尋問者と供述者の肉声を聞くことが可能である。それ以降は，速記録に基づいた公判調書によるしかない（これは要約ではなく，対話がそのまま記されている）。また主尋問には普通事前の打ち合わせがあることを考えると，それもまた員面や検面と類似した資料であると認識する必要がある。このような厳しい制限の中で，いかにして体験の存在／不在の判別を遂行するのか。筆者らが実際に扱った事件に基づいて，具体的事例を紹介していこう。

1．コミュニケーション分析

事前の打ち合わせなしに，即興的に展開される尋問者と証言者とのコミュニケーションに注目し，証言者が主体的に過去体験を語る想起者と言い得るのか。それとも体験を有しない2者によるコミュニケーションが展開されているに過ぎないのか。さらには真実性が疑われる員面，検面などの供述形成プロセスを，公判のコミュニケーションパターンに見出すことができるのか。これらのことを吟味するのがコミュニケーション分析である。筆者ら（森・大橋，1997；森，1999）は，甲山事件と呼ばれている刑事事件における目撃証言に対してこの方法を使い，体験の存在／不在の判別を行った[1]。

1974年3月19日精神薄弱児童収容施設甲山学園で，園児2人が浄化槽から死体となって発見された。学園の保母Yが一旦は証拠不十分のため不起訴になったものの，事件後約3年を経て突如語り始められた園児の目撃証言が決め手となり再逮捕された。これが甲山事件と呼ばれている事件である。事件の詳細については，一審の特別弁護人であり園児証言の鑑定人である浜田の著書（浜田，1986）を参照されたい。本事件は浜田が関与した第一審無罪判決に対する検察控訴の後，大阪高裁で一審差し戻しとなった。差し戻し審でも争点の1つを占めていたのは，園児の目撃証言である。筆者らは最も重要な目撃証言を行った園児Fについて，その証言の信用性を吟味するよう要請された[2]。

「保母Yが被害者である園児Sを，園児寮の廊下から外へ無理やり連れ出すのを見

た」。事件発生から約3年を経過して提出されたいわゆる新供述の員面、検面を通じて、Fはこのような目撃談を繰り返し、そして時に連れ出しの情景を詳細に語っている。検察側証人として出廷した主尋問においても、検察官の質問に対してFはよどみなく目撃談を語っていた。Fの証言に疑問が持たれた理由は、第1にそれが事件後約3年を経て突然語り始められたことにある。第2に、供述調書の内容が次第に詳細になっていること、時には、覚えていない方が普通であるようなこと（たとえば、事件当日の夕食の献立）についても言及がなされていることである。そして第3に、弁護側からの反対尋問において、F供述には混乱、矛盾、沈黙が頻発したことである。

員面、検面、主尋問での能弁なF像と反対尋問での混乱したF像には大きな乖離がある。大阪高裁による差し戻し判決では、反対尋問のF像を尋問姿勢、長時間にわたる尋問、質問の複雑さなどの弁護側要因に帰している。筆者らはまず、この判定が妥当かどうかを検討した。その結果、その他の事項はともかくとして、目撃談についてFは反対尋問でも十全な回答ができていること、供述に停滞は多いが、尋問者の責任に一方的に帰せられるものは少ないことが明らかとなり、筆者らは反対尋問における目撃談の部分はF証言の信頼性吟味において有益な資料となると結論づけた。反対尋問では尋問者と証言者の間に、事前の話し合いはない。それゆえ反対尋問では、証言者は自らの体験に依拠して質問に回答しなければならない。つまりそこは真性なる想起の場であると考えられる。筆者らは、尋問の場が共同想起であいう前提に立ち、反対尋問における尋問者とFのコミュニケーションを分析することにした。

反対尋問でのF証言を分析するなかで、特徴的な相互作用パターンが浮き彫りになった（詳しくは、森・大橋、1997；森、1999を参照）。第1に、Fは時として尋問進展の主導権、回答の正当性の判断を尋問者に委譲することが明らかとなった。Fは同一質問を反復して与えられると、初期の質問と異なる回答を後の質問で提出することがある。この一連の尋問プロセスは、Edwards & Mercer（1987）が観察した授業の発問－応答連鎖に酷似している。内容的に同一の質問を反復することは、直前の回答が不適切である意を生徒に伝え、望ましい別の回答が存在することを暗黙裏に伝達する。彼らが観察した学校は、生徒が自発的に事実を発見する授業を建て前としていたが、実際には教師による誘導が顕著であった。Fは自らの体験に基づいて語るというより、尋問者から期待されている回答を行うことがあるのである。第2に、Fの回答がしばしば受動的であることが指摘された。「はい」か「いいえ」で回答する質問（closed question： CQ）に対して、Fはしばしば「はい」と回答する。しかし肯定された内容が他の尋問箇所での回答と矛盾することが少なくなかった。このことから、Fの「は

い」は質問内容の積極的肯定というよりは，発問-応答隣接対の第2成分を満たしているに過ぎないことが疑われる。応答を返していれば尋問は進展していくが，そのようなFに自らの体験に依拠して主体的に語る想起者の像を見ることはできない。つまりFは尋問の回答者ではあっても，想起者とは認められないのである。CQに対して「はい」と回答すると，員面や検面では，CQの内容を供述者本人が語ったかのように記載される。ここに員面や検面が形成される1つの仕掛けを見ることができる。

第3に，事実構築に対する尋問者の積極的関与が指摘された。Fが断片的に語る出来事を相互に関連づけ一連の意味ある物語へと仕立てる役割を，尋問者が果たすことがあった。個々の出来事の記述と相互の関連づけの両方を担うのが想起者である。しかしFと尋問者は，あたかも共通の体験を分有しているかのように，共同「想起」を展開していた。

反対尋問のような即興的尋問で，以上のコミュニケーション特性が見られたことは何を意味するのであろうか。筆者らはここに，員面，検面，および主尋問におけるF供述形成プロセスを見る。第1から第3のコミュニケーション特性と，要約，解釈，物語化という取り調べの3つの作用によって，目撃体験を有していなくても，Fが「目撃」証言を語ったかのような尋問を展開することが，そして調書を作成することが可能であると筆者らは結論づけ，F証言を証拠として採用することに難色を示した。

2．環境の不在分析

私たちは物や人によって構成される環境の中に住まっている。そこで私たちは普通，何らかの主体的活動に従事している。環境は活動と連動して，行為者にとっての意味を帯びていく。目撃も環境の中で起きるのであれば，目撃証言のなかに発見されるのは，証言者の環境との接触の痕跡であり，彼の行為と連動した環境の意味であるはずである。証言のなかにこのような環境との接触，環境の意味が発見できるかどうかを基準として，体験の存在／不在の判別作業が行われている。

1990年5月12日栃木県足利市内のパチンコ店で，父親と一緒に来店していた4歳の少女Mが行方不明となり，翌日パチンコ店駐車場から約500メートル離れた渡良瀬川河原の葦の薮のなかから全裸死体で発見された。その付近で発見された少女の衣服からは，精液とみられるものの付着が認められた。市内を中心としたローラー作戦により，翌年12月1日市内居住のSが逮捕された。この事件は足利事件と呼ばれている。員面，検面では一貫して，Sは犯行を肯定する供述を行っている。さらに公判廷でも第一審の第五回公判まで自供を維持していた。しかし第六回公判で，彼は突如否認に

転じた。第七回で再度犯行を認めるも論告求刑後無罪を主張し，第二審でもこの主張を維持し続けている。筆者らはＳの員面，検面，公判調書の分析を要請された。分析されたのは犯行の自白供述であり，本章のテーマである目撃証言ではない。しかし，体験に依拠して語られているか否かが争点となる点はどちらも共通しているので，目撃証言の吟味においてもこの自白の分析は適用可能であると思われる。Ｓ供述を子細に検討するなかで，彼の供述には犯行を犯していれば当然あるはずの，環境との接触の欠如が疑われた。この点に関して遂行された分析を２つ紹介しよう。

　佐々木（1998）は，犯行に関するＳの動機や行為の語りと，環境の存在や意味との乖離に着目した。供述調書や公判で繰り返し述べられているように，Ｓが一連の犯行行為を行った，すなわちＭをパチンコ店から連れ出し，いたずらを意図していて，殺害し，死体を遺棄したのであれば，Ｍが消息を絶ったパチンコ店から死体が発見された河原に至る経路の移動は，一貫して「なにかを隠すところ，あるいは何かから隠れることのできる場所」を求める移動であったと考えるのが自然である。しかしＳが供述調書で述べ立てる経路移動の様子は，とても他人の目を気にするような行為ではない。決定的なのは，供述における最も重要な遮蔽物の不在である。これは，河原に出る直前に存在する10から20メートルの幅で400メートルにわたって続いていた「背の高い草の壁」である。この「壁」の高さは２メートル近くあり，いたずらを意図している者にとっては大きな意味を持つ物である。ところがＳの供述には，「河原への移動の表明」「移動距離の同定」が存在するのみである。河原に至るために通過すべきこの「壁」の存在について，そしてＳがこれからとろうとしているであろう行為と関連した「壁」の意味については何も語られていない。最初の員面が録取されて12日後，Ｓを伴った現場検証が行われた。その後のＳ供述には移動距離の訂正，河原の地面に関する記述の付加などが生じたが，「壁」が登場することはついになかった。Ｓ供述において，この「壁」は一貫して不在である。現場検証は12月に，対して犯行は５月に行われた。現場検証後調書に現れた訂正は記憶喚起と説明されているが，季節によって変動する植物である「壁」がまったく登場せず，不動である河原の地面の様子や距離のみが訂正されていたことから，Ｓ供述に生じた変化は記憶喚起というよりも，犯行現場に行ったことのないＳが現場に行くことによって初めて得た情報の付加であるといった方が妥当であろう。そして現場検証のとき枯れて存在しなかった「壁」については，情報付加のしようがなかったのである。Ｓは彼が移動したと述べている現場について，一貫して無知であり続けた。浜田流に言えば「無知の暴露」が現れている彼の供述は，犯行体験を有する者の想起とは言いがたいと結論づけられた。

同じ足利事件について原（1996）は，Sの供述には被害者であるMの反応が希薄であることを指摘した。調書どおりの犯行が行われていたとすれば，SとMの間には数多くの身体的接触があるはずである。彼はMを河原へ連れ出し，首をしめて殺し，全裸にしていたずらした。そして死体を遺棄した。この一連の犯行行為には，Mの反応，抵抗などが付随していたはずである。しかしパチンコ店での発見から死体遺棄までの供述の中に，Mを指示する単語が含まれる文は75％を超えるが，そのうちSが動作主である動詞とMのそれとの比率の間には8倍以上の開きがあった。これだけだと，Sはもともと自分の行為だけを語る傾向があるのだという説明も可能である。しかしSが確実に体験している出来事，たとえば捜査官がSの自宅を捜索に訪れたときのSと捜査官のやり取りを想起するときのSの語りには，この説明を否定する大きな特徴があった。Sの体験語りには自分の行った行為と，それに反応した他者とを，一般的に言えば行為によって変化した環境とを，交互に記述するという特徴があった（原・高木・松島，1997）。彼が本当に犯行体験を所有していれば，SとMの行為を記述する動詞はほぼ同数に近くなるはずである。少なくとも，8倍以上の差が開くことはないだろう。これらのことから原は，SにはMと接触した体験，すなわち犯行体験がないのではないかと結論づけている。

以上が環境の不在分析である。続いては，体験の存在／不在判別の最後の方法，文体分析について考察しよう。

3．文体分析

第2節で述べたように，体験を語るということは，他者性によって個人的経験を鋳造することである。社会的媒体である言語や語る場の制度的制約（想起の枠）によって，体験が万人に理解可能，共有可能になる一方で，唯一体験に接触した個人というものは希薄になる。想起が体験の唯一性を主張する活動であるにもかかわらず，他者性の浸食によって唯一性の痕跡は逆に希薄になっていく。ここに想起のジレンマがある。このジレンマゆえに，語られた体験と類似の物語を個人的体験不在のまま作成することも可能となる。非常によくできた調書はまさにこの好例である。私たちはそこに公共化された出来事の物語を見ることはできても，出来事それ自体あるいは出来事を真に体験した供述者を見ることは容易ではない。

体験の存在／不在の判別という作業は，一般的に言えば，この想起のジレンマを前提として，語りのなかにいかにして体験と接触した供述者を発見するか，あるいは発見できないことを主張するかという作業であった。高木（1996b）は，語りのなかに

そのような供述者を発見する手だてとして,「文体」への注目を促した。高木によれば,「文体」とは社会的媒体によって表象されてしまった出来事（つまり語られた出来事，出来事についての物語）のなかから発露する，出来事と接触した供述者の持続である。その持続は，単純化して言えば，語りの内容ではなく語りの様式に現れる。「文体」に注目して体験の存在／不在の判別を試みたのが，原（1996），原・高木・松島（1997），松島（1998）である。いずれも足利事件のS供述が題材である。前項で紹介した原（1996）の分析事例で，S供述のなかに環境の不在を同定する際用いられたのが，文体分析である。Sが真に体験した出来事を語るときとは異なる語りの様式が，犯行行為の語りに見出されたことによって，Sの犯行体験の不在を主張した。

　文体分析を行うには，まず供述者の語りの様式を同定しなければならない。これは1つに限らない。松島（1998）によれば，Sには2つの語りの様式があった。次に真に体験したことが確実な出来事を見つけ，そこでの様式と問題となっている部分（犯行や目撃）の様式とを比較する。Sの2つの様式のうち，一方は真の体験を語るときにのみ現れ，それは犯行「体験」の語りには現れなかった。もう一方は両者に共通して現れていた。松島は前者を「体験語りの文体」，後者を「語り口」と呼んでいる。文体分析は「体験語りの文体」を同定し，真偽が問題となっている部分にそれが現れているかどうかを見ることで，真の体験の存在／不在の判別を行う方法だとまとめることができよう。高木（1996b）は，出来事と接触した供述者の持続一般を「身構え」という概念で総称している。「文体」はその一種である。「文体」以外の「身構え」をどのように実用に活かしていくか。その探究はまだ始まったばかりである。

第6節　最後に

　集団と個人を比較し,「正確さ」を基準に，集団による想起の優位性，劣位性を明らかにする，心理学研究の多数を占めるこのような研究は，代表値と散布度から有意性検定によって一般的言明を提出する。また,「正解」を知る特権的存在を前提とする。よってその成果は，一般的なガイドラインとしての利用に制限され，個々の具体事例に分け入るには別のアプローチが必要となる。「事実の構成」という視点は「正解」を前提とせず，過去の出来事が事実として語られるときの諸技法に注目する。また聞き手と話し手の循環的コミュニケーションとして想起をとらえる。想起に必然的に関与する他者性を明らかにした点，このアプローチの貢献は大きい。しかし事実の構成が有する過去観，すなわち「合議によって構築された過去」には，体験の主体が

抜け落ちている。この立場では、私たちは、フィクション（作話）とノンフィクション（真の体験）を区別できない。裁判実務で最も重要であるはずの課題、供述における体験の存在／不在の判別は、従来の２つのアプローチによっては十分に遂行できない。筆者らは実際の刑事事件における自白や証言の真実性について検討を加えるなかで、体験の存在／不在の判別のためのいくつかの方法を提示することができた。しかしこの課題への解答は発展途上である。さらに具体的事例を通じた洗練と吟味が必要であろう。供述だけを手かがりとして他人の過去体験に侵入する試みは、緒についたばかりである。目撃や自白だけを唯一の証拠としてとりあげるのは果たして妥当であろうか。たとえば、幼児性的虐待や知的障害者への暴行などが疑われる事件において、供述者の声をよりどころに犯罪を摘発したい願いが生じるのは心情的にやむなしである。しかしこの領域に踏み込むことは、逆に冤罪を増やすことにもつながりかねない。心理学がどこまでその研究成果によって、証言の真実を裁定できるのであろうか。神の視点をとりようのない人間が抱える大きな苦悩である。

注

（１） 甲山事件差し戻し一審において、筆者らはＦ目撃証言に関する意見書を作成した。この意見書をもとに、大橋靖史が法廷において特別弁護人として、弁論を行った。

（２） 1998年３月24日、差し戻し一審でも再びＹ元保母に無罪の判決が下った。判決を不服とした神戸地検は、98年４月６日大阪高裁に控訴、翌99年１月22日第二次控訴審が開始された。検察が請求した証拠はほとんどが却下、３月31日検察、弁護側双方の最終弁論が行われ、第二次控訴審は早くも結審した。そして同年９月29日、またしても無罪の判決が下った。10月８日、大阪高検は上告を断念し、ここにＹ元保母の無罪が確定した。偽証で裁判にかけられていた甲山学園関係者にも無罪判決が下った11月４日、甲山事件と呼ばれた超長期裁判は完全に幕をおろした。「事件」発生から25年、Ｙ元保母再逮捕から21年のことであった。

第13章 目撃証言の真偽判断とその方法

　本章では，供述の真偽判断の方法の1つとして供述分析をとりあげる。供述分析もその方法の基礎を心理学におくものであるが，そこでいう心理学は，これまでの諸章でとりあげてきた心理学とその理論枠組を異にする。そこでまずはここで説く供述分析の理論枠組みを他と対比させて位置づけるところから始めなければならない。

第1節　心理学における予測性と了解性：供述分析の基本理念

　供述とは，被疑者，被告人あるいは被害者，目撃者等の参考人が過去に起こった（とされる）出来事について語った言葉である。これが訴訟（捜査，裁判）過程に持ち込まれ，その真偽の判断が求められる。そのときこの供述もまた，もちろんすでに語られてしまった過去の言葉としてある。ここに過去が二重にからんでいる。つまり過去$_1$において一回的に生起した事件について，そののち供述者が過去$_2$において一回的にある供述を語る。この過去$_2$における供述が，先の過去$_1$における事件をどこまで正確に語りえているかが問題になるのである（ただ誤解なきよう断っておけば，供述事態は本来一回的なものだが，通常の捜査，裁判過程ではその一回的事態がしばしば反復される）。

　さて，この供述の真偽を判定する方法は，大きく2つに分かれる。1つは，事件から供述までの諸条件を確定し，これを何らかのかたちで再現する実験によって一定の法則性を立てて，そのうえで，これに照らして供述の真実可能性，虚偽可能性を判定しようとするものである。事件から供述への過程は歴史的，一回的な事象であるが，これを一般的な法則性の枠組みのなかにはめこんで，これこれの条件下での供述なら真実の可能性が高いとか，虚偽の可能性が高いということを，言わば予測的に判定するものであると言ってよい（これをここでは方法Iとする）。これに対してもう1つの方法は，供述を一回的な歴史的事象として，その聴取過程を時間の流れに沿って記

述,整理し,供述の真偽をいわば了解的に判定しようとするものである。これは一種の歴史学的方法なのであるが,そこにおける了解性の背後には,人間行動の一般性にかかわる心理学的知見が不可欠となる(これを方法Ⅱとする)。

ごく大雑把に言えば,供述の真偽判定をこのように予測性を軸にした方法Ⅰと,了解性を軸にした方法Ⅱとに分けることができる。本章で説こうとしている供述分析は,この2つの方法のうちの後者,つまり方法Ⅱに相当するものだが,その意義を明らかにするためには,いま少しこの2種の方法の違いについて説明しておかねばならない。

1. 予測性を軸に真偽判定する方法

供述は供述者の語った言葉である。つまりそれは言語表現というかたちをとった人間行動の一形態である。ところで行動の科学たる心理学は,人間行動を,

$$B = f(P, E)$$

という関数関係でとらえる。つまり人間の行動(Behaviour)は,その行動主体たる人物(Person)と,当の行動を生み出す環境場(Environment)を変数とする関数の所産である。平たく言えば,どういう人物(P)がどういう環境の場(E)におかれるかによって,その所産としてどういう行動(B)をとるかが決定されるということになる。したがって人間行動を人物特性と環境場の両条件から説明することが心理学の課題だとされる。実際,これまで実験心理学は種々のテーマを扱い,種々の理論を展開させてきたが,いずれも基本的にはP,Eの両変数を操作し,その結果生じるBの変化をとらえ,そこに一定の関数的関係を見出そうとしてきたと言ってよい。

目撃供述にかかわる供述心理学も,基本的にはこの研究枠組みのなかで展開されてきた。ただ現実の目撃供述においては,実験室実験でのようにただ1つの$B = f(P, E)$の局面で完結せず,少なくとも目撃知覚局面,記憶保持局面,供述表現局面の3局面を考慮せねばならず,しかもそれら各局面にはそれぞれ独自の問題がからんでいる。そしてもとより現実の目撃は一回的なものであって,その真偽を直接的に反復確認するわけにはいかない。そこで類似条件の下での再現実験を行うという試みがしばしばなされてきた。そのやり方は大きく2つに分けられる。

現実の目撃供述においては,ある人が思いがけずにある場面を目撃し,それをある条件下で一定期間記憶に保持し,その後,警察官などによる事情聴取の機会に,記憶していた目撃場面を供述する。表1-13-1に示したように,行動結果として表にあらわれ,訴訟当事者に与えられるのは,一般に最終の供述(B_3)のみである。そしてこ

◉表1-13-1　実験による目撃供述への2つのアプローチ

	現実の目撃供述	実験的確認	
		方法Ⅰ-1	方法Ⅰ-2
局面₁	ある場面の目撃知覚 　　$f(P_1, E_1) = B_1$	あらゆる場面全体について 　類似の P_1, E_1 　　↓ 　類似の P_2, E_2 　　↓ 　類似の P_3, E_3 を設定して，結果として出てくる B_3 を確認することで，現実の目撃供述の誤謬可能性をチェックする。	各局面ごとに 類似の P_1, E_1 を設定し B_1 の出方を見，
局面₂	ある条件下での記憶保持 　　$f(P_2, E_2) = B_2$		類似の P_2, E_2 を設定し B_2 の出方を見，
局面₃	ある条件での供述表現　⇒供述 　　　　　　　　　　‖ 　　$f(P_3, E_3) = B_3$ （上記 B_1, B_2 は行動結果としては表に出ない）		類似の P_3, E_3 を設定し B_3 の出方を見る ことにより B_1, B_2, B_3 に入り込みうる誤謬可能性を法則化して，現実の目撃供述をチェックする。

の供述の真偽が問題となる。これを実験的にチェックする方法については，表1-13-1に示した方法Ⅰ-1と方法Ⅰ-2がある。方法Ⅰ-1は，当の目撃供述やその他の証拠からその目撃条件 P_1, E_1，記憶保持条件 P_2, E_2，供述条件 P_3, E_3 を確定したうえで，類似の目撃‐記憶‐供述過程を再現する。つまり $P_1, E_1, P_2, E_2, P_3, E_3$ のすべてについておおよそ類似の条件を設定し，その下に複数の被験者をおいて，統計的に意味のある結果が得られるだけ反復実験を行う。その結果から，当該条件下での供述の誤謬可能性を予測する。そこに類似条件下での供述の法則性が導き出されれば，それに照らして現実の目撃供述の誤謬可能性をチェックできる。供述心理学の古典的な実験はこうした模擬実験であった。この種の実験が歴史的に見て一定の役割を果たしてきたことは確かだが，その精度から見たとき，それはあまりにも目が粗いと言わざるをえない。3つの局面それぞれの要因 $P_1, E_1, P_2, E_2, P_3, E_3$ のすべてについて一括して類似条件を設定しようというのであるから，現実においては厳密な模擬は不可能に近く，その目が粗くなるのは当然のことであろう。

　そこで目撃供述の局面ごとに再現的な実験を行うことによって各局面それぞれにおける誤謬要因を法則的に取り出す方法が必要となってくる。これが方法Ⅰ-2である。各局面ごとに結果を取り出しての実験であるから，実際の目撃供述過程全体の模擬性は弱まらざるをえないが，どの局面にどういう誤謬が生じやすいか，またどういう条件がその誤謬発生を左右しているかは，これによってより精細に明らかにすることができる。また，現実の目撃‐記憶条件は左右できないにしても，少なくとも供述場面においては，どういう条件下での聴取が誤謬を招きやすいかがわかっていれば，予測

される誤謬を未然に防ぐこともできる。本書で紹介されている Wells の写真面割 – 面通しの手順など（第1編第4章）は，種々の実験心理学的成果によりつつ，犯人同定過程に生じうる誤謬を防ぐ科学的手立を提示したものとして重要な意味をもつ。

　これら実験的方法は，複数の被験者による反復実験によって導き出された法則性に依拠しながら，一回的に起こった現実の目撃供述の真実可能性，誤謬可能性を予測し，説明しようとするものである。それはいわゆる科学的法則の反復性，検証可能性の条件を満たすもので，それだけにこの予測，説明的方法の重要性は高い。しかし，本質的に一回的である目撃供述事態にこの方法をあてはめようとしたとき，その限界性もまた大きい。

　過去に起こった事件をそっくりそのまま再現することがそもそも不可能であるし，また供述者側の条件にしても，その知覚，記憶保持，供述の条件をそっくり模擬することは難しい。いや，それ以前のところで，そもそも模擬すべきもとの目撃 – 記憶 – 供述過程がおのおの現実にどういう条件下で行われたのかということ自体，それを明らかにしようとするとき当の目撃者の供述に依拠せざるをえない。例えば「これこれの場面でこれこれのことを目撃した」との供述の真偽が問題となるところ，「これこれの場面で」というその目撃条件そのものが供述によってしか明らかにならない。これは明らかに循環論であり，しかもこの循環論は原理的に避けることができない。さらに，この原理的な問題をおくとしても，諸条件の実験的コントロール自体にも限界があって，現実の実験においては問題となる供述の多くの側面を切り捨てざるをえないのである。

　供述の真偽が問題になるケースで，なるほど実験心理学的方法の有用性は大きい。しかし他方でその限界性を見るとき，そこのみで供述の真偽判断の方法が完結しえないこともまた確かである。そこで供述の真偽判断に食い込めるもう1つの方法論がおのずと求められることになる。そしてそれが，私がここで方法Ⅱと呼ぼうとしているもの，つまり伝統的に「供述分析」と名づけられてきた方法である。

2．供述分析の成り立ち

　供述分析においても，目撃，記憶保持，供述のそれぞれの条件がどうであったかは，その真偽判断のうえで無視しえない要因であることにかわりはないのだが，その分析の向けられる焦点がそこにはない。供述分析が対象とするのは，あくまで目撃，記憶，供述過程の所産として与えられた供述それ自体である。供述そのものを直接の対象にして，それ自体から心理学的に根拠をもったかたちで供述の真偽判断をしようとする

ものである。その具体的な手法についてはのちに詳述することにして，その成り立ちの歴史を Undeutsch によって簡単に紹介しておきたい(1)。

Undeutsch は，主としてドイツにおける年少児へのわいせつ事件を中心に，供述心理学の歴史を回顧して，これを３期に分ける。

第１期は，実験心理学的手法（前述の方法Ⅰ-1に相当する）が目撃供述問題に適用されて，その誤謬可能性が強調された時期である。Binet (1900) の『被暗示性』や Stern (1902) の『供述の心理学について』にはじまる約30年間，主として絵を用いた擬似目撃実験によって，人の目撃供述がいかに過ちやすいかが強調された。Stern は「誤りのない記憶は，原則でなく例外である」とまで言う。しかし絵を見せての実験が，生の現実場面の供述にどこまであてはまるのかは疑問であるし，あるいは当時しばしば試みられたように教室のなかで多少とも劇的な場面を実地に見せたとしても，たとえばこれがわいせつ事件の被害者の供述にどこまであてはまるかは，これまたはなはだ疑問である。にもかかわらず，こうした疑念にまともに答えることなく，とくに児童や少年（なかでもわいせつ被害の女児）の供述の信用性が安易に否定される傾向があった。この時期，方法Ⅰ-1を非常に素朴なレベルで行い，その実験結果によって供述鑑定をほとんど否定的な方向に導いた時期と言ってよい（Stern は約30件の鑑定事例を報告しているが，そのうち供述の信用性を肯定したものは１件のみであったという）。

つづく1930年ごろから第２次世界大戦終結までの十数年間は，供述心理学の空白期間である。心理学の内部において供述研究が突如かげをひそめる。

この空白の第２期を経て，第２次世界大戦終結ののち供述心理学はあらたな時期を迎える。第１期のように年少児供述を過度に否定的方向で見るのではなく，むしろその供述のなかの真実性を見極めようとする研究が盛んに行われるようになる。「わいせつ行為被害についての児童証人供述は，その事例の圧倒的多数において真実に合致しており，少なくとも識別可能な真実の芯を持っている」と Undeutsch は言う。そしてこの事実を確認させるのは第１期でのような粗大なレベルの実験心理学的手法（方法Ⅰ-1）ではなく，「供述の現実内容を調査し判断するための特別の方法論」であるという。つまり，模擬場面を設定して実験によって真実－誤謬の両可能性を法則化し，これを現実の供述にあてはめ真偽を予測するのではなく，現実になされた供述そのものに分析のメスを向ける。ただしそこで問題となるのは，証人が有能で人格的に信用性が高いとか，年少児が能力に欠け人格的に信用性が乏しいとか，あるいは逆に年少児は社会の利害に巻き込まれていないぶん嘘への動機が少なく無垢であるとか，そう

いった人物特性による判定ではない。もちろんそうした人物特性についての情報がまったく無価値だとは言えないが，問題の焦点はそこにない。Undeutsch は「（供述）鑑定の重点が証人の（一般的）信用性ではなく供述の措信性にある」ことを繰り返し強調している。

供述分析は，実験心理学的法則に照らしての真偽予測でもなければ，証人の一般的人格特性による真偽予測でもない。事情聴取の場面で特定個人が一回的に供述したその供述そのものに焦点をあてて，その真偽を内容分析するものだということになる。この種の供述分析の理念は，1900年ごろにはじまる Stern らの供述心理学の成果と失敗のうえに，その礎を築いてきたのである。

Undeutsch が供述心理学の歴史をこのように回顧したうえで，自らの供述分析を第3期の流れに位置づけたのは1960年代後半のことである。それ以降についていえば，これもまたのちに紹介することになる Trankell によって一定の組織化がなされたものの，その後十分な展開をみたかどうかについては疑問なしとはできない。一方，実験心理学的な手法での研究は，目撃にかかわる領域を徐々に広げて，ごく大雑把な全体的模擬（方法Ⅰ-1）にとどまらず，個々の局面における要因分析を詳細に繰り広げた研究（方法Ⅰ-2）として80年代，90年代と展開されて，裁判実務との接点をかなり持ちはじめている。

供述分析の仕事もまた，裁判実務の現実的な要請のもとで，とりわけドイツ，スウェーデンを中心に蓄積されてきてはいる。ただその理論あるいは方法論としての体系化はこれからの感を否めない。わが国においても供述分析的手法に対して，実務上の要請は大きいのだが，いま少し踏み込んでいえば，裁判の審理過程で安易な供述分析がまかり通っているというのが実態で，むしろそうした安易な供述分析をしっかり批判するだけの基礎を，供述分析論そのもののなかに打ち立てねばならないというのが，現実的な要請といえるかもしれない。

第2節　Undeutsch，Trankell の供述分析法

ここでまずは，供述分析の技法を基礎づけた2人の心理学者 Undeutsch と Trankell の方法を振り返っておきたい。

1．Undeutsch の供述分析

さて，供述分析の創始者ともいえる位置にある Undeutsch は，前節で述べたような

それまでの供述心理学的手法への批判に立って，積極的にどのような方法を主張したのであろうか。具体的にある供述を与えられて，その真偽を判別するという課題を与えられたとき，そこにはいくつかの手がかりが考えられる。それを Undeutsch に従って列挙すれば[2]，

① 証人の発達段階と人格
② 供述の動機
③ 供述の歴史（初回供述から確定供述まで）
④ 供述の態度
⑤ 供述そのものの内容

の 5 つがあげられる。前節でも指摘したように，このうち①の証人の能力や特性については，間接的な推測を許すものにすぎない。それに比べて，証人がどうして供述するようになったのか（②の供述の動機），また初回供述からそれ以後の供述へ向けて供述がどう展開し，その供述展開の背後で供述動機がどのように変化したのか（③の供述の歴史）についての調査，追及は，人を真実へもう一歩近づけることになる。しかし，ここまでは供述の信用性判断のための「予備段階」にすぎない。④の供述態度は，問題の供述を行うさい証人がどういう態度を示したのかという手がかりである。例えばわいせつ行為の被害者が供述のさい，加害者をひたすら攻撃するのではなく，自分の非を一定認めるような場合，また深い情緒反応を伴う場合，その信用性は高いと，Undeutsch は言う。これがどこまで決定的な意味をもつのか，とりわけ Undeutsch が対象としたわいせつ事件の被害者以外にどこまで適用できるのか。その点は疑問なしとしないが，ともあれこれが信用性判断の一資料となることは間違いない。

以上の 4 つはそれぞれに意味のある手がかりではあるのだが，供述分析において Undeutsch が最も重視したのは，問題の供述内容自体（上記の⑤）の分析である。これこそ彼にとって狭義の供述分析というべきものであった。Undeutsch によれば，供述内容そのもののなかに，その供述の信用性を裏づける特徴を見出すことができるという。実際，彼の問題意識の中心は，かつて供述心理学的知見と称するものによって信用ならないとして排除されがちであったわいせつ犯罪被害者の供述のなかから，いかに真実供述を救い上げるのかにあった。そしてその真実供述の特徴として列挙されることになる諸項目は，よかれあしかれ，彼のこの問題意識に制約された側面をもっている。その点についてはまたのちに考察することになるが，いずれにしても Undeutsch が供述内容それ自体から取り出した真実供述の特徴は，供述分析の出発点として，興味深い内容を含んでいる。とりあえず Undeutsch が真実供述の特徴として取

り出した15項目を，まずは列挙してみる。以下の整理は単なる羅列の感を強いが，Undeutsch 自身が十分な体系化を行っていないので，この点ここでの紹介でもそうならざるを得ないことをご容赦願わねばならない(3)。

① 供述が，別途確認された事実と矛盾しない

　供述されたことが真実であるためには，当然，事件にかかわる物的証拠など，その他の証拠と矛盾してはならない。ただ，これは消極的なコントロール基準と言うべきもので，これが満たされたからといってその供述がただちに真実だとは言えない。つまり真実供述のための必要条件ではあっても，十分条件とは言えないものである。実際，犯行の物的証拠の状況を熟知した取調官によって尋問されたとき，その尋問自体によってその証拠状況の情報が供述者に明示的にまた暗示的に伝わってしまうことも多い。そうだとすれば，供述が他で確認された事実と大筋で一致するのは，ある意味で当然のことである。

② 供述に写実性，現実親近性がある

　これは犯罪学（とりわけ性犯罪学）などの一般的知識に照らして矛盾がない，つまり供述内容に現実性があるという基準である。現実の行動として不自然なもの，矛盾を含むものは，これによって排除される。その意味で，これも消極的な基準と言うべきである。

　この2つの基準に対してもっと積極的に供述の真実性を指し示す基準（積極的基準）を Undeutsch は強調する。

③ 供述が具体的で独特であり，個性透写的である

　個々の出来事はその時と場に応じた固有性を有している。その出来事の固有性はこれを体験した者にしか語りえない。つまり供述者の構成力，想像力を超える具体的情景が語られているとき，その供述は真実である。例えば「性交した」という行為事実そのものではなく，その行為の具体的な態様，とりわけ細部の付随的な様子の供述のなかに，この特徴が読み取れるとき，それはこの積極的基準にかなうものとされる。もちろん虚偽の供述であっても細く尋問していけば細部にわたる供述内容がふくらんでくるが，問題は細部の具体的な様子が語られているということではなく，供述者の捏造能力の及ばぬような中身が含まれているか否かである。

④ 供述が内的一致性と首尾一貫性をもつ

　供述内容が全体として1つの具体的な出来事を語っていれば，その個々の部分どうしがうまく符合するはずである。例えば，ボイラー室で男のマスターベーションを手伝わされた女児が，「新聞紙をもたされて，あれをこすらされた。すると白いものが

出てきた」と供述し，さらに「そのあと男がその新聞紙をボイラーに投げ込んで燃やした」と供述したとすれば，この両部分の供述は犯行現場とされた場所の状況とうまく符合する。このように供述部分があい支えて1つの出来事を浮き上がらせる同質性をもっているとき，供述の真実性は高い。

⑤ 供述のなかに，なんびとも捏造できないような極めて独特な細目が語られている

これは，先の③がさらに顕著に認められて，どれほど想像力に富んだ人物でも，およそ思いつきそうにない事実を供述者が語っている場合である。

⑥ 供述が，犯人や被害者の個々の具体的生活状況と整合的にからみ合っている

⑦ 供述者が考え出すこともできず，その意味を理解することもできないような部分が語られている

⑧ 犯行の外形的事実だけでなく，その犯行状況下での供述者の思いや感情が語られている

⑨ 性的関係が一定期間持続しているようなケースでは，その発展形態にふさわしい状況（例えば近親相姦での嫉妬の感情やそれに基づく過度の干渉）が語られる

⑩ いったん行った供述を自発的に訂正したり，精密化したとき，その真実性は高い

これについてはあまり一般化して言うのは危険であるのでUndeutsch自身のあげた具体例を示しておきたい。父から近親相姦を受けた女児は，最初，手をおさえられてパンティを引き下ろされて犯されたと供述していたが，その翌日の尋問では，3回の性交があったとして，1回目と2回目はパンティを下ろさず，片方の股間から挿入され，3回目のときにパンティを脱がされてやられたのだと供述した。この供述については訂正そのものが真実味を加えたという以上に，訂正後の精緻な供述内容が捏造性を超えている点が注目される。

⑪ 性行為が不意の出来事で中断したりしたことが供述されている場合，その真実性が高い

被害者がそうした中断や障害をわざわざ捏造する必要性がまったくない。むしろ相手の罪を責めたい思いが強いならば，あえて相手に有利なことを嘘で供述することはない。つまり嘘の供述動機に欠ける供述は信頼性が高い。

⑫ 供述者が自分に不利益なことも自白して供述したときには真実を述べている可能性が高い

⑬ 供述者自身が，自分の供述の正確性を否定しかねない事実を，自ら供述してしまうとき，その供述の信用性は高い

もし嘘で供述しているのなら，わざわざそれを疑わしめるような供述はしないはず

⑭　供述が恒常的であるときは，その真実性が高い

　嘘をつくのは難しいもので，いったん嘘をつくとその嘘をつきとおそうとするかぎり，それをよく覚えていなければならない。その点で体験記憶に基づかない嘘の供述はコロコロ動揺しやすい。ただし体験記憶であっても，時とともに脱け落ちたり，変化したりする部分が出てくるのは自然なことで，変遷があるからといって嘘とは言えない。

⑮　被害者が現実に体験した出来事を現実とは異なる被疑者に転嫁するケースが稀にある

　これを見抜くためにも，当の被疑者の生活事情や被害者の関係が問題の供述と整合的にからみ合うかどうか（先の⑥の基準）の分析が重要になる。

　こうして Undeutsch のあげた真実性の特徴を，彼自身が列挙した順序のままあげただけでは，やはり多分に羅列的で，まとまりに欠ける。そこで Undeutsch の言いたい趣旨を読み込んで整理すると，この15項目はおおよそ次の4群に分類できる。

A．消極的基準（①②）

　他の証拠の指し示すところと矛盾しない（とりわけ供述の中核部分で）とか，事の流れの叙述として不自然でないとかいうのは，供述が真実であるための最低必要条件である。この条件を欠けば，当然のことながら，その供述は真実のものとは言いがたい。しかしこれを満たしているといって，積極的にその真実性を高めるということにはならない。

B．供述者の捏造しうる範囲を超えているとの基準（③④⑤⑥⑦⑧⑨⑩）

　Undeutsch の③〜⑩の項目をごく表面的にとれば，供述そのものの内容を見て，それが具体的で，独特で，個性透写的だ（③）とか，内的に一貫している（④）とか，関係者の生活事情とからみ合っている（⑥）とか，供述者本人の心情が語られている（⑧）とか，そういった特性を取り出して，その種の特性の有無や多寡で真実性を判定できるというように受けとられやすい。しかし，実際のところ，それらの特性が供述に含まれるかどうか，またそれがどの程度かという点は，多分に解釈する人の主観的な印象であって，だれにでも一致するかたちで断定しうるものではない。その点でこれらの特性項目は極めて恣意的に利用されやすい危険性をもっている。これらの特性を真実性への積極基準とするためには，そうした主観的な印象を超えて，それが供述者の捏造能力を超えているかどうかの観点をしっかり踏まえておかなければなら

ない。Undeutschがこの点を明示しているのは⑤と⑦のみであるが，その他の項目についてもその具体例の例示のなかではこうした点をはっきり意識していることがうかがわれる。

　例えば被疑者から受けたわいせつ行為を非常に詳細に，また具体的に供述した例について，その信用性の高さが認められたのは，単にそれが詳細で具体的だから（つまり項目③を満たすから）ではなく，「児童に対する性犯罪の特徴とも言うべき非常に特殊な行為形式」が語られていて，「このような描写を捏造することは，児童にはまったく不可能である」からである（⑦）。もう少し，端的な形でこれを示すために一例をあげよう。男性器をこすることを強要された女児が，その男性器から出てきた「白い液」について供述したとする。このとき女児が男性の精液についてまったく無知で未体験であることが明らかであれば（この点は分析以前の調査において確認しておかねばならない），この供述は明らかに女児の捏造能力を超えていることになる（ただしこの際，尋問者の側にこの点の誘導がないことも確認しておかねばならない）。あるいはこの精液を受けた新聞紙をボイラーに入れて焼却したとの供述をしたとすれば，これがたまたまして現場がボイラー室であったことと絡み合う（これは先の④の例）。これも巧みな尋問者の誘導に導かれていたなら別だが，幼い女児が独力で捏造できる範囲を明らかに超えている。こうして供述者が体験ぬきに作ろうとしても作りえない内容が供述の中に含まれるとき，その信用性は格段に高まることになる。

C. 供述者が虚偽を捏造する動機がない，あるいは供述内容がむしろ捏造の動機には反しているとの基準（⑪⑫⑬）

　被害者が相手を陥れようとして嘘をつくとすれば，わいせつ行為の完遂を語るのが当然のところ，それが途中で中断したと語ったり（⑪），自分の非を一部認めたり（⑫），自分の供述の信用性をかえっておとすような供述を織り混ぜたり（⑬）すれば，捏造動機には反する。それゆえこうした要素が含まれている供述は，信用性が高いといってよい。

D. その他（⑭⑮）

　最後の2つは付帯的なものである。供述が安定している方が一般に真実度は高いが，時間の経過にともなって変遷しておかしくないものも多いとの指摘（⑭）と，現実体験の別人への転嫁への見破り方に関する付加（⑮）である。

　こうして整理してみるとよくわかるように，この4群のうち供述の信用性にかかわる積極的基準は，捏造しえない供述（B）と，捏造の動機には反する供述（C）の2

群にまとめられることになる。ただ，Undeutschのもとの論述自体は，信用性を高める特性をただ経験的に取り出して羅列している印象を否めず，ここでいま私がその整理において試みたようなごく単純な理論化の方向性さえ，彼はあまり意識していないようにみえる。おそらくそのためであろう，彼が列挙した供述特性は，それ自体が一人歩きして，機械的に適用される結果をもたらすことにもなった。「実際に，今日なお，無数の鑑定人がUndeutschによって作成された諸基準をカタログのように使用しており，その諸基準の実現の程度が増加するほど，供述の信用性も増すものと評価している」(Hengesch, 1989) との批判的な指摘がなされたりするのも故なしとはしない[4]。Undeutschの本意は，列挙した供述特性をカタログ風に用いることにあったのではなかろうが，結果的にはそうした適用を許すものになっているとの批判は免れない。

その点でTrankellの方法はそのような誤用を排する一定の体系性をもっている。次にこのTrankellの方法を検討しよう[5]。

2．Trankellの供述分析

Trankellの考え方も，基本的にはUndeutschのそれと着想を同じくする。それはTrankell自身の認めるところである。しかし，その供述分析を体系的に位置づけた点で，Trankellは1つ先に歩を進めたと言ってよい。また事例も，Undeutschの場合，そのほとんどが子どもへのわいせつ事件であったが，Trankellの場合，それ以外の刑事事件，また民事事件の例も含んでいて広範囲である。

(1) **Trankellの方法の全体的枠組み**

Trankellの方法を紹介するために，彼自身の作成した供述鑑定の見取図を掲げておこう（図1-13-1）。

ある事件で供述鑑定の依頼を受けたとする。鑑定にとりかかるうえで，まず，［鑑定前の尋問事実］，［鑑定前の捜査技術的（物的）事実］の2つをそれぞれ確認しておかねばならない。これらの事実から，事件の経緯，その問題点をおおよそ把握し，問題点を究明するためにさらにどういう情報が必要となるかを考えて，鑑定作業計画を組み立て，実際にそれを行っていく。またそこで得た作業結果をフィードバックして，再度計画を組み直し，実施していく。そうして鑑定作業全体を操縦（steering：かじ取り）していくのが，図のなかの［操縦機構（形式的構造分析）］である。図1-13-1ではこれが鑑定前の2つの事実群の後に置かれて，ここからその後に収集しなければならない5つの事実群へ向けて矢印が引かれ，さらにそこから3つの分析へと矢印が

第1編 心理学からのアプローチ

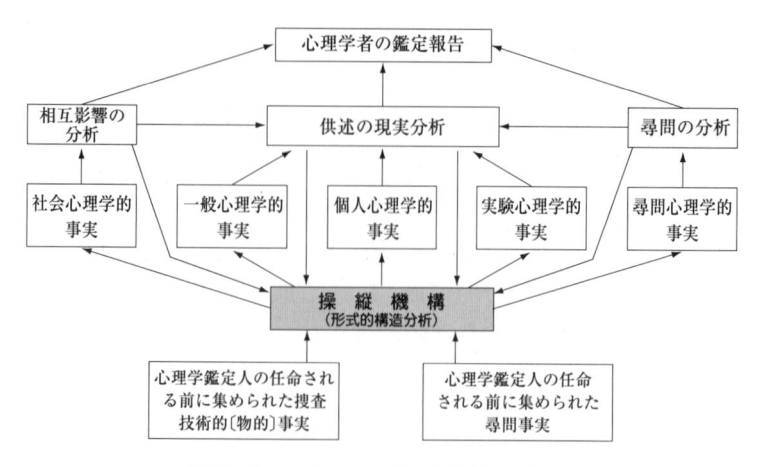

```
                    ┌─────────────────┐
                    │ 心理学者の鑑定報告 │
                    └─────────────────┘
                             ↑
    ┌──────────┐    ┌─────────────┐    ┌──────────┐
    │ 相互影響の │ ← │ 供述の現実分析 │ → │ 尋問の分析 │
    │   分析    │    └─────────────┘    └──────────┘
    └──────────┘
         ↑         ↑        ↑        ↑         ↑
   ┌────────┐ ┌────────┐ ┌────────┐ ┌────────┐ ┌────────┐
   │社会心理学│ │一般心理学│ │個人心理学│ │実験心理学│ │尋問心理学│
   │ 的事実  │ │ 的事実  │ │ 的事実  │ │ 的事実  │ │ 的事実  │
   └────────┘ └────────┘ └────────┘ └────────┘ └────────┘
                        ┌─────────────┐
                        │  操 縦 機 構  │
                        │(形式的構造分析)│
                        └─────────────┘
                         ↑           ↑
            ┌───────────────────┐  ┌───────────────────┐
            │心理学鑑定人の任命され│  │心理学鑑定人の任命さ│
            │る前に集められた捜査 │  │れる前に集められた  │
            │技術的〔物的〕事実   │  │尋問事実           │
            └───────────────────┘  └───────────────────┘
```

●図1-13-1 Trankellによる供述鑑定見取図

伸びて，そしてこの3つの分析結果を経て，矢印はふたたび操縦機構へともどってくるように描かれている。まさにこの操縦機構こそが鑑定全体の中枢的な役割を果しているのである。この操縦機構は，本来，1つのまとまった中枢機構として想定されているが，説明の便宜のためにあえてこれを区分するとすれば，そこには大きく2つの役割を区別することができる。

その第1は，前記2つの鑑定前事実群を全体的に整理・検討することによって，これに加えてどういう追加情報が必要であるかを明らかにし，その情報収集を行い，得られた情報を逐次，既得情報に照らして分析，検討することである。

必要とされる追加情報が，図では①尋問心理学的事実，②実験心理学的事実，③個人心理学的事実，④一般心理学的事実，⑤社会心理学的事実の5群に大別されている（これら事実群の内容については次項で詳述する）。この事実収集とあわせてその分析が，図中，尋問の分析，供述の現実分析，相互影響の分析として3つに分けられている。事実とその分析については，事実が収集されてから分析するというように機械的な順序では進まない。一定の事実収集の下で分析が加えられ，その分析によってさらに必要な追加情報が求められるということになれば，再び事実収集に向かうというように，事実と分析はつねに往還的に進行する。そのコントロールを行う軸として操縦機構が働くわけである。

操縦機構の役割の第2は，鑑定前事実群と鑑定に際して追加収集された事実群とを総体として，科学的推理の法則に即して分析していく指針を与えることである。図中，操縦機構の枠内に形式的構造分析と書き込まれているのは，この点をさすものである。

具体的に言えば，収集しえた情報総体に対してある解釈を立てたとき，それが真実であるためには次の2つの基準（形式的構造基準）を満たさなければならない。

(a) もしある解釈が，情報の重要部分を説明しないままに放置するならば，この解釈は事実の背後にある現実を正確に描写するものとして受け容れることができない。

(b) ある解釈が事実の背後にある現実を正確に描写するものとして受け容れられるためには，その解釈は，入手できる情報につき完全で合理的な説明のできる唯一のものでなければならない。

事件解釈が情報総体の重要部分を余すところなく説明でき(a)，またその解釈がそのような説明のできる唯一のものでなければならない(b)，というこの2つの基準は，裁判事例にかぎらず，あらゆる事実認定にあてはまることである。Trankell が操縦機構の中心軸としてこの2つの基準を掲げたことは，当然と言えば当然だが，わが国の裁判実務が真の意味でこの2つの基準をつねに念頭において進められているかどうかと振り返ってみれば，少々心寒い思いを禁じえない。その点，供述分析を行うものは，自分たちの分析作業がこの基準に照らして欠けるところがないかどうか，いつも肝に銘じておく必要がある。

とまれ，そうしてこの2つの基準を満たす解釈が得られたときはじめて，鑑定報告をまとめ，提出することができる。もちろん積極的にある解釈を真実として提示できるとはかぎらない。完全なかたちで上記基準を満たすためには，なおいくつか重要情報を入手しなければならないのに，それが不可能であることもあろう。それはそれでやむをえない。そのありのままを報告することが鑑定者の任務だということになる。図1-13-1最上段に「心理学者の鑑定報告」と記入されているのが，それである。

（2）追加情報の収集と分析

さて以上の全体枠組みを頭に入れたうえで，図1-13-1で操縦機構の下におかれている追加情報（事実）の説明に移ることにしよう。Trankell は追加情報として求められるべきものを次の5つに整理している。

① 尋問心理学的事実

まず第1は尋問心理学的事実である。これは事件の当事者（被害者，被疑者，参考人など）を直接尋問することによって得られる事実である。わが国の捜査，訴訟体制においては，供述鑑定人がそこまで関与できる可能性はほとんどないのだが，もしドイツ，スウェーデンでのようにこれが許されて，直接尋問ができれば，そこから得られる情報の意味は大きい。目的に合わせて尋問項目を精選し，得られた供述を完全に

録音して，原文分析（text analysis）に付す。鑑定前の捜査過程での尋問・応答も同様にテープ録音されていれば，この原文分析の対象とすることが可能である。図中で「尋問の分析」とされているのはこれらの分析を指す。図では事実収集ののち分析が行われるかのように描かれているが，事実の収集過程の最中でも，供述者の応答をその都度分析し，次の尋問を臨機応変に変えていく必要がある。したがって，この事実の収集－分析は相互作用的なものと考えねばならない。図中，「尋問の分析」から「操縦機構」にフィードバックの矢印があるのは，これによって再び，「尋問心理学的事実」の収集をかじ取りしていくとの趣旨である。

② **実験心理学的事実**

次にあげられている実験心理学的事実は，問題となる事件にかかわる供述について，これを擬似的に再現する実験を行い，その供述可能性そのものを問うものである。これは前節で述べた実験的予測性に基づく真偽判定に相当する。例えば，1984年に起こった自民党本部放火事件においては，その逃走車目撃について，これを目撃したとされる時刻，場所において類似の場面を設定し，類似の車を走らせて，助手席の人物をどこまで固定できるか実験的に調べた結果，当該供述のような事態を知覚，記憶，表現すること自体がほとんど不可能であることが判明した[6]。これなどは，この実験心理学的事実の好例である。鑑定対象たる供述について，そもそもその供述を可能ならしめる必要条件が備わっていたかどうかを実験心理学的に確認する必要のあるケースについては，この種の付加情報が重要な意味をもつ。ただ，この実験心理学的事実は通常，供述の真実性を保証する必要条件ではあっても，十分条件ではない。つまり供述の可能性が実験的に確かめられたからといって，そのことでもってただちにこの供述を真とするわけにはいかないことに注意しておかねばならない。

③ **個人心理学的事実**

目撃の客観的状況について実験を行い，目撃可能性をチェックする必要があるのに対して，当の目撃者の個人心理学的特性もまた問題になる。ある能力・特性をもった目撃者がある具体的な実際場面を目撃するのであるから，目撃場面の一般的な目撃可能性を実験的に確かめると同時に，目撃者の能力・特性を確かめるのも当然ということになる。ただ，先にも述べたように Undeutsch と同様，Trankell もまた供述者の人格的特性の判定によって供述内容の真偽を判定しようとする考え方に対しては極めて大きな危険性が伴うことを指摘している。それゆえ Trankell が図で示した「個人心理学的事実」とは，これでもってただちに供述真偽判定につなげるようなものではなく，目撃－供述過程の全体を把握する際の一資料とするにとどまる。

Trankellのあげた例には次のようなものがある[7]。ある放火事件でのことである。事件現場近くで車を停め車内で同乗の友人たちと話していたKは，向こうからやってきた車のヘッドライトに非常な不安を感じ，そのとき自分の「第六感」が危険を知らせているのだと思ったと言う。そしてそれから5分後，火災が発生。友人たちと一緒に車から出たKは，暗がりのなかで「怪しい男」に出会う。そこでも「第六感」が働きはじめ，その男の顔を「心の眼」に刻み込んだ。数週間後被疑者が逮捕され，新聞にその顔写真が載ったのを見て，暗がりのなかで自分が見た「人物であることがわかった」と言う。Kのこの目撃供述の真偽が問題になって，Kを詳しく調べてみたところ，Kは自分が第六感を持っていると真剣に信じていることがわかった。またKの家族もそのことを信じて疑わなかった。そこでKの供述がどのようにして出てきているかを調べてみたところ，Kは新聞を見るまではまだ，のちに問題になった供述のようには精細に語っていなかったことが判明した。つまり，Kの供述は事後に知った事実から再構成して作り上げられた可能性があることが明らかになったのである。Kは事件前から虫の知らせで非常な不安を感じたと供述するのだが，こうした魔術的な第六感を信じる人々は「ある事件を聞いて不安を感じると，不安が発生した時点を記憶の中で置き替え，事件発生前に不安が起きたものとする」と，Trankellは言う。ここで注意しておきたいことは，目撃供述を行ったKがこういう人物だから信用ならないとしているのではないということである。問題はKのこの個人心理学的事実が問題の供述そのもののなかに否定しがたいかたちで浸透し，供述そのものを歪めていることを確認できるという点にある。個人心理学的事実が意味をもつのは，このように供述形成の過程と関連づけられる場合に限られるのである。

④　一般心理学的事実
　ここで「一般心理学」というのは「実験心理学」や「個人心理学」と対比されていることからわかるように，人々の日常生活のなかにあるごく常識的な心理学と言えるもののことである。法曹の世界で言う「経験則」に属するものであろうが，ただこの「経験則」という言葉はあまりに漠然としているためか，極めてご都合主義的に使い分けられる危険性を有している。Trankell自身も，この「一般心理学的事実」なるものを具体的なかたちで体系化しているわけではない。彼のあげた具体例を，ここで検討しておこう。
　ある放火事件で，ある車の往き来が問題となった。この事件についてある夫婦が，パーティーの帰り，車を出そうとしたとき「立派な大型車」が通り過ぎ，夫婦の車もその車を追うようなかたちで同じ道路に入って車を走らせた。ところが夫婦の車は，

少し行ったところで「同じ車に追い越された」と言うのである。問題の地域の道路区間を検分してみたが，道路から脇にそれることも，駐車してひそかにやりすごす可能性もないことがわかった。とすると，どういうことになるのか。結論は，ごく簡単である。つまり「外見の似た対象物が2つ以上あって，人がそれらを，比較的短い時間内に，同様ないし類似の状況下に見ると，それらの対象物は通常同一物と考えられてしまう」。これはかなり単純なことであって，実験心理学的な確認を要するような問題ではない。それは日常生活上の人間の言動についての，ごく常識的な法則と言ってよい。

　人間の言動のなかには，実験心理学的な確認を経なければ確定できないような複雑微妙な問題もあるが，他方であえて実験・観察をやるまでもなく，ごく当然のこととして常識的に判断しうる問題も多い。いや実際，人は他の人々との日常のつき合いのなかで，当然のごとく，そのつき合いの心理を共有し，それに基づいて互いの言動を理解している。この種のごく常識的な理解は，いわゆるアカデミック心理学のなかに取り入れられることはないにしても，日常の心理世界において大きな役割を果たしている。いや，そもそもその種の「一般心理学」なくしては人間関係そのものが成立しないと言ってもよいくらいである。この日常的な「一般心理学」なるものを，どのように整理し，理論化するかは，実のところ心理学理論を確たるかたちで立て，私たちの日常現象にあてはめるためにも欠くべからざる作業であるはずである。ただ残念ながら，その部分の整理・体系化は，心理学のなかでも非常に遅れた部分としてある。この点，私たちの供述分析の方法論確立のためにも大きな意味をもつことになる。

⑤　社会心理学的事実

　さてTrankellがあげる追加情報の最後は，社会心理学的事実である。供述も人間の行動の1つであるとすれば，その供述行動は当の供述者の人格特性と，供述状況を支配した環境条件との相互作用の産物だということになる。人格特性については，先にも述べたようにあまりあてにならない部分も多いが，それに比して供述を導いた環境条件についてはその影響力が大きく，それだけ調査の重要性は大きい。Trankellが例示したラーシュ事件からこの社会心理学的事実の意味について考えてみる。

　この事件は，ラーシュという5歳の男の子が窓磨きの男に誘われてアパートでわいせつ行為をさせられたと訴えたものである。被疑者となった窓磨きの男Sは，職場での評判もよく，婚約者もいて，婚約者の父母からも信頼されていたし，また同性愛的傾向や幼児性愛的傾向は認められていない。しかし，ラーシュの供述と，それを真剣に受けとめた母親の訴えによって，逮捕され，あやうく起訴されて有罪となるところ，

Trankell自身の供述鑑定によって救われることになる。

　Trankellが鑑定依頼を受けるまでの警察記録によれば，事件のあらましは次のようである。ラーシュはある大都市郊外の古いアパートに両親とともに生活していた。ある日，祖母と母親が買い物に出かけて，30分くらいして帰ってみると，ラーシュが古新聞を一束かかえ，口に甘草のかけらをかんで唇を黒くしていた。母親が古新聞と甘草をいったいどこから手に入れたのだと問いただしたところ，ラーシュは古新聞は窓磨きの男からもらい，甘草の方はその男からもらった1ペニー貨で買ったと言う。そしてさらにラーシュは，この男のアパートで男のペニスをなめさせられたと告げたのである。母親は驚いて父親に連絡をとって警察に通報，その夜，署に出頭した。警察の報告書のなかには，ラーシュ自身の言った言葉として「ぼくは，あの人のちんちんを吸わせられたの。そしてあの人はちんちんを押し下げたので，ぼくは息が詰まりそうになった。ひどく吐き気がしたの」との供述が記載されていた。これを重視した警察は早速ラーシュを連れて，その犯行現場を指示させたところ，ラーシュは自宅から数街区離れたアパートを指し示し，そこに現に窓磨きの男Sがいることが判明し，逮捕に及んだのである。

　逮捕後Sが述べたところによると，問題の日，問題の時刻にSは，薬局の窓磨きをしていて，終わってから1人の男の子から声をかけられたことを覚えていた。それはラーシュの母親と祖母が買い物に行くためにラーシュをおいて行った街角のすぐ近くだった。その後，Sは次の菓子屋の窓磨きにとりかかる前に，いったん休憩をとるために自分のアパートにもどり，コーヒーを飲んだのだが，その時，アパートのドアのところに男の子が来て，古新聞を下さいと言ってきたので，ドアを開けたまま奥に取りに行って新聞を一束わたした。Sはここまでのことを認めたのだが，その男の子に金をやったり，ましてわいせつ行為をしたりするということはなかったと，断固として犯行を否認した。

　犯行自体を別にすれば，Sの供述はラーシュの言う事実とほぼ合致した。しかもSの供述によれば，ラーシュは玄関口に来ただけであったのに，ラーシュは当の犯行現場の風呂場の様子を実に事細かに供述することができたのである。ラーシュの住んでいたアパートの風呂場は，Sのアパートとまったく異なっていて，自分のうちの風呂場から類推してこれを供述したのではないことは明らかであった。このことは，ラーシュの供述の信用性を大いに高めることになった。

　しかもラーシュの精神鑑定を行った精神科医はラーシュおよび母親との面接，そして一定の心理検査によって，彼の供述は信用できると断定した。いわく「ラーシュは

快活、活発で、知能の発育は正常である。母親はラーシュが空想的だと言っているが、ラーシュは作話傾向も何も示さなかった。ラーシュはまた、特定人物に対して何ら敵意を抱いていることもなく、その供述は一貫している。問題の男が陰茎をラーシュの口の中に押し込んで、ラーシュがそれを吸ったことは疑いがない」。

S自身の身元調査の結果は全面的にSに有利なものばかりであったが、上記の捜査記録は明らかにSの有罪を指示していた。しかし、ことをさらに明確に究明すべく再鑑定依頼がなされ、Trankellがこれを行った結果、ラーシュの供述の虚偽性をうかがわせるいくつかの事実が浮かびあがる。

まずTrankellは、ラーシュの母親との面接を行った。母親によると、ひとりっ子のラーシュには父母ともによく目をかけていて、周囲の環境が必ずしもよくなかったので、ラーシュに対していくつか厳格に禁じていることがあった。1つは嘘をついてはいけないということ。2つは、近所の子どもたちがアパートなどを回って古新聞を集めて、あとで金に換えるようなことをしていたので、大人の付き添いなしにそんなことをしてはいけないと禁じていたこと。そして3つ目は近所にスウネという評判のよくない2つ年長の男の子がいたので、かわいそうに思いながら、この子とは遊ばないように言い、この子の住んでいる地区に行くことを禁じていたことである。ラーシュはかつて、1ドルをもったスウネといっしょにいるところを見つけられたことがあった。このとき2人はたくさんのキャンディをもっていた。母親がスウネを問いただした結果、スウネが金を盗んだとしか思えなかったので、ラーシュにはそれ以降、スウネと遊ぶのを禁じたという。

母親との面接でわかったさらに重要なことは、Sにペニスをなめさせられたと言ったとき、ラーシュが情緒的な不快感をまったく示さず、あっけらかんとして、まるで何か非常におもしろいことを話しているかのようだったことである。「ねえねえ、お母さん、ぼくあの人のおちんちんを吸わせられちゃった」といった感じだったというのである。それにその日父親が帰って来て、ラーシュを問いつめたときも、告訴のためにラーシュをつれて警察に行ったときも、ラーシュは問題のわいせつ場面についての供述を、どのように強く促されても繰り返して言おうとはしなかった。とくに警察では婦人警官から話をきかれたのだが、そこでラーシュは部屋のなかを走り回って、いろいろなものをさわり回るばかりで、問題の出来事については何ひとつ答えなかったという。

また警察記録のなかには、ラーシュ自身の供述として「（なめさせられたとき）ひどく吐き気がしたの」と言ったと記録されていたが、これは母親の届け出を受けた警

察官が，これを記録にとどめるとき，自分の受けた印象をないまぜにして，悪気なく少々誇張したかたちで表現していたことが明らかになった。母親は，ラーシュ自身がそのように言ったのではなく，先にも述べたように，ラーシュは実にあっけらかんと「なめさせられた」と言ったにとどまることを認めたのである。

次いで Trankell はラーシュ自身との面接を行っているが，そこで彼は，問題が出来事の話になるとラーシュが巧みにこれを避け，逆に自分の方から質問を向けて，はぐらかすことが多いことに気づく。さらにスウネの名を持ち出すと，そのつど Trankell にアッパーカットを食らわすすまねをして，最後には「なあーんてうるさあーいんだ，おじさんは」と言ったという。

自分の困る問いを投げかけられると大人の注意をなんとかはぐらかせようとするこのラーシュの態度から判断して，ラーシュは嘘をつかず，近所の悪童とつき合ったりしていないとの両親の思い込みに反して，実は問題の日，親から行くことを禁じられていた地区に行き，古新聞を集め，スウネと出会い，彼から金をもらい，それでもって甘草を買ったのではないかとの疑いが出てきたのである。Trankell は新たに浮かびあがったこの仮説を検討すべく，さらに調査をすすめる。

その結果，スウネが問題の日と思われるころ，古新聞の束をもったラーシュと出会った事実，スウネの家庭では実にわいざつな会話がしょっちゅうされていて，「おちんちんをなめさせられた」とのラーシュの言葉がスウネとのつき合いのなかで学習された可能性，さらにはスウネの住んでいたアパートは被疑者Sのアパートとほとんど同じ構造になっていて，スウネの家に出入りしていたラーシュがこれを十分知りうる可能性があったことが確認されたのである。さらに最初母親に告げたあと，供述を繰り返すことを拒否していたラーシュが，鑑定した精神科医にだけは再度供述したことになっていたが，この鑑定時の面接記録を子細に原文分析してみると，どうしても供述を繰り返そうとしないラーシュに精神科医が「あの男と何があったかはっきりさせるように」としつこく迫り，「はっきりさせたらお母さんと一緒に帰れるよ」とか，「おもちゃを買ってもらえるよ」などと言って，あからさまに誘導しているという事実，そして最後には「あのときお母さんにどう言ったか教えて」と言って，どうにか供述を引き出したという事実（この場合，母親に言ったというのは事実だから，ラーシュからすればそれを言っても嘘にはならない），しかもこの供述自体，精神科医の方がこれはどうだったか，あれはどうだったかと誘導的に引き出したという事実が明らかになったのである。

ラーシュの供述は，もともとスウネとのつき合いのなかに芽生えたものであったの

であろう。問題の日，母親に具合の悪いところを見つけられて，ラーシュは，追及をはぐらかせるためにとっさにその嘘を思いついて，気軽にこれを言った。ところが，不幸なことに，ラーシュの思いを超えてショックを受けた母親が警察に通報することになった。これが，ことの発端であった。この通報を警察官が記録にとどめるさい，何気なく過大な粉飾が加えられ，すっかりラーシュの供述を信じた警察と精神科医の手によって，供述の信用性が固められたのである。Trankell の社会心理学的調査を主とする鑑定作業がなければ，ラーシュの供述がどこからどう由来したかが解き明かされないまま，S への冤罪が完成してしまったかもしれない。Trankell が追加情報として5番目にあげた社会心理学的事実が，問題の供述の起源をさぐるうえで非常に重要な役割をになっていることはこのラーシュ事件の事例から明らかであろう。

（3）供述の現実分析

　Trankell によれば，前項にあげた5種類の追加情報を含め，鑑定前の捜査情報を合わせた情報総量について分析を加え，そのうちの重要情報すべてを余すことなく説明する唯一の解釈を求めることが心理学的鑑定の目標だということになる。もちろん現実問題としては，考えられる情報すべてが自在に入手できるわけではなく，一定の制約のある情報範囲のなかで鑑定作業をすすめざるをえないことは多い。とりわけ，供述の心理学的鑑定がこれまでまったくなされることのなかったわが国の刑事訴訟体制下では，鑑定者が自分の手で追加情報を得る可能性はほとんどない。とりわけ，Trankell の枠組みに含まれる尋問心理学的事実と社会心理学的事実については，鑑定前の捜査情報に含まれているものを別にすれば，新たに鑑定者が自ら組織してこれを調査・入手することはまず不可能である。では，わが国の現状下で供述の心理学的鑑定を行うことは不可能なのか。私自身，これまでいくつかの供述鑑定を行ってきた経験から，今の状況が望ましいとはもちろん言えないが，この状況下でもかなりの程度まで，心理学的な供述鑑定ができると考えている。その点は次節で詳しく述べることになるが，ここで Trankell の分析方法の紹介として最後に，彼の言う「現実分析」について簡単に見ておきたい。これは供述の信用性判断の基準に直接触れる部分であると同時に，私が次節で展開する分析方法と，ある1点で好対照をなす。

　Trankell の言う「現実分析」とは，問題の供述が事件の現実を正しく描写しているかどうかの分析である。それは供述者が真実を言おうとしているかどうかにはかかわらない。供述者が嘘を言うつもりはなくとも，その供述が間違うことはしばしばある。つまり供述者の主観的な真実が客観的現実と食い違っていることもあるからである。Trankell は，供述が客観的な現実をどこまで正しく描写しているかを判定すべく，その

●表1-13-2　Trankellの供述鑑定の諸基準

現実基準	検照基準
構造分析	論理的形式的検照
両側性情緒基準	帰結基準
同質性基準	
内容分析	経験的有効性検証
能力基準	同型基準
唯一無二性基準	
継起基準	

基準として表1-13-2のようなものをかかげている。この基準の多くは先のUndeutschが箇条書き的に列挙したものと内容的に符合するが、より組織的なかたちで整理されている点で評価できる。各基準をごく簡単に紹介しておこう。

① **両側性情緒基準**

　Undeutschも言うように真の体験供述は、問題となる出来事の中心的な筋書に加えて、末梢的な細部を豊富に含む。その細部は、とりわけ体験者ならではの情緒的なニュアンスを帯びていることが多い。ただ情緒的な体験が細部にわたって語られているというだけでは、現実を正しく描写しているとの保証とならない。そこでTrankellが提唱する基準の1つが「両側性情緒基準」である。彼はこれをある放火事件の事例によって例示している。

　この事例では、火の手があがったとき自動車が発進する音が聞こえたとの供述が問題となった。放火のあった穀倉の向かいに住む夫婦の供述である。夫によれば、夜11時ごろ帰宅して寝ようと戸締まりを確かめているとき、外で小さな炎が上がるのが見えたので、声をあげて妻を呼んだ。それとほぼ同時にエンジンの始動する音が聞こえたという。この供述だけでは、火が出た直後、その場から車が発進した事実があったかどうかの確証とはならない。注目すべきは、これに呼応して聴取された妻の供述である。妻は帰宅後すぐに2階に上がり着替えをしていた。そこで自動車の発進する音を聞き、そのすぐあと夫が自分の名を呼び「降りて来い」と言うのを聞いたという。そのとき妻は急に不安になった。というのも自動車の音と夫の呼ぶ声を結びつけて、自宅から少し離れたところにダンスに出かけていた息子がひょっとして事故にでもあって車で運び込まれたのではないかと思ったからである。これはもちろん妻の主観的な情緒的体験にすぎない。しかしここで重要なのは、この情緒的体験が成立するについて、車の発進音と夫の呼び声の2つの要因がからんでいて、しかも2つが客観的には相互に無関係な出来事に基因していることである。2つの独立した出来事の結果として1つの情緒的体験が生じたというこの供述こそは、まさにその2つの出来事が

相い前後して生じたものであることを証明する。つまり、火の手が上がった（それを見て夫が声をあげた）とき車が発進したとの供述は、現実を正しく描写したものだと言ってよい。こうした供述をもって、Trankell は両側性情緒基準と名づけたわけである。この両側性情緒基準は、供述のもつ構造的な特性に着目した現実基準であるという意味で、構造分析の部類に位置づけられている。

② 同質性基準

構造分析のもう1つとしてあげられるのは同質性基準である。これは先のUndeutschの真実供述の特性④に相当する。つまり供述内容が全体的な構造として1つの場面を浮かび上がらせるような内的一貫性を帯びているという基準である。先の事例を繰り返し用いれば、わいせつ行為を強要された場所（ボイラー室）とわいせつ行為の結果の始末（精液を受けた新聞紙をボイラーで燃やした）という、供述の2つの構成要素が同じ現場状況を一致して指向する。こうした供述のもつ同質性の構造は、前の両側性情緒基準ほどではないにしても、恣意的な想像によって構成することが困難なものと言ってよい。その意味で供述の形式的構造から見た現実基準の1つとして位置づけられる。

③ 能力基準

2つ以上の供述要素の構造的な関係の視点から見た上記の基準に加えて、1つ1つの供述要素について、その内容が供述者の想像的な構成のレベルを超えるものであるかどうかという視点からみた基準がある。これが表1-13-2のなかで内容分析として整理されている。そのうちの能力基準は、「証言（供述）の中で描写されている出来事を捏造するだけの能力がその証人にないならば、その証人がそれらの出来事を実際に観察した確率は増大する」と定義される。例えば、わいせつ被害者となった幼児が、大人ですら想像することの難しいようなわいせつ行為の様相を語ったとすれば、その供述が他者から誘導されず本人自身の口から自発的に出たものであるかぎり、それを真実体験に基づいたものと断定して間違いはない。ただこの基準を実際の供述にあてはめるについては、やはり供述聴取の過程が十分に可視化されていることが必要である。供述として聴取される以前に、周囲のおとなたちや取調官からの情報が、知らぬまに供述のなかに忍び込む危険がつきまとっているからである。先のラーシュ事件で、性器をくわえさせられたとき「息がつまりそうになった」とか「ひどく吐き気がした」との供述が警察官の粉飾に起源をもつものであった例を想起してもらえればよい。

④ 唯一無二性基準

内容分析の2つ目にあげられている唯一無二性（uniqueness）基準は、能力基準の

一特殊型と考えてよい。Trankellの定義によれば，「供述が唯一無二的な性質を帯びた細部を含んでいるならば，その供述を現実の観察についての供述と見なすべき理由は増大する」。言い換えれば，ここでは供述者の能力レベルの如何に関わりなく，だれであれ，実際に体験しないかぎりは述べようのない供述要素が含まれていれば真実である確率が高いというわけである。この能力基準，唯一無二性基準の２つが，Undeutschの列挙した真実供述の特徴と重なるものであることは，あえて繰り返すまでもあるまい。

⑤　**継起基準**

　内容分析の３つ目にあげられた継起基準は，上の２つと少々趣きを異にする基準である。つまりこれは個々の供述についての基準ではなく，ある機会での供述から後の機会での供述にかけて，そこに変遷が見られるときの判断基準である。定義によれば「供述の継起における変化が，記憶過程についての，われわれの知識上期待される変化と一致するならば，その証人の供述が現実の出来事を描写しようとしていると見なすべき理由は増大する」。この定義からもわかるように，この基準は供述の現実性を積極的に証しだてるものではなく，むしろ現実体験を語ろうとする供述の変遷許容度を示したものと言ったほうがよい。

　例えば，とくに興味をひくことのない日常的な出来事についての記憶ははかなく，しばらくたつとほとんど再生できなくなるのに対して，供述者にとって特異で重要性の高い出来事は記憶に残りやすい。また供述者にとって重要度が高く印象に残りやすい出来事であっても，もちろんその記憶像がそのまま永久に残るわけではない。出来事の外面的，周辺的な側面については比較的すみやかに消失していく。出来事の日付や時刻，曜日などは，当の出来事の実態を復元するうえで第三者的には重要であるが，当事者たる供述者の体験記憶のなかでは外面的な事実にすぎないことが多く，比較的短期間に失われる。問題は，供述者にとってその出来事がどういう意味のものとして体験されたかである。最終的に残るのは，供述者にとっての言わば「体験の芯」のみである。

　ちなみにArntzen (1970)が約800例の性犯罪被害児童の供述鑑定例を基にして明らかにしたところによれば，２〜３年間にわたって恒常的に記憶保持されるのは，核心行為，行為の相手，場所，その移動，重要設備，明暗などで，逆にむしろ一定しないほうが自然なのは，同種事件を数回体験しているときのその相互の区別，一事件内の細部の時間的順序，行為の日時，行為の長さや頻度，居合わせた人物，その服装などであるという。ただこれも性犯罪被害者の供述という限定のなかの話であって，他

のすべての事例にそのままあてはまるとは断定できない。実際には，個々具体的な事例についてはそれぞれに応じた精細な分析が必要となる。

⑥ 検照基準

上記の5つの現実基準は供述が現実の出来事を描いたものであるかどうかを直接的に判別しようとするもので，これを第1次的な基準とすれば，加えてこれを補完する第2次的基準が考えられる。つまり，第1次的な現実基準に照らして当該供述が現実を描いたものだとの肯定的結果を得たうえで，逆にこの供述が誘導や捏造による虚偽であるとの反対仮説を立てて，この反対仮説が不合理・矛盾をきたすかどうかを検照する。これをTrankellは帰結基準と名づける。先に形式的構造基準として「事件解釈が情報総体の重要部分を余すところなく説明でき，またその解釈がそのように説明できる唯一のものでなければならない」とのTrankellの基本命題をあげたが，この帰結基準はこの要件を具体化したものと言ってよい。つまり考えうる反対仮説（解釈）が排除されてはじめて，最初の仮説（解釈）は真のものとして受けいれることができるのである。

Trankellは帰結基準に加えてもう1つの検照基準をおいている。それは帰結基準においてのように反対仮説を想定した論理的形式的な検照ではなく，むしろ内容にかかわる経験的検証である。つまり，供述者が問題の出来事についての供述以外に別の出来事について供述していて，その供述の真偽が別のところで明らかになっている場合，この真偽の立証された供述の構造に対照させて，問題の供述が同型的であるかどうかをチェックするという基準である。例えば別のところで虚偽と立証された供述と同型の構造をもつ供述であれば，その供述も虚偽である可能性が高くなるというふうに検照する。これをTrankellは同型基準と名づけている。

さてTrankellの言う現実分析は，以上5種の現実基準，2種の検照基準によって問題の供述の現実性を判別するものである。その体系性，組織性はUndeutschの供述分析に比べると，やはり1歩前進したものと評価してよい。しかしそれでもなお，その信用性基準（現実基準）が個別的特質の羅列である傾きを否定できず，これが基準のカタログとして機械的にあてはめられる危険があるとの批判をまぬがれない。とくにわが国の捜査状況のなかで聴取された供述について分析を加えようとするとき，そこにはまた別種の特殊性を配慮せねばならぬ事情もある。

次節では，以上の考察をふまえつつ，あらためてわが国での事情を射程においた供述分析の方法を模索してみたい。

第3節　わが国の実情からみた供述分析

　UndeutschやTrankellは供述者特性によって供述の真偽を判定することの危険性を強調し，供述そのものにこそ分析を向ける必要性があること主張して，一定の判断基準を示した。しかしそこで言う「供述」が，供述の結果をさすのか，その結果にいたる過程をも含んでいるのかは，微妙だが重要な問題となる。Undeutschらの場合には，起訴前の捜査段階から鑑定に入って，直接供述者に尋問する機会が与えられている事例もあって，そうした事例においては「供述」の過程から結果にいたる全体が供述分析の対象となる。Trankellが，尋問心理学的事実およびその分析として掲げたものはまさにその尋問，応答の全体を念頭においたものであって，供述結果のみの分析にとどまるものではない。

　しかしながら，わが国においては捜査機関以外の人間が供述分析に関わろうとするとき（そこには弁護人，公判部検事，裁判官も含まれる），公判廷での尋問－供述の機会を別にすれば，そこに言う「供述」はすでに調書のなかに固定化されてしまった供述結果でしかない。しかも記録化された供述結果が，尋問－応答の両方をともに書き入れた問答式であることは少なく，あたかも供述者が1人で一連の供述を最初から最後まで通して語り切ったかのごとく，書き下ろし式に録取されている。調書末尾には，録取したのち一通り読み聞かせたうえで，間違いないとの確認をとったと記載されてはいるが，供述全体をなすはずの尋問－応答のうち，尋問の部分が背後に沈み，また応答部分も録取者の手によって整理され，文章化されているという事実は，心理学的にみたとき，決して小さな問題ではない（この点は，問答式で録取された調書においても基本的に同じである。というのも，その問答が公判調書での速記録のように逐語的な記録ではなく，捜査官自身の手になる要約である事実に変わりはないからである）。

　正確にして十全な供述分析を行うためには，供述者への直接的な面接の機会が与えられないにせよ，せめて供述全過程の録音テープないしビデオテープが資料として提供される必要があろう。しかし残念ながら，いまのところわが国の捜査状況下では，そのような供述過程の全面可視化の手立てをとろうとする動きはない。そこで図1-13-2に見るように，右端の供述結果にいたるまでの過程には，可視化されていない膨大なブラックボックスがあるということにならざるをえない。分析者はこのことを念頭におきつつ，その核心にいかに迫るかを考えねばならない。

第1編　心理学からのアプローチ

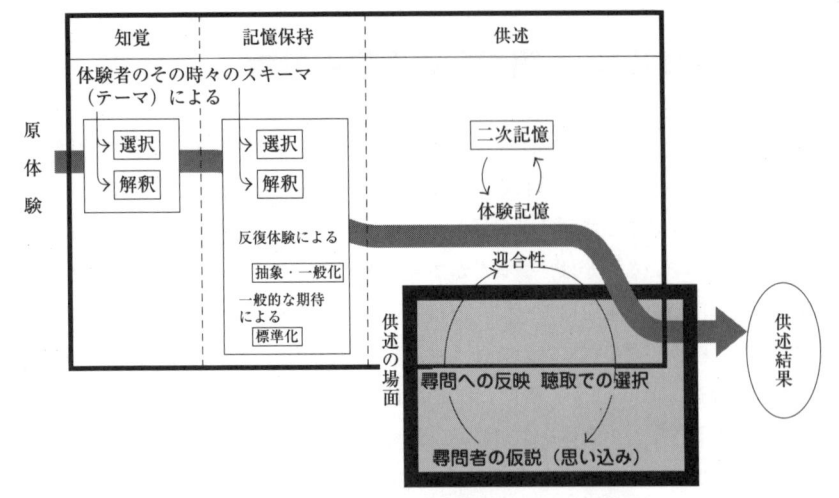

●図1-13-2　原体験から供述表現にいたる心理過程

そこでまず，このブラックボックスを含めて供述という事態がどういうものであるかを，図1-13-2によりながら全体的に描いてみるところから始めよう。

1．供述という事態

　ある出来事を体験した（とされる）証人が，その体験を，まるでビデオテープのようにそっくりそのまま再現できたとすれば，その供述の起源は当の出来事そのものにあって，それ以外の何ものからも余分な付加情報，歪曲情報は入らなかったと言える。そのように出来事を直接再現するような供述があるならば，その信用性を疑う余地は一切ない。しかし，人間は残念ながらビデオテープではない。出来事の体験からその体験の再現までの間に，当の出来事そのものに起源をもたない歪曲要因（情報）がいろいろなかたちで混入してくる。この点はこれまでの諸章で繰り返し説かれてきたことであるが，ここであらためて供述分析の作業のなかに位置づけて整理しておきたい。以下，供述までの各局面に含まれる問題を，知覚，記憶保持，供述の順に簡単に見ておこう。

（1）知覚の局面

　目はカメラではないというのは，科学的心理学がはじまって以降百年来の心理学的常識である。いや日常生活のレベルにおいても「見れども見えず，聞けども聞こえず」の喩えにあるように，物理的刺激として存在するということと，これを心理的体験として認知するということとはまったく別物である。

そうなる原因はいくつかあるが，その1つに「知覚の選択性」があげられる。同じ場面を見ても人によってそこからそれぞれ異なるものを取り出して見る。よく例にあげられるように，同じ森の中を歩いても，木こりと猟師とでは見るものは違うし，単なる山歩きの人ではまた異なる。森に迷い込んで道がわからなくなった人にとってはさらにその森の相貌は異なる。あるいは同じデパートのなかで同じ人物に出会っても，ネクタイ売り場の店員はその人が身につけているネクタイに，メガネ売り場の店員はメガネに，スーツ売り場の店員はスーツに……というふうに，それぞれ注目するところが異なって当然である。

こうした比喩で語られることは，人間のあらゆる知覚場面につきまとっている。人がその場面でいかなる興味・関心を抱いているかによって知覚に刻まれることが選択されるのである。

人間の情報処理の容量には限りがある。したがって1つの知覚場面に含まれる無数の刺激から，おのずとある部分を抜き出して知覚せざるをえないのである。人はどの瞬間にも何らかのテーマ（主題）をもっている。どこかで食事をとろうと思って街を歩くときには食堂やレストランの看板をさがすし，人と待ち合わせているときには街路を交差する人々の顔を目で拾う。逆に言えば，それ以外のことは刺激として目には入っても，よほど特異なことでもなければ見過ごして知覚しない。そのように知覚は，そもそもその時その時のテーマ（生活関心）に従って一定の情報を拾い，他の情報を捨てるという選択活動なのである。

この選択性の要因に加えて，知覚はつねに1つの解釈であるということを指摘しておかねばならない。知覚においては物理的刺激がそれそのものとして脳裏に刻まれるのではなく，つねに何らかの意味をもつものとして解釈されるのである。例えば図1－13－3のように，同じ刺激でも，それを上下の列で見ればABCの"B"に見え，左右の列で見れば12, 13, 14の"13"に見える。つまり同じ刺激パタンが文脈によって異なる意味のものとして見えるのである。このように刺激は意味として見え，その意味は文脈に依存する。

知覚とは常に1つの意味づけ（解釈）なのである。したがって，そこには意味づけの間違いが入り込むことがある。例えばTrankellはある弁護士の次のようなエピソードを紹介している。その弁護士がタクシーに乗って繁華街の大通りを走っていた

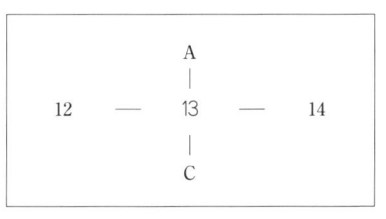

```
        A
        |
 12  —  13  —  14
        |
        C
```

●図1－13－3

とき，突然タクシーが急停車した[8]。その瞬間，前の車も急停車して，車の左側のドアが開くと同時に老人が車から投げ出されて路上に転がったのを見た。すぐに歩行者がかけ寄って老人を助けようとしていたので，弁護士はそのままタクシーを走らせた。ところが翌日の新聞を見ると，そこには自分が見たのとはまったく異なる出来事が報じられていた。実際には老人は，車から投げ出されたのではなく，左右を確認せずに交差点を横切ろうとして，車をよけそこない，車にぶつかって路上に倒れたのであった。つまり，弁護士は事実上，路上に倒れた老人の姿と，前の車の左ドアが開いたという２つのことを知覚しただけで，あとはこの２つの印象を頭の中で論理的につないで「老人が急停車した車から投げ出された」と解釈してしまったのである。

　知覚は，本来選択的であって，時に断片的である。全場面を完全に連続的・全体的に把握するなどということは不可能である。したがって選択された断片的場面を１つの意味につなぎ合わせて解釈することで，自分のおかれた状況を整合的に理解しようとする。その結果，事実から大きく歪曲された場面を見てしまうこともままあるのである。

　このような知覚の選択性・解釈性は，知覚を含む，人間のより大きな認知システムに共通の特性である。最近ではこれが認知におけるスキーマ理論として体系化されるようになっている。スキーマ（schema）とは，「過去経験に関する貯蔵された知識のまとまり」であり，これが物事を体験する際の期待や主題，また解釈の枠組みとして機能する。このスキーマ理論によれば，知覚や記憶の過程は，外界からの感覚情報をただ受け身的に汲みとり刻みつけるだけの単なるボトム・アップ過程ではない。人は子どものころから多くの体験を通して種々のスキーマを積み上げていく。そしてこのスキーマによって，眼前の感覚情報を解釈し統合する。この既存のスキーマによる解釈・統合は，言わばトップ・ダウンの過程であって，それゆえ知覚や記憶は，言いかえれば，ボトム・アップの感覚過程とトップ・ダウンの解釈・統合過程の相互作用の所産だということになる。

　こう考えてくれば，知覚は主体（供述者）がその時のスキーマないしテーマに即したかたちで，与えられた感覚情報を選択，解釈した結果にほかならないのであって，この知覚の選択性，解釈性のファクターをぬきにして，供述の問題を考えることはできないことがわかる。

（２）記憶保持の局面

　記憶の局面についても，上のスキーマ理論はそのままあてはまる。記憶過程においてスキーマがどのようなかたちで働くかについては，知覚過程と同様の選択・解釈の

要因に加えて，抽象や標準化の要因があげられる。

　まず選択について言えば，その時その時に活性化しているスキーマによって記憶に刻まれる情報が選択されることを指す。例えば，試験を受けに行ったとき喚起される主たるスキーマはやはり試験に関わるものであるはずで，そのスキーマに関連しないものごと，例えばそのときどんな服を着ていったかなどは記憶に刻印されにくい。平たく言えば，その時その時の関心・興味のおきどころによって記憶されるものが選択されるということである。また解釈というのは，ある出来事を体験したとき，関連した既存の知識（スキーマ）によってこれを一定の意味の流れに組み込んで解釈し統合することを指す。例えばレストランで客が運ばれてきた料理を断り，次いでウェイトレスがこれを持ち去る場面を見れば，その経緯の詳細までは不明なのに，「客が料理に文句を言って取りかえさせた」というふうに記憶する。ここでは，これまでレストラン等で体験しえた先行知識によって現行の体験を単一の意味の流れに統合するという解釈の過程が入り込んでいる。このように記憶における選択・解釈は，知覚におけるそれが，ただ異なる局面に表れただけで，そこに働く過程は共通と言ってよい。

　記憶は知覚と違って時間的過程である（厳密に言えば知覚もまたミクロなレベルでは時間的過程であるが，その時間のスパンは記憶に比べて圧倒的に短い）。この時間のファクターが抽象や標準化として表れてくる。

　まず抽象という過程から見よう。個々に具体的な記憶情報は，類似の過程を積み上げていくなかで，共通のものを抽象して次第に一般化していく傾向がある。例えば，あるレストランでいつも食事をとっている人が，ある特定の日にそのレストランに行ったことを思い出そうとしても，その特定の時の特殊な細かい情報だけを特定して取り出すことは困難で，むしろ何度か行った折に共通して体験した一般的特徴を思い出しがちになる。つまり個々の特定のエピソードはとかく一般的なスキーマに集約されやすい。したがって，何度も繰り返す体験の記憶などの場合，特定の機会でのその体験を取り出すことは極めて難しいのである。

　こうして一定の類似体験を重ねていくと，そこに共通の特徴が抽象され，もとの個別体験の具体的特徴は一般的特徴のなかにどんどん埋もれていく。このことはエピソード記憶と意味記憶という用語で整理することができる。

　エピソード記憶というのは，個々人が日々の生活のなかで出会った出来事・人々・事柄についての個別的体験の記憶であり，意味記憶とは身のまわりの世界についての一般的知識の記憶である。例えば○○年○月○日に某レストランに行ってこれこれのものを食べたというのはエピソード記憶であり，そうした体験の積み上げとしてレス

トランというのはこういうところで，そこではこれこれの振る舞い方をするものだというのは意味記憶と言ってよい。

このエピソード記憶と意味記憶とは相互に密接に関連し合う。つまり個々のエピソード記憶が逐次意味記憶に組み込まれていくと同時に，また意味記憶は個々のエピソード記憶の選択・解釈を左右する。また出来事の繰り返し回数の関数として見たとき，エピソード記憶は同一種の体験回数が増すほど弱まり，意味記憶の方は回数を増すほど強まるという関係が成り立つ。

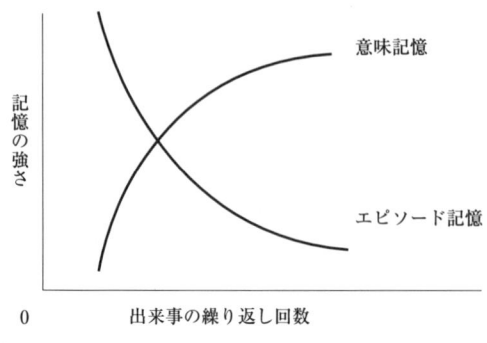

●図1-13-4　エピソード記憶と意味記憶

Linton（1982）はこのことを図1-13-4のように図式化している[9]。この2つの記憶の関係もまた，供述分析を行っていくうえで，ひとつの大事な視点となる。

さて最後の標準化というのは，抽象（一般化）のもう1つの現われ方とも言える過程である。人は何事を体験するときにも，その体験についてのある一般的な期待をもっている。例えばレストランというのはこういうところだとか，大学とはこういうものだという期待である（これは先の意味記憶に密接につながっている）。そこで，ある出来事を体験したときは，その出来事について予めもっている期待（これがスキーマとなる）と矛盾しない方向に記憶が歪曲される傾向をもつ。したがって出来事の記憶は，その種の出来事として最もありそうで，最も典型的・標準的な方向に変形される。人は実際に見たことよりも，むしろ見ると期待されることを想起するとも言える。

例えば被験者が心理学実験への協力を要請されて大学にやって来て，研究室の一室で待たされたとする。その部屋には机，ワープロ，辞書，コーヒーポット，カレンダーなど一般の研究室にはごく普通にある物だけでなく，めん棒，クシ，なめし皮などがある。その部屋で30秒あまり待たされたのち，別室で「部屋のなかで見た物をできるだけたくさん思い出せ」と言われると，研究室にふさわしい机などはよく思い出すが，めん棒，クシなど場にふさわしくないものは思いだせないことが多い（もちろん，あまりに意外なものが置かれていて注意をひけばそれは逆に記憶に残りやすい）。また一方，一般の研究室にありそうなもの（例えば電話）が，たまたまそこになかっ

たときなど，それが誤ってあったと想起されたりもする。

このように記憶は単に体験を機械的にそのまま刻印する過程ではなく，その時その時のスキーマによって体験情報を選択・解釈し，また一般的知識にまとめ上げ，一定の標準に整合させようとするものである。したがって記憶は，もとの体験にはなかった何らかの情報を含み込む可能性を多分に有している。

（3） 供述の局面

体験し記憶に刻印したことを事情聴取の場面で供述するときには，知覚や記憶の過程ではあまり問題にならなかったファクターが大きく絡み込んでくる。というのも，知覚・記憶は基本的に目撃者当人の一者の内の過程として考えられるのに対して，供述はつねに尋問する者と供述する者との二者関係の過程だからである。この過程について，Trankell は問題点を，尋問者側の要因，供述者（証人）側の要因，供述自体がその後の記憶に及ぼす影響の3つにまとめている[10]。

まず尋問者の側の要因からみよう。尋問者は問題の出来事（事件）について白紙で臨むのが理想である。しかし，それはあくまで理想でしかなく，現実には尋問者は尋問に入る以前から一定の情報をもとにして当該事件について一定のイメージ（仮説）を描いている。実際そうでなければ尋問自体が難しい。いやむしろ逆に，尋問者が効果的な尋問を行うためには，入手可能な事実の全部を知り，被尋問者（供述者）がその事件において果たした役割を正しく理解しておくことが必要であると思われている。それゆえ尋問者は，よかれあしかれおのずと事件について一定の仮説を立て，それに基づいて尋問することになる。それに，どれほど熟練した尋問者でも，ある程度の先入見は免れえない。その結果，Trankell の言うところによれば，尋問者が思い描いた仮説（事件イメージ）がその質問の言葉におのずと表れる。また質問に対する証人の供述を聴取する際，尋問者はおのずと自己の仮説に沿う方向に，供述を選択的に聴取しやすいという。結果的にそこで尋問者の仮説に沿った誘導が進行する。

誤解なきよう申し添えれば，この過程は決して意図的なものではない。「誘導」と言えば通常，最初から誘導の意図をもって意識的にするものであるかのように思われているが，現実の取り調べ場面での誘導は，むしろ無意図的，無意識的であることに注目しておかねばならない。人はとかく自分の仮説を裏づけるために質問するもので，自説が裏づけられれば勝利感を抱き，逆に自説が退けられると失望感をおぼえるものだと Trankell は言う。そこにはおのずからなる誘導の過程が働く。

他方，供述者の側にもこれに対応する過程が生じる。つまり供述者には，尋問者のなした尋問の仕方や言葉づかいに表れた期待（つまり尋問者の期待）におのずと応じ

ようとする傾向がある。言いかえれば「迎合」の傾向ということになろうが、これまた多くの場合意図的、意識的なものではない。人は他者との対立を好まない。それゆえ、相手の質問に対しては適宜手加減を加えて、できるかぎり相手の意見や期待に沿うようにするのがよいことを経験的に学んでいる。

　Trankellも言うように「人間のつきあいはすべてこのような適応機構を特徴としているのであって、この機構は、自動的にそして無意識的に作動している」。そして「民衆が尋問のために警察や法廷に招き入れられたときには、このように行動する傾向がとくに強い。というのも、われわれの大部分は警察に敬意を払っているし、裁判所に対してはなおさらそうだからである」(11)。

　このように誘導 - 迎合の過程があるとしても、供述者に対して、例えば警察では録取した調書を読み聞かせ、誤りを指摘・訂正させる機会を与えているのだから、重大な歪曲が訂正されずに残ることはないとの意見もあるかもしれない。ところが現実には、尋問・応答過程で忍び込んだ誤りが、読み聞かせで訂正されることは少ない。Trankellはその理由を3つあげている。第1に、供述者自身がその歪曲に気づかないことが多い。第2に供述が警察用語を用いた耳なれない言葉で書かれたときには、間違っているかどうか区別できない。そして第3に、たとえ誤りに気づいても、法の番人が書いた調書をあえて批判するには、相当勇気がいる。こうして尋問 - 応答に忍び込んだ誤謬が生き残り、固定化する。

　さて最後に、このように尋問者、供述者のそれぞれの要因によって誤謬や歪曲が生じたとき、このことが2次的に供述者自身の記憶像を変容させるという第3の要因を指摘しておかねばならない。例えば捜査段階の事情聴取の際に生じた誤謬が、もともとの記憶像を侵食し、「何度も尋問を繰り返すと、証人は、前の尋問の時に生じた歪曲像をもとにして供述するようになる」(12)。つまり、もともとの記憶像のうえに、事情聴取の際の像が二重に焼きつけられて、2つの像の区別がつかなくなるのである。こうして生じた記憶を2次的記憶像と呼ぶのだが、これは実に厄介な役割を果たす。何しろ供述者本人がこの2次的記憶像を真正の記憶と思い込んでしまうからである。

　このように尋問 - 供述の場面に働く歪曲要因は、知覚や記憶の過程で働くそれよりさらに複雑で、その歪曲要因の分析こそが、供述分析の最も中心的な位置を占めることになる。

　供述のなかにひそむ歪曲要因を知覚(体験)、記憶、供述(表現)の各局面ごとに見てきたわけだが、これらをまとめて図式化したのが先の図1 - 13 - 2である。これを見れば、原体験から最終の供述に至るまでに、いくつものフィルターを通りぬけねば

ならないことがわかる。

さて、この図1-13-2に表したように、原体験を知覚するところからはじまって、記憶保持、供述（表現）の過程を経て、一定の供述結果が得られるのだが、供述分析が直接対象としうるのは図中太線枠で囲んだ部分にすぎない。つまり供述者－尋問者のやりとりの過程およびその結果を分析の対象資料として、その供述の現実性・真実性を明らかにすることが課題となる。この供述過程以前の知覚－記憶保持過程についてはすでに過去のものとなった供述者本人の心内過程であって、本来的にブラックボックス過程と言わざるをえない。この点の究明が問題になるときは、本章第1節1で触れた方法Ⅰ（実験的に確認された法則に基づいて予測性を軸に真偽判定する方法）による以外にない。他方、供述時点における供述者の記憶内容がいかなるものであるかにメスを入れ、そこに意図的な嘘はないかどうか、尋問者の意を迎え入れようとする迎合や、無意識的な被誘導がないかどうかを探るためには、何よりこの供述者－尋問者の現実のやりとり過程にこそ焦点をあてて分析しなければならない。

この供述過程そのものの分析については、これまで見てきた Undeutsch や Trankell の方法がすでに存在するのだが、前にも触れたように、私たちがこの日本での刑事事件の供述分析をするについては、日本的な特殊事情をまず明確に押さえておくことが必要になる。以下、どうしても勘案しておかねばならない特殊事情を指摘したうえで、それに向けての供述分析の方法を考えることにする。

2．供述過程についての日本的特殊事情

日本的特殊事情という言い方をあえてしてみたが、社会的に悪とされる犯罪行為について捜査組織が事情聴取を行い取り調べを行うというかぎり、日本に限らず他国の捜査にも多かれ少なかれ共通に見られる事情ではある。それゆえここに言う「特殊性」はあくまで相対的なものとも言える。実際、以下にあげる諸事情は欧米においてもかつては問題になり、その後刑事訴訟手続きの改革によって徐々に乗り越えてきたものであった。その意味でわが国においてもできるかぎり早期に乗り越えねばならないものであるのだが、ともあれ供述分析を行ううえで無視しえないこの諸事情を列挙してみる。

（1）供述過程の非可視性

まず第1に取り上げるべきは、すでに述べた供述過程の非可視性である。現場での体験（犯行あるいは犯人の目撃であれ、犯行の体験そのものであれ）やその記憶の過程そのものは本人には可視的であっても、供述を聴取し、あるいは分析する第三者に

は基本的に非可視的である。しかし供述以前のこのブラックボックス性はともかくとして，供述過程自体は録音テープなりビデオテープにおいて十分に保存，再生可能なのであるから，制度的にこの可視化手続きが捜査手続きのなかに組み込まれることが望まれるところであるが，わが国の捜査においてはこれがなされていない。実際に録音テープに録っていることはあるが，これが捜査・訴追側に有利なかたちでしか法廷に開示されないというのが現実である。

そのために供述分析の直接の対象となるものは一般には供述調書ということになる。それも供述者本人が記載したものではなく，供述聴取者（尋問者）側の要約的記録である。こうした圧倒的な制約下での供述分析にならざるをえないことを，まず現実問題として確認しておかねばならない。

この供述調書の分析に加えて，部分的にであれ供述過程の録音テープあるいは犯行再現ビデオが開示されたときには，これも重要な資料となる。実際，事件によっては開示された録音テープ等の分析によって思いがけない事実が浮かびあがってくるというケースもある。

またのちに裁判になって，供述者と尋問者が召喚され法廷証言することも多い。そのなかで問題の供述が聴取されてきた過程が両当事者からそれぞれに語られることになる。この法廷証言は公判記録としてほぼ一字一句正確に反訳されて調書されていくので，証言者の証言特性などを明らかにするうえで重要な分析資料となる。しかし，実際には供述から法廷証言までの間に数か月ないし数年が経過しているために，証言内容そのものについてはそれがどこまで正確かに疑問が残る。また尋問者（捜査官）に対する法廷尋問では捜査官としての立場性もあって捜査側に不利なことは明かさないことが多く，供述分析にあたっては現実的にその点を考慮せざるをえないのが一般である。捜査や裁判進行の過程で鑑定者が供述者に直接事情聴取することもありうるが，実際上これが供述分析の鑑定手続きとして認められていない。

このように供述過程を側面的に知る手がかりが部分的にはあるにしても，それらはあくまで補充的な位置にとどまるもので，分析の直接対象となるのはあくまで供述調書であるというのがわが国の現実である。

（2）供述過程の反復性

第2の問題は，供述過程が反復されるということである。このことそのものは別にわが国にとくに特殊的というわけではない。しかしわが国ではその反復の回数，反復の期間の長さが度をすごしたものになることがしばしばある。一例として自民党本部放火事件の1人の証人についてみてみる（図1-13-5）。この事件ではこの放火に用

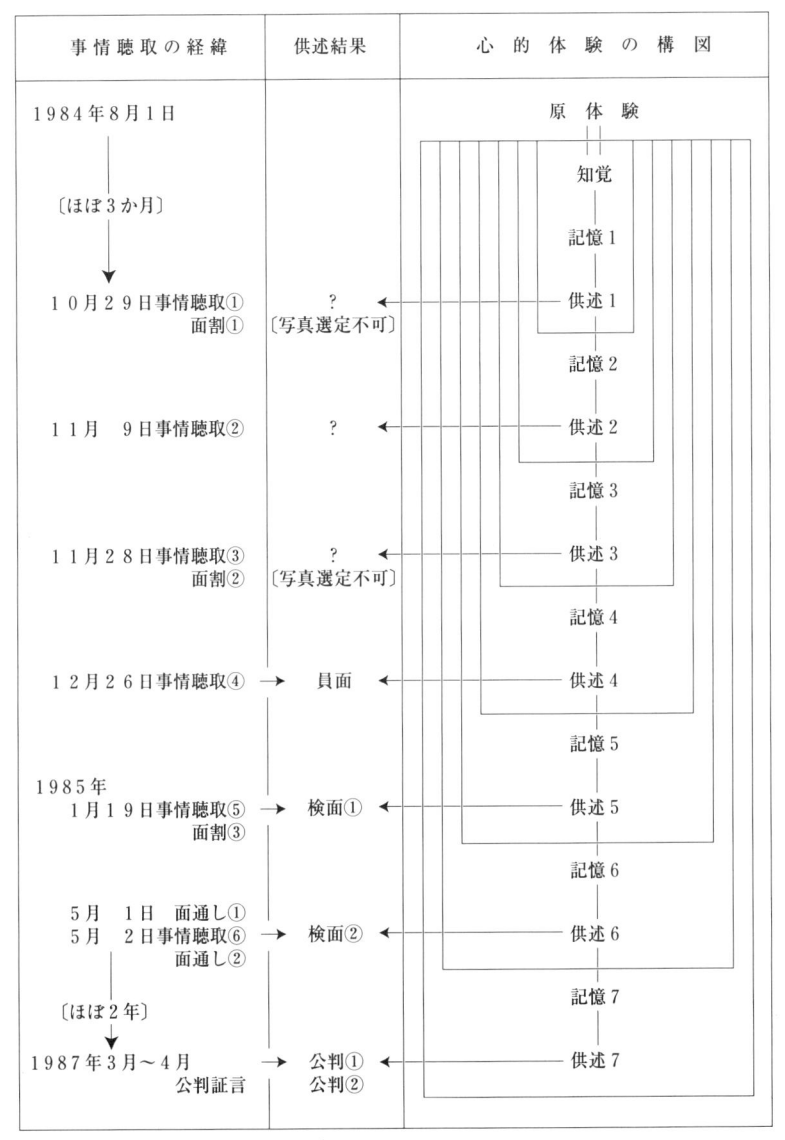

第13章 目撃証言の真偽判断とその方法

事情聴取の経緯	供述結果	心的体験の構図
1984年8月1日 ↓ 〔ほぼ3か月〕 ↓		原体験 知覚 記憶1
10月29日事情聴取① 　　　　面割①	？← 〔写真選定不可〕	供述1 記憶2
11月 9日事情聴取②	？←	供述2 記憶3
11月28日事情聴取③ 　　　　面割②	？← 〔写真選定不可〕	供述3 記憶4
12月26日事情聴取④	→員面←	供述4 記憶5
1985年 1月19日事情聴取⑤ 　　　　面割③	検面①←	供述5 記憶6
5月 1日　面通し① 5月 2日事情聴取⑥ 　　　　面通し②	→検面②←	供述6 記憶7
〔ほぼ2年〕 1987年3月〜4月 　　　公判証言	→公判①← 　公判②	供述7

◉図1-13-5　自民党本部放火事件における目撃供述と記憶の累積

　　供述1，供述2，供述3…は供述の反復を，記憶1，記憶2，記憶3…は記憶の累積を表している。たとえば記憶2は原体験を知覚し，記憶して（記憶1），そのうえで供述した（供述1）そのことも含めて記憶にとどめていることを示している。

303

いられた時限放火装置の部品の入手経路が問題になったのだが，ある機械部品卸店から売られた可能性が高いということで，その購入客についての事情聴取が2人の女子店員に対して行われている。図はそのうちの1人について供述機会を時間順に並べたものである。1984年8月1日の問題部品販売から最初の事情聴取までにすでに3か月が経過しているのだが，その後も頻繁に事情聴取が反復されていることがわかる。しかも法廷に直接的に証拠として提出されたのは反復後最終的に固められた供述調書（検察官に対する検面調書①②）である。

　それでも目撃者の供述の場合は，まだしも数回の反復ですむのだが，さらに重罪事件の被疑者の供述となると，この程度ではすまない。例えば4人を殺して放火したとの罪に問われた袴田事件の場合は，図1-13-6のように供述調書自体が45通にも及ぶ（このうち供述10の検面調書が裁判では最重要視されることになった）。しかもこの45通はすべて自白調書で，否認調書は一切とられていない。しかし実際にはこの自白に至る以前に19日間にわたって連日の取り調べが行われているわけで，その取り調べが1日あたり十数時間に及ぶものであった。このような反復性は，重大事件の場合決して例外ではない。

　欧米での供述過程に比べてみたとき，これが極めて特異であることは論を待たない。供述分析においては，この反復性，またこの反復による供述の変遷，供述の固定化が無視できない要因となる。

（3）尋問者の仮説固執性

　供述の反復性にかかわってもう1つ重要な論点がある。例えば上の袴田事件の場合，取調官（尋問者）は第1回の自白調書に至るまで19日間，連日深夜に及んで追及的な取り調べを行い，被疑者が自白に落ちてからも自白調書を反復聴取して，さらに1か月余りをこれに費やしている。それだけ長期間にわたって尋問を反復しているということは，ただ供述者（この場合は被疑者，被告人）の語るところをそのまま聴取したのでないことを歴然と示している。つまり尋問者の側に強固な事件仮説があって，それとの照合，チェックの過程をへて，他の諸証拠との整合性をしつこく求めた結果であると言わざるをえない。否認を続ける被疑者に19日間にもわたって追及したという事実自体が，被疑者＝犯人の仮説に尋問者が強固に固執し，引き下がろうとしなかった表れであるし，自白が始まってからも犯行筋書が二転三転している事実もまた，当初の自白が尋問者側の事件仮説にうまく照応しなかった結果と考えるのが自然である。もちろん尋問者の側の仮説が供述者の供述にどこまで入り込んだかについては，分析の結果をまってはじめて判断できることではあるが，そこにおいて尋問者の仮説固執

第13章　目撃証言の真偽判断とその方法

日付	供述者	供述	中心部分の筋書	動機・計画	くり小刀	凶行の流れ	放火・その後	消火活動	金の処理
9月6日	松本①	供述1							
	松本②	供述2	○	*	*	*	*		
	岩本①	供述3	○	*	*	*	*	*	*
	岩本②	供述4							*
	住吉	供述5							*
	岩本③	供述6			*				
7日	岩本	供述7	○	*	*	*	*		*
8日	岩本	供述8	△	*	*	*			
9日	岩本①	供述9	△				→*		*
	吉村	供述10	●	*	*	*	*	*	*
	岩本②	供述11		*	*				*
10日	吉村①	供述12							*
	吉村②	供述13		*					
11日	岩本	供述14					*	*	
	吉村	供述15		*					
12日	岩本	供述16	△	*	*	*			
	吉村	供述17	○ △	*	*	*	*	*	
13日	岩本	供述18	△			→*	*		
14日	岩本	供述19	△				→*	*	*
	吉村①	供述20							*
	吉村②	供述21		*					
15日	岩本①	供述22				*			
	岩本②	供述23							
	吉村	供述24		*					
16日	岩本	供述25		*					
	吉村①	供述26							*
	吉村②	供述27		*					
17日	岩本①	供述28							*
	岩本②	供述29		*					
19日	岩本	供述30							
20日	岩本	供述31							
22日	岩本	供述32			*	*	*		
24日	岩本	供述33							*
26日	岩本	供述34					*		
27日	吉村①	供述35							
	吉村②	供述36		*	*				
30日	吉村	供述37			*				
10月1日	岩本	供述38							*
3日	岩本	供述39		*		*	*		
5日	吉村①	供述40					*		
	吉村②	供述41							*
7日	岩本	供述42					*		
	吉村①	供述43		*	*				
	吉村②	供述44							*
13日	岩本	供述45					*		

◉図1-13-6　袴田氏の自白調書一覧

○は中心部分の筋書をひととおり語った調書。
△は中心部分の筋書を2回ないし3回に分けてひととおり語った調書。

の要因を看過することはできない。

　同じことが目撃の供述者にもあてはまる。供述聴取にあたる捜査官がまったく白紙で聴取にあたるのならともかく，多くは同一の捜査組織内の捜査官が相互に情報交換しつつ供述聴取を反復していく。そのために直接の尋問者は次々交替することがあっても，組織としての一貫した事件仮説がそこにはつらぬかれているということが多い。よほど明確な目撃記憶があれば別だが，未知の人間の顔の記憶などになると本来極めて曖昧になりやすいもので，事情聴取の反復の影響を受けやすく，尋問者の事件仮説がそこには反映しやすいものと言わねばならない。ましてわが国の捜査においては，供述聴取者が同時に写真面割や面通しの手続きにも関与することが一般で，そこに誘導－迎合の心理過程が過重する危険性は極めて高い。このあたりの問題については科学的な方法論によるチェックがなされてしかるべきであるが（第１編第４章参照），残念ながらわが国の捜査手続きはこの点についてまったくルーズであると言わざるをえない。

　このように供述が反復され，その反復過程のなかに尋問者側の仮説固執的態度が強く貫かれている可能性があって，しかもその取り調べ過程が，最終的に尋問者自身の作成になる調書を除いてほとんど不可視であるというのが，残念ながらわが国における取り調べの実態である。供述の誤りが重大な誤認逮捕，誤起訴，誤判をもたらすことがないようにしようと思えば，その誤りを断つための手立てを，その取り調べ過程そのもののなかに実現していかねばならない。とりわけ供述過程の可視化の実現こそは今後最大の課題となるべきところであろう。しかし現実問題として早急にその実現を望むことのできない現状のなかで，私たちは供述の真偽を判定する分析法の組織化を求められているのである。

3．供述分析の基本的考え方

　さて，私たちの供述分析は，とりわけ前項で述べたわが国の特殊事情を明確に認識したものでなければならない。つまり，供述分析の課題は，与えられた供述が単に供述者のみの要因によってのみ決まるものではなく，供述者と尋問者との相互作用によるものであることを明確に押さえたうえで，その供述の起源が供述者の体験記憶にあるか，それ以外にあるか，とくに尋問者の尋問時仮説の影響がどこまで及んでいるのか，いないのかを分析的に洗い出し，当の供述がもとの原体験の現実をどこまで正確に反映しているかを判定することである。そこでこの手続きを行うにあたって，次の２つのことを確認しておくことが必要となる。

（1）供述は供述者と尋問者との間の相互作用の産物である

　供述とは，単純に考えれば，供述者が問題となる原体験（目撃や犯行の体験ないし非体験）を語ったものである。もしそうだとすれば供述は供述者内の諸要因のみで決まる。これを関数で表せば，

　　供述 ＝ 供述者の原体験 × 知覚時要因 × 記憶保持時要因 × 供述時要因　　　　定式（1）

というふうになる。しかし供述が尋問者の尋問に応じたものであり，尋問者の働きかけ方次第でそこに変化が生じる事実を看過できないとすれば，上の関数定式のうち「供述時要因」のなかには，供述者以外の，つまり尋問者要因を組み込んで考えざるをえない。前に図1‐13‐2のなかに描き込んで示したように，供述を考える際には，供述者要因に加えて尋問者要因，つまり尋問者が供述者に尋問する際，それまでの捜査結果としてどのような証拠を把握していたか，それによってどのような事件仮説を想定していたのかという要因を考えないわけにはいかないのである。これを再び関数で定式化するとすれば，

　　供述 ＝ 供述者要因（**原体験** × 知覚時要因 × 記憶保持時要因 × 供述時要因）
　　　　　× 尋問者要因（尋問時把握証拠・想定仮説）　　　　　　　　　　　　定式（2）

ということになる。もとより，この供述者要因と尋問者要因の2つが問題の供述に対してそれぞれどれだけのウェイトを占めたかは個々事例によって異なる。尋問者要因の影響をほとんど受けることなく供述者要因でのみ供述内容が決まることもあれば（その場合でも供述がその他の誤謬要因をまぬがれているとの保証はなく，それだけで真実と断定してしまうことはできない），反対に供述が尋問者の働きかけにすっかり引きずられてしまうこともありうる。しかし原理的にいって供述が供述者と尋問者の二者間でなされるものである以上，両要因のどちらかが零になることはありえない。つまり原則として供述は両要因の相互作用の所産なのである。

　しかも供述機会が1回にとどまらず複数回繰り返されることになれば，事態はさらに複雑になる。1度ある内容を供述すれば，そうした内容の供述をしたということ自体が供述者の記憶のなかに刻まれてそれ以降の機会の供述に影響するし（図1‐13‐5を参照），また尋問者の側もある供述内容を聴取したことでもって当初の把握証拠にもう1つの情報が積み重ねられ，場合によっては，当初の事件仮説の修正，変更を迫られることになる。そうしてある機会の供述が次回機会の供述者要因，尋問者要因に変化を与えていくことになる。供述聴取の過程はこのような複合的に入り組んだ心理

第1編　心理学からのアプローチ

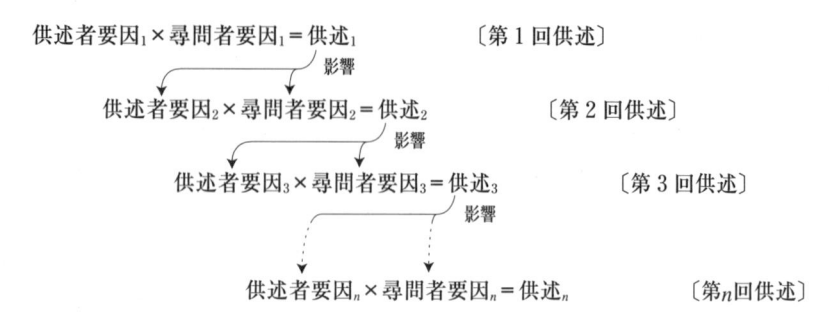

$$
\begin{aligned}
&供述者要因_1 \times 尋問者要因_1 = 供述_1 \quad &[第1回供述]\\
&\qquad\qquad\qquad\qquad\downarrow 影響\\
&供述者要因_2 \times 尋問者要因_2 = 供述_2 \quad &[第2回供述]\\
&\qquad\qquad\qquad\qquad\downarrow 影響\\
&供述者要因_3 \times 尋問者要因_3 = 供述_3 \quad &[第3回供述]\\
&\qquad\qquad\qquad\qquad\downarrow 影響\\
&供述者要因_n \times 尋問者要因_n = 供述_n \quad &[第n回供述]
\end{aligned}
$$

力動の過程なのである。これをまたあえて関数で表すとすれば上のようになる。

（2）供述分析は供述の起源を洗い出す作業である

供述聴取過程がこのようなものであると考えたうえで，各時点の供述がどこまで供述者のもとの体験記憶に由来するかを明らかにすることが供述分析の直接の課題となる。先の定式(2)で供述を規定する要因を供述者要因と尋問者要因の積で表してみたが，そのなかで言えばゴチック体で書いた「原体験」に起源をもつ部分と，その他の諸要因（歪曲要因となりうる要因）に起源をもつ部分とを判別するのが課題であると言い換えてもよい。

しかしもとより原体験は供述者本人の過去における体験であり，それがいかなるものであったかは，私たちには未知であるし，供述者本人にとっても必ずしも明確ではない。私たちに既知として与えられているのは，供述結果として調書などに記録化された「供述」と，実験心理学的な手法で確認された知覚時要因や記憶保持時要因，供述時要因の一部のみである。ここから未知数たる「原体験」を抽出することがいかに困難であるかは，先の定式(2)に既知－未知の分布をあてはめてみれば容易に想像できるであろう。実際の供述過程において供述者・尋問者の両要因がどう働いたかをテープ録音などの手続きで可視化できていれば（つまりその部分を既知数で埋めることができれば），未知の部分がそれだけ小さくなって，「原体験」をあぶり出すことも比較的容易になるはずだが，現実にはここの部分が既知数として埋められることは，ほとんど期待できないのがわが国の実情なのである。

将来，供述過程の可視化が実現した折には，そのテキスト分析によって「供述の起源」を明らかにする方法の開発が期待できるはずだが，それはいまのところ私たちには夢物語でしかない。いま私たちに求められているのは，わが国の刑事捜査の実情に合わせたかたちでの現実的な供述分析である。この制約下で供述分析を行うにあたって，まず指摘しておきたいことが1つある。

第13章　目撃証言の真偽判断とその方法

　それは，＜供述が客観的証拠と合致する＞ということと＜供述の起源が原体験の記憶にある＞ということが同じではないということである。この点がしばしば誤解されて，供述が他の客観的な証拠と合致すればするほど，その供述は供述者の原体験に忠実で，したがって信用性が高いと思われやすい。これは一見もっともらしい考え方ではある。しかしここには明らかな錯覚がある。「供述の起源」という発想を理解するうえで，この点は非常に重要な論点となる。一般に供述の信用性が問題になるとき，その供述がその他の客観的証拠とどこまで一致するかという視点で考えやすいのだが，そうした視点は本来供述の起源分析とは無縁のものなのである。

　一例をあげよう。先にも例に取り上げた自民党本部放火事件では，放火に用いられた装置の部品がどこからだれによって購入されたかが問題となった。この部品捜査のなかで2店の電機部品卸売店が浮かびあがり，問題の部品購入ではないかと思われる取引の物品受領書を捜査陣が入手した。そこには担当店員の署名もあって，それによって2人の女子店員が警察官の事情聴取を受けた。彼女たちは，購入客についての目撃供述を求められ，また写真帳からの面割を求められることになったが，そのときには問題の購入日時からすでに3か月ないし4か月近くの日時を経過していた。

　さて調書に録取された供述によれば，2人の女子店員たちはともに，それぞれの部品の購入場面を想起して，何月何日，男がやって来て，特定の商品をある個数，いくらで買っていったかを答えたことになっている。その供述はいずれも物品受領書に記録された事実と一致していた。では，この客観的事実の一致が店員たちの原体験記憶によるものと言えるだろうか。当然，そうは言えないことは，少し考えればわかる。そもそも問題の購入場面は3か月ないし4か月近く前のことであり，それ自体は日常的な業務の1コマであり，さして特異な様相の含まれないものであった。その証拠に2人の供述者ともこの購入に不審を感じたとの記憶はなく，警察の事情聴取があるまで同僚とこれを話題にすることも，自分のなかで思い出すこともなかった。とすれば，供述時点ですでに4か月近くたった過去のその購入場面をどこまで原記憶から正しく引き出すことができるであろうか。問題の日時，購入部品名，個数，領収額などを自発的に想起することはまず不可能というべきであろう。しかし彼女たちはこれを正確に供述したのである。

　この正確な供述が，供述者の原体験の記憶によったものではなく，むしろ捜査官の入手した物品受領書記載の記録によったものであることは明らかであろう。事情聴取に際して尋問者たる捜査官がこの記録をすでに入手しており，それを念頭において尋問したことは明らかである。とすれば，客観的事実に合致する供述はその客観的事実

を知った尋問者側の要因に由来するものと言う以外にない。このあたりの事情はテープ録音をしておけば歴然たるところであろうが，残念ながら私たちはここで一定の推測によらざるをえない。ただ，何ら不審も興味ももったことのなかった日常的な販売場面の出来事を，4か月もたってこまごまと正確におぼえていることはありえないとの一般心理学的事実からして，この供述の起源は本人の記憶にではなく，書類上の記録（あるいはそれを参照した尋問者の尋問）にあったと断定しても，まず間違いはないであろう。

ついでながら，こうした事情聴取に際しての尋問者の態度について，1点指摘しておきたい。捜査にたずさわる尋問者の役割は，供述者の原体験記憶をその記憶のままに引き出すことにある。そうすることによってはじめて原記憶にもっとも忠実な供述を得ることができるはずである。そのためにも，この事例の場合ならば，入手した物品受領書の記載内容を伏せたうえで，最大限の記憶喚起を求めるべきであった。それでまったく記憶喚起がなされないときには，自発的喚起がなされなかったことを調書上に明記したうえで，記録を参照しての再認を求め，そこで何らかの供述内容が出てきたならば，それがどういう質問によって出てきたものであるかを明示したかたちで録取するのでなければならない。

残念ながらわが国の刑事捜査においては，すでに把握ずみの客観的証拠を前提に「正しい」供述を録取しようとの姿勢が極めて顕著である。しかし事実に合致する「正しい」供述を事細かに引き出すということと，供述者のその時点での記憶をできるだけ「ありのままに」忠実に取り出そうとすることは，まったく別のことである。供述内容がたとえ結果的に客観的事実に合致するものであっても，それが供述者の記憶に忠実だということにはならない。いや供述を客観的な事実と整合させようとすればするほど，かえって供述のなかに大きな歪みが入り込むおそれが大きくなるのである。

一般に「供述の信用性」という視点で供述を見ようとしたときには，客観的事実との一致・不一致が最大の眼目にされやすいが，実はこれが一方で危険なものであることを承知しておく必要がある。「供述の起源」を見極めようとする視点が「供述の信用性」の視点を超えるものであることが，この一事からも明らかであろう。

上述したように，供述のなかから供述者の原体験記憶に起源をもつ部分とそうでない部分を判別するのが供述分析の課題である。とはいえ，ケースによって供述のなかで原体験記憶の占める度合いの大きいもの，逆に小さいもの，さまざまである。そこ

で，とくに供述のなかに非体験記憶の混入する危険性の側に焦点をあてつつ，そのバラエティをいくつか確認しておくことが，分析作業をすすめるうえで必要である。

(3) 供述において原体験記憶の占める役割：3つのケース

① 原体験が存在しないケース，あるいは存在するかどうか不明なケース

まず第1に考えておかねばならないのは，供述のもとになる原体験がそもそも存在しないケースがありうるということである。Trankellは『証言のなかの真実』のなかで彼自身の息子の体験した次のような例があることをあげている[13]。

> 私の十九歳の息子は，この世について深い思いにふけりながら，ストックホルムの真中を歩き回ることがよくあった。先日は，地下鉄の駅の改札口を，切符を見せないで通り過ぎてしまった。改札係は息子を無賃乗車だと即断し，改札ボックスから飛び出し，大声で咎めながら息子をつかまえた。たちまち廻りに野次馬がむらがった。息子がまだ誤解を解き終わらないうちに，1人の中年男が地上から階段を駆け降りて来た。まだ離れているところから，この男は叫んだ。「何が起こったんだ，俺は証人になれるよ，何が起こったんだ，俺は証人になれるよ」

この例は，目撃供述にまで及んだケースではないが，場合によってはすすんで目撃者になることを求めるために，自らの体験を超えてまで供述することがあることを示すものである。自らの体験 - 非体験を厳格にチェックすることなく，安易に供述をなしてしまう人がいるのである。この例のようにあまりに歴然としたケースでは，その根拠なき供述の申し出に捜査官が乗っかることはないかもしれないが，事態がもう少し曖昧になるとその判別は簡単ではない。重大事件が起こって，目撃者はいなかったかという目で後から捜査陣が動き出すとき，そこでは当該事件に正しく関連しているかどうかはっきりしない曖昧な目撃情報がもたらされることが少なくない。しかもその曖昧情報に乗っかって捜査がすすみ，それが捜査側の事件仮説のなかにしっかり組み込まれてしまえば，もはや取り返しのつかない状況になってしまうこともある。

1974年に兵庫県西宮市にある知的障害児収容施設甲山学園で2人の園生（当時12歳）が相次いで行方不明になり，のちに園内浄化槽から溺死体で見つかるという事件があった。子どもたちどうしの遊びのなかで生じた事故である可能性もあったが，警察は殺人事件として捜査を始めた。そのなかで事件当時学園にいた職員に焦点があてられていくのだが，そうした捜査が進められていく過程で1人の女子園生から「Y先生がS君を連れていくのを見た」との供述が引き出された。この供述自体は極めて曖昧なもので，それがいつの日のことなのか，問題の日の事件につらなる脈絡で語られ

ているのかどうかさえ判然としなかった。いやむしろ，事件と関わらないごく日常的な学園の様子を語ったにすぎない可能性が大きかった。実際，この最初の供述では連れ出したのが「夕方」になっていて，後の想定犯行時間帯である「夜8時前後」というのと大きくずれるし，連れ出した場面も「4人でトランプをしているとき」となっていて，これまた年少児の就寝時刻に事が起こったとの想定と大きくずれていた。そしてその後，目撃したという当の女子園生は，捜査側の事件仮説に沿うようにして，それを見たのは「フトンに入って目をつむっていたとき」だったと供述を変遷させていく。

学園において保母・指導員が子どもたちを呼んで連れていくというのは日常しばしばあることであるから，この女子園生の最初の供述を事件に関連づける根拠はまったく希薄であった。にもかかわらず捜査の進行とともにY保母への疑いを深めた捜査官は，女子園生への事情聴取を執拗に繰り返し，最終的に「事件の日，自室で寝ているときにY先生がやって来て，部屋にいたS君を連れ出した」との目撃供述を録取したのである。

この事件では，上記目撃供述に基づいてY保母が逮捕されるが，証拠不十分で釈放，その後不起訴となった。ところが3年後再捜査に乗り出した検察・警察は，事件当時の園生たちから再び事情聴取して，さらに3人の園生から「Y保母による連れ出し」の目撃供述が引き出されることになる。この3人の園生たちも事件直後繰り返し事情聴取を受けていたが，その時には連れ出しの目撃供述はまったくなかった。それが3年ものちになって出てきたのである。これらの目撃が現実体験に根ざしたものとはおよそ言えず，非体験のうえに塗り込められた架空のものでしかないことは，後の裁判においてこの園生たちの供述の変遷分析から明確に証明されることになる。これは，曖昧で不明の非体験のうえに目撃供述が引き出された典型例である[14]。

ついでながら，まったく非体験の事実であることが明らかなのに，それについてあたかも自分の体験であるかの如くに語る供述として，被疑者・被告人の虚偽自白の例があることを付言しておく。これは本書で直接扱うものではないが，捜査側の圧倒的な事件仮説の前に，自らの体験記憶をあえて抑え込んで，自ら犯人として犯行筋書を語る。この言わば「悲しい嘘」の事実もまた，上記の目撃供述と基本的に同じ取り調べの構図の上に生まれるものである[15]'。

② **原体験があったこと自体は明らかだが，その体験の記憶のほとんどがすでに曖昧化してしまっているケース**

人間は日々体験したことを記憶にとどめると同時に，その記憶の多くをすみやかに

忘却していく。その時その時には非常に明晰な意識でもって体験した事実も，時がたつにつれて忘れ去られ，やがて体験事実の骨組みしか残らない。いや日常繰り返している体験になれば，一つひとつの体験はその個々のエピソード性を失って，生の体験ならぬ体験の知識（先の用語で言えば意味記憶）のなかに埋もれていく。ところがそうした体験のなかで，体験時にはささいな日常体験でしかなかったものが，のちになって重大な意味を帯びてくることがある。しかし，時すでに遅く，忘却の彼方の記憶を取り出すことは容易でない。そればかりかほとんど不可能であることも多い。

　問題の事態を体験したこと自体は，何らかの記録にとどめられ疑えない。しかし，その時の体験が生々しくよみがえるということがない。そのなかで捜査の必要上なんとかそのときの記憶を再生させてほしいと願う尋問者に出会う。そのとき人はどのように対応するだろうか。もとより自己に忠実たらんとすれば「忘れた」と言うのみで，無理をしてまで忘却の淵に沈んだ記憶をたぐりよせようとはしないはずである。ところが重大事件で，ほとんどそこにしか手がかりがないとき，尋問者の方では「あなたがそこに立ち会ったことは間違いありません。なんとか思い出してもらえませんか」と懇願する。そこで無下に「いや忘れました」と突っぱねられる人は多くない。自分がそこに立ち会っていたことを何らかの記録で示されれば，自分でも自分が体験したことには間違いないのだからと思って，思い出そうとする。この記憶喚起の努力がしばしば危険な結果をもたらしかねないことは容易に想像のつくところである。

　先に例示した自民党本部放火事件での女子店員の目撃供述はそのひとつの典型であろう。自分が問題の部品の販売に立ち会ったことを記録の上で確認したのち，当の記録の上にある他の情報（販売日時，販売品の種類，個数，値段など）を自らの生の記憶であるかのように供述し（というより調書上そのように記載され），その記録からはうかがえない周辺事情についても記憶喚起を求められる。それでほんとうに記憶がよみがえってくれば問題はないのだが，そうはうまくいかないことが多い。そのとき日常的な販売場面からの類推で答えたり，捜査官の想定を先取りして，よほどおかしいものでない限りそれに沿った供述を行ったりもすることになる。例えば購入客の署名の欄に楷書の小さなサインがあれば，そこから推測して「ゆっくりていねいに書きました」といった供述をしてしまう。そのことを生々しく想起することがなくとも，想定だけで供述することがありうる。こうして原体験記憶に起源をもたない供述が混入する危険性が出てくるのである。

③　原体験自体は生々しく記憶に刻まれているのだが，その体験の供述に際して種々の歪曲情報が混入してくるケース

体験したのが極めて非日常的な特異事態であるとき，例えば暴行や殺人などの現場を目撃したようなときには，その体験の記憶自体は容易に失せるものではない。一般に目撃供述というと，こういうケースを思い描く人が多いだろう。こうしたケースでの目撃供述のなかには，当然ながら，前二者のケースに比べて圧倒的に多くの生の体験記憶が含まれている。しかしこの場合でも供述がすべて体験記憶に起源をもつとは限らない。原体験の知覚や記憶保持の局面での問題はともかくとして，ここでは供述局面での問題を取り上げる。また供述局面でも Loftus の言うような事後情報(16)の影響といった，どちらかというと微妙な問題でなく，もっと粗大なレベルで，尋問者からの影響力が露骨に及んでいる例があることについて述べておきたい。

例えばある人が白昼路上で殺人の現場に立ち会ったとする。当然ながらその人はその出来事に目を引き寄せられざるをえないし，その目撃事態はそののち忘れようと思っても忘れられない体験となるはずである。しかしたとえその殺人事態を最初から最後まで目撃したとしても，そののち捜査官から供述を求められたとき，そのすべてを正確に語れるわけではない。

人間が物事を体験するとき，そこにはつねにその体験のテーマとなる中心部分とそこからはみ出す周辺部分に分節が生じる。心理学でいう図地分節であるが，平たく言えば特定の体験において人がどこに注意を向けるか次第で体験の質が変わってくるということである。その結果，同じ１つの体験のなかで注意が向けられてしっかり記憶に刻まれるところと，あまり注意が向けられなかったために曖昧なところ，あるいはまったく不明なところもでてくる。捜査官による尋問に際して，しっかり記憶の刻まれたところだけに焦点があてられ，それ以外の部分にあえて尋問を向けないのならば問題は少ないが，実際にはそうはいかない。つまり供述者の体験時の関心の焦点（図）と，尋問者の尋問における関心の焦点（図）とが必ずしも合致しないのである。

人を鉄棒で殴り殺すというような陰惨な殺人現場に立ち会った人は，加害者の容赦のない残忍な暴力行為に驚き，その時の不気味な物音に身を震わし，血をドクドクと流して倒れている被害者の姿を見て目をそむけたくなる思いにおそわれる。たいていの人はこの殺人という出来事そのものに目を奪われてしまう。しかし事件の捜査にあたっている尋問者にとって問題なのは，その犯行そのものではない。この場合，殺人という犯行が起こったことはほとんど証明の必要のない事実であり（もちろん殺人が故意か過失か，あるいは一方的加害か自己防衛的なものかといったことが争点になるケースでは犯行態様が問題になるが），必要なのは犯人がだれかということである。ここのところで目撃者の目撃時の関心と尋問者の尋問時の関心がずれてくる。目撃し

たその時から犯人割り出しに協力しようと思って，言わば捜査官の目で犯行を目撃する人はむしろ稀有と言うべきである。それゆえ目撃者の関心の中心とはならなかったことが，供述時には問題になってくることがしばしば出てくるのである。

　そこのところで尋問者には慎重な配慮が必要となる。できる限り供述者から生の体験をそのありのまま取り出すべく，尋問者には最大限謙虚であることが要請される。ところが犯人割り出しを使命と思っている捜査官はしばしば強引な想定に走ることがある。とくに複数の目撃者がいたときには，その複数の情報源から1つの犯人像を導き出さねばならないため，一定の想定で動き出したときには，それを既定のものとして強引な引き寄せが行われることがある。そうなったとき目撃者の供述のなかに当の目撃体験によらない別起源の供述が混入することになる。

　目撃供述についてはとりわけ初回供述が重要である。何より目撃時点から最も近接していて記憶が生々しく，また捜査側の入手情報も比較的少なく，情報の強引な引き込みが少ないからである。ところが裁判の実務においては事件から数か月，数年たって整理されたかたちで出てくる公判証言がもっとも尊重され，次いで通常第2次段階でとられる検面調書が重視され，初回に聴取された員面調書は最も重みが小さい。裁判の公開性，当事者主義，口頭主義の精神からしてこうなることの理由はわかるが，実際問題として供述が繰り返されるほど，その結果として体験に起源をもたない情報が入り込む危険性が増すという事実を看過することはできない。

　先にも述べたように初回目撃供述はせめて細大もらさずテープ録音に納めておくような手立てが望まれるところであろう。現実に目撃供述が誤ったために生じた冤罪のかなりが，初期情報のとりそこない，反復供述聴取による歪曲情報の混入によると思われる。

　以上に区分した3つのケースは，言わば理念的な分類であって，現実にはそれぞれが種々のかたちで混淆しているものと考えねばならない。しかしいずれにしてもこの供述局面における尋問者の影響は非常に大きく，尋問の結果として録取された供述について，「供述の起源」という視点からの分析が必須のものであることは，少なくとも現状のわが国の刑事捜査が続く限り不可避の事態と言わねばならない。

第4節　供述分析の具体的な手順と方法

　さて，わが国の捜査手続きの現状を踏まえたうえで，そこに多大な制約があることを十分承知しつつ，とにもかくにも具体的に可能な供述分析の手法を組み立て，それ

を実際に活用することが私たちには求められている。実際，現状の捜査手続きのもとでは，目撃供述の誤りがしばしば重大な誤起訴，誤判をもたらすことを避けられない。そこで最後にこの供述分析の具体的な手順・方法について，筆者なりに考えているところを紹介しておくことにする。

もとよりひとことで供述分析と言っても，問題となる事件の特性によって具体的なやり方は異なってくる。ただその進め方の背後に一定の手順はある。以下，それを簡単にまとめておこう。

1．時系列上の整理

訴訟記録は一般に裁判において取り上げられた順序に編綴されている。したがって，そこに綴じられた証拠書類はその証拠が採取，聴取された順序には並んでいない。前から順番に読み進めば裁判において順次何が問題となり，何が主張され，何が証拠として提出されたかがわかる仕組みになっているが，事件発生から捜査過程において順次何が起こり，どういう証拠・情報が収集されていったかは，そのままではわからない。記録を読むとき，人はもちろんそれぞれの記録の日付を確認はするだろうが，それを頭のなかで整理しなおして，正確に時系列順に理解するという芸当は人間には不可能である。人間の頭というのはもろもろの事象を時間軸上に自動的に整理するというぐあいにはできていないのである。そこで時系列のうえに諸事象を整理しなおすというのが，供述分析のための第1ステップとなる。

供述分析においては，だれがどういうことを言ったか，その供述がどこまでその本人の原体験の記憶に起源をもつのかが直接の問題となるが，そのことを正しく分析するためには，その供述をいつ行ったかが重要な問題となる。前節に見たように，供述は供述者要因と尋問者要因との相互作用の所産であり，両要因とも捜査の流れによって変化するからである。とりわけ供述聴取時点で尋問者（捜査官）がどのような証拠を把握していたか，またそこからどのような事件仮説を描きえていたかを把握することが，供述の起源を探るためには必須の前提である。したがって供述分析を行うためには問題となる供述内容のみを見てすむというわけにはいかない。

（1）全捜査・訴訟資料の整理

まず最初に，事件に関わる全捜査・訴訟資料を一通り整理しておく。これを1つのイメージとして図式化すれば図1-13-7のようになる。鑑定に入った時点では，すでに訴訟記録に綴じられた膨大な資料がある。そこには種々の物的証拠や被疑者・被告人の供述と並んで，問題の目撃供述が含まれている。それぞれの証拠が採取されてき

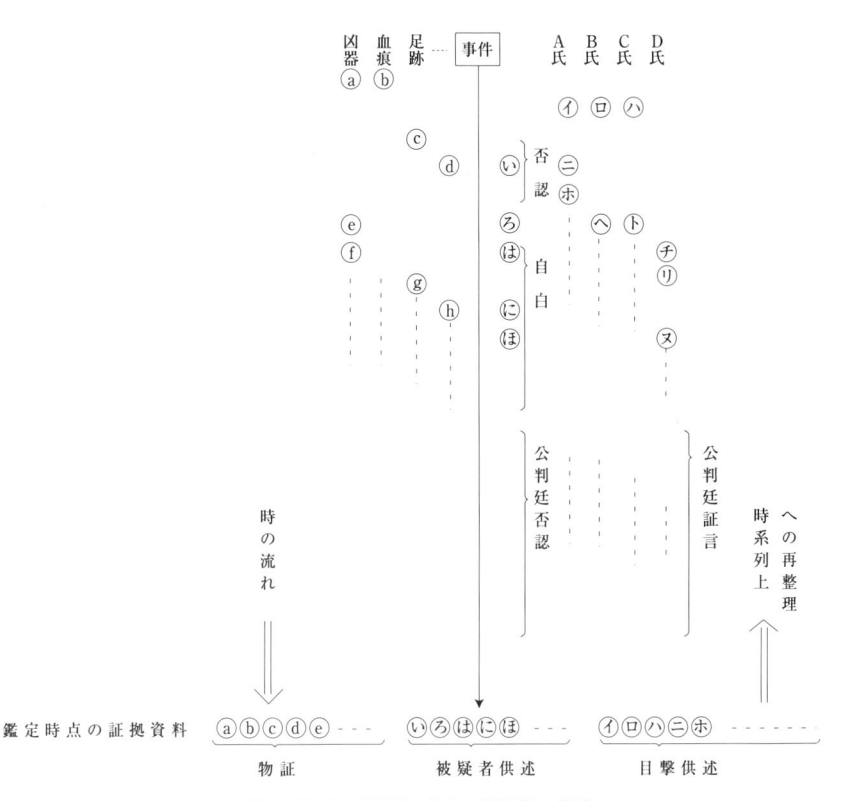

第13章　目撃証言の真偽判断とその方法

```
凶 血 足  ┌──┐    A B C D
器 痕 跡  │事件│    氏 氏 氏 氏
ⓐ ⓑ     └──┘    イ ロ ハ
            │      
         ⓒ         い 否  ニ
            ⓓ        認 ホ
         ⓔ         ろ  は  ヘ ト
            ⓕ              チ リ
            ⓖ    自
              ⓗ に  白
                  ほ        ヌ

              公判廷否認        公判廷証言      時系列上への再整理

         時の流れ
            ⇓                                      ⇑
鑑定時点の証拠資料  ⓐⓑⓒⓓⓔ…   いろはにほ…   イロハニホ…
                  物証         被疑者供述      目撃供述
```

●図1-13-7　時系列のなかの諸証拠の堆積

た過程は，もちろん時間の流れのなかにあるのだが，鑑定に入った私たちの前には，ただ平面的にそれらの諸証拠が広がっているだけである。

前述のTrankellによるラーシュ事件などのように，捜査段階に直接供述者本人と出会って鑑定できるのとは違って，わが国で私たち心理学者が供述分析の作業に関与するのは，多くの場合すでに公判段階に入ってからである。それどころか第一審，第二審が終わり，あるいは第三審の最高裁まで終わっていて，あとは再審に望みをかける以外にないというケースも多いのである。それゆえ時系列とは無関係に綴じられ，ただ平面的に広がっている証拠記録を，ともかく時系列上に整理しなおしていく作業がまず必要となる。つまり，図1-13-7に見るように諸証拠が堆積して，時系列に関係なく平面化してしまったものを，再び日付順に時系列上に立ち上がらせていくということになる。

具体的には表1-13-3のようなかたちで，各証拠を種類ごとに分けて配列して，時

317

●表1-13-3　全資料の時系列再構成表

日付	物証				供述証拠		その他
	凶器	血痕	…	…	本人供述	目撃供述	新聞情報など
○○年 ○月○日 ︙ ︙ ︙							

系列順に並べて，その概要を書き込む。新聞情報なども日付ごとに整理しておくと参考になることがある。実際にはこれだけでも相当に大きい表になる。それゆえこの表のなかにあまり多くの情報は書き込めない。したがってこの表は証拠の時系列一覧というくらいの位置づけのものとして，インデックスがわりに使うというのが適切かもしれない。

　あるいは全資料をコピーするゆとりがあれば，1件記録の編綴をいったんはずして，すべてを日付順に並べかえて編綴するというのも1つの手である。そうしておいて前から順に読んで行けば，捜査の流れを追体験できる。もちろんその際，すでに知ってしまっている事件知識をいったん白紙にもどして読むように努力することが必要である。例えば袴田事件について，事件発生の1966年6月30日から自白のはじまった同年9月6日までの資料を読み進んだとすれば，その9月6日時点で組み立てた事件仮説が一定程度見えてくる。そのとき，もちろん9月7日以降に入手されてくることになる諸証拠，諸供述は白紙にしておかねばならない。人は背後に過去を背負い，まだ不明の未来に向かって，現在を生きている。そのような意味で9月6日の時点に身をおいて，その視点から諸情報を見るということが，供述分析においては必要となる。それによってはじめて供述の起源をどこにどう求めればよいかが明らかになってくるからである。

（2）各供述者ごとの供述の整理

　全体のインデックスとして時系列上の証拠情報一覧を作成したうえで，次に問題の供述の整理に入る。ここでも時系列上の整理が作業理念となる。

　表1-13-4に示したように1人の供述者（例えばA氏）について，供述のなされた日付ごとに供述内容を転記していく。その際供述において問題となる諸要素を横軸にとって，各供述要素ごとに整理する。例えば数人の男が1人の被害者を追いかけてつかまえ，殴り倒して，そののち逃走したというのであれば，追走場面についての供

● 表1-13-4　供述者A氏の供述の時系列再構成表

日　付	目撃した犯行状況				目撃した人物の特性			
	ⓐ場面	ⓑ場面	ⓒ場面	…	年齢	身長	顔の特性	……
○○年 ○月○日 ○月○日 ○月○日								

述，殴打場面についての供述，逃走場面の供述というふうに場面を分けて転記し，縦軸に沿って上から下へと見ていけば各供述要素が供述機会ごとに変化したかしなかったか，変化したとすればどう変化したかを明らかにできる。また未知の人物を目撃してその人物を特定することが問題になる場合には，その人物の年齢や身長，服装，顔の特徴が問題となるが，これらの供述要素についても同様に整理することで，その供述変遷を追跡することができる。

　ごく単純な整理法であるが，時系列を頭のなかだけで整理することの苦手な人間にとって，時の流れに沿って変遷していく供述をこのように空間化しておくことが必須である。のちに見るように供述に変遷があったからといって，ただちに供述が信用できないとか，あるいは尋問者からの誘導があったとか即断できるわけではないが，ともあれどんな些細なものであれ，変遷を変遷として事実確認しておくことが，のちの分析のための前提作業となる。

（3）供述者相互の供述照合

　複数の供述者がいる場合，その供述が相互にどう関連しているのかも重要な論点になる。供述聴取の本来の理念から言えば，各供述者からの供述聴取は相互に独立していなければならない。つまりそれぞれに別々の尋問者がついて聴取を行い，しかもそこから得られた供述情報を交換しないことが望ましい。純粋な目撃実験でならそうした独立性が保証できるように最大限の努力が払われるはずである。しかし事件捜査においては犯人検挙が目標になるために，逆に捜査官どうしができるかぎり情報交換を行うことで早期に犯人特定を果たそうとする。これはある意味でやむをえないことかもしれない。しかしこの情報交換の結果，一定の仮説ができあがってしまうと，そこへ供述を斉一化しようとする誘導が意識的，あるいは無意識的に働く可能性が出てくる。それゆえ各供述者の各時点の供述情報を，これまた時系列に沿って照合することが必要になるのである。

　この供述照合にはいろいろなやり方があるが，どういうケースであれ供述者A氏，

●表1-13-5　目撃した犯人の年齢についての供述

日　付	40歳	30歳	20歳
○○年○月○日			A氏
○月○日	B氏　C氏	D氏	
		D氏	A氏
○月○日	B氏	C氏	A氏
○月○日	B氏	C氏　D氏	A氏

　B氏，C氏……の各供述要素の比較を，時系列に沿って行うという点では共通である。例えば目撃した犯人の年齢や身長のように数値で表記できる特性について供述を問題にするのであれば，表1-13-5のように時系列に沿ったグラフを作成するという方法がある（これは架空の一例である）。人物特性などは目撃時点に近い時点での供述が最も新鮮で，それだけ体験記憶に忠実であるはずである。したがって，とくに理由がないかぎりは，表中B氏，D氏のように供述が一定しているのが自然である。ところがこうした人物特性についての供述もしばしば変遷する。それが単なる忘却などの要因によるのか，それとも尋問者からの働きかけによるのかは，供述分析上重大な問題となる。表1-13-5のA氏やC氏の場合，D氏の供述に引き寄せられていることがうかがわれる。こうした場合，そこに何らかの相互作用があったことが疑われることになる。

　このように各供述要素ごとに複数の供述者の供述変遷を照合することで，供述分析上重要な問題点がいくつも浮き彫りにされてくることがある。またこの各要素ごとの供述照合を積み上げることで，供述の全体についてその起源の問題を論じることが可能になる。そうなればそれは供述鑑定の最も重要な内実となるはずである。

2．変遷分析

　さて複数の証拠・供述情報を時系列上に整理するという作業を行ったのち，その分析に入るのだが，ここでこの分析作業のマニュアルを逐一紹介するだけのゆとりはな

い。また何でも使える画一的なマニュアルがあるわけではなく，むしろ事件特性，供述特性に合わせた創意工夫こそが必要だと言った方がよい。ただ，唯一言えることがあるとすれば，徹底して時間軸の流れを意識しておくこと，そして結論を先取りして恣意的な解釈に陥らないようにすることぐらいである。

そこでここでは，私自身がこれまで行ってきた鑑定事例からいくつか特徴的なものを例示することで，具体的な分析法のイメージを提示するにとどめる。

1970年代には，新左翼の各政治党派の間でいわゆる内ゲバ事件が頻繁に起こった。富山事件と呼ばれた事件もその1つである。1974年10月3日，東京都内で白昼，Ａ党派幹部がＢ党派の4人に襲われ，鉄パイプで殴り殺された。街の真中で白昼起こった事件であったため目撃者も40人を超えた。その後，Ｂ党派の幹部Ｘ氏がこの内ゲバ犯行を直接現場で指揮した犯人として逮捕され，法廷に6人の目撃者が出てきた。この6人は捜査段階でこの人物が犯人であるとの供述を行っていた（ただし，法廷ではうち1人が断定を控え，また1人は否定した）。この6人に加えて，もう1人の目撃者の供述調書が開示された（この目撃者は裁判の段階に入って以降失明したために出廷要請を受けなかった）。この7人の目撃時の位置を図1-13-8に示した。

7人について，捜査段階の事情聴取の時点を時系列上にプロットしたのが表1-13-6である。7人はいずれも2～4回という複数回の事情聴取を受けており，各人の事情聴取は同時期に並行して行われている。なかには同一の捜査官から供述をとられている人も複数あることがわかる。

事件ではもちろん犯人の特定，検挙が問題となる。4人の犯人の全員を特定できればよいのだが，それは困難だと見たのか，捜査の初期段階からすでに中心人物と見られる指揮者に目が向けられた。ところが目撃者の方では殴打実行犯人と指揮者を明瞭に区別していない人もいて，その点が極めて曖昧であった。結果的に言うと事件の2日後10月5日からＢ党派活動家の写真を100枚余り貼付した写真帳を目撃者たちに見せはじめ，最終的にＸ氏を指揮者として特定し，翌年1月13日に逮捕したのである。

ところが7人の供述全体を時系列上に並べて照合してみると，実に奇妙な変遷をたどっていることが明らかになってくる。問題はこの供述変遷をどう理解するかである。供述変遷表のうちまず1つをここに提示してみる。図1-13-9は目撃者たちが最終的にＸ氏として特定することになる人物を，犯行のどの場面で目撃したかを図示したものである。

7人の初期供述（表1-13-6の第1期の供述，ただしT₂証人はやや遅れて表中第2期が最初の供述となる）によれば，Ｙ証人（女性）は地図（図1-13-8）のⓨの位

第1編 心理学からのアプローチ

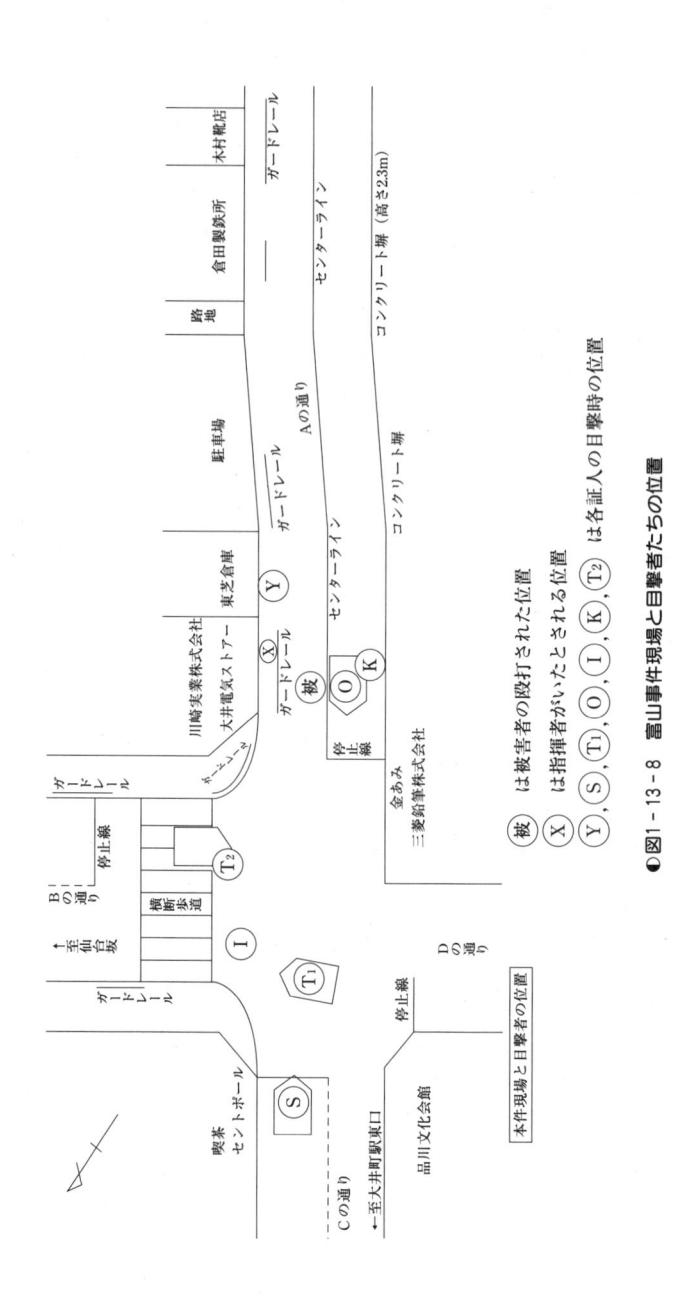

● 図1-13-8 富山事件現場と目撃者たちの位置

第13章　目撃証言の真偽判断とその方法

●表1-13-6　富山事件における目撃供述の経過

※●は写真面割ないし面通しによって、請求人を犯人と同定したことを示す
※下記の名前は事情聴取を行った捜査官

第1編 心理学からのアプローチ

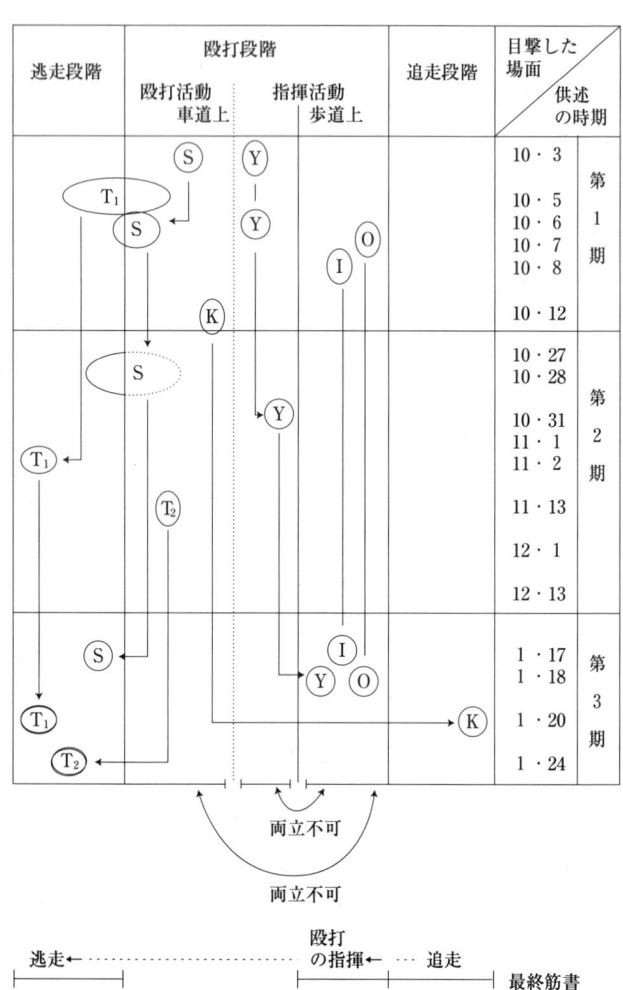

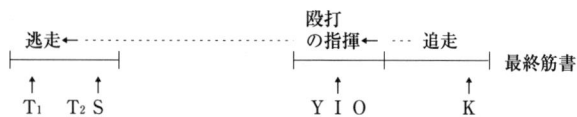

逃走段階	殴打段階		追走段階	目撃した場面 / 供述の時期	
	殴打活動 車道上	指揮活動 歩道上			
	S, T₁, S	Y, Y	I, O	10・3 10・5 10・6 10・7 10・8 10・12	第1期
T₁	S, K	Y, T₂		10・27 10・28 10・31 11・1 11・2 11・13 12・1 12・13	第2期
T₁, T₂	S	Y, I, O	K	1・17 1・18 1・20 1・24	第3期

両立不可

両立不可

逃走 ← ……… 殴打の指揮 ← ……… 追走 ……… 最終筋書
 ↑   ↑ ↑   ↑   ↑
 T₁ T₂ S   Y I O   K

● 図1-13-9 目撃者7人の犯行場面供述の変遷

置にいて,「車道上センターライン近くで被害者(⑱の位置)を殴っている実行犯2人,そのすぐ近くに(車道上)指揮者風の男を見た」と供述し,2回目の供述時(10月6日)には写真帳を見せられて,その指揮者がX氏の顔写真に似ているとした。S証人は地図の⑤の位置に停めた車のなかから,「被害者を倒し(⑱の位置),馬乗りになって殴りつけている男の顔を見」,2回目の供述時(10月6日)には「その男が犯行現場から逃げ出すところも見た」と述べて,その男がX氏の写真に似ているとして写真選別した。T_1証人は事件の2日後の事情聴取(10月5日)で,交差点をわたりかけた車中(⑪の位置)から,「被害者を殴打している犯人たちを見たのち,その1人が逃げたのを車で追いかけ,路地に逃げ込むところを見た」として,その人物に似ているとしてX氏の写真を選んだ(このT_1氏の写真選別が7人のうちの最初であった)。その後,タクシー運転手O証人はタクシーの停車した⑩の位置から,また通りすがりの会社員I証人は横断歩道を渡っていた①の位置から,「ガードレールの内側の歩道上⑳地点に指揮者らしい人物を見た」として,X氏を写真で選別した。さらに,通りがかりの会社員K証人(女性)は,⑯の位置から「車道上で被害者を殴っている犯人の1人の顔を目撃し」,その人物の写真としてX氏の写真を選んだ。さらにかなり遅れて証人であることが判明したT_2証人も,「車道上で被害者を殴打している犯人の1人として」X氏の写真を選別した。全員がX氏の写真を選んではいるのだが,そのX氏の役割と位置はバラバラであった。つまり,

　　歩道上で指揮していたところを目撃　　　O証人,I証人
　　車道上で指揮していたところを目撃　　　Y証人
　　車道上で殴打していたところを目撃　　　S証人,T_1証人,K証人,T_2証人

　こうして見ると7人の目撃していたのが,4人の犯人グループのなかの同一人物かどうか,はなはだ疑問である。それゆえ7人が同一人物の写真を選んだこと自体が問題となるはずだが,後の供述はむしろX氏が指揮者であることを前提にして,これを固定したまま,供述内容の方を変遷させていくことになる。図1-13-9はこの供述変遷をはっきり示している。最初の供述をほぼ維持したのはO証人とI証人のみで,あと5人はいずれも目撃したという指揮者の位置,あるいは目撃場面そのものを大きく変化させている。Y証人は車道上に見たという指揮者らしき人物を供述上,歩道に移動させ,K証人は殴打場面ではなくそれ以前の追走場面で,S証人,T_1証人,T_2証人は殴打場面ではなくその後の逃走場面で見たのだというふうに大幅に供述を変遷させることになる。これによって同じX氏をそれぞれ別の場面で見たのだというふうにして,初期供述の矛盾を解消させることになった。

しかしこの大幅な供述変遷はあまりにご都合主義と言わざるをえない。当初，捜査側がまだ十分な見込みを立てる以前には供述がバラバラで矛盾を露呈していたのに，その後Ｘ氏を「車道上の指揮者」と想定してからは，その仮説に合致する方向に5人の供述を少しずつずらしていったのである。こうした供述変遷をみて，最終的に7人の供述に矛盾はなく，また7人もの人間が同一のＸ氏を写真選別したのだから信用できるというふうに判定できるであろうか。7人の供述変遷の流れを全体として見たとき，そこには捜査側の仮説確定に伴う，その仮説への強力な引き寄せを見ないわけにはいかないはずである。

この事件は第一審で目撃供述を信用することができないとして無罪判決を得たが，第二審は逆転有罪判決，最高裁でも上告棄却で確定してしまった。第二審は証人として登場した6人の証人（T_1証人を除く）の供述を個々バラバラに見たのみで全体の流れを見ず，もっぱら6人が同じ人物の写真を選んだことを重視して，信用できるとしてしまったのである。しかし上に指摘したような7人の供述の全体の変遷過程を見たとき，果たして第二審のような判決を維持できるかどうか，はなはだ疑問だと言わざるをえない。この変遷の流れのなかには捜査・尋問者の誘導（意識的・無意識的であるにかかわらず）の痕があまりに歴然と浮かび上がっているからである。

このことを補完する意味でもう1つだけ変遷分析の結果を図示してみよう。図1-13-10は目撃して顔を覚えているとした犯人の年齢を，7人がどのように供述しているかを示したものである。図の横軸は供述の年齢，縦軸は先の図1-13-9と同じく事情聴取の時系列である。7人の年齢供述が最初は20～35歳までの幅があったのに最後には24～27歳までの幅に収束していることが明らかである。もとより目撃した人物の記憶印象は目撃時点に近いほど新鮮である。またその後，当の相手を見ることがなければ当初の印象を変える理由はないはずである。もちろん記憶が薄れることで，供述がおのずと変遷することもあるかもしれない。しかし，この図のように7人の供述変遷が1点に向かって収束するのをみれば，これを目撃者本人たちの自然な供述変遷だと言うことはできない。実際，写真面割で選ばれたＸ氏の年齢は当時26歳，まさにこの図の収束値と一致する。してみると第1期の写真面割の結果によってＸ氏に絞りがかけられたあと，Ｘ氏は26歳であるという捜査情報が7人の供述をその値に引き寄せたと言う以外にあるまい。ここでも尋問者側の要因が誘導の働きかけをなしたと考えざるをえないのである。

供述を個々に見ていたのでは見えてこないことが，このように時系列の上にプロットしていくことで見えてくる。実際の供述分析においては，この結果のうえでさらに

踏み込んで，その供述変遷の個々の内容に立ち入って分析を加えねばならないのだが，その点は次項にゆずる。ともあれ，こうして変遷過程の全体を見ることによって，尋問者の想定した仮説を浮かびあがらせ，それに向けて矛盾解消，供述の収束が進行したことを明らかにできれば，私たちはそこに供述の起源の1つとして尋問者の誘導がどう働いたかを明確に証明したことになる。

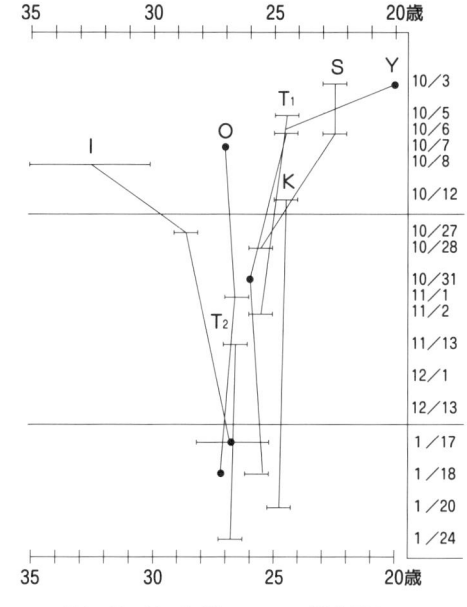

●図1-13-10　年齢についての供述変遷

3．個別供述分析

　前項の変遷分析は複数回の供述があるとき，その全体過程における変遷に注目して，その変遷の流れそのものが供述者の側の自然な記憶変遷によるのか，それともその流れの背後に尋問者の側の誘導の要因（仮説への引き寄せ）が働いていないかを見ようとするものであった。この全体的な変遷過程の分析に加えて，個々の供述要素に着目しての分析を行うことで，問題の供述特性をより具体的に明らかにすることができる。

　この個別供述要素の分析にはいろいろなタイプのものがありうるが，基本的には各供述要素の起源を個別に洗い出す手法ということになる。以下，筆者がこれまで学びえたところを列挙する。

（1）現実の体験に起源をもつと判定しうるもの

　供述者の現実体験によると考えられる供述を取り出して他と区別するという課題は，供述分析の歴史のうえで前述のUndeutschやTrankellらによってその重要性が強調されてきたものである。第2節で紹介したようにUndeutschらは，供述が現実体験に根ざしているための基準を種々あげてきたが，ここでそれらを再論することはしない。もっとも基本的なところだけを抽出して言うとすれば，供述者の想像や再構成の能力

を超えた供述が語られれば，それは現実に起源をもつものと見なしてよいという基準に集約される。被疑者・被告人の自白の信用性の基準として「秘密の暴露」が持ち出されるのと，これはほぼ同じだと言ってよい。つまり被疑者・被告人の想像や再構成の範囲を超え，しかも尋問者の側の誘導可能性の範囲を超えて，ある事実が供述され，その事実が他の証拠によって客観的に確認されたとき，これは真犯人しか知らない「秘密」の「暴露」されたものとして，その真実性の証となる。つまり供述が供述者の想像・再構成，尋問者の誘導という起源では説明できないものとして，その確実な信用性が認められるというわけである。

同じことが目撃者の供述にもあてはまる。ただしこの種の基準が問題になるのは，一般に原体験（目撃者の場合は目撃したという体験そのもの，被疑者・被告人の場合は犯行を行ったという体験そのもの）の存否が不明で，それ自体が争点になっているときである（第3節3の(3)の①タイプ）。Undeutschなどは幼女へのわいせつ事件において問題の被害幼女の被害体験の存否を主たる分析目標にしたために，あのような基準を立てることになったのである。その点，原体験の存否自体に争いのないケースについては（第3節3の(3)の③タイプ），この基準の適用範囲は非常に限られてくる。

またこの基準の適用に関してはかなり慎重な分析を要する。例えば第2節で見たラーシュ事件の場合，男からペニスをなめさせられるというわいせつ行為を強要されたのかどうかが問題となったのだが，ラーシュが当時6歳であったという事実にとらわれてしまえば，その行為そのものを迫真的に語ったことをもって，ラーシュ本人には想像も構成もできなかったはずだと即断されかねない。実際，当初はそうしてラーシュの供述に嘘はないと判断されていた。しかしよく検討してみれば彼のこの供述には尋問者（録取者）の装飾的修辞があり，またラーシュの交友関係の社会心理学的調査からは，その種のわい雑な知識が入り込みうることが明らかにされた。

甲山事件では中度の知的障害の子どもたちの供述が問題となったが，検察側の鑑定人から「ひとまとまりの流れのある供述を，虚構でもって矛盾なく語り出すことは本人たちの能力から無理である」との鑑定がなされ，これに基づいて検察官はその供述の信用性を強く主張した。しかしこれらの鑑定や主張は，知的障害の子どもたちに対してそれぞれ20回にも及ぶ供述聴取を繰り返したという事実を無視して，最終的にたどりついた供述のみを取り上げたものであった。捜査・尋問者側からの長期にわたる誘導可能性（それは意図的なものとは限らない）をチェックすることがなかったのである。

UndeutschやTrankellらの現実基準は供述聴取の全状況，全過程を明らかにしたと

ころではじめて，その意味を発揮するものであることを銘記しておかねばならない。とりわけ供述聴取の過程の可視化が実現していないわが国の現状にあっては，このことについてどれだけ注意しても注意しすぎることはない。

（2）逆行的構成

　供述の真実性の証として，本人の想像可能性も他者の誘導可能性も超えているという基準があげられるのに対して，明らかに供述者の誤った再構成によって生まれたものと言える基準がある。その1つが，事後にはじめて知りえた情報を供述にはめ込むという「逆行的構成」である。

　1つの典型例をあげる（浜田，1986）。甲山事件で1人の男児が，事件から3年後に「Y先生がS君（被害者）を寮の廊下から非常口から連れ出すのを見た」と供述した。そして彼は法廷に立ったとき，「先生が連れて行くところを見て，恐くなって廊下脇の女子トイレに入り，そこから頭だけを出して見た」と証言した。「恐くなって……」というところに注目されたい。事件は連れ出されたS君が寮の裏の浄化槽で見つかり，これが殺人だとされたのであるが，問題はS君が連れ出しを目撃したそのときにはまだ事件は起こっていないということである。とすれば，どうして「恐くなる」のであろうか。自分の知っている先生が，自分の知っているS君を連れて廊下を歩いていくのを見て（このときまだ2人が非常口から出ていくということすらわかっていない），いったいどこが恐いのだろうか。事件が起こってしまった後，殺人事件だったという話になって，その話のうえで事情聴取されたときには，あれは恐いことだったという解釈は可能かもしれない。しかし彼の供述はそうではない。Y先生がS君を連れて歩いていくところをみて「恐くなって」，トイレから隠れて見たということになっているのである。事後の情報が時間を逆行して供述のなかに入り込んでいるのである。さらに言うと，彼は「2人が非常口を出たあと非常口まで行って，ドアを開けようとしたが開かず，そこで廊下の窓から寮の裏をしつこく見，最後には洗面台の上にまで上って見ようとしたが見えなかった」と言う。実を言えば非常口から出たあと問題の寮の裏に出ることも可能だが，それ以外に正面の建物に行くことも，表のグラウンドや砂場の方向に行くこともできる。なのに彼はあたかも寮の裏で事件が起こることを知っているかのように，しつこく裏を見たと供述している。ここにもまた「S君は寮の裏の浄化槽で溺死した」という，事後情報による逆行的構成があることは明らかである。

　こういう不合理な供述が真実のものでないことは明らかである。供述者に知的障害があったためにこんな不合理な供述が出てきたのであって，一般にはこんなことはな

いと思われるかもしれない。しかしこれは知的障害の有無にかかわらない。実際，同じ甲山事件の目撃供述したもう1人の女児について，こういう供述があった。彼女の供述は事件から2週間目のもので，先の男児のような極端な供述遅延はないのだが，内容的にはおかしなところがいくつもあった。その1つは自分の部屋からS君をY先生が呼んで連れ出したとき，自分はフトンのなかで「目をつむっていて，先生を目では見ていない」と供述している点である。目を開けさえすればそこにすぐY先生が見えるところにいながら，しかもそのY先生は非番でその時来るはずのない先生だというのに，ただ声だけ聞いて，不思議にも思わず，目は開けなかったというのである。これは非常に奇妙なことである。ところがこの奇妙な供述をとりあげて，ある職員（健常者）は「彼女は恐くて目が開けられなかったのだ」と解説している。この時はまだ事件発生以前である。夜8時，就寝時間に非番ではあれ先生がやってきて，遊んでいたS君を連れて行くという行為がいったいどうして恐いことなのか。ここにも事後情報が時間を遡って入り込んでしまっていることがわかる。

　人間は時間の流れを組み込んで物事を考えることが苦手らしく，時間の前後を入り混ぜて平板化してしまう傾向がある。この種の逆行的構成が，供述の虚偽性の証となることは注目に値することである。

（3）理由のあとづけ：細かいことを記憶している理由の供述

　上に見たような種類の，言わば純粋な逆行的構成はそれほど頻繁に見られるものではないが，供述時点における都合があたかも目撃時点においても存在していたかのごとくに装うことは少なくない。というのも，なんらかの供述をしたとき，「どうしてそうなったのだ」というふうに尋問者から質問されることがあって，そこで理由の方をあとでくっつけるということが，人にはよくあるからである。もちろんその理由のなかには，目撃時点にもあってしかるべき正当なものもあるのだが，しばしばそこに虚偽が入り込むのも否めない事実である。

　先にも触れた自民党本部放火事件の女子店員の供述を，再度ここで例として取り上げよう。警察は問題となった部品の販売を記録した物品受領書を発見したとして，その受領書に担当者として記名していた女子店員に購入客の人物特性を供述させ，写真帳でこれを特定させようとしたことはすでに述べた。その時すでに販売の日から4か月近くが経過していて，この販売そのものは，別に印象的なところのない日常の販売活動の1コマであったことがうかがわれる。ところが結果的に2人の女子店員は，そのときのことを体験の記憶によったかのごとくに詳細に供述したのである。現実には，供述内容の骨組は物品受領書の記録から明らかだったから，この記録上の事実を記憶

であるかのように供述するだけで，目撃供述の体裁は十分に整う。実際，この詳細な供述は記憶によるというより，記録によっていることが強く推認される状況であった。しかし捜査官にとっては，当然，この供述は女子店員が正直に自分の記憶に照らして語ったものでなければならない。とすれば，4か月近くも前の客とのやりとりをどうしてそこまで詳細に記憶にとどめていたのかについて，それなりの理由を示すことができなければならない。おそらく捜査官もこの点を気にして，尋問をしたのであろう。女子店員Ａさんは，供述調書の最後の部分で，これを覚えていた理由としてわざわざ次の3つをあげている。

　8月に入って最初の日であったこと。
　10個もいっぺんに現金でまとめて買っていったこと。
　サインを求めた際，変わったかっこうをして小さな字を書いたこと。

　この3つの理由のうち，他の2つはともあれ，最初の「8月の最初の日であった」というのは，いったい理由というに値するものであろうか。なるほど月初めというのは一定の特異性ではある。しかしこの日付自体が物品受領書の記録に記載されていた事実であって，Ａさん自身の記憶によるものではないし，それにまたそれ自体がその時の販売の中身を詳細に覚えている理由になるようなものでは決してない。現に，覚えていた理由としてこれが供述されたのは最初だけで，その後の供述からはこの理由が脱落していく。ではどうして初回供述にこれが供述されたのであろうか。

　もしＡさんがこの部品販売のことを覚えていたのであれば，まるでとってつけたこのような理由をあげる必要はまったくない。むしろ，こうした理由をあえて上げなければならなかったのは，そもそもその問題の販売場面をほんとうは忘れていたからだと考えるのが理にかなっている。つまりそれは，その時これこれのことがあったから，いまでも覚えているという順向的な理由ではない。「これこれのことを覚えている」ことになってしまったあとで，「どうしてそんなことまで覚えていたのか」の問いに答えようとして，供述時から時間を逆行させて，理由をあとづけする。そういう種類の理由であると考える以外にない。

　ともあれ，こんな些細な，理由とも言えぬ理由をとってつけたようにあげたということ自体，Ａさんのその販売場面の記憶が極めて不確かなものでしかなかったことを示していると言ってよい。この理由以外の2つは，「8月最初の日だった」というのに比べれば多少ましだが，これも同様の逆行的な理由の後づけであった可能性が高いと言わねばならない。「電磁弁10個」という販売個数は，店頭売りにしてはたしかに多めだが，Ａさんは当時そのことに何らの不審も感じていなかったし，そのことを後

に話題にすることもなかったと法廷で述べているのである。これまた，あとから特異性を取り出そうとした結果であって，順向的に販売時から存在していた心的理由ではない可能性が高い。

　最後の客のサインの仕方の供述は，その意味ではもっとも特異性が強いものと言える。しかしこれもまた，特異だからといってそれが現実にそうであったという保証にはならない。Aさんが語った客のサインの仕方はそのサインの筆跡からおおよそうかがうことができるものであったし（つまり再構成可能であったし），またあれだけ細かい具体的な供述がなされた以上，それをそこまで覚えている理由を説得的に提示することが，その供述の場で強く求められたはずである。してみれば，この理由供述もまたその場の要請だった可能性を否定できないのである。

　実際，この推論が根拠のないものでないことが，もう1人の女子店員Bさんの供述によって示されている。このBさんも最終の法廷証言では，この販売場面を覚えている理由として，販売部品の個数が多かったこと，サインの仕方が変わっていたことをあげている。この点はAさんとまったく同じである。ところがこのサインの仕方について，供述の経過を洗ってみると奇妙な事実が浮かび上がってくる。Bさんの第1回目の供述調書には次のように明記されていたのである。

　　　　私は……物品受領書とボールペンを差し出してサインをお願いしました。どのようなサインの仕方をしたか，その後品物をどのように持ち帰ったかということは良く覚えていません。

　サインの仕方に言及していないのならともかく，はっきりこれに言及したうえで「覚えていません」と明言しているのである。ところがそれからほぼ1か月後の第2回目の検察官への供述調書になると，

　　　　その時のお客さんは，紙を押さえずにサインしようとしたので，用紙がずれて，書きにくそうでしたので，私がカウンター越しに両手を延ばして用紙を押さえてやった記憶があります。またサインをするときには普通に場所にこだわらず，手早く書く人が多いのですが，その時の客は受領印欄の中にゆっくり書いていた記憶があります。

と供述したことになっている。しかもこれがそのときの客の様子を記憶していた理由にされているのである。これはいったいどういうことであろうか。いったん忘れていたものを1か月近くたったのちにあらためて思い出したということになるのであろうか。しかしいったん忘れて後に思い出すということが，たとえあったとしても，ではそのようなことが客の様子を記憶していた理由にどうしてなるであろうか。サインの

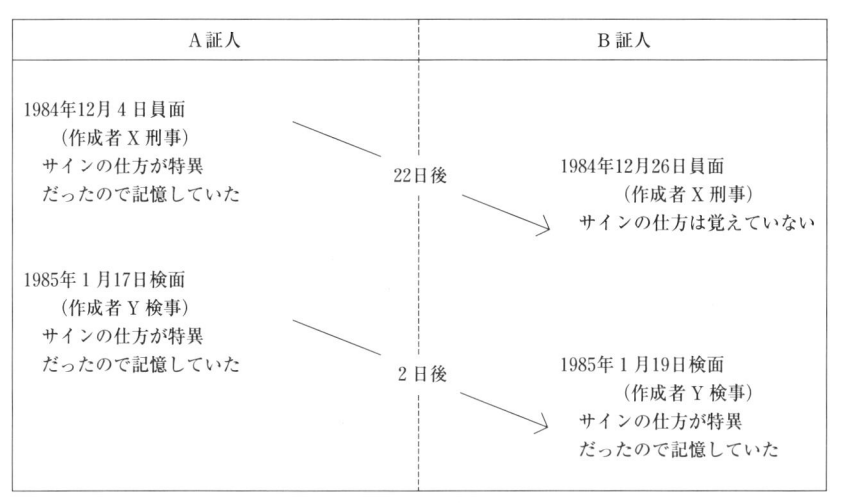

A証人	B証人
1984年12月4日員面 　（作成者 X 刑事） 　サインの仕方が特異 　だったので記憶していた	
	1984年12月26日員面 　（作成者 X 刑事） 　サインの仕方は覚えていない
1985年1月17日検面 　（作成者 Y 検事） 　サインの仕方が特異 　だったので記憶していた	
	1985年1月19日検面 　（作成者 Y 検事） 　サインの仕方が特異 　だったので記憶していた

（矢印：22日後、2日後）

◎図1-13-11　二人の目撃者の供述変遷の連動

仕方が印象深くてその客を記憶に刻印していたというのなら，第1回目の供述時点で客の人物特性を語りながら，サインの仕方は「覚えていません」などということにどうしてなったのであろうか。

　事の経過を明らかにするために，Aさんの供述とBさんの供述の時間的関係を図示しておく。図1-13-11からみて，サインの仕方が特異だったので客を記憶していたとの供述は，AさんからBさんへY検事を通して流れたことは明らかである。とすると，「サインの仕方が特異だったので」という記憶理由の供述は，Bさん自身の体験記憶に起源をもつのではなく，Y検事がAさんの供述をもとにしてBさんに尋問したことによる誘導と，物品受領書のサイン字体そのものからの推測に起源をもつものと言う以外にない。

　そうしてみると，もとのAさんの供述自体も，物品受領書からの推測によって構成し，それが記憶の理由として後からつけられた可能性を排斥できないことになる。

　目撃者は原体験の記憶を素直に供述し，聴取者はそれをそのありのままに録取してすませるべきところ，供述者も尋問者も当の供述の信用性を高めようと，いろいろ理由を付していく。その理由が目撃体験時のものではなく供述時の都合で逆行的にはめ込まれて，あたかも真正の理由であるかのごとく見せかけられてしまう。そのことの危険性は言うまでもない。供述分析によってこれを暴露できればよいが，そうできないときもある。その点でも供述聴取の過程自体の可視化が求められるのである。

（4）理由のあとづけ：供述訂正の理由

　理由のあとづけとしてもう1つ指摘しておきたいのが，前供述を訂正する場合の理由である。先にあげた富山事件の指揮者の年齢供述の変遷の1つを例にとる（この事件の供述変遷には同種の例が満載されているが，これはそのほんの一部にすぎない）。

　事件を最も近くで目撃し，目撃直後に事情聴取を受けたY証人（女性）は問題の指揮者を「20歳位」と言っていたが（'74年10月3日事件当日），次には「24,5歳」（'74年10月6日），「26歳くらいかもしれません」（'74年10月31日），「25,6歳」（'75年1月18日）というふうに変遷している。ちなみに指揮者として逮捕されたX氏は当時26歳であった。最初の供述のずれが徐々に修正されていったわけである。

　事件直後の10月3日調書で，年齢「20歳位」と言っていたものが3日後の10日月6日には「24,5歳」となって，X氏の実際の年齢に近づくことになったについては，10月5日のT証人にはじまってY証人もまたこの10月6日にX氏の写真を指揮者の顔として選別したことがからんでいると考えられる。X氏が写真選別されて，容疑の線に上がった時点で，年齢や身長などの情報はただちに捜査陣に伝えられたと考えられるわけで，この時からすでに尋問者情報が誘導的に働いたことも十分に考えられる。実際，これ以外に年齢供述が上昇する理由が考えられない。Y証人はこの10月6日時点で年齢供述を訂正したことについて，まったく理由を付していない。

　Y証人が年齢供述について，根拠らしきものをあげているのは10月31日である。そこでY証人は「26歳位かもわかりません。なぜなら私の弟と同じ位だからです」と述べている。この種の理由づけが心理学的に，供述変遷の理由になるかどうか。そもそも自分の弟を基準に他者の年齢を測るということ自体奇妙だが，それでもふだん見ている身近な人々の様子を基準に最初からそう供述したというのならわからなくはない。つまり10月3日の事件目撃のそのときにすでに同じ基準でもって犯人の年齢を推定して，それをその日の事情聴取で供述しているのならわかる。それが3日後の10月6日に4,5歳も上昇し，1か月近くもたってあらためて「私の弟と同じ位だから」「26歳位かもわかりません」ということになるのはどうしてか。ここにも"理由の後づけ"の可能性が疑われる。

　　　他者から何かを言われる以前に
　　　　　私の弟と同じくらいだな
　　　　　　　　↓
　　　　　とすると26歳くらいかもしれない

という流れで供述が出てきたのならよい。しかしここではむしろ逆に，

　　（尋問者から26歳くらいじゃないかと，向けられて）
　　「26歳位かもしれない」と答える
　　　　　　　↓
　　（どの点でそう思うと聞かれる——前の供述から変化したことを知っている尋問
　　者がその理由を求めるのはよくあることである）
　　「弟がそれくらいだから」と答える

といった"理由の後づけ"，つまり供述変更が先にあって，理由が後でつけられた可能性が大である。それは年齢に限らずY証人の供述変遷の全体が，理由なくX氏の人物特徴の方向に収束しているという事実からも推測されることである。また「26歳くらいかもしれません」という半端な数字をあえてあげていること自体，容疑者であるX氏の年齢を念頭においた尋問者の働きかけがあったことを強く推認させる。そもそも見ず知らずの人間を見て目撃者が自発的に「26歳くらいかもしれません」と言うことは考えられない。この供述自体が尋問者の誘導を強く示唆しているのである。

　尋問者にとっても供述変更には原因・理由がなければならないというのは常識である。したがって原則的にはこれを尋ねるようにしているはずである。しかし，最初の供述が尋問者の側の仮説と合致しないとき，その点を追求して仮説に吸い寄せるかたちで供述を変更できれば，そのうえであえて理由を問いたださないこともある。ただ，それでもやはり理由らしきものがあればと望むのも自然である。

　そこにY証人の「私の弟と同じくらいだからです」との理由づけが出てきたとしてもおかしくない。ところが，この供述自体がまた，"理由の後づけ"でしかないことを直接物語ることになる。というのもY証人の弟がX氏とは同年齢ではないことが，Y証人自身の法廷証言から明らかになったからである。Y証人の第一審公判証言によれば，弟は2人いて，「上が35，下が34歳」である。この証言時点は事件からほぼ5年たっていた。つまり事件当時，Y証人の弟は上が30歳，下が29歳ということになる。とすると，「26歳くらいかもしれません。なぜなら私の弟と同じくらいだからです」という理由自体が失当である。したがって「私の弟と同じくらい」→「26歳くらいかもしれない」という心理の流れにはなりえない。逆に「26歳くらいかもしれない」との供述が先行して，理由を求められて苦しまぎれに「私の弟」をもち出したと考える以外にない。実際，「20歳くらい」という供述から出発して，「24, 5歳」となり，10月31日のこの時点で実際はもっと年齢が高いのではないかと言われたとすれば，

当時30歳前後の弟を引き合いに出すのは不自然ではない。

このように各供述要素およびその変遷をこまめに追うことで，少しずつ供述の起源がどこにあるのかを浮き立たせることができる。これは先の全体的な変遷分析から導かれた結果をさらに細く補完するものになるはずである。実に執拗にしてかつ面倒な手続きではあるが，供述過程の可視化がなされず，また目撃供述が論理的な分析手続きを経ずにかなり安易なかたちで認められている現状のなかでは，この種の執拗さはある程度やむをえない。

4．構成・誘導可能性分析

これまで供述の起源を洗う作業として，最初に時系列上の供述整理によってその供述変遷を全体的に明らかにする(1)，次いでそこに原体験記憶からの自然な変遷を見ることができるかどうか，また尋問者からの誘導要因が検出されないかどうかの＜変遷分析＞行なう(2)，さらに各個別供述やその供述訂正について，供述者の想像・構成および尋問者の誘導の域を超えた供述が見られるかどうか，また供述自体のなかに時間性の逆行した構成の痕が見られないかどうかの＜個別供述分析＞を行なう(3)，といった分析手法の一端を紹介してきた。こうした分析の結果として供述の虚偽性を示す痕跡が認められなければ，供述が現実の体験に起源をもつ可能性はそれだけ高くなる。しかし，これらの作業の結果として，供述の虚偽性を示す徴候が顕著になってきたとき，最後の詰めの作業として，最終供述結果である公判廷証言について，その全体的な起源分析が行われねばならない。ただこの場合は，具体的な変遷過程を追跡して行う変遷分析や個別供述分析と違って，各供述の起源を直接的に判別するのではなく，供述が原体験記憶によるものと見なしうる可能性がどこまであるか，逆に供述者の想像や構成，あるいは尋問者からの誘導によると見なしうる可能性がどこまであるかという，可能性の域の分析となる。これを構成・誘導可能性分析と名づけておく。これによって構成・誘導可能性の範囲におさまらない供述が出てくれば，それは原体験記憶に起源をもつものとなる。その点では前項の個別供述分析とも重なるが，これを供述総体について検討しようというのがこの分析の趣旨である。

ここでも1例をあげて具体的に説明しよう。これまで何度か言及してきた自民党本部放火事件の部品販売に関わった女子店員A証人の公判廷証言をとりあげる。問題の部品が売られたのは，「物品受領書」の記載によれば8月1日で，それについて最初の事情聴取を受けたのが11月28日のことである。公判廷での証言によれば，A証人はその間，この販売のことを思い出すことはなかったという。そのあたりの事情を公

判証言では次のように語っている。

　（弁護人）そうしますと，警察官からあなたが応対したことがわかって事情聴取したその時初めて，この８月１日のことを思い浮かべたとお伺いしていいわけですか。
　　　はい。
　　　　　　　（中略）
（弁護人）じゃあ，あなたのほうから，そういえば８月１日に電磁弁を10個売ったことがあるなということを思い出したという記憶はありますか。
　　　それは，伝票を見てからわかりました。そんな覚えてないですから，一人ひとり。
（弁護人）そうすると，少なくとも，あなたが８月１日，売った時の状況のことを思い出したのは，物品受領書で自分のサインがあるのを確認してからというふうにお伺いしてよろしいんでしょうか。
　　　はい。

つまり物品受領書を見る以前に，証人自身が自発的に思い出したものは何もない。その日のことを思い出したのは，物品受領書を見せられてからだというのである。しかしそれが文字どおりの意味でどこまで「思い出した」のか，むしろ物品受領書の記録を追認しただけではないのかが，問題となる。A証人が「思い出した」という目撃状況を公判調書によって整理してみると次のようになる。
〔1〕「小島」という客が来たのは８月１日である。
〔2〕来たのは午後１時ごろであった。
〔3〕客は１人でやってきた。
〔4〕店の前に車はなかったので車で来たのではないと思う。
〔5〕その客が入って来た時，自分は入口の左側の整理棚の前にいた。
〔6〕その時，営業所にはXさんとYさんがいた。
〔7〕Xさんは自分の机で事務処理をしていたと思う。
〔8〕その客が声をかける前に，私の方が先に「いらっしゃいませ」と言った。
〔9〕客は別の方を向いて（つまり自分の方を向かずに）「先程電話したものですが，Yさんいらっしゃいますか」と言った。
〔10〕その声は低目の声で，話し方は普通だったと思う。
〔11〕Yさんから「店売りのお客さんだから伝票書いて」と言われたと思う。
〔12〕注文の商品名は電磁弁AB41－03－5　AC100V，個数は10個であった。

〔13〕商品名と個数はYさんのメモしたノートを見たか，Yさんから口頭で言われたかである。
〔14〕自分が倉庫に取りに行った。
〔15〕客が店に入って来た時以外には，倉庫に商品を取りに行く前に客の顔は見ていない。
〔16〕電磁弁10個を段ボールに入れて持って来た。
〔17〕その段ボールを，「こちらです」と言ってカウンターの真中あたりにおいたと思う。
〔18〕それから自分の机で伝票を書いた。
〔19〕得意先名の「協和電機」は，その客から「協力の協に，平和の和」だと聞いて書いた。
〔20〕その時，客の方を向いて聞いた。
〔21〕納品書と領収書と受領書をもってカウンターの所へ行った。
〔22〕代金4万3700円を現金でもらった。
〔23〕つりはなかった。
〔24〕「納品書，領収書はこちらになります」と言い，受領書を出して「こちらにサインお願いします」と言った。
〔25〕自分のポケットに入れていたボールペンを差し出した。
〔26〕客はそのボールペンで「小島」とサインした。
〔27〕サインは左肘で受領書の左下をおさえ，ボールペンを立てるようにして，震えるような感じで，非常にゆっくり書いた。その時自分は手で紙を押さえてやった。
〔28〕自分は「ありがとうございました」と言って，自分の机に戻った。
〔29〕客は段ボール箱を持って帰った。

A証人が供述した問題の販売状況を，要素別に箇条書きすると上のようになる。まず一見して，4か月近くも前の，日常的な販売を想起したものにしてはあまりにこまごました詳細にまで証言が及んでいることに驚く。これはA証人が検察官や弁護人の尋問に対して，はたして当の問題場面の体験記憶を喚起したうえで証言したものなのだろうか。またそう判断する以外にないような証言がどこまで含まれているのだろうか。

ここで私たちは，A証人の「供述の起源」をあらためてトータルに問題にしなければならない。つまり，彼女の証言した一つひとつの要素について，それが彼女自身の

生のエピソード記憶に起源をもつものなのか，それとも生の記憶ではない，何か別のところに起源をもつのかの分析を行わねばならない。そこで上の証言要素〔1〕〜〔29〕を，3つの種類に分けてみる。

 a 物品受領書に記録された情報から直接引き出しうる証言要素
   【〔1〕〔12〕〔19〕〔22〕〔26〕】
 b 通常の販売パターンと共通の定型的なやりとりにかかわる証言要素
   【〔3〕〔6〕〔7〕〔8〕〔11〕〔13〕〔14〕〔15〕〔16〕〔17〕〔18〕〔20〕〔21〕〔24〕〔25〕〔28〕〔29〕】
 c bよりは特定的と見える証言要素
   【〔2〕〔4〕〔5〕〔9〕〔10〕〔23〕〔27〕】

まず，a種の証言要素から見よう。

客観的証拠である物品受領書の記載に間違いがない限り，1984年8月1日に〔1〕，当の電磁弁が10個が〔12〕，「協和電機」に売られ〔19〕，代金4万3700円の支払を受け〔22〕，震えるような筆跡で書かれた「小島」のサインを得た〔26〕という事実は争えない。しかし，前にも指摘したように，こうした事実があり，A証人がこれに関与したということと，A証人がこの事実を生の記憶として喚起しえたということとは別物である。A証人ははたして，単なる事実の記録の確認を超えて，生の記憶の喚起に到達しえたのかどうか。このaの種類の証言要素に限って言えば，生の記憶を喚起したとの結論を否定する積極的根拠はない。しかし，逆にこれを積極的に肯定する根拠もまたないと言わねばならない。いやむしろこうした細かい記憶を4か月もたって思い出すということ自体が，すでに不自然であることは先に述べた通りである。

例えば，問題の販売が8月1日であったという事実について，A証人はこれを記録として確認してはいるが，自らの記憶としてよみがえらせたことをうかがわせる供述・証言はまったく存在しない。いったん失われた日付の記憶が正確によみがえるなどということは，よほど特異な事情がないかぎり考えられない。ただここで問題なのは，この種の供述が現実の体験記憶によっては喚起しえないかどうかを判定することではなく，それが体験記憶以外のところから，つまり尋問の場における誘導力や供述者本人の想像的構成によって導出されうるかどうかという，その可能性の有無を判定することである。その点では明らかに，この供述は記憶によってではなく，記録によって直接的に導き出しうる可能性をもつことは疑えない。a種の証言要素についてはすべて，この同じことが言える。

では，残りの証言要素はどうであろうか。先の分類では「通常の販売パターンと共

通の定型的なやりとりにかかわる証言要素」（b種）と，それに比べてもう少し「特定的と見える証言要素」（c種）とに分けておいたが，これはあくまで相対的なもので厳密にこれという境界線を引けるわけではない。各証言要素をすべて取り出して論じるゆとりはないので，一部だけを取り出してみてみる。

　まずb種の証言は，日常の販売パターンからおよそ類推可能なものであるから，ここで問題にしている構成・誘導可能性について言えば，明らかにその可能性は高い。例えば「客は1人でやってきた」〔3〕というのは，小売店ならともかく卸店に来る客としては定型に属する。というのも小売店への一般の客ならば家族や友人を連れ立って買物に来るというのはよくあることだろうが，卸店へ来る客のほとんどは仕事で来るため1人というのが通例である。ここでA証人がもし「2人でやってきた」という証言をしていたなら，むしろそれは定型からはみ出したものとして原体験記憶に根ざしている可能性は高くなる。また「その時，営業所にはXさんとYさんがいた」〔6〕というのも，いつもいる職員の名をあげただけであって，日常からの類推が可能である。さらに「その客が声をかける前に，私の方が先に『いらっしゃいませ』と言った」〔8〕などという証言になると，これが生の記憶としてよみがえるなどということはおよそ考えにくい。これまた日常の販売行動の定型から類推したものだと言わねばならない。この種の証言は日常から構成・誘導可能な域にあるというのみならず，むしろ積極的に類推的構成・誘導がなされたことを強く示唆するものであって，A証人の証言の質を大いに損うものと言ってよい。

　A証人についてもっとも問題になるのは，多少でも特定的な証言，つまりc種の証言要素である。先にはこれに属するものとして7個の供述要素をあげた。もしこれらがA証人の口からまったく自発的に出て来たものならば，それが現実の体験記憶による可能性は高いと言ってよい。しかしそれが自発的であったとの保証はない。実際この証言がなされるまえに3通の供述調書がとられ，そこにその証言に至る言わば歴史があって，その供述調書がとられた様子は不可視のブラックボックスの内にある。それにまた，この特定的な供述については尋問者（捜査過程での警察官・検察官）の側で特定化しようとする動機が存在する。例えば，問題の客が8月1日何時ごろ来たかは，捜査のうえでどうしても特定したいところであり，それゆえ供述者の方から自発的に供述しなければ捜査官が必ずや尋問したはずである。そこのところで供述者が「わからない」と答えたとしても，「だいたいでいいから」と言って類推的回答を求めることになることが考えられる。また捜査官の把握した別情報からの示唆もありうる。いずれにしても供述者にとって，自分の勤務時間中のことであるから一定の時間内に

答えがあることは間違いないし，一般に購入客がよく来る時間帯を日常から類推することも可能である。また当日の物品受領書のナンバーから，どのあたりの時刻かの類推も可能であろう。そうしてみると来客時刻について特定的な供述がなされたからと言って，これを構成・誘導可能性の域を超えたものと言うことはおよそできない。

　A証人のc種の証言要素のなかには，尋問者側の特定化的尋問がなければおよそ自発的には出てくると思えないものがいくつもある。例えば，問題の客が店に入って来たとき自分が整理棚のところに立っていたという供述〔5〕や，あるいはそのとき店先に店の車のほかは車が駐車していなかったので客は車で来たのではないと思った〔4〕といった供述は，たとえ問題の客を「電磁弁を10個買って，奇妙な仕方でサインしていった客」として覚えていたというのがほんとうだとしても，その記憶から付随的に喚起しうるようなことであろうか。もちろん昨日，今日の出来事を想起するということならわからなくはない。しかし，それは少なくとも約4か月前のことなのである。いや最初にこの供述を行ったのはいずれも1985年1月17日でのことであるから，その時点で言えば現実の販売場面から5か月半が経過している。客が来たとき自分がどこにいたか，客の車が外にあったかどうかなどという，ごく些細なことをどうして記憶のなかにとどめておくことができよう。

　その客がピストルでも持って店に入って来たというのなら，その時の自分のいた位置をその恐怖とともに刻み込んだかもしれない。しかし，普通の身なりをした客が普通に入って来て，少々品を多めに買って，少々奇妙なサインをしたというだけで，それ以降そのことを思い出すこともなく数か月を経過していたのである。よほど特異な記憶能力の持ち主でもないかぎり，ほとんど注意することなく通り過ごしてしまうこのような出来事（自分の位置や車の有無）を憶えることは不可能と言わねばならない。いや機械的な暗記についての抜群の能力や，大事な知識についての特別な記憶能力については，これまでにもいくつか報告例はあるが，この例のように日常的な出来事についてまるでカメラのようにそれを脳裏に焼きつけて記憶するといった異能の持ち主は例を聞かない。

　こうして分析してみたとき，最後に残るのが，サインをするときの特異な仕草に関わる証言〔27〕である。しかしこれさえも，この日常的な出来事を微細に覚えていた理由を質した結果，「理由の後づけ」として出てきた可能性，また物品受領書のサインの筆跡特徴などから類推的に構成されてきた可能性を排除できないことは，すでに先に指摘しておいた。

　以上，自民党本部放火事件のA証人の供述・証言を例にとって，その構成・誘導

可能性分析の一端を紹介した。この可能性の域を超える供述が見出されたときはじめて、そこに供述者の体験記憶に起源をもつ真実の供述を見いだしたことになるのである。この条件を満たさないかぎり、いかに詳細な供述が、生々しく、具体的に語られても、そのことをもって真実の供述と認めるわけにはいかないのである。こうして証人の目撃証言の全体にわたって構成・誘導可能性分析を行うことで、当該証人の証言の全体的な質がどのようなものであるかが浮かび上がってくる。それは個別の供述要素のみを取り上げて、個々にこれは事実に合っているのではないか、あれは合っていないのではないかとかいう恣意的、部分的な判断ではなく、それを超えて証言全体の真偽の質を明らかにするものとなる。

おわりに

　本章で見てきた供述分析は、自然科学をモデルにした実験心理学のように、法則定立に基づいて、与えられた条件から結果を予測するというかたちで供述の信用性ないし歪曲可能性を判定するものではない。すでにさまざまの複雑な条件下で生起してしまった供述を、しかもその供述過程が十分に可視化されていない現状の下で分析し、そこから原体験記憶に起源をもつものを抽出し、それ以外のところに起源をもつものを最大限排除する。そのための手法が供述分析法である。これまでの紹介からもわかるとおり、実験心理学的に攻め入れる領域がまだまだ限られている現状のなかでは、その必要性は極めて大きい。にもかかわらずその方法の体系化・組織化はまだ緒についたばかりである。しかし、この供述分析法をその理論的基盤にわたって体系化・組織化していく試みは、おそらく刑事裁判での事実認定の範囲にとどまらず、人間のさまざまな行動を記述し、理解していくもう1つの心理学にまで展開しうる可能性をもつものと、私自身は直観している。おそらくその可能性が現実のものとなるまでには、まだまだ時日を要するであろう。それまでの間、とりあえずは目下私たちの関与が要請されている諸事件について、具体的な分析作業を地道に積み上げていく以外にない。

　従来のアカデミック・サイコロジーの世界から一歩踏み出して、この問題領域に参入してくれる研究者が、いま徐々に増えてきている。今後、さらなる共同研究がなされていくことを期待したい。

注

(1) Undeutsch, U. 1967 *Forensische Psychologie* (Handbuch der Psychologie, Bd, 11), verlag für Psychologie, Göttingen.
　　植村秀三（訳）1973『証言の心理』東京大学出版会，38 − 71頁による。
(2) 同書の第 5 章から第 9 章を参照。
(3) 同書の第10章を参照。
(4) 山名京子　1991「供述の信用性判断」『関西大学法学論集』第40巻第 6 号。
(5) Trankell, A. 1972 Reliability of evidence. Stockholm : Beckmans.
　　植村秀三（訳）1976『証言のなかの真実』金剛出版。
(6) 同書。
(7) 同書。
(8) 同書。
(9) Neisser. U. (Ed.) 1982 *Memory observed*. W. H. Freeman and company San Francisco.
(10) Trankell, A.（植村訳）前掲書，34〜40頁。
(11) 同書37頁。
(12) 同書38頁。
(13) 同書144頁。
(14) 詳しくは浜田寿美男　1986『証言台の子どもたち』日本評論社
(15) 詳しくは浜田寿美男　1992『自白の研究』三一書房
(16) Loftus, E. F. 1979 *Eyewitness testimony*. Harvard University Press. Combridge.
　　西村武彦（訳）1987『目撃者の証言』誠信書房　第 4 章などを参照されたい。

引用文献

第1章

Asthana, H.S. 1960 Perceptual distortion as a function of the valence of perceptual object. *Journal of Social Psychology*, 52, 119 - 126.

Baggett, P. 1975 Memory for explicit and implicit information in picture stories. *Journal of Verbal Learning and Verbal Behavior*, 14, 538 - 548.

Baltes, P.B. & Schaie, K.W. 1976 On the plasticity of intelligence in adulthood and old age: When Horn and Donaldson fall. *American Psychologist*, 31, 720 - 725.

Bartlett, F.C. 1932 *Remembering : A study in experimental and social psychology*. Cambridge University Press. 宇津木 保 (訳) 1983 想起の心理学 誠信書房

Bower, G. H., Black, J.B. & Turner, T.J. 1979 Scripts in memory for text. *Cognitive Psychology*, 10, 177 - 220.

Bothwell, R.K., Deffenbacher, K.A. & Brigham, J. C. 1987 Correlation of eyewitness accuracy and confidence. *Journal of Applied Psychology*, 72, 691 - 695.

Brigham, J.C., Maass, A., Snyder, L.D. & Spaulding, K. 1982 Accuracy of eyewitness identification in a field setting. *Journal of Personality and Social Psycholgy*, 42, 673 - 681.

Buckhout, R. 1974 Eyewitness testimony. *Scientific American*, 231, 23 - 31.

Buckhout, R. 1977 Eyewitness identification and psychology in the court room. *Criminal Defense*, 4, 5 - 10.

Burtt, H.E. 1931 *Leagal Psychology*. Englewood Cliffs. N.J.: Prentice-Hall.

Carmichael, L.C., Hogan, H.P. & Walter, A.A. 1932 An experimental study of thr effect of language on the reproduction of visually perceived form. *Journal of Experimental Psychology*, 15, 73 - 86.

Cattell, J.M. 1985 Measurements of the accuracy of recollection. *Science*, 2, 61 - 66.

Ceci, S.J. & Bruck, M. 1993 Suggestibility of the child witness: A historical review and synthesis. *Psychological Bulletin*, 113, 403 - 439.

Ceci, S.J., Ross, D.F. & Toglia, M.P. 1987 Suggestibility of children's memory: Psycholeagal implications. *Journal of Experimental Psychology : Genenral*, 116, 38 - 49.

Chance, J., Goldstein, A.G. & McBride, L. 1975 Differential experience and recognition memory for faces. *Journal of Social Psychology*, 97, 243 - 253.

Chapanis, A. 1947 The dark adaptation of the color anomalous measured with lights of different hues. *Journal of General Physiology*, 30, 423 - 437.

Christianson, S.-Å. & Loftus, E.F. 1991 Remembering emotional events: The fate of detailed information. *Cognition & Emotion*, 5, 81 - 108.

Clifford, B.R. & Hollin, C.R. 1981 Effects of type of incident and the number of perpetrators on eyewitness memory. *Journal of Applied Psychology*, 66, 364 - 370.

Clifford, B.R. & Scott, J. 1978 Individual and situational factors in eyewitness testimony. *Journal of Applied Psychology*, 63, 352 - 359.

Coxon, P. & Valentine, T. 1997 The effects of the age of eyewitnesses on the accuracy and suggestibility of their testimony. *Applied Cognitive Psychology*, 11, 415 - 430.

Craik, F.I.M. 1977 Age differences in human memory. In J. E. Birren and K.W. Schaie (Eds.) *Handbook of the psychology of aging*. (pp. 384 - 420). New York: Van Nostrand Co.

Cutler, B.L. & Penrod, S.D. 1995 *Mistaken Identification : The eyewitness, psychology and the law*. New York: Cambridge University Press.

Deffenbacher, K.A. 1980 Eyewitness accuracy and confidence: Can we infer anything about their relationship? *Law and Human Behavior*, 4, 243 - 260.

Deffenbacher, K.A., Carr, T.H. & Lue, J.R. 1981 Memory for words, pictures, and faces: Retroactive interference, forgetting and reminiscence. *Journal of Experimental Psychology : Human Learning and Memory*, 7, 299 - 305.

引用文献

Devlin, Honorable Lord Patric (chair) 1976 *Report to the secretary of the state for the Home Department of the departmental committee on evidence of identification in criminal cases.* London : Her majesty's Stationary Office.

Egan, D., Pittner, M. & Goldstein, A.G. 1977 Eyewitness identification : Photographs vs. live models. *Law and Human Behavior*, **1**, 199–206.

Ebbinghaus, H. 1885 *Über das Gedächtnis. Dunker.* (Translation by H. Ruyer & C.E. Bussenius) 1913 Memory. Teachers College., Columbia University. 宇津木　保（訳）1978　記憶について　誠信書房

Eich, E., Macauley, D. & Ryan, L. 1994 Mood dependent memory for events of the personal past. *Journal of Experimental Psychology : General*, **123**, 201–215.

Estes, W.K. 1972 An associative basis for coding and organization in memory. In A. W. Melton & E. Martin (Eds.), *Coding processes in human memory.* Washington, D.C. : Winston.

Farrimond, T. 1968 Retention and recall : Incidental learning of visual and auditory materials. *Journal of Genetic Psychology*, **113**, 155–165.

Festinger, L. 1951 *A theory of cognitive dissonance.* Stanford University Press.

Fisher, H. & Pezdek, K. 1992 Scripts for typical crimes and their effects on memory for eyewitness testimony. *Applied Cognitive Psychology*, **6**, 573–587.

Galper, R.E. & Hochberg, J. 1971 Recognition memory for photographs of faces. *American Journal of Psychology*, **84**, 351–354.

Gehring, R.E., Toglia, M.P. & Kimble, G.A. 1976 Recognition memory for words and pictures at short and long intervals. *Memory and Cognition*, **4**, 256–260.

Geiselman, R.E., Fisher, R.P., MacKinnon, D.P. & Holland, H.L. 1986 Enhancement of eyewitness memory with the cognitive interview. American Journal of Psychology, **99**, 385–401.

Godden, D.R. & Baddeley, A.D. 1975 Context-dependent memory in two natural environments : On land and under water. *British Journal of Psychology*, **66**, 325–331.

Gregory, R.L. 1972 *Eye and brain* (2 ed.) New York : World University Library.

Hanyu, K. & Itsukushima, Y. 1996 Cognitive distance of stairways : Distance, travasal time, and mental walk estimations in mental maps. Environment & Behavior.

Hara, S., Itsukushima, Y., Naka, M., Itoh, Y., Hanyu, K. & Okabe, Y. 1999 Response conformity in face memory. The first international conference of APLS and EAPL.

Hollim, C. 1980 *An investigation of certain social, situational and individual factors in eyewitness memory.* Unpublished doctoral thesis, North East London Polytechnic.

厳島行雄　1992 目撃証言の心理学的考察 I －自民党本部放火事件における Y 証言の信用性をめぐって：内容分析の試み－　日本大学人文科学研究所研究紀要，**44**, 93–127.

厳島行雄　1993　目撃証言の心理学的考察 II －自民党本部放火事件における Y 証言の信用性をめぐって：フィールド実験からのアプローチ－　日本大学人文科学研究所研究紀要，**45**, 251–287.

厳島行雄　1996　誤情報効果研究の展望：Loftus paradigm 以降の発展：認知科学，**3**, 5–18.

厳島行雄・内藤佳津雄（未発表）4 ケ月後の目撃証言－図書借り出し実験による検討－

Itsukushima, Y. & Yamada, H. 1987 A preliminary research on environmental cognition-map drawing, distance and walk time estimation, and mental walk. Proceeding of 3 rd International Imagery Conference. 1987, 139–140.

厳島行雄・伊東裕司・仲　真紀子・浜田寿美男　1994　目撃証言の信用性に関する鑑定書　東京高等裁判所

Kapardis, A. 1997 Psychology and Law : A critical Introduction. Cambridge University Press.

Krafka, C. & Penrod, S. D. 1985 Reinstatement of context in a field experiment on eyewitness identification. *Journal of Personality and Social Psychology*, **49**, 58–69.

Kuehn, L.L. 1974 Looking down a gun barrel : Person perception and violent crime. *Perceptual and Motor Skills*, **39**, 1159–1164.

Laughery, K.R., Alexander, J.E. & Lane, A. B. 1971 Recognition of human faces : Effects of target exposure time, target position, pose position, and type of photograph. *Journal of Applied Psychology*, **55**, 477–483.

Leibowitz, H.W. 1985 Grade crossing accidents and human factors engineering. *American Scientist*, 73, 558 - 562.
Leibowitz, H.W. & Owen, A. 1986（January）We drive by night. *Psychology Today*, 55 - 58.
Lindsay, R.C.L. 1986 Confidence and accuracy of eyewitness identification from lineups. *Law and Human Behavior*, 10, 229 - 240.
List, J.A. 1986 Age and schematic differences in the reliability of eyewitness testimony. *Developmental Psychology*, 22, 50 - 57.
Loftus , E. F. 1974 Reconstructing memory : The incredible eyewitness. *Psychology Today*, 8, 116 - 119.
Loftus, E.F. 1975 Leading questions and the eyewitness report. *Cognitive Psychology*, 7, 560 - 572.
Loftus, E.F. 1979 *Eyewitness Testimony*. Cambridge, Mass : Harvard University Press.
Loftus, E.F. & Burns, T.E. 1982 Mental shock can produce retrograde amnesia. *Memory and Cognition*, 19, 318 - 323.
Loftus, E.F. & Ketcham, K. 1991 *Witness for the Defense : The Accused, the Witness, and the Experts Who Puts Memory on Trial*. St. New York : Martin's Press. 厳島行雄（訳）2000　目撃証言　岩波書店
Loftus, E.F. & Palmer, J.C. 1974 Reconstruction of automobile destruction : An example of the interaction between language and memory. *Journal of Verbal Learning and Verbal Behavior*, 13, 585 - 589.
Loftus, E.F.,Greene, E.L. & Doyle J.M. 1989 The Psychology of Eyewitness Testimony. In. D.C.Raskin（Ed. ）*Psychological Methods in Criminal Investigation and Evidence*. Springer Publishing Company.
Loftus, E.F., Miller, D.G. & Burns, H.J. 1978 Semantic integration of verbal information into a visual memory. *Journal of Experimental Psychology : Human Learning and Memory*, 4, 19 - 31.
Loftus, E.F., Schooler, L.W., Boone, S. M. & Kline, D. 1986 Time went by so slowly : Over estimation of event duration by males and females. *Applied Cognitive Psychology*, 1, 3 - 13.
Luce, T.S. 1974 Blacks, whites, and yellows : They all look alike to me. *Psychology Today*, 8, 106 - 108.
Malpass, R.S. & Devine, P.G. 1981 a Eyewitness identification : Lineup instructions and absence of the offender. *Journal of Applied Psychology*, 66, 482 - 489.
Malpass, R.S. & Devine, P.G. 1981 b Guided memory in eyewitness identification. *Journal of Applied Psychology*, 66, 343 - 350.
Malpass, R.S. & Kravitz, J. l969 Recognition for faces of own and other race. *Journal of Personality and Social Psychology*, 13, 330 - 334.
Malpass, R.S., Lavigueur, H., & Weldon, D.E. 1973 Verbal and visual training in face recognition. *Perception and Psychophysics*, 14, 285 - 292.
Marshall, J. 1966 *Law and Psychology in Conflict*. New York : Bobbs-Merrill.
Milgram, S. 1974 *Obedience to Authority : An experimental view*. Tavistock.
Munsterberg, H. 1908 *On the Witness Stand-Essays on Psychology and Crime*. New York : Doubleday & Company.
Munsterberg, H. 1914 *Psychology and social sanity*. New York.
Murdock, B. l974 *Human Memory : Theory and data*. Potomac, Maryland : Lawrencerlbaum Associates.
Naka, M., Itsukushima, Y. & Itoh, Y. 1996 Eyewitness testimony after three months : A field study on memory for an incident in everyday life. Japanese Psychological Research, 38, 14 - 24.
仲　真紀子・伊東裕司・厳島行雄　1997　裁判と心理学：シミュレーション実験によるアプローチ．季刊刑事弁護，11, autumn, 55 - 64.
小田中聰樹　1993　冤罪はこうして作られる　講談社
越智啓太　1997　目撃者によるストレスフルイベントの記憶 - 仮説の統合を目指して -　犯罪心理学研究，35, 49 - 65.
越智啓太　1998　目撃証言における確信度と正確性の相関 - 最適性仮説の検討 -　犯罪心理学研究，36, 36 - 54.
Pigott, M.A., Brigham, J.C., & Bothwell, R.K. 1990 A field study of the relationship between quality of eyewitnesses'descriptions and indentification accuracy. *Journal of Police science and Administration*, 17, 84 - 88.
Platz S. J. & Hosch H.M. 1988 Cross racial/ethnic eyewitness identification : A field study. *Journal of Applied*

Social Psychology, **18**, 972 – 984.
Rosenthal, R. 1966 *Experimenter Effects in Behavior Research*. New York : Appleton Century Crofts.
Salthouse, T.A. 1996 Constraints on theories of cognitive aging. *Psychonomic Bulletin and review*, **3**, 287 – 299.
Schaie, K.W. 1984 The Seattle longitudinal : A 21 year exploration in the development of psychometric intelligence. In K. W. Schaie（Ed.）*Longitudinal studies of adult psychological development*. New York : Guilford.
Schneider, D.M., & Watkins, M.J. 1996 Response conformity in recognition testing. *Psychonomic Bulletin & Review*, **3**, 481 – 485.
Sekular, R. & Blake, R. 1985 *Perception*. New York : Random House.
Shepard, R.N. 1967 Recognition memory for words, sentences and pictures. *Journal of Verbal Learning and Verbal Behavior*, **6**, 156 – 163.
Shepherd, L.W. & Ellis, H.D. 1973 The effect of attractiveness on recognition memory for faces. *American Journal of Psychology*, **86**, 627 – 633.
Taguri, R. & Petrullo, L. 1958 *Person Perception and Interpersonal Behavior*. Stanford : Stanford University Press.
Tulving, E. 1972 Episodic and semantic memory. In E. Tulving & W. Donaldson（Eds.）*Organization of Memory*. Academic Press.
Wagenaar, W.A. & Van der Schrier, J.H. 1996 Face recognition as a function of distance and illumination : A practical tool for use in the courtroom. *Psychology, Crime, & Law*, **2**, 321 – 332.
渡辺保夫　1992　無罪の発見：証拠の分析と判断基準　勁草書房
Weale, R.A. 1982 *The biography of the eye*. London : Lewis.
Wells, G.L. 1978 Applied eyewitness-testimony research : System uariables and estimaton vaviables. *Journal of Personality and Social Psychology*, **36**, 1546 – 1557.
Wells, G.L. & Loftus, E.F. 1984 *Eyewitness Testimony : Psychological Perspective*. Cambridge ; Cambridge University Press.
Wells, G.L., Furgusonm,T.J. & Lindsay, R. C.L. 1981 The tractability of eyewitness confidence and its implications for triers of fact. *Journal of Applied Psychology*, **66**, 688 – 696.
Wells,G.L., Malpass, R.S., Lindsay, R.C.L., Fisher, R.P., Turtle, J.W. & Fulero, S.M. 2000From the lab to police station. *American Psychologist*, **55**, 581 – 598.
Whipple, G.M. 1909 The observer as reporter : A survey of the 'Psychology of Testimony'. *Psychological Bulletin*, **6**, 153 – 170.
Whipple, G.M. 1910 Recent literature on the psychology of testimony. *Psychological Bulletin*, **7**, 365 – 368.
Woocher, F.D. 1978 Did your eyes deceive you ? : Expert psychological testimony on the unreliability of eyewitness identification. *Stanford Law Review*, **29**, 969 – 1030.
Yarmey, A.D. 1986 Verbal, visual, and voice identification of a rape suspect under different illumination. *Journal of Applied Psychology*, **71**, 363 – 370.
Yarmey A.D. & Kent, J. 1980 Eyewitness identification by elderly and young adults. *Law and Human Behavior*, **4**, 359 – 371.
Yarmey, A.D., Jones, H.P.T. & Rasid, S. 1984 Eyewitness memory of elderly and young adults. In D.J. Muller, D. E. Blackman & A. J. Chapman（Eds.）*Psychology and Law*. Chichester, England : John Wiley.
Yerkes, R.M. & Dodson, J.D. 1908 The relation of strength of stimulus to rapidity of habit formation. *Journal of Comparative and Neurological and Psychology*, **18**, 459 – 482.

第2章
Alba, J. W. & Hasher, L. 1983 Is memory schematic? *Psychological Bulletin*, **93**, 203 – 231.
Allport, G. W. & Postman, L. 1952　南　博（訳）デマの心理学　岩波書店
Barkowitz, P. & Brigham, J. C. 1982 Recognition of faces : Own-race bias, incentive, and time delay. *Journal of Applied Social Psychology*, **12**, 255 – 268.
Bartlett, F. C. 1932 *Remembering*. Cambridge : Cambridge University Press.

Bartlett, J. C., Hurry, S. & Thorley, W. 1984 Typicality and familiarity of faces. *Memory and Cognition*, 12, 219 – 228.
Berry, D. S. & Zebrowitz-McAether, L. 1988 The impact of litigants' baby-facedness and attractiveness on adjudications in small claims courts. *Personality & Social Psychology Bulletin*, 14, 23 – 33.
Bodenhausen, G. V. & Lichtenstein, M. 1987 Social stereotypes and information-processing strategies: The impact of task complexity. *Journal of Personality and Social Psychology*, 52, 871 – 880.
Boon, J. C. W. & Davis, G. 1988 Attitudinal influences on witness memory: Fact and fiction. In Gruneberg, M. M. & Morris, P. E. (Ed.) *Practical aspects of memory: Current research and issues*. Vol. 1: Memory in everyday life. New York, NY, USA: John Wiley & Sons.
Bothwell, R. K., Brigham, J. C. & Malpass, R. C. 1989 Cross-racial identification. *Personality and Social Psychology Bulletin*, 15, 19 – 25.
Bower, G. H. Black, J. B. & Turner, T. J. 1979 Scripts in memory for text. *Cognitive Psychology*, 11, 177 – 220.
Brewer, W. F. & Treyens, J. C. 1981 Role of schemata in memory for places. *Cognitiove Psychology*, 13, 207 – 230.
Brewer, M. B., Dull, V. & Lui, L. 1981 Perceptions of the elderly: Stereotypes as prototypes. *Journal of Personality and Social Psychology*, 41, 656 – 670.
Brigham, J. C. & Malpass, R. S. 1985 The role of experience and contact in the recognition of faces of own- and other-race persons. *Journal of Social Issues*, 41, 139 – 155.
Brigham, J. C. & Ready, D. J. 1985 Own-race bias in lineup construction. *Law and Human Behavior*, 9, 415 – 424.
Canter, N. E. & Mitchel, W. 1977 Traits as prototypes: Effects on recognition memory. *Journal of Personality and Social Psychology*, 35, 38 – 48.
Carroo, A. W. 1987 Recognition of faces as a function of race, attitudes, and reported cross-racial friendships. *Perceptual and Motor Skills*, 64, 319 – 325.
Carroo, A. W. 1986 Other race recognition: A comparison of Black American and African subjects. *Perceptual and Motor Skills*, 62, 135 – 138.
Cohen, C. E. 1981 Person categories and social perception: Testing some boundaries of the processing effects of prior knowledge. *Journal of Personality and Social Psychology*, 40, 441 – 452.
Courtois, M. R. & Mueller, J. H. 1981 Target and distractor typicality in facial recognition. *Journal of Applied Psychology*, 66, 639 – 645.
Crocker, J., Hannah, D. B. & Weber, R. 1983 Person memory and causal attributions. *Journal of Personality and Social Psychology*, 44, 55 – 66.
Cross, J. F., Cross, J. & Daliy, J. 1971 Sex, race, age, and beauty as factors in recogniton of faces. *Perception and Psychophysics*, 10, 393 – 396.
Devine, P. G. & Malpass, R. S. 1985 Orienting strategies in differential face recognition. *Personality and Social Psychology Bulletin*, 11, 33 – 40.
Duncan, B. L. 1976 Differential social perception and attribution of intergroup violence: Testing the lower limits of stereotyping of blacks. *Journal of Personality and Social Psychology*, 4, 590 – 598.
Eagly, A. H., Ashmore, R. D., Makhijani, M. G. & Longo, L. C. 1991 What is beautiful is good, but…: A meta-analytic review of research on the physical attractiveness stereotype. *Psychological Bulletin*, 110, 109 – 128.
Ellis, H. D. & Deregowsk, J. B. 1981 Within-race and between-race recognition of transformed and untransformed faces. *American Journal of Psychology*, 94, 27 – 35.
Fiske, S. T. 1993 Social cognition and social perception. *Annual Review of Psychology*, 44, 155 – 194.
Going, M. & Read, J. D. 1979 Effect of uniqueness, sex of subject and sex of photograph an facial recognition. *Perceptual and Motor Skills*, 39, 109 – 110.
Greasser, A. C. & Nakamura, G. V. 1982 The impact of a schema on comprehension and memory. In G. Bower (Ed.) *The Psychology of learning and motivation: Advances in research and theory*. Vol. 16. : New York: Academic Press.

Hagendoorn, L. & Kleinpenning, G. 1991 The contribution of domain-specific stereotypes to ethnic social distance. *British Journal of Social Psychology*, 30, 63 - 78.
箱田裕司　1992　再認記憶実験と目撃証言-富山裁判と方法論的問題-　九州大学教養部心理学研究報告, 9, 1 - 18.
Hamilton, D. L. & Gifford, R. K. 1976 Illusory correlation in internal perception: A cognitive basis of stereotypic judgments. *Journal of Experimental Social Psychology*, 12, 392 - 407.
Hastie, R. & Kumar, P. A. 1979 Person memory: Personality traits as organizing principles in memory for behaviors. *Journal of Personality and Social Psychology*, 37, 25 - 38.
Howard, J. W. & Rothbert, M. 1980 Social categorization and memory for in-group and out-group behavior. *Journal of Personality and Social Psychology*, 38, 301 - 310.
Karlins, M. Coffman, T. L. & Walters, G. 1969 On the fading of social stereotypes: Studies in three generations of college students. *Journal of Personality and Social Psychology*, 13, 1 - 16.
Laughery, K. R., Jensen, D. G. & Wagalter, M. S. 1988 Response bias with prototypic faces. In Gruneberg, M. M. (Ed) Morris, Peter E. (Ed) et al. *Practical aspects of memory : Current research and issues*. Vol.1 : *Memory in everyday life*. NewYork, NY, USA : John Wiley & Sons.
Light, L. L., Kayra-Stuart, F. & Hollander, S. 1979 Recognition memory for typical and unusual faces. *Journal of Experimental Psychology : Human Learning and Memory*, 5, 212 - 228.
List, J. A. 1986 Age and schematic differences in the reliability of eyewitness testimony. *Developmental Psychology*, 22, 50 - 57.
Luus, C. A. E. & Wells, G. L. 1991 Eyewitness identification and the selection of distracters for lineups. *Law and Human Behavior*, 15, 43 - 57.
Malpass, R. S. & Kravitz, J. 1969 Recognition for faces of own and other race. *Journal of Personality and Social Psychology*, 13, 330 - 334.
McFatter, R. M. 1978 Sentencing strategies and justice: Effects of punishment philosophy on sentencing decisions. *Journal of Personality and Social Psychology*, 36, 1490 - 1500.
Nakamura, G. V., Greasser, A. C., Zimmerman, J. A. & Riha, J. 1985 Script processing in a natural situation. *Memory and Cognition*, 13, 140 - 144.
Park, B. & Rothbert, M. 1982 Percwption of out-group homogeneity and levels of social categorization: Memory for the subordinate attributes of in-group and out-group members. *Journal of Personality and Social Psychology*, 42, 1051 - 1068.
Platz, S. J. & Hosch, H. M. 1988 Cross-racial/ethnic eyewitness identification: A field study. *Journal of Applied Social Psychology*, 18, 972 - 984.
Rothbert, M., Evans, M. & Fulero, S. M. 1979 Recall for comfirming events: Memory processes of social stereotypes. *Journal of Experimental Social Psychology*, 15, 342 - 353.
Saladin, M., Saper, Z. & Breen, L. 1988 Perceived attractiveness and attribution of criminality: What is beautiful is not criminal. *Canadian Journal of Criminology*, 251 - 259.
Schoemaker, D. J., South, D. R. & Lowe, J. 1973 Facial stereotypes of deviants and judgements of guilt or innocence. *Social Forces*, 51, 427 - 433.
Shepherd, J. W. & Ellis, H. D. 1973 The effect of attractiveness on recognitionmemory for faces. *American Journal of Psychology*, 86, 627 - 633.
Shepherd, J. W. & Deregowsk, J. B. 1981 Races and faces-a comparison of the responses of Africans and Europeans to faces of the same and different races. *British Journal of Social Psychology*, 20, 125 - 133.
Snyder, M. & Uranowitz, S. W. 1978 Reconstructing the past: Some cognitive consequences of person perception. *Journal of Personality and Social Psychology*, 36, 941 - 950.
Stangor, C. & Duan, C. 1991 Effects of multiple task demands upon memory for information about social group. *Journal of Experimental Social Psychology*, 27, 357 - 378.
Stangor, C. & Ruble, D. N. 1989 Stereotype development and memory: What we remember depends on how much we know. *Journal of Experimental Social Psychology*, 25, 18 - 35.
Valentine, T. & Endo, M. 1992 Towards an exemplar model of face processing : Theeffects of races and dis-

tinctiveness. *The Quarterly Journal of Experimental Psychology*, **44A**, 671 – 703.

Zebrowitz, L. A. & Montepare, J. M. 1992 Impressions of babyfaced individuals across the life span. *Developmental Psychology*, **28**, 1143 – 1152.

Zebrowiz, L. A. & McDonald, S. M. 1991 The impact of litigants' baby-facedness and attractiveness on adjudications in small claims courts. *Law & Human Behavior*, **15**, 603 – 623.

第3章

Bothwell, R.K., Brigham, J.C. & Pigott, M.A. 1987An exploratory study of personality differnces in eyewitness memory. *Journal of Social Behavior*, **2**, 335 – 343.

Brigham, J.C., Maass, A. & Martinez, D. 1983 The effect of arousal on facial recognition. Basic and *Applied Social Psychology*, **4**, 279 – 293.

Burke, A., Heuer, F. & Reisberg, D. 1992 Remember emotional events. *Memory & Cognition*, **29**, 277 – 290.

Christianson, S.-Å. 1992 Emotional stress and eyewitness memory: A critical review. *Psychological Bulletin*, **112**, 284 – 309.

Christianson. S.-Å. & Loftus, E.F. 1987 Memory for traumatic events. *Applied Cognitive Psychology*, **1**, 225 – 239.

Christianson. S.-Å., Loftus, E.F., Hoffman, H. & Loftus, G.R. 1991 Eyefixations and memory for emotionalevents. *Journal of Experimental Psychology: Learning, Memory, and Cognition*, **17**, 693 – 701.

Clifford, B.R. & Hollin, C.R. 1981 Effects of the type of incident and the number of perpetrators on eyewitness memory. *Journal of Applied Psychology*, **66**, 364 – 370.

Culter,B.L., Penrod, S.D. & Martens,T.D. 1987 The reliability of eyewitness identification: The role of system and estimator variables. *Law and Human Behavior*, **11**, 233 – 258.

Deffenbacher, K.A. 1983 The influence of arousal on reliability of testimony. In S.M.A. Lloyd-Bostock & B.R. Clifford (Eds.) *Evaluating witness evidence* (pp. 235 – 251). New York: Wiley.

Easterbrook, J.A. 1959 The effect of emotion on cue utilization and the organization of behavior. *Psychological Review*, **66**, 183 – 201.

Freud, S. 1924 *Zur-Psychopathologie des Alltagslebens*. フロイド, S. 濱川祥枝 訳（1969）生活心理の錯誤 日本教文社

Heuer, F. & Reisberg, D. 1990 Vivid memories of emotional events: The accuracy of rememberd minutiae. *Memory & Cognition*, **18**, 496 – 506.

Johnson, C. & Scott, B. 1976 *Eyewitness testimony and suspect identification as a function of arousal*. sex of witness, and scheduling of interrogation. Paper presented at the 75 th Annual Convention of the American Psychological Association, Washington, D.C.

Kramer, T.H., Buckhout, R. & Eugenio, P. 1990 Weapon Focus, arousal, and eyewitness memory. *Law and Human Behavior*, **14**, 167 – 184.

Loftus, E.F. 1979 *Eyewitness testimony*. London: Harvard University Press. 西本武彦（訳）1987 目撃者の証言 誠信書房

Loftus, E.F. 1980 *Memory*. Reading, MA: Addison-Wesley.

Loftus, E.F. & Burns, T.E. 1982 Mental shock can produce retrograde amnesia. *Memory & Cognition*, **10**, 318 – 323.

Loftus, E.F., Loftus, G.R. & Messo, J. 1987 Some facts about "weapon focus". *Law and Human Behavior*, **11**, 55 – 62.

Maass, A. & Kohnken, G. 1989 Eyewitness identification: Simulating the "weapon effect". *Law and Human Behavior*, **13**, 397 – 408.

Mackworth, N.H. 1965 Visual noise causes tunel vision. *Psychonomic Science*, **3**, 67 – 88.

三浦利章 1996 行動と視覚的注意 風間書房

Neisser,U. 1976 *Cognitive Psychology*. New York: Appleton-century-crofts.

大上渉・箱田裕司・大沼夏子・守川伸一 1998 目撃記憶と情動的ストレスの効果 日本心理学会第62回発表論文集, 631.

Peters, D.P. 1988 Eyewitness memory and arousal in a natural setting. In M.M.Gruneberg, P.E. Moriis. & R.N.

Sykes (Eds.) *Proceedings of the Second International Conference on Practical Aspects of Memory* Vol. 1 (pp. 89 - 94). New-York : Wiley.

Shapiro, P.N. & Penrod, S. D. 1986 Meta-analysis of facial identification studies. *Psychological Bulletin*, 100, 139 - 156.

Yerkes. R.M., & Dodson, J.D. 1908 The relation of strength of stimulus to rapidity of habit-information. *Journal of Comparative Neurology and Psychology*, 18, 459 - 482.

第5章

Bruce, V. & Green, P.R. 1990 *Visual perception : Physiology, psychology and ecology* (2 nd ed.) London : Lawrence Erlbaum Associates.

Cutting, J. E. 1986 *Perception with an eye for motion*. Cambridge : M. I. T. Press.

Epstein, W. 1995 The metatheoretical context. In W. Epstein, & S. Rogers (Eds.) *Perception of space and motion* (pp. 1 - 22). San Diego : Academic Press.

Fodor, J. A. & Pylyshyn, Z. W. 1981How direct is visual perception? : Some reflections on Gibson's "ecological approach". *Cognition*, 9, 139 - 196.

Gibson, J. J. 1950 *The perception of the visual world*. Boston : Houghton Mifflin.

Gibson, J. J. 1966 *The senses considered as perceptual systems*. Boston : Houghton Mifflin.

Gibson, J. J. 1979 *The ecological approach to visual perception*. Boston : Houghton Mifflin. 古崎敬・古崎愛子・辻敬一郎・村瀬旻(訳) 1983 生態学的視覚論 サイエンス社

Gregory, R.L. 1973 The confounded eye.In R.L. Gregory & E.H. Gonbrich (Eds.) *Illusion in the nature and art*. London : Duckworth.

Gregory, R. L. 1998 *Eye and brain : The psychology of seeing* (4 th ed.) Oxford : Oxford University Press.

Helmholtz, H. von 1910 *Handbuch der physiologischen Optik*. 3. Aufl., 3. Bd. Hamburg : Leopold Voss.

Hochberg, J. 1974 Higher-order stimuli and inter-response coupling in the perception of the visual world. In R. B. Macloed & H. L. Pick (Eds.) *Perception : Essay in honor of James J. Gibson* (pp. 17 - 39). Ithaca : Cornell University Press.

Hochberg, J. 1978 *Percption*. (2 nd ed.) New Jersey : Prentice-Hall. 上村保子(訳) 1981 知覚 岩波書店

Ittelson, W. H. 1960 *Visual space perception*. New York : Springer.

Ittelson, W. H. 1968 *The Ames demonstration in perception*. New York : Hafner Publishing Company.

Marr, D. 1982 *Vision : A computational investigation into the human representation and processing of visual information*. New York : W. H. Freeman. 乾敏郎・安藤広志(訳) 1987 ビジョン-視覚の計算理論と脳内表現 産業図書

Rock, I. 1983 *The logic of perception*. Cambridge, Massachusetts : MIT Press.

Shepard, R. N. 1981 Psychophysical complementarity. In. Kubovy, M. & Pomerantz, J. R. (Eds.) *Perceptual organization*. Hillsdale, New Jersey : Lawrence Erlbaum Associates.

Shepard, R. N. 1990 *Mind sights*. New York : Freeman. 鈴木光太郎・芳賀康朗(訳) 1993 視覚のトリック 新曜社

Ullman, S. 1980 Against direct perception. *The Behavioral and Brain Sciences*, 3, 373 - 415.

Woodworth, R. S. 1938 *Experimental psychology*. New York : Holt.

第6章

Bahrick, H.P. 1984 Semantic memory content in permastore : Fifty years of memory for Spanish learned in school. *Journal of Experimental Psychology : General*, 113, 1 - 35.

Bahrick, H.P., Bahrick, P.O. & Wittlinger, R.P. 1975 Fifty years of memory for names and faces : A cross-sectional approach. *Journal of Experimental Psychology : General*, 104, 54 - 75.

Bower, G.H., Clark, M.C., Lesgold, A.M. & Winzenz, D. 1969 Hierarchical retrieval schemes in recall of categorical word lists. *Journal of Verbal Learning and Verbal Behavior*, 8, 323 - 343.

Brooks, L.R. 1968 Spatial and verbal components of the act of recall. *Quarterly Journal of Experimental Psychology*, 10, 12 - 21.

Brown, R. & Kulik, J. 1977 Flashbulb memories. *Cognition*, 5, 73 - 99.

Conrad, C. 1964 Acoustic confusions in immediate memory. *British Journal of Psychology,* 55, 75 – 84.
Craik, F. I. M. & Lockhart, R.S. 1972 Levels of processing : A framework for memory research. *Journal of Verbal Learning and Verbal Behavior,* 11, 671 – 684.
Craik, F. I. M. & Watkins, M. J. 1973 The role of rehearsal in short-term memory. *Journal of Verbal Learning and Verbal Behavior,* 12, 599 – 607.
Godden, D.R. & Baddeley, A.D. 1975 Context-dependent memory in two natural environments : On land and under water. *British Journal of Psychology,* 66, 325 – 331.
Miller, G.A. 1956 The magical number seven, plus or minus two : Some limits on our capacity for processing information. *Psychological Review,* 63, 81 – 97.
Pavio, A. 1971 Imagery and verbal processes. New York : Holt.
Peterson, L.R. & Peterson, M.J. 1959 Short-term retenstion of individual items. *Journal of Experimental Psychology,* 58, 193 – 198.
Schnorr, J.A. & Atkinson, R.C. 1969 Repetition versus imagery instructions in the short-and long-term retention of paired associates. *Psychonomic Science,* 15, 183 – 184.
Standing, L., Conezio, J. & Haber, R.N. 1970 Perception and memory for pictures : Single-trial learning of 2560 visual stimuli. *Psychonomic Science,* 19, 73 – 74.
Sternberg, S. 1966 High-speed scanning in human memory. *Science,* 153, 652 – 654.
Tulving, E. & Thomson, D.M. 1973 Encoding specificity and retrieval processes in episodic memory. *Psychological Review,* 80, 352 – 373.
Waugh, N.C. & Norman, D.A. 1965 Primary memory. *Psychological Review,* 72, 89 – 104.
Wickens, D.D., Dalezman, R.E. & Eggemeier, F.T. 1976 Multiple encoding of word attributes in memory. *Memory & Cognition,* 4, 307 – 310.

第7章

Bahrick, H.P. 1984 Memory for people. In J.E. Harris, & P.E. Morris (Eds.) *Everyday memory, actions, & absent-mindedness.* London : Academic Press.
Bartlett, J.C. & Fulton, A. 1991 Familiarity and recognition of faces in old age. *Memory & Cognition,* 19, 229 – 238.
Bartlett, J.C., Hurry, S. & Thorley, W. 1984 Typicality and familiarity of faces. *Memory & Cognition,* 12, 219 – 228.
Bartlett, J.C., & Leslie, J.E. 1986 Aging and memory for faces versus single views of faces. *Memory & Cognition,* 14, 371 – 381.
Bartlett, J.C., Strater, L. & Fulton, A. 1991 False recency and false fame of faces in young adulthood and old age. *Memory & Cognition,* 19, 177 – 188.
Beales, S.A. & Parkin, A.J. 1984 Context and facial memory : The influence of different processing strategies. *Human Learning,* 3, 257 – 264.
Bower, G.H. & Karlin, M. B. 1974 Depth of processing pictures of faces and recognition memory. *Journal of Experimental Psychology,* 103, 751 – 757.
Brigham, J.C. 1986 The influence of race on face recognition. In H.D.Ellis, M.A. Jeeves, F.Newcombe, & A. Young. (Eds.) *Aspects of face processing.* Dordreght : Martinus Nijhoff.
Brown, E., Deffenbacher, K. & Stergil, W. 1977 *Memory for faces and the circumstances of encounter.* Journal of Applied Psychology, 62, 311 – 318. 富田達彦（訳）1988　観察された記憶（上）誠信書房
Bruce, V. 1982 Changing faces : Visual and nonvisual coding processes in face recognition. *British Journal of Psychology,* 73, 105 – 116.
Bruce, V. & Young, A.W. 1986 Underst and ing face recognition. *British Journal of Psychology,* 77, 305 – 327.
Bruce, V. 1988 *Recognising faces.* Hove : Lawrence Erlbaum Associates.
Carey, S. 1981 The development of face perception. In G. M. Davies, H.D. Ellis, & J. Shepherd (Eds.) *Perceiving and remembering faces.* London : Academic Press.
Chance, J.E. & Goldstein, A.G. 1981 Depth of processing in response to own-and other-race faces. *Personality and Social Psychology Bulletin,* 7, 475 – 480.

引用文献

Chance, J.E. & Goldstein, A.G. 1984 Face-recognition memory : Implications for children's eyewitness testimony. *Journal of Social Issues*, **40**, 69 – 85.

Chance, J.E., Goldstein, A.G. & Mcbride, L. 1975 Differential experience and recognition memory for faces. *Journal of Social Psychology*, **97**, 243 – 253.

Dalton, P. 1983 The role of stimulus familiarity in context-dependent recognition. *Memory and Cognition*, **21**, 223 – 234.

Davies, G. 1988 Faces & places : Laboratory research on context and face recognition. In G .M .Davies, & D . M.Thomson (Eds.) *Memory in context : Context in memory*. Chichester : John Wiley & Sons.

Davies, G., Stevenson-Robb, Y. & Flin, R. 1988 Tales out of school : Children'smemory for an unexpected event. In M .M . Gruneverg, P. E. Morris, & R. N. Sykes (Eds.) *Practical aspects of memory : Current research and issues, vol. 1*. Chichester : John Wiley & Sons.

Daw, P.S. & Parkin, A.J. 1981 Observations on the efficiency of two different processing strategies for remembering faces. *Canadian Journal of Psychology*, **35**, 351 – 355.

Deffenbacher, K.A. 1991 A maturing of research on the behaviour of eyewitnesses. *Applied Cognitive Psychology*, **5**, 377 – 402.

Egan, D., Pittner, M. & Goldstein, A.G. 1977 Eyewitness identification : photographs vs. live models. *Law and Human Behavior*, **1**, 199 – 206.

Ellis, H.D. 1984 Practical aspects of face memory. In G.L. Wells, & E. Loftus (Eds.) *Eyewitness testimony : Psychological perspectives*. Cambridge : Cambridge University Press.

Ellis, H.D., Davies, G.M. & Shepherd, J.W. 1977 Experimental studies of face identification. *National Journal of Criminal Defense*, **3**, 219 – 234.

Ellis, H.D., & Deregowski, J.B. 1981 Within-race and between-race recognition of transformed and untransformed faces. *American Journal of Psychology*, **94**, 27 – 36.

Flin, R. 1980 Age effects in children's memory for unfamiliar faces. *Developmental Psychology*, **16**, 373 – 374.

Geiselman, E. 1988 Improving eyewitness memory through mental reinstatement of context. In G. M. Davies, & D.M.Thomson (Eds.) *Memory in context : Context in memory*. Chichester : John Wiley & Sons.

Gibling, F., & Davies, G. 1988 Reinstatement of context following exposure to post-event information. *British Journal of Psychology*, **79**, 129 – 141.

Goldstein, A.G., & Chance, G.E. 1981 Laboratory studies of face recognition. In G. Davies, H. Ellis, & J. Shepherd (Eds.) *Perceiving and remembering faces*. London : Academic Press.

Goldstein, A.G., & Mackenberg,E. 1966 Recognition of human faces from isolated facial features : A developmental study. *Psychonomic Science*, **6**, 149 – 150.

Goodman, G.S. & Read, R.S. 1986 Age differences in eyewitness testimony. *Law and Human Behavior*, **10**, 317 – 332.

箱田裕司 1992 顔の記憶と目撃者の証言 IMAGO, 3 – 6, 124 – 133.

Harmon, L.D. 1973 The recognition of faces. *Scientific American*, **227**, 71 – 82.

Homa, D., Haver, B. & Schwartz, T. 1976 Perceptibility of schematic face stimuli : Evidence for a perceptual Gestalt. *Memory and Cognition*, **4**, 176 – 185.

市川伸一 (編著) 1991 心理測定法への招待：測定からみた心理学入門 サイエンス社

Jenkins, F. & Davies, G. 1985 contamination of facial memory through exposure to misleading composite pictures. *Journal of Applied Psychology*, **70**, 164 – 176.

Klatzky, R., Martin, G.L. & Kane, R.A. 1982 Semantic interpretation effects on memory for faces. *Memory and Cognition*, **10**, 195 – 206.

Krouse, F,L. 1981 Effects of pose, pose change and delay on face recognition performances. *Journal of Applied Psychology*, **6**, 651 – 654.

Light, L.L., Kayra-Stuart, F. & Hollander, S. 1979 Recognition memory for typical and unusual faces. *Journal of Experimental Psychology : Human Learning and Memory*, **5**, 212 – 228.

Loftus, E.F. 1979 *Eyewitness testimony*. Cambridge : Harvard university Press. 西本武彦 (訳) 1987 目撃者の証言 サイエンス社

Loftus, E.F., Miller, D.G. & Burns, H.J. 1978 Semantic integration of verbal information into a visual memory. *Journal of Experimental Psychology : Human Learning and Memory,* **4**, 19 – 31.

Loftus, E.F. & Palmer, J.C. 1974 Reconstruction of automobile destruction : An example of the interaction between language and memory. *Journal of Verbal Learning and Verbal Behavior*, **13**, 585 – 589.

Logie, R.H., Baddeley,A.D. & Woodhead, M.M. 1987 Face recognition, pose and ecological validity. *Applied Cognitive Psychology,* **1**, 53 – 69.

Malpass, R.S. 1981 Training in face recognition, In G. Davies, H.Ellis, & J.Shepherd (Eds.) *Perceiving and remembering faces.* London : Academic Press.

松沢哲郎1991チンパンジーから見た世界 東京大学出版会

McNicol, D. 1972 *A primer of signal detection theory.* London : George Allen & Unwin.

Memon, A., & Bruce, V. 1983 The effects of encoding strategy and context change on face recognition. *Human learning,* **2**, 313 – 326.

Naka, M., Itsukushima,Y., & Itoh, Y. 1996 Eyewitness testimony after three months : A Field study on memory for an incident in everyday life. *Japanese Psychological Research,* **38**, 14 – 24.

Neisser, U. 1978 Memory : What are the important questions? In M. M Gruneberg, P.E. Morris & R.N Sykes (Eds.) *Practical aspects of memory.* London : Academic Press.

越智啓太 1998 目撃者に対するインタビュー手法：認知インタビュー研究の動向 犯罪心理学研究, **36**, 49 – 66.

Pastore, R.E., & Scheirer, C.J. 1974 Signal detection theory : Considerations for general application. *Psychological Bulletin,* **81**, 945 – 958.

Patterson, K., & Baddeley, A. D. 1977 When face recognition fails. *Journal of Experimental Psychology : Human Learning & Memory,* **3**, 406 – 417.

Penry, J. 1971 *Looking at faces and remembering them.* London : Elek Books.

Podd, J. 1990 The effects of memory load and delay on facial recognition. *Applied Journal of Psychology,* **4**, 47 – 59.

Rae, G. 1976 A non-parametric measure of recognition performance. *Perceptual and Motor Skills,* **42**, 98.

Rodin, M.J. 1987 Who is memorable to whom : A study of cognitive disregard. *Social Cognition,* **5**, 144 – 165.

Sergent, J. 1986 Microgenesis of face perception. In H.D. Ellis, M.A. Jeeves, F.Newcombe, & A.Young, (Eds.) *Aspects of face processing.* Dordreght : Martinus Nijhoff.

Sergent, J. 1989 Structural processing of faces. In A.W.Young, & H.D.Ellis (Eds.) *Handbook of research on face processing.* Amsterdam : North-Holland.

Shepherd, J.W., Ellis, H.D. & Davies, G.M. 1977 *Perceiving and remembering faces.* Technical report to the Home Office under contract POL／73／1675／24／1.

Shepherd, J.W., Ellis, H.D. & Davies, G.M. 1982 *Identification evidence : A psychological evaluation.* Aberdeen : Aberdeen University Press.

Shepherd, J.W., Ellis, H.D., McMurran, M. & Davis,G.M. 1978 Effect of character attribution on photofit construction of a face. *European Jounal of Social Psychology,* **8**, 263 – 268.

Shepherd, J.W., Gibling, F. & Ellis, H.D. 1991 The effects of distinctiveness, presentation time and delay on face recognition. *The European Journal of Cognitive Psychology,* **3**, 137 – 145.

Snodgrass, J.G. & Corwin, J. 1988 Pragmatics of measuring recognition memory : Applications to dementia and amnesia. *Journal of Experimental Psychology : General,* **117**, 34 – 50.

Swets, J.A. (Ed.) 1964 *Signal detection and recognition by human observers : Contemporary readings.* New York : John Wiley & Sons.

Tanaka, J.W. & Farah, M. J. 1993 Parts and Wholes in face recognition. *Quarterly Journal of Experimental Psychology : Human Experrimental Psychology,* **46A**, 225 – 245.

Thompson, P. 1980 Margaret Thatcher. A new illusion. *Perception,* **9**, 483 – 484.

Valentine, T. 1991 A unified account of the effects of distinctiveness, inversion, and race on face recognition. *Quarterly Journal of Experimental Psychology,* **43A**, 161 – 204.

Valentine, T. & Endo, M. 1992 Towards an exemplar model of face processing : The effects of race and distinctiveness. *Quarterly Journal of Experimental Psychology,* 44A, 671 – 703.
Watkins, M.J., Ho, E. & Tulving, E. 1976 Context effects in recognition memory for faces. *Journal of Verbal Learning and Verbal Behavior,* 15, 505 – 517.
Winograd, E. 1981 Elaboration and distinctiveness in memory for faces. *Journal of Experimental Psychology : Learning, Memory, and Cognition,* 7, 181 – 190.
Woodhead, M.M., Baddeley, A.D. & Simmonds, D.C.V. 1979 On training people to recognize faces. *Ergonomics,* 22, 333 – 343.
Yarbus, A.L. 1967 *Eye movement and vision.* New York : Plenum Press.
吉川左紀子　1985　顔の再認記憶における意味処理優位性．追手門学院大学文学部紀要，24，73 – 89.
Yoshikawa, S. 1990 Recognition memory for own-and other-race faces after physical and sociosemantic judgements. Paper presented at the 22nd International Congress of Applied Psychology. Kyoto, Japan.
吉川左紀子　1991　人種の異なる顔の形態記述の分析：日英被験者による記述資料の比較　追手門学院大学文学部紀要，25，83 – 95.
吉川左紀子　1993　顔の記憶．吉川・益谷・中村（編）顔と心：顔の心理学入門　サイエンス社
吉川左紀子　1997　顔の再認記憶課題における既知情報との連合方略の有効性　日本心理学会第61回大会発表論文集，795.
吉川左紀子　1999　顔の再認記憶に関する実証的研究　風間書房

第8章

Algom, D., Wolf, Y. & Bergman, B. 1985 Integration of stimulus dimensions in perception and memory : Composition rules and psychophysical relations. *Journal of Experimental Psychology : General,* 114, 451 – 471.
Bahrick, H. P. 1983 The cognitive map of a city : Fifty years of learning and memory. G. Bower（Ed.）*The Psychology of Learning and Motivation : Advances in Research and Theory,* Vol. 17.（pp. 125 – 163）. New York : Academic Press.
Barclay, C. R. & Wellman, H. M. 1986 Accuracies and inaccuracies in autobiographical memories. *Journal of Memory and Language,* 25, 93 – 103.
Barsalou, L. W. 1992 *Cognitive Psychology : An overview for cognitive scientists.* Hillsdale, New Jersey : LEA.
Bartlett F. C. 1932 *Remembering : A study in experimental and social psychology.* London : Cambridge University Press.　宇津木保・辻正三（訳）1983想起の心理学　誠信書房
Bradburn, N. M., Rips, L. J. & Shevell, S. K. 1987 Answering autobiographical questions : The impact of memory and inference on surveys. *Science,* 236, 157 – 161.
Burt, C. D. B. & Kemp, S. 1991 Retrospective duration estimation of public events. *Memory & Cognition,* 19（3）, 252 – 262.
Ebbinghaus, H. 1913 *Memory : A contribution to experimental psychology.* New York : Dover Publications.　宇津木保・望月衛閲（訳）1978　記憶について—実験心理学への貢献　誠信書房
Evans, G. W. 1980 Environmental Cognition. *Psychological Bulletin,* 88（2）, 259 – 287.
Hasher, L. & Zacks, R. T. 1979 Automatic and effortful processes in memory. *Journal of Experimental Psychology : General,* 108（3）, 356 – 388.
Intraub, H. & Richardson, M. 1989 Wide-angle memories of close-up scenes. *Journal of Experimental Psychology : Learning, Memory and Cognition,* 15（2）, 179 – 187.
Kemp, S. 1988 Memorial psychophysics for visual area : the effect of retention interval. *Memory & Cognition,* 16（5）, 431 – 436.
Kerst, S. M. & Howard, J. H., Jr. 1978 Memory psychophysics for visual area and length. *Memory & Cognition,* 6（3）, 327 – 335.
Lea, G. 1975 Chronometric analysis of the method of loci. *Journal of Experimental Psychology : Human Perception and Performance,* 1, 95 – 104.
Levie, W. H. 1987 Research on pictures : A guide to the literature. In D. M. Willows & H. A. Houghton（Eds.）*The Psychology of illustration*（pp. 1 – 50）. New York : Springer-Verlag.

Loftus, E. F. & Ketcham, K. 1994 *The myth of repressed memory.* New York : St. Martin's Press. 仲真紀子（訳）2000 抑圧された記憶の神話 誠信書房
McNamara, T. P., Altarriba, J., Bendele, M., Johnson, S. C. & Clayton, K. N. 1989 Constraints on priming in spatial memory : Naturally learned versus experimentally learned environments. *Memory & Cognition,* 17 (4), 444-453.
森　敏昭 1992 日常記憶研究の生態学的妥当性　広島大学紀要, 41 (1), 123-129.
Naka, M., & Minami, K. 1991 Memory psychophysics for areas : Distortion in a natural memory of a school campus. *Perceptual and Motor Skills,* 73, 995-1003.
仲真紀子　1997「見たこと」は信頼できるか：目撃証言　海保博之（編）「温かい認知」の心理学　金子書房　Pp. 243-260.
Naka, M. 1995 One-to twenty-year memory of a school campus : areas and objects. *Japanese Psychological Research,* 37 (2), 91-102.
Naka M., Itsukushima, Y. & Itoh, Y. 1996 Eyewitness testimony after three months : a field study on memory for an incident in everyday life. *Japanese Psychological Research,* 38 (1), 14-24.
Neisser, U. (Ed.) 1982 *Memory Observed : Remembering in natural contexts.* San Francisco : Freeman.
Neisser, U. 1981 John Dean's memory : A case study. *Cognition,* 9, 1-22.
Neisser, U. & Winograd (Eds.) 1988 *Remembering reconsidered : Eclogical and traditional approaches to the study of memory.* Cambridge : Cambridge University Press.
大黒清治　1961　時間評価研究の概観　心理学研究, 32 (1), 44-54.
大島裕子・岡市広成　1990　キャンパスにおける距離の判断におよぼす経験および性差の効果　心理学研究, 61 (3), 170-176.
Okabayashi, H. & Glynn, S. M. 1984 Spatial cognition : Systematic distortions in cognitive maps. *The Journal of General Psychology,* 111, 271-279.
Salmaso, P., Baroni, M. R., Job, R. & Peron, M. E. 1983 Schematic information, attention, and memory for places. *Journal of Experimental Psychology : Learning, Memory, and Cognition,* 9 (2), 263-268.
Spiro, R. J. 1980 Accommodative reconstruction in prose recall. *Verbal Learning and Verbal Behavior,* 19, 84-95.
Stevens, A. & Coupe, P. 1978 Distortions in judged spatial relations. *Cognitive Psychology,* 10, 422-437.
高橋雅延　1997　偽りの性的虐待の記憶をめぐって　聖心女子大学論叢, 89, 91-114.
Tversky, B. 1981 Distortions in memory for maps. *Cognitive Psychology,* 13, 407-433.
Tversky, B. 1992 Distortions in cognitive maps. *Geoforum,* 23 (2), 131-138.
Waddell, K. J. & Rogoff, B. 1987 Contextual organization and intentionality in adults' spatial memory. *Developmental Psychology,* 23, 514-520.

第9章

Atkinson, R. C. & Shiffrin, R. M. 1968 Human memory : A proposed system and its control processes. In K. W. Spence & J. T. Spence (Eds.) *The psychology of learning and motivation : Advances in research and theory* (Vol.2). New York : AcademicPress.
Belli, R. F. 1989 Influences of misleading postevent information : Misinformation interference and acceptance. *Journal of Experimental Psychology. General,* 11, 72-85.
Carmichael, L. C., Hogan, H. P. & Walter, A. A. 1932 An experimental study of the effects of language on the reproduction of visually perceived forms. *Journal o Experimental Psychology,* 15, 73-86.
Ceci, S. J., Ross, D. F. & Toglia, M. P. 1987 Suggestibility of children's memory : Psychological implications. *Journal of Experimental Psychology : General,* 116, 38-49.
Cole, W. G. & Loftus, E. F. 1979 Incorporating new information into memory. *American Journal of Psychology,* 92, 413-425.
Craik F. I. M. & Lockhart, R. S. 1972 Levels of processing : A framework for memoryresearch. *Journal of Verbal Learning and Verbal Behavior,* 11, 671-684.
Garry, M. 1993 *Susceptibility to memory distortions as a function of skill.* Unpublished doctoral dissertation, The University of Connecticut, Storrs.

Gentner, D. & Loftus, E. F. 1979 Integration of verbal and visual information as evidenced by distortions in picture memory. *American Journal of Psychology,* **92**, 363 – 375.

Greense, E., Flynn, M. S. & Loftus, E. F. 1982 Inducing resistance to misleading information. *Journal of Verbal Learning and Verbal Behavior,* **21**, 207 – 219.

Hall, D. F., Loftus, E. P. & Tousignant, J. P. 1984 Postevent information and changes in recollection for a natural event. In Wells, G. & Loftus, E.(Eds.) *Eyewitness Testimony : Psychological Perspectives.* Cambridge : Cambridge University Press. pp. 124 – 141.

Hanawalt, N. G. & Demerest, I. H. 1939 The effect of verbal suggestion in the recall period upon the reproduction of visually perceived forms. *Journal of Experimental Psychology,* **25**, 159 – 174.

Jacoby, L. L. 1983 Remembering the data : Analyzing interactive processes in reading. *Journal of Verbal Learning and Verbal Behavior,* **17**, 649 – 667.

Lindsay, D. S. & Johnson, M. K. 1987 Reality monitoring and suggestibility : Children's ability to discriminate among memories for different sources. In S. J. Ceci, M. P. Toglia & D. F. Ross (Eds.) *Children's eyewitness memory* (92 – 121). NewYork : Springer-Verlag.

Lindsay, D. S. & Johnson, M. K. 1989 The eyewitness suggestibility effect and memory for source. *Memory & Cognition,* **17**, 349 – 358.

Loftus, E. F. 1975 Leading questions and the eyewitness report. Cognitive. *Psychology,* **7**, 560 – 572.

Loftus, E. F. 1979a *Eyewitness Testimony.* Cambridge, MA : Harvard University Press.

Loftus, E. F. 1979b The Malleability of Human Memory. *American Scientist,* **67**, 312 – 320.

Loftus, E. F. 1980 *Memory.* Reading, MA : Addison-Wesley.

Loftus, E. F. 1991 Made in memory : Distortions of recollection after misleading information. G. H. Bower. (Ed.) *Psychology of Learning and Motivation.* NY : Academic Press.

Loftus, E. F., Donders, K., Hoffman, H. G. & Schooler, J. W. 1989 Creating new memories that are quickly accessed and confidently held. *Memory & Cognition,* **17**, 607 – 616.

Loftus, E. F. & Hoffman, H. G. 1989 Misinformation and memory : The creation of new memories. *Journal of Experimental Psychology : General*, **118**, 100 – 104.

Loftus, E. F., Levidow, B. & Duensing, S. 1992 Who remembers best? Individual differences in memory for event that occurred in a science museum. *Applied Cognitive Psychology,* **6**, 93 – 107.

Loftus, E. F. & Loftus, G. R. 1980 On the permanence of stored information in the human brain. *American Psychologist,* **35**, 409 – 420.

Loftus, E. F., Miller, D. G. & Burns, H. J. 1978 Semantic integration of verbalinformation into a visual memory. *Journal of Experimental Psychology : Human Learning & Memory,* **4**, 19 – 31.

Loftus, E. F. & Palmer, J. C. 1974 Reconstruction of automobile accident destruction : An example of the interaction between language and memory. *Journal of Verbal Learning and Verbal Behavior,* **13**, 585 – 589.

McCloskey, M. & Zaragoza, M. S. 1985 Misleading postevent information and memory for events : Arguments and evidence against memory impairment hypotheses. *Journal of Experimental Psychology : General,* **114**, 1 – 16.

Roediger, H. L. 1990a Implicit memory : Retention without remembering. *American Psychologist,* **45**, 1043 – 1056.

Roediger, H. L. 1990b Implicit memory : A commentary. *Bulletin of the Psychonomic Society,* **28**, 373 – 380.

Srivivas, K. & Roediger, H. L. 1990 Testing the nature of two implicit tests : Dissociations between conceptually-driven and data-driven processes. *Journal of Memory and Language,* **29**, 389 – 412.

Thomson, D. M. & Tulving, E. 1970 Associative encoding and retrieval : Weak and strong cues. *Journal of Experimental Psychology*, **86**, 255 – 262.

Toglia, M. P. 1991 Memory impairment : It is more common than you think. In J, Doris (Ed.) *The suggestibility of children's recollections. : Implications for eyewitness testimony* (pp. 40 – 46).Washington, DC : American Psychological Association.

Toglia, M. P., Hembrooke, H., Ceci, S. J. & Ross, D. F. 1992 Misleading Information and Source *Misattribution Errors from Complex Text.* Presented at the APS convention, San Diego, CA.

Tousignant, J. P., Hall, D. & Loftus, E. F. 1986 Discrepancy detection and vulnerability to misleading post-event information. *Memory & Cognition,* 14, 329-338.

Tversky, B. & Tuchin, M. 1989 A reconciliation of the evidence on eyewitness testimony : Comments of McCloskey and Zaragoza (1985) *Journal of Experimental Psychology : General,* 118, 86-91.

Weingardt, K. R., Toland, H. K. & Loftus, E. F. 1994 Reports of suggested memories : Do people truly believe them? In D. Ross, J. D. Read, & M. P. Toglia, (Eds.) *Adult eyewitness testimony : Current trends and developments.* Cambridge University Press.

Witkinson, J. 1988 Context effects in children's event memory. In M. M. Grunerberg, P. E. Moris, & R. N. Sykes (Eds.) *Practical aspects of memory : Current research issues* (pp. 107-111). Chichester, England : wiley.

Zaragoza, M. S. 1991 Preschool children's susceptibility to memory impairment. In J. Doris (Ed.) *The suggestibility of children's recollections ; Implications for eyewitness testimony* (pp. 27-39). Washington, DC : American Psychological Association.

Zaragoza, M. S. & Koshmider, J. W. Ⅲ. 1989 Misled subjects may know more than their performance implies. *Journal of Experimental Psychology : Learning, Memory & Cognition,* 15, 246-255.

Zaragoza, M. S. & McCloskey, M. 1989 Misleading postevent information and the memory impairment hypotheses : Comment on Belli and reply to Tversy and Tuchin. *Journal of Experimental Psychology ; General,* 118, 92-99.

第10章

Bar-Hillel, M. 1984 Probabilistic analysis in legal factfinding. *Acta Psychologica,* 56, 267-284.

Borel, É. *Les probabilités et la vie.* Collection QUE-SAIS-JE ? No. 91. 平野次郎 （訳）1967 改訳：確率と生活　文庫クセジュ　白水社

Cohen, L. J. 1981 Can human irrationality be experimentally demonstrated ? *The Behavioral and Brain Sciences,* 1981, 4, 317-370.

Cohen, L. J. 1989 *An introduction to the philosophy of induction and probability.* Clarendon Press.

Fairley, W. B. & Mosteller, F. 1974 A conversation about Collins. *The University of Chicago Law Review,* 41, 242-253.

Green, D. M. & Swets, J.A. 1966 *Signal Detection Theory and Psychophysics.* Wiley.

Hancock, J. & Wintz, P. 1966 *Signal Detection Theory.* McGraw-Hill.　滑川敏彦・曽我部秀一　（訳）　1974　信号検出理論　森北出版

Hastie, R. (Ed.) 1993 *Inside the Juror : The Psychology of Juror decision making.* Cambridge Univ. Press.

Hempel, C.G. 1945 Studies in the logic of confirmation. Mind, 54, 1-26.

Hogarth, R. 1987 *Judgement and Choice.* Wiley.

市川伸一　1998　確率の理解を探る：3囚人問題とその周辺　共立出版

小谷津孝明　1973　統計的決定　心理学研究法　17　モデル構成　東大出版

松原望　1977　意思決定の基礎　朝倉書店

太田勝造　1982　裁判における証明論の基礎　弘文堂

繁桝算男　1985　ベイズ統計入門　東大出版

Tribe, L. H. 1971 Trial by mathematics : Precision and ritual in the legal process. *Harvard Law Review,* 84, 1329-1393.

Tversky, A. & Kahneman, D. 1983 Extensional versus intuitive reasoning : The conjunction fallacy in probability judgment. *Psychological Review,* 90, 293-315.

Walford, G.,Tayor, H., A. & Beck, J.R. 1990 The conjunction fallacy ? *Memory & Cognition,* 18, 47-53.

Wells, G.L. & Turtle, J.W. 1986 Eyewitness identification : The importance of lineupmodels. *Psychological Bulletin,* 99, 320-329.

第11章

Adorno, T.W., Frenkel-Brunswik, E., Levinson, D.J. & Sanford, R.N. 1950 *The authoritarian personality.* Harper.　田中義久・矢沢修次郎・小林修一（訳）1980　権威主義的パーソナリティ　青木書店

Ambrosio, A.L. & Sheenan, E.P. 1990 Factor analysis of the just world scale. *Journal of Social Psychology,* 130, 413-415.

引用文献

Andersen, S.M. & Cole, S.W. 1990 "Do I know?" : The role of significant others in general social perception. *Journal of Personality and Social Psychology,* 59, 384-399.

Asch, S.E. 1951 Effects of group pressure upon the modification and distortion of judgments. In H. Guetzkow (Ed.) *Groups, leadership and men.* Pittsburgh : Carnegie Press. 三隅二不二・佐々木 薫（訳編）1960 グループ・ダイナミックスⅠ 誠信書房 Pp. 227-255.

Bothwell, R.K., Brigham, J.C. & Malpass, R.S. 1989 Cross-racial identification. *Personality and Social Psychology Bulletion,* 15, 19-25.

Bray, R.M. & Noble, A.M. 1978 Authoritarianism and decisions of mock juries : Evidence of jury bias and group polarization. *Journal of Personality and Social Psychology,* 36, 1425-1430.

Brigham, J.C. & Ready, D.J. 1985 Own-race bias in lineup construction. *Law and Human Behavior,* 9, 415-424.

Brock, T.C. & Buss, A.H. 1962 Dissonance, aggression, and evaluation of pain. *Journal of Abnormal and Social Psychology,* 65, 197-202.

Davis, J.H., Tindale, R.S., Nagao, D.H., Hinsz, V.B. & Robertson, B. 1984 Order effects in multiple decisions by groups : A demonstration with mock juries and trial procedures. *Journal of Personality and Social Psychology,* 47, 1003-1012.

Dion, K., Berscheid, E. & Walster, E. 1972 What is beautiful is good. *Journal of Personality and Social Psychology,* 24, 285-290.

Efran, M.G. 1974 The effect of physical appearance on the judgement of guilt, interpersonal attraction, and severity of recommended punishment in a simulated jury task. *Journal of Research in Personality,* 18, 45-54.

Erickson, B., Lind, E.A., Johnson, B.C. & O'Barr, W.M. 1978 Speech style and impression formation in a court setting : The effects of "powerful" and "powerless" speech. *Journal of Experimental Social Psychology,* 14, 266-279.

Eysenk, H.J. & Furneaux, W.F. 1945 Primary and secondary suggestibility : An experimental and statistical study. *Journal of Psychology,* 35, 485-503.

Frager, R. 1970 Conformity and anticonformity in Japan. *Journal of Personality and Social Psychology,* 15, 203-210.

Freedman, J.L., Wallington, S.A. & Bless, E. 1967 Compliance without pressure : The effect of guilt. *Journal of Personality and Social Psychology,* 7, 117-124.

Furnham, A. & Gunter, B. 1984 Just world beliefs and attitudes towards the poor. *British Journal of Social Psychology,* 23, 265-269.

Glass, D.C. 1964 Changes in liking as a means of reducing cognitive discrepancies between self-esteem and aggression. *Journal of Personality,* 32, 520-549.

Gudjonsson, G.H. 1983 Suggestibility, intelligence, memory recall and personality : An experimental study. *British Journal of Psychiatry,* 142, 35-37.

Gudjonsson, G.H. 1984 A new scale of interrogative suggestibility. *Personality and Individual Differences,* 5, 303-314.

Gudjonsson, G.H. 1987a Historical background to suggestibility : How interrogative suggestibility differs from other types of suggestibility. *Personality and Individual Differences,* 8, 347-355.

Gudjonsson, G.H. 1987b A parallel form the Gudjonsson Suggestibility Scale. *British Journal of Clinical Psychology,* 26, 215-221.

Gudjonsson, G.H. 1989 Compliance in an interrogative situation : A new scale. *Personality and Individual Differences,* 10, 535-540.

Gudjonsson, G.H. 1991 The effects of intelligence and memory on group differences in suggestibility and compliance. *Personality and Individual Differences,* 12, 503-505.

Gudjonsson, G.H. 1992 *The psychology of interrogation, confessions and testimony.* John Wiley & Sons. 庭山英雄・渡部保夫・浜田寿美男・村岡啓一・高野隆（訳）1994 取調べ・自白・証言の心理学 酒井書店

Gudjonsson, G.H. & Clark, N.K. 1986 Suggestibility in police interrogation : A social psychological model. *Social Behaviour*, **1**, 83 – 104.
Hafter, C.L. & Olson, J.M. 1989 Belief in a just world and reactions to personal deprivation. *Journal of Personality*, 57, 799 – 823.
原岡一馬　1991　証言と事実認定　木下富雄・棚瀬孝雄（編）法の行動科学（応用心理学講座５）福村出版　Pp. 218 – 237.
Hornik, J. 1987 The effect of touch and gaze upon compliance and interest of interviewees. *Journal of Social Psychology*, 127, 681 – 683.
Hyland, M.E. & Dann, P.L. 1987 Exploratory factor analysis of the just world scale using British undergraduates. *British Journal of Social Psychology*, 26, 73 – 77.
Janis, I.L. 1972 *Victims of groupthink : A psychological study of foreign-policy decisions and fiascoes.* Houghton Mifflin.
Jones, E.E., Wood, G.C. & Quattrone, G.A. 1981 Perceived variability of personal characteristics in ingroup and outgroups : The role of knowledge and evaluation. *Personality and Social Psychology Bulletin*, **7**, 523 – 528.
Kameda, T. 1991 Procedural influence in small-group decision making : Deliberation style and assigned decision rule. *Journal of Personality and Social Psychology*, 61, 245 – 256.
Kanekar, S., Kolsawalla, M.B. & D' Souza, A. 1981 Attribution of responsibility to a victim of rape. *British Journal of Social Psychology*, 20, 165 – 170.
Kanekar, S., Pinto, N.J.P. & Mazumadar, D. 1985 Causal and moral responsibility of victim of rape and robbery. *Journal of Applied Social Psychology*, 15, 622 – 637.
Kanekar, S. & Vaz, L. 1983 Determinants of perceived likelihood of rape and victim's fault. *Journal of Social Psychology*, 120, 147 – 148.
Kaplan, M.F. 1977 Discussion polarization effects in a modified jury decision paradigm : Informational influences. *Sociometry*, 40, 262 – 271.
Kleinke, C.L. 1977 Compliance to requests made by gazing and touching experimenters in field settings. *Journal of Experimental Social Psychology*, 13, 218 – 223.
Kulka, R.A. & Kessler, J.B. 1978 Is justice really blind？: The influence of litigant physical attractiveness on juridical judgment. *Journal of Applied Social Psychology*, **8**, 366 – 381.
Landy, D. & Aronson, E. 1969 The influence of the character of the criminal and his victim on the decisions of simulated jurors. *Journal of Experimental Social Psychology*, **5**, 141 – 152.
Lerner, M.J. & Simmons, C.H. 1966 Observer's reaction to the "innocent victim" : Comparison or rejection？ *Journal of Personality and Social Psychology*, **4**, 203 – 210.
Lerner, M.J. & Miller, D.T. 1978 Just world research and the attribution process : Looking back and ahead. *Psychological Bulletin*, 85, 1030 – 1051.
Liebrand, W.B.G., Messick, D.M. & Wolters, F.J.M. 1986 Why we are fairer than others : A cross-cultural replication and extension. *Journal of Experimental Social Psychology*, 22, 590 – 604.
Lind, E.A., Erickson, B., Conley, J. & O' Barr, W.M. 1978 Social attributions and conversation style in trial testimony. *Journal of Personality and Social Psychology*, 36, 1558 – 1567.
Lipkus, I. 1991 The construction and preliminary validation of a global belief in a just world scale and the exploratory analysis of the multidimensional belief in a just world scale. *Personality and Individual Differences*, 12, 1171 – 1178.
Loftus, E.F. 1981 Metamorphosis : Alterations in memory produced by the mental bonding of new information to old. *Attention and Performance* IX, 417 – 434.
Loftus, E.F., Miller, D.G. & Burns, H.J. 1978 Semantic integration of verbal information into a visual memory. *Journal of Experimental Psychology : Human Learning and Memory*, **4**, 19 – 31.
Malpass, R.S. & Kravitz, J. 1969 Recognition for faces of own and other race. *Journal of Personality and Social Psychology*, 13, 330 – 334.
Marks, G. & Miller, N. 1987 Ten years of research on the false-consensus effect : An empirical and theoreti-

cal review. *Psychological Bulletin,* 102, 72 – 90.
Messick, D.M. & Sentis, K.P. 1983 Fairness, preference, and fairness biases. In D.M. Messick & K.S. Cook (Eds.) *Equity theory : Psychological and sociological perspectives.* New York : Praeger. Pp.61 – 94.
Messick, D.M., Bloom, S., Boldizar, J.P. & Samuelson, C.D. 1985 Why we are fairer than others. *Journal of Experimental Social Psychology,* 21, 480 – 500.
Michell, H.E. & Byrne, D. 1973 The defendant's dilemma : Effects of jurors' attitude and authoritarianism. *Journal of Personality and Social Psychology,* 25, 123 – 129.
Milberg, S. & Clark, M.S. 1988 Mood and compliance. *British Journal of Social Psychology,* 27, 79 – 90.
Moscovici, S. & Zavaloni, M. 1969 The group as a polarizer of attitudes. *Journal of Personality and Social Psychology,* 12, 125 – 135.
Murphy-Berman, V. & Berman, J.J. 1990 The effect of respondents' just world beliefs and target person's social worth and awareness-of-risk on a person with AIDS. *Social Justice Research,* 4, 215 – 228.
Myers, D.G. & Lamm, H. 1976 The group polarization phenomenon. *Psychological Bulletin,* 83, 602 – 627.
Nemeth, C. 1981 Jury trials : Psychology and law. In L.Berkowitz (Ed.) *Advances in experimental social psychology,* Vol.14,. New York : Academic Press. Pp. 309 – 367.
O'quin, K. & Volger, C.C. 1989 Effects of just world beliefs on perceptions of crime perpetrators and victims. *Social Justice Research,* 3, 47 – 56.
Park, B. & Rothbert, M. 1982 Perception of outgroup homogeneity and levels of social categorization ; Memory for the subordinate attributes of ingroup and outgroup members. *Journal of Personality and Social Psychology,* 42, 1051 – 1068.
Perrin, S. & Spencer, C. 1981 Independence or conformity in the Asch experiment as a reflection of cultural and situational factors. *British Journal of Social Psychology,* 20, 205 – 209.
Peterson, B.E., Doty, R.M. & Winter, D.G. 1993 Authoritarianism and attitudes towards contemporary social issues. *Personality and Social Psychology Bulletin,* 19, 172 – 184.
Piehl, J. 1977 Integration of information in the "courts" : Influence of physical attractiveness on amount of punishment for a traffic offender. *Psychological Reports,* 41, 551 – 556.
Quattrone, G.A. & Jones, E.E. 1981 The perception of variability within ingroup and outgroups. *Journal of Personality and Social Psychology,* 38, 141 – 152.
Register, P.A. & Kihlstorm, J.F. 1988 Hypnosis and interrogative suggestibility. *Personality andIndividual Differences,* 9, 549 – 558.
Ross, L., Greene, D. & Hause, P. 1977 The "false consensus effect" : An egocentric bias in social perception and attribution processes. *Journal of Experimental Social Psychology,* 13, 279 – 301.
Rubin, Z. & Peplau, A. 1973 Belief in a just world and reactions to another's lot. *Journal of Social Issues,* 29, 73 – 93.
Rubin, Z. & Peplau, A. 1975 Who believes in a just world ? *Journal of Social Issues,* 31, 65 – 89.
Shapiro, P.N. & Penrod, S.D. 1986 Meta-analysis of facial identification studies. *Psychological Bulletin,* 100, 139 – 156.
Shaver, K.G. 1970 Defensive attribution : Effects of severity and relevance on the responsibility assigned for an accident. *Journal of Personality and Social Psychology,* 14, 101 – 113.
Shepperd, B.H. & Vidmar, N. 1980 Adversary pretrial procedures and testimonial evidence : Effects of lawyer's role and Machiavellianism. *Journal of Personality and Social Psychology,* 39, 320 – 332.
Sigall, H. & Ostrove, N. 1975 Beautiful but dangerous : Effects of offender attractiveness and nature of the crime on juridical judgment. *Journal of Personality and Social Psychology,* 31, 410 – 414.
Stephan, C. & Tully, J.C. 1977 The Influence of physical attractiveness of a plaintiff on the decisions of simulated jurors. *Journal of Social Psychology,* 101, 149 – 150.
Stewart, J.E. II 1980 Defendant's attractiveness as a factor in the outcome of traits. *Journal of Applied Social Psychology,* 10, 348 – 361.
Tanaka, K. 1993 Egocentric biases in perceived fairness : Is it observed in Japan ? *Social Justice Research,* 6, 273 – 285.

Tanaka, K. & Takimoto, S. 1997 Effects of interpersonal affect upon fairness judgment. *Japanese Psychological Research,* **39**, 312 – 322.
Vidmar, N.V. & Laird, N.M. 1983 Adversary social roles : Their effects on witnesses' communication of evidence and the assessments of adjudicators. *Journal of Personality and Social Psychology,* **44**, 888 – 898.
Wilder, D.A. 1984 Predictions of belief homogeneity and similarity following social categorization. *British Journal of Social Psychology,* **23**, 323 – 333.
Witt, L.A. 1989 Authoritarianism, knowledge of AIDS, and affect towards persons with AIDS : Implications for health education. *Journal of Applied Social Psychology,* **19**, 599 – 607.

第12章

Alper, A., Buckhout, R., Chern, S., Harwood, R. & Slomovits, M. 1976 Eyewitness identification : Accuracy of individual vs. composite recollections of a crime. *Bulletin of the Psychonomic Society,* **8**, 147 – 149.
Atkinson, J. M. & Drew, P. 1979 *Order in court : The organisations of verbal interaction in judicial settings.* London : Macmillan Press.
Bartlett, F. C. 1932 *Remembering : A study in experimental and social psychology.* Cambridge : Cambridge University Press. 宇津木　保・辻　正三（訳）1983　想起の心理学　誠信書房
Bennet, W. L. & Feldman, M. S. 1981 *Reconstructing reality in the courtroom.* New Brunswick : Rutgers University Press.
ブランギエ，J.C.　大浜幾久子（訳）1985　ピアジェ晩年に語る　国土社
Clark, N. K. & Stephenson, G. M. 1989 Group remembering. In P. Paulus（Ed.）*Psychology of group influence* （2 nd. edi.）Hillsdale : Lawrence Erlbaum. Pp. 357 – 391.
Clark, N. K., Stephenson, G. M. & Kniveton, B. H. 1990 Social remembering : Qualitative aspects of individual and collaborative remembering by police officers and students. *British Journal of Psychology,* **81**, 73 – 94.
Edwards, D. & Mercer, N. 1987 *Common knowledge : The development of understanding in the classroom.* New York : Routledge.
Edwards, D. & Middleton, D. 1988 Conversational remembering and family relationships : How children learn to remember. *Journal of Social and Personal Relationships,* **5**, 3 – 25.
Edwards, D. & Potter, J. 1992a The Chancellor's memory : Rhetoric and truth in discursive remembering. *Applied Cognitive Psychology,* **6**, 187 – 215.
Edwards, D. & Potter, J. 1992b *Discursive Psychology.* London : Sage.
Gergen, K. 1994 Mind, text, and society : Self-memory in social context. In U.Neisser & R. Fivush（Eds.）*The remembering self : Construction and accuracy in the self-narrative.* Cambridge : Cambridge University Press. Pp. 78 – 104.
浜田寿美男　1986　証言台の子どもたち　日本評論社
浜田寿美男　1988　狭山事件虚偽自白　日本評論社
浜田寿美男　1991　ほんとうは僕，殺したんじゃねえもの　筑摩書房
浜田寿美男　1992　自白の研究　三一書房
Halbwachs, M. 1950 La memoire collective. Paris : Presses Universitaire de France.　小関藤一郎（訳）1989　集合的記憶　行路社
原　聰　1996　供述分析－体験への侵入　佐々木正人（編）　想起のフィールド　新曜社　Pp.155 – 188.
原　聰・高木光太郎・松島恵介　1997　対話特性に基づく心理学的供述分析（下）―足利事件被告人Ｓの公判調書を素材として―　駿河台大学論叢,14, 109 – 176.
Hartwick, J., Shepperd, B. H. & Davis, J. H. 1982 Group remembering : Research and implications. In R. A. Guzzo（Ed.）*Improving group decision making in organizations.* London : Academic Press. Pp. 41 – 72.
井戸田侃　1962　供述録取書作成の現実とその問題点　法学セミナー,79, 53 – 57.
井戸田侃　1972　取調の法的規制　熊谷弘・松尾浩也・田宮裕（編）　捜査法体系―逮捕・取調―　日本評論社　Pp. 238 – 252.
Iniguez, L., Valencia, J. & Vazquez, F. 1997 The construction of remembering and forgetfulness : Memories and histories of the Spanish Civil War. In J. W.Pennebaker, D. Paez & B. Rime *Collective memory of politi-*

cal events. Mahwah : Lawrence Erlbaum. Pp. 237 – 252.
警察庁刑事局（編）1994　要領記載捜査書類基本書式集　立花書房
Komter, M. L. 1995 The distribution of knowledge in courtroom interaction. In P. Have & G. Psathas (Eds.) *Studies in ethnomethodology and conversation analysis.* Lanham : University Press of America, Pp. 107 – 128.
久保哲男　1968　実務のための判例つき犯罪事実記載例集－刑法犯－　立花書房
Loftus, E. F. 1979 *Eyewitness testimony.* Cambridge : Harverd University Press.　西本武彦（訳）1987　目撃者の証言　誠信書房
Loftus, E. F. 1997 Creating false memories. *Scientific American,* 277（3），70 – 75.
松島恵介　1998　供述心理学の視点（2）―体験語りの文体　体験性の可視化―　日本心理学会第62回大会発表論文集，8.
森　直久　1995　共同想起事態における想起の機能と集団の性格　心理学評論，38，107 – 136.
森　直久　1999　裁判過程における供述・目撃のディスコース　月刊言語，28（1），52 – 57.
森　直久・大橋靖史　1997　発問方法とその供述形成への影響　季刊・刑事弁護，14，78 – 80.
森井　暲　1991　供述調書の作成・機能　井戸田侃（編）　総合研究＝被疑者取調べ　日本評論社　Pp.387 – 406.
守屋克彦　1988　自白の分析と評価―自白調書の信用性の研究―　勁草書房
Neisser, U. 1981 John Dean's memory : A case study. *Cognition,* 9, 1 – 22.
Neisser, U. 1982 Snapshot or benchmark? In U. Neisser (Ed.) *Memory observed : Remembering in natural context.* San Francisco : Freeman. Pp. 43 – 48.
Neisser, U. 1986 Remembering Pearl Harbor : Reply to Thompson and Cowan. *Cognition,* 23, 285 – 286.
Orr, J. E. 1990 Sharing Knowledge, celebrating identity : Community memory in a service culture. In D. Middleton & D. Edwards (Eds.) *Collective remembering.* London : Sage. Pp. 169 – 189.
佐々木正人　1998　供述心理学の視点（5）―場所―　日本心理学会第62回大会発表論文集，11.
Stephenson, G. M., Abrams, D., Wagner, W. & Wade, G. 1986 Partners in recall : Collaborative order in the recall of a police interrogation. *British Journal of Psychology,* 25, 341 – 343.
Stephenson, G. M., Brandstaetter, H. & Wagner, W. 1983 An experimental study of social performance and delay on the testimonial validity of story recall. *European Journal of Psychology,* 13, 175 – 191.
Stephenson, G. M., Clark, N. K. & Wade, G.S. 1986 Meetings make evidence ? An experimental study of collaborative and individual recall of a simulated police interrogation. *Journal of Personality and Social Psychology,* 50, 1113 – 1122.
Stephenson, G. M., Kniveton, B. H., & Wagner, W. 1991 Social influences on remembering : Intellectual, interpersonal and intergroup components. *European Journal of Social Psychology,* 21, 463 – 475.
Stephenson, G. M. & Wagner, W. 1989 Origins of the misplaced confidence effect in collaborative recall. *Applied Cognitive Psychology,* 3, 227 – 236.
高木光太郎　1996a　記憶：なぜ日常なのか？　児童心理学の進歩1996年度版　金子書房　Pp. 57 – 80.
高木光太郎　1996b　身構えの回復　佐々木正人（編）　想起のフィールド　新曜社　Pp. 219 – 240.
高橋雅延　1997　偽りの性的虐待の記憶をめぐって　聖心女子大学論叢，89，91 – 114.
Wagenaar, W. A., van Koppen, P. J. & Crombag, H. F. M. 1993 *Anchored narratives : The psychology of criminal evidence.* New York : St. Martin's Press.
Warnick, D. H. & Sanders, G. S. 1980 The effects of group discussion on eyewitness accuracy. *Journal of Applied Social Psychology,* 10, 249 – 259.
Wooffitt, R. 1992 *Telling tales of the unexpected : The organization of factual discourse.* London : Harvester Wheatsheaf.　大橋靖史・山田詩津夫（訳）1998　人は不思議な体験をどう語るか―体験記憶のサイエンス―　大修館書店

第13章

Arntzen, F. 1970 *Psychologic der Zeugenaussage.* Einführung in die forensische Aussagepsychologie. Göttingen : Hogrefe.
Binet, A. 1900 *La Suggestibilité.* Doin & Fils : Paris.

第1編　心理学からのアプローチ

浜田寿美男　1986　証言台の子どもたち　日本評論社
浜田寿美男　1992　自白の研究　三一書房
Hengesch, G. 1989 Das Dilemma der Glaubwürdigkeitsbeurteilung. *Zeitschrift für die gesamte Strafrechtswissenschaft,* **101**, 611-626.
Linton, M. 1982 Transformations of memory in everyday life. In U. Neisser (Ed.) *Memory observed.* W. H. Freeman and Company. San Francisco.
Loftus, E. F. 1979 *Eyewitness testimony.* Harvard University Press. Cambridge.
Stern, W. 1902 Zur Psychologie der Aussage. *Zeitschrift für die gesamte Strafrechtswissenschaft,* **22**, 315-370.
Trankell, A. 1972 *Reliability of evidence.* Stockholm : Beckmans.
Undeutsch, U. 1967 Forensische Psychologie (*Handbuch der Psychologie,* Bd. 11), Verlag für Psychologie, Gottingen.
山名京子　1991　供述の信用性判断　関西大学法学論集　第40巻第6号

第 2 編
法律学からのアプローチ

第2編は，具体的な司法制度の下での目撃供述を，法律学の観点から分析する。司法制度は国によって異なり，目撃供述の取り扱いも国によって違ってくる。そこで，まず日本の目撃供述の取り扱いの実態を明らかにし，現状分析を試みる必要がある。

　かつて日本の最高裁判所は板橋強制わいせつ事件の判決で単独面通しの危険性について指摘した。それは10年ほど前である。しかし日本の警察・検察は今も単独面通しを止めようとはしていない。第1章の一瀬論文は，日本の裁判例の検討を踏まえながら日本の刑事手続きにおける目撃供述取り扱いの実態と法律上の問題点を分析する。

　ところで，司法制度は，刑事手続きも含め，システムにおいて共通した側面も持っている。目撃供述の法的取扱いに関しても，国が違っても目撃供述が共通した性格を持っている以上，各国共通の課題が現れてくることも事実である。

　目撃供述が争われ問題になっている場面では，登場人物が最低3人いる。「目撃者から供述を聞き出す人間」と「目撃者」と「目撃者によって識別された人間」である。これを刑事手続きに当てはめると，捜査機関と目撃者と被疑者・被告人である。目撃供述は，第1編で明らかにされたとおり最良の条件下にあっても供述内容には誤りがある可能性がある。誤謬の危険がつきまとうのである。したがって刑事手続きにおいて捜査機関は，目撃者と被疑者の双方に以下のような重大な責務を負っている。

　第1に，目撃者に対して，彼の持っている記憶をできるだけ正確に引き出し証拠化しなければならない（ラインナップの実施を含む）。

　第2に，被疑者に対して，彼が行使したい防御権を違法に侵害してはならず，最大限の保障を与えなければならない（弁護人のラインナップの事前チェックと立ち会いの権利を含む）。

　実は，日本の捜査機関は上記の2つの責務を果たしていない。日本は目撃者と被疑者・被告人の双方にとって居心地が悪い国である。たとえば，①目撃者の取り調べの際に暗示的，誘導的な質問をする。②予期する供述が出てこないと何回でも目撃者を取り調べる。③予期した供述が得られてから写真面割をやる。④目撃者を複数回取り調べても最後の1回しか調書を作成しない。⑤目撃条件を調べないであいまいなまま目撃者を取り調べる。⑥写真面割や単独面通しでも自ら暗示・誘導を加えたりする。第1章にその実例が紹介されている。これは日本では国家権力をコントロールする市

民側の権利が弱いことの反映であろうか。

　では日本の目撃者に対する刑事手続きは，各国の手続きとどのように異なっているのであろうか。これは興味深い法学上の研究テーマである。目撃供述という切り口は法や裁判制度全体の中では小さいものであるが，その分析を深めていくといろいろな問題が見えてくる。

　日本の司法制度を外国と比較し相対化しながら客観的な視点を養うことは非常に大切である。第2章から第6章までは，外国における目撃供述の取り扱いが分析されている。

　アメリカは，戦後の日本の刑事司法に最も強い影響を与えた国である。目撃供述の取り扱いにおいても参考になる点が多い。第2編では，アメリカについて第2章から第4章の3つの章で論じられている。まず第2章の野々村論文は，目撃者の人物識別手続きにおける被疑者・被告人の防御権を念頭におきながら，弁護人依頼権やデュー・プロセスに関するアメリカ法の形成を考察する。第3章の小早川論文は，アメリカの中で心理学者を法廷に喚問して専門家として証言させることが定着していった経緯について考察している。第1編第9章の筆者でもある Elizabeth F. Loftus 博士の専門家証言が登場する chapple 判決（アリゾナ州最高裁判所）についても紹介されている。第4章の庭山論文では，アメリカにおいて心理学鑑定が弁護人の反対尋問や裁判官の説諭と並んで陪審員に影響を与えている現実について立ち入って考察している。

　一方，イギリスは，目撃供述の取り扱いについて，現時点で世界中で最も明確なルールを持った国である。第5章の稲田論文はこのようなイギリスの刑事手続きにつき，実務規範に違反して収集された証拠の取り扱いも含めて明らかにしている。

　さらにドイツについては，供述心理学が知られているが，目撃者に対する具体的な手続きについては必ずしもよく知られていない。この点から第6章の平田論文がドイツの刑事手続きについて明らかにして本書を補っている意義は大きい。

　なお第2編に関連して，本書の序論で渡部保夫先生が目撃供述に関する日本の捜査の改革について実践的な提言をなされている。本書全体の結論を示す的確な指摘である。

（一瀬敬一郎）

第1章 日本における犯人識別手続きの問題点

はじめに：日弁連の目撃供述研究の歩み

1　現在，日本弁護士連合会（以下，日弁連という）の刑事弁護センターは，目撃供述に関する継続的な研究活動を行っている。最初にその活動の経緯と意義について，若干述べておきたい。

1990年，日弁連は，日弁連刑事弁護センターを設立した。従来から日弁連は代用監獄制度の廃止を要求してきたが，刑事事件の自白や目撃供述などの供述証拠の問題点についても，内外の心理学者に協力を求めながら取り組んできた。1994年には，9月にイギリスから裁判心理学の研究者のGisli H. Gudjonsson博士[1]を，10月にアメリカの認知心理学者Elizabeth F. Loftus博士[2]を招いて弁護士会で講演会を開いた。1995年には，当番弁護士全国実務交流集会で，供述心理学の研究者である浜田寿美男教授を招き，虚偽自白の構造に関する講演会をもった。

これらの企画の積み重ねのうえに，日弁連刑事弁護センターは，1996年9月，目撃証言に関する継続的研究会を発足させた。

「目撃証言研究会」では，月1回の研究会に，弁護士・刑事法研究者のほか，常時，心理学研究者が参加している。研究活動の内容は，目撃証言が争われた刑事裁判の実例に関する，心理学・法学の専門的な研究である。現在（2001年1月末時点）までに，すでに45回の研究会を開いている。

その他に，1997年以降，毎年1回，日弁連刑事弁護センター主催で，『刑事弁護と心理学の対話』をテーマにした目撃供述に関するシンポジウムを行っている（シンポジウムは，1回目は自民党本部放火事件，2回目は甲山事件，3回目は帝銀事件・富山事件・布川事件などの再審事件，4回目は甲山事件を中心テーマに行われた[3]）。

さらに1999年6月28日から5日間，日弁連刑事弁護センターは，イギリスの目撃証

言の刑事実務を視察した。その際ポーツマスにある「人物識別施設」(Identification Suite：IDスイート) を訪問し，実際に行われている人物識別手続きを視察できた[4]。

なお目撃者に，実際に被疑者を含む複数の人間を見せて目撃した人物を選ばせる識別手続きは，イギリスでは通常「パレード (parade)」，アメリカでは「ラインナップ (line up)」と呼ばれているが，本論文では「ラインナップ」に統一する。

2 ところで，日弁連が行っている目撃供述に関する研究活動が，開始当初からもっていた3つの問題意識を紹介したい。

1つ目の問題意識は，刑事手続きの改革に対する寄与，という点である[5]。前述したとおりイギリスでは，目撃者による人物識別が，専門施設であるIDスイートにおいて，被疑者とボランティアを含む通常10人のラインナップにより実施されている[6]。しかし，日本の捜査機関（警察・検察）は，目撃者による人物識別においては，写真面割ないし単独面通しだけを行い，本来，人物識別の手続きとして欠かせないラインナップをまったく実施していない。このため日本における目撃供述には，信用性に重大な問題がある[7]。実際，誤った目撃供述を証拠に使った冤罪によって，誤認逮捕・勾留，誤起訴，誤判などが発生し，致命的な人権侵害を引き起こしている。

では，警察・検察が，ラインナップ方式を行わないのはなぜか。その原因を突きつめていくと，日本の刑事手続きの底流にある捜査理念や捜査構造の重大な欠陥の問題にいきつく。このことは同時に，日本の捜査活動がもっている根本的な矛盾を解き明かし，捜査システムの改革の必要性を明らかにすることにつながる。目撃供述をめぐる捜査は，現在の捜査手続きの矛盾を端的にあらわすものだからである。

この点に関しては，目撃供述の継続的な研究が，司法関係者らに，自白を含む供述証拠全般に関する科学的な研究の必要性を自覚させつつある。そこから日本の刑事手続きの最大の問題点である自白偏重の捜査・公判の改革，被疑者の防御権の確立の必要性を広く知らしめる役割を果たしていると言える。

2つ目の問題意識は，刑事弁護活動に対する寄与という点である。刑事弁護に直接携わる側からの実践的な問題意識である。つまり，日本の人物識別手続きは，捜査機関に対するチェックがまったくないまま，完全に密室の中で行われている。このことが誤った目撃供述を生み出す大きな原因になっているのではないか。人物識別手続きに弁護人の立ち会いを実現することによって，実務上の多くの誤りが防げるのではないかということである。

この点に関しては，目撃供述を争う弁護活動の充実と高度化の端緒が開かれつつあ

る。

　具体的には，心理学者が，刑事弁護人から依頼を受けて，積極的に心理学鑑定を行い，裁判所で専門家として証言するケースが増えてきた[8]。また，後に述べるように，これらの心理学者らから「目撃供述の取り扱いに関するガイドライン」が提言されるに至った。さらに，目撃供述に関する内外の研究論文の提供を受ける機会が増えたことも，刑事弁護に寄与している。

　3つ目の問題意識は，学際的研究の前進に対する寄与，という点である。心理学研究者の恒常的な協力を得た刑事法研究を実現することを通して，刑事手続きに関する研究に，従来の法解釈学的な法律学研究の枠を超えた新しい視点を広義の人間科学の側から提供し，それらを総合した学問的にも新たな領域を築けないかということである。

　この点に関しては，近年急速に法律学の研究者と実務家及び心理学者の共同研究の機会が増えて，裁判心理学ないし法心理学の学問的確立が企図され始めた。2000年11月には，法学者，心理学者および弁護士などの実務家を中心にして「法と心理学会」が設立され，第1回大会が開催された。

3　これまでの約4年間の研究活動が，目撃供述をめぐる刑事実務の改革等に一定の役割を果たしつつあると確信する。

　さて，本章では，以上のような問題意識に立ち，第1節で日本の人物識別手続きの現状について概観し，第2節，第3節で具体的なケース研究を紹介，第4節で，あるべき刑事実務の観点から人物識別の方法を考えていきたい。

第1節　日本型人物識別の概観

1．目撃供述の証拠価値の限界性

　目撃供述は，自白とともに，供述証拠の中軸をなす重要な証拠の1つである。とくに捜査手続きの初期の段階では，目撃供述は，被疑者を特定できるか否かを左右する重要な証拠価値をもっている場合がある。一方，自白も，自分の犯罪事実を認める供述であるから，当然，捜査の帰趨に決定的な影響を与える重要な証拠である。

　しかし，目撃供述も自白も，供述証拠である。供述証拠の性質上，錯覚や間違った記憶に基づく目撃供述や，あるいは嘘の自白を，真実の供述と区別することは容易で

ない。しかも供述証拠は過度に信用されやすい。したがって供述証拠に独自の高い証拠価値を認めることは誤りを犯しやすく、禁物である(9)。

したがって、捜査機関は、収集された目撃供述や自白などの供述証拠を手がかりにするとともに、さらに捜査活動を続行し、被疑者の実行行為を裏づける物的証拠などの非供述証拠を収集することに努めなければならない。

目撃供述・自白・非供述証拠の3つの証拠の関係をこのように理解すると、捜査機関が目撃者に行う人物識別手続きについては、次のように考えるべきである。

目撃供述は、犯人と被告人（被疑者）を結びつける証拠であり、捜査の帰趨に与える影響が大きい。このため、もし供述内容が誤っていると、被告人（被疑者）に取り返しのつかない重大な人権侵害をもたらすことになる。

したがって、目撃供述の証拠価値は、根本的には、①すでに物的証拠などの他の証拠によって被疑者が特定されている場合には、その特定が正しいか否かをチェックする、②まだ被疑者が特定されていない場合には、目撃供述を得てからさらに捜査を続けて新しく物的証拠を捜す場合の手がかりを提供する、という限られた範囲で価値をもつものと考えるべきである。

2．目撃供述ガイドラインと人物識別方法

最近、前述の「法と心理学会」の発足にみるような法律学と心理学の学際的研究が着実に前進しつつある。そこでは、裁判の証拠としての自白や目撃供述を中心テーマにした研究が、かなり活発に行われるようになった。このような研究に携わっている日本の心理学者が、「目撃供述の取り扱いに関するガイドライン」（以下、「目撃供述ガイドライン」という）を提言している(10)。

目撃供述ガイドラインを参考にしながら、人物識別の方法を検討すると、次のように整理できる。

(イ)　人物識別を行うまでに被疑者が特定されている場合には、ラインナップを行う。
　　ただ例外的に、被疑者以外の複数の人物の確保が困難な場合に限り、ビデオないし写真を用いる。
(ロ)　人物識別を行うまでに被疑者が特定されていない場合
　1　目撃者が1人の場合には、まず写真面割を行い、被疑者が特定されれば、ラ

インナップを行う。
　2　目撃者が複数の場合には，一部の目撃者に写真面割を行い，被疑者が特定されれば，残りの目撃者にラインナップを行う。
（ハ）目撃者が被疑者を特定して捜査機関に通報したような場合には，ラインナップを行わない。
　ただ例外的に，その被疑者特定が目撃から場所的・時間的にかなり離れて行われた場合には，ラインナップを行う。
（ニ）目撃した対象の人物が既知の間柄（家族や近い親戚，職場の親しい同僚，親しい隣人など）の場合には，ラインナップは行わない。
　ただ例外的に，その既知の程度が浅い場合には，ラインナップを行う。

　以上のラインナップの可否を基準にした分類に基づく提言には，理論的にも実務的にも重大な意味がある。以下の日本の人物識別手続きに関する分析も，この目撃供述ガイドラインの提言を参考にしながら検討する。

3．日本の捜査機関の実施する人物識別手続き

　日本の捜査機関は，実物を使って人物識別をする場合，目撃者に対し単独面通しを行っている。ラインナップ方式，すなわち複数の人間を登場させ実際に観察させて目撃者に再認できるか否かをテストする方法は，日本では採られていない。これは，日本の捜査機関が行う人物識別手続きの最大の特殊性であり，それゆえに日本型人物識別方法とでも称すべきものになっている。

　日本の人物識別手続きは，単独面通しを基礎に，部分的に写真面割を組み合わせたものである。このような単独面通し中心の人物識別は，同時に，次のような手続き上の問題を生み出している。

　1つは，人物識別手続きの中で写真面割の占める位置が異常に大きいこと，もう1つは，人物識別前の目撃者の供述調書などによる記録化が極端に不十分なことである。これらの問題は，後述する日本の人物識別方法がもっている弊害を，手続き面から増幅させ，目撃供述の信用性に疑問を抱かせることになる。

　さて，本章では，分析の素材として，16件の刑事事件（以下では，単に「16事例」という）を取りあげる。それらは，目撃供述の信用性が否定され目撃供述を争点とした訴因が無罪となった裁判例で，1980年以降に確定したものの中から，適宜，筆者が

第1章　日本における犯人識別手続きの問題点

◉表2-1-1　16事例確定判決一覧（確定順）

通称【罪名】	裁判所	判決日	主文
札幌ホテル内窃盗事件【窃盗】	札幌簡裁	1982/10/20	有罪
	札幌高裁	1983/3/28	破棄(無罪)
守口市内ゲバ事件【兇器準備集合，殺人，殺人未遂】	大阪地裁	1983/4/16	無罪
	大阪高裁	1985/3/29	控訴棄却(無罪)
目黒区住居侵入のぞき事件【住居侵入】	渋谷簡裁	1984/4/23	有罪
	東京高裁	1985/4/30	破棄(無罪)
下田缶ビール事件【詐欺】	静岡地裁下田支部	1982/9/2	有罪
	静岡地裁沼津支部	1986/2/24	再審開始決定
		1986/6/23	無罪
名古屋タクシー運転手暴行事件【傷害】	名古屋地裁	1987/12/18	無罪
板橋強制わいせつ事件【強制わいせつ】	東京地裁	1986/12/11	無罪
	東京高裁	1987/12/15	有罪
	最高裁	1989/10/26	破棄(無罪)
横浜西区強制わいせつ事件【わいせつ誘拐，強制わいせつ】	横浜地裁	1989/12/21	一部無罪
岩槻窃盗事件【窃盗】	浦和地裁	1990/3/28	無罪
三郷市外国人アパート放火事件【現住建造物等放火，出入国管理及び難民認定法違反】	浦和地裁	1990/10/12	一部無罪
梅田駅構内スリ事件【窃盗】	大阪地裁	1989/3/10	有罪
	大阪高裁	1991/2/15	破棄(無罪)
大阪・住居侵入強姦事件【住居侵入，強姦】	大阪地裁	1991/7/4	有罪
	大阪高裁	1992/2/28	破棄(無罪)
橿原市住居侵入窃盗事件【住居侵入，窃盗】	葛城簡裁	1993/11/19	無罪
熊本市内常習累犯窃盗事件【常習累犯窃盗】	熊本地裁	1994/3/9	無罪
自民党本部放火事件【現住建造物等放火，道路運送車両法違反】	東京地裁	1991/6/27	無罪
	東京高裁	1994/12/2	控訴棄却(無罪)
半蔵門線電車内窃盗未遂脅迫事件【窃盗未遂，脅迫】	東京地裁	1994/2/7	有罪
	東京高裁	1995/3/30	一部破棄(無罪)
皇居迫撃弾事件【爆発物取締罰則違反，火炎びんの使用等の処罰に関する法律違反，建造物等以外放火】	東京地裁	1994/3/15	無罪
	東京高裁	1996/1/17	控訴棄却(無罪)

4．日本型人物識別の５類型

（１）16事例を前述した目撃供述ガイドラインの（イ）～（ニ）にあてはめながら日本の人物識別を検討する。本来，（イ）の中に含めうる「目撃者が警察に通報した直後に緊急配備の中で被疑者を特定して任意同行した場合」は，日本の実務では，もっぱら単独面通しを行う場合が多いので，日本型人物識別では（イ）は２つに分けられる。その結果，日本型人物識別は，表2-1-2のようにA～Eの５つに分類することができる。

（２）16事例を類型A～類型Eに分類し，かつ各事例につき，各目撃者（目撃場面）ごとの記銘，保持，再生の過程で目撃供述の信用性を減殺する方向で強い影響を与えたと考えられる要因の有無を検討する。その結果を一覧表にして示すと表2-1-3のとおりである。

◐表2-1-2　日本型人物識別の分類表

分類	分類の内容	日本で行われている人物識別方法	ガイドライン
A類型	人物識別までに，捜査機関が被疑者を特定している場合	写真面割プラス単独面通し	（イ）
B類型	目撃者の通報で緊急配備についた警察が，職務質問で被疑者を特定した場合	単独面通し	
C類型	人物識別までに捜査機関が被疑者を特定していない場合	写真面割プラス単独面通し	（ロ）
D類型	目撃者が犯人を特定して捜査機関に引き渡したり，通報したような場合	原則としては，人物識別手続きを必要としない。見間違いがないか，見えにくい状況がなかったか，などを検討。 例外的に，被疑者の特定が目撃から場所的・時間的にかなり離れて行われた場合には，単独面通し（または写真面割と単独面通し）を行うことはある。	（ハ）
E類型	目撃者が既知の間柄（家族や近い親戚，職場の親しい同僚，親しい隣人など）の人物を犯人と特定した場合	原則としては，人物識別手続きを必要としない。見間違いがないか，他の場面との取り違え等がないか，また，既知についての供述がどの段階から出ているかなどを検討。 例外的に，その既知の程度が浅い場合には，単独面通し（または写真面割と単独面通し）を行うことはある。	（ニ）

なお、以下では、表2-1-3の順に、各事件の場所の名前を取って、単に「事例1下田」、「事例2横浜」、「事例3岩槻」、「事例4三郷」、「事例5半蔵門」、「事例6目黒」、「事例7大阪」、「事例8熊本」、「事例9札幌」、「事例10守口」、「事例11名古屋」、「事例12自民党」、「事例13皇居」、「事例14梅田」、「事例15板橋」、「事例16橿原」という。

第2節　ケース研究・ある放火事件の目撃証人（類型Cで誤った目撃供述の事例）

まず16事例の中から筆者が弁護を担当した事例12（自民党本部放火事件）をとりあげて分析する。本節でケース研究を取り扱う意味は、目撃者に対する取り調べおよび人物識別手続きの実態を詳細に紹介することによって、日本の目撃者に対する捜査の実際を正確に把握する点にある。

1．事例12（自民党本部放火事件）の事件の概要と捜査経過

（1）事件の概要

今から約16年前の1984年9月19日夜、東京都千代田区内の自由民主党本部のある自由民主会館が、火炎放射ゲリラに放火された。この火炎放射は、同会館裏の中華料理店「南甫園」敷地内に駐車中の車両（2台の保冷車型トラック。以下、「火炎車両」という）から発射されたものだった。5、6人の実行犯人たちは、「南甫園」から徒歩で移動し、近くに待機していた車両（1台のライトエース。以下、「逃走車両」という）に乗って逃走した。これが自民党本部放火事件である。

事件から7か月後、被告人（藤井高弘さん）が逮捕・起訴された。検察官は、事件と被告人を結びつける証拠として、次の3人の目撃者を証人として裁判所に申請した。

① 警視庁の赤坂警察署所属の山崎警察官（以下、「警察官Y」という）
　事件発生直前に、権田原交差点にある東宮御所警備派出所で立ち番勤務中、逃走車両であるライトエースの助手席に乗車している男を目撃した。
② 部品販売会社の秋葉原店の女子店員N（以下、「N子」という）
　事件前の8月1日に、火炎発射装置に使用された圧力調整器5個を、「坂田工業の坂田」と名乗る男性に販売した。
③ 部品販売会社の蒲田店の女子店員T（以下、「T子」という）
　事件前の8月1日に、火炎発射装置に使用された電磁弁10個を、「協和電機の小島」と名乗る男性に販売した。

以上の3人は、いずれも事件前（当然、事件に対する認識はない）の目撃者である。

第2編　法律学からのアプローチ

●表2－1－3　識別に働く要因一覧表

類型	事例番号	事件名	目撃者	目撃場面の条件 ①短時間	②暗い	③遠い	④障害物	⑤対象向き	目撃者の条件 ①年齢	②視力	③有意的注意の欠如	④特異な情動	⑤未知	⑥異人種	保持期間 ①最初の供述まで	②写真面割まで	③実物面通しまで
A	1	下田	白井	●							●		●		●	●	●
			勝間田										●		●	●	●
	2	横浜	A子				●				●		●		●	●	●
			被告人									●	●		●	●	●
	3	岩槻	C子			●	●	●									
	4	三郷	G子	●				●	●		●		●				
	5	半蔵門	5月D								●		●		●	●	●
			6月D								●		●		●	●	●
B	6	目黒	甲女	●	●	●	●		●			●	●			/	/
	7	大阪	A子	●		●	●	●					●			/	/
	8	熊本	康弘	●	●	●	●	●								/	/
			安識	●	●	●	●	●								/	/
C	9	札幌	丙野						●		●					●	
	10	守口	石橋	●		●	●	●					●		●	●	●
			前川	●		●	●	●					●		●	●	●
	11	名古屋	A	●			●	●					●		●		
	12	自民党	Y	●	●	●	●	●			●		●		●	●	●
			N子				●				●			●			
			T子	●			●				●			●			
	13	皇居	B	●	●	●	●	●			●		●		●	●	●
			C	●	●	●	●	●					●		●	●	●
			D	●	●	●	●	●					●		●	●	●
D	14	梅田	A子	●			●		●		●		●			/	/
			B子	●			●						●			/	/
			C	●			●						●			/	/
E	15	板橋	A子						●			●		●	●		/
			B	●							●			●			/
	16	橿原	花子	●	●			●				●				/	/
			一郎	●	●							●				/	/

目撃者の表示は，表2-1-1記載の出典の判例集の表記を用いた。ただし女性には「子」をつけた。事例の被告人は，被疑者段階を含めて，「被告人」と表示した。●印は要因が認められる場合である。

写真面割での識別手続き							実物面通しでの識別手続き							目撃者の置かれた状況				被告人の自白あり
①写真の枚数	②面割写真に作為あり	③暗示・誘導	④目撃者間の話し合い	⑤回数(事情聴取含)	⑥不確かな同定	⑦同定せず	①単独面通し	②暗示・誘導	③前に見せた写真による影響	④目撃者間の話し合い	⑤事前報道あり	⑥回数(事情聴取含)	⑦不確かな同定	①利害の度合い	②警察への通報	③事件のインパクト	④家族学友他の働きかけ	
●					●		●							●	●			
●	●	●					●	●						●	●			
●				●		●	●					●		●		●	●	●
●	●			●			●	●				●		●	●			●
●	●						●	●						●				●
	●						●	●						●				
							●	●						●	●	●		●
							●	●						●	●	●		●
							●	●		●				●	●		●	●
							●	●						●	●			●
●			●		●		●							●	●			●
●	●	●	●	●			●	●						●	●			●
●	●	●	●				●	●						●	●			●
●							●							●	●		●	●
●	●	●		●			●	●						●	●			●
●	●	●		●			●	●				●		●	●			●
●	●	●	●	●	●		●	●				●		●	●	●		●
●	●	●	●	●	●		●	●				●		●	●	●		●
●	●	●	●	●	●		●	●				●		●	●	●		●
														●	●	●		●
														●	●	●		●
							●					●	●	●	●	●		●
							●						●	●	●	●		●
														●	●	●		
														●	●	●		

第2編　法律学からのアプローチ

◯表2-1-4

目撃者	目撃日時	目撃場所	目撃供述の内容
警察官Y （警視庁赤坂署の警察官） 当時36歳	9月19日午後7時22，3分ごろ	赤坂警察署管内の東宮御所警備派出所の外のたたき	立番勤務中に，車の助手席のドアに「高松運輸」と書いてある逃走車両の助手席に乗っていた人物を見た。最初に見た距離は，だいたい14，5メートル。停止線を超えて横断歩道の手前で停車していたので信号無視する車ではないかと思った。 　動き出してから助手席の男が様子を窺うような感じを受けたので，不審に感じた。 　目撃時間は全体で長くて14，5秒。そのうち顔を見たのは長くて7，8秒。
N子 （女子店員） 当時22歳	8月1日午前10時から11時くらいの間	千代田区内のシーケーディ東京販売株式会社秋葉原営業所の店内	坂田工業の坂田と名乗る男が，圧力調整器5個を買いに来たので，その客に部品を販売した。その客は初めての客で，物品受領書に「坂田」とサインして帰った。 　店にいた時間は5分くらい。
T子 （女子店員） 当時24歳	8月1日午後2時ごろ	大田区内のシーケーディ東京販売株式会社蒲田営業所の店内	協和電機の小島と名乗る男が，電磁弁10個を買いに来たので，その客に部品を販売した。 　その客は初めての客で，物品受領書に「小島」とサインして帰った。 　店にいた時間は5分くらい。

　しかも3人は，それぞれ別々の場面を目撃したものである。したがって，自民党本部放火事件の証拠構造は，通常の刑事実務から言うと，到底起訴できない脆弱なものであった。

　3人の目撃者の供述内容を具体的に紹介しておくと表2-1-4のとおりである。

　次に，3人の目撃供述に対する裁判所の信用性判断を紹介する。

　一審判決は，無罪であったが，警察官YとN子の目撃供述の信用性を否定する一方でT子のそれは肯定した（ただし，裁判所は，T子の目撃供述と事件との関連性を認めなかった）。検察官は控訴したが，二審判決は，3人すべての目撃供述の信用性を否定した。その後，検察官は上告を断念し，被告人の無罪が確定した。

　ところで，被告人とされた藤井高弘さんは，1985年4月末に逮捕され，1994年12月に無罪が確定するまでの約10年間，誤った目撃供述と闘わなければならなかった。しかも，6年間（一審判決直前に認められた保釈まで）は，未決勾留で東京拘置所に拘禁されていた。筆者は，逮捕直後にアリバイの裏付け調査を行い，そのアリバイの具体的な内容は，捜査段階で公表された。藤井さんには，確固としたアリバイがあり，この事件は完全な冤罪であった。3人の目撃者の犯人識別供述は誤ったものであった。

　幸い，裁判所は最終的に3人の目撃供述の信用性を否定したが，本件は，日本の刑

事手続きの実状と目撃供述の危険性について，私たちに強く警告している事件である[11]。

（2）目撃者捜し（識別前に被疑者の特定なし）

　警視庁は，自民党本部放火事件をゲリラ事件と認定し捜査本部を設置した。犯人については，特定の政治グループ（中核派）に属する者と断定した。

　捜査本部が行った捜査の中心は，「地取り捜査」と「遺留品捜査」の2つだった。

　「地取り捜査」では，犯罪発生の直後からおよそ1か月間，犯行現場とその周辺での聞き込みなどが行われた。目撃者の警察官Ｙは，この捜査の中で発見された。

　「地取り捜査」の対象地域を図示すると図2-1-1のとおりである。対象地域の中には，事件現場（自民党本部裏の「南甫園」），逃走車両の待機地点（日本海運ビル前路上），逃走車両の放置地点（六番町ハイツ）などが含まれる。

　一方，「遺留品捜査」は，事件発生の約1か月後から行われた。犯行現場に遺留された火炎車両内の火炎発射装置に使われた部品（圧力調整器と電磁弁）の購入店舗調査であるが，この捜査目的は，販売先不明の不審購入者を捜して面割写真帳で人物識別をさせ，犯人を特定することにあった。目撃者のＮ子とＴ子は，この捜査の中で発見された。

（3）3人の目撃者が発見された経緯と問題点

　実は，この事件では，捜査本部は，ゲリラ事件の実行犯人を見た目撃者数人を発見していた。まず犯行現場の中華料理店「南甫園」の支配人が，実行犯の1人と短時間

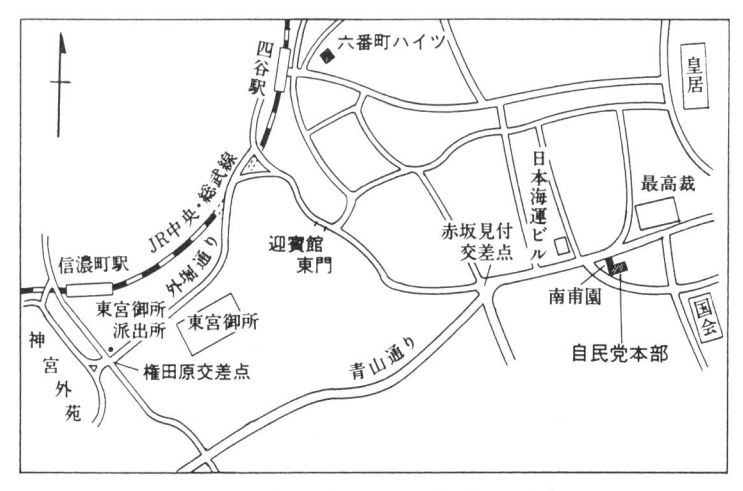

●図2-1-1　地取り捜査の対象地域図

だが顔を会わせて会話を交わしていた。当然，捜査本部は，この最良と思われる目撃者に写真面割を試みたが，支配人は，結局，写真を選ぶことはできなかった。

また，捜査本部は，「南甫園」から逃走車両まで徒歩で移動していた実行犯人たちを目撃した寿司屋の従業員などを発見した。さらに，事件発生後に実行犯人を乗せて，四谷駅近くの麹町６丁目のマンション（車両放置地点）に移動中の逃走車両を目撃した古美術商経営者などを発見した。

捜査本部は，これらの目撃者から，写真面割で実行犯人を特定しようとしたが，結局，実行犯人の顔を覚えている目撃者はいなかった。

こうして捜査本部は，完全に手詰まり状態になっていた。ちょうどそのころ，警視庁の内部から目撃者が現れた。それが警察官Ｙである。彼は，事件当時，現場近くで警備派出所勤務の警察官として立ち番勤務に就いていた。彼の申告が，目撃から12日も遅れてなされたこと自体にも疑問があるが，さらに，その申告時期が，実行犯人を見た目撃者らに期待されていた犯人識別がすべて失敗した時期とちょうど重なっていることにも不自然さを感じる。

一方，Ｎ子・Ｔ子に関していうと，そもそも「遺留品捜査」は，警察官Ｙが被告人を写真面割で特定した後に始まっている。捜査本部にとって，被告人が自民党本部放火事件の犯人と特定されたことは，爾後の捜査方針上，極めて大きな意味を持っていた。少なくとも「遺留品捜査」に使う面割写真帳には，被告人の写真を必ず含めることを決めたはずである。しかも捜査本部が物品受領書の筆跡から部品購入者の「坂田」と「小島」が同一人物と判断し，かつＴ子が写真面割で被告人を選別した以降は，Ｎ子に対する取り調べは，「坂田」は被告人であるとの強い見込みの下に行われることになったのである。

ところで「坂田」と「小島」は，彼らが購入した部品と遺留部品との同一性が立証されなければ，自民党本部放火事件とは結びつかないはずである。しかし捜査本部は，Ｎ子・Ｔ子の目撃供述を，警察官Ｙの目撃供述を補強する状況証拠と位置づけていたので，部品の同一性を裏づける捜査をする意志もなかったし，現に行わなかった。捜査は，「地取り捜査」と「遺留品捜査」によって，3人の目撃者を発見した段階で事実上終了した。結局，捜査本部は，犯人を個人として特定するような客観的証拠は，何一つ収集できなかった。

3人の目撃者に対する事情聴取，人物識別，供述調書作成の状況及び検察官の取り調べ，被告人の逮捕後の取り調べをまとめて示すと，表2-1-5のとおりである。これは，2節以下の検討の前提になるものである。

●表2-1-5

年	月日	事件経過	目撃者 警察官Y	目撃者 店員N子	目撃者 店員T子		
1984年	9.19	事件発生					
	10. 1		□			┐	
	10. 2		□			│ 警察官の	
	10. 6		□○			│「地取り捜査」	
	10. 8		■			┘	
	10.15	遺留品捜査用 の面割写真帳 (364枚)完成					写真選別
	10.24			□		┐	
	10.29			□×		│	
	11. 5			□×		│ 警察官の	
	11.28			□×	□○	│「遺留品捜査」	
	12. 4				□○	│	
	12.26			□ ■	■	┘	
1985年	1.17		□○■		□○■	┐ 検事による	
	1.19			□×■		│ 目撃者取り調べ	
	4.28	被告人逮捕				┘	
	5. 1			□△	□○■	┐	
	5. 2			□△■		│	
	5. 4		□○■			│ 実物面通し	
	5. 5		■			│	
	5.13		□ ■			│	
	5.18	起訴				┘	
1986年	7.24		◎			┐	
	8.28		◎			│	
	9.19	夜間検証	◎			│	
	9.30		◎			│	
	10.15		◎			│	
	10.29		◎			│	
	11.14		◎			│	
1987年	2.13				◎	│ 裁判	
	2.26				◎	│	
	3.13				◎	│	
	3.31			◎		│	
	4.15			◎		│	
1991年	6.27	第一審無罪				│	
1994年	12. 2	控訴審無罪 (確定)				┘	

□ 事情聴取
○ 写真選別・実物面通しで同定
× 写真選別・実物面通しで同定せず
△ 不確かな人物同定
■ 調書作成
◎ 法廷証言
(1984.11.5のN子□×は別の「小山」についてのもの)

2．3人の目撃証人の識別手続きの問題点

（1）警察官Yに対する写真面割・単独面通しの問題点
① 目撃者の記憶に影響を与えた諸要因
　判決が警察官Yの誤った識別に作用したと認定する要因などを表2-1-6に示す（表中の①〜⑦は，表2-1-3の各項目の①〜⑦に対応する。以下，N子，T子も同じ）。

　警察官Yの目撃場面の条件は，非常に悪かった。夜間，街路樹で遮られた路上で，車の助手席にいる犯人を短時間だけ目撃したというものであった。しかも，事件発生前であり，日常業務の一環としての目撃であって，有意的注意を払っていなかった。

② 遅れた写真面割と写真面割前の反復取り調べ，および調書化の不備
　10月1日に警察官Yの目撃申告がありながら，警察が，実際に写真面割を行ったのは10月6日である。もともと申告が目撃から12日後と期間が経っているのに，さらに写真面割を5日間も遅らせたことは，できるだけ早期に行うべき人物識別の方法として異例である。面割写真帳は事件発生前から中核派のゲリラ事件用に作成してあって，既に実行犯人を目撃した南甫園支配人に対する写真面割で使っているのであるから，この遅れは，ますます不自然である。

　警察は，10月6日の写真面割の前に，面割当日も含めて計4回も警察官Yを取り調べている（10月1日の夕方と夜，2日，6日）。もちろん，写真面割の前に取り調べを行い，記憶内容を言葉で述べさせ，記録しておくことは必要である。しかし，反復的な事情聴取は，供述を歪める原因になる。この事例のように，4回も反復していることは供述内容の変更をうかがわせる。

◐表2-1-6

番号	事件名 （目撃者）	目撃場面の条件	目撃者の条件	保持期間	写真面割	実物面通し
12	自民党本部放火事件 （Y・男性，警察官）	①7〜8秒 ②夜間の路上 ③8.25〜15.9㍍ ④街路樹 ⑤助手席にいる犯人の横顔。3，4回ちらちらと少し顔を横に向けた	③日常業務の一環であり，追いかけもせず，ナンバーを確認しようともしなかった ⑤初対面の人	①初供述まで12日 ②写真面割まで17日 ③面通しまで7か月半	①70枚 ②被告人のみの写真3枚 ⑤3回 ⑦「そっくりだ，特徴がないのが特徴のような感じがします」	①単独面通し ⑤写真付で逮捕報道 ⑦額が広かったことを思い出した

第1章 日本における犯人識別手続きの問題点

　このように取り調べを反復した理由は，おそらく取調官からみて目撃供述の内容が曖昧で使い物にならなかったからであろう。繰り返し同じことを質問される目撃者は，意識すると否とにかかわらず，徐々に供述内容をより明確なものに変更していくものである。例えば，一審判決が指摘している警察官Yの「目撃時刻」「眼鏡の有無」「助手席の男の動き」や「目撃車両を不審と思った理由」に関する供述の変遷は，その証左と言えよう。しかも，6日の写真面割の結果も，当日には調書化せず，2日後の10月8日の5回目の取り調べで初めて供述調書を作成している。
　以上のような反復取り調べと供述調書による記録化の不備は，当然，目撃供述の信用性にも疑問を感じさせる。
　では，捜査官は，なぜ証拠価値の低下を覚悟しても，あえてこのようなやり方をしたのであろうか。
　目撃者の記憶が良好とはいえず，写真面割でただちに被疑者を特定できないような場合には，どうしても被疑者を割り出したい捜査官は，目撃者の供述の断片や変遷に合わせながら，手探りで被疑者像を「つくりあげていく」方法に陥りがちである。こうして目撃者を取調べる捜査官はしばしば反復的な取り調べを強行する。
　他方，目撃者の側も，記憶喚起を熱心に求めてくる捜査官に対し，何かを答えてあげたい気持ちになるので，簡単に「わからない」とは言いにくくなる。しかも，目撃者は，記憶を喚起しようと努めても，すぐには答えにくいものが多いであろうし，また，捜査官がどんな答えを望んでいるのか知りたくなるが，捜査官の考えもはっきりしない。こういうとき，目撃者に対する事情聴取は，不可避的に反復されていくことになる。
　このように目撃者に対して反復的な取り調べが行われる場合には，当然，供述がしばしば変遷する。そのため警察は，毎回の取り調べの結果を，逐次調書化することを避けたくなる。このように反復取り調べと調書の不備は表裏の関係にあるといえる。自民党本部放火事件の3人の目撃者に対する捜査は，まさにその実例である。
　次に，警察官Yを取り調べた捜査官（若杉警部）自身の興味深い証言を紹介しよう。彼は，公安警察で長年仕事をしてきた警察官である。
　若杉警部は，一審の法廷で，「（警察官Yは）かなり覚えているな，顔は浮かんでいるな」と思った，だから「もう少し記憶を鮮明というか，復元してほしいな」と思ったし，「まだこの人は詰めて聞けばもっと記憶がはっきりしてくるんじゃないかな」と考えたと証言する。
　また，若杉警部は，取り調べのたびに「調書を取らなかったというのは，要するに

383

彼の見た状況を完全にイメージとして浮かび上がらせてから写真面割をして，その写真面割をしたのを調書に書こうということでございましたので，私としては，そんなに急ぐ必要はないと考えました」と証言している。

以上のベテラン警察官の本音の証言は，警察官Ｙに行われたような目撃者に対する反復的な取り調べが，実は，決して偶然に起きたものではないことを明らかにしている。警察の取り調べが，目撃者に「記憶を植えつける」過程になっており，目撃者に対する反復的な取り調べこそが，誤った目撃供述を生み出す原因になっていることを明らかにしている。

③ 面割写真帳と捜査官の問題点

警察官Ｙの写真面割に使われた面割写真帳（65人分，70枚）には，写真構成上偏りがあった。一審判決は，単に「被告人を含め2枚の写真が貼付された人物が数名いる」としか書いてないが，正確には60人が写真1枚ずつ，被告人を含む5人だけが各2枚ずつ写真が貼られていた。しかも，判決には書いていないが，その5人のうち3人の写真の裏には，当該本人の名前が書かれていた（写真帳のページをめくると台紙の西洋紙の下の写真の裏の漢字がはっきり透けて見える）。

警察官Ｙは，65人の中からいったん2人を選んで，その後被告人を選んだが，その2人の写真の裏には名前が書かれていなかった。しかも，2人のうちの被告人以外の1人について，警察官Ｙは，「目や正面から見た感じが違う」と言って除外したが，そもそも警察官Ｙは正面から目撃はしていない。2人の写真を区別して識別する根拠が，判決も指摘するとおり合理的でない。

以上のようなこの偶然とは言えない関連を見ると，この面割写真帳のバイアスが，警察官Ｙの写真面割の結論を左右したと考えるべきではないだろうか。

この70枚の面割写真帳のもう1つの問題点は，写真帳が実は事件発生前の同年8月に，「どうも中核派はゲリラをやるんじゃないか」ということで，警視から「事件が起きたら，君，行ってもらうから写真帳を作っておいたほうがいいんじゃないか」と言われた若杉警部が部下に下命して予め作成していたものだという点である。

このような事件発生前に作成された写真帳には，事件の内容・規模，目撃者の供述内容や記憶の状態の良し悪しにかかわりなく，とにかく早期に目撃者に犯人を選ばせたい，という警察の露骨な意図が見え隠れする。したがって写真面割を行う捜査官は，警察上層部の強い期待に影響を受け，犯人検挙のプレッシャーにさらされていたと考えられる。警察官Ｙを取り調べた若杉警部が，取り調べごとに調書を取らず，しかも視認可能性に関して目撃現場の実況検分すらしようとしないなど，目撃者の記憶の

状態や識別能力をチェックすることを著しく怠った原因は、このような犯人検挙のプレッシャー抜きには理解できない。

捜査官である若杉警部は、写真帳作成者の意図を察して、70枚面割写真帳の中で写真が2枚ずつになっている5人に対し、内心「犯人はこの男ではないか」と思いながら写真面割手続きを行うことになり、当然、警察官Yに対して写真面割で暗示的誘導的言動を取ったと強く推測される。

④ 単独面通しの問題点

被告人は、4月28日、すなわち警察官Yの単独面通しの4日前に、自民党本部放火事件の犯人として逮捕され、被告人の名前と顔写真が大きくマスコミ報道された。警察官Yは、当然、この被告人の顔写真を見ていたと考えられる。警察官Yにとっては、すでに2回(10月6日と1月17日)の写真面割で同定した人間が、実際に逮捕されたのであるから、もはや単独面通しは、実物確認としての独自の意味は持たなくなっていた。

しかも警察官Yが行った単独面通しは、目撃から7か月余りも期間が経過してから行われたものである。これだけの期間が経過すれば、通常、9月19日に目撃したときの生の記憶を保持し続けることは、著しく困難である。

一審判決も、「目撃者による犯人の同一性の確認は、第1回目のそれこそが決定的に重要で、その際の判断の正確さの程度がその証拠価値のほとんどを決するというべきであり、本件のように2度の写真面割り後に行われた面通しには写真面割りによる影響が払拭できないから、面通しによる再度の確認は、必ずしもY証言の信用性を高めるものとはいえない」と指摘する。

以上から、警察官Yの単独面通しには、もはや実物の人物を見て人物識別の正確さをチェックするという機能をまったく期待できないという重大な問題が、存在したと言わざるを得ない。

目撃者は、単独面通しで見た被告人に関する記憶を、あたかも当初の目撃時の記憶のように供述する場合がある。このことは警察官Yにも当てはまる。

警察官Yは、公判廷で、目撃した助手席の男の額は広い感じがしたと証言する。記録によれば、警察官Yが助手席の男の額について初めて供述するのは、面通しの後の供述調書である。警察官Yは公判廷で、「面通しの時、額が広かったことを思い出した」と証言した。

以上の証拠を分析すれば、「面通しの際に暗示を受けた結果、そのように述べるに至ったのではないかとの疑問が残る」と一審判決が指摘するとおり、警察官Yは、

当初の目撃時の記憶で供述しているのではなく，単独面通しで見た被告人の顔の記憶をもとに供述していると考えるのが相当である。

（2）N子に対する写真面割・単独面通しの問題点

① 目撃者の記憶に影響を与えた諸要因

判決がN子の誤った識別に作用したと認定する要因などを表2-1-7に示す。N子の目撃は，一見の客に対する販売場面におけるものであり，有意的注意は払っていなかった。しかも，初供述までに3か月弱が経過していた。

② 遺留部品捜査は被告人特定後の目撃者捜し

10月中旬，すなわち警察官Yが写真面割で被告人を選別した1週間後，捜査本部は，遺留部品捜査（電磁弁と圧力調整器を対象とした不審購入者の聞き取り調査）を開始した。つまり，この遺留部品捜査は，捜査本部が事件の被疑者の1人として被告人を特定した以降の捜査である。

部品購入者と逃走車両の助手席の人物は同一人とは限らないから，遺留部品捜査で発見された目撃者（N子・T子）に対する写真面割も，本来，類型Cの場合に該当する。しかし，警察は，購入者が物品受領書に書いたサインの筆跡から「坂田」と「小島」は同一人物であると判断していた。後述するように，11月28日にT子が写真面割で被告人を選別した時点で，警察は，確定的に被告人を被疑者として特定した。このことからN子に対する捜査は，類型Aのケースと同様に，捜査官による暗示・誘導がなされた可能性が極めて高いといえる。

③ 364枚面割写真帳の問題点

10月15日，捜査本部は，遺留部品捜査に使う面割写真帳を完成させた。それは，写真枚数364枚，中核派の構成員ばかり346人分が使用され，3つの分冊からなっていた。

◎表2-1-7

番号	事件名（目撃者）	目撃場面の条件	目撃者の条件	保持期間	写真面割	実物面通し
12	自民党本部放火事件（N子・女性，犯人が部品を買った店の店員）	①5分（ただし，顔を見た時間はわずか）	②視力0.4，目撃時眼鏡着用であったかについて供述に変遷あり ③単なる一見の客（日常業務の一環の販売であり，特別の不審さや関心を抱いていない） ⑤初対面の人	①初供述まで84日 ②写真面割まで3か月 ③面通しまで9か月	①364枚 ②被告人を含む3人のみが運転免許証写真付，被告人のみが免許証関係の写真2枚 ⑤4回 ⑦わからない	①単独面通し ④T子と同日に面通し ⑤写真付で逮捕報道 ⑥2回 ⑦少し似ているとは答えたが同一人物であるとは同定しなかった

被告人の写真は第3分冊（51枚，42人分）に含まれているが，その42人中逮捕写真のほかに免許証関係の写真が貼付されているものが，被告人を含め3人分あった。その3人中被告人のみが2枚の免許証関係の写真を貼付されていた。

この面割写真帳に写真構成上の問題点があることは明らかであり，二審判決も，「このように各被写体の写真の枚数，逮捕写真の番号が付いているか否かの有無，写真の種類の点において不統一であることは望ましいことではない」と指摘している。

④　執拗な反復取り調べ

Ｎ子は，「坂田工業の坂田」という購入者を選ぶため，計3回の写真面割を行っている（10月29日，11月28日，翌年1月19日）。最初の2回が警察，3回目が検察によるものである。しかし，いずれの写真面割でも写真を選べなかった（なおＮ子は，11月5日，「小山」なる別の購入者の顔を割るための写真選別を行い，同じ364枚の写真帳を見せられているが，このときもＮ子は写真を選べなかった）。

実は，11月28日には，最初，蒲田営業所のＴ子が写真選別をし，「協和電機の小島」という購入者として，被告人の藤井さんの写真を選別していた。捜査本部は，あらかじめ「小島」と「坂田」はサインが似ているから同一人との判断を持っていたため，捜査官に指示して，同じ日のうちにＮ子に再び364枚写真帳を見せたのである。

Ｎ子の場合，写真面割では写真を選別していないが，面割写真帳を見たことが大きな影響を与えた。Ｎ子は，単独面通し以前に，少なくとも4回，被告人の写真を含む面割写真帳を見ているのである。たとえはじめて見る人物写真であっても同じ写真帳を4回も見ることによってＮ子の記憶が影響を受けなかったとは決して言えないのである。

⑤　Ｎ子の目撃供述の変遷

反復取り調べの過程で，Ｎ子の目撃供述は，顕著な変遷を遂げている。これは捜査機関の予断に基づく尋問と深く関連しており，暗示や誘導の影響が濃厚である。

最も重大な変遷は，サインの仕方に関する供述である。

もともとＮ子は，11月28日に捜査官から事情聴取を受けた際には，サインの仕方について覚えていない旨答え，12月26日の員面調書でも「どのようなサインの仕方をしたか……よく覚えていません」と供述していた。ところが，Ｎ子は，法廷証言で，「坂田」を覚えている理由の1つとして，サインの仕方が変わっていることをあげて，「坂田」が物品受領書にサインをする際の姿勢について具体的に再現までしている（一審裁判所はそのＮ子の姿勢を写真に撮って調書に添付した）。

このようなＮ子の目撃供述の変遷については，二審判決が的確に分析しているの

で，以下，判決を引用する。

　まず，判決は，「N子は，サインの仕方が問題になっていることを十分承知したうえで，『覚えていません』と明確に供述していたのに，検面に至ると，詳細に記憶していることになり，それゆえに印象に残っていることになるのは，単に記憶を蘇らせたということでは説明が困難であり，T子供述との関連なしには考えがたいというほかない」と指摘する。

　判決は，さらに具体的に，「N子供述がT子供述に影響を受けたことは明らかで，T子の供述情報が検察官を介してN子に流入し，N子の原記憶を歪めた可能性は否定できないというべきである。はたしてそうだとすれば，N子が『坂田』の言動について捜査段階より詳細に証言し，物品受領書にサインをする際の姿勢について具体的に再現までしているとしても，真実N子がそのような原記憶を保持していたことの証左になるものではない。（中略）N子は，自己の原記憶を変容させ，しかも，変容しているのにも気づかずに，原記憶であると思い込んで供述していると認めざるをえない」と判示する。

　このように目撃者に対する執拗な繰り返しの取り調べは，意図しなくても目撃者の記憶に新しい情報を植えつけ，記憶を歪めるおそれがあるたいへんに危険な行為である。目撃者に対する人物識別の方法として，行ってはならないものであるといえよう。

⑥　単独面通しの問題点と弊害

　被告人は前述したとおり4月28日に逮捕され，マスコミは，この逮捕を大きく報道した。逮捕当日のテレビ，さらに翌朝の新聞各紙の一面で，逮捕の事実と被告人の名前および顔写真が報じられた。おそらく4回も写真面割を行ったN子は，面割写真帳で見覚えのある人物が，実際に逮捕されたということで，衝撃を受けたに違いない。N子にとっては，「私が見たのはあの顔の男だったか」という個人レベルの認識と，「あの顔の男が犯人だったのだ」という社会的に公知となった事実とが，重なって認識される状態になったと考えられる。目撃者にとっては，単独面通しで新聞に写真が載った男性を見せられれば，その人物が自分が目撃した人物と思わざるを得ないような特殊な状態が社会的に形成されていた。

　このような背景の下で，N子は，5月1日と2日の計2回，単独面通しをし，「髪型とか目の感じとか全体的に似ている」と思った旨を供述する。また，5月2日付のN子の供述調書では，「坂田と名乗っていた人の人相について印象的に記憶しているのは，目から上辺りであり，具体的には上まぶたに脂肪の乗りが少なく，やや奥目がちの人であり，髪には少しウエーブがかかった感じで大雑把に横の方で分けていたと

いう記憶が残っているのです。その私の記憶に残っている部分と，昨日，本日と見た甲（被告人をさす）の目から上の感じが似ていると思いました」と供述している。

しかし，N子のこのような供述も，2日続けて単独面通しで同じ人間を見たことの影響を強く受けたこと，および2回目の単独面通しの日には同じ会社のT子も単独面通しをしており，この点にも影響を受けていると考えられる。

単独面通しが行われたのは前年の8月1日から実に9か月余り経過したときであり，当初の目撃の記憶をもとに人物識別を行うことはもはや不可能になっていたと考えられるし，実際，N子は，単独面通しの2回とも「似ている」と述べただけで，被告人が「坂田」と同一人物であることを確認しているわけではない。

（3）T子の写真面割・単独面通しの問題点

① 目撃者の記憶に影響を与えた諸要因

判決がT子の誤った識別に作用したと認定する要因などを表2-1-8に示す。T子の記憶の状況は，目撃場面が単なる一見の客に対する販売であり，有意的注意を払っていなかった。しかも，初供述までに4か月が経過していた。

② 警察官による写真面割の問題点

⑴ 最初は写真面割を断った事実

T子は，「協和電機の小島」に関する事情聴取を受けた後，捜査官から面割写真帳を見て「小島」を捜しだしてほしいと頼まれた。しかし，T子は最初，「よく覚えていないから見てもよくわからない」と捜査官に言って，写真面割を断っている。

これは，T子の写真面割前の記憶状態からすれば，ごく自然な対応であった。T子は，公判廷で，弁護人から「小島」の顔を思い浮かべるようになったのは写真を見る

●表2-1-8

番号	事件名（目撃者）	目撃場面の条件	目撃者の条件	保持期間	写真面割	実物面通し
12	自民党本部放火事件 （T子・女性，犯人が部品を買った店の店員）	①5分（ただし，顔を見た時間はわずか）	③単なる一見の客（日常業務の一環の販売であり，特別の不審さや関心を抱いていない） ⑤初対面の人	①初供述まで119日 ②写真面割まで4か月 ③面通しまで9か月	①364枚 ②被告人を含む3人のみ運転免許証写真付で，被告人のみ免許証関係の写真2枚 ③警察官が「見たことがあるような人がいたら何枚でもいいですから選んでください」と発言 ⑤2回	①単独面通し ④N子と同日に面通し ⑥写真付で逮捕報道 ⑦「ずいぶん頬がこけてしまったなという感じ。断定できないが同一人物だと思う」

前かと問われて,「いえ,写真見てからです」と答えている。二審判決が「写真を見る前の段階においては,T子は『小島』の顔のイメージを具体的かつ明確には思い浮かべることができなかったものと認めざるをえない」と指摘するような記憶状態であった。

(2) 写真面割を受けさせる警察官の説得行為

一旦,写真面割を断ったT子に対して,捜査官は,「じゃあ,なんか見たことがあるような人がいたら,何枚でもいいですから選んでください」と言って,写真面割をするように説得している。

しかし,4か月前のわずか数分間の一見客の顔である。捜査官には,経験的に通常なら記憶の保持が著しく困難であることがわかるはずである。現に,事情聴取を受けたT子の記憶の状態は,二審判決も指摘するとおり,「顔のイメージを具体的かつ明確には思い浮かべることができなかった」のである。このような状態で,T子本人が「よく覚えていないから見てもわからないです」と言って写真面割を断ったにもかかわらず写真面割をすすめること自体が危険なのである。まして捜査官が,「見たことがあるような人がいたら何枚でもいいから選んでください」と説得することは,目撃者が誤った基準で写真面割を行う危険性を著しく高めるもので,許されないというべきである。

このように,T子から「よく覚えていないから見てもよくわからない」と言われた捜査官は,T子が「小島」の顔を思い出せないことがT子自身の言葉で明確に言われたことを十分に理解したうえで,写真を選ぶ基準は「小島」でなくてもよく,選ぶ人数は何人になってもいいから,ともかく「見たことがあるような人」という基準で,面割写真帳の中から選んでほしいとT子を説得したのである。

捜査官も,T子とのこういったやり取りは,問題があると感じていたはずである。だから,12月4日の供述調書には,この事実は一切記載されていない。しかし,T子にしてみれば,翌年1月の写真面割も5月の単独面通しも,自分が「見たことがあるような人」ということで選んだことを強く自覚していたと考えられる。検察官の主尋問に対して,必ずしも問いに対応しない証言内容であったが,T子の口から,断ったのに説得されて写真帳を見たという証言が飛び出したのは,このような事情があったからであると考えられる。

(3) T子が実際に写真面割を行う過程

T子は,自分が選んだ第3分冊のNo.17の下段右側の写真を見て,ただちに8月1日のあの客だと思い出したわけではなく,まず「どこかで会った人」という印象により

1枚の写真を選別したうえ，次に，いろいろ考えてその人物を「小島」であると同定したという過程をたどっている。この点は，T子の公判廷での証言や捜査段階の供述調書から明らかである。

T子は，このように警察の写真面割で，2段階の思考過程を踏んで被告人を選別・同定した。二審判決は，「T子が写真帳を見る前の段階における『小島』の容貌に関する記憶の喚起が右のように漠然としたものであったがために，警察官S5は，『なんか見たことがあるような人がいたら，何枚でもいいですから選んでください』と言い，T子も，S5の指示に従って，『これまでに見たことがあるような人』という印象により写真を選別し，次にその人物を『小島』であると同定するという2段階の思考過程を踏んで選別・同定した疑いがあるといわざるをえない」から，「このようなT子の選別・同定の2段階的思考は，『小島』についての容貌記憶の欠如ないし曖昧さを物語る以外の何物でもなく，その選別・同定の危険性は明らかというべきである」と的確に指摘している。

③ **検察官による写真面割の問題点**

被告人逮捕後，実物面通しについての検察官作成の供述調書（5月2日付）の中に，T子が1月17日に検察官による写真面割を受けて写真を選んだときのことについて，警察での写真面割同様の重要な記載がある。その調書によると，1月17日の検察官調べの際に，T子は，「私は写真帳から2枚の写真を選び出しました。この時も私は見たことがある人だと直感的にわかり，比較的簡単に多分同一人物だと思われるその2枚の写真を選んだのでした。そして，どこで会った人かと考えてみると，私の今までの生活や人とのつき合いを振り返ってみても蒲田営業所で応対したことのある人しか考えられなかったのです」と供述している。

これは，2回目の写真面割でも，最初の写真面割について分析して指摘したような「見たことがある人」の選別からスタートした「2段階の思考過程を踏んだ選別・同定」が，繰り返されていることを明らかにしているものである。

④ **単独面通しの問題点**

T子の場合も，単独面通しの4日前に，被告人が自民党本部放火事件の犯人として逮捕され，名前入りで被告人の顔写真が大きくマスコミ報道されたことは，知っていたと思われる。T子が2回の写真面割で選別・同定した人間が，実際に逮捕されたのであるから，単独面通しは，実物確認としての独自の意味を持たなくなっていた。

しかし，5月2日の警視庁での単独面通しも，実は，「見たことがある人」という認識から始まっている。2回の写真面割の後の単独面通しでも，T子は，写真面割と

同じく「2段階の思考過程を踏んだ選別・同定」を繰り返しているのである。

この単独面通しの際の同定過程は，同日付の検察官調書にはっきりと出ているので，以下に調書から該当部分を引用する。

まず調書の書き出しは，次のような奇妙なものである。

「私は，本日警視庁本部でガラス越しに男の人を見ました。この人のことをAと言って話します。ガラスを被っていたカーテンを開けてそのAを最初に見た第一印象は，前に見たことがある人だなというものでした。前に見た人だとピンと来たのです。単に道を歩いていてとか電車で乗り合わせて見たことがある人だということではなく，話しをしたことがあるとか少しの時間にしろ何らかの応対をしたことがある人だという感じをそのAを見た瞬間に持ったのでした」

その調書の最後も，次の通り，奇妙なトーンで終わっている。

「このAは，藤井高弘という名前で，広島県の高校を出て法政大学に行き，学芸通信社というところで働いたことのある人だと本日検事さんからお聞きしましたが，私は広島県に行ったことも法政大学に行ったこともありませんし，学芸通信社という会社もまったく知りません。これらのことからしても，私には蒲田営業所でその藤井という人に会ったとしかどうしても考えられないのです。そして，藤井という人は小島とサインして行った人とよく似ており，私は，同一人物だと思います」

T子は，単独面通しの過程について，以上の趣旨を，公判廷の証言でも繰り返した。

かくして，T子は，警察官による写真面割，検察官による写真面割，単独面通しの3回とも，まず「これまでに見たことがあるような人」ということで被告人を選び，次にその人物を「小島」であると同定するという2段階の思考過程を踏んで選別・同定したことになる。

これは，T子に人物識別できるような記憶がまったくないことの証左である。T子に「見たことがあるような人がいたら，何枚でもいいですから選んでください」と言って写真面割を受けるように説得した捜査機関のやり方が，T子に強力な暗示誘導の効果を与えた事実を指摘せざるを得ない。

3．心理学鑑定

筆者ら自民党本部放火事件の弁護人は，一審と二審で計8人の心理学者に，鑑定書の作成を依頼した。弁護側立証の一環として，目撃供述の信用性を争うためである。

（1）一審で行われた心理学鑑定

一審では，4通の心理学鑑定書を作成依頼し裁判所に提出した。

① 心理学者の厳島行雄氏は，1990年8月の2日間，36人の大学生を被験者にして警察官Yの「目撃」を模倣したフィールド実験を行い，この実験に基づき，警察官Yに関する『目撃証人Yの目撃供述の信用性に関する鑑定書——夜間の交差点を左折する車および助手席搭乗者の認識および記憶に関する心理学的考察』を作成し，第123回と第125回の期日に証言した。厳島鑑定は，警察官Yの目撃供述が，現在の確立された心理学的知見および警察官Yの「目撃」を模擬したフィールド実験の結果と，多くの点で矛盾していることを明らかにし，警察官Y供述には信用性が認められないと結論づけた[12]。

② 心理学者の増田直衛氏は，警察官Yに関する『目撃証人Yの犯人識別供述の信用性に関する鑑定書——車の搭乗者の顔の知覚条件に関する心理学的考察』を作成し，第123回と第125回の期日に証言した。増田氏は，警察官Yの目撃現場である東宮御所警備派出所前（権田原交差点）で，1990年10月と12月の2日間，夜間に車両を走行させて，助手席の顔の位置および助手席側の窓枠下の照度，輝度の測定を行った。増田氏は，測定の結果に基づき，知覚心理学の立場から警察官Yの目撃条件を検討し，ライトエースの助手席の人物については識別不可能と鑑定した。

③ 心理学者の浜田寿美男氏は，T子，N子に関して，『目撃証人T,Nの犯人識別供述の信用性に関する鑑定書——心理学的手法を用いた供述分析』を作成し，第122回の期日に証言した。浜田鑑定は，スウェーデンのTrankellの提唱する「供述の起源」[13]に着想を得て，供述心理学の立場から，T子及びN子の目撃供述を分析し，両証人の供述には信用性がないことを明らかにした。

④ 心理学者の富田達彦氏は，T子の写真選別に関して，『目撃証人Tの犯人識別の信用性に関する鑑定書』を作成し，第122回の期日に証言した。T子の写真選別手続きについて大学生を被験者にした実験的手法で分析し，面割写真帳（前述したとおり，写真枚数364枚で3分冊に分かれている）には人為的なバイアスが存在しているため，捜査官の誘導的教示及び証人の誤った消去法的思考回路とあいまって，T子の目撃証言には信用性がないと鑑定した。

一審判決は鑑定書の視点を採用し警察官YおよびN子の目撃供述の信用性を否定したが，T子のそれは認めた。

（2）控訴審で行われた心理学鑑定

① 心理学者の浜田寿美男，厳島行雄，仲真紀子，伊東裕司の4氏が，目撃証人T子の目撃供述の信用性に関する『目撃証人Tの犯人識別の信用性に関する心理学鑑定書——フィールド実験にもとづく実験心理学的および供述心理学的検討』を作成し，

裁判所に提出した。4人の心理学鑑定人らは，共同してＴ子の目撃状況を模擬した大規模なフィールド実験を行い，その実験結果を心理学的に分析してＴ子の目撃供述に信用性がないことを科学的に明らかにした。なお実験では，再認までの期間を3か月余りに設定し，有効事例は86件であった。裁判所は，共同鑑定を行った心理学者全員を証人採用し，第11回と第12回の両期日で証言が行われた。また，裁判所は，共同鑑定になる心理学鑑定書を，刑事訴訟法321条4項により証拠採用した[14]。

② さらに，面割写真帳のバイアスに関して，心理学者の坂元章氏が『自民党本部放火事件（1984）の面割写真帳に関する鑑定書』を，心理学者の原聰氏が『面割写真帳の偏向に関する実験心理学的鑑定書』を作成し裁判所に提出した（ただし，公判期日の都合で証人尋問の機会を実現できず，鑑定書の証拠採用までに至らなかったが，両鑑定書は証拠申請書に添付し，記録に綴じられた）。

控訴審裁判所は，Ｔ子の犯人識別の信用性を否定した。一審，二審で行われた法廷証言や鑑定書で述べられた心理学者の目撃供述に関する知見は，最終的には，裁判所の目撃供述への危険性の認識に，大きく寄与したと考えられる[15]。

第3節　類型別にみた16事例の目撃証人の識別手続き

1．類型Ａ　識別手続き前に捜査機関が被疑者を特定しているケース

（1）類型Ａにおける人物識別の方法

類型Ａの5事例は，識別手続き前に捜査機関が，目撃者以外の供述や目撃以外の証拠によって被疑者を特定しているケースであるが，いずれも，写真面割と単独面通しの両方で人物識別を行っている。

① 写真面割は，被疑者と特定した人物に複数の人物を加えた写真帳から選別させる形で行われる（ただし，事例9は，被疑者のみの複数写真）。

② 続いて単独面通しが行われる。識別手続き前に他の証拠によって被疑者に特定された人物が，写真面割の段階で識別される場合と識別に至らない場合（事例4）があるが，どちらの場合にも単独面通しが行われる。

こうした類型Ａの人物識別の方法を，図2-1-2に示す。

（2）事例1（下田缶ビール事件）の概要と捜査状況

① 事件の概要と被疑者特定の経緯

1981年7月28日午前9時過ぎごろ，静岡県下田市内の酒店（白井昇）に電話で取引

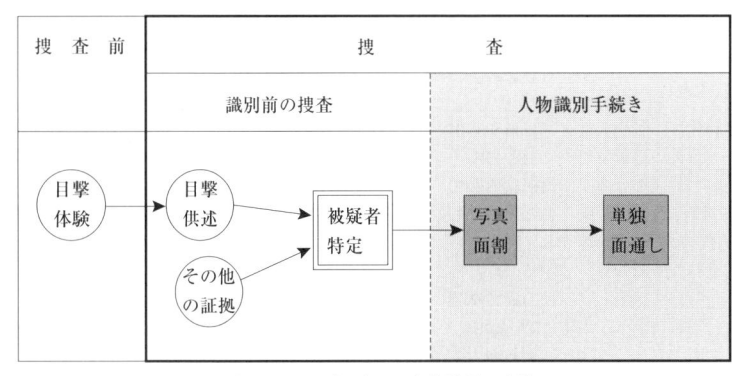

●図2-1-2　類型Ａの人物識別の方法

先の民宿の名をかたった缶ビールの注文があり，犯人が同民宿の車を使用し2回に分けて，同酒店から缶ビール50ケースを騙取した事件である。なお犯人は，同日昼前ごろ，右缶ビールを近くの食堂（勝間田）に売り渡している。被告人は，同民宿の敷地内に開いていた売店の従業員である。目撃者は，被害にあった酒店経営者の白井昇とその母・白井光子および被害品を買い受けた食堂経営者の勝間田である。

警察は，被告人の雇主の供述などから，本件詐欺事件は，売店で働いていたＡ（真犯人）と被告人の共謀によるものとの嫌疑を抱き，両者のいずれかが，実際に缶ビール50ケースを騙取したと考えた。

一審は懲役10月の実刑判決で，被告人は，控訴を断念して服役。出所後，売店の同僚であったＡを真犯人であると考えた被告人は，11か月後ようやくＡを探して警察に突き出し，再審を請求した(16)。

② 目撃者の記憶に影響を与えた諸要因

被告人が再審請求人となって起こした再審請求審の決定および再審の判決が目撃者の誤った識別に作用したと認定する要因を表2-1-9に示す（表中の①～⑦は，表2-1-3の各項目の①～⑦に対応する。なお，保持期間については，目撃供述の信用性判断の資料としてすべて記載した。以下，事例2～事例16も同様である）。

再審請求審の決定は，白井両名の記憶の状況について，「犯人と応対したのは各1回ずつのわずかの時間」であるうえ，何よりも取引先の注文ということで疑いを抱いておらず，「ことさら犯人を注意深く観察してその人相等の特徴を把握したものとは考えがたい」と指摘している。また，判決は，勝間田を含め3人について「面通しは犯行後7か月余りを経過した後のことであり，写真による面割りで犯人の特定がまったく正確であって，請求人とＡとを混同するおそれが絶無であったと断定するには

●表2-1-9

番号	事件名（目撃者）	目撃場面の条件	目撃者の条件	保持期間	写真面割	実物面通し
1	下田缶ビール事件（白井昇・白井光子，親子，被害者）	①犯人と応対したのは各1回ずつ，わずかの時間	③以前から取り引きのあった民宿の者であると告げられ，同民宿の車で来たため何ら疑いを抱いていなかった ⑤初対面の人	①供述まで10日 ②写真面割まで35日 ③実物面通しまで7か月12日	①6枚 ②人定事項を特定できなかったA（真犯人）を省いた写真帳を使用 ⑥「顔の輪郭が一番似ていた」	①単独面通し ③被告人の顔写真が記憶に刻み込まれる ④目撃者3人で共同面談 ⑥3回
	下田缶ビール事件（勝間田，男性，被害品の購入者）		⑤被告人は自分の経営する食堂の客であり，名前こそ知らなかったが，顔見知り	①供述まで35日 ②写真面割まで35日 ③実物面通しまで7か月12日	①6枚 ②人定事項を特定できなかったA（真犯人）を省いた写真帳を使用 ③警察官が「従業員の中で体格がいいのは被告人しかいない」と発言 ⑥100％断言することはできないが直観的にそう思った	①単独面通し ③写真の犯人像が固定化 ④目撃者3人で共同面談 ⑥3回 ⑦「断言はできないが，そのような気がする」

躊躇される」と指摘している。

③ 写真面割における問題等

　被告人とAのうち，Aについては人定事項が判明しなかったため，被告人の写真のみを含めた6枚の写真で面割が行われた。白井両名は，「写真帳をはじめて見たとき，ビールを渡した男がこの中にいるかどうかわからなかったが，よく見たところ6枚の写真の中では顔の輪郭が一番似ていた」ので被告人の写真を選んだ。勝間田は被告人，Aともに面識があり，犯人は2人のうちどちらかで，「体格のいい人」という特徴点を述べていたが，捜査官から売店の従業員で体格のいい人は被告人しかいないと言われ，被告人を選別するに至ったものである。

④ 単独面通しにおける問題等

　事件発生から8か月過ぎた翌年3月に3回の単独面通しが行われている。被告人は，3日に逮捕され，9日に警察での面通し，23日に警察で目撃者3人と被告人の直接面談形式での面通し，29日に検察庁での面通しが行われた。

　白井両名について，判決は，「捜査の初期段階からAの顔写真が含まれていない写真帳を示されたことによって，その中にあった請求人の顔写真が記憶に刻み込まれ，

しかも，請求人とＡとは，実際に２人を並べてみると，その受ける印象は明らかに異なるものの，年齢が７歳しか違わず，両名とも身長が1.7メートルを超える大柄な体格であることから，右の写真による面割に加えて，請求人と直接面談したことにより一層確信をもって前示のような断定的供述を繰り返すに至った」と指摘する。

判決は，勝間田についても，「当初写真帳を示されたことにより写真の犯人像が予め強く印象づけられた結果，前示の供述をするに至ったとみられなくもない」と指摘する。

このように目撃者３人は，当初の写真面割によって写真の犯人像が固定化するに至ったため，面通しの際も被告人を犯人としてしまったと思われる。

勝間田は，一審では，「100パーセントそうであるとは断言できない」「鏡の中で見せられ本人と会って顔形をみまして，自分自身に疑問をもち出し，はっきりわからなくなった」「完全にこの人だということは断言できない」と証言した。さらに再審請求審では，１人がやせ型だという記憶はなく，「２人ともがっちりした記憶があります」と述べた。ビールを買ったのは２人のうちの１人であり，警察で写真を見せられた際，被告人だったような記憶があると供述したものの，単独面通しの時には「あれ，あの人だったかな」「あの人じゃなかったんじゃなかろうか」と警察に話したこと，しかし，「２人しかいないから体のがっちりした，じゃその人だろうと言うよりほかなかった」などと証言し，被告人を犯人と識別したことは本意ではなかったと最初の供述を撤回している。

（３）事例２（横浜西区強制わいせつ事件）の概要と捜査状況

① 事件の概要と被疑者特定の経緯

1988年９月10日午後１時ごろ，横浜西区において幼女Ａ子（当時７歳）が車で誘拐され，強制わいせつを受けた事件である。目撃者は被害者のＡ子である。事件から４か月後，別の幼女に対する誘拐わいせつ容疑で逮捕された被告人が，その取り調べ中に余罪を追求され本件を自白したため，警察は，被告人に対し，被害者の特定のため事件発生地区を学区とする小学校の学級写真により被害者識別を行い，Ａ子の存在を知った。

② 目撃者の記憶に影響を与えた諸要因

判決[17]が誤った識別に作用したと認定する要因などを表２‐１‐10に示す。

判決は，Ａ子の記憶の状況について，「被害後約４か月以上を経てはじめて犯人の特徴を供述」したものであり，しかも，唯一の識別供述である公判廷における供述は，被害時から約８か月も経ており，「被害当時に得た犯人の同一性に関する認識を保

●表2-1-10

番号	事件名（目撃者）	目撃場面の条件	目撃者の条件	保持期間	写真面割	実物面通し
2	横浜西区強制わいせつ事件（A子，女子，被害者，7歳）		①小学校2年生（7歳）④わいせつ行為を受けた⑤初対面の人	①供述まで4か月21日②写真面割まで約5か月③実物面通しまで約8か月	①複数枚⑦特定できず	①単独面通し②写真を含めた事情聴取での暗示あり

持・再現しえたのか疑問である」と指摘している。

③ 写真面割における問題等

A子は，警察から7回の事情聴取を受けた。2回目までは被害事実を否定しており，3回目で初めて被害事実を認めたものの，犯人の顔については「丸かった」という程度の供述しかできていない。また，複数枚の写真を示して行われた写真面割では，A子は被告人を特定できなかった。判決でも指摘されているように，「すでにこの段階においてすら犯人の特徴についての正確な記憶が保持されていなかったことが明らか」である。

④ 単独面通しにおける問題等

写真によっては識別できなかったA子が，公判廷の単独面通しでは被告人が犯人であると供述した。しかし，A子は，「被暗示性が強い」（判決）小学2年生という年少者であるうえ，判決が「被告人の自白が先行し，捜査官側も犯行状況等についてのある程度の予備知識を有しながら，A子から数回にわたる事情聴取を行ったと認められる」と指摘しているとおり，7回の事情聴取により捜査官の暗示・誘導の影響を受けており信用できない。より詳細になった公判廷のA子供述の内容も，「丸い顔，ちょっと太っていた，眼鏡はかけておらず，髪はちょっと短く，背広姿だった」という程度のものであり，被告人を犯人と識別できるものではなかった。

（4）事例3（岩槻窃盗事件）の概要と捜査状況

① 事件の概要と被疑者特定の経緯

1989年6月14日，埼玉県岩槻市において，駐車中の自動車内から現金等の入ったバッグが窃取された事件である。目撃者は近所の主婦C子である。警察は，別件で逮捕された被告人の所持品の中から本件の被害品の小銭入れ，テレホンカード等が発見されたことから，本件の犯人を被告人であるとの見通しをつけた。

② 目撃者の記憶に影響を与えた諸要因

●表2-1-11

番号	事件名（目撃者）	目撃場面の条件	目撃者の条件	保持期間	写真面割	実物面通し
3	岩槻窃盗事件（C子・女性, 近所の主婦, 27歳）	③80㍍離れた自宅から、その後最もよく見えた地点でも40㍍以上離れた地点。目撃によって犯人の服装，髪型その他の顕著な特徴以上にその顔の特徴まで把握したとは，到底考えられない　④サングラス　⑤犯人は自転車で移動中	⑤初対面の人	①初供述まで30数日　②写真面割まで40数日　③実物面通しまで40数日	①5枚　②犯人の特徴としてあげられていた坊主頭の写真は被告人のもののみ　⑤警察官が「犯人はすでに逮捕されている」と発言　⑥「犯人かどうかわからないが，髪型や雰囲気は似ている」	①単独面通し　②警察官が「証拠品も上がっている」と発言　③面通しを受けている男は写真で選んだ男と同一人であるとの前提でなされる　⑦「犯人かどうかわからないが，髪型や雰囲気は似ている」

　判決[18]が目撃者の誤った識別などに作用したと認定する要因を表2-1-11に示す。

　判決は，C子の記憶の状況について，目撃場面が遠すぎ，「犯人の服装，髪型その他の顕著な特徴以上にその顔の特徴まで的確に把握したとは，到底考えられない」と指摘している。また，初供述までに30数日と保持期間が長すぎる。

③　写真面割における問題等

　警察は，被害者からの申告によってC子の存在を知っていたのであるが，C子の事情聴取を行ったのは，事件発生から1か月以上経過した後であった。この点について判決は，「記憶の新鮮なうちに目撃者から犯人の特徴を聴取しておくという，捜査機関として当然なすべき捜査がなされていないため，（略）写真面割及び面通しまでに，C子の記憶が相当程度減退・変容していた疑いがある」と指摘する。

　写真面割は，写真相互を比較できるバラの写真5枚を用いて行われた。しかも捜査官は，写真面割前にC子から「犯人は坊主頭の人であった」と聞いていたが，提示した5枚の写真の中で，明白な坊主頭の人物写真は被告人のものしかなく，明らかに被告人が目立つ写真構成になっていた。また，捜査官は写真面割前，目撃者に「犯人を逮捕している」と告げている。捜査官からこのように言われると，目撃者は示された写真の中に必ず犯人の写真があるという暗示を受ける。

④　単独面通しにおける問題等

　単独面通しは，「現に面通しを受けている男は，C子がすでに写真で選んだ男と同一人であるとの前提でなされており，しかも信用性に問題のある単独面通しであるこ

と，面通し前に『証拠品も上がっている』旨の誘導すら受けて」（判決）行われた。

結局，公判廷においてＣ子は，犯人と被告人との同一性について確認を求められた際，「現段階では覚えていない」と述べ，「写真面割や面通しの時は，髪型とか雰囲気は似ていると思ったが，その男が犯人に間違いないというようなことは一度も言っていない」と証言している。判決は，右証言を採用したうえでさらに，Ｃ子の「被告人が自分の見た犯人に間違いない」との捜査段階の供述について，Ｃ子が「真実そのような供述をしたのか否かにすら疑問が生ずる」と指摘している。このように，Ｃ子の目撃供述は，被告人を犯人と同定したものではなかった。

（5）事例4（三郷市外国人アパート放火事件）の概要と捜査状況
① 事件の概要と被疑者特定の経緯

1988年9月7日午後2時ごろ，埼玉県三郷市所在の木造共同住宅が不審火により全焼した事件である。事件後，被害者Ｄらが，同居の被告人が放火の犯人であるとして暴行を加えて自白させ，被告人を事件2日後に警察署に突き出した。

被害者，被告人ともパキスタン人であった。警察は被害者らと同一の心証を抱き，本件の犯人を被告人であるとの見通しをつけ，とりあえず不法残留で別件逮捕した。目撃者は，事件直後に現場近くを歩いているアジア系外国人を目撃した，という近隣に住む主婦Ｇ子である。

② 目撃者の記憶に影響を与えた諸要因

判決[19]が目撃者の誤った識別に作用したと認定する要因などを表2-1-12に示す。

判決は，Ｇ子の記憶の状況について，「歩行中振り返りながら正面から，或いは追い越されざまに側方から，いずれも一瞬といってよい程の短時間一瞥したに過ぎず，その目撃条件は余り良好ではなかった」うえに，目撃時には放火の認識はなく有意的注意を払っていたわけではないので，「後刻人物の同一性を具体的に識別することができる程度に，特徴を把握し記憶し得たのかは，甚だ疑問である」と指摘している。

③ 写真面割における問題等

写真面割では，警察官はＧ子に対し，被告人の写真ばかり多数を示している。判決は，「Ｇ子は，複数の人物の写真を同時に提示されてその中から目撃した人物に似ているものを選ばされたのではなく，被告人の写真ばかり多数（真正面から写したもの，横から写したもの，全身を写したもの，白黒で撮影したもの，カラーで撮影したものなど）を示された可能性が高く，右写真面割の過程で強い暗示が働いた」と指摘する。1人の人物の写真のみを見せるのは，明らかに原則違反である。本件の場合，何枚の写真を使ったのか，どの写真を使ったのかという記録さえ残されていない。し

●表2−1−12

番号	事件名（目撃者）	目撃場面の条件	目撃者の条件	保持期間	写真面割	実物面通し
4	三郷市外国人アパート放火事件（G子・女性，近所の主婦，37歳）	①一瞬 ⑤歩きながら後方を振り返った時と，すぐ横を通り抜けた時の目撃であり，正面からではない	②視力0.6 ③自然に歩いているところを何気なく見ただけで，火災その他の特別な出来事と結びつけて注意深く観察したわけではない ⑤初対面の人 ⑥目撃者は日本人であり，目撃対象者はアジア系外国人	①初供述まで3日 ②写真面割まで3日 ③実物面通しまで3日	①被告人の写真のみ4，5枚 ③G子の見た外国人は被告人に違いないとの捜査官の気持ちはG子にも敏感に察知された ⑦同定せず	①単独面通し ②G子の見た外国人は被告人に違いないとの捜査官の気持ちはG子に敏感に察知された ③写真面割過程で強い暗示が働いた ⑦「あのときの外人さんにほぼ間違いありません」

かし結局G子は，写真では識別できなかった。

　なお，目撃した対象者がアジア系外国人であり，異人種間の識別供述であることからも，その正確性に疑問がもたれた。G子は，犯人の特徴について，「①背の高さは，すごく高いという程ではない，②太ってはおらず，顔は細い方である，③肌の色は，日本人よりちょっと浅黒く，④髪は，少しウェーブしたような形で，⑤鼻筋が通って，整った顔をしていた」点を供述していた。判決はG子のあげる犯人の特徴について，「格別顕著なものではないのであって，この程度の特徴を備えた人物は，アジア系の外国人の中には多数存在すると認められ，G子の供述からは，同人において，その目撃した人物が被告人であって他の第3者ではないと断定するに足るだけの個人的特徴をほとんど把握していなかったことが窺われる」としている。

④　単独面通しにおける問題等

　G子は，写真によって識別できなかったのに，単独面通しにおいて断定的に同定するようになった。この背景には，写真面割過程における捜査官による強い暗示が働いていた。この点について，判決は，「面通しの方法も，信用性に問題の多い単独面接であった点に十分注意しなければならない」と単独面通しを批判したうえで，「本件面割りの過程においては，被告人の身柄を確保していた捜査官の側に，G子の見た外国人は被告人に違いあるまいとの強い予断が働いており，このような捜査官の気持ちは，前記一連の面割り手続きを通じてG子にも敏感に察知されたと認められる」と述べ，続いて「このような状況のもとにおいては，識別者が意識すると否とにかかわ

らず，現に警察に捕まっている外国人が自分の見た男で放火の犯人に間違いない旨，さしたる根拠なしに思い込む危険性が大きい」と指摘している。

写真面割でも被告人1人の写真しか見せていないのであるから，G子にとっては，面割写真で見た被告人の顔が，面通し時に強い暗示として働いたといえる。

（6）事例5（半蔵門線電車内窃盗未遂脅迫事件）の概要と捜査状況

① 事件の概要と被疑者特定の経緯

1993年5月30日午前0時ごろ，大学生Dが地下鉄半蔵門線水天宮前駅に停車中の電車内で仮眠中にスリ未遂の被害にあい（甲事件），また同年6月26日午後11時30分ごろ，同駅の男子トイレで甲事件の犯人と猿顔の男の2人から脅迫を受けた事件（乙事件）である。目撃者は被害者のDである。警察は，半蔵門線の電車内で発生した別件スリ未遂の現行犯で逮捕中の被告人（共犯）とA（主犯）について，甲事件との関連を疑い，甲乙事件の犯人は被告人とAであるとの見通しをつけていた。一審は有罪。控訴審判決は，甲乙事件に関しては無罪。

② 目撃者の記憶に影響を与えた諸要因

判決[20]が目撃者の誤った識別に作用したと認定する要因などを表2-1-13に示す。判決は，Dの記憶の状況について，甲，乙事件とも，「Dは夜遅くまで飲酒し帰宅途中に各被害に遭ったもので，……アルコールの酔いが視察能力を低減させたおそれが考えられる」うえ，乙事件では「脅迫の被害時には，二人の男に脅されナイフまで示されたのであり，かなり畏怖したものと考えられ，それが観察の正確性をある程度損なった可能性も否定し難い」と指摘している。しかも，判決は写真面割までの保持期間が長いため，「観察後の時間の経過により記憶が減退し，（犯人像が）変容していくことも否定できない」と指摘している。

③ 写真面割における問題等

写真面割で捜査官がDに示した面割写真帳は，目撃供述の犯人の特徴が被告人の写真のみ該当するように構成されていた。面割写真帳は，被告人とAを含め11人の顔写真が貼られていたが，眼鏡着用の有無や眼鏡の種類に差異があり，被告人を含む10人が眼鏡をかけているのに対し，Aは眼鏡をかけておらず，被告人の眼鏡は他の9人と違って色付きであった。判決は，識別が誤った理由について「Dが犯人の特徴として色の付いたサングラスを掛けていた点を挙げていることに着目すれば，同人は，被告人だけが色付きの眼鏡を掛けていることからその写真を犯人として選び出してしまった，という可能性がないとはいえない。次に，Dは，Aが眼鏡を掛けていなかったことからその写真を知らないと答えてしまったのではないか，という疑問があり，

● 表2-1-13

番号	事件名（目撃者）	目撃場面の条件	目撃者の条件	保持期間	写真面割	実物面通し
5	半蔵門線電車内窃盗未遂脅迫事件（甲事件）（D・男性，被害者,23歳）	①2，3分くらい	③飲酒し，仮眠していた。アルコールの酔いが観察能力を低減させた恐れあり ⑤初対面の人	①初供述まで28日 ②写真面割まで4か月11日（最後の目撃から約2か月） ③実物面通しまで4か月18日（最後の目撃から2か月20日）	①11枚 ②犯人の特徴である色つき眼鏡をかけている写真は被告人のもののみ	①単独面通し ③犯人として選別した写真の本人を見るという先入観
	半蔵門線電車内窃盗未遂脅迫事件（乙事件）（D・男性，被害者,23歳）		③飲酒していた。アルコールの酔いが観察能力を低減させた恐れあり ④脅された恐怖感が観察の正確性をある程度損なった可能性あり	①直後に供述 ②写真面割まで3か月14日（最後の目撃から約2か月） ③実物面通しまで3か月21日（最後の目撃から2か月20日）	①11枚 ②犯人の特徴である色つき眼鏡をかけている写真は被告人のもののみ	①単独面通し ③犯人として選別した写真の本人を見るという先入観

このことは，猿顔の男と一緒に脅迫を行ったのは被告人ではなくAである旨被告人が弁解していることとの関連で見ると，看過できない問題点といえる」と指摘している。

また，警察が犯人の1人と見通しをつけていたAは，Dの言う犯人像と比べると，年齢がやや若いことや髪を分けていない点が異なるが，かなりの特徴が重なり合っていた。そのため，「写真台帳のAの写真が眼鏡を掛けていなかったので被告人をAと混同して犯人として選んでしまった，と考える余地がある」と判決は指摘する。このように，目撃供述の特徴が被告人のみに該当するような面割写真帳を使用すると，目撃者は極めて限定された特徴の一致だけで被疑者を選んでしまう可能性が高くなる。

④ **単独面通しにおける問題等**

写真選別から1週間後，単独面通しが行われたが，その際Dには，自分が写真面割で識別した男の面通しであるとの認識があった。判決は，「既に犯人として選別した写真の本人を見るという先入観の影響は大きいと考えられるから，事後の面通しにより写真面割での過誤の可能性を完全に払拭できるとはいえない」と指摘する。

2．類型 B　事件直後に現場周辺の職務質問で被疑者を特定しているケース

（1）類型 B における人物識別の方法

　類型 B の3事例は，警察官が事件直後に現場周辺の職務質問で被疑者を特定しているケースである。人物識別前に捜査機関が被疑者を特定している点では，類型 A と共通している。しかし識別方法は単独面通しだけである。警察は，110番通報を受けると目撃者（取り上げる3事例は被害者）からとりあえず簡単な目撃情報を得て緊急配備し，現場に駆けつけた警察官が現場周辺で職務質問した人物を任意同行して，ただちに目撃者の単独面通しを行い，逮捕している。以上の人物識別の方法を，図2－1－3に示す。

（2）事例6（目黒区住居侵入のぞき事件）の概要と捜査状況

①　事件の概要と被疑者特定の経緯

　1981年8月4日午前1時45分，東京都目黒区にある甲女のアパートで，風呂場の上開き回転窓の隙間からのぞき見された事件である。目撃者は被害者の甲女である。甲女の通報により，パトロール中の警察官が，現場から約250メートル離れた地点を歩行していた白いワイシャツ姿の被告人を発見し，約500メートル離れた地点まで追尾し職務質問，その後甲女アパートの近くまで任意同行して，甲女に単独面通しを行い逮捕した。なお被告人は，否認していたが，警察官に認めれば1万円の罰金ですむといわれ自白し，略式手続きにより翌日釈放された。

②　目撃者の記憶に影響を与えた諸要因

　判決[21]が目撃者の誤った識別に作用したと認定する要因などを表2－1－14に示す。
　判決は，甲女の記憶の状況について，「わずか数秒間，視力約0.1の裸眼で，一度に

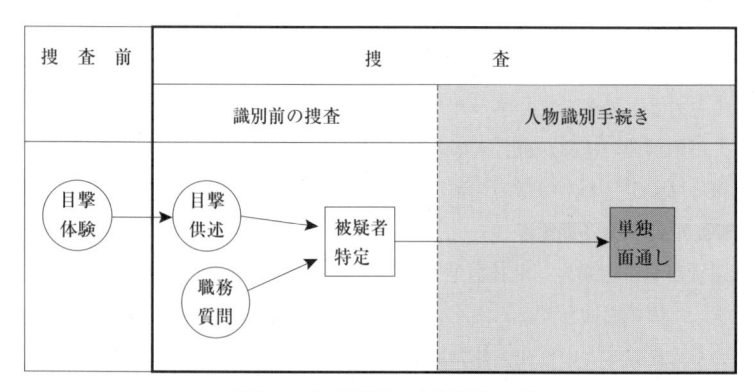

●図2－1－3　類型 B の人物識別の方法

●表2-1-14

番号	事件名(目撃者)	目撃場面の条件	目撃者の条件	保持期間	写真面割	実物面通し
6	目黒区住居侵入のぞき事件(甲女・女性，被害者，31歳)	①わずか数秒，せいぜい4，5秒 ②真夜中で，アパート外廊下に蛍光灯がつき外の方が明るかった ④窓の細い隙間，曇りガラス，青の紙が内側から貼りつけてあり見透かすことはできない	②視力0.1 ④のぞきにあい，動揺していた ⑤初対面の人	①初供述まで約5分 ③面通しまで15〜20分		①単独面通し ②警察官が「犯人を捕まえた。自供している，人相も着衣も間違いない」と告げる。交差点で警察官に連れられた被告人を面通し ⑥2回 ⑦「はっきりとはわかりません」

顔全部は見えないような細い隙間を通して」の目撃であり，「犯人を確実に識別できたかどうか，甚だ疑わしい」と指摘している。

③ 単独面通しなどにおける問題点

　警察官は，事件から15分〜20分後に，現場から50メートル離れた地点まで被告人を連行し，甲女に対して，「最初にあなたの所へ来た警察官が犯人を捕えた。自供している。人相も着衣も間違いない」と告げ，パトカーのライトに照らされた被告人を面通しさせた（この時点で被告人は自供していなかった）。甲女は「遠くですのであまりはっきりわかりませんが」と言いながらも，被告人が犯人であると肯定してしまった。

　判決は甲女の識別について，「同女が被告人が付近で捕まったことなどの他の知識を借りることなく，右の目撃の記憶だけで，たとえそれから短時間後にであっても，犯人を確実に識別できたかどうか，甚だ疑わしい」と指摘し，「識別の信用性を担保するためには，数名の他人を加えてその中から犯人を選ばせるべき」ことを提案している。

　この判決が示すように，明らかに面通し時の警察官の言動が甲女の人物識別に大きな影響を与えた。

　また，判決は，甲女の「無責任に110番したのではないと主張したい気持ち」が，甲女の犯人識別の際に影響を与えていると指摘している。

　警察官は，単独面通しの後，被告人を現行犯逮捕している。甲女が通報時に述べた犯人の特徴は，「頭髪が薄く，身長160〜165センチメートル，年齢35歳くらいで白いワイシャツ」の男という程度のおおざっぱなものであった。被告人は，「白いワイ

シャツ」というだけで連行された。判決は、この点につき、「110番による被害者甲女の届け出の時刻に近接した深夜の時期に、前記のように伝えられた犯人の人相着衣にほぼ一致する特徴をもつ被告人が被害者方から250メートル離れた所を歩いていたということだけであって、本件犯罪の存在及びその犯人が被告人であるという特定については、すべて被害者の記憶に基づくいわゆる面通しを含む供述に頼っていたのであるから、犯行を現認したのと同一視できるような明白性は存在しなかった」と現行犯逮捕の違法性を指摘している。

なお甲女は、一審公判廷の２回目証言で、それまでの目撃供述を事実上撤回し、面通しの後の警察とのやり取りを次のとおり生々しく証言している。「警察官が捕らえたと言ってきた時には、犯人だという確信はあったのですが、目黒警察で被告人がやっていないと話しているのを聞いてからだんだん自信がなくなりました」、「事件の１日後警察に『もしかして人違いではないかと思う』と言った際に、「警察官の方に『犯人に間違いないから、あなたは犯人と思っていてよい』と言われました」

このように、唯一の犯人逮捕の決め手となった目撃供述自体が警察の暗示・誘導によるうえ、警察は目撃者の供述の撤回を認めようとしなかったのである。

（３）事例７（大阪・住居侵入強姦事件）の概要と捜査状況

① 事件の概要と被疑者特定の経緯

1990年８月１日午前４時30分ごろ、大阪市淀川区内のマンションに住む19歳の女性Ａ子の部屋に侵入した男が、就寝中だったＡ子に、洋バサミを突きつけ両腕をタオルで後ろ手に縛るなどの暴行を加えて強姦したという事件である。目撃者は被害者のＡ子である。警察は、110番通報を受けて緊急配備し、事件から約１時間後、現場から約500メートル離れた被告人の住む寮の前で、自転車に乗って帰ってきた被告人を職務質問した。警察は、被告人を事件現場のマンション近くまで任意同行して、Ａ子に単独面通しさせた。なお、被告人は逮捕後、否認と自白を繰り返した。

② 目撃者の記憶に影響を与えた諸要因

判決[22]が目撃者の誤った識別に作用したと認定する要因などを表２-１-15に示す。

判決は、Ａ子の記憶の状況について、「視力が左右とも0.03という強度の近視で」裸眼のままであり、日の出前で薄暗かったうえに、うつ伏せにされて後ろ手に縛られるなどされていたため犯人を「凝視する機会があったようには窺われない」と指摘している。

③ 単独面通しなどにおける問題点

警察官はＡ子に対し、現場近くまで連行され、警察官数人がとり囲んで追及して

●表2-1-15

番号	事件名（目撃者）	目撃場面の条件	目撃者の条件	保持期間	写真面割	実物面通し
7	大阪・住居侵入強姦事件（A子・女性，被害者，19歳）	②日の出前④当初うつせにされた⑤枕かクッションを顔に被せられた	②コンタクト装着せずに0.03④衝撃的・屈辱的体験⑤初対面の人	①初供述まで約15分③面通しまで約1時間		①現場近くの路上で単独面通し②警察官数人により連行・追及されている被告人を示して「犯人らしい男を捕まえたので，確認のため見てください」

いる被告人を示して，「犯人らしい男を捕まえたので確認のため見てください」と言って単独面通しを行った。A子はただちに被告人が犯人だと述べたが，面通し時のこれらの警察官らの言動は，A子に対して，ほぼ犯人に間違いないとの強い暗示を与えるものであったといえる。この面通しの方法について判決は，「被害者としては，警察官らの言動により，警察が被告人が犯人ではないかとの強い嫌疑を持っているらしいことを知ったうえで，面通しに臨んでいるのであるし，暗示性が強いためできるかぎり避けるべきであるとされているいわゆる単独面通しの方法がとられている」と指摘し，「被害者の犯人識別供述の評価にあたり看過しがたい」としている。

一度，単独面通しで被告人を犯人と特定してしまうと，被告人の特徴を犯人の特徴として述べるようになる。犯人の特徴に関するA子の面通し前の供述は，「年齢27，8歳の男，上下黒っぽい服装，身長168ないし170センチくらい，パーマがかかったような頭髪」という程度のものでしかなく，犯人像としてそれほど明確なものではなかった。ところが面通し後には，「目がぎょろっとした感じで，面長，手のごつごつした，きたない感じの男」という点が加わっている。面通し後の供述は，明らかに面通しで被告人を見たことによって，被告人の特徴が犯人の特徴として加わっていったものである。

（4）事例8（熊本市内常習累犯窃盗事件）の概要と捜査状況

① 事件の概要と被疑者特定の経緯

1992年9月24日午前0時45分ごろ，熊本市内で，男が窃盗目的で民家に侵入して手提げバッグを物色中，隣室で就寝中の家人に発見され，逃走した事件である。目撃者は，被害者の本田康弘とその長男の本田安識である（以下，それぞれを康弘，安識という）。警察は110番通報で現場へ急行し，事件発生15分後に被害者宅から約285メートルの地点で被告人を職務質問した。警察は，被告人を任意同行して単独面通しをさせた。

なお，警察は，被告人が常習累犯窃盗等で前科9犯であったこと，本件とは関係ないが福岡で発生した窃盗事件で窃取された腕時計をもっていたことから，被告人が犯人であるとの見通しをもった。

② 目撃者の記憶に影響を与えた諸要因

判決[23]が目撃者の誤った識別に作用したと認定する要因などを表2-1-16に示す。

判決は，康弘の目撃の内容について，飲酒のうえ就寝直後の事件で，犯人を追跡する際に横腹をぶつけるなど気が動転しており，さらに目撃場面の条件が夜間で薄暗いため，「検証結果に鑑みると，犯人が上着を着用していたこと及び犯人の身体の輪郭を比較的明瞭に識別できたという程度のものにとどまる」と指摘している。また判決は，安識の目撃内容について，遠くから後ろ姿しか見ていないため，「犯人が背広様の服を着ていたこと及び犯人の身体の概ねの輪郭の程度にとどまる」と指摘している。

③ 単独面通しなどにおける問題点

警察は事件直後の深夜に被告人を警察署に任意同行し，ただちに単独面通しを行っている。目撃者らは「断定はできないが，この男に間違いない」などと供述している。この点につき，判決は，この面通しが，「犯人が捕まったから来てほしいとの警察か

◐表2-1-16

番号	事件名（目撃者）	目撃場面の条件	目撃者の条件	保持期間	写真面割	実物面通し
8	熊本市内常習累犯窃盗事件（本田康弘・男性,被害者）	①10秒 ④（第1の目撃時）蛍光灯の豆球一個が点灯しているのみ。(第2の目撃)逆光 ⑤やや左斜め後ろ	②視力約0.7（両目で） ③飲酒 ④気が動転 ⑤初対面の人	①初供述まで数十分 ③面通しまで数十分，および13日		①単独面通し ②警察官が「犯人が捕まったから署まで来てくれ」と告げる。被告人に背広（犯人の特徴）を着せて面通し ④背広の色，年齢，その他の事柄で息子と話し合う ⑥2回 ⑦「断定はできないが，間違いない。犯人と似ている」
	熊本市内常習累犯窃盗事件（本田安識・男性,被害者の長男）	①1〜2秒 ②街灯の明かりのみの薄暗い状態 ③34㍍, 10㍍ ⑤逃走中の後ろ姿	④予期せぬ事件 ⑤初対面の人	①初供述は直後 ③面通しまで1時間45分，および19日		①単独面通し ②警察官が「犯人が捕まったから署まで来てくれ」と告げる。被告人に背広（犯人の特徴）を着せて面通し ④背広の色，年齢，その他の事柄で父親と話し合う ⑥2回 ⑦「後ろ姿の全体像が似ている」

らの連絡によりなされていること，いわゆるラインナップ方式ではなく，被告人1人を面通しする方式によりなされていること，康弘及び安識が犯人の特徴として明確に指摘していた背広を被告人に着せてなされていること等の事情」から，目撃者らは面通しした被告人が犯人であるとの強い暗示を受けていたと指摘している。

通報時の康弘の供述によれば，犯人の特徴は「40歳過ぎくらい，自分よりやや高い，普通の髪型，暗闇でグレー系統の背広着用，がっしりした感じ」というものであったが，警察官は，被告人が犯人の特徴に合致するように見え，背中に異様な汗をかいていたようであったというだけで職務質問をし，その後に任意同行したものである。

また目撃者らは，異なる位置で異なる犯人の姿勢を目撃しているにもかかわらず，面通し時に一致した目撃供述をした。これは警察に通報した後，犯人の背広の色や年齢その他について目撃者間で話し合ったことで相互に暗示を受け，目撃時の記憶が変容してしまったためと思われる。

3．類型C　識別手続き前に捜査機関が被疑者を特定できていないケース

（1）類型Cにおける人物識別の方法

類型Cの5事例は，識別手続き前に捜査機関が被疑者を特定していないケースである。日本の捜査実務では，捜査機関が，目撃供述や目撃以外の証拠から被疑者が所属するグループ，集団をしぼりこんだ場合，次のような2段階の人物識別方法を行っている。

第1段階は，写真面割である。

その面割写真帳は，証拠上，被疑者が含まれている可能性が高いと判断される一定の集団に属する人物の顔写真から作成する。写真面割で特定の人物が選別された場合

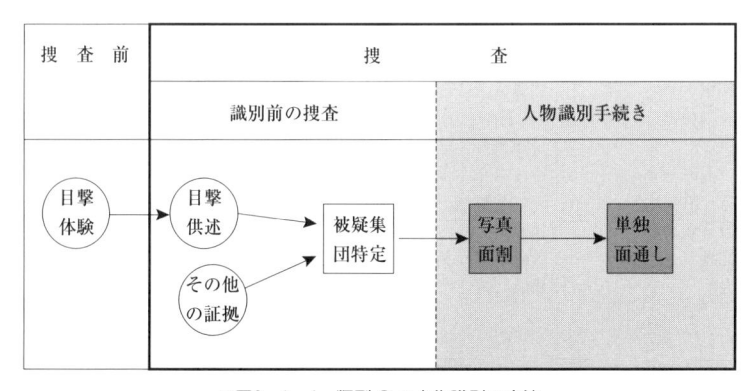

●図2-1-4　類型Cの人物識別の方法

に次の段階に移行する。

　第2段階は，単独面通しである。

　以上の人物識別の方法を，図2－1－4に示している。

（2）事例9（札幌ホテル内窃盗事件）の概要と捜査状況

① 事件の概要と識別手続き前の捜査状況

　1982年3月10日午後11時すぎ，札幌市内のホテルに宿泊した70歳の丙野一男が，同宿した見知らぬ女性に現金10万円を窃取された事件である。目撃者は被害申告をした丙野一男である。警察は，同地域における置き引き，スリ，売春事犯の前歴者の中から被疑者を特定しようとした。被告人は，窃盗の前科があった。

② 目撃者の記憶に影響を与えた諸要因

　判決[24]が目撃者の誤った識別に作用したと認定する要因などを表2－1－17に示す。

　丙野は70歳の老人で，かつ目撃前に深酒し有意的注意が欠如していた。

③ 写真面割における問題等

　事件から2か月余り経った5月4日に，警察は8枚の写真による面割を行った。使われた写真は同地域における置き引き，スリ，売春事犯の前歴者の中から，被害申告の際に目撃者の供述に基づいて作成された似顔絵に似ている，35～40歳の女性を選んだものである。

　目撃者丙野は，「写真でははっきり，この人だと思いませんでした。感じより太っているように感じました」「最初ははっきり分からなかったのですが，似ていたので指示しました」と供述している（一審公判証言）。

●表2－1－17

番号	事件名（目撃者）	目撃場面の条件	目撃者の条件	保持期間	写真面割	実物面通し
9	札幌ホテル内窃盗事件（丙野一男・男性，被害者，70歳老人）		①老人（70歳）③水割りウイスキー10杯以上飲酒⑤初対面の人	①当日供述②写真面割まで54日③実物面通しまで82日	①8枚②置き引き，スリ，売春事犯の前歴者の中から似顔絵に似ている写真を抜粋③警察官が「こいつは悪いやつだから間違いなくやっているんだから」と発言⑥ちょっと違うと思ったが，写真は犯人に似ていると供述	①単独面通し②警察官が「必ずやっているんだから」と発言⑦犯人と違うように思ったが，警察官から説明され同定

「はっきり分からなかった」にもかかわらず，被告人を選別してしまった理由について，写真は8枚ではなく被告人のもの1枚しか見せられていないこと，「犯人より太り過ぎており，かつホクロも小さく，ちょっと違うんじゃないかという感じ」を持ったが，警察官から「こいつは悪いやつだから，間違いなくやっているんだから」と言われたことから，これはやっぱり犯人かなという方に心が傾いてしまい，似ていると供述したと述べている（控訴審証言）。

写真面割に使う写真は「置き引き，スリおよび売春事犯の前歴者の中から，似顔絵に似ている35ないし40歳の女性」という基準で選ばれているが，この中に犯人が含まれている可能性はそれほど高いとはいえない。実際目撃者も，写真を見た時には「ちょっと違うんじゃないか」という感じを持った。それにもかかわらず，警察官が強引に写真を選別させてしまった。

④ 単独面通しにおける問題等

写真面割から約1か月後に，単独面通しが行われた。目撃者の丙野は，「声の感じから間違いない」と断定するに至った。写真面割では「はっきりわからなかったが似ている」という程度だったのが，単独面通しで断定するようになったのであるが，単独面通しでも，容貌・身体的特徴からは判別することができなかったのである。

丙野は，一審段階では被告人が犯人であると断定していたが，控訴審では自らの識別供述を覆すようになった。単独面通しで，「間違いない」とした理由について，「被告人が自分を見て表情を変えるとか関心を示すというような反応をまったく示さなかったことや，また，身体の太り具合や顔立ちや動作やほくろの大きさの違い等からみて，犯人と違うように思ったが，やはり警察官から『必ずやっているんだから』などと説明されて，被告人を犯人であると供述した」と述べている。丙野は，単独面通しでもやはり「違う」と思ったが，警察官が強引に誘導したのである。

また，丙野はホクロの大きさの違いを述べているが，事件直後被害申告をした時点での事情聴取，似顔絵作成に際しては，ホクロについてはまったく触れていない。ホテルの1階で女に話しかけられたところを，ホテルのフロントが目撃していない等，丙野の供述は信用性に欠ける部分が大きく，控訴審では検察側が無罪論告を行った。

（3）事例10（守口市内ゲバ事件）の概要と捜査状況

① 事件の概要と識別手続き前の捜査状況

1974年9月24日午前9時40分ごろ，大阪府守口市において，観光バス会社に申し込みのため赴いた中核派の活動家1人が鉄パイプを持った数人の集団に襲われ死亡，同時にその場に居合わせた会社員2人も傷害を負った事件である。犯人は，事件の態様，

手口から，革マル派の構成員と想定された。目撃者は観光バス会社社員など多数である（本論文では，主な目撃者である観光バス会社社員の石橋，前川だけを取り上げる）。被告人2人は革マル派の活動家である。

② 目撃者の記憶に影響を与えた諸要因

判決(25)が目撃者の誤った識別に作用したと認定する要因などを表2-1-18に示す。

判決は，目撃者らの記憶の状況について，予期しない突発的事件で，短時間の目撃であり，犯人の顔も形相を異にしていたため，「犯人を冷静かつ正確に観察，識別することを相当程度困難にしていた」うえに，犯人が野球帽を深々とかぶっていたので，「犯人らの顔は，その識別を決するのに重要な特徴点となり得る額の部分がほとんど隠されていたのであって，服装の異様さと相まって，犯人の識別を一層困難にさせていた」と指摘する。さらに，判決は，「犯人らがマスクないしタオル様のもので覆面していた疑いは，それがどの程度覆っていたかはともかくとして，依然として払拭できない」ので犯人らの顔の識別を困難にさせていたと指摘する。

③ 写真面割における問題等

捜査官は，事件から数時間後に，革マル派に所属する活動家ら百余人の顔写真が番号をつけられ貼付されている面割写真帳2，3冊を事件現場のバス会社事務所に持ち

●表2-1-18

番号	事件名（目撃者）	目撃場面の条件	目撃者の条件	保持期間	写真面割	実物面通し
10	守口市内ゲバ事件（石橋・男性，被害者と同じ会社）	①10秒 ④「はじめはみんな覆面をしていたと思う」	④予期せぬ衝撃的事件 ⑤初対面の人	①事件当日に供述 ②事件当日に写真面割 ③面通しまで2か月	①100余枚 ③事件当日意図的に共同閲覧させる ④写真の共同閲覧，意見交換 ⑤3回 ⑥よく似ていると供述	①単独面通し ③当初の犯人像の記憶は度重なる写真面割の影響を受け，変容 ⑤逮捕報道あり ⑥2回（公会堂での実物面割と，逮捕後の実物面通し）
	守口市内ゲバ事件（前川・男性，被害者と同じ会社）	①数分間のうち瞬間的・断続的 ④覆面，帽子 ⑤混乱のさなか，皆動き回っている	④予期せぬ衝撃的事件 ⑤初対面の人	①事件当日に供述 ②事件当日に写真面割 ③面通しまで約2か月	①100余枚 ③事件当日意図的に共同閲覧させる ④写真の共同閲覧，意見交換 ⑤3回 ⑥1人を似ていると供述し，もう1人を5〜6人の犯人の中にいた1人であると供述	①単独面通し ③写真による印象が当初の犯人像と混合 ④通し窓から2〜3人ずつ一緒に見た ⑤逮捕報道あり ⑦よく似ていたように思った

込み，目撃者に写真面割を実施した。翌日からは警察署での写真面割を中心とした捜査を継続した。目撃者の石橋，前川は，少なくとも各3回の写真面割を受けている。

　石橋は，写真面割前の事情聴取の段階では，犯行の場面を「直接見ていないので，殴った男はだれかわかりません」と述べていたが，1回目の写真面割の際には，犯人の行動を指摘しないままに「他4人のうちの1人の男とよく似ている」と被告人を選び，さらに2回目の写真面割で初めて「殴打した2人のうちの1人であり，かつ玄関の方へ引き返そうとして来た3人のうち1人とよく似ている」と徐々に断定的表現で被告人らを特定するようになった。

　前川は，写真面割前の事情聴取では，犯人らが全員覆面をしていたことを再三述べ，そのために「その人相は思い出せない」と供述していたが，1回目の写真面割の時，被告人の1人を「似ている」と評価し，被告人のもう1人を「具体的行動は覚えていないが，5，6人の犯人の中にいた1人」とした。2回目の写真面割では，覆面はしていなかったと訂正し，3回目の写真面割の時には，「非常によく似ている」「イメージがぴったりします」と供述するなど徐々に断定的表現に変わっていった。

　このような複数回にわたる写真面割について，判決は，「目撃者は一たびその記憶する犯人像と類似する写真を見せられ，同一性を確認すると，次に再び写真面割ないし実物面割等をする機会には，当初の犯人像のぜい弱な記憶は，写真で見た人物像の記憶によって影響を受け，その両者を分離することが困難となって変容を遂げ，その変容した記憶に基づいて同一性を判断する危険性が考えられ，ひいては，写真で見た人物像の記憶で再確認することにもなりかねず，こうした同一性確認の機会が重なるたびに，元の記憶は，ますます，それも無自覚のうちに混同し変容してしまう」と指摘している。

　それゆえ，人物識別は1回目のみが証拠価値をもつものであるといえる。判決は，この点につき，「目撃者による犯人の同一性の確認は，第1回目のそれこそが決定的に重要で，その際の判断の正確さ程度がその証拠価値のほとんどすべてを決する」ため，「捜査段階において，写真面割等で目撃者による第1回目の犯人確認手続がなされる場合には，これが公正になされるよう配慮されるべきはもちろんのこと，後の公判時点で，その正確さの吟味を可能にする証拠保全にも意を用いるべきことは，当然の要請」であると指摘している。

　また，判決は，捜査官の「一堂に集めて写真を見せるような間違ったやり方は絶対にあり得ない」との証言を採用せず，目撃者らの「写真帳を複数で一緒に見て犯人についての意見を交換していた」，面通しも「2，3人ずつ一緒に見た」との証言を重

視し,「本件の捜査官らは,面割,面通しに際し,目撃者を数人一緒に実施することによる相互暗示の危険性について,むしろ無神経であったのではないかと疑われてくる」と指摘している。

④ 単独面通しにおける問題等

目撃者の石橋は,写真面割,集会場での実物面割,単独面通しという3段階の識別を行っている。石橋は,集会場での実物面割のとき,「写真では犯人と断定できなかったが,今実物を見て,犯人の1人に間違いないとの自信を得た」と述べ被告人を犯人と断定した。その後の単独面通しは,被告人に事件当日の服装をさせるなど,強い暗示,誘導のもとで行われ,石橋は「間違いない」と断定した。この点について判決は,「実物面割の段階では,当初の犯人像についての記憶は,度重なる写真面割の影響を受け,変容していた可能性が十分考えられる」とし,2回目以降の写真面割に加えて,実物面割及び単独面通しにも証拠価値がないとしている。また,前川は,単独面通しの際,2,3人ずつで通し窓から被告人を覗いており,そこで目撃者間での話し合いなどによって相互暗示が働いた可能性がある。

(4) 事例11(名古屋タクシー運転手暴行事件)の概要と捜査状況

① 事件の概要と識別手続き前の捜査状況

1986年3月29日午前1時過ぎごろ,名古屋市中区の路上において,乗車拒否されたことを根に持った犯人が,信号で停車したタクシーの運転手Aに暴行を加え,顔面打撲傷・右眼球挫傷・右眼結膜下出血等,全治3週間の傷害を与えた事件である。犯行時,犯人が「甲野会のDの若い者を知らんのか」と言っていることから,犯人は,暴力団甲野会のDの関係者と想定された。目撃者は被害者のAである。被告は,甲野会の組員である。

② 目撃者の記憶に影響を与えた諸要因

判決[26]が目撃者の誤った識別に作用したと認定する要因などを表2-1-19に示す。

Aの記憶の状況は,暴行を受けている最中の短時間の目撃であるうえに,保持期間が長すぎる。

③ 写真面割における問題等

警察は,写真面割で被告人の名前が出る前には,甲野会関係者で被告人以外の人物を犯人と想定していた。目撃者が,警察の把握している甲野会関係者10人を入れた20人ほどの面割写真の中から,甲野会関係者の被告人を犯人と識別したため,警察はそれだけで被告人を被疑者に切り替えた。目撃供述のみに依拠した捜査であった。この点に関して判決は,「犯人が本当に甲野会のDの若い衆であって,面割の写真の中に

●表2-1-19

番号	事件名（目撃者）	目撃場面の条件	目撃者の条件	保持期間	写真面割	実物面通し
11	名古屋タクシー運転手暴行事件（A・男性，被害者，46歳）	①短時間④右目からの出血⑤運転席の窓越し	④全治3週間のひどい暴行（顔面挫創，右眼球挫傷，右眼結膜下出血）⑤初対面の人	①事件当日（被害直後）に被害申告②写真面割まで4か月③面通しまで1年	①20枚ほど②20枚ほどの面割写真の中に暴力団甲野会の若い衆は10人ほど入れてあるが網羅されているわけではない	①単独面通し③写真の間違った印象による面割の誤認が面通しに引き継がれる

その若い衆が網羅されているのなら，犯人はその写真の中に必ずいるのであるから，面割による犯人の特定は十分に信頼できよう。しかし，本件では証拠上そこまでの認定はできない」としている。

また，写真面割は事件から4か月後に行われた（単独面通しはさらに8か月後）。この期間について，判決は「目撃後日時を経過してなされた面割り面通しは，その経過した程度に応じ証拠価値が低下してゆくのである。そうすると，犯行後4か月を経ての面割り，更にその後8か月を経ての面通しは如何にも遅すぎる」と指摘している。

さらに，顔の特徴に関するAの供述についても，写真面割以前になされていたものかあるいは写真面割後になされるようになったのか証拠上明らかではないが，写真面割で被告人の名が初めて出たことからすると，「面割り写真の影響を受けて特徴なるものを述べているのではないか」と判決で指摘されている。

④　単独面通しにおける問題等

写真面割から約8か月後に単独面通しが行われたが，判決では「面通しが（犯人の確認ではなく）写真の人物と面通しの対象の同一性の確認作業に終わりかねず，写真の間違った印象による面割りの誤認がそのまま面通しに引き継がれる危険があり，面通しの独自の意義が失われる危険が存する」と指摘されている。

（5）事例12（自民党本部放火事件）の概要と捜査状況

すでに2節で述べたので，ここでは割愛する。

（6）事例13（皇居迫撃弾事件）の概要と捜査状況

① 事件の概要と識別手続き前の捜査状況

1987年8月27日午後8時20分ごろ，千代田区内の路上に停車中の保冷車の荷台から皇居方面に向けて金属製砲弾型爆発物が発射され，その直後にその保冷車が火炎びんの時限装置で炎上した事件である。犯人は，事件の態様，手口，犯行声明等から中核

派の構成員と想定された。目撃者は事件直前に通りかかった通行人3人である。被告人は，中核派の活動家である。

② **目撃者の記憶に影響を与えた諸要因**

判決[27]が目撃者の誤った識別に作用したと認定する要因などを表2-1-20に示す。

判決は，Bの記憶の状況について，逆光で，「顔の輪郭を右側後方から見ることができたにすぎなかった」ことから，「犯人の容貌等についての目撃状況が極めて限られたものである」と指摘する。また判決は，Cの記憶の状況について，犯人の「顔の半分は付け髭で覆われていたのであるから，顔の特徴の掌握が制限され」，せいぜい数秒の目撃にすぎないことから，「Cの犯人の容貌等についての目撃状況も，かなり制限されたものである」と指摘する。さらに判決は，Dの記憶の状況について，捜し物をしている車の中から，付け髭をした犯人の斜め右前の横顔を一瞬目撃したものであり，「犯人の視認そのものに難点がある」と指摘している。しかも，面通しまでの保持期間は3年である。

③ **写真面割における問題等**

最初に警視庁が中核派構成員として把握している約1000人の人物ファイルの中から，非公然活動家12人，公然活動家20人を選び，それぞれに番号をつけた写真帳2冊を使用して写真面割が行われた。さらに検察庁で行われた面割では，115人からなる写真帳が使われた。この写真帳について判決は，「その（構成員の）数からしてもこの程度に限定されたことに問題はなかったか，また，その基準に問題はなかったか等の疑問がないわけではない」とし，さらには非公然活動家12人分と公然活動家20人分を2冊の写真帳に分冊していることが適切な方法であったかには疑問があるとしている。

写真選別は，「識別者が既存写真から無意識的影響を受けやすく，これによる暗示・誘導といった危険性を内包する」と判決で指摘されているが，この事例は複数回の写真面割や事情聴取による暗示，誘導で，目撃者が次第に被疑者を特定するようになっていく典型的な例である。目撃者Bが少なくとも2回，C，Dが3回の写真面割をしている。またDは「全部で10回くらい事情聴取を受けた」と言っている。

写真面割の状況について各目撃者ごとにみていくと，まず，目撃者Bは事件当日に保冷車の助手席にいた男を目撃しているが，顔の全体を見たわけではなく，逆光状態で男の顎，首，耳の形をシルエットで見たにすぎない。1回目の写真面割では，警察官から似ている者がいるか聞かれ，目撃時の印象と似た写真を2枚選んだ（うち1枚が被告人）。写真を見る際に，顔を横ないし斜めに向けたものにつき，目，鼻，口，眉等を手で隠して，顎と耳と首の線を確認しながら識別した。2枚のうち，顎と首の

●表2-1-20

番号	事件名（目撃者）	目撃場面の条件	目撃者の条件	保持期間	写真面割	実物面通し
13	皇居迫撃弾事件（B・男性，通行人）	①4〜5秒 ②夜間，逆光 ③7.5㍍ ④車のフロントガラス（犯行車両，自分の車）	⑤初対面の人	①初供述まで20分 ②写真面割まで21日 ③面通しまで3年	①32枚 ②公然活動家20人と非公然活動家12人に限定 ③顔写真の一部を手で隠され，その限られた部分の特徴から識別を行った ⑤2回 ⑥近似の写真が2枚あった	①単独面通し ②目撃当時と似た姿勢をとらせて，被告人の右側の輪郭を見た ⑤写真付で逮捕報道 ⑦「断言できないが間違いないと思う」
	皇居迫撃弾事件（C・男性，隣接の会社社長）	①数秒 ②夜間 ④犯人らの付け髭	③何らかの犯罪を現認して意識的に容貌の特徴を記憶に留めようとしたわけではない ⑤初対面の人	①初供述まで14時間 ②写真面割まで28日 ③面通しまで3年	①32枚 ②公然活動家20人と非公然活動家12人に限定 ③被告人の写真をバラで見せられ，付け髭を書き込んだ ⑤3回 ⑥似ている	①単独面通し ②付け髭をつけた被告人の面通し ⑤写真付で逮捕報道 ⑥2回 ⑦「似ているけれども断定できない」
	皇居迫撃弾事件（D・男性，電気工事作業員）	①数秒 ②夜間 ④犯人らの付け髭	⑤初対面の人	①初供述まで5時間半 ②写真面割まで20日 ③面通しまで3年	①32枚 ②公然活動家20人と非公然活動家12人に限定 ③被告人の写真をバラで見せられ，付け髭を書き込んだ ⑤3回 ⑥似ている	①単独面通し ②検察官から「犯人の1人が捕まったので被告人かどうか見るように」と言われる。被告人は付け髭をしてポーズを取らされていた ③写真面割で選別した者で，その後逮捕された状態にある被告人の面通し ⑤写真付で逮捕報道 ⑥2回

線で被告人の方が似ていると思った。続いて2回目の写真面割では，115人の写真の中から，被告人1人を選別した。1回目のように顔の一部だけを見て識別させる方法について，判決は，「人の顔の特徴のうち極く限られた一部分に限った特徴の同一性の識別であることは明らかであり，しかも，Bの挙げる顎等の特徴が一見して他と区

別しうるようなものではない」から、はなはだ正確性を欠くと指摘している。

目撃者Cは、目撃時に犯人が大きな付け髭をつけていたことが強く印象に残っていた。1回目の面割で、警察官から「似ている人でもいい」と言われ、「髭を入れたらどうなるかな」と思いながら見ていき、被告人の写真が似ていると思い選んだ。いつごろの写真か尋ねて、事件に近いときの写真があればもっとはっきりすると言った。2回目の面割では、より新しい写真である免許証のカラー写真を見せられ、マジックペンで髭を書き込んだ。書き入れると良く似ていると思った。免許証写真の下に「感じがよく似ている」と記載した。またこの時は他にも、白黒写真や全体像の写真なども見た。3回目の面割では、以前似ている感じがすると指摘した人物の写真があったのでその旨検察官に供述した。

目撃者Dは、2人の犯人を目撃したが、犯人の特徴としてやはり大きな付け髭が印象に残っていたので、髭を書き込んだ。1回目の面割で、目撃した2人に似ている写真をそれぞれ1枚ずつ（甲と被告人）選んだ。事件当時、甲の方をよく見ていたので甲の印象が強かった。2回目の面割では、写真帳とは別に、甲と被告人の最近の写真をバラで見せられ、髭を書き込んだ。最近の写真より写真帳の写真の方が似ているように思った。3回目の検察庁での面割では、甲の写真はなかったので、被告人のみを選んだ。Dは、被告人の写真に髭を書き入れると、犯人に似てきたと供述している。

このように、各証人とも複数回の面割を行い、その中で髭を書き入れるとか、顔の一部分だけを見るなどの誘導的手法により、次第に確信をもって被告人を特定していくようになるのである。

④ 単独面通しにおける問題等

事件から約3年を経て、単独面通しが行われた。単独面通しは、少なくとも目撃者のC、Dについては2回行われている。

目撃者Bについては、被告人に目撃当時と似た姿勢をとらせて、後方から被告人の右側の輪郭を見る形で単独面通しが行われ、Bは「断言はできないが目撃した当時と同様の角度で見た限りでは助手席にいた男と間違いないと思う」と述べた。

目撃者Cは、1回目の単独面通しでは、物理的な面は似ているけれども、表情や雰囲気では事件当夜の男とは言い切れないと述べているが、2回目の単独面通しの際、付け髭をつけた被告人を見せられ、より積極的に「良く似ているなという気はした」「70パーセントくらいの感じで似ている」と供述するようになった。

目撃者Dは、1回目の単独面通しでは、検察官から「犯人の1人が捕まった」と言われて呼び出されている。目撃時と同じ角度から被告人を見ると、「そっくりだと

思った」。2回目の単独面通しでは，付け髭をしている被告人を見せられ，「良く似ていると思った」と供述している。(なお，甲についても実物を見せられ，その時もDは「目撃した甲だと思った」が，結局甲は被疑者からはずされ，被告人のみが逮捕，起訴された)。

しかし，このような単独面通しについて，判決は次のように独自の証拠としての証明力を否定している。「被告人の面通しは，事件後3年近く経過した時点で行われたものであり，元々の記憶が当初に比べ相当程度薄れた状態にあったものと推認され，またそれまでに写真面割で選別した者で，その後逮捕された状態にある被告人について，前述のような顔の特徴のうちの極く限られた一部分の特徴を見て，同一性を識別しようとしたものであって，第1回目の写真面割以上の証明力があるとは認められない」。

以上のように，複数回の写真面割・単独面通しという識別方法を行った場合には，写真面割や単独面通し自体によって目撃者の記憶が変容されるので，1回目の識別以外は証拠としての価値はほとんど認められない。

(7) その他の事例

事例2（横浜）の場合の「被告人による被害者識別」は，類型Cにあたる。

判決が被告人の誤った識別に作用したと認定する要因などを表2-1-21に示す。

被告人の記憶の状況は，初供述までに4か月が経ち，記憶を保持するには長すぎる。

警察は，わいせつ事件が発生した地域を学区とする小学校の1年生から6年生までの学級写真19枚を入手し，これを順次被告人に示し，被害者特定を行った。そのうち被害者が写っていた2年生の学級写真3枚は，いずれも事件発生時より1年5か月も前の小学校入学時に撮影された古い写真であった。判決は「成長期にある7歳前後の

●表2-1-21

番号	事件名（目撃者）	目撃場所の条件	目撃者の条件	保持期間	写真面割	実物面通し
2	横浜西区強制わいせつ事件（被告人，男性）		④わいせつ行為 ⑤初対面の人	①初供述まで4か月 ②写真面割まで4か月15日	①小学校1年～6年のクラスの集合写真19枚 ②1年5か月前の写真を使用 ⑥顔の感じ，面長で髪の長さは肩までなので間違いない（しかしA子は丸顔であった）	

児童においては，短年月の間に，成長するのにつれてその容姿がかなりの変貌を遂げる場合があり，また髪型などはその間に変えられていることも多分にありうるから，右のような古い写真による人物識別に関する供述をそのとおりに信用することには問題がある」と指摘している。

被告人は，被害者の顔は面長であったと供述し，被害者に似ているとして選んだ3人の少女（A子を含む）の写真はいずれも面長であった。しかし，捜査段階，公判段階でのA子は丸顔であり，事件当時も丸顔であったのではないかと思われるのである。また，写真で選んだ3人の少女の髪が，いずれも肩に十分かかるほどの長さであるのに，事件当時のA子の髪はカットされていて短くなっていた。このように，古い写真を用いた結果，被告人の被害者識別が誤ったものになった。

その他の類型Cの無罪確定事例としては，杉並警察署駐車場爆弾事件関連窃盗事件(28)，大阪市内ゲバ事件(29)などがある。

4．類型D　目撃者が現場で被疑者を特定し警察に引き渡すケース

(1) 類型Dにおける人物識別の方法

類型Dの1事例は，目撃者が現場で被疑者を特定し警察に引き渡すケースである。目撃者が事件現場で被疑者を取り押さえた場合，被疑者の特定はかなり確実なように思える。目撃者が自ら犯人を警察に引き渡すので，警察が写真面割や実物面通しをしたとしても目撃者は否認するはずがなく，こうした識別手続きは無意味となるため行っていない。例外的に，被疑者の特定が目撃から場所的，時間的にかなり離れて行われた場合には，単独面通し（または写真面割と単独面通し）を行う。捜査機関は，多くの場合，被疑者を自白させて証拠にしようとする。

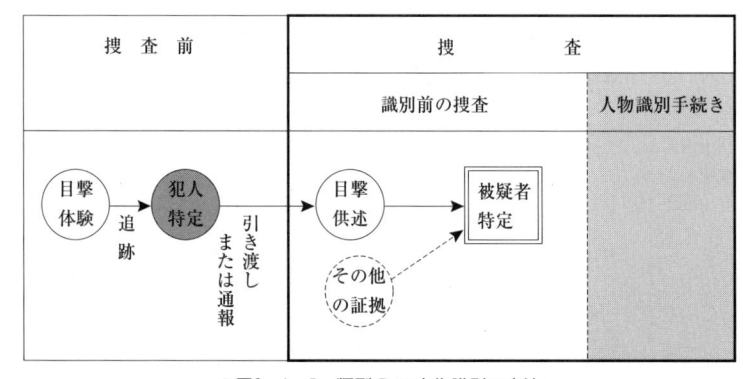

◉図2-1-5　類型Dの人物識別の方法

以上の人物識別の方法を図2-1-5に示している。
（2）事例14（梅田駅構内スリ事件）の概要と捜査状況
① 事件の概要と被疑者特定の経緯
　1987年6月17日午後3時30分ごろ、大阪市梅田駅構内店舗のエレベーター内で、A子のバッグから財布が窃取された事件である。目撃者は、被害者A子、同伴者B子、エレベーターに乗り合わせたCである。犯人はエレベーターが1階に停止すると同時に逃走し、A子、B子、Cは、犯人を追跡したが見失った。その後地下鉄改札口付近を歩いていた被告人を見て犯人だと思い、警察に連行した。警察は、A子らの申告を受けて被告人を被疑者として特定した。なお、被告人は逮捕当日に自白した。

② 目撃者の記憶に影響を与えた諸要因
　判決(30)が目撃者の誤った識別に作用したと認定する要因などを表2-1-22に示す。
　判決は、A子、B子の記憶の状況について、「犯人の顔の観察は、その横顔を横から見上げる形で一瞬の間になされたに過ぎない」うえに、何も起こっていないので意識していない「軽い一瞥に過ぎなかった」と指摘し、Cについては「犯人の印象が希薄」と指摘している。

●表2-1-22

番号	事件名（目撃者）	目撃場面の条件	目撃者の条件	保持期間	写真面割	実物面通し
14	梅田駅構内スリ事件（A子・女性、被害者、44～45歳、女性）	①一瞬、軽い一瞥、のち見失う ④人ごみ ⑤横顔	③何も起こっておらず、意識していない ⑤初対面の人	①初供述まで数十分		
	梅田駅構内スリ事件（B子・女性、被害者の同伴者）	①一瞬、軽い一瞥、のち見失う ④人ごみ ⑤左斜め後ろから	③見たあととくに変わったこともなく、何も意識していない ⑤初対面の人	①初供述まで数十分		
	梅田駅構内スリ事件（C・男性、エレベーターに乗り合わせた者）	①一瞬 ④人ごみ ⑤横顔または後ろ	③犯人に関する印象がほとんどない ⑤初対面の人	①初供述まで数十分		

③ 犯人と被告人の取り違え

　目撃者は，実際には途中で犯人を見失っているにもかかわらず，近くを歩いていた事件と無関係な被告人を犯人と誤認してしまった。

　事件を時系列的にまとめると，以下のようになる。

(i)　A子とB子が駅構内の店舗19階から下りのエレベーターに乗る。Cも乗り合わせる。

(ii)　エレベーター内で，A子の左側に立っていた男が，自分の右腕にかけていた背広を，A子が手提げバッグを提げている左腕にかぶせてきた。その際にA子はその男の横顔を一瞬見上げ，同時にB子もその男の顔を見た。

(iii)　エレベーターが1階に着く直前に鈴の音がチリンと聞こえたため，財布を取られたと感じたA子が，右手をバッグの中に入れたところ，財布がなくなっていることに気づき「財布がない」と声を出した。

(iv)　エレベーターが1階に着いてドアが開き，左横にいた男がただちに逃げ出した。
　A子は背後からワイシャツをつかんだが男はふりきって逃げた。

(v)　A子，B子，Cが男を追跡したが階段で見失った。

(vi)　その後地下鉄改札口付近を歩いていた被告人を犯人だと判断し，声をかけ警察に連行した。

　この経緯のとおり，(ii)ないし(iv)で目撃者らが見たのは犯人だが，(v)で見失い，(vi)で被告人を犯人と取り違えている。この時，A子が被告人を犯人だと思った根拠は，犯人と被告人の服装の類似性である。とりわけ背広上着を手に持った姿が同じであったため，A子およびB子はとっさに被告人を犯人と判断したものである。

　A子らが被告人が犯人であると確信するようになった背景には，犯行時の犯人目撃が一瞬であるのに対し，被告人に対する観察は捕まえる前後で長時間かけてなされ，これらの記憶が混同してしまったことにある。A子らは，エレベーターの同乗者として犯人を一瞬見たにすぎない。一方，被告人に対しては，犯人ではないかとの認識のもと，見かけてから声をかけ警察に同行するまで長時間相対している。この点について判決は「A子ら3名は右出会いの後，被告人を追尾して声をかけ警察署に同行しており，この間に認識した被告人の容貌等に合わせる形で，当初観察した犯人像を無意識のうちに形成又は修正した可能性が考えられる」旨，言及している。

　そもそもA子ら3人は，被告人を発見してすぐに捕まえるのではなく，暫く追尾した後に声をかけている。そのため，判決では，出会いの際に被告人が犯人であるとの確信を実際には持っていなかったのではないかと指摘されている。

Ａ子は，犯人を見失った後，後を追ってきたＢ子，Ｃと合流した際，階段を下りてきた被告人を見つけて，「あの人が犯人」だと言った。判決は「Ｂ子及びＣによる被告人が犯人であるとの確認はＡ子のこのことばに引きずられた可能性が強く，また，Ａ子も自らの右発言にＢ子及びＣが同意したことにより被告人が犯人であるとの思いを強固にした事が考えられる」点をあげている。警察でのＢ子の供述では，Ａ子が告げる前に，Ｂ子も被告人に気づき，「あの人が犯人だと思った」ことになっているが，判決は，このようなＢ子の供述の信用性を，暗示を受けたものとして否定している。

　また警察にとっては，目撃者が「犯人」を捕まえたという事実が，「犯人の逃走経路の点についても対立が顕著で互いに相いれない」（判決）ほどの目撃者と被告人の供述のくい違いについての慎重な検討を妨げたといえる。

④　**被疑者の自白・謝罪が識別に与えた影響**

　被告人は，犯人がエレベーターから逃走するところを目撃していたので，最初Ａ子らに「ちょっとお聞きしたいことがあるので」と話しかけられたとき，Ａ子が犯人について何か聞きたいのではないかと思い，協力しようと考えていた。途中で自分が犯人と疑われていることに気づいた被告人は，警察で潔白を証明しようと考え，Ａ子らに同行したものであった。

　ところが，目撃者らが被告人を現場周辺で取り押さえたため，警察は，その人物識別に何ら疑問をもつことなく，連行された被告人を犯人扱いし，暴行を加え，弁解をまったく聞き入れようとしなかった。それだけでなく，被告人は会社の出張からの帰りで，「拘束」されたことに非常に戸惑っていたところ，警察官から「認めれば直ぐに帰してやる」と言われて，実際には犯していない罪を認めてしまい，取調室に入って来たＡ子に土下座をして謝罪してしまった。

　Ａ子らは，被告人を警察に同行してきた段階で，かなりの程度被告人が犯人だと思いこんでいたことは間違いないが，それに加えて，被告人が土下座までして謝罪してしまったことが決定的な影響を与えた。判決も，「警察署で被告人が自己が犯人であることを認めてＡ子に謝罪したことにより，Ａ子ら３名は被告人が犯人であるとの確信を強めており，このことが遡って被告人像を犯人像に重ね合わせる方向で影響を与えたのではないかと疑われる」と指摘する。

（３）その他の事例

　この他の類型Ｄの事例としては，狭山デモ公務執行妨害事件[31]，東横線強制わいせつ事件[32]などがある。

東横線強制わいせつ事件は，混雑した電車内の痴漢事件であるが，被害者のボーイフレンドが犯人を追いかけ人混みの中で見間違えて別人を取り押さえたという事例である。

また特殊型として，事件直後に現場（周辺）で被疑者を取り押さえるのではなく，事件後（数時間から数日後）に目撃者が「犯人」を見つけ，取り押さえたり通報するケースがある。このケースには松尾事件[33]，名古屋強制わいせつ事件[34]がある。松尾事件は強姦事件であるが，数時間後に現場付近を通りかかった被告人を犯人と間違った事例である。名古屋強制わいせつ事件は，小学3年生の少女に対するわいせつ事件であるが，事件から9日後に被害者が被告人と出会って犯人と思い込み，12日後に被害者とその父親が通りかかった被告人を取り押さえたという事例である。後者の2事例は，いずれも犯行時間から身柄確保までかなりの時間差があったにもかかわらず，警察が突き出された人物を犯人として捜査が進められた例である。

5．類型Ｅ　目撃者が既知の人物を被疑者として特定したケース

（1）類型Ｅにおける人物識別の方法

類型Ｅの2事例は，目撃者が既知の人物を被疑者として特定したケースである。被疑者が目撃者の知人であるため，警察は目撃者の主張を信用しやすい。

人物識別手続きは，既知の程度によって異なり，既知の程度が高い場合は，識別手続きは意味がないので行われない。「2，3回見たことがある」という程度の場合は，単独面通しが行われる。

以上の人物識別の方法を図2-1-6に示している。

（2）事例15（板橋強制わいせつ事件）の概要と捜査状況

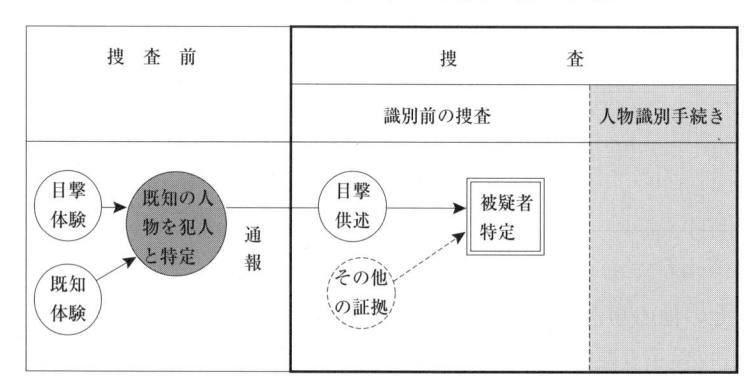

◉図2-1-6　類型Ｅの人物識別の方法

① 事件の概要と被疑者特定の経緯

　1985年7月13日午後6時ごろ、板橋区内のマンションの階段踊り場などで、そのマンションに住むA子（小学4年生）が、英語教師を装った外国人風の男に強制わいせつの被害を受けた事件である。目撃者は被害者A子とマンションの管理人Bである。事件の3日後に、A子の母親から被害事実と犯人像を聞いたBが、同マンションに住む被告人（日本人の母親とアメリカ人の父親の間に生まれた青年）が犯人であると警察に通報した。被告人は、かけつけた警察官に任意同行を求められ、警察署でA子による面通しを経て緊急逮捕された。被告人は、起訴前に自白している。

② 目撃者の記憶に影響を与えた諸要因

　判決(35)が目撃者の誤った識別に作用したと認定する要因などを表2-1-23に示す。

　目撃者の記憶の状況は、A子は年少者であり、Bは有意的注意を払って見ていたわけではないという問題点がある。

③ 既知の程度と既知の人物と特定した時期

　A子は、被告人を「以前に2、3回見かけたことがある」と言う。A子の既知の程度は低い。Bと被告人はマンションの管理人と住人という関係である。被告人は、Bが反感を持つ宗教団体に関わっており、以前に2回ほどBの息子を勧誘するためにB宅を訪れたことがあった。Bは被告人をよく知っていると言う。

　A子とBが被告人を犯人と特定するまでの経過に不自然さがある。以下に詳述す

◗表2-1-23

番号	事件名（目撃者）	目撃場面の条件	目撃者の条件	保持期間	写真面割	実物面通し
15	板橋強制わいせつ事件（A子・女性、被害者、9歳）		①小学校4年生 ④わいせつの被害を受けている ⑤2～3度見かけた程度（目撃当時はマンション内の住人とは認識せず） ⑥外国人風の男	①初供述まで3日 ③面通しまで3日		①単独面通し ⑥2回（2回とも3日後） ⑦2回とも頷いたのみ
	板橋強制わいせつ事件（B・男性、マンション管理人）	①2～3分	③犯行と結びつけて見てはいない ⑤被告人をマンションの住人として既知（目撃当時はマンション外部の人間だと思っていた） ⑥外国人風の男	①初供述まで3日 ③面通しまで3日		①単独面通し ⑦マンションの住人と確認

る。。

(i) Ａ子は当初事件のことをだれにも話さなかった。２日後に学校で友人に話した。すると友人のなかにも，外人風の男が同マンションのエレベーターの中までついてきて５階のボタンを押した，マンション前の歩道橋で話しかけられた，などと言う者があり話題になった。

(ii) この話が教師に伝わり，翌日教師から母親に伝わった。母親は，教師から同じマンションに住む外国人風の男が犯人と聞いた。

(iii) 母親がＡ子に問いただしたところ，Ａ子も被害事実を告白し，マンション住人の日本語を話す外国人が犯人と述べた。

(iv) 母親は管理人Ｂを訪ねて，マンション住人の中に日本語を話す外人風の若い男がいるかと尋ね，事件を告げたところ，Ｂはその年齢の日本語を話す外人風なら被告人と考え，直ちに警察に通報した。

(v) ところで，Ａ子の供述によれば，事件当日，Ｂは犯人を目撃していた。Ｂは，犯人とＡ子がマンションの踊り場にいるところを通りかかり，犯人と言葉をかわしていた。犯人が「Ｆさんという人の家を知りませんか。英語を教えに来たんですけど」と尋ね，Ｂは「そういう人はいない。ここは英語をやるところじゃない。無断でそのようなことをすると館内放送をする」と答えた。その時，Ｂは犯行に気づかずに，その場を去ったのであるが，この事実について，Ｂは通報時には警察に申告しなかった。

以上の経過のどの段階でＡ子とＢは，目撃したのが被告人であると認識するに至ったのか。実は，Ａ子もＢも，犯人を既知の人物の被告人と特定した時期は，目撃時点ではなかった。判決は，「Ａ子は，被害当時は本件の犯人が本件マンションの住人であるかどうかはわからなかったのに，Ｃ子らとの会話を通じて，本件の犯人はＣ子やＭ子（学校の友人）の話す男と同一の人物で，本件マンションの５階の住人であると思い込み，そこから本件マンションに住んでいる被告人を本件の犯人であると特定するようになったのではないか」と指摘している。

また，Ｂが事件を知ったのは，Ａ子の母親が訪ねてきた時だった。Ｂは母親からマンションに住む外人風の男が犯人という話を聞いて被告人が犯人であると特定したのである。ＢがＡ子と犯人が一緒にいる場所に遭遇した際に発した「館内放送をする」という発言は，明らかに外来者に対する言葉である。さらにＢは，警察へ通報した時点で，Ａ子の母親にも警察官にも，犯行現場で犯人と会話した事実を述べなかった。これらの事実から，Ｂは，目撃時点では犯人が被告人であるとの認識を持っていな

④ 単独面通しにおける問題等

最高裁は，Ａ子の単独面通しにつき，「暗示性が強いためできる限り避けるべきであるとされているいわゆる単独面通しの方法がとられている」と批判している。そのうえ，Ａ子のような年少者の場合，被暗示性が強く，判決では「面通しまでに，かなり多くの人々が被告人を犯人と特定することに関与しており，Ａ子もそのことを知ったうえで面通しに臨んだものと認められる」と，多くの大人たちの影響を示唆している。

次に，Ａ子の単独面通しは，まず事情聴取の前に１度，さらに事情聴取の過程で再度行われている。詳しい事情聴取前に面通しをしてしまうと，犯人の特徴等の供述について，目撃時の記憶なのか，面通しで見た人物の記憶なのかが混同してしまうので危険である。しかもＡ子は，すでに面通しに至るまでに，２日間にわたって学校，家庭で被告人が犯人との強い暗示を受けていた。そのうえ暗示性の強い単独面通しを続けて２回も行うことの危険性は，極めて大きかったといわなければならない。

Ａ子のように既知といっても２，３回見たことがあるという程度の場合，既知ということが，かえって識別を誤らせる要因になることがある。なぜなら目撃者は，目撃した犯人との同一性ではなく，以前２，３回見た人物との同一性だけで同定してしまう危険性があるからである。警察は，面通しの際，あらかじめ目撃した人物との同一性の確認なのか，それとも既知の人物との同一性の確認なのかを明確にしておくべきである。

(3) 事例16（橿原市住居侵入窃盗事件）の概要と捜査状況

① 事件の概要と被疑者特定の経緯

1992年１月24日午後11時55分ごろ，奈良県橿原市の甲野花子・一郎宅で，就寝中の部屋に男が侵入し，室内の鞄から現金が窃取された事件である。花子は犯人が鞄を物色中に気がつき，犯人を目撃した。犯人は逃走し，花子に起こされた一郎がバットを持って追いかけたが，外に出た時犯人の姿は見えなかった。目撃者は花子とその内縁の夫一郎であり，彼らの目撃供述により犯人は花子の義弟（被告人）とされた。

② 目撃者の記憶に影響を与えた諸要因

判決[36]が目撃者の誤った識別に作用したと認定する要因などを表２-１-24に示す。

花子の目撃の状況は，人の気配で目をさました直後，犯人の顔の左半分を３秒くらい目撃したにすぎないし，一郎に至っては，逃走中の後ろ姿を一瞬見たにすぎないというものである。

●表2-1-24

番号	事件名（目撃者）	目撃場面の条件	目撃者の条件	保持期間	写真面割	実物面通し
16	橿原市住居侵入窃盗事件（甲野花子・女性、被害者）	①3秒程度 ②薄暗い ⑤顔の左半分	④突然寝室内に窃盗犯を発見し声が出ず傍らの夫を起こす ⑤既知（義弟），被害当時，犯人に声をかけておらず，義弟との確信はなかった可能性が大きい	①初供述まで数日 ③面通しまで数日		
	橿原市住居侵入窃盗事件（乙川一郎・男性、被害者の内縁の夫）	①追跡中に一瞬 ②薄暗い ⑤逃走中の後ろ姿	④突然の窃盗事件 ⑤既知（内縁の義弟），事件当時バットを持って追跡しており，犯人が被告人であるかどうかは確認できない	①初供述まで数日 ③面通しまで数日		

③ 既知の程度と既知の人物と特定した時期

　目撃者と被告人は義理の姉弟の関係であり家も近く，日ごろ不仲であったがつき合いはあった。面通しについての記録はない。目撃者と被告人の関係から見て，面通しは行われなかったと思われる。

　ここでは，花子が犯人を目撃した時点で，それが義弟だとわかっていたのか否かが重要なポイントである。義弟ならば，なぜその時に被告人に対し「どうしてここにいるのか」とか，あるいは「何しに来たのか」というような言葉をかけなかったのか。また事件発生直後，花子はまず母親のところに電話をかけ，その後被告人方に電話している。その理由や意図は明らかでないが，おそらく，花子は当時，犯人が被告人であることに間違いないという確信まではなかったものと思われる。

　一方，一郎は被告人の顔を目撃してはいないが，花子から被告人が犯人であることを告げられたとすれば，敢えて野球用バットまで持ち出していく必要はなかったのではないかと思われるし，外に出たのであれば，そのまま被告人の家まで追いかけて行き，被告人であることを確認し，夜中に人の家へ何しに来たのか詰問するのが普通ではないかと思われるが，一郎はそれもなさず，すぐに屋内へもどっている。

　判決では，以上のような事実から，目撃者らは目撃時点では確実に義弟の犯行であると特定していなかったとしている。

（4）その他の事例

第1章　日本における犯人識別手続きの問題点

　この他の類型Eの事例としては、月光事件(37)，札幌放火事件(38)，富士高校放火事件(39)，米谷事件(40)などがある。

第4節　日本型人物識別の批判的検討

1．最良の人物識別方法としてのラインナップ方式

（1）人物識別手続きを分析する2つの視点

　仮に目撃者が見た人物が，自分の知らない人間だったとする。その場合，目撃者が，詳細に体格・容貌，人物像などについて言語で表現したり，さらに似顔絵やモンタージュを作成しても，それだけでは目撃者が見たその人物がだれであるかを特定することは不可能である。目撃者が見た人物を特定する方法は，人物識別手続き以外には存在しない。そのことは，人物識別までに，捜査機関が他の証拠でいったん被疑者を絞り込んでいるか否かにかかわらない。

　このように重要な意義を持つ人物識別手続きは，具体的にはいかなる方法によるべきか。この問題を，次の2つの視点から検討する。

　第1の視点は，心理学の領域で研究されている目撃者の記憶に関する科学的なアプローチと密接に関連している。第2の視点は，刑事手続き上の被疑者の基本的人権に関連する法律的なアプローチと関連している。以下，（2）・（3）で詳述する。

（2）心理学的知見としての目撃者の記憶理論

　第1の視点は，人物識別手続きは目撃者の記憶をできるだけ正確に引き出すことができる方法でなければならない，ということである。

　日常生活の中では，人間は，大まかな時空間を手がかりに想起できる程度の記憶しか要求されていない。厳密なことについては，記憶ではなく記録を頼りに生活している。人の顔についても，普通の経験では，知っている人の顔を再認できれば，まったく生活に支障はない。このような生活を繰り返している普通の人間にとって，人間の観察の限界性や人間の記憶の曖昧さは，それほど自覚されていない。

　しかし，科学的な心理学上の知見に照らせば，人間の観察には限界があり，また人間の記憶は極めて曖昧なものである。しかも，これはストーリー性のない人の顔の目撃に関してとくにあてはまるということが，心理学的研究によって十分明らかにされている。要するに，通常人にとって目撃者の供述は間違いやすいことが自然であり，人物識別は通常考える以上に誤りを犯すものなのである。

以上のような心理学的知見を前提にすれば，人物識別手続きの方法は，可能な限り，実物の人間を複数見せて選ばせる方法（ラインナップ方式）を取るべきである。
　ここで「可能な限り」とは，人物識別手続きを行うまでに，捜査機関が，目撃供述以外の他の証拠によって，被疑者を特定している状況を指す。
　実物の人間による以外の人物識別方法としては，写真ないしビデオフィルムが考えられる。しかし，実物の人間を見て識別することが最良の方法であることは明らかである。
　日本では，写真による人物識別が広く行われているので，写真で人物を再認する場合の根本的な問題点について，以下で，若干指摘する。
　まず，写真の場合の容貌は，瞬間的な表情に限られる。人の体格・身長は，胸から上の写真の場合にはまったくわからない。写真を見て得られる人物情報は，実物の人を見て得られる情報と比べ，情報の量と質で著しく劣っている。このように目撃者にとって，写真による再認は，実物による再認と比べて，著しく困難であり識別の結果も誤りやすい。
　しかも目撃者は，写真から選ぶ場合，複数の実物を見て選ぶときに求められるような緊張感を伴わない。目撃者は，自然と安易な選別を行いがちである。
　以上のように写真による人物識別の方法は，目撃者の記憶を正確に引き出すことが困難であり，実物による識別（ラインナップ）が最良の方法である。

（3）人物識別手続きにおける被疑者の基本的人権の保障

　第2の視点は，人物識別手続きにおける適正手続きを遵守できる方法でなければならない，ということである。この点が必要なのは，人物識別手続きは，第1に，被疑者が手続きに協力して初めて可能な手続きであり，しかも，第2に，被疑者に決定的な不利益を及ぼす刑事手続きだからである。
　第1の点に関して言えば，ラインナップ方式を想定すれば容易に理解できるし，写真面割を重視する日本型人物識別手続きでも，最終的な手続きとして実物の面通しを不可欠なものとしている。したがって，いずれにしても人物識別手続きは，被疑者が協力して初めて可能な手続きと言える。
　ここで最も重要な点は，「被疑者が協力する」ということの意味である。1つの意味は，被疑者の存在が欠かせないという消極的な意味である。しかし，もっと積極的な意味はこうである。
　面通し手続きは，実際には，被疑者がその意志次第で拒否することが可能な手続きなのである。面通しの対象になることを拒否するには，被疑者は，面通しの部屋から

退出するかまたは部屋に入らなければよいのである。

　まずラインナップ方式の場合，捜査官が面通しを拒否する被疑者だけに有形力を加えれば，被疑者が目立ってしまう。したがって捜査官によるラインナップの強制は，実際には不可能である。

　また，単独面通しでも，捜査官が被疑者を強制的にマジックミラーの前に立たせて顔を上げさせようとしても，人間は，自由に口を開けたり，力を入れて目をつぶり顔に皺を造ったり，さまざまに顔をしかめたりできる。単独面通しを強制された被疑者が，面通し拒否の行動に出たとき，捜査官が，被疑者の顔の表情を強制的に「自然な表情」にできるだろうか。まったく不可能なことである。

　このように，ラインナップにせよ，単独面通しにせよ，実物による面通しには「被疑者の自然な顔の表情と態度」が不可欠であり，被疑者が強制されていない状態にあることが欠かせない。

　もっと端的に言えば，実物による面通しは，被疑者が，面通し手続きを認めて，「自然な顔の表情と目立たない態度」をとるという被疑者の積極的な協力的行動があって初めて実現できる手続きなのである。

　したがって，被疑者は，自己に不利益な証拠を捜査機関が収集するに際して，捜査機関に協力して行動することを強制されてはならない。この当然の原則の１つとして，被疑者は，目撃者が行う人物識別手続きに際し，実物面通しに協力することを強制されてはならない。また，被疑者が，人物識別手続きに協力しない事実を，被疑者に不利益な証拠として使ってはならない。

　以上のような分析を踏まえれば，日本の捜査機関が，しばしば被疑者に気づかれないようにして行っている単独面通しは，被疑者の意志を無視して人物識別手続きに協力させるものであるから，違法性である。

　したがって，人物識別手続きに際しては，刑事手続きにおける適正手続き保障の精神に照らし，被疑者には防御権が十分に保障される必要がある。具体的には，弁護人の弁護活動を通じて，次の権利が保障されるべきである。

　第１に保障されるべき点は，人物識別手続きの前に，弁護人が，ラインナップの公正さをチェックできる権利である。

　第２に保障されるべき点は，目撃者の識別時に，弁護人が立ち会って，ラインナップの公正さをチェックする権利である。

　いずれの権利も十分に保障されていなければならない。上の２つの権利が認められていない場合には，もはや適法なラインナップ方式とは言えない。

第2編　法律学からのアプローチ

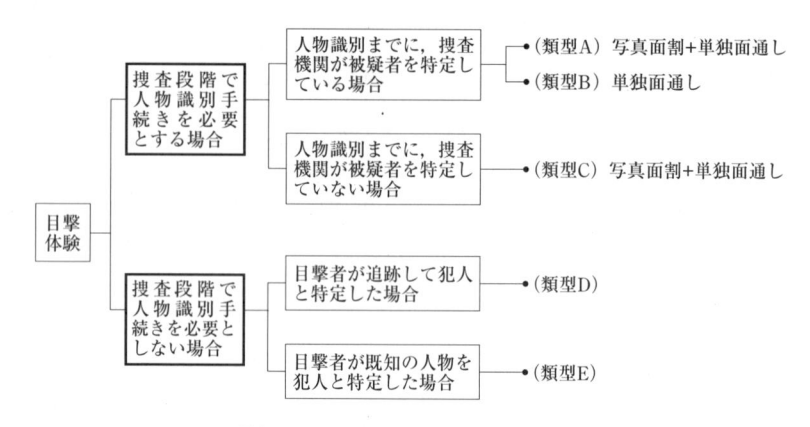

◉図2-1-7　捜査手続きと5類型の分類方法

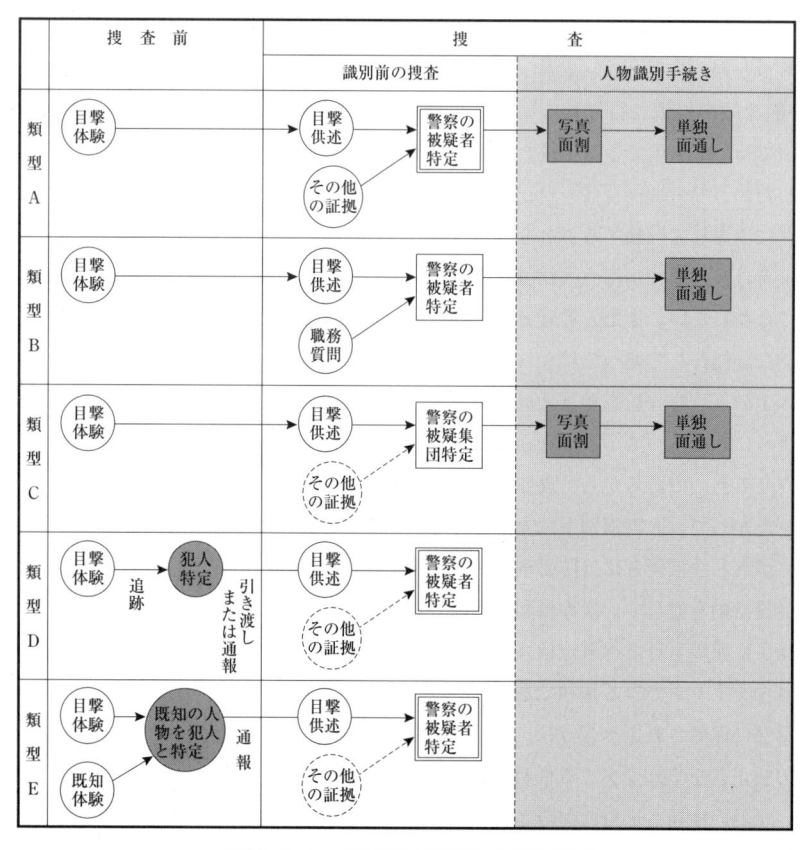

- 目撃体験
  - 捜査段階で人物識別手続きを必要とする場合
    - 人物識別までに、捜査機関が被疑者を特定している場合
      - （類型A）写真面割+単独面通し
      - （類型B）単独面通し
    - 人物識別までに、捜査機関が被疑者を特定していない場合
      - （類型C）写真面割+単独面通し
  - 捜査段階で人物識別手続きを必要としない場合
    - 目撃者が追跡して犯人と特定した場合
      - （類型D）
    - 目撃者が既知の人物を犯人と特定した場合
      - （類型E）

◉図2-1-8　5類型の人物識別の方法の比較

	捜査前	識別前の捜査	人物識別手続き
類型A	目撃体験	目撃供述／その他の証拠 → 警察の被疑者特定	写真面割 → 単独面通し
類型B	目撃体験	目撃供述／職務質問 → 警察の被疑者特定	単独面通し
類型C	目撃体験	目撃供述／その他の証拠 → 警察の被疑集団特定	写真面割 → 単独面通し
類型D	目撃体験 → 追跡 → 犯人特定 → 引き渡しまたは通報	目撃供述／その他の証拠 → 警察の被疑者特定	
類型E	目撃体験／既知体験 → 既知の人物を犯人と特定 → 通報	目撃供述／その他の証拠 → 警察の被疑者特定	

また，以上のような被疑者の防御権は，写真面割では事実上保障されない。なぜなら，実物による面通しではこの手続きに応じることを拒否する自由があるが，写真面割では被疑者は人物識別を拒否できないからである。したがって，写真面割による人物識別手続きは，被疑者の所在を発見できないような場合以外には，被疑者の防御権を侵害し違法である。日本の単独面通しを原則にしている捜査方法は違法である。

(4) 結語

　ラインナップ方式は，心理学的知見としての目撃者の記憶理論からも，また人物識別手続きにおける被疑者の基本的人権の保障の観点からも，最も適正な人物識別の方法である。日本の単独面通しを原則にしている捜査方法は違法である。

　したがって捜査機関が，単独面通しを行う場合には，被疑者には，このような識別手続きを拒否する権利が認められるべきである。

　以下で，第2節，第3節で検討した類型A〜Eの各類型の人物識別をラインナップ方式との対比で批判的に分析する。

　各類型の識別手続きなどの相違点は，図2-1-7と図2-1-8で示しておく。

2．類型Aの人物識別の批判的分析

(1)「写真面割プラス単独面通し」とラインナップ方式との比較

　類型Aでは，図2-1-7と図2-1-8に示したように，捜査機関が他の証拠によって人物識別前に被疑者を特定している。したがって，本来，ラインナップ方式を行う典型的な場合である。しかし，日本の捜査機関は，まず写真面割を行い，次に単独面通しを行っている。このように「写真面割プラス単独面通し」という特殊な方式をとっている理由は何であろうか。

　類型Aに関する日本の捜査機関の発想は，次のようなものである。

　第1に，実物面通しでは，ラインナップは行わない。ラインナップを行えば，被疑者がラインナップ手続きを拒否するケースが頻発する可能性があるからである。したがって単独面通しを行う。

　第2に，ラインナップを行わないからといって，ただちに単独面通しを行うのでは，裁判所から，目撃者に暗示・誘導が働くおそれありと判断され，判決で人物識別の信用性を否定されるケースが続出するおそれがある。したがって，日本の警察は，まず写真面割を行い，そこで複数選択の機会を与えることにする。

　第3に，単独面通しには，先に実施した写真面割の正確さをチェックする手続きとしての意味をもたせる。すなわち単独面通しは，最初から，目撃者には写真で選んだ

人物の実物を見せるという前提で行われ，目撃者が写真で選んだ人物を，念のために再確認するだけのものに位置づけられている。こうして人物識別における実物面通しの意義を，ラインナップの場合とはまったく違ったものに転換させている。

（2）類型Aの人物識別の問題点

① 確かに類型Aでは，写真面割を複数選択による人物識別方法として位置づけている。しかし，「1．最良の人物識別方法としてのラインナップ方式」で検討した「心理学的知見としての目撃者の記憶理論」からの要請や，「人物識別手続きにおける被疑者の基本的人権の保障」からの要請に，写真面割という手続きがまったく応えきれないことは明らかである。

類型Aの「写真面割プラス単独面通し」による人物識別方法は，実際には，そのほかにもさまざまな問題を生み出している。以下詳述する。

② 類型Aの写真面割では，弁護人による面割写真のチェックの機会はまったくない。捜査機関は，しばしば被疑者の写真だけが目立つような写真帳を作成している。

例えば，「事例3岩槻」では，目撃者が犯人像として供述していた坊主頭の人物は被疑者の写真だけで，被疑者が目立つ写真構成になっている。「事例5半蔵門」では，目撃供述のサングラスに類似する色つき眼鏡をかけているのは被疑者の写真だけで，被疑者が目立つ写真構成になっている。

③ 一般に写真面割では，捜査官のちょっとした動作や言葉で，目撃者は暗示・誘導を受けやすいが，類型Aの場合も例外ではない。ラインナップ方式では，弁護人が識別手続きに立ち会うから，識別時の暗示・誘導は考えにくい。しかし，類型Aの写真面割では，弁護人の立ち会いもないから，捜査官は，その言葉や態度で，特定の人物に目撃者の注意を向けさせるなどして，目撃者の写真選別の過程に事実上介入することが可能になる。

例えば，「事例1下田」では，捜査官は，勝間田に「従業員で体格のいい人は被告人しかいない」などと述べて被告人に注意を向けさせている。「事例3岩槻」では，捜査官が「犯人を逮捕している」と述べて，写真の中に必ず犯人がいると暗示をかけたりしている。

④ 類型Aの写真面割後の単独面通しは，本来の暗示性に加えて，写真による影響を強く受けている。単独面通しの意味が，実質上，目撃者が写真で選んだ人物の実物での再確認に変質している。

それでも捜査機関は，単独面通しで失敗することを恐れる。写真面割で被疑者を選別していても，実物面通しで同一性を確認できなければ起訴することは困難だからで

ある。このため，弁護人の立ち会いがない類型Aでは，単独面通しで捜査官が目撃者を誘導する場合がある。例えば，事例3岩槻では，捜査官は「証拠品もあがっている」などと発言して目撃者を誘導している。

3．類型Bの人物識別の批判的分析

（1）類型Aとの比較

　類型Bは，図2-1-7と図2-1-8に示したように，類型Aと同じく，人物識別の時点までに被疑者を特定しているケースである。しかし類型Bの場合，捜査機関は単独面通しだけで人物識別している。類型Aが単独面通しの前に写真面割を行っていることとの違いは何であろうか。

　類型Bの場合，捜査機関は，緊急配備した警察官が110番通報時ないし直後の簡単な目撃供述により現場周辺で被疑者を特定したため，被疑者と犯人との結びつきが強いと考えている。また，捜査官は，直ちに人物識別を行う必要性があるが，写真面割を準備する暇がない緊急の手段として単独面通しが認められると位置づけている。捜査官は，これらの事情を単独面通しを正当化する根拠にしている。

（2）類型Bの人物識別の問題点

① 　単独面通しを行えば，目撃者は，程度の差はあれ，面通し対象者が犯人であるとの暗示を受ける。単独面通しは本来的に暗示的効果を持っている。それは人物識別方法としては致命的な欠陥である。

　類型Bの単独面通しによる人物識別方法は，実際には，そのほかにもさまざまな問題を生じている。以下詳述する。

② 　面通し対象者が，職務質問によって特定されているという事実が，目撃者に強い影響を与えている。

　目撃者にとって，その職務質問が持つ意味を分析すると，(a)目撃者が伝えた犯人の容貌・頭髪，年齢，身長，服装などが手がかりとなって，警察が職務質問したこと，(b)その職務質問が事件直後に犯行現場の周辺で緊急配備中の警察活動として行われていること，この2つが重要だと考えられる。さらに当然のこととして，(c)警察が，職務質問した対象人物の言動から，その人物を事件の被疑者と判断したこと，を指摘できる。

　類型Bの3つの事例を見ると，以上のような職務質問に関連する事実は，必然的に，前述の暗示性をいっそう強めることになり，その結果，目撃者は，面通し対象者を，はじめから犯人視するようになっている。

③ 捜査官が，単独面通し前に，目撃者に対して，「犯人を捕まえました。確認のために見てください」などと告げている事実が，目撃者に強い影響を与えている。

目撃者は，自分の目撃供述以外にも，職務質問された人物の所持品や言動などから，その人物を犯人と結びつけるなんらかの証拠があったのだろうと思い込みやすい。類型Ｂの３つの事例に共通している点である。なお，「事例６目黒」では，そのような目撃者の思いこみに捜査機関が意識的につけ入り，警察は，面通し対象者が未だ自白していないのに「自供している」と，目撃者に虚偽の事実を告げている。

「事例８熊本」では，捜査官は，被疑者に事件当日の犯人の特徴の服装（背広）をさせて単独面通しを行うなど，強い暗示・誘導が行われている。

④ 通報した目撃者が，犯罪の被害者である事実も人物識別に影響を与えている。被害者の犯人に対する感情的なものは，犯罪の性格によって，少しずつニュアンスが違う。「事例６目黒」・「事例７大阪」のような性犯罪の場合には例外なく被害感情が強いが，窃盗罪でも「事例８熊本」のような家宅侵入を伴うケースでは被害感情が強い。被害感情が強い目撃者は，極端に暗示を受けやすい状態にある。

４．類型Ｃの人物識別の批判的分析

（１）類型Ａとの比較

類型Ｃは，図２-１-７と図２-１-８に示したように，類型Ａと同じく，写真面割及び単独面通しを行っている。しかし，２つの類型は，人物識別までの被疑者特定の有無に違いがあるから，各人物識別手続きが持っている意味が根本的に異なる。

類型Ａの写真面割は，本来，捜査機関が他の証拠に基づいて犯人と想定した被疑者を，はたして目撃者が選ぶかどうかという手続きである。したがって類型Ａの面割写真は，被疑者の写真１枚とそれ以外の写真はすべて犯人でないことが明白な人物の写真により構成される。

これに比して，類型Ｃの写真面割は，目撃者が選別しても，その選別には客観的な裏づけが何もない。したがって捜査機関にとっては，その選別の結果は，新たに目撃供述以外の証拠を発見するための手がかりとしての意味しか持たない。

以上のように，類型Ｃの写真面割は，類型Ａの場合とは捜査活動にとっての意味がまったく異なる。また，類型Ｃの単独面通しは，類型Ａと同様に写真面割で選んだ人物との同一性の確認の意味しかもっていない。

なお，類型Ｃで複数の目撃者がいる場合には，まず一部の目撃者に写真面割を行い，被疑者が特定されれば，残りの目撃者には，その被疑者を含めたラインナップを

行うべきである。

（2）類型Ｃの人物識別の問題点

①　類型Ｃに用いる写真帳は，捜査機関が犯人の属していると想定しているグループや同種前科者や地域などから選び出した人物の写真で構成されている（例えば，「事例9札幌」は特定地域の一定の犯罪傾向の前歴者，「事例10守口」・「事例12自民党」・「事例13皇居」は特定の政治団体，「事例11名古屋」はある地域の組織暴力団）。

しかし，仮に犯人が特定の集団の中に含まれているとしても，捜査機関がその集団のすべての人間を特定することも，すべての写真を集めることも不可能である。したがって，面割写真帳の中に犯人が含まれているとは限らない。

また，面割写真として，目撃時点に近い撮影時期の写真を集めることは，通常，著しく困難である。

さらに，写真面割の写真帳の人数は，50人程度が適当と言われているが，これよりもっと少ない人数の写真帳の場合は，その少ない理由が合理的でなければ，面割写真帳の作成自体に問題があることになる。例えば，「事例9札幌」の「置引き，スリ，売春事犯の前歴者8名」，「事例11名古屋」の「甲野会関係者10人を入れた20人ほど」，「事例13皇居」の「公然活動家20人・非公然活動家12人」は，いずれも写真の人数が少ない。犯人情報に合致する人物の数と実際の写真の人数との違いに合理的な理由がなく，面割写真帳自体に問題がある。

また，人数が多すぎる写真帳も適切とはいえない。「事例12自民党」のＮ子・Ｔ子の364枚（3分冊だが同時に見せている）は，写真の人数が多すぎ，面割写真帳として問題がある。

類型Ｃの「写真面割プラス単独面通し」による人物識別方法は，実際には，そのほかにもさまざまな問題を生じている。以下詳述する。

②　類型Ｃでは，事情聴取や写真面割が反復的に行われているが，これは目撃者に強い影響を及ぼす。

例えば「事例12自民党」で，警察官Ｙは，写真面割の前に4回もの事情聴取を受けている。反復的な事情聴取は，供述を歪める原因となる。意識すると否とにかかわらず，供述内容を徐々に詳細なものに変更していくことになり，その供述は信用性に欠けると言わざるをえない。

同事例のＮ子は，364枚写真帳を，警察で2回，検察庁で1回，さらに別の被疑者の面割のために1回，合計4回にわたって見せられている。Ｎ子の記憶が，4回の写真面割によって影響を受けたことは否定できないだろう。

「事例10守口」では，捜査官は，複数回の写真面割と事情聴取を行い，面割写真帳の中から強引に識別させようとしている。
③　類型Cでは，被疑者を特定できる目撃供述以外の証拠がないにもかかわらず，捜査官が自分の予断を目撃者に押しつけようとする場合がある。

例えば，「事例9札幌」では，警察官は，「こいつは悪いやつだから，間違いなくやっているんだから」などと目撃者に述べている。

また類型Cでは，捜査官が，目撃者に誘導的な発言をして，面割写真帳の中からだれかを選別させようとすることがある。

例えば，「事例12自民党」では，T子は，「よく覚えていないから見てもよくわからない」と，写真面割を断ったが，警察官が，「見たことがあるような人がいたら，何枚でもいいですから選んでください」と言って写真面割を執ように勧めている。

「事例13皇居」では，複数回の写真面割を行い，その中で写真に髭を書き入れたり顔の一部を隠してみるなど暗示的な方法をとった。また同事例のCに対しては，捜査官が「似ている人でもいい」と述べている。

さらに「事例10守口」で，捜査官が，複数の目撃者を一緒に話し合わせながら写真面割を行わせているのもこの例の1つである。
④　類型Cの写真面割後の単独面通しは，類型Aの単独面通しと同じく，単独面通しの本来の暗示性に加え，写真による影響を強く受けている。したがって，写真面割で誤れば，単独面通しでも同じ誤りを犯す危険があり，実物による再認に独自の意義はほとんどない。

類型Cでも捜査官は，単独面通しで失敗することを恐れる。類型Aと同様に，写真面割で被疑者を選別していても，実物面通しで同一性を確認できなければ起訴することは困難だからである。このため，「事例9札幌」にみられるように，「必ずやっているんだから」などと述べて目撃者を誘導する，といったことがおこる。

5．類型Dの人物識別の批判的分析

(1) 類型A・Cとの比較

類型Dは，図2-1-7と図2-1-8に示したように目撃者が追跡して犯人を特定して警察に引き渡したり，通報している場合であり，類型A・Cと異なり捜査前に目撃者が犯人を特定しているケースである。

このように，目撃者が通報した時点ですでに犯人が特定されているため，新たな識別手続きを行う意味がない。しかし，被疑者の特定が目撃から場所的・時間的に離れ

ていれば，本来の人物識別手続きすなわちラインナップを行うべきである。

（2）類型Ｄの人物識別の問題点

① 類型Ｄでは，捜査官は，目撃者に対し，連行してきた人物が犯人に間違いないかどうか確認する供述調書を作成する。しかし，目撃者がその人物を犯人と特定した段階で，すでに識別を誤っている危険性がある。

　例えば，「事例14梅田」では，目撃者らは，エレベーター１階出口で犯人に逃げられ，階段で見失った後，時間，場所とも相当経過してから，地下鉄改札口付近で見かけた被告人を犯人と誤認している。以上のような誤認の危険性があるため，警察は，目撃者の申告を安易に信用するのではなく，目撃者が被疑者を特定した経緯を事情聴取し，被疑者の弁明も十分聞いて，客観的状況証拠などを裏づけ捜査し，目撃者の人物識別に誤りがないかどうか吟味しなければならない。

　しかし，目撃者がすでに犯人を特定していることから人物識別手続きが省けた形になっているため，警察は，目撃者の供述を一方的に信用しがちである。

② 類型Ｄでは，目撃者が自分１人では被疑者の特定に自信がなくても，複数の目撃者が話し合うことで相互に暗示を受け，無関係の人物を犯人と識別してしまう危険性がある。

　例えば，「事例14梅田」では，目撃者３人が一緒に追跡し，いったん見失った後に，被疑者を発見し，しばらく追尾していく過程で，Ａ子が他の２人に「あの人が犯人」と話しかけている。Ａ子は，他の２人が同意したことによって被疑者を犯人と確信することになり，他の２人は，Ａ子の発言に引きずられている。

③ 類型Ｄでは，警察が被疑者の弁明を聞かず，被疑者を追及し，被疑者がいったん自白すると，目撃者はやはり被疑者が犯人であったかという確信を深め，被疑者像を犯人像に重ね合わせる方向で影響を与えてしまう。

　例えば，「事例14梅田」では，警察官から「認めれば帰してやる」と言われた被疑者が，事実上の拘束から逃れたいばかりに謝罪したことが，目撃者の誤った確信を深める結果になっている。

6．類型Ｅの人物識別の批判的分析

（1）類型Ａ・Ｃとの比較

　類型Ｅは，図2-1-7と図2-1-8に示したところから明らかなように，類型Ａ・Ｃと異なり，捜査前に目撃者が犯人を特定しているケースである。

　目撃者が既知の人物を犯人と特定しているので，識別手続きは，意味がない。しか

し既知性が低い場合には，本来の人物識別手続きであるラインナップを行うべきである。

（2）類型Eの人物識別の問題点

① 類型Eでは，目撃者が犯人を既知の人物と再認した時点の識別がすでに誤っている場合がある。とくに目撃者が，犯人を既知の人物と特定した時期が，目撃時点よりも遅れているケースでは，見間違いや勘違いの可能性が高くなる。

例えば，「事例15板橋」の管理人Bは，目撃時点では犯人をマンションの住人とは思っていなかったため，警察へ通報した時点では犯行現場で犯人と話した事実を述べていない。

「事例16橿原」の花子は，目撃時には犯人が義弟とは思っていなかったため，親戚だったら当然出る「何しに来たのか」などの言葉を述べていない。

このように，目撃者が既知の人物を特定したといっても誤っている場合があるので，警察は，目撃者の申告を安易に信用してはならない。類型Dと同じく，警察は，目撃者が既知の人物を犯人と特定した経緯を事情聴取し，被疑者の弁明も聞いて，客観的状況証拠などを裏づけ捜査し，目撃者の人物識別に誤りがないかどうか吟味しなければならない。

② 既知の程度が低い場合，日本では，単独面通しが行われている。しかし，そもそも単独面通しは，暗示性が強いうえに，目撃者は，同一性確認を被疑者と犯人の間ではなく，既知の人物との間で行う危険がある。

例えば，「事例15板橋」のA子は，目撃した犯人との同一性ではなく，以前2，3回見た人物との同一性確認を行っている可能性が高い。

おわりに：被疑者は「単独面通し拒否権」を持っている

目撃供述の信用性に関しては，心理学的知見に十分踏まえた分析が行われなければならない。さらに本章の16事例の検討に踏まえれば，人物識別手続きは，捜査機関が目撃供述以外の証拠で被疑者を特定している場合でなければ，行ってはならず，その方法は，目撃供述ガイドラインが提案するとおり，原則としてラインナップ方式でなければならない。

人物識別手続きにおいては，被疑者に，その識別手続きに応じるか否かを自由に決することができる権利が保障されていなければならない。

日本型人物識別手続きを改革していく道すじの1つは，現実に行われている単独面

通しに対し，被疑者・弁護人が，これを徹底的に争うことである。法律的には，現行の単独面通し手続きは，憲法31条の適正手続き保障の趣旨に反し，違法なものと言わざるを得ない。したがって，実践的には，単独面通しを拒否する権利を被疑者・弁護人が行使することが，重要な意義をもっていると考える。

注

（1）　Gisli H. Gudjonsson 博士は，ロンドン大学精神医学研究所などに所属する心理学者で，著作は，Gisli H. Gudjonsson（庭山英雄他訳）『取調べ・自白・証言の心理学』（酒井書店，1994年）など多数。

　同博士は，主として警察の取調べと自白の理論的，実証的な関わりについて研究し，実証的研究から取調べ過程の被暗示性について「Gudjonsson 被暗示性テスト」を開発し提唱している。同博士はさまざまな実際の事件に心理学鑑定人として関与している。

（2）　Elizabeth F. Loftus 博士は，ワシントン大学心理学科教授，法律学科準教授で，人間の記憶や目撃証言などを専門としている。著書は，Elizabeth F. Loftus（西本武彦訳）『目撃者の証言』（誠信書房，1987年）など多数。

　同博士は，目撃証言などに関する心理学的知見の提供を求められて全米のほとんどの州の法廷で，専門家として証言している。同博士の心理学者としての幅広い活動については，最近の著書 Elizabeth F. Loftus, Katherine Ketcham（厳島行雄訳）『目撃証言』（岩波書店，2000年），同（仲真紀子訳）『抑圧された記憶の神話』（誠信書房，2000年）を参照。

（3）　甲山事件の第一審判決神戸地判1985（昭60）年10月17日判時1179号28頁以下，控訴審大阪高判 1990（平2）年3月23日判時1354号26頁以下，差戻後第一審判決は，神戸地判1998（平10）年3月24日判時1643号3頁以下，差戻後控訴審判決（確定）は，大阪高判1999（平11）年9月29日判時1712号3頁以下参照。

　帝銀事件の第一審判決は，東地判1950（昭25）年7月24日，控訴審判決は，東高判1951（昭26）年9月29日，上告審判決は，最大判1955（昭30）年4月6日判時47号3頁以下参照。

　富山事件の第一審判決は，東地判1981（昭56）年3月5日，控訴審判決は，東高判1985（昭60）年6月26日判時1180号141頁以下参照，上告審は，最1小決1987（昭62）年11月10日。

　布川事件の第一審判決は，水戸池土浦支判1970（昭45）年10月6日，控訴審判決は，東高判1973年（昭48）年12月20日，上告審は，最2小決1978（昭53）年7月3日判時897号114頁以下，判夕364号190頁以下参照。

（4）　日本弁護士連合会刑事弁護センター『イギリス刑事司法視察1999.6.28〜7.2―目撃供述と人物識別パレードに関する調査報告書』（2000年）参照。

（5）　筆者は，現在司法制度改革審議会の主導の下で進められている司法改革は，司法を改悪するものと捉えている。その改革論は刑事司法に関しては，一方で自白中心捜査を温存しつつ，他方で「国費による被疑者弁護制度」導入論をてこに弁護士会に弁護権を制限する「刑事弁護ガイドライン」の策定を求め，刑事弁護の国家管理化を狙うものである。こ

第2編　法律学からのアプローチ

のような刑事手続に関する基本的人権を著しく侵害するまやかしの司法改革論には強く反対したい。問題点の詳細な指摘については，小田中聰樹『司法制度改革審議会の思想と論理―「論点整理」についての批判的覚書』(梶田英雄・守屋克彦判事退官祈念論文集『刑事・少年司法の再生』(現代人文社，2000年) 53頁以下，同「司法制度改革審議会『中間報告』の評価基準」渡部保夫先生古稀記念『誤判救済と刑事司法の課題』(日本評論社，2000年) 443頁以下など参照。

(6)　イギリスにおける人物識別手続きについては，1984年警察・刑事証拠法 (Police And Criminal Evidence Act 1984) の実務規範 "Police And Criminal Evidence Act 1984 (s. 60(1) (a) and s. 66) CODES OF PRACTICE", London : The Stationery Office, 1997を参照。また，イギリスの人物識別手続の改革に大きな影響を及ぼした「刑事事件における同一性識別証拠に関するデブリン・レポート」については，庭山英雄監訳『同一性識別の法と科学』(信山社，2000年) 参照。

(7)　渡部保夫『無罪の発見』(勁草書房，1992年) 82頁以下など参照。

(8)　渡部保夫教授は心理学鑑定の積極的活用を提言しているが，同教授の「刑事裁判と行動科学鑑定」石松竹雄判事退官記念『刑事裁判の復興』(勁草書房，1990年) 305頁以下，「証言心理学の刑事裁判への応用可能性」『刑事弁護』11号 (1997年秋季号特集「目撃証言の心理学」，現代人文社) 38頁以下等参照。

　　1999年には，司法研修所編『犯人識別供述の信用性』(法曹会) が発行され，89件の裁判事例を用いて犯人識別供述の信用性に関する注意則の考察がなされているが，同書118頁以下では「心理学鑑定の活用」を取り上げている。なお，拙稿「目撃証言と心理学鑑定」(『日弁連研修叢書・現代法律実務の諸問題』平成12年版日弁連編所収) 参照。

(9)　浜田寿美男教授の『自白の研究』(三一書房，1992年)，「虚偽自白の虚偽性がなぜ見抜かれないのか――もう一つの心理学のために」前掲『誤判救済と刑事司法の課題』37頁以下，「自白の心理と供述分析」日本弁護士連合会編『日弁連研修叢書現代法律実務の問題〈平成7年度版〉』(第一法規，1996年) 687頁以下，「自白の心理と供述分析―自白が無実を語る―」日本弁護士連合会編『日弁連研修叢書現代法律実務の問題〈平成8年度版〉』(第一法規，1997年) 677頁以下，「自白の心理と供述分析」日本弁護士連合会編『日弁連研修叢書現代法律実務の問題〈平成10年度版〉』(第一法規，1999年) 619頁以下など参照。

(10)　「目撃供述ガイドライン」は，1999年12月11日，慶応大学で開かれた「法と心理学会」設立準備会主催の「目撃供述ガイドラインをめぐるシンポジウム」で，「捜査段階における犯人識別のためのガイドライン (案)」として発表された。また，日弁連刑事弁護センター主催の第4回シンポジウムの資料集にも掲載された。

　　なおイギリスの目撃供述に関するガイドラインに相当するものとして，前注 (6) のPolice and Criminal Evidence Act 1984付属の Code of Practice D (実務規範 D, Code of Practice for the Identification of Persons by Police Officers) がある (Code D の詳細については本書第2編第5章参照)。またアメリカにおける目撃供述に関するガイドラインの一例として，米国司法省が関与して心理学者や法学者で構成された Technical Working Group for Eyewitness Evidence が策定した "Eyewitness Evidence : A Guide for Law Enforcement" (National Institute of Justice, October 1999) を参照 (その内容については http : //www.ncjrs.org にアクセスされたい)。

(11)　自民党本部放火事件の一審判決は東京地判1991 (平3) 年6月27日判時1430号3頁以

下、判タ763号74頁以下を、控訴審判決は東京高判1994（平6）年12月2日判時1533号25頁以下、判タ865号107頁以下を参照。裁判経過と争点については、松永憲生『冤罪・自民党本部放火炎上事件』（三一書房、1993年）、拙稿「目撃供述を争う刑事弁護と心理学鑑定」前掲『刑事弁護』11号45頁以下など参照。

(12)　警察官Yに関する模擬フィールド実験に関しては、厳島行雄「目撃者証言の心理学的考察Ⅰ—自民党本部放火事件におけるY証言の信用性をめぐって—内容分析の試み—」日本大学人文科学研究所研究紀要44号（1992年）93頁以下、「目撃者証言の心理学的考察Ⅱ—自民党本部放火事件におけるY証言の信用性をめぐって—フィールド実験からのアプローチ—」同紀要45号（1993年）251頁以下、「目撃者証言の心理学的考察Ⅲ—目撃者証言に影響する諸要因について—」同紀要48号（1994年）199頁以下など参照。

(13)　Arne Trankell（植村秀三訳）『証言の中の真実』（金剛出版、1976年）参照。

(14)　T証人に関する模擬フィールド実験に関しては、仲真紀子・伊東裕司・厳島行雄「裁判と心理学—シミュレーション実験によるアプローチ」前掲『刑事弁護』11号55頁以下、浜田寿男男「供述分析の視点からのアプローチ」前同65頁以下、仲真紀子「『見たこと』は信頼できるか—目撃証言」海保博之編『「温かい認知」の心理学—認知と感情の融接現象の不思議』（金子書房，1997年）243頁、仲真紀子「目撃証言の信用性に関わる要因—シミュレーション実験によるアプローチ」基礎心理学研究16号（1998年）101頁以下など参照。

(15)　拙稿「目撃供述の信用性と心理学鑑定—模擬フィールド実験的アプローチを中心に」前掲『誤判救済と刑事司法の課題』409頁以下参照。

(16)　下田缶ビール事件の再審請求審の決定は、静岡地裁沼津支判1986（昭61）年2月24日判時1184号165頁以下参照。再審判決及び裁判の経過と争点は、日本弁護士連合会人権擁護委員会編『事例研究誤判Ⅳ』（1994年）233頁以下、日本弁護士連合会人権擁護委員会編『誤判原因の実証的研究』（現代人文社、1998年）52頁以下、伊佐千尋『目撃証人』（文芸春秋社、1990年）5頁以下など参照。

(17)　横浜西区強制わいせつ事件の判決は、横浜地判1989（平元）年12月21日判時1356号156頁以下参照。

(18)　岩槻窃盗事件の判決は、浦和地判1990（平2）年3月28日判時1359号153頁以下参照。

(19)　三郷市外国人アパート放火事件の判決は、浦和地判1990（平2）年10月12日判時1376号24頁以下参照。

(20)　半蔵門線電車内窃盗未遂脅迫事件の控訴審判決は、東京高判1995（平7）年3月30日判時1535号138頁以下、池田真一「目撃証言の信用性」『刑事訴訟法判例百選［第7版］別冊ジュリスト148号146頁参照。

(21)　目黒区住居侵入のぞき事件の控訴審判決は、東京高判1985（昭60）年4月30日判タ555号330頁以下参照。裁判の経過と争点については、前掲『事例研究誤判Ⅳ』349頁以下、前掲『誤判原因の実証的研究』57頁以下、江川紹子『冤罪の構図』（社会思想社、1994年）5頁以下など参照。

(22)　大阪住居侵入強姦事件の一審判決は、大阪地判1991（平3）年7月4日判時1262号143頁以下、控訴審判決は大阪高判1992（平4）年2月28日判時1470号154頁以下を参照。

(23)　熊本市内常習累犯窃盗事件の判決は、熊本地判1994（平6）年3月9日判タ873号292頁以下参照。

(24)　札幌ホテル内窃盗事件の一審判決は札幌簡裁1982（昭57）年10月20日札幌弁護士会編

『無罪事例集』（1986年）3頁以下，控訴審判決は札幌高判1983（昭和58）年3月28日判タ496号172頁以下参照。裁判の経過と争点は，前掲『目撃証人』35頁以下，渡部保夫・伊佐千尋『病める裁判』（文芸春秋社，1989年）41頁以下など参照。

(25) 守口市内ゲバ事件の控訴審判決は，大阪高判1985（昭60）年3月29日判タ556号204頁以下参照。

(26) 名古屋タクシー運転手暴行事件の判決は，名古屋地判1987（昭62）年12月18日判時1262号143頁以下参照。

(27) 皇居迫撃弾事件の一審判決は東京地判1994（平6）年3月15日判時1498号130頁以下，控訴審判決は東京高判1996（平8）年1月17日判時1558号145頁以下参照。

(28) 杉並警察署駐車場爆弾事件関連窃盗事件の判決は，東京地判1974年（昭49）11月20日判時768号122頁以下参照。

(29) 大阪市内ゲバ事件の判決は，大阪地判1984（昭59）年1月30日（判例集未登載）。

(30) 梅田駅構内スリ事件の控訴審判決は，大阪高判1991（平3）年2月15日判時1377号138頁以下参照。裁判の経過と争点は，日本弁護士連合会刑事弁護センター編『無罪事例集第1集』（日本評論社，1992年）79頁以下など参照。

(31) 狭山デモ公務執行妨害事件は，最高裁で破棄差し戻し（最判1983（昭58）年10月6日判時1097号137頁），第2次控訴審で無罪確定。確定審判決は東京高判1984（昭59）年9月7日判時1142号150頁以下参照。

(32) 東横線強制わいせつ事件の一審判決は，東京地判1995（平7）年5月10日（判例集未登載）。

(33) 松尾事件の再審請求審決定は熊本地決1988（昭63）年3月28日判時1285号3頁以下，再審の一審（確定審）判決は熊本地判1989（平元）年1月31日判時1312号158頁以下参照。

(34) 名古屋強制わいせつ事件の判決は，名古屋地判1980（昭55）年1月19日（判例集未登載）で，裁判経過については『日本の冤罪』法学セミナー増刊号236頁以下参照。

(35) 板橋強制わいせつ事件の最高裁判決は，最判1989（平元）年10月26日判時1331号145頁以下参照。裁判の経過は飯室勝彦『青年はなぜ逮捕されたか』（三一書房，1990年），永山忠彦「ある日突然に！〔Y君のケース〕」大野・渡部編『刑事裁判の光と陰』（有斐閣，1989年）66頁以下，渡部保夫「板橋区強制わいせつ事件上告審判決の評釈」判時1355号231頁以下など参照。

(36) 橿原市住居侵入強姦事件の判決は，葛城簡判1993（平5）年11月19日判タ860号300頁以下参照。

(37) 月光事件の控訴審判決は，名古屋高判1960（昭35）年12月3日判時256号7頁以下参照。

(38) 札幌放火事件の控訴審判決は，札幌高判1976（昭51）年9月2日判時853号106頁以下参照。

(39) 富士高校放火事件の一審判決は東京地判1975（昭50）年3月7日判時777号21頁以下，控訴審判決は東京高判1978（昭53）年3月29日判時892号29頁以下参照。裁判の経過と争点については，前掲『誤判原因の実証的研究』64頁以下など参照。

(40) 米谷事件の再審での確定審判決は青森地判1978（昭53）年7月31日判時905号15頁以下参照。

第2章 アメリカにおける犯人識別手続き

はじめに

　アメリカ合衆国においてもその刑事司法の運用にあたり，目撃証人の証言（以下，状況に応じ識別（証言）ないし識別供述ともいう）の誤謬の危険性の認識自体は従来から存在はしていた。しかしそこに止まっていた結果，目撃証人の証言に対し特別の許容基準を定めて慎重に対処しようという動きが明確な形となって刑事司法全体に及ぶことはなかった。そもそも目撃証人のなす識別証言の信用性というものは，心理学上の問題に社会，文化的問題（例えば異人種間の識別など）が関わるもので，そこに法律の枠をかぶせるためには，慎重な検討が求められるものでもあった[1]。

　アメリカ合衆国連邦最高裁判所（以下，連邦最高裁という）が目撃人の証言の証拠能力などを律する憲法上の基準を明確にしたのが1967年になってからで，Wade, Gilbert, Stovall の三判決においてであった。連邦，州いずれにおいてもこれらは重大な意味をもつもので，従前は識別された者の違法な逮捕の結果得られた識別の証拠能力の問題の場合を除き，特定の憲法条項に則して考察する機会が見受けられなかったが，その状況を変えたのである。これらの判決を契機に犯人識別手続きに関する議論が活発になされるようになった。

　そしてアメリカ合衆国での議論はわが国でも積極的に紹介されるようになり，前述の三判決への認識がわが国でも高くなってきている。さらに目撃者の供述などの信用性が決して高くはないことの認識についても同様である。現在はこの点について心理学などからの専門的な研究，分析が進められている。今後専門家証言を裁判でどう活用するのか，どうとらえるのかの議論がいっそう重要になってくると思われる。

　こうした状況にあって改めてアメリカ合衆国における犯人識別手続きの問題を法律面から考察する意義は奈辺に存するのであろうか。それに関してはさまざまな見方が

あると思うが，これまでの議論を今一度振り返り，今後どのような方向性をもったとらえ方をすべきかを考えるための１つの素材を提供することを視点とした総括を行いたい。それにより，例えば専門家証言が犯人識別手続きに関する議論の中でどう位置づけられるべきかなどをはじめとする重要な諸問題を考察する手がかりがうかがえるのではないかと思う。

ただ，人の識別というものの性質上視点を具体的事実を中心とした帰納的アプローチから検討し直すこと——どのような場合には暗示性があるとされ，識別証言などの信用性に問題があるとされるのか，具体的事実に基づき帰納的に犯人識別手続きを考察する（そしてそれらが心理学など他の専門分野から考察して合理的か否か検討する）ことの必要性，重要性を失念することはできない。しかし人の識別能力の問題に対して法（律）は無力かもしれないが，その問題を扱う枠組みを構築するのは法（律）に他ならないわけで，そうした帰納的アプローチを考察するための必要作業として，アメリカ合衆国における犯人識別手続きの状況を，前述の意識の下で検討し直すことも重要だと考えるものである。

なお犯人識別という場合，指紋，声紋あるいはDNA分析などによる識別も含まれるが，本章ではそれらを議論の対象の外におくことをお断りしておく。

第１節　Wade, Gilbert, Stovall 判決

Wade, Gilbert, Stovall 三判決を概観する

Wade 事件 (388U. S.218, 1967) はテキサス州の連邦保証銀行に対する強盗の容疑で逮捕された Wade らに，選任された弁護人への告知や立ち会いなしに，Wade らを含む６人の面通しが行われた事案である。証人である銀行員２人とも Wade を犯人として識別したが，公判でも証人たちは Wade を犯人として識別した。ただ先の識別に際し目撃証人たちは FBI の係官と Wade が一緒に立っている姿を目撃していた。

以上の状況に対し連邦最高裁は，被告人にとって起訴後に受ける面通しは弁護人の援助が必要な決定的な段階（すなわち公判での反対尋問権行使などの実効性担保といった弁護権行使の十全な保障のためには，弁護人は面通しで何が生じたのかを認識する必要がある）と位置づけ，弁護人依頼権を保障したのであった。もっともこのような理由で面通しに弁護人を要求することから，当該面通しへの暗示性混入の防止ないし当該手続きの状況の再現性が保障ないし確保されている場合（例えば犯人識別手

第2章　アメリカにおける犯人識別手続き

続きの準則が定められており，手続きがそれにしたがってなされた場合）は別とされた。また訴追側が明確かつ説得力の高い証拠で，法廷内識別が法廷外識別から「独立した源」を有し，それに基づいてなされていることが証明された場合にも法廷内識別は許容されるとも述べた（なお Wade 判決は弁護人依頼権の放棄の可能性を認めている）。

ただ犯人識別手続きの準則にしても，識別の信用性を正確に測ることが可能なものを定めることは極めて困難ともいえる。「独立した源」の有無についても「違法な」犯人識別手続きから受けた暗示などとは関係なく識別可能か否かが問題と考えるため，目撃事実の認識能力が基準とされることになる。Wade 判決で例としてあげられたのが，目撃機会の状況，被告人の実際の姿と面通し前に証人が話していたものとの違い，面通し前に別の者を識別したか否か，面通し前に写真で識別したか否か，被告人を識別できなかったことがあるか否か，当該犯罪（目撃時）と面通しの時間の間隔の程度である。ただ証人が識別を何を根拠に行うかを判断することは極めて困難ではある[2]。

この Wade 事件では法廷内識別の証拠能力が問題とされたが，法廷外識別が論点に含まれていたのが Gilbert 事件であった（388 U. S. 263, 1967）。

これはカリフォルニア州の相互貯蓄融資協会に対する武装強盗，ならびにその犯行中になされた警察官殺害の事案である。この事件につき被告人が起訴され，弁護人も付されたが，弁護人への告知なしに面通しが行われた。面通しに関わった証人は100人以上にも及び，しかも他の事件の証人も含まれていたのである。被告人は目撃証人数人から犯人として識別され，法廷でも識別された。証人たちは公判前の識別についても証言した。

この判決で連邦最高裁は，面通し手続きに本来存するフェアトライアルの権利の危殆化に関心をもち，弁護人依頼権こそがそうした危殆化を防止する手段の要である（すなわち捜査機関に面通し実施時に弁護人依頼権を保障させるために重要である）として，弁護人依頼権侵害があれば公判前になされた識別はただちに排除されると述べた（per se 排除法則）[3]。したがって当該識別が訴追側の論証の主たる部分を構成している場合は，有罪判決は無理ということになる。もっとも法廷内の識別に関しては「独立した源」の有無を問い，明確で説得力のある証拠により，その存在を証明できれば，許容されると述べた。

Wade-Gilbert 両判決は犯人識別手続きに本来存する被疑者，被告人のフェアトライアルなどの権利侵害の防止のために，反対尋問権行使を中心にした弁護人の援助が必

要で，その能力を担保することが重要だとしたのである。Wade-Gilbert判決は，法廷外の犯人識別手続きにかかる問題は証拠の価値の問題であるとした従来の立場から，許容性の問題ととらえたものとして重要な意義をもつものである。

これらに対しStovall事件（388 U. S. 294, 1967）は被害者が瀕死の重傷を負ったため，警察は被疑者に弁護人を付す余裕がないまま被疑者と被害者を病室で対面させた事案である。その際，声による識別手続きも行われた。やがて被害者は被疑者を犯人として識別し，後の公判でも識別を行った（単独面通しに立ち会った警察官も，当該識別に関する証言を行った）。

連邦最高裁は，不必要な暗示性があり，もはや是正不可能な誤った識別をなす危険性の存否を，当該事件の状況全体を基準に判断し，存在すると判断した場合にはデュー・プロセス保障違反になると指摘した。

犯人識別手続きにはまず弁護人の援助が必要であり，それをカバーする形でデュー・プロセスが保障されなければならないという考えが1967年に明らかにされたのである。

以下，これらの権利を考察する。

第2節　弁護人依頼権

犯人識別手続きにおいて，弁護人依頼権はいつから，いつまで，そしてなぜ保障されるのか。Wade判決では，公判前になされる犯人識別手続きの状況の再現が困難であることに鑑み，公判において被告人側が実質的な反対尋問権を行使することができるためには，犯人識別手続きに弁護人が立ち会うことが保障されるべきだとした。Gilbert判決でも面通し手続きに本来存在するフェアトライアルの権利侵害の危険を防止するには弁護人依頼権が重要であるという考えを示した。こうした犯人識別手続きは弁護人が保障される「決定的な段階」であるというとらえ方をしている。ただこれだけでは弁護人依頼権の保障がどの段階から認められるべきなのかは明確ではない。

Wade-Gilbert判決では，連邦最高裁は被告人の起訴後に識別がなされた事実に言及したが，これがどのような意味をもつのか問題となる。単に当該事件の状況にふれただけで，弁護人依頼権の適用範囲を制限するものではないととらえるのか，それとも起訴前の犯人識別手続きには弁護人依頼権は必ずしも保障されるわけではないととらえるのかである。いずれの見解も見られるが，連邦や州の裁判所の多数は前者の立場に立っていた。

では具体的基準はどうなるのか。連邦最高裁は Kirby 判決で、いわゆる Wade-Gilbert 原則は対審的刑事司法手続きの開始の存否により区別すべきだとした。この段階に至れば、被告人は組織化された社会からの弾劾に直面すると同時に複雑な刑事法に対処しなければならず、弁護人が必要と考えたわけである。そしてその例としてあげられたのが、正式起訴、予備審問、略式起訴、アレインメントである。

この Kirby 事件とは次のような事案である。すなわち警察官たちから他の犯罪に関する職務質問をうけた被告人たちが、出所不明の旅行者用小切手を所持していた。所持の理由を尋ねられたところ、賭博で得たと答えたため逮捕された。やがて当該小切手などの被害届が出されていたことが判明したため、被害者を犯人識別手続きに臨ませるため警察署に連れてきて手続きをうけさせた。被害者はただちに彼らを犯人と識別した。ただしその手続きにあたり、弁護人の立ち会いもなく弁護人依頼権の告知もなされていなかった。

Kirby 判決に対しては識別に基づく裁判の誤謬を実質的に考えようとする場合には批判が当然でてくることになる。実質上大多数の識別は形式的な訴追の前になされたり、あるいはこうした訴追をなすために獲得しようとしてなされるため、Kirby 判決のようなとらえ方をすれば Wade-Stovall 原則の効果を損なう危険性があるためである[4]。

下級裁判所の多くは Kirby 判決をそのまま適用したが、Kirby 原則の適用開始時について幅のある解釈も可能であるため、若干問題が見られた。その代表的なものが逮捕による身柄拘束を、犯人識別手続きでの弁護人依頼権保障の判断基準たるべき対審的刑事司法手続きの開始を意味するものとしてとらえるか否かの問題であった[5]。

Kirby 判決が対質権の行使などにどれだけ影響があるかではなく、純然たる弁護人依頼権の問題とすることにより、弁護人依頼権の保障も制限したといった評価[6]を受けてはいるが、いずれにせよ弁護人依頼権が保障される始期に関する議論はかえって大きくなったと思われた。連邦最高裁は1977年に Moore 判決（Moore v. Illinois 434 U.S. 220, 1977）において、予備審問が対審的当事者手続きに該当するか否かにつき、被害者の訴状が裁判所に提出された時点には訴追は開始されているとして肯定したが、この問題にどのような考えを有しているのかを直接述べるものではなかった。もっともこの段階での不利益証拠排除請求権などの諸権利や暗示性除去を弁護人が実行可能か否かの弁護人の機能論を踏まえているとはいえる[7]。

この弁護人の機能についての考えは、弁護人依頼権がどの段階まで保障されるのかにも関係する。例えば目撃証人と検察官が犯人識別手続き終了後に接触する場合に弁

護人依頼権が保障されるのか。この時点で目撃証人が識別をなすこともあるだけに問題にはなる。一般的には消極的に解されているが，Wade判決自体は明確な答えを出しているわけではない。

弁護人の反対尋問権の実効性を担保する必要性を重視したり，弁護人が立ち会うこと自体が犯人識別手続きに不当な暗示性が入り込むことの防止に役立つととらえて問題を解決しようとするならば積極的な立場になろう。しかし識別の誤謬による誤判の要因は，社会からの圧力など他の要因に負うところがむしろ大きいとするならば消極的な立場になる(8)。

1．犯人識別手続きにおける弁護人の役割

連邦最高裁は犯人識別手続きにおける弁護人の役割をさほど具体的に論じているわけではない(9)。Wade判決では，公判前に行われる犯人識別手続きの状況の再現は容易ではないため，当該手続きへの弁護人の立ち会いを保障することにより，公判での被告人側の実質的な反対尋問権行使を可能にしようとした。Wade判決は公判廷の方に視点の重心をおいており，公判前の手続きにおいては弁護人は観察者であるというとらえ方をしていたといえる。

弁護人は被告人自身よりも暗示性などにより敏感で，当該手続きを公判廷で再構築するのに適切な者であることは確かである(10)。またその存在自体が訴追側に犯人識別手続きの遂行に注意を喚起させることも否定できないであろう。違法手続きが抑制されるため，かえって司法の遂行を助けるともいえる。

ただ弁護人をあくまで客観的な観察者としてとらえた場合，暗示性が犯人識別手続きに介入することを防止し，当該手続きの再現性が保障されればよいのであるからWade判決が指摘したように手続き規則が定められている場合，目撃の原体験により識別がなされていることが立証された場合のほか，ビデオ収録や写真撮影などを行えば，弁護人の立ち会いは必ずしも必要ではなくなる。実際，連邦最高裁はAsh判決（413 U.S. 300, 1973）において弁護人の法律家としての暗示性などの認識力の高さを指摘しながらも，弁護人依頼権というものを被疑者・被告人に自らのスポークスマンないしアドバイザーを保障するものだととらえ，写真による犯人識別手続きには本人はいないためスポークスマンは不要だとして弁護人依頼権を認めなかった。ただAsh判決では弁護人は法的素養や知識の点で検察官より劣る被告人の権利を保護するために必要であるとして，写真による手続きには被告人自身は立ち会っていないため，そうした保護は必要ではないとし，また，写真自体は公判廷に提出可能であるため，手

続き時にたとえ暗示性があったとしても弾劾は容易であると述べている(11)。こうした点は犯人識別手続きに立ち会った弁護人の役割の問題とは，直接には関連しないという見方も可能かもしれない。しかし犯人識別手続きにおける弁護人に対する評価は，ここからうかがうことはでき，そしてその評価は弁護人の役割をどのように考えるかに影響をあたえ得るわけであるから意義は大きいと思う(12)。ともかく弁護人は観察者として犯人識別手続きに立ち会うととらえた場合，弁護人依頼権の保障範囲の制限が容易になることは念頭においておく必要がある（法廷内識別手続きにおける弁護人依頼権につき Moore 判決も参照）。

そこで弁護人に積極的な役割を求める考え（例えば異議申立て権を認めたり，面通しの構成などへの指示権を認め，それらに一定の拘束力を認めるなど）が主張されることになる。ただ弁護人に積極的役割を与えた場合，手続き自体の進行が阻害される恐れがある一方で，弁護人の申立てに沿えなければ後に手続きの公正さが問題とされる恐れがあるなど手続き運用上の問題もある。さらに弁護人が適宜に異議を申立てなければ，明白な誤りや弁護人が認識し得なくても当然であるような正当理由があるといった特別の場合でない限り，権利放棄の推定がなされ（とくに法廷内識別），もはや積極的関与の余地がなくなってしまうことにもなり得る(13)。

またこれらの中間的な立場に立ち，さまざまな申立ては可能だが，強制力はないとする立場もある(14)。

弁護人の役割の問題はこのように多面的な観点から考察する必要がある。ただ実務上はそれぞれの地域の規則が律することになるわけだが，弁護人は犯人識別手続きの観察者であるととらえるところが多数といってよかろう(15)。弁護人に対しこのように消極的なとらえ方が見られる背景には，弁護人が必ずしも真実発見に役に立つわけではないとのとらえ方があるからだと思われる。弁護人が何らかの偏見を有しているなど真摯な態度で犯人識別手続きに臨んでいない場合の対処をどうすべきか，弁護人の立ち会いによる不当な影響（例えば証人への脅迫や外見などに作為を加えるよう証人に教唆すること）をどう評価するかなど，Wade 判決の弁護人依頼権に対峙する問題点への関心は低くはない(16)。

2．弁護人依頼権の放棄

以上の議論の他に弁護人依頼権の放棄の問題がある。Wade 判決からうかがわれるように，放棄の意味，結果を正しく判断し理解したうえで，自発的かつ任意になされる場合には弁護人依頼権の放棄は認められよう(17)。ただ実際はさまざまな問題が生

じる。被告人が手続きに現れない，被告人には十分な資力があると思われるのになかなか弁護人を選任しない，弁護人を選任していないにもかかわらずただちに犯人識別手続きを行うよう要求するなどの状況が見受けられるのである。もっともこれらは正当理由の有無の判断がさほど困難ではなく，それにしたがって判断すればよいことである。

問題は弁護人が手続きに現れなかった場合である。被告人と弁護人の関係をどう考えるかが重要となる。弁護側の問題とみなすのか，弁護人の問題と考え被告人の問題とは別にとらえるのかが重要となる。犯人識別手続きにおける弁護人の役割を積極的なものととらえるほど弁護人と被告人の結びつきは強いものととらえられ，弁護人が不在のまま，ないしは代理の弁護人の下で行われた手続きから得られた識別が排除される可能性は高くなる。識別を許容するものもあるが[18]，各事例の状況全体から判断するものもある[19]。もっとも Kirby 判決をもとにそもそも弁護人依頼権が認められていない場合もある。Kirby 判決が犯人識別手続きにおける弁護人依頼権の意義に与えた影響は小さくないのである。ただ捜査の初期段階などでは証拠が少なく，目撃者の供述しか存しない場合も希有ではない。こうした場合には「正式の訴追」にこの識別供述が，むしろ必要とされるわけで，識別の訴訟での重要性に鑑み，起訴前の犯人識別手続きの（早い段階への）弁護人依頼権の保障が州レベルでは見られ得ることはある。実務としては弁護人が現れなかった場合，被告人に弁護人依頼権を放棄するか否か尋ねる，代理の弁護人を選任する，写真による犯人識別手続きをする，あるいは手続きを延期するのいずれかであろう。

3．身体の確保

なお弁護人依頼権にかかる固有の問題ではないが，被疑者などの身体の確保の問題を若干論じる。犯人識別手続きに加わることを被疑者などが拒否した場合，その身柄確保のためにとり得る方策としては強制力の行使，間接的な強制手段（公判廷で犯人識別手続きに加わることを拒否した事実を公表する[20]，刑事ないし民事の裁判所侮辱罪——各州ないし各地の規則で拒否が認められている場合は別である——に問う）の行使が考えられる。なおこの際，アメリカ合衆国憲法修正5条の自己負罪拒否特権は供述証拠に適用されるため［Schmerber 判決（Schmerber v. California, 384 U. S. 757, 1966）］，拒否の根拠を自己負罪拒否に求めることはできない[21]。

犯人識別手続きを行うための強制力の行使の問題であるが，これに関してはデュー・プロセス保障との関係上必要最小限度のものは許容範囲に含まれるが，それ

以上になると問題が生じよう。その点は個々の事例の状況に拠る(22)。

ただある者が身体拘束されている状況下で、当該犯人識別手続きにかかる犯罪につき逮捕などをする相当理由はないが、その者を犯人識別手続きに加えさせ得るかの問題がある。

この点につきコロンビア特別区控訴裁判所は Adams 判決(23)において、迅速に治安判事の面前に引致されていたならば、（他の事件の）被逮捕者を同種の犯罪に関わる面通しへ出頭させることが可能だったと述べたのである。これを Adams Order という。これは適法に身体拘束されているならば、たとえ識別手続きの対象となる犯罪につき、その者が関わっている相当理由が存在しないにもかかわらず、面通しで観察の対象になったとしても新たに自由の制限をもたらすものではないという考えに拠る。これは各地に影響を与えた。ただ同種の犯罪という要件は、必ずしも厳格にはとらえられない傾向にある(24)。

なお注意すべき点は Adams Order は弁護人依頼権（しかも弁護人に一定の積極的な権限を付している）の保障をはじめとして、十分な証拠開示請求権、出頭命令に対する異議申立て権など多くの権利保障が前提となっていることである。あくまでも訴追、弁護両者の権利のバランスをとるものなのである。

ところで被疑者が身体拘束されていない場合が問題となる。この点について連邦最高裁は Davis 判決（Davis v. Mississippi, 394 U. S. 721 1969）において当該人物への権利侵害の範囲や程度を合理的に制限するなどの条件の下に、当該犯人識別手続きから証拠が得られる一定の蓋然性（相当理由より低いもの）が存在するだけで、識別証拠を収集するための手続きに加わる旨の令状の発付が可能なことを認めたのである。ただし Davis 事件では指紋が問題とされていたところ、指紋は個人の私的な生活への侵害の危険性がないこと、信用性が高いこと、手続きの濫用の危険性が低いことなど、捜査への有用性のみならず、被採取者の権利を侵害する程度の低さの両面をもつことに着目されたのである。この判決に呼応し、多くの地域で同趣旨の規定が定められた。なお対象となるものが指紋ないしこれに類する非供述証拠に限られるのか否かが問題となるが、必ずしもそれに限られず、面通しなども対象とするものもあった。前述のAdams Order も当初は被逮捕者を対象にしていたと解し得たが、その後身体が未拘束の者にまで対象を広げて解するようになった。

なおこういった手続きに関しては、当該犯人識別手続きの捜査への有用性、補充性（必要性）、当該人物が犯罪事実の遂行に関わっていることを信じる合理的理由は最低限求められようし、さらにそれらの挙証責任は訴追側に課せられるべきものとされよ

う。また可能な限り指紋採取などの場合と条件を整えるため，手続きの実施時期，時間，身体拘束時間などは厳格に検討されることになる。とはいえ面通し手続きへの参加を強制するには，やはり相当理由が求められるべきとの見方も存することは否定できない[25]。

4．弁護人依頼権について

　犯人識別手続きにおける弁護人依頼権の保障範囲は広くはない。そもそも写真を用いた犯人識別手続きには保障されていない。実はこうしたとらえ方は写真を用いた手続きに限られず，例えば指紋や筆跡など科学的・技術的証拠の採取についても同様なのである。その根拠も，これらのものにはそれぞれ基本となる科学や専門技術があるため，証拠を弾劾する場合それらを参考にできること，また訴追側の専門家証人を反対尋問したり，自己の専門家証人を出頭させたりし得ることなど，写真による手続きの場合と共通の考え方が示されている。つまり弁護人依頼権が保障されるのは，目撃証人と被疑者，被告人が実際に対面する場合に限られるのである。しかもそれは少なくともアレインメント後（地域により異なり得る）に行われる手続きで，その手続きが終了するまでととらえられている。これは最も重要な場面の1つである犯罪直後に被害者に被疑者を示す場面には弁護人依頼権は保障されないことを意味する（なお偶然に被害者が被疑者と対面してしまった場面も同様である）[26]。さらに弁護人が立ち会えたとしても果たして十全に働き得るかの問題もある。

　そして以上の状況を考えるうえで，以下のような考えがあることは念頭においておかなければならない。それはWade判決でのWhite判事（Harlan, Stewart判事同調）の見解で，「司法警察職員は真実発見（犯人を罰し，無実の者を罰しない）の義務を負っているが，弁護人はそうではない。無実の者を処罰させないことには利益をもっているが，依頼人が犯人であった場合に弁護することにも利益をもっているのである。訴追側には証拠提出義務が課せられているが，弁護人には課せられていない。たとえ真実を述べていると思っても，訴追側の証人を反対尋問し弾劾する。こうした制度を捜査段階にも及ぼし，公判前に行われる犯人識別手続きに弁護人を求めるのは問題がある。彼らは依頼人に面通しでの（訴追側への）非協力を促すだろう」である。

　このような弁護人を，真実発見過程を妨害するものとするとらえ方は（程度の差はあるが）現在も否定できないであろう。

　そこで結局は誤った識別に起因する諸問題に対処するのに，弁護人は果たして有用かの疑問が生じやすい状況になるのである[27]。弁護人依頼権侵害の判断は相対的に

みて明確だと言え，権利侵害の場合（公判前の識別だが）per se 排除がなされるわけだが，裁判所などの弁護人依頼権の意義に対する認識が必ずしも高くはならなかった。そして必然的に犯人識別手続きにかかる議論において，弁護人依頼権保障は「相対的に」脇の位置に退くことになり，デュー・プロセス保障の問題が中心になる傾向が形づくられることとなった。

第3節　デュー・プロセス保障

　そもそも Wade-Gilbert 両判決が述べた連邦憲法修正6条の弁護人依頼権は遡及適用されず（Stovall 事件での単独面通しは1961年に行われたが，Wade-Gilbert 両判決は1967年に出されている），また Stovall 事件自体緊急性という特別の事情があったため，Stovall 事件はデュー・プロセス保障の下で判断された。この Stovall 判決がデュー・プロセス保障の議論の基本となった。

　第1節で若干述べたが，Stovall 事件の事案は次のとおりである。事件は1961年8月23日に発生している。翌24日に被疑者が逮捕された。ただ被害者の生命に危機が生じていたため，25日に病室で単独面通しが行われた。被害者の婦人こそが犯人を識別できる唯一の人物であること，病院も裁判所や拘置所から遠くないことなどの事情も踏まえ，この状況下ではとり得る唯一の手段である病室での単独面通しが行われた。しかしそうした状況のため被疑者に弁護人を選任する時間的余裕が与えられず，5人の警察官に囲まれ手錠をかけられた被疑者が病室に連れていかれた。病室内にいた者のうちで白人ではないのは被疑者だけだった。被害者が被疑者を識別したのは，警察官から尋ねられ，そして声による識別手続き（被疑者が数語を繰り返した）の後であった。なお被害者と警察官は公判で，この病室での識別について証言し，さらに被害者は法廷でも被告人を犯人と識別した。

　Stovall 事件では被害者は犯人の発した言葉自体は思い出せなかったわけだが，緊急性は明白に存在した。連邦最高裁は当該手続きを用いる必要性（緊急性：より暗示性の低い，あるいは存しない手続きを用い得ることのできなかった正当理由の有無），もはや是正不可能な誤った識別をなす危険性を，各事例の状況全体を基準に判断するという考えを示し，この事件では緊急性を重視し，デュー・プロセス保障違反を認めなかった。

　この Stovall 判決の翌年に出されたのが Simmons 判決である（390 U. S. 377, 1968）。この事件の事案は次のとおりである。これは銀行強盗事件で，犯行に使用された車の

所有者の供述から被告人たちが容疑者として浮かんだ。彼らの写真を銀行員たちに提示したところ，5人全員が被告人を犯人の1人として識別した。使用された写真は集団で写っているもので，証人各自に示された。後日いく人かの証人に再び捜査当局が何枚か（正確には判明していない）の写真を示したところ，示された全員が被告人を犯人と識別した。なお最初に示された写真は少なくとも6枚はあった。

公判には訴追側は写真を提出しなかったが，5人の目撃証人の法廷内識別があった。被告人はこうした状況に対し，弁護人依頼権侵害ではなく，識別の誤謬による権利侵害を主張した。

以上の状況において，本件が重罪事件であること，容疑者が判明していない段階でその手がかりを得たこと（捜査当局は捜査の方向性が正しいか否かを早く確かめる必要がある），目撃条件が良かったこと（犯行は昼間で明るい日差しのなかで行われた，犯人はマスクをしていなかった，行員たちは犯人を5分間ほど観察できた），手続きに不当な暗示性が介入していないこと（写真を示されたのは事件翌日，各自個別に示された写真は集合写真が主で，捜査官から不当な言葉はなされなかった），ならびに各証人の識別が強固なものであることなどを判断し，連邦最高裁は本件の手続きは完全に理想的なものというわけではないが，識別の信用性に対する疑問はまったく存しないと結論づけたのである。その際「許容限度を越えている暗示性」の有無，もはや是正することのできない誤った識別をなす極めて高い危険性の有無を識別の許容判断の基準として述べた。

連邦最高裁はこの基準の内容はStovall判決と異なるものではないと述べている。ただStovall判決では単独面通しを行う必要性の判断が中心に位置づけられるわけで，Simmons判決とではその点で異なってはいる。事案が異なるためこれは当然のことのように思えるが，そうだとしても例えば補充性の解釈によってはかなり異なった結果になり得るものだけに，識別の信用性をどうとらえればよいのかについて問題の生じる余地は存在した。

そして次に連邦最高裁が出したのがBiggers判決（Neil v. Biggers, 409 U.S. 188, 1972)である。Biggers事件は強姦事件で，被害者は背後から摑まれたこと，その場所は明かりはなかったが，犯人の位置が横の寝室の明かりを受ける所だったため，犯人を見ることができたことなどを述べた。被害者が警察に言ったことは具体的には，犯人は太っていてすべすべしたたるんだ肌をしていたこと，声が若かったことなど概括的なことばかりで，後にヘビアス・コーパスの審問で犯人は16〜18歳ぐらいで，身長は5フィート10インチ〜6フィートまで，体重は180〜200ポンドなどの証言を行っている。

識別手続き自体は以下のとおりである。まず被害者は面通しや単独面通しを数回受けている。写真は30〜40枚ほど見せられている。写真の1枚が犯人に似ているとも言ったが，被害者は結局だれも識別できなかった。やがて被告人の単独面通しを行う。被告人に似た者を探したが，警察は見つけることができなかったためである。被害者が被告人に犯人の発した言葉を発するよう求め，やがて識別した。ただし識別と犯人の発した言葉を発するのを聞いたのといずれが先かは不明である。被害者はいずれにせよ，識別に確信をもっている。

このような状況の下，連邦最高裁はもはや是正することができない誤った識別をなす極めて高い危険性があるか否かを識別の許容基準として述べた。そしてこの基準のうち「もはや是正することのできない」の部分を削除して法廷外識別の許容基準として用い得るとも指摘して，法廷内，法廷外いずれの識別にかかわりなく信用性がその証拠能力の判断基準であることを宣言した。

デュー・プロセス保障は誤った識別の危険性を基準にするわけだが，不必要に暗示的な手続きがとられたことのみによって証拠排除が求められるのではなく，より信用性のある手続きをとり得るのにそのような手続きを用いたのか否かが大事だとされた。この点は違法，不当な手続きの防止という抑止効を問題にするように思えるが，核になっているのは信用性の観点である。

連邦最高裁がデュー・プロセス保障侵害の判断基準としてあげたのが，①犯行時に目撃者が犯人を見る機会，②目撃者の注意の程度，③目撃者が犯人に関し先になした証言の信用性，④対面時の目撃者の確信の程度，⑤犯罪と対面の時間の間隔の程度である。ただ信用性といっても Simmons 判決にしても Biggers 判決にしても，その判断対象として，用いられた犯人識別手続き自体の信用性というより，目撃者と犯人が対面した（接した）状況の信用性が強調されている点は注意すべきである。

結局本件では被害者は犯人と相当は時間（15〜30分）一緒にいたこと，家の中では十分な光そして外では満月の光と十分な光があり，少なくとも2回犯人の顔を見ていること，被害者は単なる偶然の目撃者ではないこと，議論の余地はあるかもしれないが犯人についての被害者の描写は十分であること，被害者は識別に確信をもっていること，この種の犯罪は被害者以外に証人がいることは稀であること，被害者は特異な犯罪の被害者で観察も相応のものであること，犯罪と対面との間に7か月経っているが被害者はそれ以前にだれも識別していないことを根拠に識別の信用性が認められた。裁判所は単独面通しを行うに際し被告人に似た者を探す捜査当局の努力に不十分な点があったことを指摘はしたが，さほど問題にはしなかった。

連邦最高裁の判例に限定してみた場合，Biggers判決前は，デュー・プロセス・テストは，証人と被疑者，被告人の対面を取り巻く諸要素にかかる暗示性を問題とし，独立の源テストは犯罪行為を取り巻く諸要素にかかる暗示性を問題にするものだというとらえ方がなされていた。もっともStovall判決は識別の必要性が強調されざるを得ず，Simmons判決は法廷内識別にかかるもので，必ずしも一義的な答えを出すべきではないが，少なくともそうしたとらえ方を否定できなかったところ，Biggers判決はこれらを合一的にとらえ得るようなものであるため，デュー・プロセス・テストと独立の源テストの関係が不明瞭になってきた[28]。

　そうした状況下で出されたのがManson判決（432 U.S. 98, 1977）である。これは次のような事案である。すなわち，薬物捜査の担当となった捜査官が1970年5月5日午後7時45分（まだ日の光はあった）ころ，情報提供者とともに薬物を購入しにある場所に行った。ノックしたところ12〜18インチほどドアが開いた。そこには男が，そしてその後ろには女が立っていた。捜査官は薬物購入の意思を伝え，金銭を男に渡した。ドアは一旦閉まり，再び開き，男はガラス紙の袋2つを捜査官に渡した。その際，捜査官は2フィート以内の位置から男を観察している。また最初にドアが開いた時から2度目に閉まった時までは5〜7分程度だった。捜査官は男につき，身長は5フィート11インチぐらいで，肌の色は濃く，黒髪で短いアフロスタイルで，頬骨は高く，がっしりした体格だったと報告している。

　その報告を聞いた別の捜査官が犯人と思しき者の写真を，薬物を購入した捜査官の机上に置いたところ，取引から2日後の5月7日にその写真を見た捜査官が，写真の人物を薬物の売人と識別したのである。その後写真は証拠採用され，捜査官は法廷でも識別した。

　このような事案のもとで，連邦最高裁は重要な点として信用性に問題がある識別を陪審に触れさせないこと，および違法行為の抑止，司法の利益をあげ，公正さこそ大事であることを指摘しながらも，信用性の重要性を強調した。そしてその判断基準として，①犯行時に証人が犯人を観察する機会，②観察時における証人注意の程度，③証人がこれまでに犯人について述べた事柄の正確さ，④被疑者・被告人との対面時の証人の確信の程度，⑤犯罪と対面の時間の間隔，の諸要素をあげた。

　これらにつき，本件では証人は薬物の売人を直接見，金銭を渡していること，日没に近かったが太陽は沈んではいなかったうえ，窓から外の光が入っており，また，アパートの中の自然光もあったこと，捜査官は偶然の観察者ではなかったこと（後で自己の観察が裁判で用いられることなどを認識している），またこうしたことの訓練を

受けていること，薬物の取引直後に他の捜査官に売人のことなどを言っており，言った内容と被告人の特徴の間に齟齬があると争われていないこと，証人の識別への確信度は高いこと，取引時に背後に控えていた捜査官に報告したのは，取引の直後で写真を見たのも取引から2日後で時が経っていないことを根拠に識別の信用性を肯定した。

　Manson 判決も明確に公判前の識別を信用性を基準に考えようとしたものだが，注意すべき点は1枚の写真のみを見ることの問題性を認めながらも，この捜査官が1人で写真を見たことで，他からせかされる危険性もなく，同僚がいた場合に考えられるプレッシャーの影響もなかったと肯定的にとらえていることである。これは見方によればまったく逆の解釈も成り立ち得るわけで，ここに識別証拠を扱う危険性が象徴的に現れている。

　なお捜査機関の違法行為の抑止の問題に関しては，有用な証拠の排除という社会の代償を可能な限り小さくすると同時に捜査機関の違法行為を抑止するためには，いわゆる per se 排除法則でなくともよく，Biggers 判決の「状況の全体性」テストで十分であるとしたのであった。

　一方，反対意見の Marshall 判事（Brennan 判事同調）は Simmons 判決が求めた考えは，弁護人依頼権を侵害して公判前に面通しが行われた場合に，法廷内の識別に対し Wade 判決で用いられた独立の源テストと同じで，ともに証人が犯罪を目撃する機会を含んだ証人の識別の正確性に影響を与える要素が考察の対象となるとした。そして Simmons 判決は公判前の識別手続きで汚された法廷内識別を許容することによるデュー・プロセス保障侵害の問題で，Stovall 判決は暗示性のある手続きを用いざるを得ない必要性と是正できない誤った識別をする危険性を衡量したうえで，証人と被疑者などとの対面がデュー・プロセス保障に違反するために公判前識別を許容するか否かの問題ととらえた（当然 Biggers 判決に対しても批判的）。

　そして公判前の犯人識別手続きにおける識別については per se 排除法則（とられた手続きに焦点をあわせ，それが不必要に暗示的なものである場合には，その信用性の判断とは関係なく法廷外識別を排除する）をとるべきだとした。ただ捜査機関の違法行為を抑止することの重要性を指摘しながらも，法廷内の手続きにおける識別については信用性を重視する。

　デュー・プロセス保障の判断形態というのは，まず暗示性の有無が考察される（暗示性が認められなければ法廷内でなされた識別も，法廷外の他の諸状況の詳細な吟味を受けることなく許容される）。暗示性が認められた場合は，信用性の判断がなされる（当然この後 harmless　error の判断がなされ得る）。ただ信用性に焦点をあてる流

れが，とくに Biggers, Manson 判決により強くなり，暗示性は信用性判断の一要素に位置づけられることになり，こうした判断形態がなされるとは限らなくなっている。極論だが，識別証拠の証拠能力は警察がどのような行為をしたかではなく，証人がどの程度の「識別能力」を持っているのかに依拠することになった。

しかしこれまで考察してきたような連邦最高裁（「多数意見」）のとらえ方を素直に適用するのであれば，信用性の有無により公判前の手続きでなされた識別であると公判でなされた識別であるとを問わず，いずれも許容するか排除するかになるのが論理的帰結になるはずである[29]。信用性といっても両手続きでのそれは異なるものととらえればよいのだが，そうなっているとは言えない。

例えば Biggers テストと独立の源テストとの差異がどの程度存するのであろうか。Wade 判決で独立の源テストの要件としてあげられたのは，当該犯罪行為を目撃する機会，面通し手続き前に述べていた犯人像と被告人の実際の姿との違い，面通し手続き前に他の者を識別したことの有無ならびに写真での識別の有無，以前に被告人を識別できなかったことの有無，犯罪行為と面通しとの時間の間隔の有無である。ただこれらに限定されるわけではないことは連邦最高裁の文言からうかがえる。

そして独立の源に関するその他の判断要素としては，一般には被告人の身体特徴，目撃者の目撃能力や注意の程度ならびに識別の確信の程度，識別の早さなどがあげられる（他にもある）。これらを Biggers テストと区別するのは困難であることは容易に認識できよう。

かといって法廷外識別が排除される場合には法廷内識別についても独立の源はあり得ないと考えるならば，証拠排除の判断は法廷内外すべての識別証拠の排除を意味することになるため，実務上影響が大きすぎることになる。そこでそうした混乱が生じるのを回避するため，違法認定がなかなかされないことになる。

さらに識別の証拠能力判断において信用性の占める意味が大きくなるほど次のような危惧も生じる。すなわち独立の源とは，暗示性が犯人識別手続きに混入しても目撃者の目撃の性質が良好なため，識別が他からの影響を受けていないことに着目されたものと考えるべきところ，いわゆる外部要素（例えば犯罪の果実を所持していることなど識別の信用性とは無関係の要素）を考慮して，法廷内識別が独立の源を有しているか否かを判断される危険性があるのではないかということである。外部要素は有罪判断に用いられるべきもので，独立の源の判断とは切り離すべきことは指摘するまでもないことである。しかし信用性テストをとれば，これらの境界が不明確になる危険性は大きくなる。

写真による犯人識別手続き

　写真による犯人識別手続き（写真による面通し，単独面通し－写真面割）は言うまでもなく犯罪捜査に極めて有用なものである。しかし Wade 判決の射程外にあった。一方 Simmons 判決では判断されることとなったが，被告人が弁護人依頼権侵害を主張しなかったため，デュー・プロセス保障が論じられた。この点連邦最高裁は Stovall 判決と同様の立場に立ち，「公判前に写真による犯人識別手続きがなされた後の，公判での識別に基づく有罪判決は，写真による犯人識別手続きがまったく許容できないほど暗示性があり，矯正不可能な誤った識別を生じさせる極めて高い危険性がある場合のみ破棄される」と述べたのである。

　この問題で重要となるのは1973年に出された Ash 判決である[30]。この事案は次のとおりである。これは銀行強盗事件で，犯行（1965年8月26日）はストッキングで覆面をした男がピストルを振りかざし，銀行員らに静止を命じた後，（ストッキングで覆面をした）別の男が入ってきて金銭を奪って逃走した。この犯行時間は3～4分程度だった。

　やがてある男が被告人とこの強盗の話をしたと通報してきたため，FBI の係官が1966年2月ほぼ同じ年齢，身長，体重の同一人種の男5枚の白黒写真（1枚は被告人のもの）を4人の証人に示した。4人とも被告人を犯人と識別したが，確信を持っていない様子だった。この時点で被告人は身体拘束されていなかった。

　裁判が開始されたのが，事件からほぼ3年経っていた。そこで裁判に臨むにあたり検察官は呼ぼうとしている証人たちが法廷内で識別できるか否かを確かめようと考え，写真を示そうとした。その結果3人が被告人を識別し，1人は選べなかった。だれも共犯者の写真は選べなかった。

　以上の事案の下で，起訴後に行われた写真による面通しにおける弁護人依頼権が問題とされた。連邦最高裁は弁護人の立ち会い権を認めた控訴審判決を破棄し，Wade 原則の適用を認めなかった。犯人識別手続きに被告人自身の立ち会いがなく，また写真による手続きの再現は可能であることなどの理由による[31]。これは前述したとおりである。この考えの根底には弁護人の機能を「法律の専門家である検察官と対峙し，法に疎く劣悪な立場に置かれた被告人の権利保障のため」に存するというとらえ方があることに注意すべきである。

　この Ash 判決の影響は大きく，下級裁判所でこの判決に従うものが多数になってきた。そして写真による犯人識別手続きはデュー・プロセス保障の問題として争われ

ることになった。とくに Biggers 判決以降，状況の全体性による信用性テストの下で考えられている。したがって暗示性，信用性そして必要性が考察すべき要素となる。

　まず必要性であるが，捜査段階では写真を用いて識別を求める必要性は極めて高い（一般的にはこの手続き後に身体の犯人識別手続きがなされる）。勾留段階は捜査段階と比較した場合では必要性は低いかもしれないが，用いられることは多い。ただ被疑者の身体が拘束されているわけで，面通しを行うことは困難ではないのが通常であること，直接に人を観察する手続きに比較すると証明力の点では同一に論じ得ないと思われることなどから，面通しなどより暗示性の低い手続きを容易に実施できる場合には，写真による犯人識別手続きは認められないという構成に説得力はあると思う。少なくとも面通しなどを実施する努力の有無や程度を手続きの違法判断に取り入れることは有用である。公判段階では，公判廷での識別が確かなものであることを確認するために，公判直前に写真による犯人識別手続きが行われることがある。必要性，暗示性で問題があると言えよう。少なくとも弁護人への手続きの告知は求められるべきである。

　それ以外には面通しの列自体を写真に撮り，証人に示すこと，マグショットと呼ばれる顔写真を用いることの是非ならびに手続きに使用された写真の保持，保管の問題がある。とくにマグショットの使用は証人に予断を生じさせる危険性（この写真があるということは，その人物がかつて警察と「関わり」があったことを意味する）があるため問題となる。使用の必要性，暗示性の状況を厳格にチェックすることが求められる。また面通しの列自体を写真に撮り，示すことに対する批判はさほど強くはないが，必要性の厳格な考察は求められる。使用された写真の保持．保管を怠った場合は，他の証拠の状況，当該写真の重要性そして訴追側の悪意や過失の存否や程度など諸状況の総合判断となるのが多いが許容できないほどの暗示性の存在を推定する考えも成り立ち得る[32]。

　ただ必要性の問題のみで識別証拠の排除が認められるのは例外で，写真による手続きに関しても信用性が最も重要な要素となっている。暗示性が存していても，信用性の要素（例えば犯人を目撃する十分な機会があった，目撃者が経験豊富な警察官であってしかも犯人の顔をはっきりと観察しているなど）が重視される傾向がある[33]。ただこの種の手続きには特有の問題も存する。例えば写真からでは微妙な身体特徴の差異はわかりにくいこと，人間の心理として実際の人間を識別するよりも写真を識別する方が抵抗感が小さいので，慎重さを欠いたまま安易に識別されてしまう危険性があることなどである。

実際上はある1つの暗示的要素（例えば被告人の写真のみが他の写真と異なった特徴がある）を根拠に識別証拠が排除されるかは疑問である（当然だが暗示性の程度が多大である場合は別）。これに他の要素が加わる（例えば被告人の写真のみが他の写真と異なった特徴があり，その写真が繰り返し示された場合）と識別の排除に至るものと考えてよい。

　次に，暗示性が問題となるのは複数の証人が手続きに臨み話し合う機会がある場合，捜査官のコメントや何らかの示唆がある場合である。これらは写真を用いた手続きに限られないが，写真を用いること自体が信用性に問題の生じやすいものだけに，違法とされる可能性は高くなるはずではある。

　しかし実際は必ずしもそうとは言えない。複数の証人が写真による手続きに臨み話し合うことが暗示的でデュー・プロセス保障に反するとするものもあるが[34]，他の要素（目撃機会の良さ，捜査官が証人であるなどの信用性）が重視され，許容されることがある[35]。捜査官により手続き時にコメントがなされた場合も同様である。ところで犯人識別手続きへの協力拒否を検察官がコメントし得るか否かは1つの問題である。一般的には肯定的にとらえられている。容疑者の外観の変化の可能性についても同様である[36]。

　写真による犯人識別手続きには特有の誤謬の危険性があるわけで，信用性をより厳格に考えることでそれに対処してもよいが，信用性以外の要素である必要性をより重視し対処させる方が手段としては容易なのではないだろうか。それ故，写真を用いなければならない正当理由（被疑者・被告人の特徴と合致する人物をそろえることができない，緊急性がある，証人がはるか遠隔地にいる，どうしても被疑者・被告人が手続きに加わることを拒否するなど）がない限り，被疑者・被告人が身体拘束されている場合には写真による犯人識別手続きを行うことができないという見解に引かれるものはある[37]。

第4節　考察

　これまでの議論からは，結局は公判前に行われた犯人識別手続きが暗示性のあるものであった場合，法廷内でなされた識別の証拠能力を判断するのにどのような基準を用いるのかが論点になることがうかがえよう。同じ基準の使用は，証拠の完全排除の可能性を生じさせ，非現実的との批判を受ける。では別の独立の源テストを考えるのか。あるいは独立の源テストは1つだが，公判前の識別は絶対排除（per se排除）す

ると考えるのか。ただこの場合，法廷内の識別が許容されることになれば，捜査機関の違法行為の抑止はほとんど期待できなくなる。もっともManson判決などでは触れられてはいたが，犯人識別手続きに関わる議論では次節で論じるような場合を除いて違法行為の抑止は裁判所の主たる関心事ではない。信用性こそが最重要事項であった。その点が他の刑事訴訟の諸問題と比べ特色となっている。したがって抑止効すなわち必要性の扱い方によっては新たな処理が可能になる。ただし識別証拠を政策的根拠で排除することが多くなるため，「社会の利益」を不当に損なうものだという強い批判が加えられると思う。とはいえ選択肢の1つとして考え得るものである。

　以上の諸観点を考慮したうえで考え得るのは以下のものであろう。

　a．法廷内の識別が違法な犯人識別手続きから汚されていないことの挙証責任を厳格に，訴追側に課す。

　b．信用性の判断対象を峻別する——例えば法廷での識別に関しては目撃の質を考え，法廷外の識別に関しては犯人識別手続き自体の暗示性を考える。

　c．一方の基準を信用性以外に求める——例えば法廷での識別に関しては信用性を考えるが，法廷外の識別に関しては暗示性を考える。

　d．デュー・プロセス保障違反の性質に着目する——公判前に行われる犯人識別手続きでの違法がその後法廷内で行なわれる識別に対し及ぼすであろう影響の程度が，弁護人依頼権違反の場合と異なり，デュー・プロセス保障違反の場合は影響を受けていると考えられるため，その様に推定する。そして反証を認めるにしても厳格な挙証責任を要求する。

　e．信用性以外の要素を重視する——例えば必要性を厳格に審査する。あるいは暗示性（信用性とは別概念とする）自体を問題にする。

　f．信用性を強度に重視する——したがって捜査機関の過失があった場合はもちろん，過失がなかった場合でも信用性に問題が生じた場合には識別を排除する（例えば偶然に目撃者と被疑者などが対面してしまった場合，その後の識別が排除になる）。

　もっともこれらがすべての考え方ではないが，主だったものといえる。ただ思うにaについて挙証責任の違いといっても明確性に欠けるのではないか，bについては信用性の判断対象を分ける意味がないのではないか，dについてはデュー・プロセス保障にかかる部分は識別証拠の排除を強固に推し進めるものといえるが，前述したように実務上これをとり得るか問題であろう，eとfは1つの考え方と言える。ただcも含め，結局は信用性判断が鍵となるのである。以下，改めて各要素を検討する。

第2章　アメリカにおける犯人識別手続き

1．目撃（観察）の状況

　まず連邦最高裁判決のうち弁護人依頼権との関わりが論じられたもので，Wade, Moore 判決は目撃状況につき議論の素材を提供してくれるものだと思う。とくに Moore 事件は犯人の顔を見たのが10〜15秒である状況下で，犯人は前夜見た男ではないかと被害者が思った事案で，独立の源の判断での境界に位置するものだと言えよう。

　デュー・プロセス保障に関わるものは，目撃時の明るさ，犯人と接する機会（時間など），証人のその際の注意度ならびに識別の確信度，証人の話と被告人の実際の姿などとの相違点などが重視されていた。こうした信用性要素が概括的に考え認められる場合は，たとえ詳細な部分に問題があったとしても，識別の証拠能力判断に影響は与えられていない[38]。

　この要素は最も心理学などの専門領域に関わるものである。一般的に目撃証言の信用性について判断要素とされているのは以下の各点である。すなわち，

　① 犯人識別手続き前の証人の犯人に関する容貌などの供述と被疑者，被告人のそれと相違点があるか
　② 犯人識別手続き前に（被疑者，被告人と）別の者を証人が識別したことがあるか，あるいは被疑者，被告人を識別できなかった事実があるか
　③ 証人が目撃する機会はどのようなものだったか
　④ 証人の目撃時と証言時の時間の間隔はどの程度か
　⑤ 被疑者，被告人に身体的特徴はあるか
　⑥ 証人に被疑者，被告人との面識があったか
　⑦ 写真を用いた手続きを行ったのか否か，行った場合，使用した写真は1枚か複数か
　⑧ 証人自身の識別能力はどの程度と考えられるか，またそうしたことの訓練の経験はあるのか
　⑨ 証人の性格
　⑩ 証人が目撃時に特別の注意をしていたか
　⑪ 識別に対する証人の確信度，自信の有無
　⑫ 被疑者，被告人と対面してただちに証人は識別したのか
　⑬ 証人の識別の一貫性
　⑭ 事件の性質——証人が正確に認識し，記憶や叙述できるようなものか否か
などであろう。もちろんこれらがすべてではない。

これらにつき，とくに近年，人の識別能力の現実と従来から一般的に考えられていたことが必ずしも一致しているわけではないこと，またたとえ合致していたとしても識別の信用性判断には特別の慎重さが必要であることが主張されている。人の認識能力や記憶力は本来完全なものではない。人というものは無意識にせよ期待というものがあり，物事がそれに応じて変形されて記憶されやすく，また注意力自体も常に存しているわけではない。そしてすべてを記憶として保持しているわけでもない。場合によってはある出来事と別の出来事を合一して1つの出来事として記憶することもある。目撃自体についても観察の長さ，焦点，観察時の精神の緊張度，観察を妨げる諸事情など複雑な要素を総合判断しなければならない。そもそもこうした要素を客観的な判断対象の資料として再現できるのか（例えば犯行を5分間目撃したと証人が証言しても，本当に5分間なのか問題がある）議論の存するところである[39]。

Manson判決があげた要素は当然，例示と考えるべきものではあろうが，それに対しても目撃機会の状況が識別の信用性に影響を与えることはある程度正しいが，どのような機会だったのかを正確に判定できないし，他の4点についてはさらに議論の余地が多い。（Manson判決に対し）次のような指摘もある[40]。たとえ訓練を受けた警察官であっても，そのことが識別能力に比例するわけではない。危険度の高い職務中であればかえって大きなストレスを受けているとも考えられる[41]。取引直後に詳細に薬物の売人の容姿などを報告していても，言葉で表したことが必ずしも認識の正確性を表しているわけではない。識別への自信も正確さと等しいわけではないなどである。とくに注意すべき点は，例えば取引の48時間後に識別がなされており信用性があると連邦最高裁は述べたが，そもそも記憶は認識後短時間でなくなるものである点で，この考えの説得力はかなり失われるが，視覚のイメージ（例えば絵の記憶など）については必ずしもそうではなく，議論の余地が大いにあるのに，連邦最高裁はそうした専門的な見地を踏まえて述べているのではなく，直感で結論を出してしまっているとの批判であろう。そして連邦最高裁の分析は信用性のある識別か否かの有効な峻別基準にはなっておらず，排除される識別が限られたものになってしまうと危惧されることとなる。

もっともこれは犯人の識別をなす目撃証人の証言の信用性を考える上での心理学上の要素に対する考え方の1つにすぎないわけではあるが，心理学要素を扱う難しさはうかがえよう。その場合，扱う難しさを拡大させているのは，すべての問題において専門家などの見解が一致しているわけではないことである。例えば異人種間の識別につき異人種と接する機会の多少に識別の信用性が比例するか否かなどは見解が分かれ

ている。

　こうした問題に対処するには専門家の助力が必要で，陪審説示だけでは不十分であるとは言える(42)。しかし逆に陪審への影響が大きすぎるとして専門家証言が許容されないこともある。とくに訴追，弁護両方の専門家の証言を聞き，陪審が混乱してしまう危険性も否定できない。さらに識別の信用性という問題は医学，物理学などの分野に比べると素人には「なじみやすい」こと，目撃証人が陪審の眼前で自己の「信じている」ことを話している場合と比較して，専門家がその研究に依拠して証言を行っても，陪審には前者ほどの影響は及ばないのではないかという危惧はあること，専門家に反対尋問をしてもどの程度の実効性があるのかという危惧はあることなどの問題点はある。とはいってもこれまで考察してきたところからも窺えるようにその重要性は今後，増すことはあっても減じることはない。

　なお専門家証言を司法の場で用いる場合，果たして裁判で用い得るものなのか（その分野など）について一定の要件が存在していた。しかし1993年のDaubert判決（Daubert v. Merrell Dow Pharmaceuticals, Inc. 509 U. S. 579 1993）が「専門家の証言を導いた推論の根拠となったものは，それが属する特定分野で一般的に受け入れられたものであることが十分証明されなければならない」とするFrye法則を破棄し(43)，少なくとも連邦の裁判所では，証拠の価値と許容することによるマイナス要素を衡量して許容するか否かを判断することになり，専門家証言の「許容性」に対する裁判所の裁量権が極めて大きな位置づけをもつようになっている。そこでいかに裁判官に専門家証言の有用性を説得するのかが重要となる。特に証拠排除申立ての書面は，その後の裁判官の専門家証言の許否などの判断に影響を与えるため重要である。

　以上の状況下にあって指摘として許されるのは，識別証言（供述）が訴追側の論証の中心にある場合，ないし唯一の証拠（他の証拠で実質的にみて補強されていない）である場合で，真実発見に専門家証言が役立ち得る（識別の正確性に影響するものだが陪審には十分認識されていないか，あるいは理解されていない可能性がある）事項についての適格な専門家の証言を排除することは，裁量権の乱用にあたり，違法と判断されることが多いということであろうか(44)。

　今後は当該科学知識・技術（犯人識別手続きの場合は心理学など）の司法への利用可能性，陪審への影響，専門家証言を受容することの代償を踏まえながら専門家証言の採否判断の裁量権の範囲をどの程度制限できるのかが論点となる。ただ識別証拠の信用性を最終判断するのは，各専門家ではないという事実は極めて重要なポイントであることを改めてここで強調しておく。

2．手続きの状況

　連邦最高裁の判決では弁護人依頼権の事例とされる Kirby 事件については警察の意図（悪意の有無；被害者が警察の部屋に入ったとたんテーブルのところに座っていた被告人たちを認識し識別した）が議論され得る。Moore 事件は明白に暗示性が認められ、デュー・プロセス保障の観点からも大いに問題になり得るものであった。一方 Simmons, Biggers, Manson 事件は各手続きに問題はあるが、むしろ目撃状況や条件の良さを重視している。なおこの問題点に関しては Foster 判決（Foster v. California, 394 U. S. 440 1969）があるが、これは極端な事例で参考にはならない。この事件の事案は以下のとおりである。すなわち目撃証人が警察署で3人の面通しを見た。被告人は6フィートの身長で両側の者より背が6インチ高かった。しかも被告人のみが犯人と同様のジャケットを着用させられた。しかし証人は被告人を犯人として識別できなかった。次に単独面通しがなされた。だがそれでも証人は識別できなかった。1週間後証人は再び面通しを見たが、第1回目の時も加わっていたのは被告人のみだった。この時ようやく証人は被告人を犯人と識別した。証人は公判でも識別を行った。こうした事案において連邦最高裁はとられた手続きの暗示性は極めて高く、被告人を識別せざるを得なくなるようなものでなされた識別の信用性は認められないとして、デュー・プロセス保障違反になると結論づけ、法廷内外の識別を排除したのである。

　こうした手続き時の暗示性としては捜査官のコメント、特定人物（写真）のみ特徴がある、証人が手続きに加わっている者を知っている、証人たちの意思疎通、特定の写真のみを繰り返し提示することなどが典型的なものである[45]。

　この問題に関する現在の状況を概括的に述べる。「こいつじゃないのか」、「これから容疑者を連れてくる」、「犯人を捕まえた」などの言葉が捜査官から出された時、識別の信用性は否定され得る。しかし常にそう判断されるわけではない。「選んだ写真の中に面通しにも加わっている者が1人いる」は暗示性があるように思えるが、実はこれも必ずしもそう判断されているわけではない。さすがに「容疑者が1人面通しの中にいる」という言葉がなされた場合や証人が手続きに加わった者の中の何人かを知っている場合は暗示性など証人に及ぼす影響は高いものと考えられている。ただそれだけで証拠排除になるわけではない。また容疑者が容貌などを変えてしまっている可能性（実際上これはよく見られる）のコメントは、通常は認められている。容貌などで手続きに加わった者たちの間に不一致があっても違法とはみなされにくい（当然程度の問題だが）。そして証人自身が識別の根拠とした点（例えば顔）以外の点で暗

示性があった場合（例えば服装）や容疑者自身の行為で暗示性が生じた場合（例えば容疑者のみどうしても髭をそらなかった）場合は暗示性自体が認められにくい。

ただ証人の観察機会がよくなかった場合や容疑者が髪形を変えている可能性があるといった示唆をして，さらに容疑者の写真にのみ見出しや印が入っているような場合や，証人たちが意思を連絡しあう可能性がある時に容疑者が手続きで立つ位置を変えることを訴追側が不当に拒否した場合のように複数の問題性がある場合は，（法廷内識別でも）識別証拠が排除される可能性は高くなる[46]。証人が複数いる場合は，裁判所は証人たちの意思の連絡に厳格な態度をとると言ってよい。もっとも法廷内識別は信用性を根拠として許容することが多い。

なお手続き終了後に捜査官がなすコメント（例えば正しい者を選んだなど）は識別に影響を与えていないとして許容されている。

犯人識別手続きの手続き自体の面で識別証拠の可能性が高くなるのは，複数の問題が見られる場合，目撃時の問題（目撃状況が良くないなど）も併存している場合，訴追側の明確な意図的行為がうかがえる場合である[47]。ただし手続き自体の暗示性の有無は，目撃時の状況にかかる場合より判断は容易である。要はどの程度，違法行為の抑止を重視するのかである。

3．必要性・緊急性

この点につきSimmons判決では写真を用いることの捜査への有用性，Biggers判決ではその種（強姦事件）の事件にとっての被害者の識別の必要性が述べられている。ただ必要性が最も強く意識されたのはStovall判決である。

このStovall判決もそうだが，この問題を考えるには単独面通しの議論が参考になる。面通しを行うことが可能であるにもかかわらず単独面通しを行えば，違法評価を受ける可能性が高くなるからである。ただ当然ながら単独面通しが行われたこと自体が必然的にデュー・プロセス保障違反になるわけではない。単独面通しは面通しに比し，暗示性の程度は大きいため，デュー・プロセス保障違反の有無の判断には必要性そして信用性が厳格に考察されることになる。

単独面通しによる識別の証拠能力を考える場合，必要性の見地からどの状況下でなされたのかが重要となる。一般に論じられるのは犯罪現場ならびに病室での手続き，そして偶然の対面である。以下，簡単に考察する。

（1）病室

暗示性の存在は認められるのが通常であろうが，緊急性が最も重要視される。ただ

それを補充する形で識別の信用性に言及されることが少なくはない。犯人をよく見る機会があった，被害者が犯人の顔を知っていた（なお名前までも知っていれば犯人識別の問題ではなくなる），目撃と識別の時間の間隔が短いなど[48]さまざまである。

（2）犯罪現場

犯罪現場での犯人識別手続きでは面通し，単独面通しに関係なく必要性が強調される。必要性には捜査官や目撃者の身体の安全のためなどや緊急性が含まれる。緊急性は広くとらえられ，犯罪の早期解決のためと考えてよい。すなわち目撃者の記憶減失や減少の危険性への対処のため，犯人逮捕の可能性の保持のため，（逆に）誤って人を拘束している場合にはその人の早期解放のため[49]などである。

そしてこの場合も信用性が強調されている。暗示性が認められても信用性を根拠に許容されることが多い[50]。ただその一方で犯人の情報が不十分な段階で早急に目撃者と対面させたり，目撃者が精神的に平常ではない状態（例えば犯罪直後でひどく怖がっている場合）や証人が犯人を観察する機会が限られていた状況で対面させたりした場合は信用性の点で問題とされる。

なお容疑者の身体が確保されている場合や証人の容疑者についての記憶が明確である場合は前述したようにこうした単独面通しを行う必要性が認められず，デュー・プロセス保障違反の問題が生じる。

（3）偶然

捜査当局に目撃者と容疑者を対面させる故意があれば別として，それ以外の場合は議論の余地がある。捜査側の作為が関わっていないため，そもそもデュー・プロセス保障の適用につき議論がある。適用されるとするのが多数[51]だが，偶然性を重視して暗示性混入の危険性を低く評価し，信用性を認めデュー・プロセス保障が適えられていると判断される傾向にあるといってよい[52]。対面が警察署内で生じた場合も同様である。ただ警察署内では当然警察は状況を管理可能であるはずであるので，講じていた処置や方策について重い挙証責任を負っていると解すべきである。しかしこの場合にも信用性や迅速性の要素が，証人と容疑者が偶然に対面してしまった事情よりも重視されることがある[53]。仮に許容されなくても，法廷内の識別が許容され得る（独立の源）。

では裁判手続きの場合はどうか。予備審問で容疑者のみが手錠をしているなど暗示性が強い場合は証拠排除の可能性が強いが，訴追側の作為がなく目撃者と容疑者が対面してしまった場合には許容される可能性は高い[54]。公判廷においても同様である。ただこれらの客観的基準を明らかにすることは困難ではある。公判廷で暗示性があっ

ても（公判前の状況などにより）証人の識別に信用性がうかがえる場合には許容され得る[55]。今後は裁判所の眼前で手続きが行われることをどう評価するのか，法廷内での手続きの方法の自由の問題（例えば被告人を被告人席以外の場所に居させる方法など）が問題となる。

単独面通しの許否は，緊急性の有無，信用性の保障の明確性の有無（観察機会の十分性など）に依拠している（とくに信用性）。ただ，以上の議論は単独面通しに限定されず，面通しなど他の手続きにも該当するものであることは改めて指摘しておく。緊急性が信用性と同じ，あるいはそれに近い扱い方をされ得るかが今後の鍵となる（予想としては悲観的）。

第5節　修正4条との関わり

識別証拠を獲得するためにある人物の身体などが必要となる場合に，どのような方法をとるのかが問題となる[56]。対象となる人物がすでにある犯罪に関わり身体拘束されている場合とそうではない場合がある。前述した Adams Order と呼ばれる命令はもともと前者の場合を対象としたものだったが，やがて後者の場合にも拡張された。

概括的なとらえ方になるが，識別証拠の採取は他の証拠の採取に比べて，プライバシー侵害の危険性や濫用の危険性が低い一方で，（指紋などは）信用性が高く採取時期や時間も融通性がきくことなどを理由に，相当理由が存しなくても識別手続きを行い得るという考えが多い[57]。

違法逮捕，勾留があった場合，それがその後に行われる犯人識別手続きならびに公判廷での犯人識別手続きにどのような影響を及ぼすのであろうか。対峙する考察点は捜査機関が違法行為をなすのを抑止する必要性と証人の識別証言（供述）の信用性である。

この点につき，たとえ証人の識別証言（供述）に信用性があったとしても，政策的根拠により排除するというような違法収集証拠排除の構成をとればそれでよいのだろうが，必ずしもそう考えられているわけではないところに議論の余地が生じる。違法逮捕などがあれば犯人が「永久に」罰せられないのは不合理という考えの下に，違法逮捕などは証人との対面を早めただけで，いずれにせよ同様の証拠が得られていたというような違法収集証拠に対する不可避発見例外と同様の構成（例えばすでに被告人は別件で適法に勾留されているため，他の事件につき公判廷に出頭させることは必然的に可能であった）をとることがある。

また公判前の識別を違法の程度，捜査側の意図や目的などを踏まえ，排除することになったとしても，法廷内識別については，犯人識別手続きに関する他の問題と同様に識別の信用性（証人の識別は目撃という原体験から由来している）が最重視されるのである。Manson判決が「一応」関心を示した捜査上の違法行為の抑止や司法の利益に関しても，法廷内識別まで排除してもそれらとは関連がないと考え，被告人の利益は証人が証言台に立ち，直接尋問や反対尋問を受けることで保護されるととらえられることもある[58]。

　公判廷での識別が捜査当局の違法行為の果実と言えるのは，公判での識別が公判前の識別手続きにのみ依拠していることが明白な場合（例えば公判前に識別した者と同じ者だというだけの場合）ぐらいだろう。犯罪の記憶に基づくことがうかがわれれば許容されよう。Crews判決（U. S. v. Crews, 445 U. S. 463 1980）では明るさなども含め十分な条件下で犯人を5～10分間見たこと，犯罪直後に述べた犯人像と被告人が極めて似ていること，被告人以外の他の者を識別していないこと，識別までの時間が短い（1週間）こと，ためらわずに被告人を複数回（2回）選んでいることなどを強調して，法廷内識別を許容している。違法な逮捕勾留があったからこそ，被告人は現に法廷で犯人識別手続きを受けさせられているのだが，そうした構成はとられない。

　つまり捜査機関の違法行為と公判前の犯人識別手続きのつながりだけでなく，公判での識別のつながりが，連邦憲法修正4条にかかる問題にも主たる要点ととらえられているわけで，結局信用性の問題がこの帰趨を決することになる。したがって前節での議論と同様のとらえ方があてはまり，違法行為の抑止や証拠の必要性が信用性に対し，どの程度重視すべきかの考えが鍵になってくる。

第6節　まとめにかえて

　一時は連邦最高裁の少数意見などの中には，弁護人依頼権やデュー・プロセスの保障は犯人識別手続きにおける捜査機関の違法行為を管理するといった手続き上の利益を促進しようとするものであるといった考え方が見受けられた。しかし現在は正確な事実認定を図るものととらえられる傾向が強い。捜査機関に意図的な行為があった場合は識別証拠の排除になるが，法廷内識別は許容するという形になりやすい。目撃証人の識別が当該訴訟においてもつ重要性が，実際上は公判廷内で決することが少なくないだけに，これは大きな意味をもつ。捜査機関に対する違法行為の抑止は，公判前識別を排除することにかかるものにすぎなくなる。しかも場合によれば信用性を根拠

に公判前になされた識別も許容されることがある。

また偶然に証人と被疑者や被告人が対面してしまった場合は、「寛容な」態度をとる裁判所が多数だが、この場合のみ不必要なほど抑止効（識別を排除しても意味がないなど）が強調される。信用性を基準に識別証拠を考える場合（捜査機関の）過失による証人と被疑者、被告人の偶然の対面の状況にまで制裁を課すのが論理的な態度だが、現実はそうではない[59]。

そして識別の証拠能力は信用性が中心だとした場合、暗示性は信用性の一要素で一局面に過ぎないととらえることは肯定できようが[60]、信用性の認定に問題があるため、弁護人依頼権が適用されない場合には下級裁判所の多くで目撃証言が慎重に扱われなくなっているとの指摘がなされている[61]。この傾向は Manson 判決に負うところが大きいのである。

信用性を基準として考える傾向が今後も続くのであれば、専門家証言の有用性は今後一段と増すことは明白である。専門家証言をどう裁判で利用するのかが重要になってくる（小早川論文を参照）。しかし識別の信用性を最終的に判断、評価するのはそういった専門家ではない。今後は裁判官や陪審の職務領域を尊重しながら、事実認定の正確さを図るために、専門家証言をより多く裁判の場で活用できるための基準作成が肝要になると考えるが、それでもその専門家が識別の信用性の最終判断者ではないのである。専門家証言の活用が積極的になるほど判断の指針が多くなり、それだけ問題解決が容易になり得るが、すべての面で指針が与えられるわけではない。

例えば面通しや写真による面通しで目撃者が被告人以外の者を識別しなかったことは、識別の信用性にプラスになる。では被告人が含まれていたにもかかわらず識別しなかった場合はどうなのか（州判例では被告人に有利に許容したものもある）。あるいは目撃者が被告人の顔を知っているにもかかわらず、その旨を申し出なかった場合や目撃者の叙述に詳細さがない場合はどうなのか。これらは識別の信用性にマイナス要素となるものとされよう。しかし状況によっては必ずしもそうとは言えない場合もある。

結局証人の心理にも関わる問題は極めて多く、それらのすべてで専門家の助力を得ることができるわけではないこと、助力を得ることができても最終判断までのものではないこと、各問題につき専門家間ですべて見解を一致させているわけではないことを踏まえるならば、現時点では暗示性、緊急性－必要性の要素を尊重する方向性をとる方が、基準として客観的な適用が可能だと考えられる[62]。もっともそれは専門家証言の司法上の重視と両立するものでもある。

現在のところ連邦最高裁の見解は一応は「定まっている」が，連邦の下級裁判所や州裁判所ではさまざまな視点から多くの見解が示され，新たな問題点も出され続けている。犯人識別手続きはそれを見る視点によって映る構図はまったく異なったものになる。例えば per se テストは信用性のある証拠を排除してしまい，結局は真犯人が自由のままにおかれるものと考えるのか，信用性テストは暗示的な犯人識別手続きによる証拠を許容することによって，無実の者が刑務所に入れられる一方で真犯人は自由のままにおかれるものと考えるのか，各自の考え方により犯人識別手続きのとらえ方はまったく異なってくるのである(63)。今後もアメリカ合衆国での論議を注意深く見守る必要がある。

注

(1)　See, HUFF, RATTNER & SAGARIN, CONVICTED BUT INNOCENT Ch. 4 (1996).
(2)　See, JJ. Black, White at Wade Decison.
(3)　Wade 事件において法廷外の面通し手続きにおける識別が論じられたのは，反対尋問で弁護側が出したからである。そもそも Wade 事件当時連邦最高裁では，法廷外識別をその真実性そのものの立証のために提出した場合，(例外事由にあたらない) 伝聞そのものであった。現在では連邦証拠規則801条(d) (1) (c)がある。Gilbert 事件では法廷外識別は，州の伝聞例外の下で検察側の主たる論証として提出されたのであった。
(4)　正式の訴追が開始された後の面通し手続きならびに単独面通し手続きが，数としては最も少ない。次に検察官が訴追判断をする前が続く。数が最も多いのが写真を用いた犯人識別手続きといえる。
　　　ところで Wade 原則の適用を回避するために「対審手続き」の開始を故意に遅らせた場合，証拠排除を求める裁判所は多い。もっとも故意の立証は難しいが。
(5)　これは逮捕状発付の判断の基礎となる令状である complaint の提出と関わりがあり，これが (逮捕状発付の根拠として用いられる一方で) 起訴前に検察官が訴追意思を明らかにするのに用いられることも一因と考えられるという指摘がある。LAFAVE & ISRAEL, CRIMINAL PROCEDURE 361 (2d ed. 1992). さらにこれに加えて，この場合と例えば宣誓供述書が用いられた場合とで弁護人依頼権が認められるか否かに違いが生じる理由が不明であること，令状に基づく逮捕の場合と無令状での逮捕の場合とでも弁護人依頼権が認められるか否かに違いが生じる理由が不明であることもある。See, U. S. v. Duvall, 537 F. 2d 15 (2d Cir. 1976). 実際に弁護人依頼権が保障されることを訴追側が嫌がり，令状請求に消極的になったことが起こっている。また令状発付には判事が関わっている事実もある。See, U. S. ex rel. Robinson v. Zelker, 468 F. 2d 159 (2d Cir. 1972). (ちなみに弁護人依頼権が保障されるのを回避するために写真による犯人識別手続きが用いられることが多い)
　　　なお治安判事の面前への引致段階で消極的に解するものとして McGee v. Estelle, 625 F. 2

d 1206 (5 th Cir. 1980) がある。
(6) LAFAVE & ISRAEL , supra note 5, at 360.
(7) 対審的当事者手続き, 正式の訴追などの分け方をするのではなく, 緊急例外として弁護人依頼権が及ばない場合があり, それはどのような場合かというとらえ方も考えられる。ただこの場合も例外の要件など新たな問題が生じる。
(8) See, e. g., U. S. v. Rich, 580 F. 2d 929 (9 th Cir.). cert. denied, 439 U. S. 935 (1978), U. S. v. Wilcox, 507 F. 2d 364 (4 th Cir. 1974), cert. denied, 420 U. S. 979 (1975).
(9) See, Panel Discussion , The Role of the Defense Lawyer at a Line-up in light of the Wade, Gilbert and Stovall Decisions, 4 CRIM. L. REV. 339 (1969).
(10) 弁護人自身は専門の心理学者ではないかもしれないが, 犯人識別手続きでの暗示要素は認識できるし, 何より判例の状況を主張できる。See, e. g., SALTZBURG & CAPRA, AMERICANCRIMINALPROCEDURE 631 (5 th ed. 1996). But see, SAMAHA, CRIMINAL PROCEDURE 359 (3d ed. 1996). 弁護人は証人の知覚や記憶を改善することはできないし, 雰囲気などの意図的ではない暗示的要素を検知することも殆どできない。ただ目撃証人が「犯人」ではなく「犯人に最もよく似ている者」を選ぶのを防止できるだけである。
(11) 少数意見は, 写真は本来信用性が低いこと, 写真の提示方法に暗示性が入る危険性があること, 1度写真を識別してしまうと証人の記憶がそれで固定されてしまう危険性があること, 写真自体が公判に出されても識別手続きの具体的な再現が必ずしも可能だとは言えないこと, こうした場合被告人自身も識別時に立ち会っていないと弁護人がいくら証人を尋問しても暗示性などの検知は困難であることなどを根拠に弁護人依頼権の保障を求めた。
(12) 弁護人を犯人識別手続きの観察者としてとらえた場合, 弁護人が証言台に立つ必要が生じることもある。この場合弁護人の職務と両立可能か問題となる。
(13) 弁護側から犯人識別手続きを要求する権利は認められない。裁判所の裁量に属する。犯人識別手続きの方法に関する要求 (例えば被告人が抜けた面通しを要求すること) も同様である。But see, Evans v. Superior Court, 11 Cal. 3 d. 617, 522P. 2 d. 681 (1974). 誤った識別の合理的危険性が存在し, 重要問題にかかるものである場合には, デュー・プロセス保障のもとで許容。

　　許容する考えは訴追側は犯人識別手続きから利益を得うるわけであるから, 公平の観点から弁護側からの申立て権を認めるべきだというとらえ方に拠る (弁護側からの犯人識別手続きの延期申立てについて Moore 判決 − 肯定 − を参照)。
(14) See, U. S. v. Crouch, 478 F. Supp. 867 (E. D. Cal. 1979).
(15) その他, 例えば弁護人には犯人識別手続きに加わる者を選別する権利は認められていない。なお, 弁護人が証人を見ることができない場合は弁護権侵害の問題が生じる。
(16) なお例えば面通しに弁護人が立ち会ったが, 訴追側が何もしていないのに弁護人の能力の問題で有効な弁護ができなかった場合, 識別が排除されることがある点に注意すべきである。
(17) 被告人の態度が明確ではない場合が問題となろう。頭を頷かせるだけで言葉を発しな

かったり，書面に署名しないような場合である。もっとも発言することが絶対必要というわけではない。可能な時はその行動から推測しても問題はない。E. g., U. S. v. Sublet, 644 F. 2 d 737（8 th Cir. 1981）．いずれにせよ明確さが必要である。

　こうした点の確認が担保できるように，弁護人の眼前でなければ弁護人依頼権の放棄は認められないとする考えも見られる。E. g., People v. Settles, 46 N.Y. 2d 154, 385 N. E. 2d 612（1978）．

(18)　E. g., Meadows v. Kuhlmann, 812 F. 2d 72（2d Cir. 1987), cert. denied, 107 S. Ct. 3188（1988）．

(19)　E. g., Webster v. State, 474 A. 2d 1305（Md. 1984）．

(20)　E. g., U. S. v. Parhms, 424 F. 2d 152（9 th Cir. 1970）．

(21)　Schmerber 事件は血液採取に関わるものだったが，声による識別のため発声を求めることなども同じとらえ方をすることになる。また一定の衣服の着用や眼鏡の使用などを求めることも本権利に抵触しないと考えられている。ただし多少とも変化をするもの（例えば顎鬚を剃ることなど）に関しては若干の議論はある（要望の変化や変装などの可能性を考慮して肯定という考えの方が強いと言えようか）．

(22)　See also, State v. Hall, 461 A. 2d 1155（N. J. 1983）．面通しに加わることによって特殊なことをさせられるわけではない。公からも見ることができるものを示すだけのことである。人の私的な生活や考えを露呈してしまうものでもない。そして適切に管理された場合には濫用の危険性もない。むしろ犯罪解決のために有用なものである。時間もさほどとらせない。もっとも手続きに加わる者の自由が不当に制限されないように注意する必要はある。本件では被告人は目撃承認から写真により明確に識別されていること，被害者も手伝って警察が用意したコンポジート・スケッチとの整合性があることなどの状況があり，また被告人に告知や（留置請求を）争う機会が与えられた後に留置命令が発付されたため問題はない。

(23)　Adams v. U. S., 399 F. 2d 574（D. C. Cir. 1968）．アレインメントのために治安判事の面前に被疑者を迅速に連れて来なかったことが問題となった。その遅延の間に識別がなされたのである。

(24)　1つの基準は同種の犯罪遂行方法か否かという点に求められようが，身体拘束さえされていればよいという考えに立脚する傾向にある。

(25)　See, People v. Carruthers, 131 A. D. 2d 770（1987）．

　なおよく論じられているのが，Miranda 告知との比較である。周知の通り Miranda 判決（Miranda v. Arizona, 384 U. S. 436 1966）で述べられた権利で，①黙秘権の存在，②言ったことはどのようなものでも公判で被告人の不利に用いられ得る，③取り調べ中の弁護人立会権の保障，④国選弁護権の告知，を捜査当局に求めるものである。この考えを犯人識別手続きにも適用できないかが議論の対象となった。しかし Miranda の権利は連邦憲法修正5，14条（自己負罪拒否特権）に依拠し，また取り調べを受ける者を「助ける」ことを目的にしたものであるのに対し，Wade などの権利は連邦憲法修正6条に依拠し，主として有効な反対尋問権行使などの保障を目的としたものであって，両者は別のものだとする見

方が強い。
　もっとも次のような判例もある。Rivers v. U. S., 400 F. 2d 935（5 th Cir. 1968）．対面前に弁護人依頼権の告知が必要。People v. Banks, 465 P. 2 d 263（1970）．犯人識別手続きでの国選弁護人立会権を認める。
(26)　これらは捜査機関の作為の不存在，証人の記憶が変化することへの対応，無実の者の早期解放などの観点が重視されるのである。See, Russell v. U. S., 408 F. 2d 1280（D. C. Cir. 1969）．
(27)　See, JOHNSON, CRIMINAL PROCEDURE 497－498（2d ed. 1994）．
　またシンプソン事件にも言及した論文として Abrams, Why Lawyers Lie {SULLIVAN & VICTOR ED., CRIMINAL JUSTICE 131（19th ed. 1995）}．
(28)　また実は Biggers 事件における犯人識別手続きの実施時期は Stovall 事件におけるそれよりも早かったのに対し，判決自体は Stovall 判決の方が早かったため，Biggers 判決の信用性テストが Stovall 判決後に行われた犯人識別手続きにも適用されるのか否かにつき，当初裁判所間の見解が分かれたのである。やがて積極説が有力になっていった。公判前はなされた識別を公判に提出する必要性が重視されてきたためである。
(29)　See, e. g., U. S. v. Hill, 967 F. 2d 226（6 th Cir. 1992）．法廷内外いずれの識別についても分析は類似する。
(30)　第2節1（犯人識別手続きにおける弁護人の役割）を参照。
(31)　Ash 事件での証人たちの識別の状況は次のとおりである。法廷内で3人の証人たちは被告人を犯人の1人であると識別したが，確信はもてなかった。これら3人は犯行当時銀行内にいた者たちである。共犯者を識別した者は法廷でもいなかった。銀行の外に止めていた車の中にいて，マスクをとった犯人が逃げる姿を目撃した証人もいたが，この証人は法廷で被告人と共犯者を犯人と識別した。
　共犯者の弁護人は，この証人が公判直前になされたカラー写真による犯人識別手続きで共犯者を識別できなかったことを理由に弾劾しようとした。さらにこの証人が別の男を犯人と識別したことがある事実を，陪審の面前で明らかにした。ただしこの点について検察官は，この証人が選んだのは実際は被告人の写真であるにもかかわらず，被告人と共犯者以外の者の写真を選んだと陪審が誤解する危険性があるとして，弁護側の主張に反論した。事実審判事は5枚のカラー写真すべてを許容した。
　ただ Ash 事件は弁護人依頼権に関わる訴訟である。そして控訴審は法廷内識別が独立の源テストを適えているかにつき疑念を表しながらも判断はしなかった（461 F. 2d 92（D. C. Cir. 1972）．識別の信用性の問題としてとらえても議論の対象となるものである。
(32)　See, U. S. v. Sanchez, 603 F. 2d 381（2d Cir. 1979）．
(33)　See, e. g., U. S. v. Thurston, 771 F. 2d 449（10th Cir. 1985），U. S. v. Donahue, 948 F. 2d 438（8 th Cir. 1991）．
(34)　E. g., Brown v. Blackburn, 625 F. 2d 35（5 th Cir. 1981）．
(35)　E. g., U. S. v. Bagley, 765 F. 2 d836, vacated on other grounds, 772 F. 2d 482（9 th Cir. 1985），cert. denied, 475 U. S. 1023（1986）．

(36) 近年は監視カメラやビデオの使用に関わる議論が活発である。銀行強盗など犯行を映した監視カメラのフィルムを目撃者に示しても，暗示性に問題はないとされる。記憶を新たにするものとみなされるからである。もっとも他の事件に関わるフィルムを見せた場合は，デュー・プロセス保障違反の問題が生じ得る。また近所などで見かけたことのある者が犯人である旨の申立てがある場合に，犯罪現場付近などをビデオ撮影して捜査に役立てようとする場合がある。

　この場合もデュー・プロセス保障などとの関係が問題となり得る。作為がまったくなく状況そのままを撮影するような場合は違法ではないとされる。近年はビデオを犯人識別に役立てようという傾向が強い。ビデオによる面通しは写真による面通しと同じ範疇に入れられようが，写真より暗示性やその他の不当な点を監視するのに優れているものと考えられている。そこで弁護人の立ち会いを緩和することがある。

(37) See, ACKER & BRODY, CRIMINAL PROCEDURE 435-436 (1999).
(38) E. g., Archuleta v. Kerby, 864 F. 2d 709 (10th Cir. 1989). 証人が犯人を追跡した。しかし証人の供述内容と被疑者の身長に差異があり，被疑者にははっきりとした刺青があったにもかかわらず証人は触れていなかった。だが証人にははっきりと犯人を観察する機会があったこと，観察の注意度が高かったこと，識別に強い確信を持っていること，識別自体は事件直後になされたことを重視し，そうした問題点を重大視するべきではないとした。
(39) See, e. g., SAMAHA, supra note 10, at 349-352, LAFAVE & ISRAEL, supra note 5, at 353-4.

　目撃証人の信用性を試すためにある事件の弁護人から，ある男性が（弁護人の）横に座るように頼まれ，そうした。ただ弁護人はその事を裁判所には報告していなかった。被告人は法廷の別のところにいた。ところが3人の目撃証人がこの男性を犯人として識別してしまったため，有罪判決を受けることになってしまったこともある（もっとも後に破棄されたが）。HANCOCK & SHARP, CRIMINAL JUSTICE IN AMERICA 215-217 (1996), HUFF, RATTNER & SAGARIN, CONVICTED BUT INNOCENT 68-70 (1996). ただしこうした危険性はあるが，目撃証人の識別能力を試すために，例えば被疑者（被告人）の加わっていない面通しなどを行うことの必要性は高い。

(40) Jonakait, Reliable Identification : Could the Supreme Court Tell in Manson v. Brathwaite, 52 U. COLO. L. REV. 511, 516-523 (1981).
(41) Manson 事件の場合は職務に関わるものであったが，そうではない者の場合でも，例えば「答えられなかったりしたらまずい」などのプレッシャーを受けるとされる。
(42) See, KAMISAR, LAFAVE, ISRAEL & KING MODERN CRIMINAL PROCEDURE 653 (9 th ed. 1999).

　陪審説示はまず識別の正確さが合理的疑念を生じさせないものであることを認識するよう求める。そして証人が犯行者を観察する能力の程度，十分な機会（観察時間，距離，明るさや犯行者との面識の有無）があったのか否か，識別が原観察体験に拠るものか否か，証人の（識別の他の）信頼性，証人自身が信用できる人物か否かなどを陪審に説示するものと言い得る。ただ陪審説示は必ずしも重視されているわけではない。See, LAFAVE & IS-

RAEL, supra note 5 at 373 – 374.
なおコモン・ローの公平の原則から信用性のない証拠を排除し得る。
(43) Frye 法則については、井上正仁「科学的証拠の証拠能力(1)(2)」研修560，562号（平7），長沼範良「科学的証拠の許容性」刑事法学の現代的状況457頁（平6 有斐閣），拙稿「刑事訴訟における Frye 法則の意義について」法と政治46巻3号75頁（関学大法政学会平7）参照。
(44) See, People v. McDonald, 690 P. 2d 709 (1984), ZALMAN & SIEGEL, CRIMINAL PROCEDURE 557 (2d ed. 1997). なお仮に専門家証人を付することに穏やかな態度をとっていくにしても，すべての被告人が専門家を付けることができるわけではないという平等の問題も考えねばならない。See, Peoplev. Wright, 729 P. 2d 280 (1987).
(45) 一般的に面通しの公正さ確保のための条件としてあげられるのは以下の点が多い。すなわち①面通しは少なくとも5～6人程度から成り立っていること，②すべての者はほぼ同じ身長，年齢，髪，人種，体重，体形で，同じ性別であること，③服装が概して同じであること，④証人が複数いる場合は各自別々に手続きに臨むこと，⑤面通しの構成を書面に記録したり，撮影すること（ビデオ撮影が好ましい），⑥面通しの構成などに対し，弁護人が示唆をなすことが認められること（弁護人の異議は記録に留められるべき），⑦Kirby 判決があるが，これとは別にデュー・プロセス保障の見地からアレインメント前の段階での面通しに弁護人が立ち会うこと，⑧警察官ではなく検察官が手続きを行うこと，などである。
(46) E. g., People v. Malone, 595 N. Y. S. 2d 915 (1993).
(47) 犯人識別手続きの手続き面を考える。弁護人依頼権やデュー・プロセス保障は，判事が判断すべき法律問題とされ，陪審の面前外で判断される。公判前に証拠排除申立てという形で行うのが通常である。排除審問が公判中に行われる場合は，陪審の面前外でなす（なお陪審説示は証拠価値の判断に関わるもの）。もっとも陪審の面前外でなすことが憲法上要求されているわけではない｛Watkins v. Sowders, 449 U. S. 341 (1981)｝。ただ識別証拠に問題性がある場合は要求し得るとするのが，州レベルでの傾向と言える。
なお判事は識別証拠についての審問を行う義務を負っているわけではないので，弁護人が排除申立てを行わなかった場合には，もはや識別証拠の証拠能力などを争い得なくなる危険性があることに注意しなければならない。
弁護人が識別に関する申立てを行うに際し，検察官に対し識別の正確性に影響し得る情報の開示を請求することになろう。これを正当理由なく拒否する場合はデュー・プロセス保障違反になる可能性が認められている。
(48) See, e. g., U. S. ex rel. Lee v. Flannigan, 884 F. 2d 945 (7 th Cir. 1989), People v. McBride, 190A. D. 2d 573 (1993).
(49) E. g., U. S. v. Bautista, 23 F. 3d. 726 (2d Cir. 1994). 捜査官は容疑者の容疑を確かめる合理的努力をただちに行う必要があることを理由に，「（薬物の）手入れ」直後，容疑者達が手錠をされライトを浴びて夜間に現場で犯人識別手続きを受けさせられたことを是認した。
(50) U. S. v. McCoy, 475 F. 2 d 344 (D. C. Cir. 1973). 証人が犯人を観察する機会の良さ，犯

行後48分以内に識別していること，警察が暗示を生じさせ得る不当な行為をしなかったこと，証人の識別に対する確信度，別人を識別していないことを理由にした。

　U. S. v. Hines, 455 F. 2d 1317 (D. C. Cir. 1971), cert. denied, 406 U. S. 975 1972). 手錠がされていたが，犯行10分後5人のうち4人が同時に識別したことを理由にした。

(51)　E. g., U. S. v. Colclough, 549 F. 2d 937 (4 th Cir. 1977).

(52)　E. g., U. S. v. Freie, 545 F. 2d 1217 (9 th Cir. 1976), cert. denied, 430 U. S. 966 (1977).

(53)　E.g., U. S. ex rel. Hudson v. Brierton, 699 F. 2d 917 (7 th Cir.), cert. denied, 464 U. S. 833 (1983).

(54)　See, U. S. v. Emanuele, 51 F. 3d 1123 (3d Cir. 1995). 法廷外で，手枷をされ執行官らに伴われているのを，証人が見てしまったことを理由に，法廷外でなされた識別を排除した（デュー・プロセス保障違反）。

　But see, U. S. v. Pollack, 427 F. 2d 1168 (5 th Cir.), cert. denied, 400 U. S. 831 (1970). 写真では被告人を識別できなかったが，裁判所で偶然に会い，その後法廷で行った識別を許容した。

(55)　See, Peoplev. Martin, 791 P. 2d 1159 (1990).

(56)　See generally, LAFAVE, SEARCH & SEIZURE sec. 11. 4 (g) (3d. ed. 1996).

(57)　See, Davis v. Mississippi, 394 U. S. 721 (1969).

(58)　人の記憶の新鮮さなどの観点から考えて，犯罪直後になされた識別や，犯罪から時間的に最も近接する識別こそが最も重要なものである。この点はわが国の判例でもしばしば指摘されるところである。アメリカ合衆国の連邦議会も同様の意識を持ち，さらに先に被告人を識別はしたが，報復などを恐れ識別した事実を認めるのを躊躇する場合があることをも踏まえ，連邦証拠規則801条(d) (1) (c)が定められた。これは法廷外で先に識別供述をした者が公判や審問で証言し，さらにその識別供述について反対尋問を受けた場合には，当該識別供述は伝聞ではないとする規定である。

　ただ反対尋問と言っても証人を反対尋問する機会さえあればよいのか，それとも実効性のある反対尋問権の行使がなされなければならないのか問題となる。法廷外識別の信用性を評価するための資料をどの程度重視するのか，必要視するのかにより見解は分かれる。

　なお証人が公判前に行った識別につき他の者が証言することが認められるか否かの問題がある。証人が反対尋問を受けることを条件に許容する考えが強い。公判という特殊な状況下でなされる識別より，法廷外で目撃時から時間がより近接した時点でなされた識別のほうが信用性があると考えられること，証人を反対尋問できるならば伝聞に関わる危険性を除去できると考えられることに求められようか。したがって証人が出頭していない場合は，伝聞あるいは体質権の問題が生じざるを得なくなる。

(59)　See, WHITEBREAD & SLOBOGIN, CRIMINAL PROCEDURE 445 (3d ed. 1993).

(60)　See, ZALMAN & SIEGEL, supra note 44, at 536 - 539.

(61)　SALTZBURG & KAPRA, supra note 10, at 649 - 650.

(62)　See, ACKER & BRODY, supra note 37, at 435 - 436.

(63)　See, id. at 446 - 450.

第3章 アメリカにおける専門家証言の許容性

はじめに

　アメリカ合衆国では早くから被告人が犯人である旨の被害者その他の目撃者による犯人識別供述ないしいわゆる目撃証言（eyewitness identification testimony or eyewitness testimony）の危険性は指摘されていたが，明確な憲法上の根拠を理由にそのような供述の許容性を争いうることが認められたのは比較的新しく1967年のことである。アメリカ合衆国連邦最高裁判所（以下，連邦最高裁という）は同年6月12日に言い渡した争点類似事件である Wade, Gilbert, Stovall の三判決で初めて，起訴後の面通し時に被告人は合衆国憲法修正6条の弁護人の援助を受ける権利があり，不必要に暗示的な面通しは同修正14条のデュー・プロセスの観点から問題となりうる旨判示した。他方，1975年の米連邦証拠規則801条(d) (1) (c)は人の識別に関する供述を一定の要件下に伝聞ではないと定義し，実質証拠として許容することを明らかにしている。また同規則702条は，いわゆる専門家証言につき「事実の認定に役立つ場合には」許容する旨定めているため，目撃供述の心理に関する専門家証言（expert testimony on the psychology of eyewitness identification）の許容性が争われることになり，第3巡回区連邦控訴裁判所は1985年の Downing 判決で，同条の解釈として目撃証言の危険性に関する心理学者の証言を排除した公判裁判所の判断を「裁量権の濫用」であると断じた。そして連邦最高裁は1993年の Daubert 判決で，右 Downing 判決を一部採用したことを明示しつつ，科学的証拠の許容性に関するいわゆる Frye 法則の一般的承認の基準を廃棄し，それに代えて信頼性と関連性を新しい判断基準として提示し，さらに1999年3月の Carmichael 判決で，Daubert の判断基準は科学的証拠のみならず，その他の専門的知識にも適用される旨判示したため，証言心理学が科学として確立・認知されているかどうかにかかわりなく，専門的知識に関する証言である以上，Daubert の基

準がそのまま適用されることが確立するに至ったのである。

　本章は、このようなアメリカでの問題状況をより具体的にいささかなりとも解明しようとするものである。当初は専門家証言の問題に限定する予定でいたが、やはり一連の最高裁判例で確立している弁護人依頼権やデュー・プロセスとの関わりについての知識が欠かせない。そこで本書の第2編第2章とも一部重複することになろうが、この点についても言及した後、わが国で断片的にしか知られていない専門家証言の許容性について検討することとしたい。もっとも、本章では紙幅の制約上、そのエッセンスにとどめざるを得ないので、詳細については別稿[1]を参照していただければ幸いである。

第1節　アメリカ法の概観

　前述のように連邦最高裁は1967年のWadeほかの三判決で初めて目撃証言の許容性と憲法上の弁護人依頼権やデュー・プロセスとの関わりについて一定の判断を示したものの、その後の判例でその適用範囲を限定するに至ったため、目撃証言の危険性に十分対処しきれないとの批判があり、わが国でも同様の指摘がある。ただ、犯人識別手続きにはいわゆる複雑面接方式に当たる通常の面通し（lineups）のほか、犯罪現場等での単独面通し（one-man showups or one-on-one showup）、犯罪者等の写真提示による写真面割（photographic identifications）があり、いずれの場合にも、とくに合衆国憲法修正5条の自己負罪拒否特権、修正6条の弁護人依頼権、そして修正5条および修正14条のデュー・プロセス条項との関わりが問題となる。ところが、わが国では、とくに弁護人依頼権の及ぶ範囲の理解が必ずしも十分でない。

　そこで以下、ひとまず右各憲法条項を検討し、デュー・プロセス条項の果たした役割および犯人識別手続きと自己負罪拒否特権との関わりについて概観することとしたい。

1．各憲法条項の位置づけ

　合衆国憲法修正5条は「何人も……適法な手続きによらなければ（without due process of law)、生命、自由または財産を奪われることはない」とし、同修正6条は「すべての刑事訴追において、被告人（the accused）は……自己を弁護するため弁護人の援助を受ける権利を有する」とし、そして同修正14条「いかなる州も……適法な手続きによらなければ、何人からも生命、自由または財産を奪うことができない」と規定

している。

ところで、連邦国最高裁は1932年のPowell判決[2]で初めて少なくとも死刑事件においては「修正14条のデュー・プロセス条項は州の刑事手続きにおける弁護人依頼権を含む」と判示し、公判開始日の午前中にやっと弁護人が選任され死刑判決の言い渡しを受けた事案につき有罪判決を破棄した際に「被告人に対する手続きの中でおそらく最も決定的な時期（critical period）に、すなわちアレインメントから公判開始までの時期に、被告人はいかなる現実的な意味においても弁護人の援助を受けていなかったことになる」と判示したのである。連邦最高裁はその後、1961年の判決[3]で「アレインメントは決定的段階（critical stage）である」とし、次いで1963年の判決[4]で起訴前の予備審問手続きも"決定的段階"であるとし、そして同年のGideon判決[5]ですべての重罪事件の被告人に国選弁護人選任権を保障することは修正14条のデュー・プロセスの要求するところである旨判示した。連邦最高裁は他方、1964年のMalloy判決[6]において、修正5条の自己負罪拒否特権は修正14条のデュー・プロセス条項を介して州にも適用される旨判示したため、ここに修正5条の自己負罪拒否特権および修正6条の弁護人依頼権はアメリカの全法域に等しく適用されることとなる。

このような状況下に連邦最高裁は1964年6月のEscobedo判決[7]を経て1966年6月のMiranda判決[8]で、十分な権利告知を欠いたまま警察署での身柄拘束中の取り調べで自白を採取したMirandaなど争点類似の4事件について、Escobedoの意味内容を明らかにする必要があるとして、これを一括審理して単一の判断基準を示し、いわゆるMiranda法則を明らかにした。そして翌1967年6月のWadeなど争点類似の三判決で、起訴後公判開始前の犯人識別手続きは"決定的段階"といえるから、被告人には弁護人の援助を受ける権利があり、弁護人の立ち会いなしになされた目撃供述は許容できず、法廷での目撃証言も原則として毒樹の果実として排除される旨のWade-Gilbert法則を明らかにし、さらに不必要に暗示的な犯人識別手続きはデュー・プロセスの観点から問題となりうるとしつつ、デュー・プロセス違反は当該手続きの全体の事情から総合的に判断すべきである旨判示したのである。

2．自己負罪拒否特権との関わり

連邦最高裁は1960年代の一連の判例で修正5条や修正6条の解釈論として弁護人依頼権の範囲を拡大し続けるが、Miranda判決の執筆はWarren首席裁判官であり、Wade判決の執筆はBrennan裁判官であることに示されているように、とりわけ重要なこの2判決はウォーレン・コート下（1953-69年）の司法積極主義の代表的判例とされ

ている。むろん，アメリカはわが国とは異なり，連邦制をとるため，個々の刑事手続きについては連邦と各法域とでは相違点も少なくないが，不合理な捜索・逮捕押収の禁止や弁護人依頼権など憲法上の基本原理に関わる問題については修正14条のデュー・プロセス条項を介して州に適用されることが確立している。そのため，例えば，弁護人依頼権に関する連邦最高裁の判断基準は最小限，各州をも拘束することとなり，その意味で統一的なアメリカ法が全法域で成立している。もっとも，Miranda判決が修正5条の自己負罪拒否特権を根拠として被害者取り調べへの弁護人立会権を肯定したのに対し，Wade判決は修正6条の弁護人依頼権を根拠として起訴後公判前の犯人識別手続きでの弁護人立会権を肯定した。弁護人依頼権の意義を強調する点に差異はないが，憲法上の根拠条文がまったく異なることに留意を要する。Mirandaの確立に伴い今日のアメリカでは，明文規定のある修正6条の弁護人の援助を受ける権利とともに，修正5条の弁護人の援助を受ける権利という用語が一般化しているためやや紛らわしい面もあるが，両者は元来その沿革，根拠をまったく異にしているのである[9]。

ところで，犯人識別手続きは被疑者に面通しへの参加を義務づけ，一定の動作や言葉の繰り返しを要求するものであるから，修正5条の自己負罪拒否特権（以下，特権ともいう）との関わりが問題となる。「何人も，自己に不利益な証人となることを強制されない」と規定する修正5条の特権の範囲については，積極的な動作等の強要も禁止されているとの見解も有力であるだけに問題となりうるが，この点はすでに解決済みで，どのような犯人識別手続きであれ，特権の保障に抵触しないことが確立している。連邦最高裁は1966年6月のSchmerber判決[10]で，特権が禁止するのは「被告人に自己に不利益な証言を強要し，あるいは証言的ないし意思伝達的な性質を有する証拠（evidence of testimonial or communicative nature）を提供するよう強要することである」としたうえで，血液サンプルの採取に応ずるよう被疑者を強制し，血液の分析結果を証拠として使用することは，右強要に当たらないと判示した。そして翌1967年6月のWade判決はこれを受けて，被告人に面通しの出頭を義務づけ，強盗犯人のいった"金を袋につめろ"という言葉を発するよう要求しても特権に違反しない旨判示したのである。

このように連邦最高裁は，特権の保障は意思伝達的な証拠にも及ぶとしつつ，血液の採取，面通しへの参加，言葉を発すること等は特権とは関わりがないとし，筆跡見本の提供[11]，音声の録音[12]等を強制することの合憲性を肯定するに至る。したがって，被告人が面通しへの参加や採血への協力を拒否した場合，それを被告人に不利益

な証拠として提出できるかが問題となる。連邦最高裁は1983年の判決(13)で、酒酔い運転の嫌疑で逮捕された被告人が警察官の適法な血中アルコール検査への同意を拒否した事案につき、初めてこれを積極的に肯定した。面通しの事案で直接判示した判例は見当たらないが、被告人は犯人識別手続きへの協力を拒否する権利がない以上、面通しへの物理的な参加強制は不当に暗示的なためデュー・プロセス違反となりうることは格別、検察官が法廷で被告人の協力拒否をコメントすること自体は一般に認められているという(14)。

3．米連邦証拠規則801条

1975年7月1日施行の米連邦証拠規則は、全部で11章62条から成るが、とりわけ伝聞法則に関する第8章が詳細である。第8章は6条から成る。第801条は用語の定義であるが、目撃証言に直接関わりのある第801条(d)(1)は「証人の以前の供述」を、(A)不一致供述、(B)一致供述、(C)人の識別に関する供述、という一見性格を異にする3種の供述に区分し、それぞれ一定の要件の下に伝聞ではないと定義し、実質証拠として許容することを明らかにしている。

ところで、最高裁提出の証拠規則原案を審議した連邦議会は、A号の不一致供述については重大な修正を加えて可決し、B号の一致供述については修正なしにそのまま可決したが、C号の知覚後の人の識別に関する供述については、いったん証拠規則から削除され、後に「規則C号の削除に驚きを表明し」その削除に強く抗議した証拠規則制定の当初から関与していたCleary教授等の反論を受けて規則801条の修正案として連邦議会で再審理のうえ、最高裁規則原案がそのまま1975年10月31日から施行されたというやや複雑な経緯がある。Cleary教授の反論は、次のとおりである。

「結果を十分に認識したうえで、かかる手段がとられたとは考えられない。多くの判例（authorities）は、視覚による識別（visual identification）の誤りが司法の運営の重大な側面であることを指摘してきたが、多くの事案においては、より科学的な識別方法を使用する基盤（bases）はなく、目撃証人に頼ることは利用可能な唯一の識別方法である。視覚による識別が行われるすべての状況の中で、最も信用できず最も不十分なのは法廷での犯人識別である。次のWigmoreの分析に優るものはない。すなわち"証人が証言の対象である攻撃者、または窃盗犯人、またはその他の人物との同一性の確認を求められて、ただちに法廷で被告人（またはその他の人物）を指し示す証人の行為は、通常、ほとんど証言的な効力はない。あれこれが介在した後では、証人がその人物を（犯人と）同一人であると信じないというようなことはほとんどない。

識別できなかった場合には被告人に有利となろうが，積極的識別も被告人にとって不利益を意味することにはならない。このような状況での心理は，事実上，（証人の証言は）最近のねつ造によるものと主張された場合と同じである。それ故，証人を補強するために，それ以前に，他人の暗示が介在せず証人の心の中に想像上の認識が生じえないときに，証人が法廷にいる被告人をその人物であると認め，そして明言したことを立証するのはまったく適切なことである。"十分に認められている法廷での識別の脆弱性に鑑み，視覚による識別のために面通しを利用することが警察実務の基本的方法となった。もし証人が面通しで犯人の識別をしたとの証拠が公判で排除されるとすると，面通しの唯一の効果は，警察署の段階で被疑者に不利な手続きを進めるかどうかを決定することにすぎず，面通しでの犯人識別にはそれ以上の意味がなくなることになる。はるかに正確な犯人識別が現になされているにもかかわらず，公判自体は気まぐれ（vagaries）な法廷での犯人識別証言に依拠してその手続きを進めざるをえなくなる。最高裁は面通しの決定的重要性を認識して，1967年のWade判決を皮切りとする一連の判例の中で，その濫用に対する保障方法を樹立した。以前に犯人の識別をしたことがあるとの証人の証言は伝聞として排除されるとの見解をとる判例もあるが，今日では大多数の法域はこれを許容する。視覚による犯人識別の問題を取り扱った書物は，面通しの方法をとくに強調している。刑事司法の運営における基本的手続きの1つとしての面通しを事実上排除するというのは，想像もつかぬ後退である[15]」

いずれにせよ，証拠規則第801条(d)(1)(c)は，最初の公判廷外での犯人識別供述の方が他人の暗示等の介在する法廷での目撃証言よりも一般に信用性があるとの考えに立脚した立法で，最初の犯人識別供述の「決定的重要性を認識して，その濫用に対する保障方法を樹立した」Wade判決ほかの連邦最高裁判例の関心事と軌を一にしたものであり，目撃者による第1回目の被告人と犯人との同一性確認手続きおよびその際の供述が決定的に重要で，その後の確認は「特段の事情でもない限り，独自の証拠価値に乏しい」旨明示したわが国の判例[16]と同旨のものであることに留意したい。

第2節　弁護人依頼権

連邦最高裁は1967年のWade-Gilbert両判決[17][18]で，いずれも銀行強盗で起訴された被告人を弁護人に連絡せずに面通しに参加させたところ，銀行員等の目撃証人が被告人を犯人と識別し，後の公判でも犯人に間違いないと証言した事案につき，起訴

後公判前の面通しは公判に劣らず"決定的段階"であるから、被告人には修正6条の弁護人の援助を受ける権利がある、したがって、右権利を直接侵害して得られた公判廷外での犯人識別供述は画一的に証拠排除されるが、その後の公判廷での同一の目撃証人による犯人識別証言も"毒樹の果実"として原則的に排除されるとのいわゆるWade-Gilbert法則を明らかにしたうえで、修正6条の弁護人依頼権の侵害を理由として原判決を破棄差し戻した。その後の一連の判例で、Wade-Gilbert法則は訴追の"決定的段階"で弁護人の援助を受ける権利を保障する修正6条に由来するものであるから、正式な対立的司法手続き開始後の面通し手続きにのみ限定され、写真面割手続き等には適用されないことが確立する。

そこで以下、最も重要ないわば原点ともいえるWade判決をやや詳しく紹介した後、Gilbertほか一連の関連判例を紹介しつつ、その適用範囲について簡単に検討することとしたい。

1．Wade判決

Wade判決（1967年）は、銀行強盗で起訴後の被告人に弁護人への連絡を欠いたまま面通しを実施し、参加者全員に強盗と同様にテープを顔につけさせて「金を袋につめろ」などといわせたところ、目撃者の銀行員Aらが被告人を犯人と識別し、後の公判でも犯人に間違いない旨証言したため被告人が有罪とされた事案につき、修正6条の弁護人依頼権違反を理由に破棄差し戻したものである。ただ、訴追側は本件公判では専ら法廷での目撃証言に依拠していたが、公判前に弁護人の立ち会いを欠いたまま面通しが実施されていたため、そのことを理由に法廷での目撃証言を証拠排除すべきかが争われた。本判決は、原審の第5巡回区連邦控訴裁判所が修正6条違反を理由に自動的に証拠排除を肯定し新公判を命じたのに対し、目撃証言も証拠排除するのが相当としつつ、"独立入手源"の例外に該当する場合には許容されるので、この点につき審理することを条件に有罪判決を破棄した。"毒樹の果実"排除の適用事例としても興味深い。その要旨は、およそ次のとおりである。

「われわれは早くも1932年のPowell判決で、アレインメントから公判に至るまでの時期は"おそらく手続きの最も決定的な時期"であり、"憲法の保障が空虚な権利でないというのであれば、被告人が弁護人の導きの手を必要とする時期である"ことを認めた。1964年のEscobedo判決でわれわれは再び弁護人の存在の必要性を指摘し、ついに1966年のMiranda判決において、弁護人の立会権を含む身柄拘束中の取り調べのための法則が確立されたのである」。訴追側は、本件面通しを検察官の証拠収集の

単なる準備手段（preparatory step）にすぎないとし，被告人の指紋，血液サンプル，衣服，毛髪等の組織的ないし科学的分析のようなその他の種々の準備手段と異ならないと主張するが，両者には相違があるため後者の準備手段を"決定的段階"と性格づけることはできない。科学技術の知見は十分に利用可能であり，技術上の差異はほとんどないから，訴追側の専門家証人に対する通常の反対尋問および自己側の専門家証人による証拠の提示を介して，被告人には公判で訴追側の主張に対し有意味な対決（meaningful confrontation）をする機会がある。それ故，かかる分析時に弁護人を立ち会わせる権利を否定しても，修正6条に違反しない」

「しかし，犯人識別証言を引き出すために訴追側が強制する被告人と犯罪の被害者ないし証人との対決には，公正な裁判を実質的に，時には決定的に，侵害する無数の危険と可変的要素が充満している。目撃証人による犯人識別の気まぐれは周知である。刑事法の記録には多くの誤った犯人識別の事例がある。Frankfurter 裁判官はかつて"たとえ矛盾していないときであっても，証言にいかほどの価値があるのか。かような証言の危険性は英米の裁判記録において多くの事例によって証明されている。これらの事例は最近のものであって，昔の残酷な刑事手続きに由来するものではない"と述べた。犯人識別の誤りに由来する誤判率が高いその主たる要因は，訴追側が公判前の犯人識別のため被疑者を証人に対面させるその方法に内在する暗示の度合いである。暗示は意識的にまたは無意識的に多くの微妙な方法でなされうる。そして被疑者にとっての危険は，証人の観察の機会がごくわずかで，それ故，暗示を受けやすいときに最大となる。さらに，証人がいったん面通しで被疑者を選び出してしまうと，後に前言を取り消すことはほとんどない。このことは一般的な経験に属する事柄である。このため，同一性の争点は（他の重要な証拠がない場合には）事実上，公判前にその場でただちに（there and then）決定されることになる。暗示の危険は，いずれの対面方式にもあり，目撃証言に内在する危険性を高めていることは明らかである。しかし，密室での取り調べの場合と同様に，面通しその他の方法による犯人識別のための対面（identification confrontation）の際に生じたことを描写するのは至難である」

「不当な影響の可能性は，われわれが本日判断を下す三事件での公判以前の犯人識別を取り巻く状況によって示されている。証人は法廷で椅子に座り，面通しのための集合を待っていた。法廷は廊下に面しており，その廊下は開かれたドア越しに証人に見えていた。銀行の出納係 A は，被告人 Wade が FBI 捜査官の監視下に"廊下に立っている"のが見えたと証言した。Gilbert 事件での面通しは講堂で実施され，およそ100人の証人がお互いの面前で……てんでに（wholesale）被告人 Gilbert を強盗犯人で

あると識別した。これは暗示の危険をはらむといわれている手続きである。そしてStovall 事件で生じた犯人識別による暗示の欠陥は，警察官と手錠でつながれている被疑者 1 人を証人に提示したことにある。提示された人物が警察官によって犯人であると信じられているということほど明確に証人に暗示を与える状況を想像するのは難しい。われわれは，このような危険は意図的に被告人への偏見を狙った警察での手続きの結果であると考えるのではない。そうではなく，これらの危険は，目撃証人による犯人識別に内在する危険性および公判廷の犯人識別の文脈に内在する暗示性に由来すると考えるのである」

「公判前の面通しには，意図的であると否とを問わず，公判で再現することのできない重大な偏頗の可能性があることは明らかである。そして弁護人の立ち会いそれ自体がしばしば偏頗を除去し，公判での有意味な対決を保障するのであるから，被告人Wade にとって本件起訴後の面通しは，訴追の決定的段階であったことには疑問の余地がない。弁護人の立ち会いを要件とすると，迅速な犯人識別が妨げられ，対面が妨害されるとの懸念が表明されている。われわれは身柄拘束中の取り調べ時の弁護人の立ち会いに関する Miranda 判決で，類似の論理を退けた。弁護人が正当な法執行を妨害することはほとんどありえない。むしろ逆に，訴追側の犯人識別証拠への汚れの混入を防止することによって，法執行は促進されうる。かような帰結は，犯人が有罪判決を回避するのに役立ちうるのではなく，単に正しく本人（the right man）が法に照らして処罰されることを保障するのに役立ちうるにすぎない」

「単に面通し自体での目撃証言だけを排除する限定的な法則では，弁護人依頼権は空虚なものとなろう。面通しは，本件におけるように，被告人を犯人とする証人の識別供述を将来の参考に結晶化しておくために（to crystallize the wintesses' identification of the defendant for future reference）きわめて頻繁に用いられている。そこで訴追側は，証人の明確な法廷での犯人識別に依拠し，公判前の犯人識別に言及しないことがある。面通し時に立ち会うことによって弁護人は，面通しによる犯人識別を攻撃するだけでなく，法廷での犯人識別をも同様に攻撃することが可能となる，したがって，弁護人依頼権侵害の効果を面通し自体での犯人識別供述の排除だけに限定するのは，弁護人依頼権の決定的要素を無視することになる。このような状況下において適用されるべき適切な基準は"最初の違法行為が明らかにされたとしても，現在の異議申し立ての対象たる証拠がかかる違法行為を利用して得られたものであるか，それとも最初の汚れを除去したものと認めるに足る方法により得られたものであるかどうかである"（Wong Sun v. United States, 371 U. S. 471, 488）と考える。この基準を本件文脈

に適用するには、種々の要因の検討が必要となる。例えば、以前に当該犯罪行為を観察する機会があったか、面通し前に述べた人相の特徴と被告人の実際の人相との間に何らかの相違があるか、面通し前に他の人物を識別したことがあるか、被告人の面通し前に写真で被告人を識別しているか、以前の機会に被告人を識別できなかったことがあるか、当該犯罪行為と面通しによる犯人識別との間の時間的間隔いかんなどである」

「控訴裁判所がこの適切な基準を適用して二証人の法廷での犯人識別を排除したかは疑わしい。法廷での犯人識別が独立の源を有するかどうかは本件記録では判断できない。これは公判での争点ではなかった。それ故、われわれは、法廷での犯人識別は独立の源に基づくものであるか、あるいは、いずれにせよ当該証拠の提出は harmless error であるかを決定するための審理を行うことを条件に、有罪判決を取り消すことが相当な手続きであると考える」

2．Gilbert 判決

Gilbert 判決（1967年）は、弁護人に連絡することなく銀行強盗事件等で起訴された被告人に面通しを実施したところ、100人もの目撃証人らは互いに面通し参加者の人物の札番号を呼ばわり合いつつ被告人を犯人と識別し、後の公判でも犯人に間違いない旨証言した事案につき、Wade の法理を適用し、修正6条違反を理由に有罪判決を破棄したものである。ただ、本判決では他に多数の証拠があったものの、目撃証人らは公判前の面通しでも被告人を犯人と識別した旨繰り返し証言したため、正面から両者の関係が問題となった。本判決はあらためて、面通しでの識別供述は画一的に排除されるが、法廷での目撃証言については違法な面通しによる汚れがなく"独立の源"に由来することが立証された場合には許容される旨判示し、右立証の機会を訴追側に与えることを条件に有罪判決を破棄した。いずれにせよ、被疑者・被告人の明示の権利放棄がない限り、弁護人の立ち会いを欠いた面通しでの本件目撃者による識別供述は一切許容できず、その後の法廷での目撃証言も毒樹の果実として原則的に排除されることがここに確立するに至る。その要旨は、およそ次のとおりである。

「法廷での犯人識別（証言）は違法な面通しによって汚れておらず、独立の源に由来することをまず最初に判断することなしに、それらを許容したことには憲法上の誤りがあった。しかしながら、Wade におけると同じく、本件記録では、（有罪認定と量刑手続きの）2段階での法廷における犯人識別（証言）が独立の源に由来するかどうかを十分に判断する（informed judgment）ことができない。それ故、法廷での犯人

識別(証言)には独立の源があること,またはそれを証拠として提出したことが harmless errorであることを立証する機会を訴追側に与えることを条件に,被告人には有罪判決の取り消しを求める権利だけがあることになる」

「面通しで被告人を犯人として識別した旨の証人の証言の許容性に関しては,まったく別途の考慮が必要となる。このような証言は違法な面通しの結果で"最初の違法行為を利用して得られた"ものである。それ故,このような証言には独立の源があることを立証する機会が訴追側に与えられる権利はない。決定的な面通し時における被告人の憲法上の弁護人立会権を法執行当局に尊重させるためには,このような証言に関する画一的排除法則(a *per se* exclusionary rule)だけが効果的な制裁たりうる。現在実施されている面通しに内在する公正な裁判への危険を回避するために十分な立法規制がない場合には,憲法上疑義ある慣行を抑止するという期待(desirability)が関連証拠の排除という不都合(undesirability)に優越する。(以前の)面通しで被告人を犯人と識別した旨証人が証言することによって同人の法廷での被告人を犯人とする識別の陪審への影響が大きくなり,被告人の公正な裁判を受ける権利がいっそう侵害されることを考慮すると,かかる結論は支持できる」

3. 適用範囲

このように Wade-Gilbert 両判決は面通し時における弁護人立会権の不可欠性を強調するが,その憲法上の根拠ないし適用範囲は必ずしも分明ではない。例えば,Wade 判決は,面通しの"決定的段階"を強調して被告人は修正6条の弁護人の援助を受ける権利があるとする一方で,"弁護人の立ち会いが公判での有意味な対決を保障する"と指摘し,修正6条の証人対審権の保障の観点から弁護人の立ち会いが要請されるかのように判示している。さらに弁護人立会権は両事件のように起訴後公判前の面通しに限定されるのか,あるいは写真の提示による犯人の面割手続きにも適用されるかについても,当然とはいえ,明らかにしていない。そのためこの点をめぐり下級審に争いがあったが,今日では Wade-Gilbert 法則は,修正6条の弁護人依頼権の保障に由来する,したがって,訴追の"決定的段階"である正式な司法手続き開始後の面通しに限定され,写真面割に適用されないことが確立している。

面通し時に保障される弁護人立会権の根拠およびその時期については1972年の Kirby 判決[19]および1977年の Moore 判決[20]で明らかにされた。すなわち「Wade-Gilbert の排除法則は,修正6条および修正14条に含まれている弁護人依頼権の保障に由来する」,そして1932年の Powell 判決以降の一連の判例で「修正6条の弁護人依

頼権は対立的司法手続き開始後に付与されることは十分確立」しており，Wade-Gilbert 法則も修正６条の保障に由来する以上，これと異なるところはない。したがって，予備審問や起訴後公判前の面通し時には弁護人依頼権が保障されるが，それ以前の訴追の"決定的段階"といえない逮捕直後の面通し等には弁護人の立ち会いは憲法上必要とされない，というのである。

被疑者・被告人とその他の顔写真を示して実施するいわゆる写真面割手続きの場合については，1973年のAsh判決[21]が，たとえ起訴後の被告人であっても弁護人依頼権の保障は及ばないとの判断を示し，Wadeの適用を正面から否定した。次のようにいう。

「Wade判決は，暗示の可能性および暗示状況の再現の困難性を強調するが，その前提として面通しは公判類似の対面（a trial-like confrontation）であるから"弁護人の援助"を必要とする旨指摘している。Wade判決はまた，指紋，毛髪，血液サンプル等に言及して"科学技術の知見は十分に利用可能であり，技術上の差異はほとんどないから，訴追側の専門家証人に対する通常の反対尋問および自己側の専門家証人による証拠の提出を介して，被告人には公判で訴追側の主張に対し有意味な対決をする機会がある"と説明した。もし正確な再現が可能であれば，対面に内在する危険はなお残るとしても，公判でその欠陥を治癒する機会があるため，その（公判前の弁護人の立ち会いのない）対面は"決定的"ではなくなることになる」

このようにAsh判決以降，写真面割の場合には，面通しの場合とは異なり，被告人自身の立ち会いはなく"公判類似の対決"はないし，指紋等の科学技術の知見と同様に事後の再現は可能であり，公判での有意義な対決をする機会もあるから"決定的段階"とはいえず，修正６条の弁護人依頼権の保障は及ばないことが連邦判例上確立している。もっとも，このような解釈は修正６条の弁護人依頼権保障の沿革には合致するとはいえ，「犯人識別時の弁護人の立ち会いの必要性を回避するために，面通しに代えて写真による犯人識別の実施を警察に奨励」することにもなりかねず，また写真面割は一般に身体を示してする犯人識別よりも「劣る」ため問題のあることも否定できない。そこで州裁判所のなかにはこのことを認識して「被疑者が身柄を拘束されているときには，写真による犯人の面割手続きを不適切」としたり，「状況に応じて写真面割についても弁護人の立ち会いの下に実施しなければならない」とするものがあるという[22]。

第3章　アメリカにおける専門家証言の許容性

第3節　デュー・プロセス

　連邦最高裁は Wade-Gilbert 両判決と同時に言い渡した Stovall 判決[23]で，被疑者1人だけを被害者等の目撃者に示してする単独面接は暗示的なためデュー・プロセスの観点から問題となりうるとしたが，デュー・プロセス違反は全体の状況から総合的に判断すべしであるとし，本件状況下に修正14条のデュー・プロセス違反の主張を退けた原判決を維持した。連邦最高裁はその後の一連の判例で，Stovall 判決のいわゆる事情の総合説的判断基準を基本的に維持しつつ，単独面接のほか単一の写真提示による犯人識別手続きについても，たとえ暗示的であるとしても，当該手続きの全体の状況を総合的に判断して信用性が認められる場合にはこれを許容してもデュー・プロセスに違反しない旨判示している。

　そこで以下，簡単に Stovall 判決を紹介した後，一連の関連判例を検討することにより，犯人識別手続きとデュー・プロセス違反の判断基準を明らかにすることとしたい。

1．Stovall 判決

　Stovall 判決（1967年）は，捜査官が殺人事件の容疑で逮捕した被告人 Stovall を病院に連行し，その前日に手術を受け，なお重体で入院中の被害者（B夫人）に，この男が「犯人ですか」と尋ね，さらに声の識別のため被告人に何度か若干の言葉を繰り返させたところ，B夫人が被告人を犯人と識別し，後の公判でも犯人に間違いない旨証言した事案につき，緊急性があるなどの全体の事情を総合的に判断すると，本件手続きにデュー・プロセス違反はないとしたものである。

　連邦国最高裁は，まず Wade-Gilbert 法則の遡及適用を否定した後，「いずれにせよ本件で実施された対面は不必要に暗示的で回復不能の識別の誤りを誘発するおそれがあるためデュー・プロセスを否定されたとの被告人側の主張」につき検討し，本件手続きにデュー・プロセス違反はないとして，次のように判示した。

　「犯人識別のために，面通しの一部としてではなく，被疑者だけを人々に見せるというやり方は広汎に非難されてきた。しかしながら，面通しのやり方が適正手続きに違反するかどうかは，それをとりまく全体の事情いかんによる。そして本件記録によれば，Stovall を病院の対面で直接B夫人に見せたことは止むを得なかった。控訴裁判所は全裁判官関与の判決で次のように述べている。すなわち"本件では被告人の無

493

実を晴らしうるのはこの世の中で唯一人しかいなかった。彼は犯人ではないとの彼女の言葉が，そして彼女のその言葉だけが被告人を自由にすることができた。病院は裁判所や拘置所（jail）から遠く離れていなかった。B夫人の余命がいくばくかだれにも分からなかった。犯人を識別する責任と緊急に行動する必要性に直面し，さらにB夫人が拘置所を訪問できないことを知り，警察はただ一つ可能な手続きに従い，Stovallを病室に連行した。このような事情の下では，被告人の主張するような通常の警察署における面通しは問題外であった"と述べているのである。控訴裁判所の判決は維持される」

2．関連判例

　Stovall判決は，単独面接はデュー・プロセスの観点から問題となるとしつつ，デュー・プロセス違反は"全体の事情いかん"によるとしたうえで，とくに緊急性を理由に本件手続きにデュー・プロセス違反はないとした。そこで，単独面接はこのような緊急性のある場合に限り認められるのか，また写真面割の場合はどうか，さらに，"全体の事情"の具体的な判断基準いかんなどの問題が残された。

　1968年のSimmons判決[24]は，被告人が銀行強盗の犯人であることは間違いない旨の目撃証人（銀行員5人）の一致した法廷証言に依拠した有罪判決であったが，いずれも公判前にグループ写真を示されて被告人を犯人と識別していた事案につき「有罪判決が破棄されるのは，写真による犯人識別手続きが許しがたいほど暗示的で回復不能の識別の誤りを誘発する可能性が極めて強い場合に限られる」としたうえで，右判断基準を適用して，Stovallでの単独面接と同じく，写真面割が不可避であったなど本件事実関係の下ではデュー・プロセスの侵害はないとした。さらに1972年のBiggers判決[25]は，強姦事件の7か月後に，別件で逮捕拘留中の被告人を警察署で被害者に単独面接させていた事案につき，単独面接が暗示的であるとしても，それだけでは必ずしもデュー・プロセスには違反せず，問題は"全体の事情"の下で犯人識別が信用できるかどうかであるとしたうえで，被害者の犯人を観察する機会，注意力の程度，犯人の人相描写の正確性，対面時に示した確実性の程度，対面までの経過時間などを総合的に考慮すると，被害者の公判前の犯人識別には重大な誤りの可能性はないからデュー・プロセスには違反しないとした。

　このような状況下に1977年のManson判決[26]は，おとり捜査官が後に同僚が部屋に置いてある1枚の写真を偶然目にして，その人物がその2日前に接したヘロインの売人であると識別し，8か月後の公判でも右写真の人物がヘロインの売人であること

に確信があると証言し，さらに法廷にいる被告人が売人であることに間違いない旨明確に証言した事案につき，不必要に暗示的な単一の写真による犯人識別であるとしても直ちにこれを排除するのは相当でなく，その具体的な判断基準は Biggers 判決で明らかにされており，この基準を本件にあてはめて総合的に判断すると，捜査官の写真による犯人識別には信用性が認められるから，これを許容してもデュー・プロセスに違反しないとした。

3．判断基準

　このように写真面割を含めた犯人識別手続きはデュー・プロセスの観点からも問題となりうるが，デュー・プロセス違反は"不必要に暗示的で回復不能の識別の誤りを誘発するおそれのある"場合に限られている。つまり，仮に不必要に暗示的な犯人識別手続きであっても，証人の犯行時における観察力，注意度，供述の一貫性，正確性など"全体の事情"を総合的に判断して識別供述の信用性が肯定されると，それを許容してもデュー・プロセスには違反しないというのである。例えば，前出 Manson 判決は，訴追側は当初から「本件面割手続きは暗示的であり（1枚の写真しか使用されていない），かつ不必要であった（緊急性も切迫した事情もない）ことを認めていた」，したがって，被告人側はいわゆる絶対的画一的な排除法則の適用を主張し，原審の第2巡回区連邦控訴裁判所も「その信用性いかんにかかわらず排除すべきである」との判断を示したが，連邦最高裁はこれを破棄差し戻したのである。なお，連邦最高裁は1969年の Foster 判決(27)において，強盗事件の被疑者だけを2回の面通しに参加させた事案につき，初めてデュー・プロセス違反を肯定した。「被告人が本当に"犯人"であるかどうかにかかわりなく，目撃証人が犯人と識別することは不可避であった。警察は"これが犯人である"と証人に事実上繰り返していたことになる。このような手続きは目撃証人による犯人識別の信用性を大きく崩しており，デュー・プロセスを侵害したことになる」というのである。

第4節　専門家証言

　このように連邦最高裁は1967年以降の一連の判決において，憲法上の観点から目撃証言の危険性に対処してきたが，連邦証拠規則との関わりについては明確な判断を示していない。しかし，1993年の Daubert 判決は，目撃証言の信用性に関する専門家証言の許容性を否定した原審の誤りを明示した第3巡回区連邦控訴裁判所の Downing

判決を一部採用することを明らかにしたうえで，連邦証拠規則702条の解釈としていわゆる Frye 法則を破棄したのである。アメリカでは目撃証言の誤りに対処するには憲法上の保障だけでは十分でなく，心理学者等の専門家証人の活用が有用であるとの見解が次第に有力になりつつあるが，専門家証言の許容性は連邦証拠規則702条の解釈問題であるだけに，Daubert 判決の意義は大きい。

　そこで以下，専門家証言登場の背景を指摘した後，連邦証拠規則の関連規定に言及し，Frye 法則との関わりについても触れつつ，下級審判例の動向について概観することとしたい。Daubert 判決や第3巡回区の Downing 判決等については，いずれも節を改める。

1．背景

　Frankfurter 連邦最高裁判事はかつて"たとえ矛盾していないときであっても，目撃証言にいかほどの価値があるのか"と喝破し，連邦最高裁は1967年の Wade 判決で右一文を引用しつつ，目撃証言の危険性に対処し誤判を防止する重要な一方策としての弁護人依頼権の役割を強調した。しかし，各種調査によれば，目撃証言の誤りに由来する誤判事例はその後も跡を絶たず，その主たる原因は陪審員の目撃証言に対する盲目的依存にある。Loftus 等の最近の心理学的研究によれば[28]，人の記憶の過程は複雑で，記憶には歪みが伴う。したがって，専ら自らの記憶に依拠している目撃証人の犯人識別には常に誤りの危険性があることになる。ところが，陪審員は容易に目撃証言を信用し，それを重視しすぎる傾向にある。犯行の目撃者が証人台に立って，被告人を指さし"この人が犯人だ"と証言すると，容易にそれを信用してしまう。目撃証言が「最も破壊的かつ説得的証拠である」ことは否定できないにもかかわらず，陪審員には目撃証言に依拠することの危険性の認識が十分でない。この危険性に対処するには，一定の面通し手続き段階で弁護人依頼権を保障するだけでは足りず，心理学者等の専門家を法廷に喚問して目撃証言の誤りの可能性について証言させることが「最も有効かつ論理的な解決策である」というのである[29]。

　ところで，目撃証言の過誤による誤判防止策として，①被告人の有罪を裏づける他の証拠がない場合の目撃証言の全面的排除，②陪審員への説示を条件として目撃証言を許容する，③専門家証人の採用を条件として目撃証言を許容するなどの提案がなされてきた。しかし，人の記憶過程で生ずる歪みを理由に目撃証言の全面的排除に踏み切った裁判所はないし，また信用性ある目撃証言も少なくないことから，補強証拠を要求するのは格別，目撃証言自体の証拠排除を主張する見解も見当たらない。連邦最

高裁は1967年以降,「巧妙な警察の実務慣行 (manipulative police practices) が目撃証言の不信用性の一因となる危険性に鑑み」, 公判前の面通し手続きで弁護人の立ち会いがなかった場合, あるいは面通しが"不必要に暗示的"であった場合に, 目撃供述を排除しうるとしたが, このような憲法上の保護装置は, 不当な公判前の対決を防止するものにすぎず, 人の記憶過程で生ずる歪みの危険防止に向けられたものではない[30]。

このようにアメリカでは, 目撃証言に関する心理学的研究の進展に伴い, 専門家証言に好意的な事実審裁判所は増えつつあり, 現に, わが国でも著名なLoftus博士は早くも1984年1月の段階で, 90件以上もの公判で証言が認められたという[31]。しかし問題は, 専門家証言を許容したとされる事実審裁判所の見解が公刊されていないため, 正確な現状分析が不可能な点にある[32]。さらに専門家証言は通常, 被告人側が申請する。証言が認められた場合には, 控訴審でこのことが問題となることはない。無罪の場合はもちろん, 被告人有罪の場合には自ら申請した証言が許容されたことに不服を申し立てることはできない。したがって, 控訴裁判所で専門家証言の許容性が問題となるのは, 公判裁判所でそれが排除された場合に限られる。そして専門家証言を許容するかどうかの判断は公判裁判所の裁量に委ねられており, 控訴裁判所は通常, 公判裁判所の裁量に基づいた決定を尊重するのが伝統であるとして, それに介入しないという[33]。

2. 米連邦証拠規則702条等

1975年の米連邦証拠規則は, 全部で11章62条から成るが, 専門家証言の許容性と直接関わりがあるのは第4章と第7章である。第4章は11条から成り, 第7章は7条から成るが, 第4章で, 関連性ある証拠の許容性を原則として肯定しつつ, 事実誤認のおそれが大きい場合, または不当な遅延等の不利益防止の必要性が大きい場合には, 当該証拠を排除できるとし, 第7章で, 当該事実認定に役立つ (will assist) 場合には専門家証言 (expert testimony) の許容性を肯定し, さらに事実認定者が決定すべき最終事項 (ultimate issue) についても証言できるとしている。最も重要な規則702条は専門家証言につき 「科学的, 技術的またはその他の専門的知識が事実認定者による証拠の理解または争点となっている事実の認定に役立つ場合には, 知識, 技術, 経験, 訓練または教育によって専門家としての資格を有する証人は, それらにつき意見その他の形で証言することができる」と規定している。

ところで, 従来, 目撃証言の信用性に関する専門家証言が排除されたのは, 一般常

識の範囲内のことであるから，あえて専門家の証言を必要とするまでもなく，陪審員は目撃証言の信用性を判断できる，また証言の価値判断およびそれに基づく最終的な事実認定は，本来，陪審員の仕事であるから，専門家証言を認めるのは陪審員の領域を侵すことになる等の理由による。しかし，前述のようにLoftusらによる近時の心理学的研究によれば，知覚，記憶の過程は複雑であり，通常の陪審員は，目撃証言の正確性に影響を及ぼす諸要因についてはほとんど無知に等しい。したがって，専門家証言は陪審員の事実認定に"役立つ"といえるのではないかが問題となり，いずれにせよ，それは規則702条等の解釈問題に帰着するのである。

　いわゆる科学的証拠については従来，関連学界での"一般的承認（general acceptance）"を許容性の要件とするFrye法則が妥当するとされてきたが，このFrye法則については従前から強い批判があり，とくにMcCormickが1954年の証拠法の第1版で，"一般的承認"は，裁判所が科学的技術につきいわば裁判所に顕著な事実として証拠調べなしに済ませうる職権による確知（judicial notice）をするためには適切な要件であるが，科学的証拠を許容するための基準ではない，専門家の関連性ある証言は，陪審員の偏見，判断の誤導等のおそれがとくに大きい場合を除き，許容されるべきであると主張して以来，このいわゆる関連性のアプローチ（relevancy approach）が次第に有力化する。さらに証拠規則403条は「この関連性のアプローチを法典化」したと考えられるうえ，証拠規則702条は，専門家証言一般との関わりのなかでとくに科学的等の専門的知識に言及し，それが事実認定者の判断に"役立つ"場合には，適格性ある専門家証人は"そのことについて証言できる"旨定めているため，証拠規則の解釈として関連性のアプローチが浮上した。ただ，証拠規則本文も証拠規則諮問委員会の注釈もFrye法則に一切言及していないため，"一般的承認"の基準採否をめぐり激しい学説上の争いがあった。

　このような状況下に第3巡回区連邦控訴裁判所は1985年のDowning判決において，目撃証人の信頼性に関する専門家証言の許容性が争われた事案につき，証拠規則第702条の有用性（helpfulness）の基準に合致していないことを理由に被告人側提出の心理学者の証言の許容性を否定した原判決を破棄差し戻した際に，とくにFrye法則に言及し，Fryeの"一般的承認"の基準は「連邦証拠規則の精神と相容れない科学的証拠に対する保守的アプローチを反映している」ため許容性の基準としてはこれを廃棄し，それに代わるより柔軟なアプローチ，すなわち種々の要因を調査して当該証言に信頼性が認められる場合には，さらに混乱，誤導等の危険性とを比較衡量してその許容性を決定すべきである旨の判断を示した。そして連邦最高裁は1993年のDaubert判

決で、右 Downing 判決を引用しつつ、Frye 法則の廃棄を明らかにしたのである。

3．下級審判例の動向

　専門家証言を排除する根拠として最も頻繁に指摘されてきたのは、①専門家の証言内容は"陪審員の一般常識の範囲"に属する事柄であるから、事実認定者に"役立つ"とはいえない、②専門家証言は余りにも一般的であるから事実認定者に"役立つ"とはいえない、③専門家の証言であるため、その証拠価値より偏見的効果による危険性の方が大きい、以上3点である[34]。以下、右諸点に言及した下級審判例を簡単に紹介した後、新しい動きについて触れることとしたい。

　まず第1点に関する著名な判例として銀行強盗事件に関する1973年の Amaral 判決[35]がある。第9巡回区連邦控訴裁判所は同判決で、陪審員は目撃者の知覚へのストレスの影響を効果的に評価できるから、専門家の証言内容は"適切な主題（proper subject）"とはいえない。要するに、目撃証言の信用性に関する専門家の証言内容は陪審員の一般的知識の範囲内のことであるから、その必要性はないとして、当該専門家の証人としての適格性を肯定しつつ証言を排除した原審決定を維持している。そして第8巡回区連邦控訴裁判所は1984年の判決[36]で、規則702条と Amaral 判決を引用しつつ、専門家の証言内容は"素人の陪審の理解を越えたものではない"から、"専門家証言が被害者による犯人識別供述を評価する陪審員に役立っていたであろうとは思えない"とし、第7巡回区も同様に1989年の判決[37]で、陪審員は目撃証言の不信用性の評価に関して援助を必要としないし、専門家証言は"事実認定に役立たないから、いずれにせよ規則702条の下で専門家証言を排除したのは相当である"旨判示している。このように Amaral 判決およびこれに従う諸判決は、専門家証言は"事実認定者に役立つ"ことはないから"適切な主題"とはいえず常に排除できるとのいわば画一的排除の根拠（a *per-se* exclusion rationale）を明らかにしており、その意味で専門家証言の許容性を一切否定する第11巡回区等の諸判例と異なるところはない[38]。

　次に専門家証言の一般性を強調する見解によれば、専門家は目撃証言の歪みに及ぼす諸要因について証言できるが、その証言は余りにも一般的である。すなわち特定の犯人識別供述の正確性について意見を述べないのであるから、事実認定者に役立たないという。例えば、第2巡回区は1986年の判決[39]で、原審の排除決定を維持した際に、目撃証言の危険性は十分に理解しているとしつつ、専門家証言は犯人識別手続きの現場に立ち会っておらず、その証言は"基本的には異人種間の識別に関する信頼性の欠如についての一般的見解"を述べるにとどまるから混乱を生じさせる（muddy the waters)にすぎない旨判示している。同様に第9巡回区も1986年の判例[40]で，専門家の証言内容は余りにも一般的であって許容できないとした公判裁判所の決定を維持した際に，目撃供述の信用性に及ぼしうる影響について証言していたであろうことは認めつつ，"特定の証人の証言が誤っている，あるいは信用できない"かどうかにつき意見を述べることを拒否したのであるから，本件専門家の証言は陪審員に役立っていなかったであろうと判示しているのである。

さらに第3点に関し，例えば，第1巡回区は1979年の判例[41]で，2人の目撃証言を決め手として被告人が再公判で初めて銀行強盗で有罪とされた事案につき，被告人側の反対尋問のほか裁判官の注意深い説示もあることに照らすと，陪審員は専門家証言の助けがなくとも，目撃者の知覚し記憶する能力を十分に評価できるとしたうえで「専門家証言には科学的証拠を取り巻く信頼性の雰囲気があるため不当な偏見をもたらす実質的危険がある」，したがって証拠価値があるとしても不当な偏見および混乱をもたらす可能性の方が大きいことを理由に証拠規則403条を適用して専門家証言を排除した公判裁判所の判断を健全な裁量権の行使である旨判示している。このほか被告人側の反対尋問で十分とする判例もあるが，これは，専門家の証言内容は陪審員の一般的知識の範囲内の事柄であるから，陪審員は被告人側の反対尋問で目撃証言の問題点を十分に理解できることを前提にしているのである[42]。

このように多くの巡回区連邦控訴裁判所は，目撃証言の信用性に関する専門家証言の許容性を否定した公判裁判所の判断に裁量の誤りはないとする。ところが，1980年代になると，3つの巡回区裁判所が，いずれも傍論であるが，訴追側提出の証拠が目撃証言のみである場合には，専門家証言の許容性を肯定すべきである旨の判断を示した。すなわち，第8巡回区連邦控訴裁判所は1987年の判例[43]で"被告人に不利益な訴追側証拠が専ら補強証拠のない目撃証言に依存している"場合には，専門家証言の排除は裁量権の濫用になりうる旨指摘し，第5巡回区は1986年の判例[44]で，"唯一の証言が偶然の目撃者による識別供述である事案においては，その識別供述の正確性に関する専門家証言は許容されうる"との判断を示している。さらに第6巡回区は1984年の判決[45]で，専門家証言を排除した公判裁判所の決定は"無害の手続的瑕疵(harmless error)"であったと認定しつつ，目撃証言を裏づける他の証拠が提出されていなかった場合には，当該証言の排除は破棄理由となる誤り（reversible error）であったろうと指摘している。いずれも専門家証言を排除した公判裁判所の決定を破棄したものではないが，訴追側が目撃証言を裏づける補強証拠を提出していなかった事案ではなかったことを指摘しつつ，傍論としてではあるが，目撃証言が被告人に不利益な唯

一の証拠である場合には，目撃証言の信用性に関する専門家証言の有用性は肯定しうるとしており，いずれにせよ従来にない新しい動きを示す判例として注目されるのである。

第5節　三判例の登場

　目撃証言の信用性に関する専門家証言を排除した公判裁判所の決定を連邦控訴裁判所として初めて正面から誤りと断定したのは第3巡回区のDowning判決であるが，このほか州レベルではアリゾナ州最高裁のChapple判決とカリフォルニア州最高裁のMcDonald判決がある。いずれの判決文もかなりの長文であるものの，これら各州にも連邦と同一の証拠規則があることから，とりわけ専門家証言は事実認定者に"役立つ"といえるかが最大の争点であり，したがってFrye法則との関わりや他法域の主要判例にも言及しつつ，Loftus博士らの専門家証言の有用性を肯定したものであるだけに，全体像を把握するうえでも有益かつ不可欠なものである。

　そこで以下，事実関係にも触れつつ，適宜タイトルを付し順次検討するが，Downing判決についてはとくにFrye法則との関わりに関する判示部分を中心に紹介することにしたい。

1．Chapple 判決

　Chapple判決[46]（アリゾナ州最高裁判所－1983年）は，被告人Chappleを謀殺事件等の犯人の1人とする2人の目撃証言の信用性が争われた事案につき，Loftus博士の証言の許容性を否定した公判裁判所の判断を裁量権の濫用に当たると断定した最初の州最高裁判例として著名であり，とりわけLoftus証言の有用性を肯定したものとして興味深い。

（1）〈事実の概要〉

　被告人は麻薬取引の現場で相手方3人全員を射殺したうえ死体を焼却した3人組（X，Y，Z）のうちの1人（X）として第1級殺人罪など3訴因で起訴されたが，被告人と当該犯罪とを結びつける証拠は，右麻薬取引を仲介したうえ殺害現場にもいて死体焼却を手伝った兄妹（A，B）の目撃証言以外には存在しなかった。右2証人は，後に免責を得て当局に出頭し，かなり以前からの知り合いで事実上の首謀者である人物（Y）については写真面割で直ちに識別したが，被告人については識別できず，ためらいがちにではあるが他の人物（ローガン）をXとして識別していた。ところが

1年余を経た写真面割で、それまで一切面識がなかった被告人を初めて犯人の1人であるXと識別し、法廷でも明確にXであると証言した。なお、Yは第2級謀殺罪で有罪の答弁をしたものの証人台には立たず、Zは逃亡中であった。

被告側の7証人はいずれも、被告人は犯行当日には他州にいたと証言した。被告人はまた、知覚、記憶の専門家として周知の心理学者Loftus博士の喚問を求めたが、公判裁判所は、その証言内容は陪審の共通の知識内のことで、かつ反対尋問で十分であるとして、証言を認めなかった。被告人は有罪判決の言い渡しを受けたので控訴したところ、アリゾナ州最高裁判所は、識別供述に関する専門家証言を排除したのは裁量権の濫用である等の被告人の主張を容れて、原判決を破棄差し戻した。

(2)〈判旨〉

① 証拠規則702条と先例

アリゾナ州証拠規則702条は"科学的その他の専門的知識が事実の認定に役立つ(will assist)場合には、専門家としての資格を有する証人は、それらにつき証言することができる"と定めている。

ところで、第9巡回区連邦控訴裁判所は1973年のAmaral判決(United States v. Amaral, 488 F.2d 1148)で、目撃供述に関する専門家証言を排除した公判裁判所の判断を維持した際に、専門家証言の許容性の判断基準として、①資格を有する証人であること、②証言内容が対象として適切であり、③一般的に承認されている理論に合致していること、そして④偏見的効果に比して証拠価値のあること、という4基準を明らかにした。この基準を本件事案に適用すると、訴専門家証人が資格を有することには争いがなく、一般的に承認されている理論に合致しているかという問題は本件では提起されていない。それ故、専門家証言の証拠価値がその偏頗な効果に優るかどうか、そして証言内容が専門家証言の対象として適切な主題といえるかの2つが検討すべき課題となる。

② 証拠価値と偏頗の可能性

「訴追側は、証人の証言にはほとんど証拠価値はなく、不公正な偏頗をもたらす危険性が大きいと主張する。Loftus博士の証人としての適格性は余りにも強い印象を与えるため陪審員は彼女の証言を不当に重視するであろうというのであるが、不公正な偏頗(unfair prejudice)の問題を生ずるとは考えられない。証拠価値の欠如という主張は、証人は本件に適用可能でかつ識別供述の信用性に影響する一般的要因について証言するにとどまり、A、Bのした特定の識別供述の正確性に関して何らかの意見を表明するものではなく、目撃供述一般の正確性の割合に関する意見を表明するもので

もないという前提に基づいているが，証言の"一般性（generality）"は許容性を支持する１つの要因と考えられる。702条は，専門家が証言台で各事案に関する科学的その他の諸原理について解説することを認め，それら事案への適用を事実認定者に委ねているからである」

③ **証言内容の適切性**

残された課題は，当該証拠は専門家証言の対象として適切（a proper subject）といえるかである。アリゾナ州証拠規則702条は"事実の認定に役立つ"場合に専門家証言を許容する。つまり許容性の基準（test）は，調査対象が通常の教育を受けた人の共通の知識の１つであるかどうかであり，陪審員は専門的な知識を有する人の啓発がなくても特定の争点を理性的かつ十全に判断しうるかどうかである。事実審裁判官は「本件証人が予定している証言の中には，陪審員が共有する経験の範囲外であるもの，証人に対する反対尋問でまかないきれないものは一切ないと述べて当該証言を拒絶した。このような根拠づけは，前述のAmaral判決およびそれを踏襲してきた大多数の判例で採用された見解と同一であり，大多数の事案では証拠排除の正当化理由となろうが，本件事案の下で当該証言を否定したのは誤っている。まず最初に，わが法は目撃証言に内在する危険を早くから認識していたことを指摘しておく。連邦最高裁は1976年のWade判決で目撃供述の気まぐれは周知である。刑事法の記録には多くの誤った識別供述の事例がある。Frankfurter裁判官は，かつて，"たとえ矛盾していないときであっても，識別証言にいかほどの価値があるのか"と述べている旨指摘した。経験的なデータの示すところによると，多くの陪審員はそのような証言の信用性について，心理学的な研究によれば，間違っているとされる直観的な結論を下すという」

「陪審員を法廷から排除して証言台に立ったLoftus博士から入手した証拠によれば，Loftus博士の証言は，識別供述の正確性に影響し，かつ本件事案にも適用しうる多くの明確な可変的要因（many specific variables）のあることを陪審に告げていたであろうことが示されている。例えば，たいていの陪審員は，記憶は時が経過するとともに薄れていくことを認識しているであろうことは疑いないが，Loftus博士は"忘却線（forgetting curve）"は一様でないことを示す実験データを提出した。忘却は急速に生じ，次に平衡を保つ傾向にある。すなわち，即時の識別供述は長時間を経た識別供述よりもはるかに信用できる。それ故，捜査の当初にローガンの写真を見せられて，ローガンの顔立ちは犯人（X）のそれに似ているとしたAの識別は，13か月後の写真面割でのAのChappleの写真識別よりも信用できるであろう。同様に，Chappleの写真が初めてAに提示された1978年３月26日（犯行４か月後）に，かつAの識別能力

がはるかに高かったであろうときに，Chappleの写真をAが識別できなかったというのは極めて重要であるという」

「本件での他の可変的要因は，ストレスの知覚に及ぼす効果である。Loftus博士は，ほとんどの素人はストレスのある方が"よりよく"出来事を記憶しているのでストレスのある間に見たことの方が後により正確に話せると信じていると指摘した。しかし実験の示すところによれば，ストレスがあれば知覚は不正確となり，その後の再生も歪みを生じうるという。Loftus博士はまた"無意識の転移（unconscious transfer）"，すなわち証人はある状況下に見た人物と他の状況下に見た人物とを混同するという現象の問題点についても証言していたことであろう。Loftus博士は，ある写真面割に参加したもののどの写真をも識別できなかった証人が，その後に先の〔写真面割時に展示された〕人物のうちの1人の写真を〔再び〕見せられると，以前の写真面割との関係よりも当該犯罪とその写真の人物との関係につき語ることがあることを指摘していたことであろう」

「他の可変的要因は，事件後の情報の同化作用（assimilation of post-event information）に関わりがある。Loftus博士の示した経験的証拠によれば，証人はしばしば自らの識別と事件後に入手した不正確な情報とを合体（incorporate）して両者を混同するという。さらに"フィードバック要因（feedback factor）"の問題がある。われわれは本件で，親族関係があり，Xの識別に関して話し合ったという2人の証人を取り扱っている。2人をインタビューしたLoftus博士は，2人が独立にしたXの人相描写が時にはまったく同一の言葉で表現されていることを強調した。そのような話し合いを通して2証人はそれぞれの識別を強化できたであろうし，そのような強化は識別の確信性を高める傾向にあるというのである。同じことは，各証人が警察官とともに多数の写真をじっくり検討した一連の写真面割についてもいえる。なお，断っておくが，われわれは警察が意図的に識別手続きを偏頗なものにしたというのではない。警察が偏頗の可能性を回避すべく注意していたことは記録が示している。しかしながら，Loftus博士が指摘したように，7回にも分けて行われた合計200枚を越える写真から成る写真面割に際し，警察官が証人に識別を予期ないし期待したことに関して何らかの"フィードバック"効果を証人に生ぜしめなかったと主張することはできない。最後の可変的要因は，確信およびそれと正確性との関係に関わりがある。Loftus博士の証言および若干の経験的データは，証人の識別供述への確信とその識別供述の実際の正確性には関係がないことを示している。この要因もまた，本件での証拠に深く関わりがある。A，Bはいずれも証言時に，識別供述に絶対的な確信があると述べ，証

言台での両者の態度も絶対的な確信を示していたからである」

④ 結論

「"公判裁判所の裁量の範囲内"という文言はしばしば用いられているが，……この文言は，裁判所はその欲するままの結論を自由に下しうるという意味ではない。それは，相対立する衡平上のまたは事実に関する問題（equitable or factual considerations）が存在する場合には，われわれの判断を公判裁判所のそれに替えてはならないということを意味するにとどまる。それ故，事実認定者が識別供述の信用性の問題に関し専門家証言の援助を必要としない通常の裁量に基づいた決定の場合には問題はないが，本件では通常ならざる事案であるため，それとは逆の結論に至らざるを得ない。本件での証言排除の決定は，人間の記憶の作用に関する科学的理論は証拠上の根拠を示さなくても（without evidentiary foundation）反対尋問で効果的に主張しうるとの裁判所自身の結論に基づいている。上述の例が示しているように，本件事実の下では，かかる結論は不正確であった。最終的な事実に関する主要な争いの中には専門家証言がかなり役立つであろう場合が少なくない。したがって，われわれは，当該証言を排除した決定は法律上不正確であり，証拠による裏づけがなかったと考える。それ故，それは裁量の濫用であったということになる。われわれは，この問題に関する専門家証言の洪水への"門戸を開放する"つもりはない。Loftus 博士は本件の特殊な事案に関して証言を認められるべきであったと結論するにすぎず，先に引用した圧倒的多数の判決で到達された結論に不服があるわけではない。アリゾナ州でのこの問題に関するルールは従前のとおりであり，通常の事件では目撃供述に関する専門家証言の許容性に関する公判裁判所の決定は維持されることになろう」

2．McDonald 判決

McDonald 判決[47]（カリフォルニア州最高裁判所－1984年）は，複数の目撃証言を決め手として被告人が殺人罪で有罪と認定された事案につき，目撃証言の正確性に関する専門家証言の許容性を否定した原審判断は裁量権の濫用であるとして破棄差し戻したものである。本判決の判旨自体は Chapple 判決と同旨といってよいが，とりわけ心理学的研究の進展に言及した部分が注目される。

（1）〈事実の概要〉

被告人 McDonald（以下，X ともいう）は強盗時に被害者 E を殺害したとして殺人および強盗罪で起訴されたが，殺人罪についてのみ有罪と認定され死刑を言い渡されたため，自動的に最高裁に上告されることになった。公判では次のことが争いなく確

定した。ヒスパニック系のEは1979年8月20日午後4時，給与の小切手を現金化するため職場を離れ，午後5時過ぎダウン・タウンの交通量の激しい交差点で黒人によって射殺された。主たる争点は，この犯人と被告人との同一性（identity）である。訴追側が喚問した7人の目撃証人は，確信度に相違はあるものの，いずれもXを犯人と識別したが，1人の目撃証人はXを射殺犯人（gunman）ではないと断定した。右8証人はいずれも，通行中にまたは走行中ないし停止中の車の中から偶然犯行を目撃した人物であるが，被告人を犯人ではないと断定した1証人（女性）は犯人と同じ黒人であった。被告側の6証人はいずれも，Xは犯行当日には他の州にいた旨証言した。

このように訴追側は被告人を犯人とする証拠として目撃証人しか提出しておらず，しかもその8人の目撃証人のうち1人は被告人は犯人ではないと明言しており，公判廷では明確に被告人を犯人と識別した4証人についても公判前の写真面割では明確に識別できなかったことなどが明らかとなり，残る3証人の証言はいずれも曖昧で被告人を犯人と断定しかねるという点では一致していた。本件では，公判廷で被告人を犯人と識別した4人の目撃証言の正確性についての心理学的観点からするS博士の専門家証言が排除されて有罪（死刑）判決が言い渡されたため，この点をめぐり上告審で審理されることとなり，カリフォルニア州最高裁判所は，本件事案の下では右専門家証言は許容すべきであり，事実審裁判所の専門家証言の排除決定は裁量権の濫用に当たる旨判示した。

(2) 〈判旨〉

① 専門家証言の内容

S博士は20余年の経験を有する心理学者として人の知覚，記憶，再生（recall）の心理状態について講義してきた。「彼は，目撃供述の心理状態に関する科学的文献に精通しており，また自らこの問題に関する実験研究を行い論文を発表してきた。彼は24以上の州および連邦裁判所で心理学の専門家証人（an expert psychological witness）としての資格が認められてきた。訴追側も，同証人の適格性については問題にしていない」

取り調べ請求においてS博士は「目撃供述の信頼性に影響を及ぼすかもしれないさまざまの心理学的要因に関して陪審員に情報を提供し，（識別に至る）過程について"共通する若干の思い違いを正す手助け（help to counter some common misconceptions）"をしたいと説明した」彼はまず，目撃供述はすべて，知覚（観察），記憶，再生の過程をたどり，最初の観察に影響を及ぼす物理的状況（physical circumstances），

例えば，明るさ，距離，観察時間などは素人にも一般的に知られていると指摘した。「しかし，心理学的諸要因は知覚の正確性にも影響を及ぼしうる。S博士は，知覚は観察者の精神状態，その期待感，当時の注目度，事件の突発性，状況の緊張度，および観察者と被観察者との人種や年齢の相違のような諸要因によって影響されうるという実験研究の成果を陪審員に提示することを考えていた。次の識別過程の段階は記憶である。S博士は，記憶は単に知覚した場面を永久に再生産する受身の記録ではなく，古い要素は薄れて消え去る一方で，新しい要素——その後の情報や暗示——が無意識に総合的な記憶の中に前者と後者とが区別できない程度にまで混在するという選択的かつ建設的過程であることを示す証拠について，陪審員とともに検討することを考えていた。最後の段階は再生 (retrieval) である。S博士は，想起 (recall) は被験者の期待感，その被暗示性，なされた質問の言い回し，さらに示された写真のサイズやタイプのような諸要因によっても影響されうることを確証した研究成果を提示することを考えていた」

「本件事案にもどると，S博士は，本件での特定の証人による被告人の識別供述が間違っているとか間違っていないとかの意見を述べるつもりはないことを明らかにした。しかし彼は，本件事案での被告人 (X) を犯人とする識別に影響を及ぼしうるさまざまの心理学的要因について指摘したいと考え，にぎやかな通りの曲がり角での被害者Eの殺害は少し離れた所で発生した，当然ながら証人にとってまったく予期せぬ出来事であったこと，そして駐車中または走行中の車の中にいたため，その観察はほとんど断続的であることを強調した。彼はまた，証人の中には年少者 (youth) がいることに言及し，公判前の写真面割時に用いられた言葉や予備審問当時の犯人の識別の曖昧さに言及した。S博士はとくに，本件での異人種要因 (cross-racial factor) の効果を指摘し，黒人であった被告人は現場にいた黒人ではないと確信した1人の証人 (W夫人) は彼女自身黒人であったこと，これに対し，被告人を犯人であると積極的に識別した証人のうち2人 (A, B) は被害者と同じヒスパニックに属する人種であったことを強調した」

このような立証に基づいて，被告人は陪審員への手助けとしてS博士の証言を提出した。訴追側は1974年のJohnson判決 (People v. Johnson, 112Cal. Rpty. 834) 等を引用して，S博士の証言を認めることは，"陪審の機能を侵食する"との理由だけでこれに反対した。公判裁判所は，Johnson判決の理由づけに"完全に同意する"ことを明らかにし，S博士に証言を認めることは，"陪審の領域を侵すことになる"と結論したのである。

第2編　法律学からのアプローチ

② 心理学的研究の進展

　連邦最高裁は1967年の Wade 判決で，"目撃証人の識別供述の気まぐれ（vagaries）は周知である。刑事法の記録（annals）には誤った識別供述の事例が多くある"ことを認め，そのような識別供述の誤りに由来する"誤判の発生率が高い"ことを指摘し，被疑者にとっての危険性は，"証人の観察の機会が不十分で，それ故，暗示への感受性が最大であるとき重大（grave）となる"と警告した。著名な連邦裁判所判事は，これに呼応し右警告を敷衍した。例えば，Bazelon 首席裁判官は1972年の判決 (United States v. Brown, 461 F. 2d 134)で「目撃供述の信用性の問題を直視し，陪審員がこの問題の科学的研究の成果を身につけ，そして事実認定の仕事をする手助けとしてかかる情報に陪審員が接近することを認めるよう裁判所に呼びかけ，次のように指摘した。すなわち"目撃供述の決定的問題はその信頼性に関わる。ところが，裁判所は常に，暗示性の問題とは異なり，識別供述の信用性には興味がないとする。信用性は陪審員の判断すべき事実問題であるというのである。しかし，人の識別過程の相当性，正確性には重大な疑義がある。疑いもなく識別供述はしばしば信頼できない。われわれがこれまで信頼性がないとして排除してきた嘘発見器よりも信頼できないだろう。識別の供述過程の信用性および陪審員の責任処理能力に関しより多くの情報が必要である。識別の供述過程の陥穽に無知のままであれば，合理的かつ知性的な選択ができないのは明らかというべきである。今日利用できるデータの示すところによれば，この問題は非現実的なものではない。ところが，われわれはこれまでさまざまな理由で，かかるデータが示している疑問を直視することを潔しとしていなかった。異人種間の識別供述の正確性については問題性を認めることに対してすら，ほとんどタブーといえるほどの嫌悪感（reluctance）を示し続けてきたのであり，ましてや利用できる情報を陪審員にすべて提供することに対しておや"と指摘したのである」

　「Bazelon 裁判官の呼びかけ後12年の間に，目撃供述に影響を及ぼす心理学的要因に関する経験的研究は大いに促進され（have proliferatad），その研究報告はかつてないほどの加速度を加えて行動社会科学の専門文献の中で公にされるようになった」この問題に関しては Wells＝Loftus 編『目撃証言－心理学的考察』（1984年刊），Loftus 著『目撃証言』（1979年刊）など少なくとも５冊の書物が最近公刊されており，いずれも識別供述の陥穽に関する多数の研究成果を引用，検討している。現に，指導的な研究者によれば「このテーマに関し今までに公表された文献のうち85パーセント以上が1978年以降（has surfaced since 1978）に出されたという。かかる研究成果の密度の濃さ（consistency）は印象的である。裁判所はもはや，それらの司法運営へのかかわ

り (implication) を失念したままでいることはできない」

③ 先例の検討

「司法制度で科学的情報が用いられる伝統的方法は専門家証人の証言を介してである。しかし，その証言が目撃証人の識別供述の正確性に影響を及ぼす心理学的要因に関わるとき，裁判所はそれを許容することを躊躇 (reluctance) してきた，すなわち控訴裁判所はほぼ一致して (almost unanimously) そのような証拠を排除する決定は裁量権の濫用には当たらないと判示している。もっとも，控訴審判決が事実上一致している (the virtual unanimity) という表現は誤解を招きかねない。識別供述に関する専門家証言は通常，被告人によって提出される。証言が認められた事案では，この論点は控訴審では問題とならない。すなわち，被告人は有罪とされた場合には，自らの提出した証拠が許容されたことに不服を申し立てることはできない。そして被告人が無罪とされた場合には，いずれにせよ控訴の申し立てはできない。とすると，控訴裁判所がこの争点に直面するのは，専門家証言が排除された場合に限られる。そしてそのようなすべての事案において控訴裁判所は通常，公判裁判所の裁量に基づく決定を尊重するのが伝統的であることを理由に，それを維持する傾向にある。ところが，公刊された若干の判例の中で，目撃証人の識別供述に関する専門家証言がさまざまな文脈の下で，公判で許容されたことが明らかにされている。1981年の Warren 判決 (State v. Warren, 635 P. 2 d 1236) において裁判所は，Loftus 博士が宣誓供述書を提出して，さまざまな法域における34以上の事件で目撃供述の専門家としての証言を認められたと述べていること，そしてやはり全国的に専門家とし知られている Buckout 博士も20件以上の事件で同旨の証言をしていることを指摘しているのである」

「当裁判所は今まで目撃供述に関する専門家証言の許容性に言及したことはなかった。控訴裁判所の若干の判決はこの争点を論じているが，精査すると，いずれも満足できるものではない。当州での指導的判例は，本件事案で公判裁判所が踏襲した1974年の Johnson 判決である。同事件では，被告人と酒店での強盗殺人犯とを結びつける唯一の証拠は，生き残った被害者（複数）である目撃証人の識別供述であった。被告人は，目撃者の正確に知覚し記憶し叙述する能力に関する心理学者たる専門家証人の提出を含め，さまざまな証拠に基づき識別供述の信用性を争った。公判裁判所は右証言を排除し，そして控訴裁判所は４つの理由を掲げてその決定を維持した。しかしながら，いずれも批判を免れない」

④ Frye 法則との関わり

「原審決定は，目撃供述に関する証言は未だ許容するに"足りるほどに科学的であ

る"とはいえないとの見解によっても維持できない。公判裁判所は、嘘発見器の証拠を排除する一般的法則に言及することによって論点を明らかにしており、それは暗にKelly-Frye 法則――1976年のKelly 判決（People v. Kelly, 549 p. 2d 1240）および1923年のFrye 判決に由来する――の採用を明らかにしている。しかしながら、このKelly-Frye 法則が目撃供述に関する専門家証言に適用されるというのは説得的でない。この関係では、専門家証言と科学的証拠とを区別することが重要である」多くの素人と同様に陪審員は、明らかに"科学的な"機械装置から入手された証拠（proof）にはきわめて高度の確実性があると考える傾向にある。ところが、そのような証拠を取り巻く不可謬性という雰囲気 (the aura of infallibility) は、それがなお実験段階にあり仮説 (tentative) にとどまるという事実を隠してしまう。そのため裁判所は、このKelly-Frye 法則を主として嘘発見器、ナリーン検査、声紋、催眠法 (hypnosis) 等、あるいはごく最近のことだが、強姦外傷症候群 (rape trauma syndrome) による有罪立証などの新しい手法に関わる事案に採用してきた。ところが本件では、そのような方法が争点となっているのではない。われわれは今まで一度も、たとえ証人が精神科医であり、かつその証言の主たる対象が過去の精神状態の再現 (reconstitution) や将来の危険性の予測という難解 (esoteric) なものであったとしても、あるいはアメリカ精神科医学会の診断手続きにも載っていないような、異常な精神的疾病の診断であったとしても、Kelly-Frye 法則を専門家の医学的証言に適用したことはない。証人が資格を有する心理学者であって、単に人の知覚、記憶およびそれらを介して、目撃証言の正確性に記録によって示された日常の経験の諸相がどのように影響を及ぼしうるかを陪審員に説明するにすぎないときに、なぜより十分な根拠づけ（a greater fonudation）を必要とするのか、われわれにはその理由が理解できない。むろん、専門家の意見証拠が提出される場合、その採否は公判裁判所の裁量に委ねられる、そのような裁量は絶対的ではない。アリゾナ州最高裁は最近のChapple 判決において、このことを明らかにしている。

⑤ **本件への適用**

「本件事案においては、右と類似の分析によって同様の結論が導かれる」S 博士の証言が陪審員に大いに役立っていたであろうことは記録上明らかである。本件での決定的要因は目撃供述の正確性であるが、法廷で被告人を犯人と識別した証人の各証言には、その識別の正確性に関して合理的な疑いが生じうる諸要因が存在している。このような諸要因には、事件の突発性、観察の不連続性、知覚時の恐怖感とストレス、事件の継続時間の過大評価、事件後の"フィードバック的"効果、数人の証人は写真

面割時に被告人を選別できなかったこと，そして，とりわけ重要なことであるが，異人種間識別の明白な食い違い（apparent cross-racial discrepancies）が含まれている。公開の法廷で訴追側証人が被告人は犯人ではないと劇的な供述をし，6人の被告側証人が犯行当日に被告人は他州にいたと証言したことによってさらに疑いが生じたのである。このような状況下でのS博士の証言排除は，陪審員から決定的争点を判断するのに役立ちえた情報を奪いとったことになり，裁量権の濫用に当たることになる。

⑥ 結論

「以上のことを繰り返すと次のようになる。目撃供述に影響を及ぼす心理学的要因に関する専門家証言を許容または排除する判断は，本来的に公判裁判所の裁量の範囲内にある事柄である。Chapple判決の指摘と同様に"われわれは門戸を開放してこの問題に関する専門家証人の洪水を引き起こそうとするものではない。"そのような証拠はしばしば必要とされるものではないし，通常の事件では控訴審裁判所はこの事柄に関する公判裁判所の裁量を尊重し続けるであろう。しかし，尊重は権利放棄ではない。目撃者の被告人を犯人とする識別供述が訴追側証拠の重要な要素であるにもかかわらず，それに独立の信用性を付与する証拠による事実上の裏づけがなく，かつ識別供述の正確性に影響を及ぼしうるであろうことが記録によって証明されているにもかかわらず，陪審員の知識ないし理解が不十分と思われる一定の心理学的要因に関する資格ある専門家証言を被告人が提出するとき，そのような証言を排除するのは，通常，誤っているということになる」

3．Downing 判決

Downing判決[48]（第3回巡回区連邦控訴裁判所 - 1985年）は，後に巧妙な商品詐欺と判明した商品取引の過程で犯人と接触した12証人の識別供述を決め手として被告人が犯人と認定された事案につき，前出Chapple，McDonald両判決等を引用しつつ，連邦証拠規則702条は一定の状況下に目撃供述の信頼性に関する専門家証言を認めているとしたうえで，同条の"有用性（helpfulness）"の基準に合致していないことを理由に被告人側の心理学者の証言を排除した公判裁判所の判断には誤りがあるとして，原判決を破棄差し戻したものである。本判決は連邦証拠規則の関連規定についても詳細な判断を示し，とくに証拠規則702条の解釈としてのFrye法則の破棄に関する判示部分は1993年の連邦最高裁Daubert判決でも採用されたことに示されているように，引用不可欠の控訴審判決である。

(1)〈事実の概要〉

　被告人 Downing（以下，Xともいう）は郵便を利用しての詐欺や盗品の州間移送などの罪で起訴された。起訴状記載の訴因はすべて，1978年から1979年にかけて世界聖職者同盟（The Universal League of Clergy）と称する個人グループによって行われた組織的な製造業者からの商品詐取計画に起因する。その手口は，およそ次のとおりである。同盟の代理人は，メーカーの代理人と接触してメーカーの製品に興味を示す。代理人が注文を取ると，同盟は売り主に信用紹介先（credit references）の一覧表を送付する。メーカーが右"紹介先"を調べると，同盟の支払い実績に関し郵便による好意的な報告があり，"銀行"からは同盟の預金高を保障する旨の報告があった。そこでメーカーは商品を掛け売りで発送したところ，右同盟はメーカーに代金を支払わずに商品を処分してしまった。先の"紹介先"や"銀行"からの報告書は同盟が外国の私書箱を利用するなどして巧みにでっち上げたものであった。

　右一連の取引で同盟の代理人役を果たしたのがクレイモア師（Reverend Claymore）を含むいずれも同盟の聖職者と称する数人の人物であった。訴追側によると，同盟の聖職者として行動したのは実際にはクレイモア師すなわち被告人Xと共同被告人YおよびZであるという。公判での主たる争点は，Xとクレイモア師との同一性であった。Y，Zは世界聖職者同盟の設立に関与したことは認めたものの，商品詐取についてはまったく知らなかった，全計画はクレイモア師が立案したのであって，自分たちはカモにされたにすぎないと主張した。2人はさらに，Xとともに，Xはクレイモアではないと主張し，検察側が本物のクレイモアを発見しさえすれば，3人が潔白であることが証明されることになると主張した。

　訴追側の証拠は，確信の程度は様々であるものの，いずれもXがクレイモア師であるとする12人の目撃者の証言から成り立っていた。各証人は，後に詐欺であることが発覚した商品の取引時に4分間ないし45分間クレイモア師を見た自己の観察に基づいて証言した。これに対し，被告側は，これら12人の目撃証言の信用性に関する専門家証言としてテンプル大学の心理学助教授であるW博士の証人喚問を要求したが，結局，専門家証言が排除されたまま被告人は有罪とされた。

　第3巡回区連邦控訴裁判所は，W博士の証言排除は裁量権の濫用に当たるとして原判決を破棄差し戻したが，その際，差戻審への指針として科学的証拠に関するFrye法則と連邦証拠規則702条等の関係について詳細な判断を示した。

(2)〈判旨〉
① **原審判断の誤り**

「原審裁判所の結論が規則702条の命ずるリベラルな許容性の基準（liberal standard of admissibility）と調和するかに関し重大な疑義がある。われわれは，この種の専門家証言は一定の状況下に規則702条の有用性（helpfulness）の基準を満たしうると認定した最近の判例の方がより説得力があると考える」例えば，アリゾナ州最高裁判所はChapple判決において，専門家証言が陪審に"役立つ"かどうかの問題に言及して，証言予定になっていた"可変的要因"はいずれも通常の陪審員が有している共通の知識の範囲を越えており，その中には直接"常識"に反するものがあるとの理由で，当該証言は陪審に役立っていたであろうと結論した。さらにカリフォルニア州最高裁判所はMcDonald判決において，一定の限られた状況下においてではあるが，公判裁判所が目撃者の知覚および記憶に関し資格を有する専門家証言を排除したのは誤りであると判示した。すべての陪審員は明るさ，距離，目撃時間のような諸要因が識別供述の正確性に影響を及ぼすことは知っていることを認めたうえで，同裁判所は"しかしながら，専門的な文献によれば，目撃供述に関する一定の要因については若干の陪審員しかその知識を有していない，あるいは多くの陪審員は不十分にしかそのことを理解しておらず，あるいはほとんどの陪審員の直観的な考えと異なるものがある"と指摘している。

「われわれは，各裁判所に同意し，一定の状況下において，目撃供述の信頼性に関する専門家証言は，陪審員が正しい判断を下すのに役立ちうる，それ故，規則702条の有用性の要件を満たしていると考える。例えば，Chapple判決において被告人に不利益な唯一の証拠は，自分たちも間もなく同様に犠牲者になるのではないかと考えつつ殺人犯人たちを眺めていた2人の目撃証言から成っていた。そのような状況下で，目撃者に及ぼすストレスの影響がその識別の信頼性の評価に関連するのは明らかであり，そして専門家証言が信用できるというのであれば，それは陪審に役立っていたであろうことも明らかである。そのような学問分野は未だ開拓されたばかりであり，裁判の遅延を懸念して裁判所がこの種の専門家証言の導入に抵抗するのは理解できる。しかしながら，連邦証拠規則702条は断固として（inexorable），目撃者の知覚および記憶に関する専門家証言は，少なくともある状況下においては，許容されることを要求しているのである。われわれは，それ故，地方裁判所がこの問題に関する専門家証言はおよそ許容できない旨判示したとき，法律問題として誤りを犯したことになると結論する」

② **差戻審への指針**

われわれは，Fryeテストを廃棄する。そして以下において，差戻審への指針とし

て「規則702条の文言及びポリシーに合致すると考えられるFrye法則に代わる新しい科学的証拠の評価基準を明らかにすることとしたい」

　A) 判断・学説の争い　　「科学的証言を許容する基本的要件 (foundational requirements) の問題をめぐり裁判所や評釈者の見解はわかれている。有効性に争いのない原理や技術に由来する証拠は、もちろん、喚問予定の証人に適格性がある限り、容易に許容される。しかし、取り調べ請求された証拠が新しい科学的知見に由来する場合には、裁判所や評釈者は以下の相異なるアプローチのうちの1つを採用してそれぞれの許容性の問題に対処してきた。まず多くの裁判所は、その基礎にある科学的原理または技術がそれが属する分野において一般的に承認されていることを基本的要件としてきた」

「Frye判決で明らかにされた一般的承認の基準は、連邦証拠規則が検討され採用された当時、連邦裁判所管轄内では支配的見解であったのであるから、証拠規則それ自体が右基準の断続的有効性につき何らかの意見表明をするであろうことを期待してもおかしくない。連邦証拠規則の本文も諮問委員会のそれに対する注釈も、新しい科学的証拠の許容性が確証されるべき適切な基準を明示していない。注釈者はこの立法上の沈黙が重要であることには同意しているが、その意味については見解がわかれている。例えば、Salzburg, Leden両教授は"諮問委員会および連邦議会が嘘発見器のような証拠を排除する圧倒的多数の判例をそのように明示することなく無効とする意思を有していたというのであれば、それは奇妙なことである"と述べている。これと対立する見解は、Weinstein判事とBerger教授、およびその他の論者によって支持されているもので、規則702条およびその起草者の沈黙は一般的承認の基準の廃棄に相当すると考えるべきであると主張する。Fryeは連邦証拠規則に吹き込まれた (animated) ポリシーと矛盾していると主張するこの見解は、連邦規則における広範な関連性の範囲にとくに焦点をあわせる。規則702条の試金石は専門家証言の有用性、すなわち、"事実認定者が事実を判断するのに役立つ"かどうかである。"有用性"は当然、単なる論理的関連性の基準を満たすのに必要とされる以上の信頼性 (a quantum of reliability beyond that required to meet a standard of bare logical relevance) を意味すると考えられるが、科学的証拠の中には、たとえその証拠の基礎にある原理がそれが属する特定の分野で未だ"一般的に承認"されていないとしても、事実認定者が争点である事実について正確な判断を下すのに役立ちうるものがあることもまた明白であるように思われる」

「Fryeテストには重大な欠陥がある。このテストは余りにも順応性がある (malleable）ため，その支持者が心に描いてきた整然かつ統一的な判断方法を提供できないことが明らかにされている。さらに一般的承認の基準は元来，科学的証拠の許容性に対する保守的アプローチを反映しており，そのようなアプローチは連邦証拠規則の正確な文言に反するとまではいえないにしても，精神に反している。われわれは以上の理由に基づき，"［ある科学的技術が］属する特定の分野での一般的承認"は許容性の独立した支配的基準として廃棄されるべきであると結論する。したがって，学界内における科学的技術の高度の承認（a particular degree of acceptance）は許容性の必要条件でもないし十分条件でもないが，公判裁判所が当該技術に基づいた証拠を許容すべきかどうかを判断する際に通常考慮すべき1つの要因であると考える」

　B）Frye 法則の破棄と信頼性の提唱　「連邦証拠規則702条の文言，連邦証拠規則一般の精神，および Frye テストでの経験を総合すると，新しい科学的証拠の許容性に対してはより柔軟なアプローチが妥当であると考えられる。われわれの見解によると，（新しい）科学的証拠，すなわちその科学的基礎が未だ裁判所の職権による確知の候補者として適していない証拠の許容性を決定する公判裁判所は，①右証拠の生成時に用いられた手続きないし技術の確実性と信頼性，②証拠として許容することによって生ずる陪審の圧倒，混乱，誤導の可能性，および③提示された科学的研究ないしテストの結果と特定の争われている事実に関する問題との関係，これらに焦点を合わせた予備的調査を実施しなければならず，このことを規則702条は要求している。なお，われわれのアプローチは，Weinstein 判事，Berger 教授の共著で示されているアプローチと基本的に同一である」

「信頼性を規則702条の下で新しい科学的証拠を許容する1つの基準として確立するに際して，われわれは許容性の決定的要素として信頼性に焦点を合わせる次第に増えつつある裁判所の見解に与したい。一般的承認の基準と信頼性に依拠する基準との間に差異のあることを認めつつ，どちらかの基準を満足すれば証拠としての許容性を支持する判例が次第に増えつつある。現に，Frye に従うと称する裁判所においても，科学的技術の信頼性は決定的たりうる。例えば，ある裁判所は"われわれは一般的承認はほとんど信頼性と同義のものと考えている。もし科学的手続き（scientific process）が信頼できる，あるいは十分に正確であるというのであれば，裁判所はそれを一般的に承認されているものと考えてよい"と判示している。しかしながら，ある手続きが十分に信頼できることを根拠に一般的承認ありと考える見解は Frye テストとは矛盾するように思われる」

「われわれが考えている信頼性の調査は柔軟で，科学者の頭数を数えざるを得ない

ようなFryeのやり方とは対照的に，種々の要因を考慮することになろう。Fryeの基準とは異なり，信頼性の評価は，新しい科学的証拠に関連する学界を明確に確認し，その学界でそれがどの程度承認されているかを明確に決定することを必要としない。公判裁判所は信頼性を判断するに当たり，科学的承認のほかに，種々の要因を調査できる。しかし，多くの事例において，承認という要因は決定的ないしほぼ決定的ということになろう。それ故，われわれは，Fryeテストを満足する技術は通常，同様に信頼できると考える。他方，周知の技術（a known technique）であっても，学界でごく少数の支持しか得られていないような技術は信頼性に欠けていることになろう。ある科学的知識が訴訟で確定した実績（track recoed）を有していない場合には，裁判所は当該証拠の信頼性に関わる他の要因を考慮してよい。Weinstein判事とBerger教授は，これら諸要因のリストを作成しているが，その一部はここで明確に言及する価値がある。例えば，専門文献の存在は新しい技術に関する科学的根拠が批判的な科学的吟味にさらされたことを示している。専門家証人に適格性があり専門的業績のあること，および裁判所以外で科学的技術が投入され使用されていることもその技術の信頼性の情況的証拠となりうる。ある技術が誤った結果をもたらす頻度（frequeency）もその他の重要な信頼性の構成要素である。極端な場合，誤った結果よりも正確な結果を生ずることの少ない技術は信頼性に欠けるから，事実認定者に役立たないはずである。それとは逆に，誤りの割合がきわめて低ければ，それは信頼性がきわめて高いことを示している」

C）規則403条との比較衡量　「上述した規則702条の分析は，ある程度の危険性を検討しており，とりわけ連邦証拠規則403条に列挙されている不公正な偏見の危険を織り込んで（incorporates）いる。しかし，たとえ取り調べ請求された証拠が規則702条を満たしているとしても，それにもかかわらず，差し戻しを受けた地方裁判所は，その証拠価値が実質的にその他の危険，すなわち争点の混乱，時間の浪費によって圧倒されていると認定すれば，規則403条を援用して当該証拠を排除できる。規則403条を利用できるというのは，目撃証言以外に被告人有罪の証拠，例えば，指紋ないしその他の物的証拠があるとき，とくに重要である。しかしながら，本件ではそのような証拠はない」

第6節　その後の動向

このようにChapple，McDonald，Downingの三判決は，事実関係はまったく異なる

ものの，目撃証言以外に被告人と犯行との結びつきを示す決定的証拠がないため，その信用性判断が被告人の命運を決することになったそれぞれの事案において，いずれもまったく同一の証拠規則の下での専門家証言の"有用性"を否定し被告人を有罪とした原審判断を破棄差し戻したが，Downing 判決はさらに専門家証言と Frye 法則の一般的承認の基準との関わりに言及し，証拠規則の下での Frye 法則の廃棄，それに代わる関連性（relevancy）と信頼性（reliability）の基準を提唱したため，各方面の注目をひくこととなった。このような状況下に連邦最高裁は1993年の Daubert 判決において，科学的証拠の許容性の基準につき Downing 判決を「一部参考」にしてほぼ同一の判断を示し，さらに1999年の Carmichael 判決において Daubert の判断基準は科学的証拠以外の専門家証言にも同様に適用される旨判示するに至るのである。

そこで以下，簡単に周知の Daubert 判決に触れた後，各法域への影響を瞥見し，Carmichael 判決を紹介することとしたい。

1．Daubert 判決

Daubert 判決[49]（1993年）は，母親らが妊娠初期に服用したつわり（吐気）抑制剤「ベンデクティン」が新生児の重大な四肢障害の原因であるとして被告製薬会社に対し損害賠償を求めて提訴し，統計学者など8人の専門家を証人に立ててベンデクティンは本件四肢障害の原因となりうると主張したところ，連邦地方裁判所は Frye の"一般的承認"の基準を満たしていないとして当該証言を排除し，連邦控訴裁判所もこれを維持した事案につき，要旨，次のように判示して原決定を破棄差し戻した。

本件争点にとくに関係があるのは連邦証拠規則702条であるが，「同規則の文言は"一般的承認"を許容性の絶対的要件としていない」また同規則の注釈にも「Fryeへの言及はないし，厳格な"一般的承認"の要件は連邦証拠規則の"自由化傾向（liberal thrust）"および伝統的な意見証言を緩和する一般的アプローチと矛盾する」Fryeの厳格な基準は「連邦証拠規則に欠けており，かつそれと矛盾するから，連邦裁判所において適用されるべきでない」しかし，Frye 法則が廃棄されたというのは，「同規則自体，いわゆる科学的証拠の許容性につき制限を設けていないという意味ではない。また公判裁判官は，そのような証拠を審査できないというのでもない。そうではなく，公判裁判官は，同規則の下で許容されるいかなる科学的証言・証拠についても関連性のみならず，信頼性もあることを確保（ensure）しなければならない」

「われわれの検討は科学的文脈に限定されるが，それは本件で提出された専門的知識（expertise）の性質がそうであるからである。"科学的"という形容詞句は，科学

の方法，手続きにおける基礎知識（a grounding）を含む。同様に，"知識"という文言は，主観的確信ないし裏づけのない推測以上のものを意味する。要するに，専門家証言が"科学的知識"に属するという要件は，証拠上の信頼性の基準を設けているのである。専門家による科学的証言の取調べ請求（proffer）に直面したとき，公判裁判官はまず，当該専門家は争点たる事実を判断する事実認定者に役立つであろう科学的知識について証言しようとしているかどうかを判断しなければならない。そのためには，当該証言の基礎となっている理由づけまたは方法が科学的に有効なものであるかどうか，かつその理由づけまたは方法が争点たる事実に適切に適用しうるものであるかどうかに関する予備的評価をしなければならない。かかる判断には多くの要因が関連するので決定的なチェック・リストないしテストではないが，若干の一般的な判断要因を以下に示しておく」

「通常，ある理論または技術が事実認定者に役立つであろう科学的知識であるかどうかを判定する際の鍵となる問いかけは，それがテスト可能なものか（そしてテスト済みのものであるか）どうかである。他の考慮すべき事柄は，その理論または技術が他の専門家の吟味を受けたものであり，かつ公刊されたものである（peer review and publication）かどうかである。公刊されていること（それは他の専門家による吟味の一要素にすぎない）は，許容性の必須要件（sine qua non）ではない。つまりそれは必ずしも信頼性と相互関係にあるわけではない。しかし，学界の吟味に服することは，"真正の科学（good science）"の構成要素である。他の専門家の吟味を受け雑誌で公刊されているという事実（またはその欠如）は，ある意見が前提としている特定の技術または方法論の科学的有効性を判定するのに，決定的とまではいえないものの，重要な事柄である。さらに，特定の科学的技術の場合には，裁判所は通常，誤りがすでにどの程度発生しているか，ないしその確率およびメインテナンスを検討すべきである。"一般的承認"もこの問題に関わりうる。"信頼性を判定するために，関連する学界を明確に確認し，その学界でどの程度承認されているかを明確に判断することは必要でない。"広範な承認は，特定の証拠を許容する判断の際に重要な要素たりうる。そして"周知の技術であっても，学界でごく少数の支持しか得られていないような技術"は，疑わしいものとされても相当といえる」

「規則702条の想定する調査は柔軟なそれであることを強調しておく。なお，多くの判例は，それぞれ少々異なる諸要素を掲げ，信頼性のアプローチに関する変種（variations）を提示している。例えば，Downing判決（われわれの検討は一部これに依拠している），Weinstein，Bergerの著書（Downing判決はまた一部これに依拠してい

る）を見よ。この基礎にある科学的有効性によって保証される証拠の信頼性に焦点が合わされている限りにおいて，これらの変種はすべてその価値があるといってよい。その主要な問題は，当の意見の基礎をなす原理の科学的有効性——それ故，証拠としての関連性および信頼性——である。その焦点は，もちろん，専ら原理および方法であって，それらが生み出す結論ではない。原審および原審決定は，ほとんど専ら"一般的承認"に焦点を合わせている。したがって，原判決を破棄差し戻すこととする」

2．各法域への影響

このようにDaubert判決は，連邦証拠規則の解釈としてFrye法則を廃棄し専門家証人の許容性の判断基準を新たに設定したが，連邦証拠規則は原則として民刑両手続きに等しく適用されるうえ，多くの州では連邦と同一または類似の証拠規則を制定しているため，各法域の民刑両手続きにも大きく影響することは間違いない。現にDaubertの示した判断枠組みに従って科学的証拠の許容性を判断する裁判所が少なくなく，さらにその数が増えつつある。以下，その一部をごく簡単に紹介しておく。

各法域ではそれぞれの制定法や判例法に依拠しつつ，科学的証拠につき，あるいはDaubertの基準を採用し，あるいは少なくとも当面は従前のFrye法則に従う旨判示するなどしているが，ほぼ同一の証拠規則を有する法域が少なくないこともあり，正面からDaubertに従いFrye法則の廃棄に踏み切る法域が次第に増加している。例えば，アラスカ州最高裁判所はごく最近の1999年3月5日の判決[50]で，脅迫電話の録音音声と被告人から採取した音声とが一致した旨のスペクトログラフによる専門家の音声識別証言の許容性が争われた事案につき「Frye基準を廃棄してDaubertの基準に従う時期が到来したとの訴追側の主張に同意」したうえ，事実審裁判官は門衛としての役割を十分果たしうることを強調し，結論として，当の音声識別供述を許容した公判裁判所の判断に裁量権の濫用はないとして有罪判決を維持している。

目撃証言の信用性に関する専門家証言についても，その正確な数は把握できないが，Daubertの判断基準に依拠しつつ，次第に好意的な判例が増えつつある。例えば，ニューヨーク州西部地区連邦地方裁判所は1996年5月の判決[51]で，武装銀行強盗事件の目撃証言（銀行の出納係）の信頼性，正確性に関する被告側専門家証人（実験心理学を専攻する大学教授のC博士）の証言排除を求めた検察側主張を退けている。同地裁は，被告側と検察側双方からの意見書提出後に，証人資格の予備審査手続きを行い，要旨，次のような判断を示した。

過去において連邦裁判所は"目撃供述"に関する専門家証言を許容することに難色

を示していたが、最近になると「連邦の公判裁判所は目撃供述に関する専門家証言をより受け入れるようになった」第5，第6，第8各巡回区控訴裁判所は、目撃供述が訴追側証拠の一小部分に過ぎない（only a small part）事案で専門家証言を排除した場合には裁量権の濫用はないと認定している。これらの判例は「検察官が専ら目撃者の識別供述に依存している場合には、そのような専門家証言は許容されるべきであろうことを示している」C博士は「最近，2つの州裁判所で」証言が認められており、実験心理学者としての経歴も十分である。さらにC博士は予備審査手続きで，意見証言の根拠について詳しく説明した。要するに，C博士の意見証言は"科学的知識"に基づいたものであることに確信が得られた。また同証言が陪審に役立つというDaubertのもう1つの要件をも満たしている。「訴追側の証拠は、唯一の目撃者であり被害者でもある出納係の証言に大きく依存している。訴追側の他の証人は情報提供者となったいわゆる共犯者である。これらの証言は，信用性および動機の点で歪みがある。さらに，本件では物的証拠がない。銃も指紋も存在しない。それ故，本件は，被害者でもある出納係の証言が極めて重要である事案である」また，同人の目撃時間は短いうえ「事件後47日を経て初めて写真面割で被告人を識別し、およそ2年後の予備審問で被告人を犯人と識別した」したがって，同証人の識別供述には多くの問題がある。ストレス状況下での目撃，47日後の写真面割での選別、後の確信ある識別供述、「これらはC博士の証言が陪審に役立つであろう事柄である」

　またニュージャージ地区連邦地方裁判所は1996年9月6日の決定[52]で，車強奪や銀行強盗時のピストルの不法所持等で起訴された被告人が目撃供述の信用性に関するD博士の専門家証言の許可を求めた事案で，Downing判決およびDaubert判決の示した判断基準を満たしているとしてこの申立てを認めている。要するに、本件では決定的証拠である「目撃証人は全員白人であるのに対し、被告人は黒人である」から、異人種間識別の信頼性の問題に関するD博士の専門家証言は本件争点に十分関わりがあり、かつ「陪審員に役立ちうる」ことなどを指摘し、被告側の主張を認めているのである。

3．Carmichael判決

　Carmichael判決[53]（1999年）は、自動車運転中にタイヤのパンクが原因で死傷した原告らがタイヤ製造会社およびタイヤ販売会社の製造物責任を問い損害賠償を求めたが、連邦地方裁判所がタイヤの欠陥を指摘する原告側の専門家証言はDaubertの基準に照らし許容できないとしたところ、連邦控訴裁判所がこれを破棄差し戻した事案

につき、専門家証言を排除した公判裁判所は裁量権を濫用していないとして、あらためて控訴裁判所の判断を破棄したが、その際、科学的証拠に関する専門家証言の許容性に関する Daubert 判決の判断基準は非科学的証拠に関する専門家証人にも適用されるとして、次のように判示した。

「Daubert 判決において当裁判所は、連邦証拠規則702条は公判裁判官に対し"科学的証言が関連性を有するばかりか信頼性もあることを確保する"特別な義務を課していると判示した。本件での問題は、この基本的な門衛的義務は"科学的"証言にのみ適用されるのか、それともすべての専門家証言に適用されるのかである。われわれは、それはすべての専門家証言に適用されると考える」「まず、規則702条の文言は、"科学的"知識と"技術的"ないし"その他の専門知識"とを区別していない。Daubert で当裁判所は、"証拠の信頼性の基準を確証する"のは規則の"知識"という言葉であって、その言葉を形容する（"科学的"というような）言葉ではないことを特に指摘した」Daubert は"科学的"知識にのみ言及したが、そこで述べたように、それは当の専門的知識の性質がそうであったからである。さらに、"科学的"知識と"技術的"ないし"その他の専門的"知識とを区別することは、裁判官にとって、不可能とまではいえないとしても至難なことであろうし、そのような区別をする説得的必要性も存在しない。

第7節　むすびとして

　以上、目撃証言をめぐるアメリカ法の動向について近時の連邦最高裁判例を中心に分析検討してきたが、簡単にとりまとめつつ、若干の視点を指摘してむすびとしたい。
　アメリカでは1967年の Wade, Gilbert, Stovall の三判決以降の一連の最高裁判例によって、正式訴追ないし対立的司法手続き開始後——通常は逮捕後24時間以内——の面通しには修正6条の弁護人依頼権が保障されている。また不必要に暗示的で回復不能の識別の誤りをもたらすおそれのある面通しはデュー・プロセス違反となりうるため、典型例である単独面通しは原則として認められない。したがって、弁護人依頼権またはデュー・プロセスに違反して得られた面通しでの犯人識別供述は一切排除されるから、その後の法廷での目撃証言も毒樹の果実として原則的に、すなわち独立入手源等の例外に該当しない限り、排除されることになる。さらに1970年代後半になると、わが国でも著名な Loftus 博士らのぼう大な研究成果を背景に、目撃証言の信用性に関する心理学者等の専門家の証言が徐々に法廷で認められるようになる。

このようにアメリカでは修正6条の弁護人依頼権や修正5条および14条のデュー・プロセスの観点から目撃証言の危険性に対処してきたが，その後，このような憲法上の保障だけでは十分ではなく，心理学者等の専門家証人の活用が有用であるとの見解が次第に有力化する。そして州最高裁の Chapple, McDonald 両判決や第3巡回区の Downing 判決で初めて専門家証言を排除した公判裁判所の判断は裁量権の濫用に当たる旨の判断が示されたのである。このような状況下に1993年の Daubert 判決は，Downing 判決に依拠したことを明らかにしつつ，連邦証拠規則702条の解釈として科学的証拠に関するいわゆる Frye 法則の一般的承認の基準を廃棄し，信頼性および関連性の基準の採用を明らかにして注目された。そして1999年の Carmichael 判決は，科学的証拠の許容性に関する Daubert の判断基準は規則702条の列挙する"技術的その他の専門的知識"にも同様に適用されるとの判断を示したのである。このいわゆる専門家証言の許容性に関して，さしあたり以下の諸点を指摘しておきたい。

まず第1に，1975年の連邦証拠規則との関わりである。同規則702条は事実認定者の判断に"役立つ"場合に専門家証言の許容性を肯定し，また同704条は"最終的事項"についても専門家証人が意見を述べることを認めている。したがって，陪審の固有の領域を侵すとの理由で目撃証言の信用性に関する専門家証言を排除することはできず，その許容性は専ら事実認定に"役立つ"といえるかどうかによって決定されることになる。要するに，専門家証言の許容性いかんは連邦証拠規則の解釈問題なのである。

第2に，右にも関連するが，心理学者等の専門家は現に争われている特定の目撃証言の正確性について証言することはせず，典型的事例で右のような目撃証言に影響を及ぼす可変的諸要因についてそれぞれの研究成果を基に情報を提供するにすぎない。もちろん陪審は裁判官による説示の場合と同じく，それに拘束されることなく相当と考える範囲内で考慮すれば足りる。したがって，専門家証人が最終的事項に関わる問題について意見を開陳しても，目撃証言の信用性判断およびそれに基づく最終的な事実認定は陪審固有の権限・機能として保持されており，その領域を侵すことにはならない。

第3に，しかしながら，陪審の判断が事実上，専門家証言に左右されることは十分考えられる。専門家証人は証言心理学上の実験データを用いて人の記憶や再生内容の変容につながる一般的な可変的要因について説明・証言するにとどまるにせよ，専門家の証言であるだけに，現に争われている特定の目撃証言の信用性判断に大きく影響することは十分考えられる。しかし，目撃証言の信用性が決め手である事案において

は，その信用性判断に影響を及ぼしうる可変的要因の中には国民一般の共有する知識内の事柄とはいえないものがあるだけに，専門家証言の有用性は偏見等の危険性に優ると考えられる。むろん，その判断は公判裁判所の裁量に委ねられているが，他にそれを裏づける証拠がないため，被告人の命運は専ら目撃証言の信用性判断いかんにかかっているにもかかわらず，専門家証言を排除したまま有罪と認定された場合には，裁量の範囲を逸脱した違法なものとして，控訴審で破棄されることになろう。実際に破棄差し戻したのは1980年代の前出三判例以外に見当たらないが，少なくとも傍論でこのことを指摘する判例は多い。

　そして最後に，最も重要な視点として，近時の証言心理学研究の成果と刑事裁判との関わりがある。Loftus博士らの人の識別供述の正確性に関する研究の進展によって一般人の常識とのズレが一部検証されるとともに，その成果が徐々に専門家証人としての心理学者によって，目撃証言の信用性が激しく争われている実際の刑事裁判の法廷の場で明らかにされるに至っているのである。もっとも，その正確な数は把握できないが，かなり限られた事案であるとはいえ，資格ある専門家証人による証言心理学研究の開陳が目撃証言の信用性判断およびそれに基づく事実認定に役立ちうるとして刑事裁判で次第に認められつつあることは間違いないといってよい。さらに証言心理学が科学として確立・認知されているかどうかにかかわりなく，専門的知識に関する専門家証言である以上，Daubertの許容性の判断基準がそのまま適用されるのであるから，今後さらに当該事件での信頼性および関連性をめぐり激しく争われることになろう。

　いずれにせよ，一定の手続き段階で被疑者・被告人に弁護人依頼権を保障し，少なくとも目撃証言が決め手である事案では証言心理学者等の専門家証言を認めるというアメリカ法の動向は，いずれも目撃証言の危険性ないし現実の誤判事件を出発点としたものであるだけに，看過できないものがある。証言心理学に民族・国境による相違が認められないのはもちろん，職業裁判官といえども最先端の心理学に精通しているとはいえない以上，時には真摯に心理学鑑定に直接耳を傾ける必要があるように思われる。この点，例えば，被告人の無罪が確定した「自民党本部放火事件」での心理学鑑定の採用は示唆的である[54]。折しもいわゆる和歌山毒物混入事件では犯罪史上初めて導入されたハイテク機器「スプリング8」の証拠能力と唯一の目撃証言の信憑性が決定的証拠といわれているだけに[55]，その帰すうが注目される。

注

（1） 小早川義則「犯人識別供述をめぐるアメリカ法の動向（1－4・完）」名城法学47巻3号，48巻3号 4号，49巻2号（1997－1999年）。なお，本章ではやや煩瑣でもあり，引用判例等の該当頁はすべて割愛したことをお断りしておく。
（2） Powell v. Alabama, 287 U. S. 45（1932）.
（3） Hamilton v. Alabama, 368 U. S. 52（1961）.
（4） White v. Maryland, 373 U. S. 59（1963）.
（5） Gideon v. Wainwright, 372 U. S. 335（1963）.
（6） Malloy v. Hogan, 378 U. S. 1（1964）.
（7） Escobedo v. Illinois, 378 U. S. 478（1964）.
（8） Miranda v. Arizona, 384 U. S. 436（1966）.
（9） 小早川義則『ミランダと被疑者取調べ』（1995年，成文堂）311頁参照。
（10） Schmerber v. California, 384 U. S. 757（1966）.
（11） Gilbert v. California, 388 U. S. 263, at 266（1967）.
（12） United States v. Dionisio, 410 U. S. 1, at 7（1973）.
（13） South Dakota v. Neville, 459 U. S. 553, at 504（1983）. 本件につき，長沼範良・1985－1 アメリカ法 381 等がある。
（14） Cf. Wayne R. LaFave & Jerold H. Israel, Criminal Procedure §7.2, at 325（1985）.
（15） 4 Jack B. Weinstein & Margaret A. Berger, Weinstein's Evidence, 801(d)(1)(c)[01] at 801－35～801－36.
（16） 例えば，大阪高裁昭和60年3月29日判決・判例タイムズ556号204頁。本判決につき，長沼範良・ジュリスト851号96頁（1985年）がある。なお，詳しくは司法研修所編『犯人識別供述の信用性』（法曹会 1999年）参照。
（17） United States v. Wade, 388 U. S. 218（1967）.
（18） Gilbert v. California, 388 U. S. 263, at 272（1967）. Wade-Gilbert 両判決につき，田宮裕，1968－2 アメリカ法 308 参照。
（19） Kirby v. Illinois, 406 U. S. 682（1972）.
（20） Moore v. Illinois, 434 U. S. 220（1977）.
（21） United States v. Ash, 413 U. S. 300, at 314－316（1973）.
（22） LaFave & Israel, supra note 14, §7.3, at 331（1985）.
（23） Stovall v. Denno, 388 U. S. 293, at 302（1967）.
（24） Simmons v. United States, 390 U. S. 377（1968）.
（25） Neil v. Biggers, 409 U. S. 188（1972）.
（26） Manson v. Brathwaite, 432 U. S. 98（1977）.
（27） Foster v. California, 394 U. S. 440, at 443（1968）.
（28） Elizabeth F. Loftus, Eyewitness Testimony（1979）. 本書の翻訳として，西本武彦『目撃者の証言』（誠信書房，1987年）がある。
（29） Cindy J. O' Hagan, When Seeing is Not Believing : The Case for Eyewitness Expert Testi-

mony, 81 Georgetown Law Journal 741, at 742 – 749 (1993).
(30) *Id*. at 751 – 752.
(31) Comment (Margaret J. Lane), Eyewitness Identifications : Should Psychologists be Permitted to Address The Jury ? 75 J. Crim. L. & Criminology 1321, at 1323 n. 15 (1984).
(32) E. Cleary, McCormick on Evidence, §206, at 623 n. 7. (3 rd ed. 1984).
(33) People v. McDonald, 690P. 2 d 709, at 718 n. 10 (Cal. 1984).
(34) O'Hagan, *supra* note 29, at 758.
(35) United State v. Amaral, 488 F. 2 d 1148 (9 th Cir. 1973).
(36) United State v. Purham, 725 F. 2 d 450 (8 th Cir. 1984).
(37) United State v. Hudson, 884 F. 2 d 1016 (7 th Cir. 1989).
(38) O'Hagan, *supra* note 29, at 759 – 760.
(39) United State v. Serna, 799 F. 2 d 842 (2 d Cir. 1986).
(40) United State v. Poole, 794 F. 2 d 462 (9 th Cir. 1986).
(41) United State v. Fosher, 590 F. 2 d 381 (1 th Cir. 1979).
(42) O'Hagan, *supra* note 29, at 763.
(43) United State v. Blade, 811 F. 2 d 461, at 465 (8 th Cir. 1987).
(44) United State v. Moore, 786 F. 2 d 1308, at 1313 (5 th Cir. 1986).
(45) United State v. Smith, 736 F. 2 d 1103, at 1107 (6 th Cir. 1984).
(46) State v. Chapple, 660 P. 2 d 1208 (Ariz. 1983).
(47) People v. McDonald, 690 P. 2 d 709 (Cal. 1984).
(48) United States v. Downing, 753 F. 2 d 1224 (3 rd Cir. 1985).
(49) Daubert v. Merrell Dow Pharmaceuticals, Inc., 509 U. S. 579, at 585 – 586 (1993). 本判決につき、井上正仁「科学的証拠の証拠能力(1)(2)」研修560号3頁、562号6頁(1995)参照。
(50) State v. Coon, 64 – 24 Cr. L. Rep. 462 (Alaska Sup. Ct. 1999).
(51) United States v. Jordan, 924 F. Supp. 443, at 445 – 447 (W. D. NY. 1996).
(52) United States v. Norwood, 939 F. Supp. 1132, at 1137, 1141 (D. N. J. 1996).
(53) Kumho Tire Co., v. Carmichael, 119 S. Ct. 1167 (1999). 本判決につき、浅香吉幹・ジュリスト1175号101頁(2000年)参照。
(54) とりわけ興味深いのは、被告人側が目撃証言の信用性を争うために心理学者4人の証人申請をしたのに対し、検察側が証拠意見で「刑事裁判における証人の証言の価値判断およびこれに基づく事実認定は、本来、裁判官の職責であって、鑑定によらなければ判断できないものではなく、鑑定になじまない事項である」と述べて証人採用に反対したという事実である。一瀬敬一郎「目撃証言を争う刑事弁護と心理学鑑定」季刊刑事弁護11号51 – 52頁(1997年)。
(55) 週刊文春・1999年5月20日号28 – 29頁参照。

第4章 アメリカ刑事訴訟における心理学鑑定の許容性

はじめに

　大学院時代の指導教授が植松正先生であったから自然に証言心理学[1]に興味を持ち，折りに触れて関係文献に目を通していた。ライフワークに自由心証主義[2]を選んだのも証言心理学と無縁ではなかった。だから「心理学と法律学との対話」の研究会結成の呼びかけにも進んで応じた。

　研究会が始まって多くの心理学者の報告を聴くうちにアメリカ合衆国の目撃証言に関する研究レベルを知りたくなって，「顔」についての英米文献を集めて検討した[3]。その過程で起きてきた疑問はアメリカの裁判所はどのような条件で右の心理学の研究成果を受容しているかであった。こうして出会ったのが Culter = Penrod の共著『誤った人定（犯人識別）』(1995年)であった。同書によってようやくアメリカにおける目撃証言心理学の概況とそれに対する裁判所の対応とを知ることができた。

　他方，日本の裁判所の心理学に対する姿勢を調べていくうちにいくつかの特徴に気がついた。第1に，英米に比べてはるかに心理学に対して冷淡であった。それはいったい何に起因するのか。第2に，心理学の成果が参照されたと考えられる裁判[4]が散見されるが，それらは目撃証言にかぎられていた。被疑者の取り調べに関する心理学鑑定[5]は無視に等しかった。これもまた何に起因するのか。

　これら問題を意識しつつ，まずアメリカの問題関心と実験の模様を知ってみたい。

第1節　反対尋問は安全保障となるか

　英米法においては，反対尋問のシステムは「訴訟法の歴史における最大の発明」だとされる。このシステムによって真実発見と人権保障とが2つながら全うされるとい

う。それではこのシステムを心理学者はどう見ているか。以下(6)にさぐってみる。

犯人識別が問題となっているケースにおいて弁護人には２つの重要な機会がある。１つは陪審員の選別（ボア・ディール）であり，少なくとも理論的には，人定について懐疑的もしくは批判的な陪審員候補者を弁護人は排除できる。もう１つは反対尋問であり，熟練した弁護人は目撃証言の弱点をあばくことができると考えられている。ここでは後者の反対尋問に焦点を当てる。

反対尋問が有効であるためには次の条件が満たされなければならない。

① 特定のケースにおいて目撃証人の人定行動に影響を及ぼしていると考えられる諸要素を確認する機会を弁護士は持たなければならない。

② 目撃証人の人定行為に影響を与えている諸要素に弁護士は配慮しなければならない。

③ 目撃証人の人定行為に影響を及ぼす諸要素について，公判中，裁判官と陪審とは意識しなければならず，評議にさいして考察しなければならない。

以上の条件が満たされているか否か，以下検討してみよう。

まず弁護士が心理学的に重要なファクターについてどの程度知っているかに関してはBrigham-Wolfskiel研究（1983年）がある。彼らは郵送形式のアンケートで89人の公設弁護人，69人の州検察官，77人の自営弁護士から回答を得た。調査項目は，(a)一般的背景，(b)目撃証言関係の法的手続きについての知識，(c)誤った人定の頻度試算，(d)目撃証言の正確度に影響するファクター，(e)裁判官と陪審とが目撃証言にかけるウエイト，以上５点であった。

たいていの弁護士が目撃問題にかかわるのは週１回以下であり，検察官より少ない。写真による人定は人定行列（編者注）よりも多く経験されている。目撃証言の正確度については，84パーセントの検察官が正確と答えたが，そう答えた弁護士は36パーセントにしかすぎなかった。いかなる誤りが普通かについては，有罪被疑者を特定できない場合の方が無罪者を誤って人定する場合より多かった。

人定の正確度に何が影響するかについての弁護士の回答（上位10点）は次のとおりであった。

① 身体的特徴（60パーセント）
② 現場の明るさ（39パーセント）
③ 観察時間（36パーセント）
④ 被疑者までの距離（34パーセント）
⑤ 被疑者の体の外観（33パーセント）

【編者注】 本章の「人定行列」という用語は他の章の「ラインナップ」に相当する。

⑥　証人の気質（26パーセント）
⑦　証人の観察の機会（22パーセント）
⑧　証人の教育ないし知性（22パーセント）
⑨　証人の記憶力（22パーセント）
⑩　証人の冷静さ（20パーセント）

　以上の回答には心理学的な重要点が含まれているので，弁護士がそれらに注目することは人定の正確性に影響しよう。しかしここにあげられなかった諸ファクター（武器注視，偽装，顔の特徴の変更，人種間認識，保留期間，その他示唆的要素）も人定証言の正確性に影響する。

　総じて弁護士は目撃証言による人定に影響するいくつかの要素については知っているが，他の要素については知らない。しかも弁護士の間になにが主要かについてのコンセンサスはない。

　次に Rahain & Brodsky（1982）を見てみよう。これは多分アラバマ出身の42人の自営弁護士について調べたものであった。証人と対象との人種の違う場合に関し5つの質問が出されたところ，正答率は質問順に58，73，16，13，47パーセントであり，5割に達しないものが3つあった。強調ないし暴力の影響に関する3問については正答率は73，60，47の順であり，5割を割ったものはたった1つしかなかった。

　証人の自信と証言の正確度との関係については「証人の確信が強ければ人定の正確度は高いか」という質問がなされた。驚くべきことにこれに対する正答は皆無であった。

　これらの実験結果は弁護士の知識について深刻な問題を提起する。それら知識がなければ証人に対する効果的な反対尋問はとうてい望めない。それら知識を弁護士が完全に持っていたとしても，有効な反対尋問が行われるという保証はない。積極的かつ協力的な証人や警察官でさえ，犯行それ自体や人定過程の詳細を記憶しているとは限らないからである。他方，被告人は起訴後の人定行列では弁護士を保障されるけれども他の手続き，とくに写真による人定ではそうではない。

　これら複合した条件のもとでは，多くの刑事々件において反対尋問は不安定な基盤の上に立っていると言わざるをえない。結局，反対尋問は期待されるほど有効ではない。

第2節　説示は安全保障となるか

　裁判官の説示は反対尋問より有利点を持つ[7]。前者には，直接尋問に現れた事項にかぎるといった制約がないので，必要なあらゆる事項に及ぶことができる。その結果，どちらかに偏った陪審の心証を是正できる。説示に関するリーディング・ケースは Telfaire 判決（1972年）である。同ケースにおいてコロンビア特別区の連邦控訴裁判所は目撃証言についての警告的説示を容認した。その説示は，陪審に対し人定の正確度に影響するファクターに注目するよう説いたものであった。

「人定証言は証人による信念もしくは印象の表現である。その価値は，犯行時に犯人を観察したときの条件や，のちに行った証言が信頼できる条件を備えているか否かに依存する。そして目撃証言の評価にさいしては，次の点が考察されなければならない。
　ａ．証人が被告人を確認する能力や十分な機会を保証されているか否か。
　ｂ．犯行後になされた人定供述が彼自身の記憶の再現といえるか否か。
　ｃ．その証人が信頼するに足る能力を持ち，かつ観察時の条件が良好か否か。」（以上要旨）

上記の Telfaire 説示は一見適切のように見えるが，次のような難点を持つ。
① 同説示は限られた数の要素にしか触れておらず，しかも影響の内容について説明していない。
② 同説示は心理学研究よりも判例に基づいている。したがってそこに示された仮設の正確性には疑問がある。
③ 同説示は正当にも重要なファクター（観察時間，明暗，距離，前から知っていたか，再現期間，くり返し観察されたか）を確認しているが，同時にあまり重要でないにもかかわらず陪審に重視される要素（目撃者の自信）をも確認している。
④ 同説示は人定の正確性に影響する他の要素（偽装，武器注視，人種間格差，暗示的事実）に触れていない。
⑤ これら説示はそれらの諸要素が公判に顕出され，直接尋問・反対尋問の対象とされないかぎり陪審に影響を及ぼさない。

　以上が Telfaire 説示の内容とリマークスであるが，肝心の実験結果はどうであろうか。
① **Katzev & Wishart's（1985）**

30の陪審を構成する108人の被験者が目撃関係事件の公判のビデオ（40分）を見た。裁判官による３種のコメント，①基本説示（合理的疑いに関するもの），②基本プラス目撃条件，③基本プラス目撃条件プラス心理学的所見，が被験者に示された。その結果，前掲の③の場合，最も有罪判断が少なく，評議時間も短かかった（それぞれ12パーセント，9.6分）。こうして裁判官説示は陪審に疑問を抱かせることがわかった。陪審の感受性の改善にも貢献していると思われるが，これは推測にとどまる。

② **Culter, Dexter & Penrod（1990）**

当実験は裁判所任命の鑑定人の有効性を検証する目的でなされたが，同実験では説示の有用性も併せ検証された。当実験で用いられた説示は Telfaire 判決（1972年）をもとに作られ，かつ心理学的所見の付されたものであった。

同説示は心理学的所見を付されたものに比べて，すべてのファクターに顕著な影響を与えなかった。影響の程度が小さかっただけでなく，影響の方向が正反対であった。最も重要な点は，Telfaire 説示と２つのファクター（目撃条件と証人の確信）との間に反応が見出せなかった点であった。この結果は，Telfaire 説示が陪審の評価の仕方に影響を及ぼさなかったこと，つまり疑問を抱かせる効果も感受性を高める効果ももたらさなかったことを示す。

③ **Zemba & Geiselman（1993）**

当実験は Telfaire 説示を行う時機が陪審評決に影響を与えるか否かを試したものであった。実験者は目撃証言の前後２回にわたり説示を行えば後１回より効果は大きいのではないかとの仮説を立てていた。被験者は200人の学生であり，公判のビデオを見せられた。ビデオは目撃条件の良いものと悪いもの，説示の時機の異なるものが用意された。第１実験では説示は与えられなかった。第２実験では説示は目撃証言の前後に２回与えられた。そして第３実験では公判の終わりに１回だけであった。

第２実験の模擬陪審の有罪率は最も高く，54パーセントであった（他はそれぞれ39パーセントと27パーセント）。後二者の違いはわずかであり，他方，目撃条件の違いは陪審評決にあまり影響しなかった。つまり良条件では49パーセント，悪条件でも４パーセントであった。

以上をまとめると次のようにいえよう。説示の時機は評決に影響した。目撃条件の良否にかかわらず前後２回説示を聞いた被験者はより多く有罪とした。しかし，説示は感受性の改善に貢献しなかった。

④ **Green（1998）**

127人の学生が酒場での暴行事件に関する２種のビデオを見た（それぞれ90分）。

「強い人定証拠版」においては、ウェイトレスは、被告人がライトの真下に座っており、彼のテーブルは近くにあり、彼がボトルを投げつけたと証言した。これに対し「弱い人定証拠版」においては、被告人は薄暗いところに座っており、そこはあまり近くなく、よく見えなかったとウェイトレスは証言した。

　評決に達した陪審についていえば、「弱い人定証拠版」を見た者はほとんど有罪にしようとはしなかった（有罪率3パーセント）。これに対し「強い人定証拠版」を見た者の中で、Telfaire説示を聞かなかった場合42パーセントが有罪としたのに対し、同説示を聞いた場合わずか6.5パーセントが有罪にしたにすぎなかった。当実験では、さきの実験2と3と異なり、Telfaire説示は陪審に影響を与えていると見てよいであろう。

第3節　陪審は安全保障となるか

　アメリカでは陪審裁判が憲法上保障されているから、重大事件の事実認定者は陪審であることが多い。したがって陪審が目撃証言の心理学的要素に理解があるならば、誤った人定を防ぐのに大きく役立つ。以下[8]この問題に関する1つの実験（Culter, Penrod & Stave, 1988 ; Culter, Penrod & Dexter, 1990）を見てみよう。

　同実験においては陪審が目撃証言をどう評価するかを知るために模擬裁判が用いられた。模擬の公判が321人の学生（ウィスコンシン大学在籍）と129人の前陪審員（ウィスコンシン州デーン郡在住）とに示された。事件は酒屋における武装強盗で、主要な証拠は被害者の目撃証言であった。最初に、酒屋の店員で被害者の女性が目撃状況を説明した。次に、警察官（捜査主任）が目撃条件について述べた。第3に、被告人の友人が比較的弱いアリバイについて証言した。最後の証人は被告人であった。彼はすべての訴因を否定したが、あまりしっかりした証拠は出さなかった。

　さて、2人の訴追側証人について尋問（主尋問と反対尋問）が行われた。これが証拠開示の役割を果し、約20点の、目撃・人定のファクターが明らかにされた。最終弁論において弁護人は多くのファクターについて反論した。これらファクターのうち10点は公判に顕出される際、2種（たとえば証明力の強弱）に分けられた。区別のものさしは2つあった。1つは有罪と考えるか否か、もう1つは正しいと考えるか否かであった。双方の指標とも目撃証言の諸要素によって影響されるとの仮説を実験者は持っていた。以下、条件別に実験結果を見てみよう。

① 変装

強盗犯人は強盗のとき，①ニットのキャップを目深に被っていた，②帽子はかぶっていなかった，のいずれかを証人は証言した。当実験においては普通，人定の正確度に影響する変装も陪審の判断に有意の違いをもたらさなかった。

② **武器注視**

強盗にさいしては犯人は，①拳銃をふりまわして彼女につきつけた，②拳銃を上着の下に隠していた，のいずれかを証人は証言した。この区別は「武器注視効果」が発生するかどうか見ようとするものであった。一般に「武器注視」は証言の正確度を低めるといわれる。しかし，この実験では陪審の判断に有意差は認められなかった。

③ **暴力行為**

証言によれば，①強盗は彼女を殺すとおどし，彼女を手荒に扱い，床にむけて拳銃を発射し，逃走前に彼女を床につき倒した，②彼はおだやかに，かつ静かに金を要求し，それから立ち去った。この実験では，暴力行為は陪審の判断にさしたる違いを生み出さなかった。

④ **記憶保持期間**

①人定は事件の14日後になされた，②人定は事件の2日後になされた，のいずれかを証人は証言した。記憶保持期間は人定の正確度に影響するとされるが，この実験では陪審の判断に影響は見られなかった。

⑤ **指示の影響**

公判の半数において，人定行列を実施した警察官は，①証人は「行列の中から犯人と思う者を選べ」と指示されたと証言した。これらの公判においては人定行列を拒否する選択権を証人は与えられていなかった。また，その指示は一般に誤った人定を導くものであった。他の半数の公判においては，②証人は「人定行列の中から犯人と思う者を選べ，さもなければ犯人と思う者はいないと答えよ」と指示されたと警察官は証言した。当実験では人定行列にさいしての指示の差異によって，その結果に有意差は認められなかった。

⑥ **おとりによる偏見**

証人は，ビデオテープの半数において，①人定行列のメンバーの中で強盗犯人に似ている人は非常に少なかったと証言した。加えて同証人は，おとりはその時点で利用可能な人が選ばれたと証言した。残りの半分の公判において証人は，②人定行列のメンバー中には外見上犯人に似た人が何人かいたと証言した。この証言を補う形で警察官は，行列の設定に際して証人が最初に述べた犯人像に似た警察官（むろん事件と無関係）を選び，彼に外見の似たおとりを探すよう頼んだと証言した。この実験では，

人定の正確度に影響するといわれるおとりの影響は模擬陪審員の評決には見られなかった。

⑦ 証人の自信

被害者の女性は犯人識別について、①100パーセント自信がある、②80パーセント自信がある、のいずれかを証言した。これまでの研究によれば、証人の自信は目撃証言の信頼度とあまり関係がないとされている。当実験では、有意差が見られた。この差異は、証人の自信の大小と関係していると考えられる。

⑧ 陪審員のタイプ

①有資格で経験者、②大学生の２つの類型につき有意差が見られるか否かについても検証がなされた。まず証人の自信に関しては違いが見られなかった。次に武器注視の関しては、①に比して②の方により強い反応が見られた。しかし、どちらのグループにも武器注視効果はあまりなかったと言って良いようである。

以上が１つの実験結果であるが、他の種々の実験結果を総合するとほぼ次のように言えよう。

① 弁護士が公判前に目撃証言に関連する情報を集める機会は限られている。弁護士が犯行現場にいるわけはないし、人定に立ち会う弁護士の権利も起訴後の生のラインナップに限られている。したがって弁護士の感受性に関する研究は公判前の情報収集能力如何にかかっている。他方、裁判官の人定証拠評価能力についてはほとんど知られていない。これまで公刊された資料によれば、裁判官が何を重視しているかよくわかっていない。

② これに対し陪審の人定の正確度と目撃事件の判断過程とに対するかなり総合的な実験結果は存在する。それらを総合すると、陪審員は一般的に目撃証言の正確度に影響するファクターについて感受性が乏しく、しばしば（周辺的な細かいことといった）あまり関係のないファクターに依存し、とりわけ目撃証人の自信に依存する。この事実は重大である。それゆえ、たとえ弁護士が反対尋問に際し必要な情報を収集し、公判で重要な質問をしても、安全保障としての反対尋問の効果は疑問である。

第４節　心理学鑑定は安全保障となるか

これまで伝統的に安全保障の手段とされてきた弁護士による反対尋問や裁判官による説示について見てきたが、あまり有効とはいえないことがわかった。英米法に特徴的な陪審について検討してみたが、これもあまり頼りにならないとわかった。そこで

残るのは専門家証人の採用が有効か否かである。以下(9)，刑事裁判，とくに目撃事件において心理学鑑定が有用か否かを見てみよう。

① Wells, Lindsay & Tousignant（1980）

192人の模擬陪審員の半数に目撃証言に関する心理学者の証言のビデオテープを見せた。その証言は約5分30秒のものであるが，目撃証言の正確度と証人の自信とに焦点をあてたものであった。専門家証人は陪審に対し状況的要素にも注目するよう述べた。証人への反対尋問のビデオ上映は専門家証言のビデオ上映のあとで行われた。当実験においては専門家証言による顕著な効果が見られた。専門家証言を聴いた被験者は聴かなかった者ほど証言を信頼しなかった（41パーセントと62パーセント）。目撃条件についても効果が見られた。専門家証言によって陪審の感受性は改善された。こうして基本的に懐疑主義的効果が発生すると認められた。

② Loftus（1980）

Loftusの第1実験においては，模擬陪審に参加した240人が被験者とされた。陪審員は犯行に関連する公判記録の反訳を読んだ。犯行に用いられた暴力と心理学鑑定とは独立に操作された。専門家は事件関係の人定影響要素のいくつか（人種的偏見，ストレス，武器注視，酒酔い）について論じた。そのような心理学鑑定は平均して顕著に有罪率を低下させた。すなわち鑑定にさらされない被験者のそれは58パーセントであったが，さらされた者は39パーセントにすぎなかった。暴行版を読んだ人では非暴行版を読んだ人より有罪率が高かった。その有罪傾向は心理学鑑定によって低められた。68パーセントは43パーセントに，47パーセントは35パーセントにそれぞれ下がった。これによると心理学鑑定は感受性を高め，懐疑主義を導くようである。

Loftusの第2実験においては，専門家証言にさらされた陪審員はさらされなかった人たちより目撃証言の評議に明らかにより多くの時間を要した。

③ Hosch, Beck & McIntyre（1980）

24人の被験者（各6人の4つの陪審）は公判のビデオテープを見た。それには専門家証言のあるものとないものとがあった。専門家証言の存在は目撃証言の信頼性にあまり影響を与えなかったけれども，専門家証言を聴いた陪審は聴かなかった陪審ほどには人定証拠を評価しなかった。評議時間についていえば，専門家証言は明らかに目撃証言の検討時間を増加させた。専門家証言を聴いた陪審の評議時間の28パーセントは目撃証言の検討に費やされたが，聴かなかった陪審のそれは10パーセントにしかすぎなかった。

④ Maass, Brigham & West（1985）

当実験は異種の専門家証言が陪審の有罪認定にどのようなインパクトを与えるかについて検討した。被験者は2つのケースのうち1つだけを見た。専門家証言にはインタビューに基づいたものとサンプルに基づいたものとがあった。「可変性の目撃条件」においては，専門家は人定の正確度について証言し，加えて，時間的遅延，覚醒，異人種間人定といった要素について説明した。「不変性の目撃条件」についても専門家は言及した。被告人の有罪の可能性の変化が実験目的の1つであった。全体的には，専門家証言は罪を軽くする方向に働いた。インタビュー証言を聴いた陪審においては，可変性条件についての証言は不変性条件のそれよりも顕著に有罪率を下げた。サンプル証言を聴いた陪審においては，可変性証言の存否は影響をもたらさなかった。専門家証言にさらされた陪審はさらされない陪審よりも，また可変性証言のケースは不変性証言のそれよりも審議に長い時間を必要とした。

⑤ **Fox & Walters（1986）**

128人の大学生が目撃証言と専門家証言とのビデオテープを見た。証人には強い自信を持った者と弱い自信しか持たない者との2種があった。また専門家証言には3種（専門家証言なし，一般的証言，具体的証言）があり，それぞれが異なった目撃条件と組み合わせられていた。一般的証言は人定の正確度，記憶過程（獲得，保持，再生），記憶の種類（感覚的，短期，長期）を含んでいた。具体的証言は，これに対し，目撃記憶に影響する12の要素（たとえば物理的条件，目撃時間，保持時間，ストレス，武器注視，人定行列の公正さ）を含んでいた。加えて，すべての専門家証言において，心理学者は自信と正確度とにはあまり関係がないことを指摘した。

被験者の自信は証人の自信と専門家証言の存在とによって顕著に影響を受けた。被験者の強弱2種の目撃証言における確信度のパーセントは，専門家証言不存在70パーセントと55パーセント，一般的証言50パーセントと18パーセント，具体的証言30パーセントと5パーセントであった。こうして専門家証言は被験者に懐疑主義を醸成することがわかった。

以上の実験を総合して次のように結ばれた。

① 心理学鑑定は誤った犯人識別を防止するための技術として役立つ。陪審が目撃証言行動に影響を与える諸要素に不感症的であることには実質的な証拠がある。素人が上記諸要素を意識しない点は1つの問題であるが，もっと大事な問題は，彼らがそれら知識を持っていても活用しない点である。それどころか陪審はほとんど排他的に証人の自信に依存し，目撃証言の正確度にあまり関係ないファクターを重視する。

② 目撃証言についての心理学鑑定が陪審に示されると様相が一変する。陪審が証言

によって混乱に陥り，偏見を抱くといった証拠はほとんどない。心理学鑑定は陪審に対し教育的効果を有し，目撃証言の評価に際して陪審によって活用されるようである。また心理学鑑定は被告弁護側のみならず追訴側にも役立つようである。

③　心理学鑑定が提供される方式ないし形式に注目が寄せられつつある。私たち（実験者）の行った実験結果によれば，裁判所の任命した鑑定人は当事者一方の鑑定人とは質的に異なったインパクトを陪審に与える。同様に反対鑑定も陪審に影響を与える。実験結果によれば反対鑑定なしの一方当事者の鑑定の効果が最も大きい。

第5節　心理学鑑定の許容性

　アメリカで目撃証言の心理学鑑定が裁判上盛んに議論されるようになったのは1970年代に入ってからであった[10]。1973年のAmaral判決は1923年のFrye判決を引用して次のように判示した。①専門家は資格がなければならない，②同人は適切な課題について証言しなければならない，③その証言は理論として一般的に承認されていなければならない，④それは陪審に偏見を抱かせるものであってはならない。

　上記の基準に基づいて検討した結果，Amaral判決は社会心理学者Ravenの専門家証言を拒否した。明らかに関連性なし（証言は適切な課題に応じたものではない）を理由とするものであった。すなわち，引用されたFrye判決はポリグラフテストに関するものであったが，同テストが先駆的であるにせよ未発達で陪審にとって有益でないことを理由にテスト結果を排斥したものであった。1923年から1973年までの50年間，戦争を挟んでいたとはいえ，なんら理論的発展が見られない。驚きと評したら失当か。

　連邦裁判所は1975年に新しくできた連邦証拠規則を使い始めた。同規則は専門家証言について次のように規定した。①専門家には十分資格があること，②その証言が事実認定者に役立つこと，③同証言には信頼性があること（以上702条），④同証言が関係者に偏見を抱かせるものでないこと（403条）。

　これら規則は陪審の判断に役立ちさえすれば要件を充たす，とゆるやかに理解され，1980年代に多くの控訴裁判所によって採用された。1983年のChapple判決は，目撃証言の心理学鑑定（記憶の転移，事後情報，証人の自信等に関する）を排斥した一審の判断を誤りと断じた。さきのAmaral判決（専門家証言拒否）とは逆に十分，陪審の判断の対象となりうると判示したものであった。1984年のMcDonald判決も同旨であった。似たような表現のものを含めると，現在，連邦の3つの巡回区（第3，第7，第9）と10州（オハイオ，ニューヨーク，フロリダなど）の控訴裁判所が同旨の

判決を出している。

　少しもとにもどろう。1975年の連邦証拠規則のもとで従前の判決に比し，よりリベラルな基準を示したのが1985年の Downing 判決であった。そこに示された基準はほどなく1993年の連邦最高裁判決（Daubert et al. v. Merrell Dow Pharmaceuticals, 1993）において好意的に迎えられた。そのテスト基準は次のようなものであった。①証拠を生み出した過程と技法とが健全性と信頼性とを備えているか，②その証拠を許容することが陪審を誤解に導くおそれはないか，③科学的調査結果と当該事件の特定争点との間に関連性はあるか。

　上記 Daubert 判決は公判裁判官に対し基本的に科学的根拠はあるか，事実認定に役立つか，の２点を検討するよう命じたものであるが，さらに次のように付言した。①今日の科学的方法論は仮設とその検証とに依拠しており，この方法論が科学と他の学問とを区別するメルクマールである（Hempel と Popper との所論参照）。②連邦証拠規制702条で示されたテスト基準は柔軟なものであり，検討の焦点はえられた結果ではなく，その原則と方法論とに向けられなければならない。

　実は1985年の Downing 判決は，裁判官兼学者で当時の証拠法学のリーダーであった Weinstein の理論に基づいたものであった。したがって同判決は Weinstein 学説を連邦最高裁が採用したものといってよい。1983年の Chapple，1984年の McDonald，1985年の Downing といった一連の判決の延長線上にある Daubert 判決（1993年）が現在の判例通説である。これは科学的証拠一般について判示したものであるが，心理学鑑定にも適用ありと解されているようである（以上は Culter = Penrod の見解）。しかしそれは正当であろうか。以下，２点について検討する。

第６節　とくに２点について

１．科学とはなにか

　心理学鑑定が刑事裁判において証拠として採用されるためには，その鑑定が科学性を備えていなければならない，とされる。ところで科学とは，仮設とその実証という点に特徴があり，仮設が実験によって検証されなければならない，ともいわれる。しかし，実験によって検証できなければ科学といえないのであろうか。

　学問体系には大きく分けて理科系と文科系とがある。理科系ではほとんどがその仮設を実験よって検証できる。実験によらないまでも観察によって検証できるものもあ

る。ところが文科系ではすべてといっていいくらい，実験や観察によっては検証できない。それでも「社会科学」という言葉に象徴されるように「科学」たりうると解されている。

科学はこれを広義でいえば学問であるが，学問とは知識の体系ないし体系化された知識であり，その特徴は普遍性，したがって予測可能性にある。それゆえある知識体系が普遍性ないし予想可能性を持てば学問（科学）といってよいのではないか。

たとえば供述心理学者が警察の取り調べにおける自白過程を分析した場合，ある心理構造の判断に供述心理学上の知見を応用して一定の評価を下すならば，それは実験によって検証できなくても，一定の価値を持ち，真実発見に貢献しうるのではないか。学問的価値という点では実験による検証は「万能」ではないと思われる。

2．陪審に有益とは

陪審には事実認定権があり，科学的鑑定といえどもその事実認定権を侵してはならない，といわれる。陪審裁判においては，事実認定は陪審の専権であるから，他の者がむやみに干渉できないのは当然である。しかし，事実認定が非科学的もしくは非合理でいいはずがないから，そのかぎりで他から干渉を受けてもやむをえないであろう。

陪審の事実認定は自由心証主義（Principle of Free Evaluation of Evidence）にもとづいて行われる。自由心証主義は職業裁判官の事実認定に用いられる原則のようにいう論者もいるが，自由心証主義の源流は陪審にあり，決して職業裁判官の独占ではない。自由心証主義は，科学的合理的自由心証主義とも呼ばれ，現在では科学や合理性の支配を受ける。したがって心理学者が科学的かつ合理的な鑑定を提出すれば，それは陪審の総合評価の対象として証拠能力を持つ。

陪審はコモンセンスにもとづいて裁判するといわれる。また陪審はその地域の人間構成を反映すべきものといわれる。選挙人名簿等によってアトランダムに陪審候補者は抽出されるから原則的にそうだといって差えあるまい。ボア・ディールによって双方当事者から忌避されて次第に一定の性格を持ったものに近づいていくが，コモンセンス集団から大きくかけ離れることはない。

陪審は証拠の総合評価を行うが，証拠の許容性を判断するのは裁判官である。その裁判官の価値観が陪審とかけ離れていると判断資料のレベルでコモンセンスと離れてしまうおそれがある。しかしアメリカの裁判官はほとんどが選挙で選ばれるから，その価値観がコモンセンスからかけ離れるということはないであろう。

陪審制度は裁判官と陪審とが協力して，「常識」に基づいて事実認定する制度であ

るが、その常識が科学性・合理性を欠いているときには他からの干渉によって是正されなければならない。右の常識に挑戦する武器を提供するのが学問（科学的合理性）であり、その学問の一種が心理学である。常識のうそを是正するため心理学はもっと活用されてよい。活用されないとしたら、それは裁判官が心理学に対して十分な理解がないためであろう。さきに記したようにアメリカにおいてさえ、裁判に利用できるのは「検証可能な科学のみ」と限定しているのは心理学に対する偏見が一因であろう。

第7節　おわりに

　アメリカ、イギリス、日本と3つの国を比べると、心理学鑑定はアメリカにおいて最も多く採用されている。アメリカでは心理学者は「法廷の友」などといわれる[11]。この違いは裁判官の法的性格の違いに起因すると思われる。アメリカの裁判官は法曹一元の裁判官であり、訴訟構造も当事者主義なので当事者の立証方法の選択に対し寛容である。これに対し日本の裁判官は中央集権的官僚体制下の職業裁判官であり、当事者の立証方法についてあまり寛容ではない。法律問題も事実問題も裁判官の専権とされるところから、裁判官は事実認定にも自信を持ち、心理学鑑定を「常識」と判断しやすい。心理学鑑定はその科学性と事実認定への有用性とで判断されるが、とくに後者の判断にさいし、事実認定者が陪審でない場合どうしても厳しくなる。自己の事実認定能力の不十分さを自認することを意味するからである。

　次に、アメリカで被疑者の取り調べについての心理学鑑定が目撃に比べて少ないのはMiranda警告の存在と密接な関係があると思われる。つまり同警告の実施がかなり徹底しているため、被疑者の自白に関し一応任意性の保障があり、ひどい問題が起きていないためであろう[12]。日本ではアメリカ、イギリスと異なり、代用監獄制度が存在し、被疑者の取り調べにさいし弁護士の立ち会いもないので任意性の有無に関し紛争が起こりやすい。アメリカと同日の談ではない。ちなみにMiranda法則を持っていないイギリスでは取り調べに関する心理学的研究がわりと盛んである[13]。

　最後に民事と刑事との違いに触れておきたい。民事と異なり刑事事件においては「疑わしきは被告人の利益に」の原則の適用があるので被告弁護側は訴追側の立証に対し合理的な疑いを起こさせればよい。裁判官に合理的疑いを抱かせるのに心理学鑑定は有用であり、それは実験心理学の成果に限られない。学界で広く承認されている心理学の成果なら裁判に応用可能と考えてよいと思われる。

注

(1) 植松正『裁判心理学の諸相』(1958年), 同『供述の心理学』(1975年)
(2) 参照, 庭山英雄『自由心証主義-その歴史と理論』(1978年)
(3) 顔の識別に関するものに焦点を当てた。披見しえたものを下に掲げる。資料収集に際し畑野智栄氏(福島大学大学院, 当時)の助力をえた。ここに記して感謝の意を表したい。

James C. Bartlett & Annette Fulton, Familiarity and recognition of faces in old age, Memory & Cognition, 1991, 19 (3), 229-238.

Thomas H. Howells, A Study of Ability to Recognize Faces, Journal of Abnormal Social Psychology, 33, 124-127 (1938).

June E. Chance & Alvin G. Goldstein, Face-Recognition Memory: Implications for Childrens Eyewitness Testimony, Journal of Social Issues, Vol. 40, No. 2, 1984, pp. 69-85.

Patricia G. Devine & Roy S. Malpass, Orienting Strategies in Differential Face Recognition, Personality and Social Psychology Bulletin, Vol. 11 No. 1, March 1985 33-40.

Vaughn Tooley & John C. Brigham, Facial Recognition: Weapon Effect and Attentional Focus, Journal of Applied Social Psychology, 1987, 17, 10, pp. 845-859.

Steven Penrod, Elizabeth Loftus & John Winkler, The Reliability of Eyewitness Testimony: A Psychological Perspective, The Psychology of the Courtroom, 1982, p. 119f.

Michelle E. Cohen & W. J. Carr, Facial Recognition and the von Restorff Effect, Bulletin of the Psychomic Society, 1975, vol. 6 (4A), 383-384.

Tara Antony, Caloryn Copper & Brian Mullen, Cross-Racial Facial Identification: A Locial Congnitive Integration, PSPB, vol. 18 No. 3, June 1992 296-301.

Evan Brown, Kenneth Deffenbacher & William Sturgill, Memory for Faces and the Circumstances of Encounter, Journal of Applied Psychology, 1977, vol. 62, No. 3, 311-318.

Peter N. Shapiro & Steven Penrod, Meta-Analysis of Facial Identification Studies, Psychological Bulletin, 1986, vol. 100, No. 2, 139-156.

Graham Davies, Hadyn Ellis & John Shepherd, Face Recognition Accuracy as a Function of Mode of Representation, Journal of Applied Psychology, 1978, vol. 63, No. 2, 180-187.

K. E. Patterson & A. D. Baddeley, When Face Recognition Fails, Journal of Experimental Psychology, 1977, vol. 3, No. 4, 406-417.

(4) たとえば自民党本部放火事件, 判時1430号3頁, 1533号25頁。その他については, 岡田悦典, 中川孝博, 徳永光「目撃供述に関する裁判例の検討」季刊刑事弁護11号(1997年) 100頁。
(5) 未公刊であるが私の披見しえたものに浜田寿美男「袴田事件における自白の心理学的供述分析(鑑定書)」(1972年)がある。
(6) Brian. L. Culter & Steven D. Penrod, Mistaken Identification - The Eyewitness, Psychology, and the Law, 1995, p. 139f.
(7) 以下, Ibid. p. 255f.
(8) Ibid. p. 171f.

(9)　Ibid. p. 213f.
(10)　Ibid. p. 19f.
(11)　Clive R. Hollin, Psychology and Crime, 1989, p. 173.
(12)　しかし Miranda 判決以降でも自白過程についての心理学的分析がないわけではない。
(13)　Saul M. Kassin & Williams College, The Psychology of Confession Evidence, American Psychologist, March 1997, vol. 52, No. 3, 221 - 233. の参照文献を見よ。なお同文献の入手は黒沢香助教授のご好意による。ここに記して謝意を表したい。

第5章 イギリスにおける犯人識別手続き

はじめに

　イギリス[(1)]の犯罪捜査において実施されている目撃証人による犯人識別方法の中でも，とくに特徴的なものとして，いわゆる「パレード (identification parade)」がある[(編者注)]。これは，要するに，被疑者を含む複数人を「行列 (parade)」させ，この行列の中から証人に自らが目撃した犯人を識別させるという手法である。かかる手法は，わが国の実務において主流となっている，目撃証人に被疑者本人を単独で見せて行われる「単独対面方式」による識別方法に比して，より信用性の高い証言を得ることを可能にするものとして，最近わが国においても注目を集めている[(2)]。そこで，本章では，このパレードを中心に，イギリスで行われている犯人識別方法について概観するとともに，これら識別の結果得られた証拠の取り扱いについても若干の検討を加えることにする。

第1節　「1984年警察及び刑事証拠法」と「実務規範」

　現在，イギリスにおける捜査段階での目撃証人による犯人識別の手続きを主として規制しているのは，「1984年警察及び刑事証拠法 (The Police and Criminal Evidence Act 1984. 以下，「1984年法」という)」に付随して置かれている，「警察官による人の識別のための実務規範 (Code of Practice for the Identification of Persons by Police Officers)」である[(3)]。そこで，まずは，1984年法と実務規範の性格について確認しておきたい。

　周知のように，1984年法とは，近年イギリスで敢行されてきた一連の大規模な刑事司法改革の重要な成果のひとつである。その意図するところは，主として，長年にわ

【編者注】　本章の「パレード」という用語は他の章の「ラインナップ」に相当する。

たる判例法および個々の単行法の蓄積によってあまりにも複雑になってしまった捜査法および証拠法を，整理，統合することにあった[(4)(5)]。そして，この立法の結果，イギリスの刑事司法手続きは実際に大きく変化した。

1984年法は，それ自体，相当に大部なものである[(6)]。しかしながら，それでも同法によって様々な捜査手法や証拠の取り扱い方を逐一詳細かつ具体的に規定することは不可能であったし，また，将来見込まれる社会的変化に柔軟に対応する必要上からも，種々の手続きを制定法の形で固定的に規定することは必ずしも望ましいことではないと考えられた。そこで，1984年法は，その66条において，実務の指針となり，ある程度柔軟に改正可能なガイドライン，すなわち実務規範を制定する余地を残したのである。

この66条の規定を受けて実際に設けられた実務規範は5種類ある。すなわち，「警察官による停止および捜索権限の行使についての実務規範（Code of Practice for the Exercise of Powers of Stop and Search by Police Officers）：実務規範A」，「警察官の行う施設の捜索および身体または施設で警察官が発見した財産の押収に関する実務規範（Code of Practice for the Searching of Premises by Police Officers and the Seizure of Property Found by Police Officers on Persons or Premises）：実務規範B」，「警察官による身柄拘束，処遇および取調についての実務規範（Code of Practice for the Detention, Treatment and Questioning of Persons by Police Officers）：実務規範C」，前述した「警察官による人の識別のための実務規範：実務規範D」，そして「被疑者取調のテープ録音に関する実務規範（Code of Practice on Tape Recording of Interviews with Suspects）：実務規範E」である。

実務規範が最初に施行されたのは1986年であった。このときに施行されたのは，実務規範A，実務規範B，実務規範Cおよび実務規範Dである。残るひとつの実務規範Eは，数年遅れて1988年に施行されたが，この遅延の理由は，同規範を実際に運用するための設備を整えるのに（すなわち録音機材の開発や専用取調室の整備など）時間を要したためである。その後，1991年に実務規範A，B，CおよびDが改正され，さらに1995年には全ての実務規範が程度の差はあれ改正を受けた。本章で検討の対象とするのは，この1995年改正版である[(7)]。

いずれの実務規範も，それぞれの射程内にある諸手続きについて極めて詳細に定めているが，前述したように，実務規範はあくまでも警察官ら捜査実務を担う者[(8)]に対するガイドラインに過ぎず，この意味で，その遵守が法的に義務づけられているわけではない[(9)]。しかしながら，警察官による実務規範の違反の事実は懲戒事由とな

りうるし(10)，後述するように(11)，実務規範に違反して獲得された証拠は，1984年法の規定に則って排除される場合があることには注意を要する。

第2節　「実務規範D」にみる目撃証人による犯人識別手続き

1．「実務規範D」の構成

　前述したように，捜査段階での目撃証人による犯人識別の手続きを主として規制しているのは実務規範Dである。実務規範Dは，「第1章：総則」，「第2章：目撃証人による識別」，「第3章：指紋による識別」，「第4章：写真による識別」および「第5章：肉体的資料および痕跡による識別（identification by body samples and impressions）」の全5章からなる本編と，主に目撃証人による識別の際に行われる手続きの詳細について定めた付則A，B，C，DおよびEによって構成されている。本章の射程は，目撃証人による犯人識別手続きにあるので，以下の叙述は，「第2章：目撃証人による識別」およびこれに対応する付則に関するものである。

2．目撃証人による識別（1）：被疑者が特定されている場合

　被疑者が特定されている場合(12)に行われる犯人識別手続きとしては，4種類の方法が規定されている。すなわち，①パレード，②集団識別（group identification），③ビデオフィルムによる識別，および④単独対面方式による識別（confrontation），である。パレードとは，被疑者を含む複数人を行列させ，この行列の中から目撃証人に犯人を識別させるという手法であり，集団識別とは，警察署外で人通りの多い場所に被疑者を置き，目撃証人に識別させる方法であり，ビデオフィルムによる識別とは，証人が，ビデオテープに録画された被疑者を含む一定数の対象者を観察し，その中から犯人を識別する方法であり，単独対面方式による識別とは，証人に直接被疑者を見せ，被疑者が犯人か否かを問う方法である。
　注意すべきは，これらの手続きには優先順位が存在することである。すなわち，犯人識別は原則としてパレードによるべきものとされており，実務規範に定められた正当な理由によってこれが実施できない場合に集団識別が認められ，さらに集団識別も実施できない場合にビデオフィルムによる識別，そしてビデオも不可能な場合に最後の手段として単独対面方式が認められるということである。
　犯人識別手続きの準備，実施にかかる一切の責任は「識別担当官（the identification

officer)」が負う。この任につくのは，当該事件の捜査に関与していない警部（inspector）以上の階級に属する制服警察官でなければならず，当該事件の捜査に関与している警察官は，犯人識別手続きに関わることはできない（para.2.2)。捜査に関わりのない者に一切の運用を委ねることによって，捜査の影響を遮断し責任の所在を明らかにするとともに，このことを通じて手続きの公正さを担保しようというのである。

また，識別手続きを行う場合には，その実施に先立って，識別手続きへの参加が予想されている証人が目撃した犯人の特徴を記録し，その写しを被疑者またはそのソリシター（solicitor）に交付しなければならない（para.2.0.）。これは，証人の記憶内容と事後的な影響の有無・程度を確認し，識別手続きの公正さを担保するための重要な手続きである。

以上を確認したうえで，次に，それぞれの識別手続きについて概観してみよう。

(1) パレード

パレードとは，被疑者を含む複数人を行列させ，この行列の中から目撃証人に犯人を識別させるという手法である。原則として，被疑者が自分が犯人であることを否認している場合にはパレードを行わなくてはならず，その実施にあたっては文書による被疑者の同意が必要である（para.2.16.)。被疑者がパレードの実施を拒否した場合には行わなくても良い（para.2.3)。また，被疑者の風貌が特異であるなどの理由で被疑者に似た人物を集めることができなかったり（para.2.4)，証人が畏怖するなどの理由でパレードよりも集団識別の方が適当と思われたり（para2.7)[13]，その他の理由からビデオフィルムによる識別の方が適当と思われる（para2.10）場合で，パレードの実施が不可能またはあえてパレードを実施すると不公正であると思われるときにも，行わなくても良い。

パレードの実施方法の詳細は付則Aに規定されている。詳細は割愛するが[14]，付則Aからは手続きの適正および証言の信用性を担保するための様々な方策がみてとれる。主なものをあげると，まず，適正手続きの担保を目的とする主な措置としては，黙秘権，法的助言を受ける権利，パレードの拒否権についての告知，ソリシターまたは被疑者の友人のパレードへの立ち会い，パレードの際の立ち位置の自由選択などが挙げられる。また，証言の信用性を担保するためのものとしては，パレードの構成にあたっては被疑者に年齢，身長，風貌などが似た人物を8人以上用意しなければならないこと，パレードを見る証人たちに事前に話をする機会を与えないこと，証人たちに事前に被疑者およびパレードの参加者を目にしたり被疑者に関する情報を得る機会を与えないことなどがあげられる。

（2）集団識別

　集団識別とは，警察署外で人通りの多い場所，たとえば地下鉄駅構内やショッピング・センターなどに被疑者を連れて行き，それらの場所に存在する集団内に被疑者を配置したうえで，目撃証人に識別させる方法である。これは，被疑者がパレードの実施に同意しない場合や，前述したその他の理由により，パレードの実施が不可能あるいは適当でないと思われる場合に，次善の策として行われるべき手続きとされている。集団識別の手続きは付則Eに規定されているが，とくに留意すべき点は，集団識別を実施する際には，被疑者と同じ年齢，人種，容貌の人物が集まるか通過する場所を選定しなければならないということである（付則E, para 3および5）。

　パレードと集団識別との間の手続き上の重要な違いは，集団識別の場合には，仮に被疑者の同意が得られなくとも，識別担当官の裁量によって実施することができる点にある（para. 2.8）。ただし，被疑者の拒絶の意思が強固で，パレードのみならず集団識別を実施することも困難であると思われる場合には，識別担当官は，裁量で，以下に述べるビデオフィルムによる識別を選択することができる。

（3）ビデオフィルムによる識別

　ビデオフィルムによる識別とは，証人が，ビデオフィルムに録画された被疑者を含む一定数の対象者を観察し，その中から犯人を識別する方法である。要するにビデオ映像を用いたパレードであるといえよう。前述した理由によって，パレードも集団識別も実施することができない場合に採られるべき3番目の選択肢である（para. 2. 10）。被疑者の同意は実施のための絶対条件ではない（para. 211.）。

　手続きの詳細は付則Bに規定されているが，その注な特徴として，パレードと同様に被疑者と年齢，身長，風貌などが似かよった人物を集めなければならないこと（付則B, para. 3.），これらの人物たちは映像の中で可能な限り似た格好または動作を行わなければならないこと（付則B, para. 4.）などがあげられる。また，手続きの公正を担保する目的で，被疑者および被疑者のソリシター，または被疑者の友人に事前に映像を見る機会を与え，異議申立の権利を保障している（付則B, para. 7.）点も重要である。

（4）単独対面方式による識別

　単独対面方式による識別とは，証人に直接被疑者を見せ，被疑者が犯人か否かを問う方法であり，これまでに紹介した3種類の方法がすべて利用できない場合に実施されるべきものとされている（para. 2. 13）。やはり，被疑者の同意がなくとも実施可能である（para. 2. 13.）。

単独対面方式にこのような低い地位しか認められていない理由は、人の知覚・記憶・証言という各段階に必然的に混入し、かつ時間の経過とともに増殖する「誤り」の持つ危険性に配慮したからに他ならない。したがって、この手続きに対する裁判所の信頼は極めて低い。単独対面方式による識別の手続きは付則Cに規定されており、原則として被疑者のソリシターや友人の立ち会いの下で実施することが義務づけられている（付則C, para. 3.）など、手続きの公正さを担保するための一定の方策が講じられてはいるが、仮に実務規範に従って厳格に手続きが進められたとしても、これによって得られた識別証言が証拠として採用される保障はないという[15]。

3. 目撃証人による識別（2）：被疑者が特定されていない場合

被疑者が特定されていない場合には、実務規範Dは、証人が目撃したとされる人物を特定する目的で、証人をそのために必要と思われる人物のもとや場所へ連れていくことを認めている（para.2.17）。たとえば、発生して間もない暴行事件の場合などでは、被害者を警察車両に乗せて近隣を巡回し、犯人を捜すこともしばしばあるという[16]。また、同様の目的で、証人に写真やフィルムなどを見せることも許されるが（para.2.18）、このような場合には、「ビデオフィルムによる識別」（para.2.10）の際に適用される原則に従わなければならない。また、当然のことながら、被疑者が特定されている場合には決して行うことは許されない（para. 2. 18）。ここでいう写真やフィルムとは、テレビや新聞などの報道媒体によって既に公表されたものであっても構わない（para2.21Aおよび2.21B）。実際にも、テレビの犯罪特集番組などが、このために用いられることがあるという[17]。

証人を特定の場所へ同行する場合も写真などを見せる場合も、警察官が特定の人物に証人の注意を向けさせてはいけないことは当然である（para.2.17）。

第3節　「実務規範D」に違反して獲得された識別証拠の取り扱い

1. イギリスの証拠排除法則：裁判官の裁量による「不公正」証拠の排除

前述したように、実務規範はあくまでもガイドラインに過ぎないと理解されているため、実務規範に対する違反すなわち違法な手続きとなるわけではない。さらに、イギリス法は、証拠物の性格はその獲得手段によって変化するものではないので「裁判所は証拠がどのような方法で獲得されたのかに関心を持たない」[18]という理由で、

いわゆる違法収集証拠排除法則の採用を伝統的に否定しているため，たとえ，かかる違反が違法な手続きと認定されたとしても，当該手続きによって獲得された証拠が直ちに排除されるわけでもない。しかしながら，他方で，問題となっている証拠が「不公正な（unfair）ものである場合には……，裁判官の裁量で排除される」[19]場合があるということもコモン・ロー上のルールとして確立しており，従来から，不当な手段によって獲得された証拠の許容性をめぐる問題については，この裁量による排除によって処理されてきたという経緯がある[20]。

この裁量による排除は，現在では，制定法上のルールともなっている。すなわち，1984年法78条1項が，「いかなる手続においても，裁判所は，訴追側が立証の基礎として申請する証拠につき，その証拠が獲得された状況を含むすべての事情を考慮して，その証拠を許容することが当該手続の公正さに有害な影響を及ぼすためこれを許容すべきではないと認めるときは，その証拠を許容することを拒むことができる」と規定しているのである[21][22]。

この78条1項の趣旨に照らすならば，実務規範に対する違反によって獲得された証拠が排除されるためには，単に違反が存在しただけでは足りず，当該違反が「不公正」なものと認定される必要がある。しかしながら，この「不公正」という用語の意味は極めて曖昧であり，また，これについての明確な定義もない。その判断は裁判官の心証に委ねられており，それゆえに，「違反はあったが不公正ではない」という認定も許されることになる。しかも，自白法則[23]の適用がある場合などとは異なり，排除は絶対的なものではなく，あくまでも裁判官の裁量事項である。したがって，わが国の感覚からすると，実際に機能しているのかという疑問も生じよう。しかしながら，裁判例を見る限り，実際に証拠排除される事例には実務規範違反を理由とするものが少なくないし，実務規範に対する違反によって得られた証拠を許容する場合には理由を付することが要求されてもいる[24]。すなわち，イギリスの裁判所は，実務規範に対する違反を，それ自体で証拠排除の重大な根拠とみなしているといえる。では，具体的にはどのような場合に証拠排除がなされているのだろうか。次に，実際に実務規範Dに対する違反を理由に証拠排除された事例をいくつか見てみよう。

2．判例

裁判例を概観してまず目につくのは，識別手続きの優先順位をめぐる事例である。具体的にはパレードを実施しなかった場合の理由の正当性に関する問題である。実務規範によれば，特定の事由が存在すればパレードを行わなくてもよいとされているこ

とについてはすでに述べた。たとえば、被疑者の容貌が特異なため、被疑者に似た人物を必要数だけ集められない場合（para.2.4）などがこれにあたる。しかしながら、裁判例からは、裁判所がこの事由の存在をなかなか認めようとせず、警察に対してパレードの実施を厳しく求めていることがうかがわれる。たとえば、被告人と同じ人種に属するパレード参加者を探す際の警察側の努力が不十分であったとの理由で、パレードの代わりに実施された集団識別によって得られた証言が排除された事例として[25]Gaynor事件[26]がある。

　このように、識別手続きは原則としてパレードによらなければならないとする裁判所の姿勢は厳格である[27]。したがって、捜査側にパレードの実施を不正に回避しようとする意図が認められる場合に、より厳しい非難が加えられるのは当然であろう。たとえば、強姦の事案であるNagah事件[28]においては、被告人がパレードの実施に同意していたにもかかわらず、警察署の外で告訴人による単独対面方式での識別があえて行われたが、上訴裁判所（the Court of Appeal）は、これを「実務規範に対する完全なる侮辱」であるとして、有罪判決を破棄した。同様に、捜査側に不正にパレードを回避しようという意図が認められるとして、上訴審で有罪判決が破棄された事案にGraham事件[29]がある。同事件では、被告人がパレードの実施を求めなかったため何らの識別手続きも行われないまま手続きが進行し、有罪判決が下されたが、実は被告人がパレードを求めなかったのは、警察が捜査段階で被告人に対して、実際にはその予定はないのにパレードが実施される予定がある旨告げていたからであった。

　また、強盗の事例であるFinley事件[30]では、犯人識別手続きに実務規範に対する複数の違反があったことが問題とされた。まず、証人たちは前もって被告人の写真を見せられていた。次に、証人たちはパレードの開始までの間、一緒に待たされており、かつ、事件についてお互いに会話をしてはいけない旨の警告を受けなかった。さらに、パレードの構成者の中には、被告人以外には犯人に似た風貌の者は含まれていなかった。上訴裁判所は、これらの違反の存在を重視し、被告人に対する有罪判決は維持し得ないという結論を下した。たしかに、これだけの違反がそろえば有罪破棄も当然の結果であろう。しかしながら、他方で、比較的軽微と思われる違反が問題とされた事例もある。たとえば、Gall事件[31]において、上訴裁判所は、当該事件を担当していた捜査官がパレードの行われている部屋へ入り、証人に話しかけたことが実務規範（para.2.2）に違反する行為であるとして、これを理由に原審の有罪判決を破棄している。

　その他、目についたものとして、集団識別が実施された場所の選定の適否が問題と

されたJamel事件(32)がある。同事件の被告人は混血人種であった。集団識別の実施に先だって、さまざまな人種の人物が通過するであろうとの期待から、ある通りが集団識別の場所として選定されたが、実際には被告人以外には混血人種は現れず、当然の結果として被告人が犯人として識別されてしまった。上訴裁判所は、この集団識別の手続き上の瑕疵と他の事情を勘案した上で有罪判決を破棄した。

むすび

　以上のように、本章では、イギリスの捜査段階で行われている目撃証人による犯人識別手続きにつき、その法的根拠および手続きの基本的な流れ、特徴を概観するとともに、かかる手続きに違反して獲得された証拠の取り扱いについても若干の検討を加えてきた。

　紙幅の制限もあったため、本章では、目撃証言の取り扱いに関するイギリス法の、ごく限られた部分を紹介するにとどまらざるを得なかった(33)。しかしながら、たとえその一部であっても、また概略に過ぎなくとも、あくまで公正な手続きの実現を指向し、常に前進を続けるイギリスの司法の姿勢を見るとき、いまだ単独対面方式による識別が主流となっているわが国の実務が内包する諸問題が鮮やかに浮きあがってくるはずである。

　たしかに、近年、わが国においても、目撃証言の取り扱いに注意を促そうとする裁判例が増えてきてはいる(34)。しかしながら、証言採取の方法の抜本的な改善なしでは、いたずらに裁判所の負担を重くするだけで、効果は薄いのではないだろうか。

　この問題については、さらに考える必要があるように思われる。

注
（１）　ここでイギリスとは、イングランドおよびウェールズを指す。
（２）　イギリスにおける目撃証人による犯人識別について扱った最近の論稿としては、たとえば、鯰越溢弘「イギリスにおける目撃証人の取り扱いについて」法政理論30巻4号225頁、大出良知「イギリスにおける証人による『犯人』識別の実際」季刊刑事弁護11巻90頁、渡部保夫「犯人識別供述の信用性に関する考察（上）（中）（下）」判例時報1229号、1232号、1233号などがある。
（３）　パレードの歴史については、鯰越・前掲論文227頁に簡潔な記述がある。
（４）　1984年法の成立過程の詳細については、三井誠「イギリス刑事司法の改革（１）－1984

年警察・刑事証拠法及び1985年犯罪訴追法を中心に－」ジュリスト937号63頁以下などを参照。

(5) また、当時の社会状況も同法の成立を促す要因であった。当時イギリスでは犯罪の漸増傾向が見られ、その理由は証拠法上の諸規則が厳格であるためだと考えられた。犯罪者とくに職業的犯罪者が不当に法の網の目を逃れているといった社会的不満が存在したのである。

(6) 同法の邦訳として、三井誠＝井上正仁「イギリス警察・刑事証拠法／イギリス犯罪訴追法」法務資料447号（1988年）がある。

(7) ただし、実務規範Aは、さらに1997年および1999年にも改正を受けている。

(8) たとえば、関税官（R v Sanusi [1992] Crim LR 43)、私人訴追機関（Joy v Federation Against Copyright Theft Ltd [1993] Crim LR 588)、大規模小売店の警備員（R v Bayliss (1993) 98 Crim App R 235）などの職務遂行にあたっても、実務規範の規定が適用される場合がある。

(9) 1984年法67条10項。

(10) 1984年法67条8項。

(11) 本章第3節「『実務規範D』に違反して獲得された識別証拠の取り扱い」参照。

(12) 特定されているとは、「逮捕を正当化するに十分な情報」（Note 2E）が存在することを意味する。

(13) しかしながら、証人の畏怖とは、もっぱら被疑者に証人自身が見られてしまうことにあるため、被疑者に姿を見られることなくパレードを観察しうる施設があれば、この問題は解消するとの指摘がある。See, Hirst, Andrew & Hirst on Criminal Evidence, 3rd ed (1997), p. 327.

(14) パレードをはじめとする識別手続きの詳細および実際の識別手続きの観察記録については、大出・前掲論文を参照のこと。

(15) Hirst, op. cit., p. 330.

(16) Id., at p. 325.

(17) Id.

(18) Kuruma, son of Kaniu v R [1955] AC197. 争点は、権限のない捜査官の捜索行為によって発見された弾薬の証拠能力いかんであった。

(19) Id., at 204.

(20) しかし、コモン・ローにおいて、この排除裁量権が行使されることは稀であった。See, Zander, The Police and Criminal Evidence Act 1984, 3rd ed (1995), p. 233.

(21) 1984年法の制定段階においては、いわゆる合衆国式の違法収集証拠排除法則の採用も検討されたが、これは結局見送られた。その主な理由は、合衆国の例を見ても必ずしも違法捜査の抑止効があるとはいえないこと、それが機能するのは極めて少数の事例に限られ、また、実際の違法捜査から数か月というタイムラグが生じること、警察の不適切な行為をチェックするためならば損害賠償請求あるいは懲戒処分で足りること、などであった。See, Zander, op. cit., p. 234.

(22) 排除裁量権の存在は1984年法82条3項にも規定されている。同条同項によれば、「本編（1984年法「第8編：刑事手続における証拠」－筆者注）の規定は、裁判所が裁量により証拠を排除する権限（質問を許さないという方法によると他の方法によるとを問わない）に影響を及ぼさない」とされており、したがって、厳密には、証拠の許容性は、78条および82条のいずれの文脈でも問題となりうる。両者の関係については、78条の裁量権の方が82条のそれよりも広義あるいは緩やかなものと理解されている。See, Zander, op. cit., p. 241. 250.
(23) イギリスの自白法則と裁量排除の関係については、稲田隆司「自白法則と虚偽排除説－コモン・ローにおけるその成立と展開－」法政理論30巻4号40頁を参照。
(24) R v Allen [1995] Crim LR 643.
(25) 同様の事例として、R v Britton [1988] Crim LR 144, R v Laidlow [1989] Crim LR 219などがある。
(26) R v Gaynor [1988] Crim LR 242.
(27) ただし、ごく最近の傾向として、この問題に対する裁判所の姿勢が若干捜査側に有利に流れつつあるとの指摘もある。詳細については、see, Hirst, op. cit., p. 328.
(28) R v Nagah [1991] Crim LR 55.
(29) R v Graham [1994] Crim LR 212.
(30) R v Finley [1993] Crim LR 51.
(31) R v Gall (1990) 91 Cr App R 64.
(32) Jamel [1993] Crim LR 52.
(33) 鯰越・前掲論文は、目撃証言に関連する証拠開示の問題および公判における目撃証人の取り扱いについても検討している。
(34) 目撃証言の信用性を否定した最近の裁判例として、たとえば、大阪高裁平成3年2月15日判決（判例時報1377号138頁）、浦和地裁平成2年10月12日判決（判例タイムス743号69頁）などがある。

第6章 ドイツにおける目撃証人の取り扱い

　世界最初の本格的総合的な誤判研究を生んだドイツにおいても，誤判原因としての目撃証言の問題性は，繰り返し指摘されてきた。そこで本章では，まず誤判研究に現れた目撃証言の問題を振り返り，つぎに目撃証言をめぐる法的問題ならびにその裁判実務の現状を紹介し，この問題がそれぞれどのように取り扱われ，どのように供述心理学とかかわってきたのかを探る。さらに，ドイツにおける目撃供述をめぐる供述心理学研究の状況についても検討を加えていきたい(1)。

第1節　誤判研究に現れた目撃証言

　ドイツにおける最初の総合的誤判研究の試みと評しうる Sello の『刑事司法の過誤とその原因』(Sello, M., *Die Irrtümer der Strafjustiz und ihre Ursachen* Bd. 1, 1911) においてすでに誤った目撃証言が誤判原因として指摘されている(2)。そこには，1例として，1899年に起きた殺人事件について，観察者が犯人を676メートル離れた距離から目撃した供述を信用したことが主たる誤判原因としてあげられている（Hilsner 事件）(3)。このようにドイツにおいて今世紀の早い時期から目撃証言の問題性が誤判研究の中に現れている。Sello はこの研究の第1巻では事件の叙述のみを行い，体系的かつ詳細に誤判原因を分析することを第2巻で予定していたが(4)，彼の死により不可能となった。

　とりわけ，目撃証言との関係で，無意識的な誤判原因を中心に追究した研究として1914年に公刊された，Hellwig の『司法過誤』(Hellwig, A., *Justizirrtümer*) がある。彼は，当時隆盛となった供述心理学によりつつ(5)，供述には知覚，記憶について供述者の能力が必要で，犯行に関する証言にはほとんど例外なくそこここに誤りがあることを指摘し(6)，裁判官の供述心理学への精通の必要性をといている。この点において，Hellwig の研究を目撃証言についてこの時期に早くもその危険性を提起した画期

的な研究と位置づけることができよう(7)。

その後，誤判原因としての目撃証言の問題をもふくむ，Sello のなし得なかった総合的誤判研究は1960年に Hirschberg によって成し遂げられた。それは『刑事訴訟における誤判―判決の病理学のために』(Hirschberg, M., *Das Fehlurteil im Strafprozeβ*: Zur Pathologie der Rechtsprechung) (8)である。この中で，Hirschberg は最重要誤判原因の1つとして，間違いの犯人識別をあげている(9)。そして，誤った犯人識別に基づく誤判を回避するために，次のような要求をしている。①犯人識別供述がたとえ多くの証人によってなされても，ただその供述のみで完全な有罪証拠とみないこと，物的証拠と照合すること。②裁判官はこのような事例のすべてにおいて，証人の見解の基礎となる個々の詳細な事実の供述を求めること。③被告人にその前歴，性格，事件の状況からして，当該犯行に充分な疑いがあるかどうか調査すること。④証人の視力，観察距離，照明度，観察時間を正確に検証すること(10)。

Hirschberg の研究は，意識的な嘘ばかりではなく善意ではあるが間違っている供述もともに最も重要な誤判原因の1つであることを指摘し，総合的に誤判研究を進めた点，Hellwig らに比べ，前進した点である。また，間違った犯人識別供述について，誤判回避手段として上述のような注意項目をあげ，証人が真実を述べようとしているかだけではなく，証人が真実を述べることができるかについて，検討する必要性を指摘した点(11)，誤判研究への供述心理学，犯罪心理学のよりいっそうの影響がうかがえる(12)。

Hirschberg の研究に刺激をうけ，「調査分析対象の範囲について，場所的・時期的に特定範囲に限定したうえで，まずもってその対象についての資料を最大限収集」(13)し，誤判研究に実証的アプローチをするものとして，Peters の『刑事訴訟における誤判源―ドイツ連邦共和国における再審の研究―第1巻（事実編），第2巻（理論編），第3巻（法律編）』(Peters, K., *Fehlerquellen im Strafprozeβ*: Eine Untersuchung der Wiederaufnahmeverfahren in den Bundesrepublik Deutschland, 1. Bd., 1970, 2 Bd., 1972, 3. Bd., 1974) が刊行された。研究対象とされた1100件を超える事件のうち，誤判原因としての間違った犯人識別事件は，40件以上あった(14)。そのほかに，たとえば人証に関して，Peters は誤判原因として意識的な虚偽証言のほか，児童・少年の証言の信用性評価の問題等についても言及している。

Peters は間違った犯人識別に関して，供述の4段階，知覚，記憶，想起，再現それぞれに誤りの入り込みうることを指摘した。たとえば，暗示の影響，証人のコンディション，混同，転移，抑圧等の問題を提起し，知覚状況・観察能力の審査ならびに尋

問方法の重要性，証人グループ（生物学的タイプ，職業的タイプ，倫理的タイプ）の構築によるグループごとの危険の回避模索の必要性等をとく[15]。また，面通しにおける警察による暗示の危険性についても言及し，さらに，不快な行為をうけた被害者の識別供述の確実性は高いが，しかしこのことは強姦被害者にはあてはまらないこと，等々指摘している[16][17]。Petersの研究における間違った目撃証言の取り扱いは，これまでの誤判研究をさらに受け継ぐかたちで行われた。しかも，Petersの研究では，供述心理学上の知識・用語が従来の研究以上に誤判原因の分析・探求に用いられており，供述心理学の誤判研究への影響が明確に存在する。他方でまた，Petersは，たとえば，前出の証人グループごとの特徴をとらえ，尋問，供述評価に役立てる必要性を提起しており，誤判研究が供述心理学に対し一定の研究を促している。ここに両者の相互的な影響を看て取ることができる。

以上，ドイツの誤判研究の歴史における，目撃証言の問題性，（意識的な虚偽証言と並んで）とりわけ無意識的な間違い証言のそれが，供述心理学の影響をもうけて，明らかとなり，主要な誤判原因とみなされるに至った過程を振り返った。本章のテーマであるドイツにおける目撃証言の取り扱いの現状を検討するには，次に供述心理学においてどのような研究がなされているかを示す必要があろう。だが，その前に以下では，ドイツにおいて目撃証言・識別が刑事訴訟法・裁判実務上どのように取り扱われているのかを示す。これは，供述心理学がこれまで裁判実務にどのような影響を与えているかを探り，さらに供述心理学の成果を今後活かすにしても，目撃証言・識別が法的にどのように取り扱われているか，扱われるべきかをまず踏まえる必要があるからである。

第2節　目撃証言・識別の法的問題

目撃（識別）証人の出頭・供述義務も証人の一般的規定にしたがう。証人にとって証言さらには他の証人又は被疑者との対質（面通し）は尋問の構成要素である（ドイツ刑事訴訟法（Strafprozeßordnung）第58条1・2項，以下，「刑訴法」と略す）[18]。すなわち，証人には，裁判所・検察への出頭義務，真実義務，被疑者との対質義務があるが，それ以上の協力義務はない[19]，ことになる。

これに対して，被疑者にとってその意思に反する対質（面通し）には法的根拠が必要である。この点について前出の刑訴法58条2項の事前手続きでの「他の証人又は被疑者との対質」がこれを許容していると表面的には考えられる。しかし，この対質と

は相対立する両者のやりとりの形での尋問を意味する。したがって，法的根拠として，刑訴法81条a（身体検査，血液検査）あるいは81条b（写真および指紋）が持ち出される[20]。だが，この主張も，両規定はただ間接的にのみ適用しうるとの見解にとどまる。それは，これらの処置は面通し（対質）と類似するが異なったものと考えられるからである。そこで，たとえばGrünwaldは，基本法（Grundgesetz）2条2項との関係で，被疑者の意思に反した面通しのための充分な法的根拠が存在しない，と主張している[21]。しかし，判例，多数説はこの面通しを自明のものとしている。たとえば，BGH,Urt.v. 20. 07. 1970 1 StR 653／70は58条2項を，Kratzsch, Odenthal, NStZ 85, 434は81条aを，Schlüchterは81条bをそれぞれあげるが，BVerGE 47, 239とかLG Hamburg, MDR 1985, 72は81条aと81条b両者を同列に並べている[22]。ドイツにおいて，多数説は81条aによるといわれてもいるが[23]，以上のように，判例，学説によってもこの面通しの法的根拠は必ずしも自明ではない[24]。

　この被疑者の意思に反する強制処分としての面通しの準備のために，嫌疑の程度や犯罪の重大性を考慮したうえで，被疑者の身なりを整え，かつらや眼鏡を付けたり外させることができる。しかし，また，犯行時の証人供述内容と同じ格好を被疑者にさせることは識別を教唆することになろう。判決は，面通しの準備のため，被疑者の髭や髪を剃ることによって容姿を変えることを認めている（BverfGE 47, 239）。しかし，これは被疑者の自由意思を犯し，しかもその外観の変更は単に一時的なものにとどまらず，この許容は比例性の原則から重大な犯罪事実の解明のために裁判官が無条件に必要と考えた場合のみに限定されるべきとの見解がある[25]。また，ベルリン上級地方裁判所は，苦痛附加によって，しかめ面した被疑者に「普通の」顔をさせるため猿ぐつわを着用させることを認めた（KG, NJW 1979, 1668）。これに対しては，面通しの準備，実行において被疑者は尊厳を失うような態様で決して取り扱われるべきではないし，自らの有罪方向で積極的に協力することはない[26]，との見解も成り立とう。

　刑事訴訟法は事前手続きでの裁判官・検察官の被疑者尋問には弁護人の立会権を認めている（刑訴法168条c1項，163条a3項）[27]。これに対し，事前手続きでの警察官・検察官による被疑者の面通しに関しては，いずれの法的根拠によるとしても，弁護人の立会権は規定されていない。また，実際に先のベルリン上級地方裁判所は，これを否定した[28]。しかし理論的にいえば，刑訴法は一般的に捜査段階での不十分さを，公判での是正（補完）を前提に，認めるものである。この意味において，ひとたび行われたなら公判において繰り返すことが不可能な識別の性格からして，面通しに弁護人の立会権を認めることが刑事訴訟法上論理一貫している[29]，とOdenthalは主

張する。

　面通しを公判で決して繰り返すことができないとすれば，識別の証拠価値を裁判所が判断するために，面通しの重要なすべての状況が詳細に調書化されねばならない。これには，面通しに関与したすべての者の氏名，目撃証人が面通しの前さらに最中に語った可能な限りの逐語的な供述内容，面通しの進行が含まれる。検察官，警察官に対するこれらの調書化の義務は刑事手続準則（Nr. 18 Abs 2 RiStBV）や警察官職務規定（PDV 100）にあるが，これらの規定は行政機関の内部的な指示で，この侵害に対して直接的に訴訟上の効果をもちえない[30]。また，これらの記録の補完として，ラインナップに並んだものたち（グループ）を写した写真を提出することができ（OLG Karlsruhe, NStZ 1983, 378 ; OLG Köln, StrVert 1984, 9），さらに面通しをビデオ録画し，後に法廷で再現することが認められている（BVerfG, NStZ 1983, 84）。

　いわゆるマジックミラーを通しての遮蔽面通しが，被疑者と目撃証人との関係（たとえば証人の保護）あるいは捜査戦術等を理由として行われる。とりわけ，単独の遮蔽面通しは，被疑者の了解なしに行われることに問題がないわけではないが[31]，刑訴法81条ａが許容する，とされる。しかし，当然のこととして，この単独面通しは被疑者が単独あるいはたまたまその場に居合わせた者の中で行われ，決して複数面通しにはならない。証人の目は自ずから被疑者に集中することになる。また，整然としたその調書作成も保障されない。したがって，この識別はただ捜査の端緒として利用されるべきである[32]。

　面割写真の提示は警察での捜査において犯人割り出しのために重要な位置を占めている。しかし，写真による識別は面通しによるそれよりも信用性が低く，さらにひとたび行われた写真による面割の証拠価値は面通しによって補強されることはない。写真で識別された者を面通しで再び識別したとしても，それは証人がその者を以前（写真で）見たことを意味するにすぎない（BGH, 1961, 16, 34）。面割写真は，未だわからない犯人手配のためのきっかけを獲得する場合のほか，被疑者が逃亡したり，犯行後長時間が経過し被疑者の容姿が変わった場合等に，例外的に認められるべきである[33]。

　識別の証拠価値について，「繰り返される識別は証拠価値をもたない」との命題を審査可能な経験則と上告審はみなしている[34]。したがって，事実審が識別の信用性に対する異議を，公判における証人による当該識別追認の印象を理由に拒絶することは，この経験則に違反する。これに関連し，公判での識別に関する詳細な質問も意味をなさない。識別は意識的な虚偽供述ではなく証人の錯誤が問題であり，証人の主観

的確実性の程度は客観的な正しさを意味しない。この意味で，裁判所が判決の中で識別を肯定する際，「証人は被告人を『疑いなく（zweifelfrei）』(BGH, StrVert 1981, 55) あるいは『申し分なく（einwandfrei）』(BGHSt 28, 310) あるいは『確実に（mit Sicherheit）』(BGHSt 16, 204) 識別した」ことを理由に持ち出すことは不相当である[35]。また目撃証人の犯人叙述と被疑者の容姿との矛盾を裁判所は，調査しなければならないし（BGH, StrVert 1981, 114 ; 1981, 165 ; 1982, 343），供述内容の変遷を批判的に吟味する必要があり，繰り返しなされたりそれ自身矛盾する識別の証明力は，大幅に減じられる（BGH, StrVert 1981, 55 ; 1981, 114 ; 1987, 49 ; 1987, 50）[36]。

成人の（目撃）証人の信用性評価は裁判所の専権であり，目撃証人の識別に関する鑑定人の召喚は単にそれのみを理由としては認められない。すなわち，この鑑定人の申請に対し，成人の証人の信用性判断に役立つ必要な専門知識を裁判所自らがもつと考えるとき，これを却下できる（刑訴法244条4項）。したがって，鑑定人は，信用性判断に関し，証人の証言能力が問題となり，証人の人格や面通しの構成といった識別に影響を及ぼす諸要素をめぐって認められる。この点について，Odenthalは，この識別の証明力を経験的に審査できる新しい方法を身につけ，鑑定人にふさわしいのは，関連英語文献に習熟し，当該経験的―統計的方法に精通した者のみである，と述べる[37]。

以上の考察から，目撃証言をめぐり，その手続き内容の問題が，単に基本法・刑訴法との関係のみならず，この目撃証言の固有の性格によっても規定されることが判明する。また，判例・学説によって主張される目撃証言の証拠価値に関する，識別方法による区別・判断方法も目撃供述をめぐる供述心理学上の研究に多くを依存している。すなわち，供述心理学により，事実認定（目撃証言の信用性評価）の際に検討・注意すべき事項，さらには事実認定に適用すべき経験則が明らかにされてゆく。

最後に，以下では，この目撃証言をめぐる供述心理学研究の状況が，ドイツにおいてどのようなものかを示すことが課題である。

第3節　目撃証言の心理学的研究

ドイツにおける目撃証言をめぐる研究[38]に関連して，たとえば，Undeutschは1984年につぎのように述べた。「証言証拠の評価に携わる心理学的研究はドイツと英語圏諸国とにおいては非常に相違する方途がとられている。ドイツの研究は，第2次世界大戦終結以降，現実性基準の発展，とりわけ叙述の誠実性に向けられてきた。これに

対し，英語圏の研究は，真実を述べる強い意思があるにもかかわらず，供述の客観的な内容に誤りのある諸条件にもっぱらかかわってきた。このような観点から経験心理学の手法をともなう研究は人の識別における誤りにも向けられてきた。とりわけこの十年の間にきわめて精力的に行われてきたこの研究の成果は広範囲にわたってドイツでは未だ知られていない」[39]。

本章冒頭でみた，目撃証言の問題性を論じ誤判研究が参照した心理学研究，今世紀前半の，とりわけ証人の被暗示性・再現の可能性をめぐってはじまった供述心理学について，きわめて簡略に示すとき，「全体として刑事司法の現実関係からひどく遊離し，証人供述の全く一面的（否定的）評価に固執するに至った」[40]，と Undeutsch は総括する。このようななか戦後ドイツの供述心理学研究は，より「新しくて信用でき」，「積極的な供述の判断基準」の構築へと向かった[41]。

この方向での研究の第一人者は Undeutsch である[42]。彼は供述の信用性判断にとって重要な分析対象として，供述誠実性，動機態，供述の歴史，供述態度，供述内容をあげる。そして，「供述自体は，過去の表現様式と対照されるべき現在の表現様式として決定的な素材をなしている」[43]とし，供述の内容的な分析に圧倒的な重要性をおく。こうして，「供述を，他の認識根拠に頼ることなく，ただ供述内容から，しかも諸基準の助けを借りて，評価する」供述分析の研究がはじまり，この供述心理学の手法がドイツにおいては主流となる。Undeutsch 以降のドイツにおける供述分析（判断基準）の研究として次のものがある。Arntzen『証人供述の心理学』(Arntzen, F., *Psychologie der Zeugenaussagen*, 1 Auf., 1970, 2 Auf., 1983)，Bender & Nack『裁判所における事実認定』(Bender, R., Röder, S., Nack, A., *Tatsachenfeststellung vor Gericht* Bd. 1, 1981u. 2 Aufl., 1995)，Prüfer『刑事事件における供述評価』(Prüfer, H., *Aussagebewertung in Strafsachen*, 1986)，Bender『供述における基準結合』(Hans-Udo Bender, *Merkmalskombinationen in Aussagen*, 1987) がこれである[44]。たとえば，Undeutsch は，供述の信用性を判断する現実性基準として，写実性・現実親近性，具体性・具象性・個性透写，首尾一貫性，心理的な諸事情の叙述，不変性等などをあげている。

この研究方法は，証人が「良心に誓って」真実を供述しようと誠実に努力しているか，虚偽の証言をしようとしていないか，を問題とする。この意味で，間違った証言ではなく意識的な虚偽証言が現実性基準での審査の対象となる。したがって，とりわけ Bender & Nack が強調し指摘したように，この現実性基準の充足は客観的真実を無条件に支持するものではなく，証人の考えている主観的真実と証言内容との一致を保障するもので，錯誤の可能性，証言能力の問題が絶えず残っている[45]。

こうした供述分析研究がドイツにおいて進められてきた。もっとも，ドイツで1960年以降とりわけ識別の問題を扱った裁判例が公刊されるようになった[46]。しかしこれは，英語圏での研究とともに，むしろ誤判研究，なかでもHirschbergの研究による問題提起の影響が大きいと思われる。このように誤判研究において問題性が早くから指摘され，研究の必要性も示されていた間違いの犯人識別についての心理学的研究は，第2次世界大戦以降たち後れた，といってよい。このドイツの研究状況は第3節の冒頭でのUndeutschの言葉に象徴的に示されている。また，この目撃証言は内容が通常とぼしく，供述内容の分析には適さない[47]。この意味においても，目撃証言をめぐる，証人が真実を述べる意思がある場合において，誤りうる（それを回避する）状況・要素についての心理学的研究が必要かつ重要である。

　ドイツでは1980年代中盤からKöhnkenやSporerが精力的にこの分野の研究に携わっている[48]。1990年，この2人が編者となって『目撃証人による犯人識別』（*Identifizierung von Tatverdächtigen durch Augenzeugen*）が公刊された。これまでのドイツにおける目撃証言研究の総括ともいえる著書では，「識別に影響を及ぼす諸要素」，「人物叙述」，「顔情報の記憶システム」，「声の識別」，「記憶改善のための技術」，「面通し手続きでの誤り」，「児童による識別」といったテーマを扱っている。ここでの著者はドイツの研究者のみならず，アメリカ，イギリス，イタリア，カナダの研究者が含まれている。本著の目的は，編者がいうように，国際的に認められた専門家によって犯人識別に関する心理学的研究の現状をドイツの当該研究領域に呈示することであった[49]。この事実さらには第2節での鑑定人の資格についての指摘が示すように，アメリカ，イギリスの英語圏を中心にとりわけこの十年有余の間に進展したこの研究分野は，ドイツにおいて未だその紹介の段階にあるといえよう。

　ドイツにおける目撃証言をめぐる供述心理学研究の課題は，諸外国の研究成果をふまえ，より現実に近い諸状況での実験結果を得ることにより，犯人識別の際，心理学上より重要な諸要素，条件を明らかにし[50]，犯人識別実務，目撃証言の信用性判断において検討・注意すべき事項，適用すべき経験則を提示することである[51]。

注

（1）　これまで，ドイツにおける目撃証言の取り扱いについて紹介した論稿として，たとえば，牧野幹男「ヴェルナー・ネルデケ『面通及び写真による容疑者の同一性確認について』警察研究55巻2号（1984）95頁以下がある。

（2） Sello を始めとするドイツでの誤判研究の歴史について，平田元「ドイツ誤判研究史」九大法学47号（1984）125頁以下参照。
（3） Sello, *Die Irrtümer der Strafjustiz und ihre Ursachen* Bd. 1 S. 239f. そのほかに目撃証言が誤判原因となった事例として，Sello はたとえばフランスで発生したルスールク事件（Sello, a. a. O., S. 325）をあげている。なお，Sello は問題性を強調するために事件を死刑・無期刑の言い渡された事例に限定している。
（4） Sello, a. a. O., S. 8.
（5） Hellwig は，当時の供述心理学を概観する文献として，Boden, *Die Psychologie der Aussage. Monatsschrift für Kriminalpsychologie*, Jhg. IX, S. 668f. をあげている。
（6） Hellwig, *Justizirrtümer*, S. 39f.
（7） もっとも，Hellwig の誤判研究が，意識的な誤判原因，たとえば偽証といったものを，それは比較的稀にしか誤判原因にならないとして，研究の対象から安易に除外している点において，研究それ自体としては問題である（平田「前掲」155頁以下）。
（8） 本書には，安西温訳『誤判』（1961）がある。
（9） Hirschberg, *Das Fehlurteil im Strafprozeβ*, a. a. O., S. 16f. 安西訳『前掲書』18頁以下。そのほかの誤判原因として，①自白の無批判な尊重，②共同被告人による有罪証言の無批判な尊重，③証人供述の無批判な尊重，④有罪証拠としての嘘，⑤鑑定人の鑑定結果の無批判な尊重，等をあげる。
（10） Hirschberg, a. a. O., S. 36 u. S. 45f. 安西訳『前掲書』48頁，63頁以下。
（11） Hirschberg, a. a. O., S. 34. 安西訳『前掲書』46頁。
（12） Hirschberg は，間違いの犯人識別の危険性を指摘する供述心理学文献として，たとえば，Groβ-Seelig, *Handbuch der Kriminalistik*, 8 Aufl. 1942, Seelig, *Lehrbuch der Kriminologie*, 2 Aufl. 1951, Graβberger, *Zur Psychologie des Strafverfahren*. 1950等を示している。
（13） Peters, K. 著，能勢弘之・吉田敏雄編訳『誤判の研究』（1981）359頁。本書は本文で示す Peters の研究第1巻，第2巻を翻訳，編集し直したものである。
（14） Peters, K. *Fehlerquellen im Strafprozeβ*, 2. Bd., S. 91.
（15） Peters, a. a. O., 2. Bd., S. 85f. 能勢・吉田訳『前掲書』140頁以下参照。
（16） Peters, a. a. O., 2 Bd, S. 93f. Peters がこの研究で参照する供述心理学の文献として，たとえば，Groβ-Seelig, *Handbuch der Kriminalistik*, 8 Aufl. 1942, Altavilla, E., *Forensische Psychologie*, 1 Bd. 1955, Seelig, E., *Ergebnisse und Problemstellung der Aussageforschung in Schuld/ Lüge/Sexualität*, 1955, Undeutsch, *Beurteilung der Glaubhaftigkeit von Ausagen*. In Hdb. d. Psychol. Bd. 11, 1967, 等々がある。Vgl. Peters, a. a. O., 2 Bd., S. 91.
（17） Peters の研究資料をもとに，捜査における誤判原因をとりわけを研究したものとして，Lange, R., *Fehlerquellen im Ermittlungsverfahren*, 1980. がある。そこでは，間違った証言の問題，不十分な犯人識別等が扱われている。
（18） 刑訴法第58条は「1項：証人は，格別に，かつ，後に尋問される証人不在のもとに，尋問されなければならない。2項：他の証人又は被疑者との対質は，爾後の手続にとって必要と認められるときは，事前手続においてすることができる」と規定する（法務省司法

法制調査部「ドイツ刑事訴訟法典」1981)。
　ついでながら、ドイツ普通法における糺問主義の基礎となったカロリナ法典（1532）では、法定証拠主義が採用され、被告人を有罪とするためには、自白に二人の信頼しうる目撃証人（Tatzeuge）が必要であった。この信用性判断に際して、未知（Unbekannt）の証人・報酬を受けた（belont）証人は非難されるべきこと、伝聞証人は尊重されるべきでないことなど、を規定する（カロリナ法典63条ないし65条。カロリナ法典については塙浩「カルル五世刑事裁判令（カロリナ）」神戸法学雑誌18巻2号、1968参照）。証人の人格についても「充全なる証人」とは不評ではなく、法的に非難されないものとし（66条）、さらに供述内容について供述の根拠が語られねばならないこと（65条）、ならびに詳細な証人尋問の方式（70条以下、たとえば、供述の変遷の状況・供述態度の記録化）を規定している。Vgl. Hans-Udo Bender, *Merkmalskombinationen in Aussagen*, 1987, S. 32.

(19) Vgl. Kleinknecht, T., Meyer, K., *Strafprozeβordnung*, 1991, §58 Rdnr. 9. なお、「目撃証言・識別の法的問題」の項は主として、Odenthal H., Rechtsprobleme des Wiedererkennens. In Köhnken, G., Sporer, S., (Hrsg.) *Identifizierung von Tatverdächtigen durch Augenzeugen* (1990), S. 9 f. によった。なお、本書について、GA 1998, S. 564 f. に書評がある。

(20) 刑訴法81条a「1項：被疑者の身体検査は、手続上重要である事実の確定のため、命ずることができる。この目的を遂げるため、医師によって検査目的で医術の原則にしたがい行われる血液の採取その他の身体的侵害が、被疑者の健康にとって不利益となるおそれがないときは、その者の承諾なしに、許される。2項：前項に定める命令を発する権限は、裁判官に属し、遅滞すれば検査結果が失われるおそれがあるときは、検事局及びその補助官（裁判所構成法第152条）にも属する」。81条b「刑事手続遂行の目的又は鑑識事務の目的のために必要である限り、被疑者の意思に反しても、写真を撮影し、指紋を採取し、身体測定その他これに類する処分をすることができる」（法務省司法法制調査部「ドイツ刑事訴訟法典」）。

(21) Grünwald, G., *Probleme der Gegenüberstellung zum Zwecke der Wiedererkennung*. JZ 36 (1981), S. 423 f.

(22) Vgl. Odenthal, a. a. O., S. 10 u. Kleinknecht, Meyer, a. a. O., §58, Rdnr. 9. なお、Odenthalは本文で示したように、被疑者の意思に反した面通しの根拠として81条aをあげ、それは証人に識別供述を可能とするための被疑者の身体的外見の審査（身体検査）であり、この条項を根拠としてはじめて遅滞を目的とした検察官、警察官による面通しが可能となる、とする（Odenthal, a. a. O., S. 11）。

(23) Roxin, C., *Strafverfahrensrecht*, 20 Aufl. 1987, S. 212.

(24) いずれの根拠によるとしても、捜査機関自らによる強制処分として、事前手続きにおいて、面通しを行うことが可能となる。

(25) Odenthal, a. a. O., S. 12.

(26) したがって、声の検査に参加したり特定の動作をしたりする義務はなく、ただ受動的に面通しをうければよい（Odenthal, a. a. O., S. 12.）。

(27) ドイツにおける被疑者取り調べの詳細については、高田昭正「西ドイツにおける被疑

者取調べ」井戸田侃編『総合研究＝被疑者取調べ』(1991) 237頁以下参照。
(28) Roxin, C., a. a. O., S. 212.
(29) Odenthal, a. a. O., S. 13. また、Odenthal は、実務において面通しに弁護人が立ち会う事例は稀であるが、その場合、弁護人は面通しの実施・結果に共同責任をとらされるおそれがあり、この回避のためには、観察者にまったく徹するか、一貫して誤った識別から被疑者を守るために必要な措置が講じられるようエネルギッシュに行動するかいずれかである、と主張している。
(30) しかし、また、これらの規則では、被疑者に似た者を並べての複数面通しを実施すべきことを規定している。そして、複数面通しが通常実際に行われるとされ（Kleinknecht, Meyer, a. a. O., §58, Rdnr. 12.）、単独面通しの証拠価値もほとんどない（Schleswig SchlHa 71, 216 [E/J]）。さらに、裁判所は捜査機関に面通しの記録提出を要求でき、証拠評価の基礎とすべきで、それができない場合、識別の信用性を認めるべきではない、との見解もある（Odenthal, a. a. O., S14）。
(31) 同様に、捜査機関による被疑者の監視、観察が法163条の一般的な捜査活動として許されるのか、プライバシーを侵害しないのか、との問題がある（Vgl. Riegel, R. *„Probleme der polizeilichen Beobachtung"*, JZ 35（1980）, S. 224f.）。
(32) Odenthal, a. a. O., S. 15f.
(33) Odenthal, a. a. O., S. 16.
(34) Vgl. BGHSt. 16, 204 ; BGH StrVert 1987, 50 ; BGH, NStZ 1987, 288.
(35) Odenthal, a. a. O., S. 21.
(36) Odenthal, a. a. O., S. 23.
(37) Odenthal, a. a. O., S. 24.
(38) ドイツにおける供述心理学の歴史について、春日偉知郎「ドイツにおける証言心理学研究の歴史」現代のエスプリ350号（1996）143頁以下、がある。
(39) Undeutsch U., Die Wiedererkennung von Personen. In Wasserburg K., Haddenhorst W., (Hrsg.) *Wahrheit und Gerechtigkeit im Strafverfahren*（1984）, S. 462f. Vgl. Wegener, H., Vorwort. In Köhnken, Sporer, (Hrsg.) *Identifizierung von Tatverdächtigen durch Augenzeugen*（1990）, S. V.
(40) この詳細について、Undeutsch, Beurteilung der Glaubhaftigkeit von Aussagen. In Hdb. d. Psychol. Bd. 11, 1967, S. 26f. 参照。本著には植村秀三訳『証言の心理』(1973) がある。
(41) Undeutsch, a. a. O., S. 47. この点について、平田元「刑事事件における供述分析について（一）」三重大学法経論叢6巻1号（1988）15頁以下参照。
(42) Undeutsch とともにこの供述の内容分析を押し進めた心理学者として、スウェーデンの Trankell がいる。その成果として、Trankell, A., *Der Realitätsgehalt von Zeugenaussagen*, 1971がある。その翻訳として植村秀三訳『証言の中の真実』(1976) がある。
(43) Undeutsch, a. a. O., S. 125. 植村（訳）『供述の心理』196頁。
(44) これらの研究の詳細については、平田「前掲（1）」、「前掲（2）」三重大学法経論叢9巻1号（1991）参照。
(45) Bender/Nack, a. a. O., S. 91, S. 95. もっともプリューファーに至ると、証人の知覚の際の

「誤認」，再現における「思い違い」等の疑いを強めたり弱めたりする，たとえば意味付けの誤り基準，不定性／不変性基準等の諸基準を呈示している。平田「前掲（2）」58頁以下参照。ここに目撃証言をめぐる供述心理学研究の影響をみることができよう。

(46) Vgl. Odenthal, a. a. O., S. 9.

(47) Vgl. Sporer, Köhnken, Identifizierung durch Augen-und Ohrenzeugen. Eine Einfürung. In Köhnken, Sporer, (Hrsg.) *Identifizierung von Tatverdächtigen durch Augenzeugen* (1990), S. 6.

(48) たとえば，Köhnken には，Zum Beweiswert von Identifizierungen durch Augenzeugen: Eine methodologische Analyse. *Forensia*, 5 (1984), Nachträgliche Informationen und die Erinnerung komplexer Sachverhalte-Empirische Befunde und theoretische Kontroversen. *Psychologische Rundschau*, 38 (1987) 等が，Sporer には，*Kernprobleme der Psychologie der Personenidentifizierung* (1983) や Alternative Modelle forensisch-psychologischer Sachverstängigentätigkeit in den USA. IN H. Kury (Hrsg.) *Forensisch-psychologische Gutachtertätigkeit* (1987) 等がある。この詳細については，Köhnken, Sporer, (Hrsg.) *Identifizierung von Tatverdächtigen durch Augenzeugen*, S. 216以下参照。

(49) Sporer, Köhnken, Identifizierung durch Augen-und Ohrenzeugen. *Schlussbemerkungen und Ausblick*, S. 213.

(50) Sporer, Köhnken, a. a. O., S. 215.

(51) なお，目撃証言を含む証言一般の信用性評価ためには，従来から研究の進められてきた供述の内容分析も，有用な1つの手段として，本文で必要性の説かれた心理学的研究とともに，用いられるべきである。

■人名索引 (アルファベット順)

●A

Abrams, D.　　248
Adorno, T. W.　　228
Alba, J. W.　　57
Algom, D.　　173
Allport, G. W.　　62
Alper, A.　　244
Altarriba, J.　　178
Ambrosio, A. L.　　230
Andersen, S. M.　　231
安西 温　　561
Arntzen, F.　　291, 559
Aronson, E.　　231
Asch, S. E.　　234
Ashmore, R. D.　　67
Asthana, H. S.　　34
Atkinson, J. M.　　258
Atkinson, R. C.　　137, 190

●B

Baddeley, A. D.　　46-47, 138
Baggett, P.　　38
Bahrick, H. P.　　139, 157-158, 174-175
Bahrick, P. O.　　139
Baltes, P. B.　　34
Barclay, C. R.　　181-183
Barkowitz, P.　　70
Baroni, M. R.　　175
Barsalou, L. W.　　169
Bartlett, F. C.　　52, 166
Bartlett, J. C.　　68, 157
Belli, R. F.　　191, 194, 197
Bendele, M.　　178
Bender, R.　　559
Bennett, W. L.　　257
Bergman, B.　　173
Berman, J. J.　　231
Berry, D. S.　　67
Berscheid, E.　　231
Binet, A.　　272
Black, J. B.　　45, 54
Blake, R.　　30, 27
Bodenhausen, G. V.　　65
Boon, J. C. W.　　63
Boone, S. M.　　29

Bothwell, R. K.　　39, 47, 70, 87, 236
Bower, G. H.　　45, 54, 137
Bradburn, N. M.　　180
Brandstaetter, H　　246
Bray, R. M.　　229
Breen, L.　　67
Brewer, W. F.　　55, 62
Brigham, J. C.　　39, 47, 49, 70, 71, 75, 86-87, 236
Bringuier, J. C.　　259
Brock, T. C.　　230
Brooks, L. R.　　132
Brown, E.　　161
Brown, R.　　139
Bruce, V.　　127
Bruck, M.　　35
Buckhout, R.　　22, 29, 83, 244
Burke, A.　　81
Burns, H. J.　　22, 42, 186-190
Burns, T. E.　　31, 78, 80
Burt, C. D.　　179
Buss, A. H.　　230
Byrne, D.　　228

●C

Canter, N. E.　　64
Carmichael, L. C.　　35, 187
Carr, T. H.　　37
Carroo, A. W.　　71
Cattell, J. M.　　29
Ceci, S. J.　　34, 192
Chance, G. E.　　156, 161
Chance, J.　　37
Chern, S.　　244
Christianson, S.-Å　　33, 79-81, 85-87
Clark, M. C.　　137
Clark, M. S.　　234
Clark, N. K.　　244, 247, 250
Clayton, K. N.　　178
Cleary, E.　　485
Clifford, B. R.　　30, 78, 80, 86
Coffman, T. L.　　59
Cohen, C. E.　　59, 63
Cole, S. W.　　231
Cole, W. G.　　189
Conezio, J.　　137
Coupe, P.　　171

人名索引

Courtois, M. R.   *68*
Coxon, P.   *35*
Craik, F. I. M.   *34, 136, 190*
Crocker, J.   *64*
Crombag, H. F. M.   *257*
Cross, J.   *71*
Cross, J. F.   *71*
Culter, B. L.   *23, 25, 82, 526*

● D

D'Souza, A.   *226*
Dalezman, R. E.   *133*
Daliy, J.   *71*
Dann, P. L.   *230*
Davies, G.   *63, 143, 164*
Davis, J. H.   *244*
Daw, P. S.   *154*
Deffenbacher, K. A.   *37, 39, 87*
Demarest, I. H.   *188*
Deregowsk, J. B.   *70-71*
Devine, P. G.   *38, 70*
Dion, K.   *231*
Donders, K.   *194, 198*
Doty, R. M.   *228*
Doyle, J. M.   *23*
Drew, P.   *258*
Duan, C.   *66*
Duensing, S.   *192*
Dull, V.   *62*
Duncan, B. L.   *63*

● E

Eagly, A. H.   *67*
Easterbrook, J. A.   *74-75, 85, 87*
Ebbinghaus, H.   *35, 166, 169*
Edwards, D.   *252, 255, 262*
Eeggemeier, F. T.   *133*
Efran, M. G.   *232*
Egan, D.   *37-38*
Eich, E.   *47*
Ellis, H. D.   *37, 68, 70, 143, 150, 152*
Endo, M.   *68, 70*
Epstein, W.   *126*
Erickson, B.   *238*
Estes, W. K.   *46*
Eugenio, P.   *83*
Evans, G. W.   *170*
Evans, M.   *64*
Eysenk, H. J.   *240*

● F

Farrimond, T.   *35*
Feldman, M. S.   *257*
Festinger, L. A.   *39*
Fisher, H.   *45*
Fisher, R. P.   *22, 50*
Fiske, S. T.   *61, 65*
Flynn, M. S.   *191*
Fodor, J. A.   *127*
Frankfurter, F.   *488, 496, 503*
Frenkel-Brunswik, E.   *228*
Freud, S.   *73*
Fulero, S. M.   *22, 64*
Furgusonm, T. J.   *39*
Furneaux, W. F.   *240*
Furnham, A.   *230*

● G

Galper, R. E.   *42*
Garry, M.   *192*
Gehling, R. E.   *36*
Geiselman, R. E.   *50*
Gentner, D.   *187, 189*
Gibling, F.   *150, 164*
Gibson, J. J.   *123-127*
Gifford, R. K.   *61*
Glass, D. C.   *230*
Glynn, S. M.   *172*
Godden, D. R.   *46-47, 138*
Going, M.   *68*
Goldstein, A. G.   *37, 142, 156, 161*
Greasser, A. C.   *55, 58-59, 66*
Greene, E. L.   *23*
Green, P. R.   *127*
Greene, D.   *225*
Greense, E.   *191*
Gregory, R. L.   *34, 121-122*
Grunwald, G.   *556*
Gudjonsson, G. H.   *235, 240, 242, 368*
Gunter, B.   *230*

● H

Haber, R. N.   *137*
Hafter, C. L.   *231*
Hagendoorn, L.   *62*
箱田裕司   *67-88*
Halbwachs, M.   *252*
Hall, D. F.   *190*

浜田寿美男	11, 36, 260-261, 329, 393	Jensen, D. G.	69
Hamilton, D. L.	61	Johnson, B. C.	238
Hanawalt, N. G.	188	Johnson, C.	81
Hannah, D. B.	64	Johnson, M. K.	194, 198
Hanyu, K.	30, 46	Johnson, S. C.	178
Hara, S.	46	Jones, E. E.	236
原　聰	265-266, 394	Jones, H. P. T.	34
原岡一馬	228		
Harmon, L. D.	144	●K	
Hartwick, J.	244	Kahneman, D.	217
Harwood, R.	244	Kanekar, S.	226
Hasher, L.	57, 170	Kaplan, M. F.	239
Hastie, R.	64	Karlins, M.	59
畑野智栄	540	Kayaa-Stuart, F.	68
Hause, P.	225	Kemp, S.	173, 179
Hellwig, A.	553	Kent, J.	35
Helmholtz, H.	120	Kerst, S. M.	173
Hembrooke, H.	192	Kessler, J. B.	231
Hengesch, G.	279	Ketcham, K.	42, 45, 184
Heuer, F.	81, 85-86	Kihlstorm, J. F.	241
Hirschberg, M.	554, 560	Kimble, G. A.	36
Hochberg, J.	42, 122	Klatzky, R.	153-154
Hoffman, H. G.	80, 185, 190, 194, 197-198	Kleinke, C. L.	234
Hogan, H. P.	35, 187	Kleinpenning, G.	62
Hogarth, R.	216	Kline, D.	29
Holland, H. L.	50	Kniveton, B. H.	247, 250
Hollander, S.	68	Kohnken, G.	83, 560
Hollin, C. R.	30, 44, 78, 80, 86	Kolsawalla, M. B.	226
Hornik, J.	234	Komter, M. L.	258
Hosch, H. M.	47-49, 70	Koshimider, J. W	198
Howard, J. H. Jr.	173	Krafka, C.	47-48
Howard, J. W.	61	Kramer, T. H.	83
Hurry, S.	68	Kravitz, J	31, 70
Hyland, M. E.	230	Krouse, F. L.	151
		Kuehn, L. L.	31
●I		Kulik, J.	139
一瀬敬一郎	525	Kulka, R. A.	231
井戸田 侃	258, 260	Kumar, P. A.	64
稲田隆司	552		
Iniguez, L.	252	●L	
井上正仁	479, 525, 551	Laird, N. M.	237
Intraub, H.	176, 177, 183	Landy, D.	231
Itoh, Y.	46, 50	Laughery, K. R.	69
伊東裕司	36, 393	Lavigueur, H.	31
Itsukushima, Y.	46, 50	Leibowitz, H. W.	25, 30
厳島行雄	3, 26, 29, 36, 38-40, 43, 393	Lerner, M. J.	230
		Lesgold, A. M.	137
●J		Leslie, J. E.	157
Jacoby, L. L.	195	Levidow, B.	191

Levie, W. H. *170*
Levinson, D. J. *228*
Lichtenstein, M. *65*
Liebrand, W. B. G. *227*
Light, L. L. *68, 150*
Lind, E. A. *238*
Lindsay, D. S. *194, 198*
Lindsay, R. C. L. *22, 39*
Linton, M. *298*
Lipkus, I. *230*
List, J. A. *35, 45, 56*
Lockhart, R. S. *136, 190*
Loftus, E. F. *4, 8, 22-25, 29, 31, 33, 38, 39, 42, 43, 45, 74, 75, 78-81, 86, 184-190, 191, 194, 196, 197, 252, 259, 314, 368, 496, 498, 501-503, 509, 521, 523, 534*
Loftus, G. R. *82*
Longo, L. C. *67*
Lowe, J. *67*
Luce, T. S. *31*
Lue, J. R. *37*
Lui, L. *62*
Luus, C. A. E. *70*

●M

Maass, A. *47, 75, 83, 86*
Macauley, D. *47*
MacKinnon, D. P. *50*
Mackworth, N. H. *88*
牧野幹男 *560*
Malpass, R. C. *70*
Malpass, R. S. *22, 31, 38, 163, 236*
Marks, G. *225*
Marr, D. *127*
Marshall, J. *29*
Martens, T. D. *82*
Martinez, D. *75, 86*
増田直衛 *393*
松原 望 *202*
松島恵介 *265-266*
松沢哲郎 *147*
Mazumadar, D. *226*
McBride, L. *37*
McCloskey, M. *186, 193-194*
McDonald, S. M *67*
McFatter, R. M. *67*
McNakamura, T. P. *178*
Mercer, N. *262*
Messick, D. M. *226-227*

Messo, J. *82*
Michell, H. E. *228*
Middleton, D. *252*
Milberg, S. *234*
Milgram, S. *46*
Miller, D. G. *22, 42, 186-187, 189, 190*
Miller, D. T. *230*
Miller, G. A. *133*
Miller, N. *225*
Minami, K. *173, 175*
Mitchel, W. *64*
三井 誠 *551*
三浦利章 *88*
Montepare, J. M. *67*
森 直久 *244, 261-262*
森 敏昭 *170*
守川伸一 *88*
守屋克彦 *258*
Moscovici, S. *239*
Mueller, J. H. *68*
Munsterberg, H. *22*
Murdock, B. *35*
Murphy-Berman, V. *231*

●N

Nack, A. *559*
長沼範良 *479*
内藤佳津雄 *39, 40*
Naka, M. *46, 50, 173-175*
仲 真紀子 *36, 167, 393*
中川孝博 *540*
Nakamura, G. V. *55, 58, 59, 66*
鯰越溢弘 *550*
Neisser, U. *80, 157, 169, 182-183, 256-257, 259*
Nemeth, C. *228*
庭山英雄 *540*
Noble, A. M. *229*
Norman, D. A. *134*
能勢弘之 *561*

●O

O'Barr, W. M. *238*
O'quin, K. *230*
小田中聰樹 *26, 442*
大橋靖史 *261-262*
Okabayashi, H. *172*
Okabe, Y. *46*
岡田悦典 *540*
岡市広成 *178*

Olson, J. M.　　*231*
大上　渉　　*88*
大黒清治　　*179*
大島裕子　　*178*
大出良知　　*3, 550*
大沼夏子　　*88*
Ornstein, R. E　　*179*
Orr, J. E.　　*252*
Ostrove, N.　　*233*
越智啓太　　*33, 40*
Owens, A.　　*25*

● P

Palmer, J. C.　　*22, 29, 43, 186-187*
Park, B.　　*60, 236*
Parkin, A. J.　　*154*
Pavio, A.　　*137*
Penrod, S. D.　　*23, 25, 47-48, 80, 82, 236, 526*
Penry, J.　　*163*
Peplau, A.　　*230*
Peron, M. E.　　*175*
Peters, D. P.　　*77, 83, 86*
Peters, K.　　*554-555*
Peterson, B. E.　　*228*
Peterson, L. R.　　*134*
Peterson, M. J.　　*134*
Petrullo, L.　　*34*
Pezdek, K.　　*45*
Piaget, J　　*259*
Piehl, J.　　*233*
Pigott, M. A.　　*47-50, 87*
Pinto, N. J. P.　　*226*
Pittner, M.　　*37*
Platz, S. J.　　*47-50, 70*
Podd, J.　　*150*
Postman, L　　*62*
Potter, J.　　*255-256*
Prufer, H.　　*559*
Pylyshyn, Z. W.　　*127*

● Q

Quattrine, G. A.　　*236*

● R

Rasid, S.　　*34*
Read, J. D.　　*68*
Ready, D. J.　　*71, 236*
Register, P. A.　　*241*
Reisberg, D.　　*81, 85-86*

Richardson, M.　　*176-177*
Riha, J.　　*55, 59*
Rips, L. J.　　*180*
Rock, I.　　*122*
Rodin, M. J.　　*159*
Roediger, H. L.　　*195*
Rogoff, B.　　*176*
Rosenthal, R.　　*42*
Ross, D. F.　　*34, 192*
Ross, L.　　*225*
Rothbert, M.　　*60-61, 64, 236*
Rubin, Z.　　*230*
Ruble, D. N.　　*66*
Ryan, L.　　*47*

● S

坂元　章　　*394*
Saladin, M.　　*67*
Salmaso, P.　　*175*
Salthouse, T. A.　　*35*
Sanders, G. S.　　*245-246*
Sanford, R. N.　　*228*
Saper, Z.　　*67*
佐々木正人　　*263*
Schaie, K. W.　　*34*
Schluchter, E.　　*556*
Schneider, D. M.　　*46*
Schnorr, J. A.　　*137*
Schooler, J. W.　　*194, 198*
Schooler, L. W.　　*29*
Scott, B.　　*81*
Scott, J.　　*30*
Sekular, R.　　*27, 30*
Sello, M.　　*553*
Sentis, K. P.　　*226*
Shapiro, P. N.　　*80, 236*
Shaver, K. G.　　*226*
Sheenan, E. P.　　*230*
Shepard, L. W.　　*36*
Shepard, R. N.　　*121*
Sheperd, J. W.　　*68*
Shepherd, J. W.　　*71, 143, 150, 154*
Shepherd, L. W.　　*37*
Shepperd, B. H.　　*237, 244*
Shevell, S. K.　　*180*
Shiffrin, R. M.　　*190*
Shoemaker, D. J.　　*67*
Sigall, H.　　*233*
繁桝算男　　*209*

Simmons, C. H.   230
Slomovits, M.   244
Snyder, L. D.   47
Snyder, M.   64
South, D. R.   67
Spaulding, K.   47
Spiro, R. J.   183
Srivivas, K.   195
Standing, L.   137
Stangor, C.   66
Stein, W.   273
Stephan, C.   232
Stephenson, G. M.   244, 246-250
Stern, W.   272
Sternbert, S.   135
Stevens, A.   171
Stewart, J. E.   232

● T

Taguri, R.   34
高木光太郎   265-266
高橋雅延   184, 259
Thompson, P.   146
Thomson, D. M.   139, 190
Thorley, W.   68
Toglia, M. P.   34, 36, 192
徳永　光   540
Toland, H. K.   198
富田達彦   4-5, 7-8
Tousignant, J. P.   190, 191
Trankell, A.   273, 279-293, 295, 311, 327-328, 563
Treyens, J. C.   55
Tuchin, M.   194-195
Tully, J. C.   232
Tulving, E.   139, 190, 195
Turner, T. J.   45, 54
Turtle, J. W.   22, 209
Tversky, A.   217
Tversky, B.   171-172, 175, 194, 195

● U

植松　正   526, 540
Undeutsch, U.   272-279, 282, 289-293, 301, 327-328, 558-560
Uranowitz, S. W.   64

● V

Valencia, J.   252
Valentine, T.   35, 68, 70, 151

Van der Schrier   27
van Koppen, P. J.   257
Vaz, L.   226
Vazquez, F.   252
Vidmar, N. V.   237
Volger, C. C.   230

● W

Waddell. K. J.   176
Wade, G.   247-248
Wagalter, M. S.   69
Wagenaar, W. A.   27, 257
Wagner, W.   246-250
Walford, G.   218
Walster, E.   231
Walter, A. A.   35, 187
Walters, G.   59
Warnick, D. H.   245-246
渡部保夫   17, 442
Watkins, M. J.   46, 136
Waugh, N. C.   134
Weale, R. A.   30
Weber, R.   64
Weingardt, K. R.   198-199
Weinstein, J. B.   514-516, 518
Weldon, D. E.   31
Wellman, H. M.   181-183
Wells, G. L.   22-24, 39, 42, 70, 89, 209
Whipple, G. M.   22
Wickens, D. D.   133
Wilder, D. A.   236
Williams, G.   4, 9
Winograd, E.   153-154
Winter, D. G.   228
Winzenz, D.   137
Witkinson, J.   192
Witt, L. A.   228
Wittlinger, R. P.   139
Wolf, Y.   173
Wolters, F. J. M.   227
Wood, G. C.   236
Woodhead, M. M.   163
WoodWorth, R. S.   122
Wooffitt, R.   257

● Y

Yamada, H.   29
Yarmey, A. D.   13, 26, 34-35

570

吉田敏雄　*561*
Yoshikawa, S.　*156*
吉川左紀子　*143*, *153*, *163*

● Z

Zacks, R. T.　*170*

Zaragoza, M. S.　*186*, *192-194*, *198*
Zavaloni, M.　*239*
Zebrowitz, L. A.　*67*
Zimmerman, J. A.　*55*, *59*

■事項索引 (50音順)

●あ 行

ID スイート　369
アイデンティ・キット　93
足利事件　263,265-266
Adams Order　453,471
Adams 判決　453
Ash 判決　450,461
当て推量　58
Amaral 判決　499,502,536
誤った関連づけ　243
暗示　192,554
暗順応　26
安全保障　533

EPI　87
意思決定　201
意思決定論　201
維持リハーサル　136
異人種間識別　511
異人種間の識別供述　401,508
異人種間の目撃　31
異人種要因　507
板橋強制わいせつ事件　2,373,425
一致情報　65
一般心理学的事実　283
一般的承認　498,514
一般的承認の基準　515
偽りの記憶　184
意図記憶課題　150
意図的な記憶　170
違法収集証拠排除法則　548
意味記憶　131,298
意味コード符号化説　153
意味処理優位性効果　153
意味的な精緻化　195
イメージ　132,137,177
遺留品捜査　380

Wade−Gilbert 法則　483,487,493
Wade 事件　446
Wade 判決　484,487,508
ヴォイス・ラインナップ　109-110
ウォーレン・コート　483
嘘発見器　510
嘘分析　260

梅田駅構内スリ事件　12,373,421
永久保存理論　193
エピソード記憶　131,297-298
遠刺激　119

応諾尺度　235
大きさの恒常性　121
大阪・住居侵入強姦事件　373
おとり　532
オリジナル情報　188

●か 行

Carmichael 判決　481,520
外延的思考　217
解釈性　296
外集団　60，235
回転（ローテーション）　173
街頭識別　14
解読　167
概念的な符号化　195
顔の記憶　147
顔の記憶力　163
顔の知覚　141
科学　537
確信　504
確信度　39-40,245-250
覚醒　76,87
覚醒状態　85
覚醒度　85,87
確率的意思決定モデル　202
確率的意思決定論　202
確率分布　204
可視化　293,302,308
橿原市住居侵入窃盗事件　373,428
仮説固執性　304
課題の複雑性　66
合衆国憲法修正５条　482
合衆国憲法修正14条　482
合衆国憲法修正６条　482
カテゴリーラベル添付　256
悲しい嘘　312
甲山事件　6,261,311,329,368
加齢　156
環境　253-254,263-264
環境の不在分析　263
観察条件　66
観察能力　402
干渉　138

事項索引

記憶　22,244
記憶検索　90
記憶実験　252
記憶スパン　134
記憶損傷理論　193
記憶テスト　193
記憶に関わる変数　167
記憶の選択機構　167
記憶のタイプ　129
記憶の段階　128
記憶の変容　191,197
記憶の補完機構　167
記憶保持期間　532
疑似記憶　114
期待　33
期待効用　206
既知性　440
既知の人物　426
基本法　556
記銘課題　203
きめの勾配　124
逆U字型関数　87
逆行的構成　329-330
既有知識　52
糾問主義　237
凶器注目効果　81-82
凶器の視認性　83
供述過程の反復性　302
供述過程の非可視性　301
供述心理学　553
供述の起源　308-310,316,338
供述の態度　274
供述の動機　274
供述の歴史　274
供述分析　268,559
供述変更　335
供述変遷　320，326
共同再生　246-250
共同想起　254
凶暴な出来事　30
極端事例の陳述　256
距離の記憶　173
距離の認知　30
Gilbert事件　447,488
Gilbert判決　490
Kirby判決　449
緊急配備　404
近刺激　119

空間的プライミング　178
空間内の事物の記憶　175
偶発記憶課題　150
具体的質問　90-91
熊本市内常習累犯窃盗事件　373
Crews判決　472
closed question　262

継起基準　291
経験則　283
迎合　234,300
警告　191
警告の有無　190
形式的構造基準　280-281
月光事件　429
権威主義的傾向　228
権威主義的パーソナリティ　228
言語的記述　40
言語的情報　188
顕在記憶　195-196
顕在テスト　195
検索　24,57,129,135
検察官面前調書（検面）　260
現実親近　275
現実性基準　558
現実分析　288
検照基準　292
権力関係　253-254,258

皇居迫撃弾事件　5,373
高周波数成分　144
合成（モンタージュ）作業　92
合成写真　93,94
公正世界信奉尺度　230
公正世界の信奉　230
構成・誘導可能性　340
構成・誘導可能性分析　336
合接錯誤　217-218
公判調書　261
高齢者の証人　34
誤警報率　56
誤情報現象　197
誤情報効果　185,199
誤情報の情報源　190
個人心理学の事実　282
個性透写的　275
子どもの証人　34
誤判原因　553

573

事項索引

個別供述分析　327
語法効果　43
コミュニケーション分析　261
誤誘導情報効果　50
コンセンサスと確証　256
混同　554
コンピュータ・グラフィックス技法　93

● さ 行

差異検出原理　190
再生　5,54,175
再生テスト間の経過時間　190
再認　5,54,175
再認課題　203
再認記憶課題　147
催眠反応性　114
催眠誘導　114
錯誤　559
錯誤合意効果　224
錯視　119
サッチャーの錯視　146
札幌放火事件　429
札幌ホテル内窃盗事件　373
狭山デモ公務執行妨害事件　423

ジェパテイ　107
時間の記憶　178
時間評価　179
識別担当官　544
識別テスト　40
識別の正確さ　39
指向性叙述　4,90,91
事後確率　209
事後情報　42,154,190,314
事後情報のモダリティ　190
自己中心的公正バイアス　226
示差性　67,151
示差特徴符号化説　153
事実の構成　252,255-256,266
事情聴取　383,413
システム変数　23
事前確率　204
視線の動き（眼球運動）　142
実験心理学的事実　282
実際に起きたという感覚　183
実証的叙述　256
実物面通し　420
実物ラインナップ　97-98
実物ラインナップ・セッション　98

実務規範　542
自動的な記憶　170
地取り調査　379
自白　406
自白法則　548
自発的な供述　4
司法警察員面前調書（員面）　260
清水郵便局書留郵便窃盗事件　14
自民党本部放火事件　2,3,5-6,8,11,302,313,330,336,368,373,523,540
下田缶ビール事件　2,9,373
Simmons 判決　455,461
社会心理学的影響　45
社会心理学的事実　284
写実性　275
写真選別　325
写真帳　41
写真面割　3,6-7,10,374,399,402,420,433,491,492,494
遮蔽面通し　557
自由叙述　90-91
自由心証主義　526,538
集団極化現象　239
集団再生　245
集団識別　544
集団討議　239
周辺的情報　87
周辺的な事物　192
主観の真実　559
主尋問　260
首尾一貫性　275
Schmerber 判決　452,484
順向抑制　133
「状況の全体性」テスト　459
証言の"一般性"　503
証拠開示　6
証拠価値　383
証拠価値と偏頗　502
証拠規則第801条(d)(1)(c)　486
証拠規則702条　497,502,511,513,516,521
証拠規則403条　516
証拠の許容性　538
上訴裁判所　549
情動　75
情動的覚醒　74,76-77,85
情動的経験　31
情動の出来事　79
証人の話法　238
情報源の誤帰属　194

574

情報収集手続き　89
照明条件　25
職業裁判官　539
職務質問　404
処理水準効果　153
処理の深さ　136
信号検出理論　202-203,208
人種　155
人種間認識　528
人種的偏見　534
身体的魅力　231
人定行列　527
信念　198
真の信念　198
人物識別　404
人物識別施設　369
人物識別手続き　372
人物描写（人相書き）　89
信用性評価　558
心理学鑑定　370,392
心理学的知見　393

推定変数　23
推論　43
推論説　120
スキーマ　33,53,296
杉並警察署駐車場爆弾事件関連窃盗事件　420
スクリプト　44,54
スケッチ画家　93
図地分節　314
ステレオタイプ　44,59,155,235
Stovall 事件　448,455,489
Stovall 判決　493
ストレス　32,74
ストレスの知覚に及ぼす効果　504
スラー　109

斉一性への圧力　245
正確性　504
正規分布　204,206
正再認率　55
生態学的妥当性　169,199
生態光学　123
精緻化　136
精緻化リハーサル　136
整列（アラインメント）　173
1984年警察及び刑事証拠法　542
潜在記憶　195-196
潜在的目撃証人　89

潜在テスト　195
前注意的　80
鮮明な記述　257
専門家証言　535
専門家証言の有用性　514
専門家証言を排除する根拠　499

想起　244,252
想起の枠　252,254
相互暗示の危険性　414
操縦機構（形式的構造分析）　280-281
ソリシター　545

● た　行

ターゲット刺激　54
体系的な曖昧さ　256
体験の存在／不在の判別　259-261,263, 265-267
対質（面通し）　555
対人感情　231
対審的刑事司法手続き　449
対審的当事者手続き　449
体制化　136
代表性ヒューリスティックス　217
Downing 判決　481,498,511,518,522,537
Daubert 判決　467,481,495,498,511,517,537
他人種効果　70
単一符号化仮説　171
短期記憶　129
単独対面方式　542
単独面通し　12-14,374,399,401,403,406,433,448, 457,469,557

知覚　22,254
知覚的防衛　32
知覚の選択性　296
知人の顔の記憶　158
地図の構成　174
Chapple 判決　501,513,522
チャンク　133
注意集中説　81
中心的情報　87
中心的な事物　192
注目部位　141
長期記憶　130,135
調書　258,260
超長期記憶　139
直接知覚　123
貯蔵　24,129

事項索引

貯蔵量仮説　179

帝銀事件　3,36,368
ディストラクタ（妨害項目，幻惑項目）　202
Davis 判決　453
手がかり利用範囲　87
出来事の記憶　182
出来事要因　24
適正手続き　545
適正手続き保障　441
手続き的記憶　131
デブリン委員会　35-36
デブリン報告　1,3,5,15
デュー・プロセス　495
Telfaire 判決　529
転移　554
典型的　68
伝聞情報　254

ドイツ刑事訴訟法　555
同化作用　504
童顔度　67
動機づけによる集中化　74
当事者主義　237
同質性基準　290
同人種バイアス　236
同調　234
同定(作業)　8,90
東横線強制わいせつ事件　423
独立の源テスト　458-460,463
独立の源　470,490
トップダウン処理　126
富山事件　7,10,14,321,334,368
トラウマ　114

●な　行

内集団　60,235
内的一致性　275
名古屋強制わいせつ事件　424
名古屋タクシー運転手暴行事件　373

似顔絵作成　411
2次的記憶　300
二重符号化仮説　171
2段階の思考過程　391
日常記憶　166
日常性の排除　166
任意同行　404
認知インタビュー　50

認知地図　170
認知面接法　164
捏造する動機　278
捏造能力　278
年齢　190-191

能力基準　290

●は　行

per se 排除　463
per se 排除法則　447,459
陪審　538
陪審裁判　531
ハイテク機器「スプリング8」　523
Powell 判決　483
袴田事件　304
迫真性　257-258,260
八何の原則　253
パレード　369,542
犯罪・魅力バイアス　233
半蔵門線電車内窃盗未遂脅迫事件　373
反対尋問　260,526
犯人識別　1,554
反応時間　189
反応の確信度　189
反応の正確さ　189
反応の同調　46
反復取り調べ　382

被暗示性　239,272
被暗示性検査　241
PACE　42
Biggers 判決　456
非科学的証拠に関する専門家証人　521
日付や順序の記憶　180
ビデオテープ　534
否認　406
秘密の暴露　328
比例性の原則　556
頻度や日付の記憶　180
頻度や日付を推定する方略　180

フィードバック要因　504
フィールド実験　47,49,393
フィードバック的効果　510
不一致情報　65
フォルスアラーム　203-204
Foster 判決　468

事項索引

フォト・スプレッド　97-98
フォト・フィット　93,145
布川事件　368
武器注視　528,532
武器注視効果　533
複数面通し　12,557
符号化　24,57,128,132,167
符号化特定性　139,190
符号化特定性原理　195
「不公正」証拠の排除　547
富士高校放火事件　429
Frye テスト　513-516
Frye 判決　536
Frye 法則　498,509-512,515,519,522
プライミング課題　196
プライミング効果　196
フラッシュバルブ記憶　139
フラッシュバルブメモリー　257
ブランク・フォト・スプレッド　101
Brigham – Wolfskiel 研究　527
プルーニング（刈り込み）　95
プロトタイプ　69
文体分析　265-266
文脈　138
文脈効果　46,154

Bayes の定理　202,209,211
米連邦証拠規則　485
変形　187
変遷分析　320

ボア・ディール　527
防衛的帰属　225
妨害刺激　54
忘却　134
方向依存性　146
方向の記憶　171
法廷内同定　102
法廷の友　539
法廷弁論的価値　113
法的手続き　237
法と心理学会　370
暴力の介在　31
保持　57
保持時間　35,191
補足　187
ボトムアップ処理　126
White 判事　454
本当の信念　199

●ま 行

Marshall 判事　459
マグショット　94,462
マグショット・セット　97
McDonald 判決　505,513,522,537
松尾事件　424
Manson 判決　458
万引き事件についてのスキーマ　56
三郷市外国人アパート放火事件　373
Miranda 判決　484
魅力　67
無意識的推論　120
無視手がかり　159
無知の暴露　264
無知の暴露分析　260
明順応　26
命題　177
命題的記憶　131
目黒区住民侵入のぞき事件　373
目立ちやすい　55
メモリア　182
面積の記憶　173
面通し　3
面割写真　557
面割写真帳　384,386,413
面割写真帳のバイアス　384
面割手続き　8

Moore 判決　449
模擬実験　270
目撃機会　91
目撃供述ガイドライン　371
目撃者要因　24
目撃証言　22,184,244-245,252-254,553
目撃証言研究会　368
目撃情報　89
目撃場面の条件　382
物語　257
守口市内ゲバ事件　2,373

●や 行

Yerkes – Dodson の法則　33,74,86

唯一無二性基準　290

事項索引

有意性検定　　251
有意的注意　　382
有効視野　　88
優先報告書形式　　108
誘導　　1,299,319,325
誘導可能性　　328-329
誘導事後情報　　185
誘導情報　　185
誘導尋問　　91
誘導分析　　260
尤度比　　205

容貌　　66
抑圧　　73,554
横浜西区強制わいせつ事件　　373
予測　　66
予測性　　269
米谷事件　　429

● ら　行

ラインナップ　　24,41,68,369,557
ラインナップ成員　　105
ラインナップ同定環境　　107

ラインナップ方式　　409,433,440
ランドマーク　　174

利己的バイアス　　225
リストと対照　　257
立証価値　　112
リハーサル　　130,132,136
了解性　　269
両側性情緒基準　　289
臨場感　　257,260

レピソード記憶　　182

六何の原則　　253
Loftus 著『目撃証言』　　508
Loftus 博士の証言　　503
論証というレトリック　　256

● わ　行

ワイドアングル効果　　177
Weinstein の理論　　537
和歌山毒物混入事件　　523
話法　　238

執筆者一覧（執筆順）

渡部　保夫	札幌弁護士会	監修者　序論
厳島　行雄	日本大学文理学部	第1編第1部編者 第1編第1章，第9章（訳）
改田　明子	二松学舎大学文学部	第1編第2章
箱田　裕司	九州大学大学院人間環境学研究院	第1編第3章
大沼　夏子	九州大学大学院人間環境学研究科(博士課程)	第1編第3章
富田　達彦	早稲田大学教育学部	第1編第4章
戸澤　純子	川村学園女子大学教育学部	第1編第5章
向後　千春	早稲田大学人間科学部	第1編第6章
吉川左紀子	京都大学大学院教育学研究科	第1編第7章
仲　真紀子	北海道大学大学院文学研究科	第1編第2部編者 第1編第8章，第9章（訳）
ギャリー，マリアン（Gally,Maryanne） 　　ワシントン大学心理学部		第1編第9章
レイダー，マーセラ（Rader,Marcella） 　　ワシントン大学心理学部		第1編第9章
ロフタス，エリザベス F.（Roftus, Elizabeth F.） 　　ワシントン大学心理学部		第1編第9章
椎名　乾平	早稲田大学教育学部	第1編第10章
田中堅一郎	日本大学大学院総合社会情報研究科	第1編第11章
森　直久	札幌学院大学人文学部	第1編第12章
浜田寿美男	奈良女子大学文学部	第1編第3部編者 第1編第13章
一瀬敬一郎	第二東京弁護士会	第2編編者 第2編第1章
野々村宜博	園田学園女子大学国際文化学部	第2編第2章
小早川義則	桃山学院大学法学部	第2編第3章
庭山　英雄	公設弁護人研究所	第2編第4章
稲田　隆司	熊本大学法学部	第2編第5章
平田　元	三重大学人文学部	第2編第6章

[監修者]

渡部保夫（わたなべ　やすお）

1929年　北海道室蘭市生まれ
1953年　東京大学法学部法律学科卒業　法学博士
裁判官を30年間勤める（東京地方裁判所判事，最高裁判所調査官，札幌高等裁判所判事など）。退官後，北海道大学法学部教授，札幌学院大学法学部教授を歴任。
現　在　弁護士（札幌弁護士会）
専　門　刑事訴訟法・司法制度
主　著　『刑事裁判ものがたり』　潮出版社　1987年
　　　　『刑事裁判の光と陰』（共編著）　有斐閣　1989年
　　　　『自白－真実への尋問テクニック』（フレッド・E・インボー他著）（共訳）ぎょうせい　1990年
　　　　『無罪の発見－証拠の分析と判断基準』　勁草書房　1992年
　　　　『刑事弁護の技術（上）・（下）』（共編著）　第一法規出版　1994年
　　　　『テキストブック・現代司法』（共著）日本評論社　1994年
　　　　『日本の刑事裁判－冤罪・死刑・陪審』（共著）中央公論社　1996年
　　　　『取調べ・自白・証言の心理学』（ギスリーグッドジョンソン著）（共訳）酒井書店　1996年
　　　　『刑事裁判を見る眼』　岩波書店　2002年

[編　者]

一瀬敬一郎（いちのせ　けいいちろう）

1972年　慶應義塾大学経済学部卒業
現　在　弁護士（第二東京弁護士会）
専　門　人権問題（土地収用問題，日本の戦争犯罪問題，捜査弁護，冤罪事件など）
主　著　『裁かれる成田空港』（共編著）社会評論社　1991年
　　　　『成田治安法・いま憲法が危ない－三里塚農民の抵抗と最高裁大法廷判決』共編著）社会評論社　1992年
　　　　『刑事弁護の技術』（共著）第一法規出版　1994年
　　　　『誤判救済と刑事司法の課題－渡部保夫先生古稀記念』（共著）日本評論社　2000年

厳島　行雄（いつくしま　ゆきお）

1981年　日本大学大学院文学研究科心理学専攻博士後期課程修了　文学博士
現　在　日本大学文理学部心理学科教授
専　攻　認知心理学・目撃証言心理学
主　著　『記憶研究の最前線』（共著：8章「目撃証言」）北大路書房　2000年
　　　　『目撃証言』（ロフタス＆ケッチャム著：翻訳）岩波書店　2000年

仲　真紀子（なか　まきこ）

1986年　お茶の水女子大学人間文化研究科人間発達学専攻博士課程単位取得退学　学術博士
現　在　北海道大学大学院文学研究科教授
専　攻　認知心理学・発達心理学
主　著　『子どもの発達心理学』（共著）新曜社　1993年
　　　　『「温かい認知」の心理学』（海保編：共著）金子書房　1997年
　　　　『ことばの獲得』（桐谷編：共著）ミネルヴァ書房　1999年
　　　　『年齢の心理学』（岡本他編：共著）ミネルヴァ書房　2000年
　　　　『抑圧された記憶の神話』（ロフタス他著：翻訳）誠信書房　2000年

浜田　寿美男（はまだ　すみお）

1976年　京都大学大学院文学研究科心理学専攻博士課程単位取得満期退学
現　在　奈良女子大学文学部教授
専　攻　発達心理学・法心理学
主　著　『自白の研究』三一書房　1992年
　　　　『発達心理学再考のための序説』ミネルヴァ書房　1993年
　　　　『ありのままを生きる』岩波書店　1997年
　　　　『「私」とは何か』講談社　1999年
　　　　『自白の心理学』岩波書店　2001年

目撃証言の研究――法と心理学の架け橋をもとめて――

2001年3月20日　初版第1刷発行	定価はカバーに表示
2006年4月20日　初版第3刷発行	してあります。

監修者　渡部　保夫
編　者　一瀬敬一郎
　　　　厳島　行雄
　　　　仲　真紀子
　　　　浜田寿美男

発行所　㈱北大路書房

〒603-8303　京都市北区紫野十二坊町12-8
　　　　　　電　話　(075)431-0361㈹
　　　　　　ＦＡＸ　(075)431-9393
　　　　　　振　替　01050-4-2083

ⓒ2001　印刷／製本　亜細亜印刷㈱
検印省略　落丁・乱丁本はお取り替えいたします。
ISBN4-7628-2206-X　　　　　　Printed in Japan